東洋古典譯註叢書 131

譯註 世說新語補 2

刪定 王世貞
책임번역 金鎭玉
공동번역 南誠佑 金泰勳

전통문화연구회

國譯委員

責任飜譯　金鎭玉
共同飜譯　南誠佑　金泰勳
常任原文校閱　吳圭根
潤　　文　朴勝珠
校　　訂　朴相水　田炳秀
出　　版　郭成龍
裝　　幀　김진디자인

國譯管理

管　　理　李和春
普　　及　徐源英

東洋古典譯註叢書를 발간하면서

우리의 古典國譯事業은 민족문화 진흥의 기초사업으로 1960년대부터 政府 支援으로 古文獻 現代化 작업을 추진하여 많은 成果를 거두었다. 당시 이 사업 추진의 先行課題로 東洋古典이라 일컬어지는 중국의 基本古典을 먼저 飜譯하여야 한다는 學界의 주장이 있었음에도 불구하고 우리 고전이 아니라는 일부의 偏狹한 視角과 財政 事情 등으로 인하여 배제되어 왔다.

전통적으로 중국의 기본고전은 우리 歷史와 함께 숨쉬며 각종 교육기관의 教科書로 활용됨은 물론이고 지식인들의 必讀書가 되어 왔으며, 우리 文化의 基底에 자리잡고 거의 모든 방면의 體系와 根幹을 형성하여 왔다. 그래서 학문연구의 기본서 역할을 해 왔을 뿐만 아니라 오늘날에도 우리의 國學徒 및 東洋學 研究者들에게 같은 역할을 하고 있음은 주지의 사실이다. 그럼에도 불구하고 中國古典은 우리 것이 아니라 하여 專門機關의 飜譯對象에 포함하지 않음으로써, 대부분 原典에서의 직접 번역이 아닌 重譯이나 拔萃譯의 방식이 주를 이루면서 教養水準으로 出版되어 왔다.

오늘날 東洋 三國 중에서 우리의 東洋學 연구가 가장 부진한 이유는, 東洋基本古典에 대한 폭넓은 이해의 부족과 漢文古典 讀解力의 저하에 기인함을 우리는 솔직히 인정하여야 한다. 따라서 이들 중국고전에 대한 신뢰할 만한 國譯이 이루어지는 것이 한국학 연구를 촉진시키는 시급한 先行課題라 할 수 있다.

이에 韓國學 및 東洋學의 연구와 古典現代化의 基盤構築을 위해서는, 전문기관으로 하여금 동양고전을 단기간에 각 분야의 專門 研究者와 漢學者가 상호 협동하여 연구번역하여 飜譯의 傳統性과 效率性, 研究의 專門性을 높일 수 있도록 政策的 配慮가 있어야 한다.

이에 本會에서는 元老 및 中堅 漢學者와 斯界의 專攻者로 하여금 協同硏究飜譯하여 공부하는 사람들이 믿고 引用하거나 깊이 있는 註釋 등을 활용할 수 있게 하고, 知識人들의 敎養을 증진시켜 줄 수 있는 東洋古典의 國譯書 간행을 지속적으로 추진해 왔다. 근래에 다행히 이 사업에 대하여 각계 지도층의 폭넓은 이해와 지원에 힘입어 2001년도부터 國庫補助를 받아 東洋古典譯註叢書를 간행하게 되었다. 이를 계기로 우리 先學의 註釋과 見解를 반영하는 등 국역사업의 內實을 기하게 되었음을 이 자리를 빌려 衷心으로 감사드리며, 아울러 國譯에 參與하신 관계자 여러분의 勞苦에 깊은 謝意를 표한다.

끝으로 우리의 이러한 작업은 오랜 역사 위에 축적된 先賢들의 業績과 現代學問을 이어주는 튼튼한 架橋와 礎石이 되어 진정한 韓國學과 東洋學 발전에 기여할 것을 굳게 믿으며, 21세기를 우리 文化의 世紀로 열어 가는 밑거름이 되도록 우리의 力量을 本 事業에 경주하고자 한다. 江湖諸賢의 부단한 관심과 지원을 기대해 마지않는다.

社團法人 傳統文化硏究會 會長 李啓晃

凡 例

1. 본서는 ≪譯註 世說新語補≫의 제2책이다.
2. 본서는 ≪世說新語補≫ 간행본의 대부분을 차지하는 顯宗實錄字本 중 상태가 가장 양호하며 印記로 '弘文館'이 찍힌 규장각본 ≪世說新語補≫(奎中 1801-v.1-7)을 底本으로 하되, 顯宗實錄字本 중 상태가 양호한 국립중앙도서관본 ≪世說新語補≫(古032-59)와 木活字로 인쇄된 국립중앙도서관본 ≪世說新語補≫(古373-1)를 참고하였다.
3. ≪世說新語補≫는 ≪世說新語≫와 ≪何氏語林≫의 기사를 발췌한 다음 합하여 刪定한 것으로, 선본인 일본 尊經閣叢刊 ≪世說新語≫(昭和 4年), 규장각 소장 天啓4年本 ≪何氏語林≫(奎中 3300-v.1-6)을 교감 자료로 활용하였다.
4. 저본인 규장각본 ≪世說新語補≫는 간행 과정에서 批點이 빠져 보이지 않는다. 저본에 실리지 않은 批點의 내용은 頭註 항목을 두어 일본 와세다대학 소장 安永8年本 ≪李卓吾批點世說新語補≫(ヌ08 04889)에서 취하여 번역하였다. 한편 이를 '安永本'으로 약칭하고, 교감에도 적극 활용하였다.
5. 저본에는 卷의 첫머리에만 '世說新語補 卷○'이 있으나, 번역서에서는 篇 단위로 別面을 하였기 때문에 篇名마다 앞에 '世說新語補 卷○'을 삽입하였다.
6. 본서는 원전의 傳統性과 번역의 現代性을 구현하기 위해 노력하였다.
7. 原文은 우리나라 전통 방식으로 懸吐하였다.
8. 原文은 저본의 體制에 따라 단락을 구분하고, 각 단락마다 일련번호를 부여하였다.
9. 讀音이 특수하거나 僻字인 경우에는 ( ) 속에 한글로 音을 달아주었다.

10. 각 篇마다 간략한 해설을 달아 독자의 이해를 돕고자 하였다.
11. 飜譯은 原義에 충실하게 하되, 이해가 어려운 부분은 意譯 또는 補充譯을 하였다.
12. 飜譯文은 한글과 漢字를 混用하였으며, 맞춤법과 띄어쓰기는 한글 맞춤법과 표준어 규정을 따르는 것을 원칙으로 하였다.
13. 譯註는 故事, 官職, 校勘, 難解語, 역사적 사건, 人物, 인용문의 出典, 전문용어, 制度, 異說 등에 관한 사항을 밝혔다. 이 가운데 주로 일본의 ≪세설≫ 연구 중 가장 권위 있는 저작으로 꼽히는 ≪世說音釋≫을 역주에 반영하였다.
14. 校勘은 원문의 衍字, 誤字, 脫字, 倒文 등을 대상으로 하였다.
15. 본서의 校勘에 사용된 符號는 다음과 같다.

( )〔 〕: (저본의 誤字)〔교감한 正字〕

〔 〕: 저본의 脫字 보충

( ) : 저본의 衍字 삭제

16. 본서에 사용된 주요 符號는 다음과 같다.

“ ” : 對話, 각종 引用

‘ ’ : “ ” 안에서 再引用, 强調

「 」: ‘ ’ 안에서 再引用, 强調

( ) : 원문에서는 讀音이 특수한 글자나 僻字의 音
번역문에서는 간단한 譯註

〔 〕: 번역문과 뜻은 같으나 音이 다른 漢字나 句節, 譯註에서 인용한 原文, 疏에서 설명 대상으로 제시한 經이나 傳의 단어나 구절

≪ ≫ : 書名이나 典據

〈 〉: 篇章名, 作品名, 補充譯

【 】: ‘輔’ 및 ‘頭註’에 표시

○ : 저본에 사용된 단락 구분 표시 遵用

◦ : 頭註 구분 표시

參考文獻

◇ 底本 및 주요 참고도서

- ≪世說新語補≫ 규장각한국학연구원, 奎中 1801-v.1-7(현종실록자본).
- ≪世說新語補≫ 국립중앙도서관 古373-1(목활자본).
- ≪李卓吾批點世說新語補≫ 국립중앙도서관 古古10-30-나34.
- ≪李卓吾批點世說新語補≫ 와세다대학 소장본(イ17 02080).
- ≪李卓吾批點世說新語補≫ 와세다대학 소장 安永本(ヌ08 04889).
- ≪鍾伯敬批點世說新語補≫ 대전 연정국악원 소장본.
- ≪世說新語≫ 董弅本, 日本 尊経閣叢刊, 育德財团.
- ≪世說新語≫ 思賢講舍本, 上海古跡出版社 影印, 1984.
- ≪世說新語≫ 元刊本, 內閣文庫本.
- ≪世說新語≫ 八卷本, 中華書局, 2017.
- ≪宋本世說新語≫ 全5冊, 國家圖書館出版社, 2017.
- ≪何氏語林≫, 규장각한국학연구원(奎中 3300-v.1-6)
- ≪何氏語林≫, 文淵閣四庫全書, 臺灣商務印書館, 1986.

◇ 교감주해서 및 번역서

〔日本〕

- ≪世說音釋≫, 恩田仲任 編, 국립중앙도서관(古古10-30-가100), 1802.
- ≪世說講義≫, 田中頤, 국립중앙도서관(古3235-9-58-2), 1816.
- ≪世說啓微≫, 皆川淇園, 국립중앙도서관(古古10-30-가178), 1815.

- ≪世說新語補觽≫, 岡白駒, 국립중앙도서관(古古10-30-나61), 1749.
- ≪世說箋本≫, 秦士鉉, 국립중앙도서관(古古10-30-나28), 1826.
- ≪世說新語補考≫, 桃源藏, 국립중앙도서관(古古10-30-나59), 1762.
- ≪新釋漢文大系 世說新語(上・中・下)≫, 目加田誠, 明治書院, 1975～7.
- ≪世說新語≫(中國古典文學全集32), 大村梅雄, 平凡社, 1959.
- ≪世說新語≫(中國古典文學大系9), 森三樹三郞, 平凡社, 1969.
- ≪世說新語≫(世界文學大系71「中國古小說集」), 川勝義雄 等, 筑摩書房, 1964.
- ≪世說新語(上・下)≫, 竹田晃, 學習硏究社, 1983～4.
- ≪世說新語≫(鑑賞中國の古典14), 井波律子, 角川書店, 1988.

〔中國〕

- ≪世說新語校釋≫(上・中・下), 博客來 譯註, 上海古籍出版社, 2011.
- ≪世說新語校釋≫(上・中・下), 龔斌 譯註, 上海古籍出版社, 2012.
- ≪世說新語校箋≫, 勇 楊 譯註, 中華書局, 2006.
- ≪世說新語校箋≫, 徐震堮 譯註, 文史哲出版社, 1989.
- ≪世說新語硏究≫, 王能憲 譯註, 江蘇古籍出版社, 1992.
- ≪世說新語箋疏≫, 余嘉錫 譯註, 中華書局, 1983
- ≪世說新語全譯≫, 柳士鎭 等 譯註, 貴州人民出版社, 1996.
- ≪世說新語彙校集注≫, 朱鑄禹 譯註, 上海古籍出版社, 2002.
- ≪世說新語會評≫, 劉强 譯註, 鳳凰出版社, 2007.
- ≪王世貞年譜≫, 鄭利華, 上海, 復旦大學出版社, 1993.
- ≪李贄全集注≫ 第20冊, 李贄, 社會科學文獻出版社, 2010.

〔韓國〕

- ≪세설신어≫, 김현진 역, 두성, 1991.
- ≪세설신어≫(전3책), 김장환 역, 살림, 1996～2000.

- ≪세설신어≫(전4책), 임동석 역, 동서문화사, 2011.
- ≪세설신어≫(전3책), 안길환 역, 명문당, 2006.
- ≪세설신어보≫(전4책), 김장환 역, 지식을만드는지식, 2010.
- ≪세설신어성휘운분≫(전3책), 김장환 역, 학고방, 2012.

〔其他〕

- ≪A New Account of Tales of the World(世說新語)≫, Richard B.Mather, University of Minnesota Press, 1976.

◇ 經部

- ≪經典釋文≫, 陸德明 撰, 文淵閣四庫全書, 臺灣商務印書館, 1986.
- ≪老子道德經≫, 文淵閣四庫全書, 臺灣商務印書館, 1986.
- ≪論語注疏≫, 何晏 注, 邢昺 疏, 北京大學出版社, 1999.
- ≪論語集註大全≫, 朱熹 集註, 胡廣 等 編, 朝鮮 內閣本, 影印本, 學民文化社.
- ≪孟子注疏≫, 趙岐 注, 孫奭 疏, 北京大學出版社, 1999.
- ≪孟子集註大全≫, 朱熹 集註, 胡廣 等 編, 朝鮮 內閣本, 影印本, 學民文化社.
- ≪毛詩正義≫, 毛公 傳, 鄭玄 箋, 孔穎達 正義, 北京大學出版社, 1999.
- ≪書傳大全≫, 蔡沈 集傳, 胡廣 等 編, 朝鮮 內閣本, 影印本, 學民文化社.
- ≪尙書正義≫, 孔安國 傳, 孔穎達 正義, 北京大學出版社, 1999.
- ≪詩傳大全≫, 朱熹 注, 胡廣 等 編, 朝鮮 內閣本, 影印本, 學民文化社.
- ≪禮記正義≫, 鄭玄 注, 孔穎達 正義, 北京大學出版社, 1999.
- ≪禮記集說大全≫, 陳澔 集說, 胡廣 等 編, 朝鮮 內閣本, 影印本, 學民文化社.
- ≪儀禮注疏≫, 鄭玄 注, 賈公彦 疏, 文淵閣四庫全書, 臺灣商務印書館, 1986.
- ≪周易正義≫, 王弼・韓康伯 注, 孔穎達 正義, 北京大學出版社, 1999.
- ≪周易傳義大全≫, 程頤 傳, 朱熹 本義, 胡廣 等 編, 朝鮮 內閣本, 影印本, 學民文化社.

- ≪春秋公羊傳注疏≫, 何休 註, 徐彦 疏, 北京大學出版社, 2000.
- ≪春秋左氏傳注疏≫, 杜預 註, 孔穎達 疏, 北京大學出版社, 2000.
- ≪韓詩外傳今註今譯≫, 賴炎元 註譯, 臺灣商務印書館, 1974.
- ≪孝經注疏≫, 唐 玄宗 注, 邢昺 疏, 北京大學出版社, 1999.

◇ 史部

- ≪高士傳≫, 皇甫謐 撰, 文淵閣四庫全書, 臺灣商務印書館, 1986.
- ≪南史≫, 文淵閣四庫全書, 臺灣商務印書館, 1986.
- ≪南齊書≫, 文淵閣四庫全書, 臺灣商務印書館, 1986.
- ≪唐書≫, 文淵閣四庫全書, 臺灣商務印書館, 1986.
- ≪東都事略≫, 王稱 撰, 文淵閣四庫全書, 臺灣商務印書館, 1986.
- ≪馬氏南唐書≫, 馬令 撰, 文淵閣四庫全書, 臺灣商務印書館, 1986.
- ≪明史≫, 文淵閣四庫全書, 臺灣商務印書館, 1986.
- ≪北史≫, 文淵閣四庫全書, 臺灣商務印書館, 1986.
- ≪史記索隱≫, 司馬貞 編, 文淵閣四庫全書, 臺灣商務印書館, 1986.
- ≪史記正義≫, 張守節 撰, 文淵閣四庫全書, 臺灣商務印書館, 1986.
- ≪史記集解≫, 裴駰 撰, 文淵閣四庫全書, 臺灣商務印書館, 1986.
- ≪史通≫, 文淵閣四庫全書, 臺灣商務印書館, 1986.
- ≪山西通志≫, 李維禎 撰, 文淵閣四庫全書, 臺灣商務印書館, 1986.
- ≪三國志≫, 陳壽 撰, 文淵閣四庫全書, 臺灣商務印書館, 1986.
- ≪續後漢書≫, 郝經 撰, 文淵閣四庫全書, 臺灣商務印書館, 1986.
- ≪宋史≫, 文淵閣四庫全書, 臺灣商務印書館, 1986.
- ≪宋書≫, 文淵閣四庫全書, 臺灣商務印書館, 1986.
- ≪隋書≫, 長孫無忌 撰, 文淵閣四庫全書, 臺灣商務印書館, 1986.
- ≪御批資治通鑑綱目≫, 朱熹(宋) 撰, 商務印書館, 1990.
- ≪吳越春秋≫, 文淵閣四庫全書, 臺灣商務印書館, 1986.

- ≪魏書≫, 文淵閣四庫全書, 臺灣商務印書館, 1986.
- ≪廿二史考異≫, 錢大昕 撰, 藝文印書館, 1964.
- ≪晉書≫, 文淵閣四庫全書, 臺灣商務印書館, 1986.
- ≪通鑑節要≫, 文淵閣四庫全書, 臺灣商務印書館, 1986.
- ≪通志≫, 鄭樵 撰, 文淵閣四庫全書, 臺灣商務印書館, 1986.
- ≪冊府元龜≫, 王欽若 等編, 鳳凰出版社, 2006.
- ≪漢書≫, 班固 撰, 文淵閣四庫全書, 臺灣商務印書館, 1986.
- ≪後漢書≫, 司馬彪 撰, 文淵閣四庫全書, 臺灣商務印書館, 1986.
- ≪後漢書補逸≫, 文淵閣四庫全書, 臺灣商務印書館, 1986.

◇ 子部

- ≪高僧傳≫, 釋慧皎 撰, 湯用彤 校注, 中華書局, 1992.
- ≪文子≫, 辛硏 著, 四部備要, 中華書局, 1936.
- ≪法言義疏≫, 汪榮寶 撰, 中華書局, 1996.
- ≪荀子箋釋≫, 盧文弨 校, 謝墉 輯校, 上海古籍出版社, 1986.
- ≪荀子集解≫, 王先謙 集解, 中華書局, 1988.
- ≪揚子法言≫, 揚雄 撰, 文淵閣四庫全書, 臺灣商務印書館, 1986.
- ≪列女傳≫, 劉向 撰, 文淵閣四庫全書, 臺灣商務印書館, 1986.
- ≪列仙傳≫, 劉向 撰, 文淵閣四庫全書, 臺灣商務印書館, 1986.
- ≪列子≫, 文淵閣四庫全書, 臺灣商務印書館, 1986.
- ≪莊子≫, 文淵閣四庫全書, 臺灣商務印書館, 1986.
- ≪太平廣記≫, 李昉 等 撰, 中華書局, 1961.
- ≪太平御覽≫, 李昉 等 撰, 文淵閣四庫全書, 臺灣商務印書館, 1986.
- ≪抱朴子內外篇≫, 葛洪 撰, 文淵閣四庫全書, 臺灣商務印書館, 1986.
- ≪韓詩外傳≫, 韓嬰 撰, 文淵閣四庫全書, 臺灣商務印書館, 1986.
- ≪韓非子≫, 韓非 撰, 文淵閣四庫全書, 臺灣商務印書館, 1986.

- ≪淮南子≫, 劉安 撰, 高誘 注, 文淵閣四庫全書, 臺灣商務印書館, 1986.
- ≪淮南鴻烈集解≫, 劉文典 撰, 中華書局, 1997.

◇ 集部

- ≪陶淵明集箋注≫, 袁行霈 箋注, 中華書局, 2003.
- ≪文選≫, 蕭統 撰, 文淵閣四庫全書, 臺灣商務印書館, 1986.
- ≪文選注≫, 蕭統 撰, 李善 注, 世界書局, 1962.
- ≪西京雜記≫, 劉歆 著, 成林 譯, 貴州人民出版社, 1993.
- ≪西晉文紀≫, 梅鼎祚 撰, 文淵閣四庫全書, 臺灣商務印書館, 1986.
- ≪呂氏春秋≫, 呂不韋 編, 高誘 注, 文淵閣四庫全書, 臺灣商務印書館, 1986.
- ≪緯略≫, 高似孫 撰, 廣文書局, 1970.
- ≪初潭集≫, 李贄 撰, 中華書局, 2009.
- ≪嵇中散集≫, 嵇康 撰, 讀書出版社, 1988.

◇ 데이터베이스(DB) 자료

- 동양고전종합DB(http://db.cyberseodang.or.kr)
- 상우천고(http://www.s-sangwoo.kr)
- 電子版 文淵閣四庫全書, 迪志文化出版社, 北京, 1999.
- 國學大師(http://www.guoxuedashi.com/search/?keyword)
- 搜韻(https://sou-yun.cn/index.aspx)
- 中華百科全書(https://ctext.org)
- Kanseki Repository Catalog 四庫全書(http://www.kanripo.org)
- 한국고전종합DB(http://db.itkc.or.kr)

目 次

世說新語補 卷五

8. 문학 중 文學 中

8-1【補】[1] 荀奉倩(荀粲)의 여러 형들이 모두 儒學을 논의했는데, 순봉천만 유독 道學에 대해 말하기를 좋아하였다. 그는 항상 말하였다.

"子貢이 '선생님(孔子)께서 性과 天道에 대해 말씀하신 것은 아무나 이해할 수 없었다.'[2] 하였으니, 그렇다면 六籍(≪詩經≫·≪書經≫·≪易經≫·≪禮記≫·≪樂經≫·≪春秋≫)이 비록 존재하지만 이는 진실로 聖人이 남긴 찌꺼기일 뿐이다."

그의 형 荀俁(순우)가 논박하였다.

"≪周易≫에 '성인께서 형상을 내세워 의미를 완벽히 표현하고, 설명을 붙여서 〈하고자 하는〉 말씀을 완벽히 표현하셨다.'[3] 하였으니, 심오한 내용을 어찌 이해할 수 없겠느냐."

순봉천이 대답하였다.

"이치의 심오한 부분은 사물의 형상으로 드러낼 수 있는 바가 아닙니다. 지금 '형상을 내세워 의미를 완벽히 표현한다.'고 말한 것, 이것은 형상 너머에 있는 의미까지 통하는 것이 아니고, '설명을 붙여서 〈하고자 하는〉 말을 완벽히 표현한다.'고 말한 것, 이것은 설명 너머에 있는 것까지 말하는 것이 아닙니다. 이

---

1)【補】: 저본에는 '補'가 없으나, 이 일화는 ≪世說新語≫가 아닌 ≪何氏語林≫에 있으므로 '補'를 보충하였다.

2) 선생님(孔子)께서……없었다 : ≪論語≫ 〈公冶長〉에 보이는 구절이다.

3) 성인께서……표현하셨다 : ≪周易≫ 〈繫辭傳 上〉에 보이는 구절이다.

는 바로 형상 너머의 의미와 설명 너머의 말은 본래 내부에 온축되어 있어서 밖으로 드러나지 않기 때문입니다."

당시에 말재주가 있는 선비들도 모두 그를 굴복시킬 수 없었다.

荀奉倩諸兄이 **竝以儒術論議**①어늘 **奉倩**은 **獨好言道**라 **常以子貢稱夫子之言性與天道**는 **不可得聞**②이라하니 **然則六籍雖存**이나 **固聖人之糠粃也**라하다 **兄俁**가 **難曰 易云 聖人**이 **立象以盡意**하고 **繫辭焉以盡言**이라하니 **則微言**을 **胡不可聞**이리오하니 **奉倩**이 **答曰 蓋理之微者**는 **非物象之所擧也**라 **今稱立象以盡意**는 **此非通於(意)〔象〕**[4]**外者也**요 **繫辭焉以盡言**은 **此非言乎繫表者也**니 **斯則象外之意**와 **繫表之言**이 **固蘊而不出矣**라하다 **一時能言之士**가 **皆莫能屈**이라

① ≪國志≫ 〈魏書 荀粲傳〉에 말하였다. "荀粲은 字가 奉倩으로, 潁川의 潁陰 사람이다. 부친 荀彧은 尙書令을, 조부 荀緄은 濟南相을, 증조부 荀淑은 朗陵相을 역임하였다."

何劭의 〈荀彧別傳〉에 말하였다. "순찬은 오만하고 자신을 고귀하게 여겨 보통 사람과는 교제할 수 없었으니, 벗으로 삼은 사람은 모두 당시의 걸출한 선비들이었다. 그의 장례식 저녁에 조문에 참석한 사람이 겨우 10여 명이었는데, 모두 동시대의 저명한 인사들이었다. 그들이 〈순찬을 위해〉 곡하니 행인들을 감동시킬 정도였다."

荀伯子의 〈荀氏家傳〉에 말하였다. "순욱은 아들이 다섯이었다. 荀惲은 字가 長倩으로 虎賁中郎將을 역임하였고, 순운의 아우 荀俁는 字가 叔倩으로 御史中丞을 역임했으며, 순우의 아우 荀詵은 字가 曼倩으로 大將軍의 從事中郎을 역임했는데 모두 명성을 날렸다. 순선의 아우 荀顗(순의)는 字가 景倩이고, 순의의 아우는 순찬이다."

孫盛의 ≪晉陽秋≫에 말하였다. "순의는 광범위하게 배우고 견문이 넓었다. 일찍이 鍾會의 易無互體說[5]을 논박했는데, 세상에서 칭송을 받았다."

---

4) (意)〔象〕: 저본 및 ≪三國志≫ 〈魏書 荀彧傳〉의 裴松之의 注에는 모두 '意'로 되어 있으나, ≪文選≫의 〈遊天台山賦〉에 대한 李善의 注에 의거하여 '象'으로 바로잡았다. 또한 '象外'로 되어야 뒤의 '象外之意'와도 부합한다.(王葆玹, ≪玄學通論≫ 214쪽)

5) 易無互體說 : ≪周易≫에는 '互體'가 없다는 주장으로, ≪隋書≫ 〈經籍志〉 주석에 "梁나라 鍾會가 편찬한 〈周易無互體論〉 3권이 있었는데 망실되었다." 하였다.(≪世說音釋≫)

魏志曰"荀粲, 字奉倩, 潁川潁陰人. 父彧, 尙書令, 祖緄, 濟南相, 曾祖淑, 朗陵相." 何劭荀粲別傳曰"粲簡貴, 不能與常人交接, 所友皆一時俊傑. 葬夕, 赴者(幾)〔裁〕[6] 十餘人, 皆同時知名之士. 哭之, 感慟路人." 荀氏家傳曰"彧五子. 惲, 字長倩, 虎賁中郎將, 惲弟俁, 字叔倩, 御史中丞, 俁弟詵, 字曼倩, 大將軍從事中郎, 皆知名. 詵弟顗, 字景倩, 顗弟粲." 晉陽秋曰"荀顗, 博學洽聞. 嘗難鍾會易無互體, 見稱於世."

② 何晏의 ≪論語集解≫에 말하였다. "性이라는 것은 사람이 하늘로부터 부여받아서 태어나고 살아가는 원리이고, 天道라는 것은 크게 형통하고 날마다 새로워지는 도이다. 〈이 둘은〉 심오하고 미묘하기 때문에 이해할 수 없었던 것이다."

何晏論語集解曰"性者, 人之所受以生也, 天道者, 元亨日新之道. 深微, 故不可得而聞."

【頭註】

○ 李贄 : 〈荀粲은〉 탁월하고 노련하다.
李云"卓老."

○ 李贄 : 이 사람(荀粲)은 총명하여 10분의 4·5 정도를 이해하였다.
李云"此人聰明, 精得四五分了."

司馬昭

8-2 魏나라 조정에서 晉 文王(司馬昭)을 公에 봉하고 九錫의 예를 갖추었으나 진 문왕이 극구 사양하면서 받지 않자, 公卿과 將校들이 진 문왕의 관서에 나아가 〈수용하는 것이 정당하다고〉 권유하였다. 司空 鄭沖이 사신을 급파하여 阮籍에게 〈勸進文〉[7]을 요청했는데, 완적은 당시에 袁孝尼(袁準)의 집에 있으면서 어제 마신

'호체'는 64卦의 어떤 괘에서 2·3·4爻와 3·4·5효를 취하면 그것이 각각 8괘 가운데 하나의 괘가 되는 것을 이른다.

6) (幾)〔裁〕: 저본에는 '幾'로 되어 있으나, 日本 安永 8년본 ≪李卓吾批點世說新語補≫(이하 '安永本'으로 약칭)와 ≪三國志≫ 〈魏書 荀彧傳〉의 裴松之의 注에 의거하여 '裁'로 바로잡았다.

7) 勸進文 : 蕭統의 ≪文選≫에 〈爲鄭沖勸晉王箋〉이라는 제목으로 실려 있다.

술이 깨지 않은 상태였다. 〈그를〉 부축하여 일으키자 木札[8)]에 써서 문장을 지었는데, 수정할 부분이 없어서 그대로 필사하여 사신에게 주었다. 당시 사람들이 神筆이라고 하였다.

魏朝封晉文王爲公하고 **備禮九錫**이어늘 **文王**이 **固讓不受**하니 **公卿**과 **將校**가 **當詣府敦喩**라 **司空鄭沖**①이 **馳遣信**하여 **就阮籍求文**한대 **籍**이 **時在袁孝尼家**②**宿醉**라 **扶起**하니 **書札爲之**할새 **無所點定**하여 **乃寫付使**하니 **時人**이 **以爲神筆**③이라하다

① 王隱의 ≪晉書≫에 말하였다. "鄭沖은 字가 文和로, 滎陽의 開封 사람이다. 실질적이면서도 노련한 재주가 있고, 마음이 깨끗하고 욕심이 적으며, 경서의 내용과 역사의 사실을 논의하기 좋아하고, 풀을 엮어 만든 옷이나 솜을 넣은 〈허름한〉 옷을 입고 살아도 그것을 근심거리로 여기지 않았다. 여러 관직을 거쳐 司徒와 太保에 이르고, 晉나라가 〈魏나라로부터〉 禪讓을 받은 뒤에 太傅로 승진하였다."
王隱晉書曰 "沖, 字文和, 滎陽開封人. 有核練才, 淸虛寡欲, 喜論經史, 草衣縕袍, 不以爲憂. 累遷司徒・太保, 晉受禪, 進太傅."

② ≪袁氏世紀≫에 말하였다. "袁準은 字가 孝尼로, 陳郡의 陽夏 사람이다. 부친 袁渙은 魏나라에서 郎中令을 역임하였다. 원준은 진실되고 미더우며, 正道를 준수하고 아랫사람에게 묻기를 부끄러워하지 않으며,[9)] 타인이 자신보다 뛰어나지 못할까 걱정하였다. 세상일에 험난함이 많았기 때문에 잠자코 물러나 감히 관직에 나아가기를 구하지 않았다. 지은 글이 10만여 言에 이른다."
　荀綽의 〈兗州記〉에 말하였다. "원준은 뛰어난 재주를 지녔고, 太始 연간(265~274)에 給事中의 지위에 올랐다."
袁氏世紀曰 "準, 字孝尼, 陳郡陽夏人. 父渙, 魏郎中令. 準, 忠信居正, 不恥下問, 唯恐人不勝己也. 世事多險, 故恬退, 不敢求進. 著書, 十萬餘言." 荀綽兗州記曰 "準有儁才, 太始中, 位給事中."

③ 顧愷之의 〈晉文章記〉에 말하였다. "阮籍의 〈勸進文〉은 호방하여 광대한 운치가 있는데, 문장이 전환되는 부분에 이르러서는 천천히 수습하여 갈무리하였다."
　어떤 판본의 주석에 말하였다. "완적의 〈권진문〉의 대략적은 내용은 다음과 같

---

8) 木札 : 원문의 '札'은 木簡 가운데 작고 얇은 것이다.(≪世說音釋≫)
9) 아랫사람에게……않으며 : ≪論語≫ 〈公冶長〉에 보이는 구절이다.

다. '삼가 들으니, 明公(晉 文王)께서 강하게 사양하시니 鄭冲 등이 애타게 그리워하여 실로 우직한 충심을 품고 있다고 합니다. 생각건대, 聖王께서 제정하신 제도는 백대가 지나도 전통이 같으니, 덕이 있는 사람을 표창하고 공이 있는 사람에게 상을 내리는 것은 그 유래가 오래되었습니다. 周公께서도 이미 이룩한 공업을 바탕으로 삼고, 이미 국가를 안정시킨 형세에 의거하여 曲阜에 그 거처를 크게 짓고[10] 龜山과 蒙山을 모두 소유하셨으니,[11] 명공께서는 마땅히 성상의 칙지를 받들어 이 큰 복을 받으셔야 합니다.'"

顧愷之晉文章記曰 "阮籍勸進, 落落有宏致, 至轉說, 徐而攝之也." 一本注, "阮籍勸進文略曰 '竊聞明公固讓, 冲等眷眷, 實懷愚心. 以爲聖王作制, 百代同風, 褒德賞功, 其來久矣. 周公藉已成之業, 據旣安之勢, 光[12]宅曲阜, 奄有龜蒙. 明公宜奉聖旨, 受玆介[13]福也.'"

【頭註】

○ 劉辰翁 : 〈阮籍의 〈勸進文〉을〉 부끄러운 글이라고 하는 것도 진실로 옳지 않고, 귀신같이 훌륭한 글이라고 하는 것도 오류이니, 단지 짓지 않았어야 할 뿐이다.
劉云 "謂爲慚筆, 固非, 謂爲神語, 亦謬, 直不當作耳."

○ 李贄 : 〈阮籍은〉 한번도 〈晉 文王에게〉 선양을 받으라고 권한 적이 없으니, 어찌 〈劉辰翁은〉 '마땅히 짓지 말았어야 한다.'고 하였는가.
李云 "不曾勸他受禪, 何說'不當作'乎."

8-3 何晏이 吏部尙書가 되었을 때 지위와 명성이 있었으니, 당시에 논객들이 자리에 가득하였다. 王弼이 나이 스물이 채 되기 전에 하안을 찾아가 만났다. 하안은 왕필의 명성을 들어왔기 때문에 일전에 〈벌였던〉 談論 가운데 뛰어난 논리를 골라 왕필에게 물었다.

---

10) 曲阜에……짓고 : '곡부'는 周 武王이 아우인 周公 旦에게 내린 봉토로, 周公이 魯나라를 봉지로 받고 곡부에 수도를 건설했다는 뜻이다.

11) 龜山과……소유하셨으니 : ≪詩經≫ 〈魯頌 閟宮〉에 보이는 구절이다. 龜山과 蒙山은 魯나라에 있는 산으로, 여기서는 노나라를 뜻한다.

12) 光 : '廣'과 같다.

13) 介 : '大'의 뜻이다.

"이 논리를 나는 더할 나위 없는 것이라고 여기는데, 다시 논박할 수 있겠소?"

왕필이 즉시 논박하자 좌중의 모든 사람이 바로 〈하안이〉 졌다고 여겼다. 이에 왕필이 몇 차례 스스로 손님의 입장이 되어 〈문제를 제출하고〉 스스로 주인의 입장이 되어 〈답변하니[14] 그의 모든 논리에 대해〉 좌중의 모든 사람이 미치지 못하였다.

何晏이 **爲吏部尙書**에 **有位望**하니 **時**에 **談客盈坐**①라 **王弼**이 **未弱冠**에 **往見之**한대 **晏聞弼名**②이라 **因條向者勝理**하여 **語弼曰 此理**는 **僕以爲極**하니 **可得復難不**아하니 **弼便作難**에 **一坐人**이 **便以爲屈**이라 **於是**에 **弼**이 **自爲客主數番**하니 **皆一坐所不及**③이라

① 〈文章敍錄〉에 말하였다. "何晏은 淸言[15]에 능력이 있어 당시의 권세가들과 천하의 논객들이 대부분 그를 존중하고 숭상하였다."

孫盛[16]의 ≪魏氏春秋≫에 말하였다. "하안은 어려서부터 남다르게 뛰어난 재주

---

14) 스스로……답변하니 : 원문의 '爲客主'에 대해 ≪世說新語補觿≫에서 "손님이 되는 것은 문제를 내는 것이고, 주인이 되는 것은 문제에 답변하는 것이다." 하였다.

15) 淸言 : 세속의 名利를 떠난, 맑고 깨끗한 談話라는 뜻으로, 淸談·玄言이라고도 하는데 魏晉시대에 크게 성행하였다. 老莊思想을 기초로 세속적 가치를 초월한 형이상학적인 사유와 정신적 자유를 중시했던 시대의 산물로, 주요한 주제는 聖人에게 감정이 있는지의 여부, 재능과 본성의 관계, 우주 본체의 유한성과 무한성, 말이 뜻을 완벽히 표현할 수 있는지의 여부, 소리 자체에 哀樂이 있는지의 여부, 사물이 본래 無인지 사람의 마음이 본래 無인지의 여부 등이다. 그 운용방식은 다음과 같다. 두 명이 서로 상대방이 되거나 두 명 이상이 각자 상대방이 되어 토론하는데, 그 주제와 내용은 추상적·철학적·사변적인 이치로 한정하였다. 우선 主方(주최자)이 문제를 제기하고 요지를 설명, 客方(상대방)이 그에 대해 질의·논박, 주최자가 답변·논박, 상대방 또는 참여한 다른 사람이 새로운 문제를 제기하거나 재반박, 주최자가 그에 대해 답변, 通釋者(쌍방의 의견을 소통시켜 해석하는 사람)가 수시로 또는 최후에 쌍방의 논리에 대해 해설하여 승리한 논리를 확정하였다.(≪中華百科全書≫ 電子版)

16) 孫盛 : 302~373. 字는 安國이다. 魏晉시대 晉나라 사학자로, ≪魏氏春秋≫·≪魏氏春秋異同≫·≪晉陽秋≫ 등의 저서가 있다. 東晉의 征西大將軍 桓溫 막하에서 參軍이 되었는데, 환온이 제3차 북벌에서 前燕을 공격할 때 枋頭에서 패전한 사실을 있는 그대로 ≪진양추≫에 기록했는데, 환온이 이 사실을 알고 大怒하여 손성의 아들에게 "방두에서 패배한 것은 사실이지만 어찌 그대의 아비가 말하는 상황까지 되었겠느냐. 만약 이대로 역사에 기록하면 지금부터 그대의 집안을 그냥 두지 않겠다."

를 지녔고, ≪周易≫과 ≪老子≫에 대해 훌륭하게 담론하였다."

文章敍錄曰"晏, 能淸言, 而當時權勢·天下談士, 多宗尙之." 魏氏春秋曰"晏, 少有異才, 善談易·老."

② 何邵[17]의 〈王弼別傳〉에 말하였다. "王弼은 字가 輔嗣로, 山陽의 高平 사람이다. 어려서부터 총명하고 지혜로워 10여 세에 이미 ≪莊子≫와 ≪老子≫를 좋아하였다. 변론에 통달하고 담론에 능하여 傅嘏에게 인정을 받았다. 吏部尙書 하안은 그를 매우 훌륭히 여겨 칭찬하기를 '후배는 두려워할 만하니,[18] 이와 같은 사람은 하늘과 인간의 관계에 대해 함께 논의할 만하다.' 하고 품평하고는 왕필을 臺郎(尙書郎)에 보임하였다. 그러나 왕필은 실제적인 업무에는 평소에 잘하는 바가 아니었기 때문에 전혀 마음을 쓰지 않았으며, 자신의 장점으로 타인을 적지 않게 비웃었기 때문에 당시의 인사들에게 미움을 받았다. 또 사람됨이 천박하고 物情을 알지 못하였다. 처음에 王黎·荀融과 관계가 좋았는데, 왕려가 그의 黃門郎 직위를 빼앗자 이에 왕려를 미워하였고, 순융과도 끝까지 좋게 지내지는 못하였다. 正始 연간(240~249)에 公事(소송)에 걸려 면직되고 그해 가을에 역질에 걸려 사망했으니, 당시 나이가 24세였다. 왕필이 사망하자 西晉 景帝(司馬師)가 며칠 동안 한숨을 쉬고 탄식하면서 '하늘이 나를 버리시는구나.'[19] 하였다. 그가 식견 높은 사람에게 애도를 받음이 이와 같았다."

弼別傳曰"弼, 字輔嗣, 山陽高平人. 少而察惠, 十餘歲, 便好莊·老. 通辯能言, 爲傅嘏所知. 吏部尙書何晏甚奇之, 題之曰'後生可畏, 若斯人者, 可與言天人之際矣.' 以弼補臺郎. 弼事功雅非所長, 益不留意, 頗以所長笑人, 故爲時士所嫉. 又爲人, 淺而不識物情. 初與王黎·荀融善, 黎奪其黃門郎, 於是恨黎, 與融亦不終好. 正始

하면서 멸족시키겠다고 위협하였다. 손성의 자식들은 이 말을 듣고 두려움에 떨면서 땅에 엎드려 크게 통곡하고, 아버지께 사료를 고쳐달라고 청했으나 손성은 끝내 사실을 견지하였다.

17) 何邵 : 236~301. ≪晉書≫에는 '何劭'로 되어 있다. 字는 敬祖, 시호는 爲康이고 陳郡 陽夏(현재 河南省 太康縣) 사람으로, 西晉에서 太傅를 역임한 何曾의 둘째 아들이다. 太子中庶子를 역임하고, 晉 武帝가 즉위한 뒤에 散騎常侍가 되며, 여러 관직을 거쳐 侍中·尙書가 되었다. 惠帝가 즉위한 뒤에 太師·尙書左仆射·司徒가 되었으며, 趙王 司馬倫이 제위를 찬탈한 뒤에 그를 太宰로 삼았다.

18) 후배는……만하니 : ≪論語≫ 〈子罕〉에 보이는 구절이다.

19) 하늘이……버리시는구나 : ≪論語≫ 〈先進〉에 보이는 구절이다.

中, 以公事免, 其秋, 遇癘疾亡, 時年二十四. 弼之卒也, 晉景帝嗟歎之累日, 曰 '天喪予.' 其爲高識悼惜, 如此."

③ ≪何氏語林≫[20]에 말하였다. "何平叔(何晏)이 聖人에게는 喜怒哀樂의 감정이 없다고 했는데, 그 논리가 매우 정밀하여 鍾士季(鍾會) 등 여러 인사들이 그 견해를 따랐다. 王輔嗣(王弼)는 〈이들과는〉 생각이 자못 달랐다. 그는 '성인이 일반인보다 뛰어난 점은 神明(정신력 · 사고력)의 측면이고, 일반인과 같은 점은 五情(喜怒哀樂怨)의 측면이다. 神明이 뛰어나기 때문에 沖和의 기운[21]을 체득하여 만물의 근원인 無에 통할 수 있고, 五情이 같기 때문에 만사에 대응하는 희로애락 등의 감정이 없을 수 없다. 그렇다면 성인의 감정은 만사에 대응하되 만사에 얽매이지 않는 것이다. 지금 만일 얽매이지 않는 측면을 가지고 곧장 더 이상 만사에 대응하지 않는다고 하면 이는 매우 잘못된 것이다.' 하였다. 세상에서는 왕필의 논리가 옳다고 하였다."

孫盛의 ≪魏氏春秋≫에 말하였다. "道에 대한 왕필의 담론은, 간결한 아름다움은 하안보다 못하지만, 자연스럽게 빼어난 것은 하안보다 뛰어나다."

語林曰 "何平叔以爲聖人無喜怒哀樂, 其論甚精, 鍾士季諸人述之. 王輔嗣, 意頗不同, 以爲 '聖人茂於人者, 神明也, 同於人者, 五情也. 神明茂, 故能體沖和以通無, 五情同, 故不能無哀樂以應物. 然則聖人之情, 應物而無累於物者也. 今以其無累, 便謂不復應物, 失之遠矣.' 世以王理爲得." 魏氏春秋曰 "弼論道, 約美不如晏, 自然出拔過之."

【頭註】

○ 王世懋 : 이것이 淸談의 시초이다.
王云 "此, 淸言始祖."

○ 李贄 : 〈〈王弼別傳〉에서 말한〉 '식견이 높은 사람'은 荀奉倩(荀粲)과 같은 사람들이다.
李云 "見識, 是荀奉倩一輩人."

---

20) ≪何氏語林≫ : 이 내용은 ≪三國志≫ 〈魏書 鍾會傳〉의 裴松之의 注에 인용된 何劭의 〈王弼傳〉을 ≪하씨어림≫에서 재인용한 것이다.

21) 沖和의 기운 : 天地 사이의 陰陽이 조화를 이루고 있는 元氣 · 眞氣이다. ≪道德經≫ 42장에 "만물은 자체 내에 스스로 陰을 업고 陽을 안아서 沖和의 기로써 화합을 이룬다.〔萬物負陰而抱陽 沖氣以爲和〕" 하였다.

8-4 傅嘏(부하)는 '최고의 이치인 허무〔虛勝〕'에 대한 담론이 뛰어났고, 荀粲은 담론할 때 '심오하고 현묘한 이치〔玄遠〕'를 숭상했는데, 매번 함께 대화할 때마다 논쟁하면서 서로의 논리를 이해하지 못하였다. 〈그럴 때마다〉 裴冀州(裴徽)가 두 사람의 의미를 해석하고 피차간의 마음을 소통시켜 항상 두 사람의 마음이 모두 흡족하게 하고 피차간에 모두 즐겁게 하였다.

傅嘏는 善言虛勝①[22]하고 荀粲은 談尚玄遠이러니 每至共語에 有爭而不相喻라 裴冀州가 釋二家之義하고 通彼我之懷하여 常使兩情皆得하고 彼此俱暢②이라

① ≪三國志≫ 〈魏書 傅嘏傳〉에 말하였다. "부하는 字가 蘭石으로, 北地의 泥陽 사람이고, 傅介子의 후손이다. 여러 관직을 거쳐 河南尹과 尙書에 이르렀다. 부하가 일찍이 재주〔才〕와 본성〔性〕의 同異에 대해 담론했었는데, 鍾會가 그 내용을 모아서 논의하였다."

≪傅子≫에 말하였다. "부하는 이미 정치에 통달하고 正道를 좋아하는 데다가 淸談의 논리에 대해 핵심을 체득하였다. 예를 들면 재주와 본성의 관계에 대한 담론에서 근원을 탐구해나간 것이 정밀하고 심오하니, 그의 수준에 이른 자가 드물었다. 司隸校尉 종회는 나이가 매우 젊었는데, 부하가 그를 지혜롭다고 여겨서 그와 교유하였다."

魏志曰"嘏, 字蘭(碩)〔石〕[23], 北地泥陽人, 傅介子之後也. 累遷河南尹・尙書. 嘏嘗論才性同異, 鍾會集而論之." 傅子曰"嘏既達治好正, 而有淸理識要. 如論才性, 原本精微, 鮮能及之. 司隸鍾會, 年甚少, 嘏以明知交會."

②〈荀粲別傳〉에 말하였다. "荀粲이 太和 연간(366~371) 초반에 서울에 가서 傅嘏와 담론을 벌였는데, 부하는 '사물의 명칭〔名〕과 이치〔理〕의 관계'에 대한 분석이 뛰어났고, 순찬은 '심오하고 현묘한 이치'를 숭상하였다. 그 宗旨는 비록 같았으나, 〈담론 중에〉 갑자기 의견이 어긋나 서로 만족하지 못하기도 하였다. 〈그럴 때마다〉 裴徽가 피차간의 마음을 소통시키고 두 사람에게 각각의 논리를 해석해주면, 잠시 뒤에 순찬과 부하는 사이가 좋아졌다."

---

22) 虛勝 : ≪世說新語補觿≫와 ≪世說箋本≫에 "허무라는 최고의 이치이다." 하였다.

23) (碩)〔石〕: 저본에는 '碩'으로 되어 있으나, ≪三國志≫ 〈魏書 傅嘏傳〉에 의거하여 '石'으로 바로잡았다.

≪管輅傳≫[24]에 말하였다. "使君[25] 배휘는 뛰어난 재주와 훌륭한 도량을 지니고, 현묘한 이치에 대한 담론을 잘하였다."

粲別傳曰 "粲, 太和初, 到京邑, 與傅嘏談, 嘏善名理, 而粲尙玄遠. 宗致雖同, 倉卒時或格而不相得意. 裴徽通彼我之懷, 爲二家釋, 頃之, 粲與嘏善." 管輅傳曰 "裴使君有高才逸度, 善言玄妙也."

8-5 王輔嗣(王弼)가 스무 살 때 裴徽를 방문하였다. 배휘가 〈왕보사에게〉 물었다. "'無'라는 것은 진실로 만물이 바탕으로 삼는 바이네. 聖人(孔子)께서는 이에 대해 자세히 언급하려고 하지 않으셨는데, 老子는 끊임없이 거듭 언급하였으니 무엇 때문인가?"

왕필이 대답하였다.

"성인께서는 '無'를 체득하셨고, '無'라는 것은 또 설명할 수 없기 때문에 말씀마다 반드시 '有'를 언급하셨고, 노자와 莊子는 미처 '有'에서 벗어나지 못했기 때문에 항상 자신들에게 부족한 〈'無'를〉 해설한 것입니다."

老子

王輔嗣가 弱冠에 詣裴徽①하니 徽問曰 夫無者는 誠萬物之所資라 聖人莫肯致言이어늘 而老子申之無已는 何邪(야)②오하니 弼曰 聖人體無하고 無는 又不可以訓이니 故言必及有요 老莊은 未免於有하여 恒訓其[26]所不足이라

① ≪永嘉流人名≫에 말하였다. "裴徽는 字가 文季로, 河東의 聞喜 사람이고, 太常 裴潛의 막내아우이다. 관직이 冀州刺史에 이르렀다."

---

24) 管輅傳 : ≪隋書≫ 〈經籍志〉에 "≪管輅傳≫ 3권은 管辰이 지었다."라고 하였다.

25) 使君 : 裴徽가 冀州刺史를 역임했기 때문에 '사군'이라고 호칭한 것이니, 漢나라 시기에는 刺史를 使君이라고 불렀다.

26) 恒訓其 : ≪三國志≫ 〈魏書 鍾會傳〉 裴松之의 注에서 인용한 何劭의 〈王弼別傳〉에는 '恒言無'로 되어 있다.

永嘉流人名曰"徽, 字文季, 河東聞喜人, 太常潛少弟也. 仕至冀州刺史."

② 何邵의 〈王弼別傳〉에 말하였다. "왕필의 부친 王業은 尙書郎이고, 배휘는 吏部郎이었는데, 배휘가 왕필을 만났을 때 훌륭하다고 여겼기 때문에 질문한 것이다."
弼別傳曰"弼父爲尙書郎, 裴徽爲吏部郎, 徽見異之, 故問."

【頭註】

○ 劉辰翁 : 파악한 것이 또 남다르다.
劉云"看得又別."

○ 王世懋 : 王弼은 老子와 莊子의 사상에 정통한 사람인데 이 말은 1舍[27]를 물러난 듯하니, 〈왕필의〉 본모습이 아닐 것이다.
王云"弼明老·莊, 此言似爲退一舍, 恐非本色."

○ 李贄 : 王弼이 헛소리를 한 것이다.
李云"王弼胡說."

8-6 何晏이 ≪老子≫에 주석을 달았는데 미처 완성하지 못했을 때, 王弼을 만났더니 〈왕필이〉 자신이 단 ≪노자≫ 주석의 요지를 설명하였다. 하안은 자신의 주석에 부족한 바가 많다고 여겨 더 이상 의견을 말하지 못한 채, 다만 '그렇지, 그렇지.'라고만 대답하였다. 〈하안은〉 결국 더 이상 〈≪노자≫를〉 주해하지 않고 〈그 대신〉 〈老子道德論〉을 지었다.

何晏이 注老子未畢에 見王弼하니 自說注老子旨하니 何는 意多所短하여 不復得作聲하고 但應諾諾이라 遂不復注하고 因作道德論①이라

① 〈文章敍錄〉에 말하였다. "儒學者의 논점으로 말하면, 禮를 끊고 학문을 폐기했기 때문에 老子는 성인이 아닌데, 何晏은 〈노자가〉 성인과 같다고 주장하고 논설을 지어 세상에 유통시켰다."
文章敍錄曰"自儒者論以老子非聖人, 絶(理)〔禮〕[28]棄學, 晏說與聖人同, 著論行於

---

27) 1舍 : 군사가 하루에 30리를 행군하고 하룻밤을 묵는다는 뜻으로, 30리를 이른다.
28) (理)〔禮〕: 저본에는 '理'로 되어 있으나, 각본의 ≪世說新語≫에 의거하여 '禮'로 바로잡았다.

世也."

【頭註】

○ 劉應登 : 〈원문의 '但應諾諾'이 어떤 판본에는〉 '但應之(다만 대답하기만 하였다)'로 되어 있다. 應登云 "作但應之.[29]"

8-7 【補】[30] 管公明(管輅)이 單子春(선자춘)과 담론할 때, 〈내용은 아름다워〉 꽃이 피는 것 같고 〈주제는 사통팔달하여〉 가지와 잎이 무성하게 자라는 것 같았는데, 聖人의 전적을 인용한 내용은 적고 자연스럽게 드러나는 부분이 많았다. 선자춘이 여러 선비들과 함께 벌떼처럼 달려들어 논박했으나, 관공명은 논박하는 사람들에게 답변할 때에 말마다 모두 여유가 있었다. 날이 저물녘이 되었을 때 선자춘이 여러 사람들에게 말하였다.

"이 젊은이(관로)의 담론은 司馬長卿(司馬相如)의 〈天子游獵賦〉[31]와 정말 흡사합니다."

管公明이 **與單子春談**에 **文采葩流**하고 **枝葉橫生**한대 **少引聖籍**하고 **多發天然**이라 **子春**이 **與群士**로 **論難鋒起**어늘 **公明**은 **人人答對**에 **言皆有餘**라 **至日向莫**(모)에 **子春**이 **語衆人曰 此年少言論**은 **正似司馬長卿游獵賦**①라하다

① 〈管輅別傳〉에 말하였다. "관로의 부친이 瑯琊郡의 卽丘縣令이 되었을 때, 당시 15세의 管公明(관로)이 官舍에 온 뒤에 낭야군의 학교에서 공부하였다. 낭야태수 單子春은 평소 재주와 도량을 지니고 있었는데, 관공명이 학교 전체의 수재라는 소문을 듣고는 그를 초청하여 만났다. 선자춘이 대규모로 100여 명의 빈객을 모이게 하였는데, 이들은 모두 재주와 언변이 뛰어난 인사들이었다. 관공명이 '府君(태

29) 應登云 作但應之 : 劉應登의 元刊本 ≪世說新語≫에는 이 注가 없이 본문의 '但應諾諾'이 '但應之'로 되어 있다. 그 외에도 宋本과 董弅本 등에 '但應之'로 되어 있다.

30) 【補】: 저본에는 '補'가 없으나, 이 일화는 ≪世說新語≫가 아닌 ≪何氏語林≫에 있으므로 '補'를 보충하였다.

31) 天子游獵賦 : 전반부는 〈子虛賦〉이고, 후반부는 훗날 〈上林賦〉라고 불리는 문장으로 구성되어 있다.

수의 존칭)께서는 명성이 자자한 선비이시고, 아울러 고귀한 자질을 지니셨습니다. 저는 나이도 어린 데다가 담력도 아직 굳세지 않으니, 만약 서로 논박하고자 한다면 두려워 정신을 잃을 것입니다. 우선 淸酒 석 되를 마신 뒤에 담론할 것을 요청합니다.' 하자, 선자춘이 즉시 석 되의 청주를 따라 관공명 혼자 마시게 하였다. 관공명이 술을 모두 마신 뒤에 선자춘에게 '지금 저와 상대하고자 하는 분은 부군의 사방에 앉아 있는 선비들입니까?' 물으니, 선자춘이 '내가 직접 그대와 맞서 승패를 다투겠네.' 하였다. 관로가 '저는 학문이 미천하여 위로 성인의 도리를 인용할 수 없고 秦漢시대의 일을 진술할 수 없습니다. 다만 金·木·水·火·土(五行)와 鬼神의 실정에 대해 담론하고자 합니다." 하자, 선자춘이 "이것은 매우 어려운 사안인데, 그대는 도리어 쉬운 일이라고 여기는가?' 하였다. 이에 관로가 위대한 담론의 실마리를 펼치고 마침내 陰陽에 대한 담론을 거치자, 선자춘이 칭찬하며 감탄해 마지않았다."

≪史記≫ 〈司馬相如列傳〉에 말하였다. "사마상여는 字가 長卿이다. 〈西漢시대 제후국인〉 梁國에서 나그네 생활을 할 때 〈梁孝王을 위해〉 〈子虛賦〉를 지었다. 이후에 漢 武帝가 〈자허부〉를 읽고 훌륭하다고 하니, 사마상여가 '이는 제후들의 일을 말한 것으로 볼만한 가치가 없으니, 〈天子遊獵賦〉를 짓고자 합니다.' 하였다. 〈그는 〈천자유렵부〉에서〉 '빈 말'이라는 뜻의 子虛를 내세워 楚나라의 〈아름다움을〉 칭찬하고, '어찌 이런 일이 있겠는가'라는 뜻의 烏有先生을 내세워 齊나라를 위해 〈초나라를〉 비판하며, '이런 사람이 없다'는 뜻의 無是公을 내세워 천자의 대의를 밝혔다. 그는 일부러 이 세 사람을 가공으로 설정하여 글을 지음으로써 천자와 제후의 苑囿를 미루어 헤아리게 하였다. 그 마지막 장의 내용은 節儉에 귀결되었으니, 이로써 〈천자의 사치스러운 사냥을〉 넌지시 비판하였다. 이 글을 천자에게 올리자 천자가 매우 기뻐하였다."

輅別傳曰"輅父爲瑯琊卽丘長, 公明, 時年十五, 來至官舍, 講學郡黌. 瑯琊太守單子春, 雅有材度, 聞公明一黌之雋, 請與相見. 子春大會賓客百餘人, 皆才辨之士. 公明曰'府君, 名士, 加有雄貴之姿. 輅旣年少, 膽未堅剛, 若欲相難, 懼失精神. 請先飮三升淸酒, 然後言之.' 子春便酌三升淸酒, 獨使飮之. 飮盡, 問子春'今欲與輅相對者, 府君四坐之士邪.' 子春曰'吾自與卿旗鼓[32]相當.' 輅言'學問微淺, 未能上引

32) 旗鼓 : 깃발과 북으로, 軍中에서 전투를 지휘할 때 사용하는 도구이다. ≪春秋左氏傳≫ 成公 2년 조항에 "군사의 이목이 나의 깃발과 북에 달려 있어 진격과 퇴각이

聖人之道, 陳秦漢之事. 但欲論金木水火土・鬼神之情耳.' 子春言 '此至難, 而卿更以爲易邪(이야).' 於是, 唱大論之端, 遂經於陰陽, 單稱歎不已." 史記曰 "司馬相如, 字長卿. 客游梁, 著子虛之賦. 武帝讀而善之, 相如曰 '此乃諸侯之事, 未足觀也, 請爲天子遊獵賦.' 以'子虛', 虛言也, 爲楚稱. '烏有先生'者, 烏有此事也, 爲齊難, '無是公'者, 無是人也, 明天子之義. 故空籍此三人爲辭, 以推天子・諸侯之苑囿. 其卒章歸之於節儉, 因以風諫, 奏之天子, 天子大悅."

【頭註】

○ 李贄 : 〈管輅와 單子春의〉 첫 만남에서 바로 생동감이 넘친다.
李云 "初會便生色."

8-8 【補】[33] 〈魏晉시대 魏 文帝(曹丕)의〉 黃初 연간(220~226)에 甲乙疑論[34]이 있었는데, 荀仲茂(荀閎)・鍾元常(鍾繇)・王景興(王朗)・袁曜卿(袁渙)의 의론이 각각 달랐다. 文帝가 종원상에게 말하였다.

"원요경과 왕경흥은 國士이고, 또 나와는 불가분의 관계에 있소. 그러나 순굉은 굳세고 사나우며 날랜 군사를 데리고 왕래하니, 정말 君侯에게 있어 강한 적이고 지근거리의 깊은 근심거리요."

魏 文帝(曹丕)

黃初中에 有甲乙疑論①하니 荀仲茂②와 鍾元常③과 王景興과 袁曜卿④이 議各不同이라 文帝謂元常曰

이 깃발과 북을 따른다.〔師之耳目 在吾旗鼓 進退從之〕" 하였다.

33) 【補】: 저본에는 '補'가 없으나, 이 일화는 ≪世說新語≫가 아닌 ≪何氏語林≫에 있으므로 '補'를 보충하였다.

34) 甲乙疑論 : 가상으로 甲과 乙 쌍방을 설정하여 서로 문답함으로써 의심과 논란 사항을 논변하여 명확하게 하는 것으로, 甲乙問이라고도 한다.

袁王은 國士요 更爲唇齒어니와 荀閎은 勁悍하고 往來銳師하니 眞君侯之勍敵이요 左右之深憂라하다

① 殷基의 ≪通語≫[35]에 말하였다. "〈魏나라의〉 司馬懿가 曹爽을 주살하자, 〈蜀나라 江夏 사람〉 費禕(費文偉)가 甲乙論을 펼쳤다. 甲의 주장은 다음과 같았다.

'조상 형제는 평범한 자질의 보통사람으로, 종실의 친속으로서 顧命을 받았다.[36] 그런데 그들은 교만하고 사치스러우며 분수에 넘치고 방종하며, 교제하는 사람은 올바른 사람이 아니며, 개인적으로 朋黨을 세우고 반란을 도모해 국가를 어지럽혔다. 사마의가 분격하여 그들을 도륙하여 하루아침에 모두 죽였으니, 이는 백성의 여망에 부응하기 위한 것이었다.'

乙의 주장은 다음과 같았다.

---

35) 殷基의 ≪通語≫ : '은기'는 삼국시대 吳나라 零陵太守 殷禮의 아들로, 無難督(오나라 官號)을 역임하였다. 그는 재주와 학문으로 명성을 날리고, ≪통어≫ 수십 편을 지었다.(≪三國志≫ 〈吳書 顧雍傳〉의 裴松之의 注에서 인용한 〈文士傳〉) ≪世說音釋≫에서는 원주에서 ≪통어≫를 인용한 것에 대해 다음과 같이 비판하였다. 黃初는 魏 文帝가 사용한 연호(220~226)이다. 司馬懿가 曹爽을 죽인 일은 少帝 曹芳의 嘉平 원년(249)에 있었으니, 황초 연간과는 대략 30년의 차이가 나기 때문에 주석에서 費禕의 甲乙論을 언급한 은기의 ≪통어≫를 인용한 것은 오류이다. 魚豢의 ≪魏略≫에 "황초 원년 이후에 新主가 먼지 낀 太學을 청소하고 옛날 비석의 缺字를 보충하며, 學士의 員錄을 갖추고 시험을 치렀다. 배우고자 하는 학생을 태학에 보내라고 州郡에 거듭 고지하고, 태학이 열려 수백 명의 학생이 모였다." 하였으니, 원문의 甲乙議論은 이 일을 가리킨다.

36) 조상……받았다 : 曹爽은 字가 昭伯으로, 曹操의 조카인 大司馬 曹眞의 아들이다. 魏나라 景初 2년(238) 明帝(曹丕의 아들 曹叡)가 병이 위중해지자, 조상을 대장군에 임명하고 太尉 司馬懿와 함께 양자로 들인 후계자 曹芳을 보좌하라는 유조를 내렸다. 조상은 何晏과 丁謐 등이 바친 계책을 써서 사마의를 太傅가 되게 함으로써 兵權을 독점하고, 아우들에게 禁軍을 나누어 거느리게 하며, 何晏을 비롯한 측근들에게 권력을 장악하게 하였다. 사마의가 병을 칭탁하고 나오지 않자, 조상은 교만하고 사치하며 음탕한 짓을 하였다. 少帝(조방)의 嘉平 원년(249)에 사마의는 조상이 그의 형제들과 소제를 수행하여 高平陵(明帝陵)에 성묘하러 간 틈에 정변을 일으켜 洛陽을 장악한 뒤, 황태후의 명령을 받아내 洛水의 浮橋에 주둔한 채 환궁하는 조방 일행을 맞이하여 조상의 죄악을 조방에게 고하고, 조상의 병권을 넘겨받은 뒤 조상과 그의 아우 曹羲·曹訓 등을 모반죄로 참수하고 三族을 멸하였다.(≪三國志≫ 〈魏書 明帝紀〉·〈魏書 曹爽傳〉)

'사마의는 曹仲(魏 明帝)[37]이 자기를 따르는 것이 한결같지 않다고 유감스러워했으니 어찌 조상이 역모에 관여했겠는가. 〈사마의는〉 상황을 제 마음대로 하지 못하자 이로써 은밀히 〈조상의〉 허물을 만들어냈다. 애초에 부드럽게 충고하는 가르침도 없이 하루아침에 도륙하고 그들이 예기치 못한 상황을 틈타 참소했으니,[38] 어찌 대인이 국가를 경영하고 근본을 돈독히 하는 일이겠는가. 만약 진실로 조상이 군주를 제거하려는 마음을 품어 대역부도한 짓을 이미 꾸몄다면 〈사마의가〉 거병하는 날에 다시 少帝 曹芳을 曹爽 형제에게 맡겼겠는가. 사마의 부자는 〈조상 형제가 조방을〉 수행하도록 조치한 뒤에 궁문을 닫고 군대를 일으켜 압박하면서 조방을 향해 갔으니, 어찌 충신이 군주를 위해 심도 있게 계획했다고 하겠는가. 이로써 추론한다면 조상에게 大惡이 없다는 것은 분명하다. 만약 사마의가 조상의 사치와 참람을 근거로 관직에서 쫓아냈다면 괜찮다. 그러나 갓난아이까지 죽이고 조상에게 不義의 죄명을 뒤집어 씌워 그의 부친 子丹(曹眞)의 血食(제사)을 끊어버리며, 魏나라의 친사위인 何晏[39]까지 그들과 함께 죽였으니, 이는 참람하여 옳지 않은 짓이다.'"

殷基通語曰"司馬懿誅曹爽, 費褘設甲乙論. 甲以爲'曹爽兄弟, 凡品庸人, 以宗子枝屬得蒙顧命, 而驕奢僭逸, 交非其人, 私樹朋黨, 謀以亂國. 懿奮誅戮, 一朝殄盡, 此所以副士民之望也.' 乙以爲'懿感曹仲附己不一, 豈爽與相干. 事勢不專, 以此陰成疵瑕. 初無忠告侃爾之訓, 一朝屠戮, 讒其不意, 豈大人經國篤本之事乎. 若爽信有謀主之心, 大逆已搆, 而發兵之日, 更以芳委爽兄弟. 懿父子從後閉門擧兵, 蹙而向芳, 豈忠臣爲君深謀之謂乎. 以此推之, 爽無大惡, 明矣. 若懿以爽奢僭, 廢之可也. 滅其尺口, 被以不義, 絶子丹血食, 及何晏, 魏之親甥, 亦與同戮, 爲僭濫不當矣.'"

② 荀伯子[40]의 〈荀氏家傳〉에 말하였다. "荀閎은 字가 仲茂로, 荀諶의 아들이고, 太子

37) 曹仲(魏 明帝) : 위 명제 曹叡의 字가 元仲이기 때문에 蜀나라에서는 그를 曹仲이라고 불렀다.(≪世說箋本≫)

38) 그들이……참소했으니 : 曹爽 형제들이 魏 少帝 曹芳을 수행하여 高平陵(明帝陵)에 참배한 틈을 노려 정변을 일으킨 뒤 조상의 죄악을 조방에게 고한 일을 말한다.(≪三國志≫ 〈魏書 曹爽傳〉)

39) 魏나라의……何晏 : 하안은 曹操의 딸 金鄕公主와 결혼하였다.

40) 荀伯子 : 378~438. 魏晉南北朝시대 宋나라 潁川 사람으로, 경전에 박식하였다. 晉나라에서 벼슬하여 徐廣과 함께 ≪晉史≫를 찬수하였고, 송나라에서는 太子傅·御史中丞·東陽太守를 역임하였다.

의 文學掾을 역임하였다."

荀氏家傳曰"荀閎, 字仲茂, 諶之子, 爲太子文學掾."

③ ≪三國志≫ 〈魏書 鍾繇傳〉에 말하였다. "종요는 字가 元常으로, 潁川의 長社 사람이다. 집이 가난했으나 배움을 좋아하였고, 大理와 相國을 역임하고 太傅로 전직되었다."

魏志曰"繇, 字元常, 潁川長社人. 家貧好學, 歷大理·相國, 遷太傅."

④ ≪三國志≫ 〈魏書 袁渙傳〉에 말하였다. "원환은 字가 曜卿으로, 陳郡의 扶樂 사람이다. 부친 袁滂은 漢나라의 司徒를 역임하였다. 원환이 江淮지역에서 피난생활을 할 때 袁術에 의해 임용되었다. 呂布가 阜陵에서 원술을 공격할 때 원환이 〈원술을〉 따라갔다가 여포에게 잡혀 머물게 되었다."

≪袁氏世紀≫에 말하였다. "여포가 〈曹操에 의해〉 격파당했을 때 陳群 부자도 여포의 軍中에 있었다. 그들이 태조(조조)를 만났을 때 모두 절을 올렸지만, 원환만 유독 머리 위로 손을 올려 揖을 하고 〈절을 하지 않으니〉 태조가 매우 두려워하고 꺼렸다. 당시에 태조가 여러 관리들에게 각각 수레 몇 대씩을 주면서 여포의 군중에 있는 재물을 가져가라고 했는데, 여러 사람들이 모두 〈재물을〉 무겁게 실어 갔으나 원환은 서책 수백 권만 가지고 갔을 뿐이었다."

魏志曰"袁渙, 字曜卿, 陳郡扶樂人. 父滂, 漢司徒. 渙避地江淮, 爲袁術所命. 呂布擊術於阜陵, 渙往從之, 爲布所拘留." 袁氏世紀曰"布之破也, 陳群父子亦在布軍. 見太祖皆拜, 渙獨高揖, 太祖甚嚴憚之. 時太祖給衆官車各數乘, 使取布軍中物, 衆人皆重載, 渙取書數百卷而已."

8-9 中朝[41] 때 道[42]를 흠모하는 무리가 있었는데, 〈그 가운데〉 王夷甫(王衍)를 찾아가 의문점을 물어본 자가 있었다. 그런데 마침 왕이보는 그 전날 이미 많은 말을 하여 조금 피곤했기 때문에 더 이상 답변하지 않고, 손님에게 말하였다.

---

41) 中朝 : 魏晉南北朝시대에 建康(南京)에 도읍을 정한 東晉·宋元 교체기에 臨安(杭州)에 도읍을 정한 南宋과 대비하여 중원지역에 도읍을 정했던 西晉과 北宋을 이르는데, 여기서는 서진을 가리킨다.

42) 道 : ≪世說音釋≫에서는 ≪後漢書≫ 〈方術列傳〉을 인용하여 "이들은 道藝를 흠모하는 선비이다." 하였고, ≪世說新語補觽≫와 ≪世說箋本≫에서는 "老莊之道로 당시에 이를 道學이라고 일컬었다." 하였다.

“내 몸 상태가 지금 조금 좋지 않습니다. 裴逸民(裴頠)이 또한 이곳에서 가까운 곳에 있으니, 그대는 그에게 가서 물어보는 게 좋겠습니다.”

中朝時에 **有懷道之流**러니 **有詣王夷甫咨疑者**어늘 **值王昨已語多**하여 **小極**[43)]하여 **不復相酬答**하고 **乃謂客曰 身今少惡**이라 **裴逸民**이 **亦近在此**하니 **君可往問**[①]이라하다

① 傅暢의 〈晉諸公贊〉에 말하였다. “裴頠(배위)는 이치를 담론할 때 王夷甫와 서로 양보하지 않았다.”
晉諸公贊曰 “裴頠談理, 與王夷甫不相推下.”

8-10 裴成公(裴頠)이 〈崇有論〉을 지었는데, 당시 사람들이 논박했지만 아무도 〈그의 논리를〉 꺾을 수 없었고, 오직 王夷甫(王衍)가 찾아왔을 때만 〈배위가〉 약간 굴복하는 듯하였다. 〈그러자〉 당시 사람들은 왕이보가 〈주장한 ‘無’의〉 논리로 〈배성공의 논리를〉 논박했지만, 배성공이 〈주장한 ‘有’의〉 논리가 도리어 다시 펼쳐지게 되었다.

裴成公이 **作崇有論**하니 **時人攻難之**나 **莫能折**하고 **惟王夷甫來**에 **如小屈**이라 **時人**이 **卽以王理難**이나 **裴理還復申**[①]이라

① 傅暢의 〈晉諸公贊〉에 말하였다. “魏나라 太常 夏侯玄과 步兵校尉 阮籍 등으로부터 〈여러 사람들이〉 모두 〈道德論〉을 지었다. 그때에 侍中 樂廣(악광)과 吏部郎 劉漢도 〈老莊의〉 道를 체득하여 말이 간략하고 핵심적이었고, 尙書令 王夷甫(王衍)는 이치를 〈적절하게〉 강론하고 虛無의 논리에 뛰어났으며, 散騎常侍 戴奧는 〈노장의〉 도를 배우는 것을 일로 삼았고, 후배 庾敳(유애)의 무리는 모두 疏放(예법에 얽매이지 않고 방종함)과 曠達(도량이 넓고 마음이 활달함)을 희구하고 사모하였다. 裴頠(배위)는 세상에서 허무의 이치를 숭상하는 것을 미워했기 때문에 〈崇儒論〉과 〈貴無論〉 두 편의 논문을 지어 그들의 논리를 꺾었는데, 그 소재와 비유가 광범위하여 학자들이 〈제대로 그 의미와 이치를〉 궁구할 수 없었다. 이후에 악광이 배위와 한가롭게 이치에 대해 얘기하고자 했는데, 배위는 표현이 풍부하고 비유가 해박했으나 악광은

43) 極 : ‘疲’와 같다. (≪世說音釋≫)

스스로 허무를 체득했다고 여겨 웃기만 하고 더 이상 말하지 않았다."

陸機의 ≪惠帝起居注≫에 말하였다. "배위가 두 편의 논문을 지어 허탄한 폐단을 바로잡고자 했는데, 그 문장이 논리적으로 정밀하고 내용적으로 풍부하여 한 시대의 名論이 되었다."

晉諸公贊曰 "自魏太常夏侯玄·步兵校尉阮籍等, 皆著道德論. 于時, 侍中樂廣·吏部郎劉漢, 亦體道而言約, 尙書令王夷甫, 講理而才虛, 散騎常侍戴奧, 以學道爲業. 後進庾敳之徒, 皆希慕簡曠. 頠疾世俗尙虛無之理, 故著崇有·〔貴無〕[44]二論, 以折之, 才博喩廣, 學者不能究. 後樂廣與頠淸閒欲說理, 而頠辭喩豐博, 廣自以體虛無, 笑而不復言." 惠帝起居注曰 "頠著二論, 以規虛誕之弊, 文詞精富, 爲世名論."

8-11 孫子荊(孫楚)이 아내의 喪禮를 마친 뒤에 시를 지어 王武子(王濟)에게 보여주니, 왕무자가 말하였다.

"잘 모르겠지만, 글이 감정에서 이루어지고 감정이 〈다시〉 글에서 촉발되는 듯합니다.[45] 이 시를 읽으니 슬퍼지면서 부부의 소중함이 각별해집니다."

孫子荊이 **除婦服**하고 **作詩以示王武子**하니 **王曰 未知文生於情**하고 **情生於文**하니 **覽之悽然**하고 **增伉儷之重**①이라하다

① ≪孫楚集≫에 말하였다. "〈孫子荊의〉 아내는 胡毋氏이다. 손자형이 지은 시는 다음과 같다. '시간의 흐름은 멈추지 않아 세월이 번개처럼 흘러가니, 당신의 영혼이 하늘로 간 지 어느덧 이미 1주년이 되었구료. 喪禮의 제도에 정해진 순서가 있어 당신의 묘소에서 脫喪을 고해야 하는데, 제단에 임하자 슬픔이 밀려와 마음이 찢어지는 듯하오.'"

孫楚集云 "婦, 胡毋氏也. 其詩曰 '時邁不停, 日月電流, 神爽登遐, 忽已一周. 禮制有敍, 告除靈丘, 臨祠感痛, 中心若抽.'"

---

44) 〔貴無〕: 저본에는 '貴無'가 없으나, ≪三國志≫ 〈魏書 裵潛傳〉의 裴松之의 注에서 인용한 陸機의 〈惠帝起居注〉에 의거하여 보충하였다.

45) 글이……듯합니다 : ≪世說新語補考≫와 ≪世說講義≫에서는 앞의 감정은 孫楚의 감정이고, 뒤의 감정은 王濟의 감정이라고 했으니, 손초는 자신의 슬픈 감정에 의해 시를 지었고, 왕제는 그 시에 의해 슬픈 감정이 생겼다는 뜻이다.

【頭註】

○ 李贄 : 孫子荊은 글이 감정에서 이루어진 경우이고, 王武子는 감정이 글에서 촉발된 경우이다.
李云 "孫子荊, 文生於情, 王武子, 情生於文."

8-12 諸葛厷은 젊은 시절에 〈자신의 재주를 믿어〉 공부하기를 좋아하지 않았는데, 처음 王夷甫(王衍)와 담론했을 때 곧바로 이미 고매한 경지에 나아가니, 왕이보가 다음과 같이 탄식하였다.

"그대는 타고난 재주가 탁월하니 만약 다시 조금 더 공부한다면 부끄러울 바가 전혀 없을 것이네."

제갈굉이 이후에 ≪莊子≫와 ≪老子≫를 읽은 뒤에 다시 왕이보와 대화를 나누었을 때는 곧바로 〈왕이보에〉 필적하기에 충분하였다.

諸葛厷은 **年少**에 **不肯學問**이러니 **始與王夷甫談**에 **便已超詣**라 **王歎曰 卿**은 **天才卓出**하니 **若復小加硏尋**하면 **一無所愧**라하다 **厷**이 **後看莊老**하고 **更與王語**에는 **便足相抗衡**①이라

① 王隱의 ≪晉書≫에 말하였다. "諸葛厷은 字가 茂遠으로, 瑯琊 사람이고, 魏나라 雍州刺史 諸葛緖의 아들이다. 그는 뛰어난 재주를 지녔으며, 관직이 司空主簿에 이르렀다."
王隱晉書曰 "厷, 字茂遠, 瑯琊人, 魏雍州刺史緖之子. 有逸才, 仕至司空主簿."

【頭註】

○ 劉應登 : 〈원문 天才卓出의〉 '天'은 '大'가 되어야 한다.
應登云 "天字作大."[46]

8-13 衛玠가 총각 시절에 樂令(尙書令 樂廣)에게 꿈에 대해 물으니, 악광이 대답하였다.

46) 應登云 天字作大 : 劉應登의 元刊本 ≪世說新語≫에는 이 注가 없고, 원문에서 '天'이 '大'로 되어 있다.

"그것은 생각〔想〕〈때문에 발생하는 것이네.〉"

위개가 물었다.

"형체와 정신이 결합되지 않았을 때 꿈을 꾸니, 어찌 그것이 생각 때문입니까?[47)]"

악광이 대답하였다.

"원인〔因〕이 있기 때문이네.[48)] 수레를 타고 쥐구멍으로 들어간다거나 절구질을 하고 나서 쇠절굿공이를 씹어 먹는다거나 하는 꿈을 꾼 적이 이제껏 한 번도 없었으니, 이는 모두 '생각'도 없고 '원인'도 없기 때문이네."

위개가 며칠 동안 '원인'에 대해 생각했지만 이해하지 못하여 결국 병이 들었다. 악광이 이 소식을 듣고는 일부러 수레를 타고 가서 그것에 대해 자세히 설명해주자, 위개의 병이 즉시 조금 나아졌다. 그러자 악광이 다음과 같이 탄식하였다.

"이 아이는 가슴속에 틀림없이 불치병이 없을 것이다.[49)]"

衛玠가 **總角時**에 **問樂**(악)**令夢**하니 **樂云 是想**이라 **衛曰 形神所不接而夢**하니 **豈是想邪**(야)잇가하니 **樂云 因也**라 **未嘗夢乘車入鼠穴**이어나 **擣齏**(제)**噉鐵杵**하니 **皆無想無因故也**[①]라하다 **衛**가 **思因**에 **經日不得**하여 **遂成病**이라 **樂聞**하고 **故命駕**하여 **爲剖析之**하니 **衛卽小差**라 **樂歎曰 此兒**는 **胸中**에 **當必無膏肓**(고황)**之疾**[②]이리라하다

① ≪周禮≫ 〈春官 占夢〉에 六夢[50)]이 있다. 첫째는 正夢으로, 아무런 감응이 없이 평안하게 꾸는 꿈을 이른다. 둘째는 噩夢(악몽)으로, 깜짝 놀라 꾸는 꿈을 이른다. 셋째는 思夢으토, 깨어 있을 때 생각한 바를 꾸는 꿈을 이른다. 넷째는 寤夢으로,

---

47) 어찌……때문입니까 : 생각하지 않아도 간혹 꿈을 꾼다는 뜻이다.(≪世說講義≫)

48) 원인〔因〕이……때문이네 : 예전에 들었던 생각이 지금 꿈으로 나타났다는 것이다.(≪世說講義≫)

49) 가슴속에……것이다 : 의심스러운 생각이 풀리지 않으면 고질병이 된다. 의심이 생길 때 반드시 자세히 풀이하고자 하기 때문에 마땅히 틀림없이 고질병이 없는 것이다.(≪世說新語補考≫)

50) 六夢 : ≪周禮≫ 〈春官 占夢〉에 보인다.

깨어 있을 때 말한 바를 꾸는 꿈을 이른다. 다섯째는 喜夢으로, 기뻐서 꾸는 꿈을 이른다. 여섯째는 懼夢으로, 두려워하여 꾸는 꿈을 이른다. 생각건대, 樂廣이 말한 '생각'이라는 것은 '사몽'인 듯하고, '원인'이라는 것은 '정몽'인 듯하다.

周禮有六夢. 一曰正夢, 謂無所感動, 平安而夢也. 二曰噩夢, 謂驚愕而夢也. 三曰思夢, 謂覺時所思念也. 四曰寤夢, 謂覺時道之而夢也. 五曰喜夢, 謂喜悅而夢也. 六曰懼夢, 謂恐懼而夢也. 按樂所言'想'者, 盖思夢也, '因'者, 盖正夢也.

② ≪春秋左氏傳≫ 成公 10년 조항에 말하였다. "춘추시대 晉 景公이 병이 들어 秦나라에 의원을 요청하니, 秦伯(秦 桓公)이 醫緩을 보내 치료하게 하였다. 의완이 도착하기 전에 경공은 질병이 두 어린애로 변하는 꿈을 꾸었다. 〈한 어린애가〉 '그는 훌륭한 의사이니 우리를 해칠까 두려워.' 하니, 다른 어린애가 '肓(심장과 횡격막 사이)의 위와 膏(심장 끝의 지방)의 아래에 숨어 있으면 우리를 어쩌겠니.' 하였다. 의완이 도착한 뒤에 '질병을 치료할 수 없습니다. 황의 위, 고의 아래에 있기 때문에 뜸을 떠도〔攻〕 다스릴 수 없고 針〔達〕도 미치지 못하며 약도 이르지 못합니다.' 하니, 경공이 '훌륭한 의원이로구나.' 하였다." 杜預의 注에 "'황'은 횡경막이고, 심장 아래가 '고'이다." 하였다.

春秋傳曰 "晉景公有疾, 求醫於秦, 秦伯使醫緩爲之. 未至, 公夢疾爲二豎子, 曰 '彼, 良醫也, 懼傷我焉.' 其一曰 '居肓之上·膏之下, 若我何.' 醫至, 曰 '疾不可爲也. 在肓之上·膏之下, 攻之不可, 達(刺)之不(可)及[51], 藥不至焉.' 公曰 '良醫也.'" 注 "肓, 鬲也, 心下, 爲膏."

【頭註】

○ 〈未嘗夢乘車入鼠穴의〉 '未'자는 아마 衍文인 듯하다.

未字恐衍.

○ 劉應登 : 〈원문 噉鐵杵의〉 '噉'은 '取'가 되어야 한다.

應登云 "噉字作取."[52]

---

51) 攻之不可 達(刺)之不(可)及 : 저본에는 '攻之不可達刺之不可及'으로 되어 있으나, ≪春秋左氏傳≫에 의거하여 '刺'와 '可'를 衍文으로 처리하였다. 林堯叟의 注에 "攻은 뜸을 뜨는 것이니, 불로도 病을 다스릴 수 없다는 말이다." 하였고, 杜預의 注에 "達은 針이다." 하였다.

52) 應登云 噉字作取 : 劉應登의 元刊本 ≪世說新語≫에는 이 注가 없고, 원문에서 '噉'이 '取'로 되어 있다.

○ 劉應登 : 의심이 있으면 반드시 자세히 풀이하고자 하고, 병이 되도록 남겨두지 않았다는 것을 말한다.

(劉)〔又〕[53)]云"言其有疑, 必求剖釋, 不留以成病."

8-14 어떤 손님이 樂令(尙書令 樂廣)에게 '손가락은 〈가리키는 곳에〉 도달하지 못한다.'[54)]는 말에 대해 물으니, 악광이 더 이상 그 문구를 해석하지 않고 단지 麈尾[55)]의 자루로 안석을 탁 치고 물었다.

"도달하였소?"

손님이 대답하였다.

"도달했습니다."

악광이 곧 이어 또 주미를 든 뒤에 물었다.

"만약 진정으로 도달했다면 어찌 이렇게 떨어질 수 있겠소?"

손님이 그제야 깨달아 탄복하였다.

客이 問樂(악)令(旨)〔指〕[56)]不至者하니 樂이 亦不復剖析文句하고 直以麈尾柄으로 确几曰 至不아하니 客曰 至라하다 樂이 因又擧麈尾하고 曰 若至者면 那得去[①]리오하니 客乃悟服이라

---

53) (劉)〔又〕: 安永本에는 '劉'로 되어 있으나, 元刊本 ≪世說新語≫에 劉應登의 注로 되어 있으므로, 本書의 文例에 따라 '又'로 바로잡았다.

54) 손가락으로……못한다 : 손가락으로 가리키는 방향은 어느 한 지점에서 끝나지 않고 무한하기 때문에 결코 그곳에 도달할 수 없다는 뜻인데, 일반적으로 '손가락으로 가리키는 것〔指〕'은 지시 대상의 명칭을 이르니, 그 명칭이 그 대상의 본질을 완벽히 표현하지 못한다는 뜻이다. ≪莊子≫ 〈天下〉에 "손가락으로 가리키는 곳에 도달하지 못하고, 지시하는 것이 무한히 이어지므로 결코 끊어지지 않는다.〔指不至 至不絶〕" 했는데, 馬叙倫은 ≪列子≫ 〈仲尼〉의 '有指不至, 有物不盡'이라는 표현에 근거하여 '至不絶'을 '物不盡'의 誤寫라고 하였다.

55) 麈尾 : 고라니의 꼬리털로 만든 먼지떨이로, 淸談을 하는 사람들이 많이 지녔고, 후세에 佛徒들도 많이 지녀서 說法할 때에 흔히 사용했는데, 玉麈라고도 한다.

56) (旨)〔指〕: 저본에는 '旨'로 되어 있으나, ≪莊子≫ 〈天下〉의 "손가락으로 가리키는 곳에 도달할 수 없으니, 손가락으로 가리키는 곳까지의 길이는 끊어지지 않는다.〔指不至 至不絶〕"에 의거하여 '指'로 바로잡았다.

① 배를 잘 숨겨도 암암리에 사라지고[57] 어깨를 스치는 사이에 항상 떠나니,[58] 한순간도 그대로 머물러 있지 않고 갑작스레 나타났다가 사라진다. 그러므로 날아가는 새의 그림자에 대해서는 그것이 이동하는 것을 볼 수 없고,[59] 내달리는 수레의 바퀴는 한 번도 지면에 닿은 적이 없다.[60] 이 때문에 '떠났다〔去〕'고 하는 것은 진정으로 떠난 것이 아니니 어찌 '도달함〔至〕'이 있겠는가. '도달했다〔至〕'는 것이 진정으로 도달한 것이 아니니 어찌 '떠남〔去〕'이 있겠는가. 그렇다면 이전에 도달한 것이 이후에 도달한 것과 다르지 않기 때문에 '도달하다〔至〕'라는 명칭이 생기고, 이전에 떠난 것이 이후에 떠난 것과 다르지 않기 때문에 '떠나다〔去〕'라는 명칭이 수립되는 것이다. 지금 천하에 진정으로 떠난 것이 없으니 떠났다고 하는 것은 거짓이 아니겠는가. 이미 그것이 거짓이라면 이르렀다고 하는 것이 어찌 진실이겠는가.

夫藏舟潛往, 交臂恒謝, 一息不留, 忽焉生滅. 故飛鳥之影, 莫見其移, 馳車之輪, 曾不掩地. 是以去不去矣, 庸有至乎. 至不至矣, 庸有去乎. 然則前至不異後至, 至名所以生, 前去不異後去, 去名所以立. 今天下無去矣, 而去者非假哉. 既爲假矣, 而

---

57) 배를……사라지고 : 사물의 끊임없는 변화를 뜻하거나 사람의 죽음을 이른다. ≪莊子≫ 〈大宗師〉에 "골짜기 속에 배를 숨겨두고는 든든하게 감추었다고 여기지만 한밤중에 힘센 자가 등에 지고 달아나면 어리석은 사람은 알아채지 못한다.〔夫藏舟於壑 謂之固矣 然而夜半有力者 負之而走 昧者不知也〕" 하였다.

58) 어깨를……떠나니 : 한곳에 머물지 못하거나 죽음을 피할 수 없다는 뜻이다. ≪莊子≫ 〈田子方〉에 "나는 종신토록 顔回 너와 함께하는데 너는 팔뚝 한 번 스치고 지나간 것처럼 뒤에 처져 나를 잃어버리니 슬퍼하지 않을 수 있겠느냐.〔吾終身與汝 交一臂而失之 可不哀歟〕" 하였다.

59) 날아가는……없고 : ≪莊子≫ 〈天下〉에 "나는 새의 그림자는 결코 움직이지 않는다.〔飛鳥之影 未嘗動也〕" 했는데, 이는 실제로 나는 것은 새이고, 그림자는 움직이지 않는 의존적인 존재이므로 움직인다고 할 수 없다는 뜻이다. 여기서는 하나의 물건은 하나의 그림자가 있는데, 이 물건이 움직이면 뒤의 그림자는 이전의 그림자가 아니라는 뜻이다.

60) 내달리는……없다 : ≪莊子≫ 〈天下〉에 "수레바퀴는 땅에 닿지 않는다.〔輪不蹍地〕" 했는데, 成玄英의 疏에 "수레가 움직이는 것은 바퀴가 굴러 정지하지 않기 때문이고, 이전의 자취는 이미 지나갔고 다가올 길은 아직 이르지 않았으니 지나온 지점과 다가올 지점을 제외하면 중간 상태, 즉 땅에 닿지 않는 상태가 존재한다. 이는 사물의 無常함을 말한다." 하였다.

至者豈實哉.

【頭註】

○ 劉辰翁 : 당시에 여러 道人들은 이런 내용을 알지 못하였다. 이는 우리들(중국)의 禪이니, 達磨가 오기 전에 있었던 내용이다.
劉云 "此時諸道人, 乃未知此. 此我輩禪也, 在達磨前."

○ 王世懋 : 이는 바로 禪機와 轉語[61]에 해당한다.
王云 "此乃禪機轉語."

○ 王世懋 : 주석에서 밝힌 名理(명칭과 이치)가 매우 정밀하다.
又云 "註名理甚精."

8-15 庾子嵩(庾敳)이 ≪莊子≫를 읽었는데, 두루마리를 펼쳐 1척 남짓 읽은[62] 뒤에 곧바로 내던지고는 말하였다.
"모든 내용이 나〔人〕의 뜻과 다르지 않네."

庾子嵩이 讀莊子한대 開卷一尺許에 便放去하고 曰 了不異人意①라하다

① 孫盛의 ≪晉陽秋≫에 말하였다. "庾敳(유애)는 字가 子嵩으로, 潁川 사람이고, 侍中 庾峻의 셋째 아들이다. 마음이 크고 넓어서 도량이 있고, 스스로 '老莊의 학도'라고 일컬으며 '예전에 이 책을 읽지 않았을 때 지극한 이치는 이와 같을 것이라고 생각했었는데, 지금 읽어보니 정작 나의 뜻과 암암리에 부합한다.' 하였다. 관직은 豫州太守의 長史에 이르렀다."
晉陽秋曰 "庾敳, 字子嵩, (潁)〔潁〕[63]川人, 侍中峻第三子. 恢廓有度量, 自謂是老莊之徒, 曰 '昔未讀此書, 意嘗謂至理如此, 今見之, 正與人意暗同.' 仕至豫州長史."

---

61) 禪機와 轉語 : '선기'는 禪門의 機鋒으로, 설법할 때 언행이나 사물로 교의를 암시하여 주는 비결이고, '전어'는 불교에서 참선할 때 참선자가 미혹에서 벗어나 깨달음을 얻을 수 있게 하는 말로, 사람들로 하여금 대오각성할 수 있게 하는 중요한 말씀을 뜻한다.

62) 두루마리를……읽은 : 읽은 분량이 매우 적다는 뜻이다.(≪世說講義≫)

63) (潁)〔潁〕 : 저본에는 '潁'으로 되어 있으나, 宋本 ≪世說新語≫ 및 安永本에 의거하여 '潁'으로 바로잡았다. 이하 '潁陰'·'潁陽'의 경우도 모두 같다.

【頭註】

○ 劉辰翁 : 다만 ≪莊子≫를 읽는 방법이다.
劉云 "自是讀莊子法."

8-16 옛날에 이런 말이 있었다.

"王丞相(王導)이 江左[64]로 건너온 뒤에는 단지 '소리에는 슬픔과 기쁨이 없다〔聲無哀樂〕', '생명을 기른다〔養生〕', '말이 뜻을 완벽히 표현한다〔言盡意〕'는 세 가지 이치만 말했을 뿐이다. 그러나 〈사항마다〉 알맞게 적용하고 〈이치를〉 연관지어 드러내 포함하지 못한 바가 없었다."

舊云 王丞相이 過江左하여는 止道聲無哀樂①과 養生②과 言盡意③三理而已나 然宛轉關生[65]하여 無所不入이라하다

① 嵇康의 〈聲無哀樂論〉의 대략적인 내용은 다음과 같다. "지방이 다르고 풍속이 다르면 노랫소리와 울음소리가 같지 않다. 만약 섞어서 사용하면[66] 울음소리를 듣고 기뻐하기도 하고 노랫소리를 듣고 슬퍼하기도 하지만, 슬픔과 기쁨은 감정이라는 측면에서 동일하다. 지금 동일한 감정으로 갖가지 다른 소리를 내니, 이는 소리에 일정한 감정이 없는 것이 아니겠는가."

王導

64) 江左 : 江東으로, 長江 하류 동쪽 지역인데, 東晉과 南朝의 왕조 宋·齊·梁·陳이 이곳에 근거했기 때문에 당시 사람들이 이 다섯 왕조 및 그들의 통치 지역을 강좌라고 불렀다.

65) 宛轉關生 : '완전'은 상황에 맞게 적절하게 변화한다는 뜻이고, '관생'은 연관지어 발생시킨다는 뜻이다.

66) 만약……사용하면 : 이 지역의 슬픈 울음소리와 즐거운 노랫소리를 저 지역에 들려주고 저 지역의 슬픈 울음소리와 즐거운 노랫소리를 이 지역에 들려준다는 뜻이다.

嵇康聲無哀樂論略曰"夫殊方異俗, 歌(笑)〔哭〕[67]不同. 使錯而用之, 或聞哭而懽, 或聽歌而戚, 然哀樂之情, 均也. 今用均同之情, 發萬殊之聲, 斯非音聲之無常乎."

② 嵇叔夜(嵇康)의 〈養生論〉에 말하였다. "이가 머리에 붙어 있으면 검은색으로 변하고,[68] 사향노루가 잣나무를 먹으면 향기를 내며,[69] 〈사람이〉 험준한 곳에 살면 목에 혹이 생기고,[70] 晉나라에 거처하면 치아가 누렇게 변하니,[71] 어찌 단지 찜질을 하여 몸을 무겁게 하기만 하고 몸을 가볍게 할 방법이 없겠으며, 어찌 단지 향을 쏘여 향기가 나게 하기만 하고 생명을 연장할 방법이 없겠는가. 진실로 靈芝를 〈쪄서〉 찜질하고 醴泉의 〈물로〉 윤기나게 하면 무언가를 억지로 하지 않아도 스스로 터득하여 신체가 젊어지고 마음이 심오해진다. 그러면 거의 羨門[72]과 수명을 비교하고 王喬[73]와 나이를 다투게 될 것이니, 어찌 생명을 기를 수 없겠는가."

---

67) (笑)〔哭〕: 저본에는 '笑'로 되어 있으나, ≪嵇中散集≫에 의거하여 '哭'으로 바로잡았다.

68) 이가……변하고 : ≪文選≫ 〈養生論〉에 보이는 李善의 注에서 ≪抱朴子≫를 인용하여 "지금 머리에 있는 이가 몸에 붙으면 모두 점차 변하여 흰색이 되고, 몸에 있는 이가 머리에 붙으면 모두 차츰 변하여 검은색이 된다.〔今頭蝨著身 皆稍變而白 身蝨處頭 皆漸化而黑〕" 하였다.

69) 사향노루가……내며 : ≪文選≫ 〈養生論〉에 보이는 李善의 注에서 ≪本草名醫≫를 인용하여 "사향노루의 모양은 노루와 비슷하고, 항상 잣나무 잎을 먹는데 5월이 되면 향기를 낼 수 있다.〔麝香 形似麞 常食栢葉 五月得香〕" 하였다.

70) 험준한……생기고 : ≪文選≫ 〈養生論〉에 보이는 李善의 注에서 ≪淮南子≫를 인용하여 "험한 기운에 노출되면 혹이 생기는 경우가 많다. 이는 사람이 험준한 산에 거처할 때, 樹木의 혹이 물가에 이르는데 그 물을 마시면 혹이 생기는 병에 걸리기 때문이다.〔險阻之氣多癭 謂人居於山險 樹木瘤臨其水上 飮此水則患癭〕" 하였다.

71) 晉나라에……변하니 : 陳耀文의 ≪天中記≫ 권22에서 ≪醫說≫을 인용하여 "진나라 지역은 대추가 많아 사람들이 항상 품이나 소매 속에 그것을 넣어두는데, 粤지역 사람들이 檳榔을 씹어 먹는 것과 같다. 대추는 맛이 달아 비장을 손상시키기 때문에 치아가 누렇게 변한다.〔晉地多棗 人常置之懷袖中 若粤人之噉檳榔 味甘傷脾 故齒黃也〕" 하였다.

72) 羨門 : 고대의 신선이었던 羨門子高이다. 秦始皇이 碣石에 巡狩하여 燕나라 사람 盧生을 시켜 선문과 高誓라는 신선을 찾게 하였다.(≪史記≫ 〈秦始皇本紀〉)

73) 王喬 : 後漢 明帝 때 河東 사람으로, 葉縣(섭현)의 현령을 역임한 사람인데 神術이 있었다. 그는 매달 朔望에 대궐에 나와 조회에 참석했는데, 황제는 그가 자주 오는데도 수레가 보이지 않는 것을 괴이하게 여겨 太史로 하여금 몰래 엿보게 하니, 태사는 그가 올 때에는 두 마리의 오리가 동남쪽에서 날아온다고 보고하였다. 이에 오리가 오는 것을 보고 그물을 펴서 잡았으나 신발 한 짝만 있었다.(≪後漢書≫ 〈王喬列傳〉)

嵇叔夜養生論曰 "夫蝨著(착)頭而黑, 麝食栢而香, 頸處險而癭, 齒居晉而黃, 豈惟蒸之使重無使輕, 芬之使香勿使延哉. 誠能蒸以靈芝, 潤以醴泉, 無爲自得, 體妙心玄. 庶與羨門比壽, 王喬爭年, 何爲不可養生哉."

③ 歐陽堅石(歐陽建)의 〈言盡意論〉의 대략적인 내용은 다음과 같다. "이치는 마음에서 터득되지만 말이 아니면 그 이치를 밖으로 펼치지 못하고, 사물은 〈눈에 보이는〉 저곳에 고정되어 있지만 명칭이 아니면 구분하지 못한다. 명칭은 사물에 따라 달라지고 말은 이치에 따라 변하니, 〈명칭과 사물, 말과 이치는〉 서로 다른 두 개의 것이 될 수는 없다. 만일 별개의 것이 아니라면 말은 어떤 경우라도 뜻을 완벽히 표현한다."

歐陽堅石言盡意論略曰 "夫理得於心, 非言不暢, 物定於彼, 非名不辯. 名逐物而遷, 言因理而變, (而)〔不〕[74]得相與爲二矣. 苟無其二, 言無不盡矣."

8-17 殷中軍(殷浩)이 말하였다.

"韓康伯(韓伯)은 아직 나의 심오한 이치를 터득하지 못했다.[75]"

殷中軍云 康伯은 未得我牙後慧①라

① 〈殷浩別傳〉에 말하였다. "은호는 ≪老子≫와 ≪周易≫에 정통하고, 淸言에 뛰어났다. 韓康伯은 은호의 외조카인데, 은호가 매우 그를 사랑하였다."

浩別傳曰 "浩善老・易, 能淸言. 康伯, 浩甥也, 甚愛之."

---

74) (而)〔不〕: 저본에는 '而'로 되어 있으나, 宋本 ≪世說新語≫와 安永本 등에 의거하여 '不'로 바로잡았다. ≪世說新語≫의 異本 중에 '而'로 되어 있는 곳도 있다.

75) 韓康伯(韓伯)은……못했다 : 원문의 '牙後慧'는 '타인의 말・관점・해설' 또는 '言外의 이치'라는 뜻인데, ≪世說音釋≫에서는 〈黃山遊草跋〉을 인용하여 "타인의 이치에 대해 한마디도 습득한 바가 없는 것이다." 하고, ≪世說講義≫에서는 "韓康伯은 나의 가슴속에 있는 문학은 이미 획득했으나, 다만 아직 언외의 이치는 터득하지 못했다." 하여 한강백을 폄훼하는 의미로 해석하였다. 楊牧之와 胡友鳴은 전통적인 견해에 덧붙여 ≪世說新語選譯≫에서 ≪南史≫ 〈謝朓列傳〉의 '齒牙餘論'처럼 칭찬의 뜻이라고 하면서 "한강백은 아직 나의 칭찬과 추천을 받지 못했다."고 해석했는데, 劉葉秋도 〈筆記小說的入門津梁〉(≪讀書≫)에서 이 견해를 지지하였다.

8-18 殷中軍(殷浩)이 佛經을 보고 말하였다.
"이치가 응당 이것[76]에 있지."

殷中軍이 見佛經하고 云 理亦應阿堵上①[77]이라하다

① 불경이 중국에 유행한 지 오래되었으나 그 시초는 알지 못한다.

≪牟子≫[78]에 말하였다. "漢 明帝가 밤에 꿈을 꾸었는데, 몸에 태양 같은 광채가 나는 神人이 등장하였다. 다음날 여러 신하에게 〈이에 대해〉 널리 물었더니, 모든 것에 통달한 사람인 傅毅가 대답하였다. '제가 들으니, 天竺에 佛(부처)이라고 불리는 도통한 자가 있는데, 가볍게 뛰어 올라 날아다닐 수 있고 몸에 태양 같은 광채가 난다고 하니 아마 그 신인인 듯합니다.' 이에 羽林將軍 秦景과 博士弟子 王遵 등 12명을 大月氏國(대월지국)에 파견하여 불경 ≪四十二章經≫[79]을 필사해서 가져오게 하고, 그것을 蘭臺石室(궁중도서관)에 보관하였다."

劉子政(劉向)의 ≪列仙傳≫에 말하였다. "모든 학파의 책을 두루 살펴보면서 검사하고 증명해보니 신선이 된 자가 146명인데, 그 가운데 74명은 이미 불경에 기재되어 있기 때문에 70명[80]의 행적을 찬술하여 박학다식한 사람들이 두루 살펴볼 수 있게 하였다."

이와 같다면 漢 成帝와 哀帝 사이에 이미 불경이 존재한 것이 되니, ≪모자≫의 기록과 일치하지 않는다.[81]

---

76) 이것 : 원문은 '阿堵'인데, 魏晉南北朝시대의 구어로, '這(이)', '這個(이것)'의 뜻이다.

77) 理亦應阿堵上 : 저본에는 '理亦應阿堵上'으로 되어 있으나, ≪野客叢書≫와 ≪太平御覽≫ 〈釋部〉에는 '理應在阿堵上'으로 되어 있다. 校勘은 별도로 하지 않고 번역에만 참조하였다.

78) 牟子 : 170~? 이름은 融, 字는 子博으로, 蒼梧郡의 廣信 사람이고, 東漢 말년의 佛學家이다. 제자백가의 학설에 정통하고 廣西지역에서 최초로 불학을 연구한 사람이다. 三國시대 초기에 유가와 도가의 학설을 종합하여 ≪理惑論≫ 37편을 지었는데, 이는 중국 최초로 불학을 연구한 책이다.

79) 四十二章經 : 後漢 明帝 때에 인도 사람 迦葉摩騰과 竺法蘭이 번역하여 최초로 중국에 전한 불교 경전으로, 불교의 중요한 교훈을 뽑아 42단락으로 분류하고 적절한 비유로 설명한 책이다.

80) 70명 : 신선이 된 146명 가운데 불경에 기재된 74명을 제외하면 72명이 되어야 하는데, 현존 ≪列仙傳≫에는 70명이 수록되어 있다.

魚豢의 ≪魏略≫ 〈西戎傳〉에 말하였다. “天竺國의 城 가운데 臨兒國(룸비니, Lumbinī)이 있다. ≪浮屠經≫에 ‘그 국왕이 浮圖(붓다, Buddha)를 낳았는데, 부도는 〈그 나라의〉 太子이다. 부친의 이름은 屑頭邪(슈도다나, Śuddhodana)이고, 모친의 이름은 莫邪(마야, Māyā)이다. 부도는 몸의 빛깔이 황금색이고 머리카락이 푸른 실과 같으며 손톱이 구리와 같았다. 그 모친이 꿈에 흰 코끼리를 본 뒤에 잉태했는데, 태어날 때 모친의 오른쪽 옆구리에서 나오고 상투가 있으며, 땅에 떨어졌을 때 일곱 걸음을 걸을 수 있었다.’ 하였다. 천축국에 또 沙律이라는 신인이 있다. 옛날 한 애제 元壽 원년(B.C. 2)에 박사제자 景盧가 대월지국 왕의 사신 伊存이 구전으로 전해준 ≪부도경≫을 받았는데, 〈그 내용에 보이는〉 ‘復豆(Buddha)라는 사람이 바로 그 사람이다.’ 하였다.”

≪漢武故事≫에 말하였다. “〈흉노의〉 昆邪王(혼야왕)이 休屠王을 살해하고 그 백성을 데리고 와서 투항했을 때 황금 神像을 얻어 甘泉宮에 안치했는데, 황금 신상은 모두 키가 1丈 남짓이었다. 〈투항한 자들이〉 이 황금 신상에 제사 지낼 때, 소나 양을 쓰지 않고 단지 향을 사르면서 예배할 뿐이었는데, 황제가 그 나라의 풍속에 따라 제사 지내게 하였다.”

이러한 신은 부처와 완전히 같은 것이니, 한 무제 시대에 그 경전이 중국에 유행하지 않은 상황에서 어찌 단지 神明으로 섬겼겠는가. 그러므로 유향과 어환의 설명을 검토해보면 애제와 성제의 시대부터 불경이 전래되었다는 것은 명백하다.[82] 그렇다면 ≪모자≫의 기록에서 언급한 ≪사십이장경≫은 그 문장이 현재 존재하여 거짓이 아니니, 아마 명제가 사신을 파견하여 신기한 이야기를 광범위하게 수집한 것이고 그때 불경이 없었던 것은 아닐 것이다.

佛經之行中國, 尙矣, 莫詳其始. 牟子曰 “漢明帝夜夢神人, 身有日光. 明日博問群臣, 通人傅毅對曰 ‘臣聞天竺有道者, 號曰佛, 輕擧能飛, 身有日光, 殆將其神也.’ 於是, 遣羽林將軍秦景・博士弟子王遵等十二人, 之大月氏國, 寫取佛經四十二(部)〔章〕[83], 在蘭臺石室.” 劉子政列仙傳曰 “歷觀百家之中, 以相檢驗, 得仙者百四十六

81) 漢나라……않는다 : 劉向의 생몰년이 B.C. 77~B.C. 6인데, 이는 漢 成帝(재위기간 B.C. 33~B.C. 7)와 哀帝(재위기간 B.C. 7~B.C. 1)의 시대에 해당하기 때문에 ≪牟子≫에서 말한 明帝(재위기간 57~75)보다 앞선다는 뜻이다.

82) 유향과……명백하다 : 漢 武帝(재위기간 B.C. 141~B.C. 87)의 시대가 成帝(재위기간 B.C. 33~B.C. 7)와 哀帝(재위기간 B.C. 7~B.C. 1) 이전이기 때문에 이렇게 말한 것이다.

人. 其七十四人已在佛經, 故撰得七十, 可以多聞博識者遐觀焉." 此卽漢成・哀之間, 已有經矣, 與牟子傳記, 便爲不同. 魏略西戎傳曰"天竺城中有臨兒國. 浮屠經云'其國王生浮圖, 浮圖者, 太子也. 父曰屑頭邪, 母曰莫邪. 浮屠者, 身(服)〔服〕[84]色黃, 髮如青絲, 爪如銅. 其母夢白象而孕, 及生, 從右脅出而有髻, 墜地能行七步.' 天竺又有神人, 曰沙律. 昔漢哀帝元壽元年, 博士弟子景慮, 受大月氏王使伊存口傳浮屠經, 曰'復豆者, 其人也.'" 漢武故事曰"昆邪王殺休屠王, 以其衆來降, 得其金人之神, 置之甘泉宮, 金人皆長丈餘. 其祭不用牛羊, 惟燒香禮拜, 上使依其國俗祀之." 此神全類於佛, 豈當漢武之時, 其經未行於中土, 而但神明事之邪(야). 故驗劉向・魚豢之說, 佛至自哀・成之世, 明矣. 然則牟傳[85]所言四十二者, 其文今存非妄, 蓋明帝遣使廣求異聞, 非是時無經也.

8-19 애초에 ≪莊子≫를 주해한 사람이 수십 명이었으나 아무도 그 핵심을 구명할 수 없었다. 向秀(상수)가 옛 주석 이외에 解義를 지었는데, 오묘한 분석과 참신한 의미가 玄談의 풍조를 크게 창달하였다. 다만 〈秋水〉와 〈至樂〉 두 편은 주해를 끝내지 못한 채 상수가 세상을 떠났다. 상수의 아들이 어렸기 때문에 그의 해의가 마침내 散失되었지만, 그래도 別本은 있었다.

郭象이라는 자는 사람됨이 경박했으나 뛰어난 재주를 지녔다. 상수의 해의가 세상에 전해지지 않는 것을 보고는 마침내 그것을 표절하여 자신의 주석으로 삼았다. 그리고는 스스로 〈추수〉와 〈지락〉 두 편에 주석을 달고, 또 〈馬蹄〉 한 편의 주석을 개정하며, 그 나머지 여러 편에 대해서는 간혹 문구를 수정했을

---

83) (部)〔章〕: 저본에는 '部'로 되어 있으나, ≪四十二章經≫에 의거하여 '章'으로 바로잡았다.

84) (服)〔服〕: 저본에는 '服'으로 되어 있으나, 安永本・≪世說音釋≫・≪世說新語補觽≫・≪世說箋本≫에 의거하여 '服'으로 바로잡았다. ≪世說音釋≫에서는 ≪字彙≫를 인용하여 "服은 발음이 畔이고 뜻이 肉이다." 하였다.

85) 牟傳: '傳'은 일부 ≪世說新語≫ 판본(宋本)에 '傅'로 되어 있다. ≪世說音釋≫과 ≪世說箋本≫에서도 '傅'로 보고 牟傅를 '≪牟子≫와 傅毅'라고 하였으나, ≪四十二章經≫을 언급한 것은 ≪모자≫이지 부의가 아니다. ≪모자≫에 인용된 부의의 말 바로 뒤에 ≪사십이장경≫이 나오므로 착각한 듯하다. '牟傳'은 앞에서 언급한 '牟子傳記(≪모자≫의 기록)'의 뜻으로 보아야 할 듯하다.

뿐이었다. 이후에 상수가 지은 해의의 별본이 세상에 출현했기 때문에 현재는 상수가 주해한 ≪장자≫와 곽상이 주해한 ≪장자≫가 있게 되었는데 그 의미는 동일하다.

初에 注莊子者가 數十家어늘 莫能究其旨要라 向秀①가 於舊注外에 爲解義하니 (玅)〔妙〕[86] 析奇致하여 大暢玄風②이로되 惟秋水와 至樂二篇은 未竟而秀卒이라 秀子幼하여 義遂零落이나 然猶有別本이라 郭象者는 爲人薄行이나 有儁才③니 見秀義不傳於世하고 遂竊以爲己注라 乃自注秋水와 至樂二篇하고 又易馬蹄一篇하니 其餘衆篇은 或定點文句而已④라 後에 秀義別本出하니 故今有向郭二莊이나 其義一也라

① 〈向秀別傳〉에 말하였다. "상수는 字가 子期로, 河內 사람이다. 젊을 때 같은 군의 山濤에게 인정받고, 또 譙國의 嵇康, 東平의 呂安과 사이가 좋았는데, 이들은 모두 탈속의 운치를 지니고 있었다. 그는 나아가거나 물러날 때도 항상 그들과 똑같이 행동하며, 일을 하여 생계를 꾸리는 것도 이미 역시 다르지 않았다. 항상 혜강과 짝을 이루어 洛邑에서 강철을 주조하고 여안과 함께 山陽에서 정원에 물을 주면서 〈생계를 꾸리되〉 집안의 살림살이를 염려하지 않았으니, 외물이 그의 마음을 불편하게 하지 못한 것이다. 약관의 나이에 〈儒道論〉을 지었으나 버리고 거두지 않았는데 호사자가 간혹 그것을 보존하였다. 혹자는 '이 논문은 상수의 친척이 지은 것인데 유통되지 않는 것을 곤란하게 여기고는 상수에게 이름을 빌리고 싶다고 하자, 상수가 웃으면서 「좋도록 하시오.」 했다.' 하였다. 이후에 혜강이 죽임을 당하자 상수는 결국 어찌할 바를 모르다가 해마다 치르는 과거시험에 응시하기 위해 서울에 가서 대장군 司馬文王(司馬昭)을 찾아 갔다. 문왕이 '듣자니, 그대는 箕山의 뜻[87]을 품고 있다고 하던데 어떻게 스스로 굴복할 수 있소?' 묻자, 상수가 '〈저는〉 항상 許由가 堯임금의 뜻을 깨닫지 못했다고 생각했으니 본래 사모한 바

---

86) (玅)〔妙〕: 저본에는 '玅'로 되어 있으나, 安永本과 ≪世說新語≫ 각본에 의거하여 '妙'로 바로잡았다. 아래도 같다.

87) 箕山의 뜻 : 기산은 河南省 登封縣 동남쪽에 있는 산으로, 許由가 은거했던 곳이다. 허유는 堯임금 때의 隱士로, 요임금이 천하를 그에게 양위하려 하자 기산 아래 潁水 북쪽에 숨었으며, 또 그를 불러 九州의 우두머리로 삼으려고 하자 영수 물가에 가서 귀를 씻었다.(≪莊子≫ 〈逍遙遊〉, ≪史記≫ 〈燕世家〉)

가 아닙니다.' 하니, 좌중의 모든 사람이 기뻐하였다. 차례에 따라 관직을 옮겨 黃門侍郎과 散騎常侍에 이르렀다."

向秀別傳曰"秀, 字子期, 河內人. 少爲同郡山濤所知, 又與譙國嵇康・東平呂安友善, 竝有拔俗之韻. 其進止無不同, 而造事營生, 業亦不異, 常與嵇康偶鍛於洛邑, 與呂安灌園於山陽, 不慮家之有無, 外物不足怫其心. 弱冠著儒道論, 棄而不錄, 好事者或存之. 或云'是其族人所作, 困於不行, 乃告秀欲假其名. 秀笑曰「可復爾耳.」' 後康被誅, 秀遂失圖, 乃應歲擧, 到京師, 詣大將軍司馬文王. 文王問曰'聞君有箕山之志, 何能自屈.' 秀曰'常謂彼人不達堯意, 本非所慕也.' 一坐皆說(열). 隨次轉, 至黃門侍郎・散騎常侍."

② 〈向秀別傳〉에 말하였다. "상수는 嵇康・呂安과 벗이었지만 취사선택은 같지 않았다. 혜강은 세상 사람들을 무시하고 예법에 얽매이지 않으며, 여안은 제멋대로 굴고 세속을 초탈하였다. 그러나 상수가 항상 독서를 좋아하니, 혜강과 여안이 이로써 적지 않게 그를 비웃었다. 이후에 상수가 장차 ≪莊子≫를 주해하고자 하여 우선 이 일을 혜강과 여안에게 알렸더니, 혜강과 여안은 모두 '이 책이 어찌 더 이상 주석이 필요하겠는가. 그 일은 단지 세상 사람들에게 버려두고 즐거운 일을 할 뿐일세.' 하였다. 주해가 완성되었을 때 두 사람에게 보여주자, 혜강이 〈여안에게〉 '그대는 진실로 훌륭하다고 생각하는가?' 하니, 여안이 깜짝 놀라면서 '莊周가 죽지 않았구나.' 하였다. 이후에 ≪周易≫을 주해했는데 그 요지는 볼만 했지만, 漢나라 여러 유학자들의 해설과 일치하지 않으니 비교 대상이 없을 만큼 뛰어나게 은미한 뜻을 탐색하고 원활하게 풀이한 것에는 미치지 못하였다."

〈向秀本傳〉에 말하였다. "혹자는 '상수가 유람을 하면서 여러 현자에게 의탁하다가 처량하게 세상을 떠났다. 저술은 전혀 남기지 않고, 오직 ≪장자≫를 좋아하여 애오라지 崔譔(최찬)[88]이 주해한 내용을 수용하여 잊을 것에 대비했다.' 하였다."

〈竹林七賢論〉에 말하였다. "상수가 이 解義를 지었을 때, 그것을 읽은 사람들은 누구나 세속을 벗어나게 되었으니, 마치 먼지 낀 세속을 이미 벗어나 지극히 심오한 부분을 엿보아 비로소 보고 듣는 세계 바깥에 신묘한 덕과 현묘한 哲理가 있다는 것을 깨달아 천하를 버리고 만물을 도외시할 수 있을 듯하다. 비록 다시 名利를

88) 崔譔(최찬) : 東晉시대 사람으로, 생몰년은 미상이다. ≪莊子≫ 주석으로 명성을 떨쳤는데, 그 책이 세상에 전해지지 않고, 그의 주석이 陸德明의 ≪經典釋文≫에 남아있다. ≪世說音釋≫에서 '譔'의 발음은 '撰'이라고 하였다.

찾느라 분주한 사람으로 하여금 자신이 좇는 바를 돌아보게 할지라도 모두 이전의 행위를 슬프게 여기면서 속세에서 벗어나고픈 마음이 저절로 들게 될 것이다."

秀別傳曰 "秀與嵇康·呂安爲友, 趣舍不同. 嵇康傲世不羈, 安放逸邁俗, 而秀雅好讀書, 二子頗以此嗤之. 後秀將注莊子, 先以告康·安, 康·安咸曰 '此書詎復須注. 徒棄人, 作樂事耳.' 及成, 以示二子, 康曰 '爾故復勝不.' 安乃驚曰 '莊周不死矣.' 後注周易, 大義可觀, 而與漢世諸儒互有彼此, 未若隱(莊)〔解〕[89]之絶倫也." 秀本傳 "或言秀遊託數賢, 蕭屑卒歲. 都無著述, 惟好莊子, 聊應崔譔所注, 以備遺忘云." 竹林七賢論云 "秀爲此義, 讀之者無不超然, 若已出塵埃而窺絶冥, 始了視聽之表有神德玄哲, 能遺天下外萬物. 雖復使動競之人顧觀所徇, 皆悵然自有振拔之情矣."

③ 張騭(장즐)[90]의 ≪文士傳≫에 말하였다. "郭象은 字가 子玄으로, 河南 사람이다. 젊을 때 재주와 사상을 지니고, 도를 사모하고 학문을 좋아하여 老莊에 뜻을 두니, 당시 사람들이 모두 王弼에 버금간다고 여겼다. 司空掾과 太傅主簿로 발탁되었다."

文士傳曰 "象, 字子玄, 河南人. 少有才理, 慕道好學, 託志老·莊, 時人咸以爲王弼之亞. 辟司空[91]掾·太傅主簿."

④ 張騭의 ≪文士傳≫에 말하였다. "곽상이 ≪莊子注≫를 지었는데, 청아한 표현과

---

89) (莊)〔解〕: 저본에는 '莊'으로 되어 있으나, 安永本과 ≪世說箋本≫에 의거하여 '解'로 바로잡았다. ≪세설전본≫에서는 ≪晉書≫ 〈向秀傳〉의 "莊周著內外數十篇 歷世才士雖有觀者 莫適論其旨統也 秀乃爲之隱解 發明奇趣 振起玄風 讀之者超然心悟 莫不自足一時也(莊周가 수십 편의 내편과 외편을 저술했는데, 역대로 재주 있는 선비 가운데 ≪莊子≫에 대해 비록 자신의 관점을 가진 자가 있었지만, 그 사상의 체계를 사리에 맞게 논의한 사람은 없었다. 向秀가 ≪장자≫에 대해 ≪隱解≫를 지어 기묘한 의미를 밝혀냄으로써 玄風(玄學의 풍조)을 크게 일으켰으니, 상수의 ≪은해≫를 읽는 자들은 얽매임 없이 마음으로 깨달아 누구나 스스로 한 때에 만족하였다.)"를 근거로 제시하였으며, ≪莊子隱解≫를 書名으로 보기도(≪全晉文≫ 권72) 한다. 萬曆 14년본과 ≪世說新語≫ 각본에는 '莊'으로 되어 있다.

90) 張騭(장즐): ≪晉書≫ 〈載記〉에 "東晉 孝武帝 隆安 5년(401)에 房晷와 梁中庸을 左長史와 右長史로 삼았고, 張騭과 謝正禮를 左司馬와 右司馬로 삼았다.〔房晷梁中庸爲左右長史 張騭謝正禮爲左右司馬〕" 하였고, 余嘉錫은 "장즐이 어느 시대 사람인지는 확실하지 않지만, 裴松之와 劉孝標가 모두 그의 ≪文士傳≫을 인용했으니 장즐은 晉代에 태어난 것이 틀림없다.〔騭雖不詳時代 然裴松之劉孝標皆引其書 則其人當生於晉代〕" 하였다.(≪世說新語箋疏≫ 〈雅量〉)

91) 空: ≪晉書≫ 〈郭象傳〉에는 '徒'로 되어 있다.

뛰어난 의미가 매우 많이 담겨 있다."

文士傳曰 "象作莊子注, 最有淸辭遒旨."

【頭註】

○ 李贄 : 向秀가 이와 같이 했다면[92] 嵇公(嵇康) 공을 배반한 듯하다.

李云 "向秀如此, 似負嵇公."

8-20 〈북방 사람인〉 褚季野(褚裒)가 〈남방 사람인〉 孫安國(孫盛)에게 말하였다.

"북방 사람의 학문은 깊고 종합적이며 광범위합니다."

손안국이 대답하였다.

"남방 사람의 학문은 매끈하고 문맥이 잘 통하며 간명하고 핵심적입니다."

支道林(支遁)이 〈이러한 말을〉 듣고 말하였다.

"聖賢은 진실로 말할 만한 대상이 아니거니와 중등 수준 이하의 사람의 경우, 북방 사람의 독서는 밝은 곳에서 달을 보는 것과 같고, 남방 사람의 학문은 창문을 통해 해를 엿보는 것과 같다."

褚季野가 **語孫安國**①**云 北人學問**은 **淵綜廣博**이라하니 **孫答曰 南人學問**은 **淸通簡要**라하다 **支道林**이 **聞之曰 聖賢**은 **固所忘言**이어니와 **自中人以還**은 **北人看書**는 **如顯處視月**이요 **南人學問**은 **如牖中窺日**②이라하다

① 何法盛의 ≪晉中興書≫[93]에 말하였다. "孫盛은 字가 安國으로, 太原의 中都 사람이다. 널리 배우고 기억력이 좋으며, 著作郎과 瀏陽令을 역임하였다. 庾亮이 荊州를 다스릴 때에 〈그를〉 征西主簿로 삼고, 여러 관직을 거쳐 祕書監이 되었다."

中興書曰 "孫盛, 字安國, 太原中都人. 博學强識(지), 歷著作郎·瀏陽令. 庾亮爲荊州, 以爲征西主簿, 累遷祕書監."

---

92) 向秀가……했다면 : 상수가 관직을 얻기 위해 司馬文王(司馬昭)을 만난 일을 이른다.

93) 何法盛의 ≪晉中興書≫ : 하법성은 南朝 宋 孝武帝 때 奉朝請·校書東宮·湘東太守 등을 역임하였다. ≪진중흥서≫는 東晉의 事跡을 기록한 紀傳體 史書로, 78권이다. ≪中興書≫라고도 한다. 劉知幾는 이 책이 동진의 史書 중에 가장 뛰어나다고 평가하였다. 원본은 산실되었고, 黃奭의 輯本 등 여러 종의 집본이 있다.

② 支道林이 말한 내용은 단지 비유를 통해 孫盛과 褚裒(저부)의 논리를 완성한 것이다. 그렇다면, 학문이 넓으면 주도면밀하기 어렵고 주도면밀하기 어려우면 식견이 애매모호해지기 때문에 밝은 곳에서 달을 보는 것과 같고, 학문이 좁으면 논핵하기 쉽고 논핵하기 쉬우면 지혜가 밝아지기 때문에 창문을 통해 해를 엿보는 것과 같다.

支所言, 但譬成孫・褚之理也. 然則學廣則難周, 難周則識闇, 故如顯處視月, 學寡則易(이)覈, 易覈則智明, 故如牖中窺日也.

【頭註】

○ 劉辰翁 : 창문을 통해 해를 엿보면 외면이 밝고, 밝은 곳에서 달을 보면 틈새까지 달빛이 꿰뚫는다.

劉云 "牖中窺日, 外面光, 顯處視月, 罅隙透."

○ 劉應登 : 褚裒는 북방 사람이고, 孫盛은 남방 사람이다.

應登云 "褚, 北人, 孫, 南人."

8-21 謝安이 젊은 시절에 阮光祿(阮裕)에게 〈白馬論〉을 설명해달라고 청하니, 〈완광록이〉 논문을 써서 사안에게 보여주었다. 그러나 그때에 사안은 완광록의 설명을 곧바로 이해하지 못하여 끝까지 거듭거듭 질문하니, 완광록이 감탄하면서 말하였다.

"언변이 뛰어난 사람을 얻을 수 없을 뿐만 아니라, 정작 의미를 찾으려는 사람도 얻을 수 없다."

謝安이 **年少時**에 **請阮光祿道白馬論**[①]하니 **爲論以示謝**어늘 **于時**에 **謝不卽解阮語**하여 **重相咨盡**이라 **阮乃歎曰 非但能言人**을 **不可得**이어니와 **正索解人**도 **亦不得**[②]이라하다

謝安

① ≪孔叢子≫에 말하였다. "趙나라 사람 公孫龍이 '흰 말은 말이 아니다. 말이라는 것은 그 형체를 명명한 것이고, 희다는 것은 색깔을 명명한 것이다. 색깔을 명명한 것은 형체를 명명한 것이 아니기 때문에 흰 말은 말이 아니라고 한 것이다.' 하였다.[94)]"

孔叢子曰 "趙人公孫龍云 '白馬, 非馬. 馬者, 所以命形, 白者, 所以命色. 夫命色者, 非命形, 故曰 白馬非馬也.'"

② 何法盛의 ≪中興書≫에 말하였다. "阮裕는 難題에 대한 논의에 매우 정통하였다."
中興書曰 "裕, 甚精論難."

【頭註】

○ 王世懋 : 謝公(謝安)조차도 이렇다면 다른 사람은 말할 것도 없다.[95)]
王云 "謝公猶然, 況它人乎."

8-22 【補】[96)] 葛稚川(葛洪)이 陸平原(陸機)의 문장을 다음과 같이 평가하였다. "玄圃[97)]에 쌓인 옥과 같으니 夜光珠가 아닌 것이 없다."

葛稚川이 目陸平原之文하되 如玄圃積玉하니 無非夜光[①]이라하다

① ≪晉書≫ 〈葛洪傳〉에 말하였다. "갈홍은 字가 稚川으로, 丹陽의 句容 사람이다. 어릴 때부터 학문을 좋아했으나, 집안이 가난하여 땔나무를 베어 팔아서 종이와 붓을 사서 밤마다 책을 베끼고 송독하면서 익혔다. 성품은 욕심이 적고 기호가 없으며, 바둑판의 줄 수와 樗蒱(저포)의 齒名[98)]을 알지 못하였다. 사람됨이 소

葛洪

94) 趙나라……하였다 : 이 구절은 현재 ≪孔叢子≫에 보이지 않고, ≪公孫龍子≫ 〈白馬論〉에 보인다.

95) 謝公(謝安)조차도……없다 : 사안처럼 학식이 많은 사람도 〈白馬論〉을 단번에 이해하지 못하니, 그 외의 사람들은 더욱 이해하지 못한다는 뜻이다.

96) 【補】: 저본에는 '補'가 없으나, 이 일화는 ≪世說新語≫가 아닌 ≪何氏語林≫에 있으므로 '補'를 보충하였다.

97) 玄圃 : 崑崙山의 정상에 있다는, 신선이 사는 곳으로, 다섯 金臺와 열두 玉樓, 그리고 기이한 꽃과 바위가 많다고 한다.

98) 樗蒱(저포)의 齒名 : '蒱'는 '蒲'로도 쓴다. '저포'는 樗(가죽나무)와 蒲(부들)의 열매로 양면만 있는 납작한 형태의 주사위 5개를 만들고, 그것을 던져서 말을 움직여 승부를 다투는 놀이이다. 5개의 주사위 중에 앞면에 흑색을 칠한 뒤 犢(송아지)을 그려

박하고 어눌하며 영예와 이익을 좋아하지 않으며, 문을 닫아걸고 손님을 사절하여 일찍이 사람들과 교유하지 않았다. 餘杭山에서 何幼道(何準)와 郭文擧(郭文)를 만났는데, 눈으로 바라볼 뿐 각자 아무런 말도 하지 않았다. 책의 의미를 물어볼 일이 있으면 몇 천 리를 멀다고 여기지 않고 험난한 길을 무릅쓰고 가서 기필코 해결하기를 기약하여 마침내 典籍을 보고 연구하였는데, 신선의 導引術과 養生術을 더욱 좋아하였다."

晉書曰 "葛洪, 字稚川, 丹陽句容人. 少好學, 家貧, 伐薪以貿紙筆, 夜輒寫書誦習. 性寡欲, 無所愛翫, 不知棋局幾道・樗蒱齒名. 爲人木訥, 不好榮利, 閉門却掃, 未嘗交遊. 於餘杭山見何幼道・郭文擧, 目擊而已, 各無所言. 尋書問義, 不遠數千里, 崎嶇冒涉, 期於必得, 遂究覽典藉, 尤好神仙導養之法."

8-23 樂令(尙書令 樂廣)은 淸談에는 훌륭했지만 作文에는 뛰어나지 못하였다. 장차 河南尹을 사직하려고 할 때에 潘岳에게 表文을 지어달라고 청하니, 반악이 말하였다.

"지을 수는 있습니다만, 당연히 당신의 의도를 알아야 합니다."

악광이 자신의 사직하려는 이유를 진술하여 2백여 마디의 말을 열거하자, 반악이 곧장 그 말을 종합적으로 엮어 즉시 명문장을 완성하였다. 당시 사람들이 모두 말하였다.

"만약 악광이 반악의 문장을 빌리지 않고 반악이 악광의 뜻을 취하지 않았다면 이 명문장이 완성될 수 없었을 것이다."

樂(악)令은 善於淸言이나 而不長於手筆이라 將讓河南尹할새 請潘岳爲表①하니 潘云 可作耳어니와 要當得君意라하다 樂이 爲述已所以爲讓하여 標位二百許語하니 潘이 直取錯綜하여 便成名筆이라 時人이 咸云 若樂이 不假潘之文하고 潘이 不取樂之旨인댄 則無以

넣고 뒷면에 백색을 칠한 뒤 雉(꿩)를 그려 넣은 것이 2개이고, 나머지 3개는 흑색과 백색만 칠하였다. '치'는 '采'라고도 하는데, 양면에 칠한 黑과 白, 그 안에 그린 雉와 犢을 이르고, 5개의 주사위를 던져서 생긴 12개의 조합을 부르는 명칭이 '치명'이며, 각 조합마다 말판에서 말을 움직이는 횟수를 정해놓은 것이 '采數'이다.

成斯矣[99]라하다

① 孫盛의 ≪晉陽秋≫에 말하였다. "潘岳은 字가 安仁으로, 滎陽 사람이다. 일찍부터 출중한 재능으로 명성을 떨치고 작문에 뛰어나며, 세상에 둘도 없는 맑고 고운 품격은 蔡邕조차 그를 능가할 수 없었다. 관직이 黃門侍郎에 이르고, 孫秀에게 살해 당했다."
晉陽秋曰 "岳, 字安仁, 滎陽人. 夙以才穎發名, 善屬文, 淸綺絶世, 蔡邕未能過也. 仕至黃門侍郎, 爲孫秀所害."

8-24【補】[100] 陸士衡(陸機)이 洛陽에 들어갔을 때 〈三都賦〉[101]를 지으려고 했는데, 左太冲(左思)이 그것을 짓고 있다는 소식을 들었다. 육사형이 손뼉을 치면서 크게 웃고는 그의 아우 陸士龍(陸雲)에게 편지를 보내 말하였다.

"이곳에서 어떤 傖父(촌놈)[102]가 〈삼도부〉를 지으려고 한다니, 완성을 기다렸다가 그것으로 술동이나 덮으려고 하네."

이후에 좌태충의 〈삼도부〉가 세상에 출현하자, 육사형이 매우 탄복하면서 그를 능가할 수 없다고 여겨 마침내 붓을 멈추었다.

陸士衡이 **入洛**에 **擬作三都賦**한대 **聞左太冲作之**①라 **士衡**이 **撫掌大笑**하고 **與弟士龍書曰 此間有一傖父**가 **欲作三都賦**②하니 **須其成**하여 **以覆酒甕耳**라하다 **後**에 **左賦出**하니 **士衡**이 **絶歎伏**하고 **以爲不能加**하여 **遂輟筆焉**③이라

① 〈左思別傳〉에 말하였다. "좌사는 字가 太冲으로, 齊國의 臨淄 사람이다. 그의 부친 左雍은 筆札(공문서 담당 직책)에서 관직을 시작했는데, 관장하고 경험한 바가 많아

99) 矣 : 安永本·≪世說箋本≫·≪世說講義≫에는 '美'로 되어 있다.

100)【補】: 저본에는 '補'가 없으나, 이 일화는 ≪世說新語≫가 아닌 ≪何氏語林≫에 있으므로 '補'를 보충하였다.

101) 三都賦 : 左思가 10년의 공력을 들여 완성한 장편의 賦로, 〈吳都賦〉·〈魏都賦〉·〈蜀都賦〉 세 편으로 구성되어 있다.

102) 傖父(촌놈) : 南北朝시대에 남방 사람이 북방 사람의 거칠고 비루한 태도를 기롱하여 그들에 대해 멸시의 의미를 담아 부른 호칭이다.

殿中御史가 되었다. 좌사는 어릴 때 모친을 여의였기 때문에 좌옹이 그를 불쌍히 여겨 심하게 공부하라고 다그치지는 않았으나, 성장해서는 명문장을 광범위하게 읽고 제자백가를 두루 섭렵하였다. 司空 張華가 그를 祭酒(좨주)로 발탁하고 賈謐(가밀)이 그를 秘書郎으로 천거하였다. 가밀이 주살되자 고향으로 돌아와 저술활동에 전념하고, 齊王 司馬冏(사마경)이 記室參軍이 되어 달라고 청했지만 나아가지 않았다. 당시에 〈三都賦〉를 짓고 있었는데 미처 완성하지 못한 상태였다. 몇 년 뒤에 병으로 세상을 떠나니, 〈삼도부〉의 개정은 그의 죽음에 임박해서야 완성되었다. 처음 〈蜀都賦〉를 지었을 때, 그 가운데 '金馬[103]는 높은 언덕에서 번개를 내뿜고, 碧雞는 힘껏 날개를 떨쳐 구름을 헤치네. 鬼彈[104]에서 탄환이 날리니 탕탕쾅쾅 울리고, 火井[105]에서 불빛이 솟구치니 번쩍이네.' 했는데, 현재 '귀탄' 이하의 구절이 없기 때문에 〈촉도부〉는 종종 문장이 같지 않다. 좌사의 사람됨은 관리의 재주가 없으나 문학의 재주가 있었다. 또 椒房[106]이라는 이유로 적지 않게 뽐냈기 때문에 齊나라 사람들이 그를 중시하지 않았다."

臧榮緖[107]의 ≪晉書≫에 말하였다. "좌사가 〈삼도부〉를 지으려고 할 때 著作郎

---

103) 金馬 : 뒤에 보이는 碧雞와 함께 전설 속에 등장하는 神物의 이름이다. ≪漢書≫ 〈郊祀志 下〉에 "어떤 사람이 益州에 금마신과 벽계신이 있으니 제사를 지내면 불러올 수 있다고 하였다. 이에 諫大夫 王褒로 하여금 부절을 지니고 가서 찾으라고 했다." 하였다.

104) 鬼彈 : 瘴氣를 가리킨다. 干寶의 ≪搜神記≫ 권12에 "漢나라 永昌郡 不違縣에 禁水가 있는데, 강물에 毒氣가 있어 단지 11월과 12월에만 겨우 건널 수 있고, 1월부터 10월까지는 건널 수 없으니, 건너면 그때마다 사람이 병들고 죽는다. 그 독기 가운데 惡物이 있으나 그 형체는 보이지 않고 소리만 낸다. 그 소리가 마치 무언가를 던져서 때리는 것처럼 들리는데, 나무에 맞으면 부러지고 사람에 맞으면 상해를 입는다. 그 지방에서는 이를 귀탄이라고 부른다." 하였다.

105) 火井 : 천연가스가 분출되는 우물이다. 옛날에는 주로 그 물을 졸여서 소금을 생산하여 鹽井이라고도 하였다. ≪文選≫ 〈蜀都賦〉의 劉逵 注에 "蜀郡 臨邛縣 서남쪽에 화정이 있으니, 화정은 鹽井이다." 하였다.

106) 椒房 : 左思의 여동생으로서 西晉 武帝의 左貴嬪이 된 左芬을 이른다. '초방'은 山椒를 벽에 바른 궁전으로, 후비의 궁전을 이르는데, 椒塗라고도 한다. 산초는 열매가 많이 열리므로 이를 섞어 벽을 발라 자손의 번성을 기원한 것이다.

107) 臧榮緖 : 호는 披褐선생으로, 南朝 宋나라 사람이고, 京口에 은거하면서 학생을 가르치고, ≪晉書≫ 110권을 저술하였다.(≪世說音釋≫, ≪世說箋本≫)

張載를 찾아가 岷州와 邛州의 일에 대해 물었다. 10년 동안 구상하면서 대문·정원·울타리·변소에 모두 문구용품을 두고는 한 구절이 떠오를 때마다 즉시 기록하였다."

思別傳曰"思, 字太沖, 齊國臨淄人. 父雍起於筆札, 多所掌練, 爲殿中御史. 思蚤喪母, 雍憐之, 不甚教其書學, 及長, 博覽名文, 遍閱百家. 司空張華辟爲祭酒, 賈謐擧爲秘書郎. 謐誅, 歸鄕里, 專思著述. 齊王冏請爲記室參軍, 不起. 時爲三都賦, 未成也. 後數年, 疾終, 其三都賦改定, 至終乃上. 初作蜀都賦, 云'金馬電發於高岡, 碧雞振翼而雲披. 鬼彈飛丸以礌磤[108], 火井騰光以赫曦.' 今無鬼彈, 故其賦往往不同. 思爲人, 無吏幹而有文才. 又頗以椒房自矜, 故齊人不重也." 臧榮緖晉書曰"思欲作三都賦, 乃詣著作郎〔張載〕[109], 訪岷·邛之事. 搆思十稔, 門·庭·藩·溷皆著筆札, 遇得一句, 卽疏之."

② 孫盛의 ≪晉陽秋≫에 말하였다. "〈강남의〉 吳지역 사람들은 중원 사람을 '傖(촌놈)'이라고 하였다."

晉陽秋曰"吳人以中州人爲傖."

③〈陸雲別傳〉에 말하였다. "陸雲은 字가 士龍으로, 吳나라 大司馬 陸抗의 다섯 번째 아들이고, 陸機의 同母弟이다. 학문이 깊고 의젓하며 뛰어난 재주를 지녔으며, 용모가 아름답고 언변이 뛰어나 담론을 잘하며, 박식하고 기억력이 좋으며, 저술을 잘하였다. 6세에 시를 지을 수 있었으니, 당시 사람들이 項託[110]과 楊烏[111]의 무리라고 하였다. 18세에 揚州刺史 周浚이 그를 主簿에 임명하였고, 여러 관직을 거쳐 太子舍人과 淸河內史가 되었다. 成都王(司馬穎)에게 살해당했다."

陸雲別傳曰"雲, 字士龍, 吳大司馬抗之第五子, 機同母弟也. 儒雅有俊才, 容貌瓌偉, 口敏能談, 博聞彊記, 善著述. 六歲能賦詩, 時人以爲項託楊烏之儔. 十八, 刺史

---

108) 礌磤 : ≪水經注≫에는 '雷激'으로 되어 있다.(≪世說音釋≫, ≪世說箋本≫)

109) 〔張載〕: 저본에는 '張載'가 없으나, ≪文選≫ 〈三都賦序〉의 李善 注에 인용된 臧榮緖의 ≪晉書≫에 의거하여 보충하였다.

110) 項託 : ≪淮南子≫ 〈脩務訓〉에 "항탁은 7세 때에 孔子의 스승이 되었는데 공자가 그의 말을 경청했다." 하였고, 陳耀文의 ≪天中記≫에서 ≪圖經≫을 인용하여 "항탁은 魯나라 사람으로, 10세에 사망하니 당시 사람들이 제사를 지내고 小兒神이라고 불렀다." 하였다. ≪敦煌變文集≫ 권3에 〈孔子項託相問書〉라는 글이 있다.

111) 楊烏 : 楊雄의 둘째 아들 楊信으로, 字가 子烏이다. ≪法言≫ 〈問神〉에 "우리 집안의 童烏가 9세 때에 내가 ≪太玄經≫을 짓는 데 참여했다." 하였다.

周俊[112)]命爲主簿, 累遷太子舍人・淸河內史. 爲成都王所害."

【頭註】

○ 〈礌磝의〉 '磝'은 어떤 본에는 '激'으로 되어 있다.
磝一作激.

○ 〈著作郎의〉 '郎' 아래에 '張載' 2자가 탈락되었다.
郎下脫張載二字.

8-25 【補】 陸士衡(陸機)이 洛陽에 들어갈 때 河南의 偃師지역에 머물게 되었는데, 저녁이 되면서 어두워지자 민가에 투숙하였다. 그곳에서 소년 한 명을 만났는데, 자태가 단정하면서도 세속을 초탈한 모습이고, 육사형과 대화를 나눌 때 심오하고 미묘하여 말에 운치가 있었다. 육사형은 마음속으로 그의 능력에 탄복하고는 古今의 일을 종횡으로 엮으면서 명칭과 실상의 관계를 종합적으로 증험했는데, 소년은 역시 그다지 기뻐하지도 않고 이해하려 하지도 않았다. 날이 밝은 뒤에 〈그가〉 인사하고 떠나려 할 때, 육사형이 驂馬를 풀어 〈그에게 주려〉 하니,[113)] 여관의 할멈이 말하였다.

"이곳으로부터 동쪽으로 수십 리에 걸쳐 촌락이 없고, 단지 山陽 高平의 왕씨 집안 묘소가 있을 뿐이오."

육사형은 〈그제야〉 만났던 소년이 王輔嗣(王弼)였다는 것을 알았다. 육사형은 이 일을 계기로 현묘한 이치에 정통하게 되었다.

陸士衡이 入洛에 次河南偃師할새 近夕結陰하여 投宿民居라 見一少年한대 姿神端遠하고

---

112) 俊 : 저본과 ≪世說新語≫ 각본에는 '俊'으로 되어 있으나, 萬曆 14년본・安永本・≪晉書≫ 〈陸雲傳〉에는 '浚'으로 되어 있다. ≪세설신어≫에서 이 注는 〈賞譽〉의 '有問秀才'에 있다.

113) 驂馬를……하니 : 원문의 '脫驂'에 대해 ≪世說音釋≫과 ≪世說新語補考≫에서는 "멍에를 푸는 것과 같으니 이날 여관에서 머물려는 것이다." 하였고, ≪世說新語補觿≫와 ≪世說箋本≫에서는 "이별할 때 선물로 주려는 것이다." 하였는데, 후자의 견해를 따랐다.

與士衡言에 玄(玅)〔妙〕有辭致라 士衡이 心服其能하고 乃提緯古今하여 總驗名實이어늘 少年이 亦不甚欣解라 旣曉辭去에 士衡脫驂하니 逆旅嫗曰 此東數十里에 無村落이요 止有山陽王家墓耳라하니 知所遇者가 輔嗣也라 士衡이 由此로 妙達玄理①하다

① 酈道元(역도원)의 ≪水經注≫에 말하였다. "지금 尸鄕[114]의 澤野가 들판을 등지고 성곽을 끼고 있는 곳에 무덤이 많은데, 바로 陸士衡(陸機)이 王輔嗣(王弼)를 만난 곳이다."
酈道元水經注曰 "今尸鄕澤野, 負原夾郭, 多墳隴焉, 卽陸士衡會王輔嗣處也."

【頭註】
○ 〈亦不甚欣解의〉 '不'은 아마 衍文인 듯하다.
不, 恐衍.

8-26 【補】 宋處宗(宋宗)은 풍부한 사고력을 지녔다. 일찍이 長鳴雞[115] 한 마리를 사서 새장에 넣어 창가에 두니, 그 장명계가 마침내 사람의 말을 하게 되어 송처종과 더불어 담론을 할 때에 지극히 운치가 있었다. 송처종은 이를 계기로 玄談의 능력이 크게 향상되었다.

宋處宗은 甚有思理라 嘗買得一長鳴雞하여 籠着窓間하니 雞遂作人語하여 與宋談에 極有致라 宋이 因此하여 玄功大進①이라

① 孫盛의 ≪晉陽秋≫에 말하였다. "宋宗은 字가 處宗으로, 沛國 사람이다. 兗州刺史를 역임하였다."
≪晉陽秋≫曰 "宋宗, 字處宗, 沛國人. 官兗州刺史."

8-27 郭景純(郭璞)의 詩에 말하였다.

---

114) 尸鄕 : 西亳으로, 현재 河南省 洛陽市 偃師 서쪽에 있었다.
115) 長鳴雞 : 우는 소리가 크고 긴 닭이다. ≪廣志≫에 "九眞郡에서 장명계가 산출된다." 하였고, ≪西京雜記≫에 "漢 成帝 때에 交趾에서 장명계와 司晨鷄를 헌납했는데, 시간에 맞추어 어긋나지 않고 울었다." 하였다.

"숲속에는 흔들리지 않는 나무가 없고, 시내에는 멈추어 있는 물결이 없구나.[116)]"

阮孚가 말하였다.

"깊은 물결과 높은 산의 스산함은 실로 말로 표현할 수 없으니, 이 시를 읽을 때마다 나도 모르게 정신과 신체가 세속을 초월하는 것처럼 느껴진다."

郭景純詩云 林無靜樹요 **川無停流**①라하니 **阮孚云**② **泓崢蕭瑟**은 **實不可言**이니 **每讀此文**에 **輒覺神超形越**이라하다

① 王隱의 ≪晉書≫에 말하였다. "郭璞은 字가 景純으로, 河東의 聞喜 사람이다. 그의 부친 郭瑗은 建平太守를 역임하였다."

〈郭璞別傳〉에 말하였다. "곽박은 남달리 해박하여 통달한 내용이 많으며, 문장이 찬란하고 화려하며, 재주가 아름답고 학문이 풍부하여 상류의 모임에 참여하기에 충분하였다. 그의 詩·賦·誄·頌이 모두 세상에 전해지지만, 말이 어눌하고 잠깐 사이에 읊는 시는 보통 사람과 다름이 없었다. 또 예의를 차리지 않고 몸가짐을 단정하게 유지하지 않으며, 기분 내키는 대로 교만하여 자주 과음하고 과식하는 잘못을 저질렀다. 벗인 干令升(干寶)이 경계하면서 '이는 본성과 생명을 해치는 도끼[117)]와 같은 것이네.' 하자, 곽박이 '내가 하늘로부터 받은 바에는 일정한 분수가 있네. 그것을 완전히 쓰지 못할까 항상 걱정이니, 어찌 술과 여색이 해칠 수 있겠는가.' 하였다. 王敦이 그를 參軍으로 삼았다. 왕돈이 〈武昌에서 거병하여〉 수도(建康)로 출병할 때 그에게 大事(반란의 성패)를 물어보니, 곽박이 成敗를 극언하면서 뜻을 굽히지 않자 왕돈이 증오하여 그를 살해하였다."

〈원문의〉 시는 곽박의 〈幽思篇〉이라는 작품이다.

王隱晉書曰"郭璞, 字景純, 河東聞喜人. 父瑗, 建平太守." 璞別傳曰"璞, 奇博多通, 文藻粲麗, 才學賞豫, 足參上流. 其詩賦(詠)〔誄〕[118)]頌, 竝傳於世, 而訥于言, 造次詠

---

116) 숲속에는……없구나 : 숲 속의 나무는 바람이나 비가 때때로 이르면 흔들리고 잎이 떨어진다. 사람은 노소를 막론하고 죽을 때가 임박하면 세상을 떠난다. 만물은 모두 이러한 시스템 안에 있으니, 이는 시내의 물결이 흘러가고 멈출 수 없는 것과 같다.(≪世說講義≫)

117) 생명을……도끼 : 漢나라 枚乘의 〈七發〉에 "아름다운 여인은 본성을 해치는 도끼요, 맛좋은 술과 안주는 위장을 썩게 하는 약물이다.〔皓齒蛾眉 命曰伐性之斧 甘脆肥膿 命曰腐腸之藥〕" 하였다.

語, 常人無異. 又不持儀檢, 形質穨索, 縱情嫚惰, 時有醉飽之失. 友人(于)〔干〕[119]令升戒之曰 '此, 伐性之斧也.' 璞曰 '吾所受有分. 恒恐用之不盡, 豈酒色之能害.' 王敦取爲參軍, 敦縱兵都輦, 乃咨以大事, 璞極言成敗, 不爲回屈, 敦忌而害之." 詩, 璞幽思篇者.

② 阮孚는 따로 보인다.

孚, 別見.

【頭註】

○ 劉辰翁 : 〈곽박의 시〉 여덟 글자는 유감스러우니, 반드시 근거한 바가 있는 것도 아니고, 반드시 지칭하는 대상이 있는 것도 아니다.

劉云 "八字慨然, 不必有所起, 不必有所指."

○ 劉辰翁 : '泓峥蕭瑟(깊은 물결과 높은 산의 스산함)'은 말이 제대로 되지 않는다.

又云 "泓峥蕭瑟, 乃不成語."

8-28 孫興公(孫綽)이 말하였다.

"潘岳의 문장은 비단을 펼쳐놓은 것처럼 찬란하니 훌륭하지 않은 부분이 없고, 陸機의 문장은 모래를 헤쳐 금을 골라내는 것과 같으니 종종 보배가 보인다."

孫興公云 潘文은 爛若披錦하니 無處不善①하고 陸文은 若排沙簡金하니 往往見寶②라하다

孫綽

① ≪續文章志≫에 말하였다. "潘岳은 문장을 지을 때 표현과 문장을 잘 고르니 더할 나위 없이 청아하고 아름답다."

續文章志曰 "岳爲文, 選言簡章, 淸綺絶倫."

② ≪文章傳≫에 말하였다. "陸機는 문장을 잘

118) (詠)〔詠〕: 저본에는 '詠'으로 되어 있으나, ≪世說新語≫ 각본과 萬曆 14년본 · 安永本에 의거하여 '詠'로 바로잡았다.

119) (于)〔干〕: 저본에는 '于'로 되어 있으나, ≪世說新語≫ 각본에 의거하여 '干'으로 바로잡았다.

지었다. 司空 張華가 그의 문장을 보고는 작품마다 훌륭하다고 칭찬하면서도 문장을 지을 때 내용을 지나치게 다듬는다고 비판하여 '다른 사람들이 문장을 지을 때는 재주가 부족한 것을 우려하는데, 그대가 문장을 지을 때는 〈재주가〉 지나치게 많은 것이 우려스럽다.' 하였다."
文章傳曰 "機善屬文. 司空張華見其文章, 篇篇稱善, 猶譏其作文大治, 謂曰 '人之作文, 患於不才, 至子爲文, 乃患太多也.'"

8-29 **劉眞長**(劉惔)이 **殷淵源**(殷浩)과 **談論**할 때에 유진장의 논리가 조금 꺾이는 듯하자, 은연원이 "아, 그대는 일어나 훌륭한 구름사다리를 가지고 위를 향해 공격하기를 원하지 않는군요.[120)]" 하였다.

劉眞長이 **與殷淵源談**에 **劉理如小屈**하니 **殷曰 惡**(오)라 **卿不欲作將善雲梯仰攻**①이라하다

① ≪墨子≫ 〈公輸篇〉에 말하였다. "公輸般이 높은 구름사다리를 만들어 그것을 이용해 宋나라를 공격하려고 하였다. 墨子가 그 소식을 듣고는 魯나라에서 출발할 때 치마를 찢어 발을 동여맨 채 밤낮을 쉬지 않고 10일 밤낮을 걸려 〈楚나라 수도〉 郢에 도착하였다. 묵자가 초나라 임금을 뵙고는 '듣자니, 대왕께서 장차 송나라를 공격하려고 하신다니 그런 일이 있습니까?' 하니, 임금이 '그렇소.' 하자, 묵자가 '청컨대, 공수반으로 하여금 송나라를 공격할 기구를 설치하게 하소서. 제가 한번 수비해보겠습니다.' 하였다. 이에 공수반이 송나라를 공격할 계책을 펼치자 묵자가 허리띠를 城처럼 둘러[121)] 막았다. 공수반이 아홉 번 공격했지만 묵자가 아홉 번 물리쳐서 침입할 수 없게 되자, 초나라 임금은 결국 출병 계획을 철회하였다."
墨子曰 "公輸般爲高雲梯, 欲以攻宋. 墨子聞之, 自魯往, 裂裳裹足, 日夜不休, 十日

---

120) 아……않는군요 : 원문의 '惡卿不欲作將善雲梯仰攻'에 대해 ≪世說新語補觿≫에서는 '惡卿不欲作將, 善雲梯仰攻'이라고 구두를 떼고 "단지 그대가 장군이 되기를 원하지 않을까 두려우니, 구름사다리를 잘 갖추어 위를 향해 공격하라." 하였고, ≪世說箋本≫에서는 '惡卿不欲作將善雲梯仰攻'이라고 11자를 1구로 보아 "그대가 군대를 거느리고 구름사다리를 잘 만들어 우러러 공격하기를 원하지 않는 것을 미워한다." 하였다.

121) 허리띠를……둘러 : 현행 통행본 ≪墨子≫에는 "허리띠를 풀어 성을 만들고, 나뭇조각으로 기계를 만들었다.〔解帶爲城 以牒爲械〕" 하였다.

十夜而至於郢. 見楚王曰 '聞大王將攻宋, 有之乎.' 王曰 '然.' 墨子曰 '請令公輸般設攻宋之具, 臣請試守之.' 於是, 公輸般設攻宋之計, 墨子縈帶守之. 輸九攻之, 而墨子九卻之, 不能入, 遂輟兵."

【頭註】

○ 王世懋 : 이 말은 농담이니, 劉惔이 비록 공격을 잘하더라도 〈殷浩〉 자신의 墨守를 감당할 수 없다는 뜻이다.
王云 "此言戲, 劉雖善攻, 不能當己之墨守."

8-30 謝鎭西(謝尙)가 젊었을 때, 殷浩가 淸談에 뛰어나다는 소문을 듣고는 일부러 그를 찾아갔다. 은호는 일찍이 그와 통성명을 한 적이 없었으나 사진서를 위해 여러 의론을 제기하면서 수백 마디의 말을 해주었는데, 훌륭한 논리가 있는 데다가 아울러 표현도 풍부하니 마음을 쏠리게 하고 귀를 번쩍 뜨이게 하기에 너무나 충분하였다. 사진서는 정신을 집중하고 주의를 기울이느라 흐르는 땀이 얼굴에 가득한 것도 깨닫지 못하자, 은호가 시종에게 천천히 말하였다. "수건을 가지고 謝郞(사진서)에게 주어서[122] 얼굴을 닦게 하라."

謝鎭西가 **少時**에 **聞殷浩能淸言**하고 **故往造之**라 **殷**이 **未過有所通**이나 **爲謝標榜諸義**하여 **作數百語**한대 **旣有佳致**하고 **兼辭條豐蔚**하니 **甚足以動心駭聽**이라 **謝**는 **注神傾意**하여 **不覺流汗交面**하니 **殷**이 **徐語左右**하되 **取手巾**하여 **與謝郞拭面**하라하다

【頭註】

○ 劉辰翁 : 이러한 자잘한 내용은 더욱 질릴 만한 듯하다.
劉云 "如此瑣語, 又似可厭."

○ 王世懋 : 이러한 내용은 정말 풀이하거나 주석을 달 필요가 없다. 이는 바보 앞에서 꿈을 설명하는 것과 같으니, 어찌 劉孝標의 본령이겠는가.
王云 "此等政不必解注. 似癡人前說夢, 寧是孝標手段."

○ ≪世說新語≫ 원본의 '拭面' 아래 劉孝標의 注에 "살펴보건대, 殷浩는 謝尙보다 세 살 많

---

122) 주어서 : ≪世說講義≫에서는 "'與'는 '爲'와 같이 읽는다."라고 하여 '與謝郞拭面'을 "謝郞을 위하여 얼굴을 닦아주라."로 해석하였다.

으니, 당시의 풍조는 혹시 우아한 정취를 고귀하게 여겼기 때문에 땀을 닦아준 듯하다." 하였다.

世說元本拭面下注云"按, 殷浩(少)〔大〕[123]謝尙三歲, 便是時流或當貴其勝致, 爲之拭汗."

8-31 殷中軍(殷浩)이 庾公(庾亮)의 長史가 되어 수도(建康)로 내려오자,[124] 王丞相(王導)이 그를 위해 모임을 여니, 桓公(桓溫)·王長史(王濛)·王藍田(王述)·謝鎭西(謝尙)가 모두 참석하였다. 왕승상이 스스로 일어나 휘장을 젖히고 麈尾를 허리에 찬 채 은중군에게 말하였다.

"내가 오늘 자네와 함께 담론하여 名理(명칭과 이치)를 분석해야겠네."

함께 淸談을 나누다가 마침내 三更(밤 11~1시)에 이르렀는데, 왕승상과 은중군이 함께 서로 논리를 주고받는 동안 나머지 여러 名賢들은 조금도 관여하지 못하였다. 피차 자신의 주장을 모두 펼친 뒤에 왕승상이 탄복하면서 말하였다.

"조금 전의 담론은 결국 명리의 근원이 어디에 귀착되는지[125] 모르겠으나, 표현과 비유가 서로 손색이 없을 정도의 수준에 이르렀으니 正始 연간(240~249)의 청담[126]이 바로 이와 같았을 것이다."

다음날 아침에 桓宣武(환온)가 사람들에게 말하였다.

"어젯밤에 은중군과 왕승상의 청담을 들었는데 매우 훌륭하여 謝仁祖(사상)도 말이 없지 않았고 나의 경우도 그 담론이 자주 마음에 파고들었소. 그런데 두 왕씨(王濛·王述) 掾(속관)을 돌아보니, 사람에게 익숙하지 않은 암캐처럼 미동도 없이 웅크리고 있었소.[127]"

---

123) (少)〔大〕: 安永本에는 '少'로 되어 있으나, ≪世說新語≫ 각본에 의거하여 '大'로 바로잡았다.

124) 수도(建康)로 내려오자 : 襄陽에서 배를 타고 동쪽으로 建康에 왔기 때문에 '내려왔다'고 한 것이다.(≪世說音釋≫)

125) 명리의……귀착되는지 : 두 사람의 논리 가운데 누가 뛰어난지 모르겠다는 뜻이다.

126) 正始……청담 : '정시'는 魏晉시대 魏 少帝 曹芳이 240~249년에 사용한 연호이고, 이때에 何晏과 王弼 및 竹林七賢의 淸談家가 활약하였다.

127) 사람에게……있었소 : 원문의 '輒翣如生母狗馨'에 대해 ≪世說音釋≫과 ≪世說新語

殷中軍이 爲庾公長史[①]하여 下都한대 王丞相이 爲之集하니 桓公과 王長史와 王藍田[②]과 謝鎭西가 竝在라 丞相이 自起解帳하고 帶麈尾하여 語殷曰 身이 今日에 當與君으로 共談析理라하다 旣共淸言에 遂達三更하니 丞相與殷이 共相往反할새 其餘諸賢은 略無所關이라 旣彼我相盡에 丞相乃歎曰 向來語는 乃竟未知理源所歸나 至於辭喩不相負하니 正始之音이 正當爾耳라하다 明旦에 桓宣武가 語人曰 昨夜에 聽殷王淸言한대 甚佳하여 仁祖亦不寂寞하고 我亦時復造心이어늘 顧看兩王掾[③]하니 輒翣如生母狗馨이라하다

① ≪庾亮僚屬名≫과 何法盛의 ≪中興書≫를 살펴보건대, 殷浩는 유량의 司馬가 되었고, 그의 長史가 된 적은 없었다.
按庾亮僚屬名及中興書, 浩爲亮司馬, 非爲長史也.

② 〈王述別傳〉에 말하였다. "왕술은 字가 懷祖로, 太原의 晉陽 사람이다. 조부 王湛과 부친 王承은 모두 훌륭한 명성을 지녔다. 왕술은 어릴 때 부친을 여의었으나 모친을 효성스럽고 정성스럽게 섬기며, 빈민촌에서 가난하게 살았으나 편안하고 즐거운 마음으로 하루를 보내니, 이 때문에 식자층에게 이름이 알려졌다. 藍田侯의 작위를 세습하였다."
王述別傳曰 "述, 字懷祖, 太原晉陽人. 祖湛·父承, 竝有高名. 述蚤孤, 事親孝謹, 簞瓢陋巷, 宴安永日, 由是爲有識所知. 襲爵藍田侯."

③ 王濛과 王述은 모두 王導에게 발탁되었다.
王濛·王述, 竝爲王導所辟.

【頭註】

補考≫에서는 "'輒'은 움직이지 않는 모양이다. '翣'은 澁과 통하니 매끄럽지 않다는 뜻으로, 부끄러워하여 몸을 펼 수 없는 것이다. '生'은 익숙하지 않다는 뜻이다. '馨'은 어조사로 '般'이나 '樣'과 같다." 하였고, ≪世說新語補考≫에서는 "두 사람은 말을 하고자 해도 말할 수 없으니, 그 태도가 익숙하지 않은 암캐가 사람의 얼굴을 살피는 것과 같았다." 하였고, ≪世說新語補觿≫에서는 "'翣'은 부채를 흔드는 것이다. 암캐는 사람의 얼굴을 잘 살피는데, 낯선 집에 왔을 때는 더욱 심하니, 두 사람이 담론에 전혀 끼어들지 못하고 번번이 부채를 흔들며 사람들의 얼굴만 볼 뿐이었다." 하였고, ≪世說講義≫에서는 "새끼를 낳은 암캐가 자기 새끼를 완강히 지키면서 움직이지 않는 것이다." 하였고, ≪世說箋本≫에서는 "'輒翣'은 암캐가 처음 와서 익숙하지 않아 사람을 두려워하는 모양을 표현한 것이다." 하였다.

○ 劉辰翁 : ≪世說新語≫에 보이는 '身'이라는 글자는 간혹 짜증나게 한다.
劉云 "世說身字, 時或可厭."

○ 劉辰翁 : 아마 옳지 않은 점이 있었기 때문에 이렇게 〈말한 듯하다.〉 훌륭함에 복종하지 않는 작태를 형용할 때는 당연히 이와 같은 표현이 있다.
劉云 "豈有所不可故爾. 形容不服善之態, 當有此."

○ 王世懋 : 이 말은 지나치게 거칠다. 게다가 謝仁祖(謝尙)가 어찌 桓溫 아래에 거론되는 것을 좋아했겠는가.
王云 "此言大粗. 且仁祖何肯談出桓下."

8-32 桓宣武(桓溫)가 여러 名士[128]들을 모아 ≪周易≫을 강론했는데, 하루에 하나의 卦만 설명하였다. 東晉 簡文帝(司馬昱)가 그의 강론을 들으러 가려다가 이런 소식을 듣고는 즉시 돌아오면서 말하였다.
"의미는 본래 당연히 어려운 부분과 쉬운 부분이 있으니, 어찌 하나의 卦로 한정하는가."

宣武가 **集諸名勝**하여 **講易**①하되 **日說一卦**이라 **簡文欲聽**이어늘 **聞此**하고 **便還曰 義自當有難易**(이)하니 **其以一卦爲限耶**아하다

① ≪周易乾鑿度≫[129]에 말하였다. "孔子가 다음과 같이 말하였다. '易이라는 것은 簡易(간이)(간단하고 평이함), 變易(변화함), 不易(변화하지 않음)의 의미가 있다. 〈하나의 글자 「易」이〉 간이·변역·불역의 의미를 포괄하여 德(능력)을 이루니, 각종의 道를 발현시키는 包籥(포약)[130]이 된다. 「간이」라는 것은 그 德의 측면을 말한 것이다. 光明하여 사방으로 통하여 日月星辰이 하늘에 펼쳐져 있고 팔괘가 질서정연하

128) 名士 : 원문은 '名勝'이다. ≪資治通鑑≫ 注에 따르면, 江東의 인사들 가운데 명성이 뛰어나고 지위가 현달한 사람을 '佳勝', '명승'이라고 불렀다.(≪世說音釋≫)

129) 周易乾鑿度 : 西漢 말기에 유행한 ≪易緯≫ 가운데 하나로, ≪易緯乾鑿度≫·≪乾鑿度≫라고도 한다. 그 내용은 道家·大易·術數를 하나로 융합한 것인데, 緯書 가운데 철학사상이 비교적 풍부하다.

130) 包籥(포약) : ≪世說新語補觿≫에서는 '橐籥(풀무)'으로 해석하였고, ≪世說新語補考≫와 ≪世說音釋≫에서는 '管(열쇠·관건)'으로 해석하였다.

며 네 계절이 조화로운 것을 가리키니, 이것이 바로 간단하고 평이하다〔易〕는 것이다. 「변역」이라는 것은 그 氣의 측면을 말한 것이다. 천지가 변화하지 않으면 아침을 이룰 수 없고[131] 부부가 변화하지 않으면 가정을 이룰 수 없다는[132] 것을 가리키니, 이것이 바로 변화한다〔變易〕는 것이다. 「불역」이라는 것은 그 位의 측면을 말한 것이다. 하늘은 위에 있고 땅은 아래에 있으며, 군주는 남쪽을 향하고 신하는 북쪽을 향하며, 아버지는 앉고 자식은 엎드리는 것을 가리키니, 이것이 바로 위치가 변화하지 않는다〔不易〕는 것이다. 그러므로 易이라는 것은 天·地·人을 〈관통하는〉 道이다.'[133]"

鄭玄의 ≪周易≫ 〈序〉[134]에 말하였다. "易이라는 명칭은 하나의 글자에 세 가지 의미를 포함하고 있으니, '간이'가 첫째이고, '변역'이 둘째이고, '불역'이 셋째이다. ≪周易≫ 〈繫辭傳 上〉에서 '乾卦와 坤卦는 易의 온축'[135]이라고 하고, 〈繫辭傳 下〉에서 '건괘와 곤괘는 易의 문'이라고 하였으며, 또 〈계사전 하〉에서 '天道인 乾은 굳세어 사람들에게 평이한 도리를 보여주고, 地道인 坤은 유순하여 사람들에게 간략한 도리를 보여준다.' 하고, 〈계사전 상〉에서 '평이하면 알기 쉽고 간략하면 따르기 쉽다.' 하였으니, 이는 '간이'의 법칙을 말한 것이다. 또 〈계사전 하〉에서 '易의 道가 자주 바뀌니, 변동하여 한 곳에 머물지 않아서 卦의 여섯 자리에 두루 흐르기 때문에 오르내림에 일정함이 없고 剛과 柔가 서로 바뀌어서 典要(일정한 법칙)로 삼을 수 없으니, 오직 맞닥뜨리는 상황마다 변화한다.' 하였으니, 이는 때에 따라 출입하고 이동하는 〈'변역'을〉 말한 것이다. 또 〈계사전 상〉에서 '하늘은 높고 땅은 낮으니 乾과 坤이 정해지고, 낮음과 높음이 펼쳐지니 貴와 賤이 제자리를 잡고, 動과 靜에 일정함이 있으니 剛과 柔가 결정된다.' 하였으니, 이는 자리가 사방으로 펼쳐질 때의 '불역'을 말한 것이다. 이러한 세 가지 의미에 근거하여 易의 道

---

131) 천지가……없고 : 晝夜의 발생을 이른다.(≪世說新語補觿≫)

132) 부부가……없다는 : 부부일 뿐이라면 대대로 가정을 이룰 수 없으니, 이는 生生의 도리를 이른다.(≪世說新語補觿≫)

133) ≪周易乾鑿度≫에……道이다 : 이곳에 인용된 ≪周易乾鑿度≫의 내용은 今本 ≪周易乾鑿度≫와 비교할 때, 일부 내용상 축약이 있다.

134) 序 : ≪周易正義≫ 〈周易正義卷首〉의 첫 번째 항목 '論易之三名'에서 孔穎達이 인용한 ≪易贊≫과 ≪易論≫의 내용이다.

135) 乾卦와……온축 : 64괘의 전체 의미가 모두 乾卦와 坤卦 속에 들어 있다는 뜻이다.

를 설명하는 것은 넓고도 크다."

易乾鑿度曰"孔子曰'易者, 易(이)也, 變易也, 不易也. 〔管〕[136]三成德, (爲道包籥者. 易也)〔爲道包籥. 易(이)者.〕[137] 其德也. 光明四通, 日月星辰布, 八卦序, 四時和也, 〔此其易(이)也.〕[138] 變也者, 〔其氣也.〕[139] 天地不變, 不能成朝, 夫婦不變, 不能成家, 〔此其變易也.〕[140] 不易者, 其位也, 天在上地在下, 君南面臣北面, 父坐子伏, 此其不易也. 故易者, 天地人道也.'" 鄭玄序易曰"易之爲名也, 一言而函三義. 簡易, 一也, 變易, 二也, 不易, 三也. 繫辭曰'乾坤, 易之蘊也, 易之門戶也.' 又曰'乾, 確然示人易(이)矣, 坤, 隤然示人簡也. 易(이)則易(이)知, 簡則易(이)從.' 此言其簡易(이)法則也. 又曰'其爲道也, 屢遷, 變動不居, 周流六虛, 上下無常, 剛柔相易, 不可以爲典要, 唯變所適.' 此則言其從時出入移動也. 又曰'天尊地卑, 乾坤定矣, 卑高以陳, 貴賤位矣, 動靜有常, 剛柔斷矣.' 此則言其張設布列不易也. 據此三義而說易之道, 廣矣大矣."

8-33 북방에서 온 어떤 道人(승려)이 才理[141]를 좋아하였다. 〈그가〉 林公(支遁)과 瓦官寺[142]에서 만나 ≪小品般若波羅蜜經≫[143]을 강론했는데, 그때 竺法深과

---

136) 〔管〕: 저본에는 '管'이 없으나, 四庫全書本 ≪周易乾鑿度≫에 의거하여 보충하였다.

137) (爲道包籥者易也)〔爲道包籥易者〕: 저본에는 '爲道包籥者易也'로 되어 있으나, 四庫全書本 ≪周易乾鑿度≫에 의거하여 '爲道包籥易者'로 바로잡았다. 安永本에는 '爲道包籥易也者'로 되어 있다.

138) 〔此其易也〕: 저본에는 '此其易也'가 없으나, 四庫全書本 ≪太平御覽≫에서 인용한 ≪周易乾鑿度≫에 의거하여 보충하였다.

139) 〔其氣也〕: 저본에는 '其氣也'가 없으나, 四庫全書本 ≪太平御覽≫에서 인용한 ≪周易乾鑿度≫에 의거하여 보충하였다.

140) 〔此其變易也〕: 저본에는 '此其變易也'가 없으나, 四庫全書本 ≪太平御覽≫에서 인용한 ≪周易乾鑿度≫에 의거하여 보충하였다.

141) 才理: ≪世說啓微≫에서는 "본래 才辨(말재주)인데, 아래에 '疑難'이라고 했기 때문에 '才理'라고 고친 것이다." 하였고, ≪世說講義≫에서는 "才理라고 한 것은 배움을 통해 터득한 이치가 아니라는 말이다." 하였다.

142) 瓦官寺: 江蘇省 南京市 秦淮區 集慶路 남쪽에 있는 사찰로, 古瓦官寺라고도 한다. 東晉 興寧 3년(364)에 처음 건립되었는데, 중국의 五岳十刹에 속한다.

143) 小品般若波羅蜜經: 鳩摩羅什(구마라집)이 404년에 ≪般若經≫ 27권을, 408년에 10권을 번역했는데, 27권본을 ≪大品般若波羅蜜經≫, 10권본을 ≪소품반야바라

孫興公(孫綽)이 모든 내용을 함께 들었다. 이 도인은 말끝마다 자주 의심스럽고 난해한 문제를 제시했는데, 임공의 답변이 명쾌하고 말투와 기품이 모두 시원시원하니 이 도인이 매번 궁지에 몰렸다. 손흥공이 深公(축법심)에게 물었다.

"上人께서는 늘 바람을 거슬러 향기를 풍기는 분[144]인데, 지금은 어째서 도무지 말씀이 없으셨습니까?"

심공이 웃기만 하고 대답하지 않으니, 임공이 말하였다.

"白旃檀[145]이 향기를 풍기지 않는 것은 아니지만, 어찌 바람을 거슬러 퍼질 수 있겠습니까."

심공이 그 의미를 이해했지만 태연히 개의치 않았다.

有北來道人이 好才理러니 與林公으로 相遇於瓦官寺하여 講小品한대 于時에 竺法深과 孫興公이 悉共聽이라 此道人語에 屢設疑難한대 林公이 辯答淸析하고 辭氣俱爽하니 此道人이 每輒摧屈이라 孫問深公하되 上人은 (當)〔常〕[146]是逆風家어늘 向來何以都不言①이시니잇고하니 深公이 笑而不答이라 林公曰 白旃檀이 非不馥이나 焉能逆風②이리오하니 深公得此義나 夷然不屑이라

① 庾法暢의 〈人物論〉에 말하였다. "竺法深은 학문이 깊고 넓어 명성이 일찍 퍼졌다." 庾法暢人物論曰 "法深, 學義淵博, 名聲蚤著."

② ≪成實論≫[147]에 말하였다. "波利質多天樹(바리질다천수)[148]는 그 향기가 바람을 거

밀경≫이라고 한다.(≪世說音釋≫)

144) 바람을……분 : 원문의 '逆風家'는 인품과 재주가 탁월한 사람을 칭찬하는 말로, 그의 명성이 바람을 거슬러 멀리 퍼진다는 뜻이다.

145) 白旃檀 : 향나무의 일종으로, 白檀·白檀香이라고도 한다.

146) (當)〔常〕 : 安永本에는 '當'으로 되어 있으나, 宋本·元刊本 ≪世說新語≫ 등에 의거하여 '常'으로 바로잡았다.

147) 成實論 : 印度의 訶梨跋摩(가리발마, Harivarman)가 지은 불교 16권 분량의 論書로, 後秦의 鳩摩羅什(구마라집)이 漢譯하였다. 成實은 四諦(苦集滅道)를 성취한다는 뜻으로, 小乘인 說一切有部의 諸法實有論을 비판하고 사제의 이론을 주창하였다.

148) 波利質多天樹(바리질다천수) : 忉利天(도리천)에 있는, 주머니 모양의 붉은 꽃을 피우는 나무로, 樹王이라고도 하며, 그 향기가 오십 由旬(인도의 거리 단위)이나 퍼진다.

슬러 풍긴다."

成實論曰 "波利質多天樹, 其香則逆風而聞."

【頭註】

○ 劉應登 : 孫興公이 〈竺法深에게〉 "禪家에 난해한 문제가 많은데, 지금 어째서 언급하지 않습니까?" 한 것이다.

(劉)〔應登〕[149]云 "孫謂 '禪家多難問, 今胡不言.'"

○ 劉應登 : 波利質多天樹는 그 향기가 바람을 거슬러 풍기는데, 지금 반대로 말하여 "白旃檀이 향기를 풍기지 않는 것은 아니지만, 어찌 바람을 거슬러 퍼질 수 있겠는가." 하였으니, 이는 '논란할 수 있는 능력이 深公에게 없는 것이 아니니 정히 굳이 논란할 필요가 없다.'는 말이다.

又云 "波利質多天樹, 其香逆風而聞, 今反之云 '白旃檀非不香, 豈能逆風.' 言深非不能難之, 正不必難之也."

○ 王世懋 : 林公의 생각은 다음과 같다. "波利質多天樹는 바람을 거슬러 향기를 풍긴다. 白旃檀이 비록 향기롭지만 天樹(바리질다천수)의 비교 대상이 되지 않으니 어찌 바람을 거슬러 〈향기를 풍겨〉 스스로 천수라고 자부할 수 있겠는가." 백전단을 深公에게 비유하였기 때문에 심공이 개의치 않은 것이다. 만일 劉應登의 해설처럼 '굳이 논란할 필요가 없다.'고 한다면 심공이 당연히 기뻐하면서 인정하는 것이 옳다.

王云 "林公意謂 '波利質多天樹, 纔能逆風聞香. 白旃檀雖香, 非天樹比, 焉能逆風, 以天樹自許.' 而以白旃檀比深公, 故深公不屑. 如劉解不必難, 深公當喜而印, 可也."

8-34 ≪莊子≫ 〈逍遙遊〉는 예로부터 이해하기 어려워 여러 名賢들이 깊이 연구하고 자세히 이해할 수는 있었지만, 郭象과 向秀(상수)의 해설을 뛰어넘어서 이치를 도출할 수는 없었다. 支道林(支遁)이 白馬寺[150]에서 馮太常(馮懷)과 함께 담론하다가 〈소요유〉를 언급하게 되었는데, 지도림이 탁월하게 곽상과 상수의

---

149) (劉)〔應登〕: 安永本에는 '劉'로 되어 있으나, 元刊本 ≪世說新語≫에 의거하여 '應登'으로 바로잡았다.

150) 白馬寺 : 河南省 洛陽市의 老城 동쪽 12km 지점인 洛龍區 白馬寺鎭에 있다. 불교가 중국에 전래된 이후에 국가에서 건립한 첫 번째 사찰로, 東漢 永平 11년(68)에 창건되어 중국에서 가장 오래되었기 때문에 중국 불교의 祖庭 또는 釋源으로 불린다.

해설을 능가하는 새로운 논리를 표출하고 여러 명현들의 견해를 뛰어넘는 새로운 의미를 확립하였다. 〈그의 해설은〉 모두 여러 명현들이 〈이제껏〉 탐구했으나 이해하지 못했던 부분이었다. 이후에는 마침내 지도림의 논리를 사용하였다.

莊子逍遙篇은 **舊是難處**하니 **諸名賢**이 **所可鑽味**나 **而不能拔理於郭向之外**라 **支道林**이 **在白馬寺中**하여 **將**[151]**馮太常共語**①라가 **因及逍遙**할새 **支**가 **卓然標新理於二家之表**하고 **立異義於衆賢之外**하니 **皆是諸名賢尋味之所不得**이라 **後**에 **遂用支理**②라

① ≪馮氏譜≫에 말하였다. "馮懷는 字가 祖思로, 長樂 사람이고, 太常과 護國將軍을 역임하였다."
馮氏譜曰"馮懷, 字祖思, 長樂人, 歷太常·護國將軍."

② 向子期(向秀)와 郭子玄(郭象)의 〈逍遙義〉에 말하였다. "붕새가 9만 리 높이를 오르는 데 비해 메추라기는 느릅나무 높이까지만 오른다. 크고 작음에는 비록 차이가 있지만 각각 그 본성에 따른 것이니, 만일 그 분수에 합당하다면 소요(유유자적)의 측면은 동일하다. 그러나 무수한 만물이 각각 필요한 것에 의지한다는 측면은 동일하니, 자기가 필요한 것을 얻어야만 소요할 수 있다. 오직 聖人만이 만물과 더불어 묵묵히 큰 변화에 순응하여 필요한 바가 없이 항상 道에 통할 수 있으니, 어찌 단지 스스로만 道에 통할 뿐이겠는가. 또 비록 필요한 바가 있더라도 자기가 필요한 바를 잃지 않아야 하니, 그것을 잃지 않으면 大通(大道)과 하나가 될 것이다."
支氏(支遁)의 〈逍遙論〉에 말하였다. "〈逍遙遊〉라는 편은 至人[152]의 마음을 밝힌 것이다. 莊生(莊子)이 大道를 설명하면서 그 뜻을 붕새와 메추라기에 기탁했으니, 붕새는 삶을 영위하는 길이 넓기 때문에 몸 바깥으로는 어디로 갈지 모르고, 메추라기는 좁은 곳에 살면서 먼 곳으로 〈가는 붕새를〉 비웃기 때문에 마음속으로 뽐낸다. 至人은 천지의 正氣를 타고 하늘 높이 올라가 무궁한 세계에서 노닐고 속박 없이 자유로우며, 만물을 지배하고 만물에 의해 지배되지 않으니 아득히 자신을 잊고, 오묘하게 감응하여 억지로 하지 않고 서두르지 않아도 신속하니 한가로이 가지 못할 곳이 없게 된다. 이 때문에 소요할 수 있는 것이다. 만약 자신이 만족해

---

151) 將 : '與'의 뜻이다.(≪世說新語補觿≫)
152) 至人 : 세속을 초탈하여 無我의 경지에 도달한 사람을 이른다.(≪莊子≫ 〈逍遙遊〉·〈齊物論〉·〈天下〉)

하는 바를 채우고자 하여 만족해하는 바에 만족한다면 통쾌하게 天眞[153]과 같은 점이 있지만, 이는 굶주린 자가 한 번 배불리 먹고 목마른 자가 한 번 실컷 마시는 경우와 같으니, 말린 밥을 먹을 때 어찌 최상의 제사 음식을 잊을 것이며, 탁주를 마실 때 어찌 최상의 제사 술을 잊겠는가.[154] 만약 아무 것도 필요치 않은 완벽한 만족이 아니라면 어찌 소요할 수 있겠는가."

이런 내용이 상수와 곽상의 주석에서 미진한 부분이다.

向(상)子期・郭子玄逍遙義曰"夫大鵬之上九萬, 尺鷃之起楡枋. 小大雖差, 各任其性, 苟當其分, 逍遙一也. 然物之芸芸, 同資有待, 得其所待, 然後逍遙耳. 唯聖人與物冥而循大變, 爲能無待而常通, 豈獨自通而已. 又從有待者, 不失其所待, 不失則同於大通矣." 支氏逍遙論曰"夫逍遙者, 明至人之心也. 莊生建言大道, 而寄指鵬・鷃, 鵬以營生之路曠, 故失適於體外, 鷃以在近而笑遠, 有矜伐於心內. 至人乘天正而高興, 遊無窮於放浪, 物物而不物於物, 則遙然不我得, 玄感不爲, 不疾而速, 則逍然靡不適, 此所以爲逍遙也. 若夫有欲當其所足, 足於所足, 快然有似天眞, 猶饑者一飽, 渴者一盈, 豈忘烝嘗[155]於糗糧, 絶觴爵[156]於醪醴哉. 苟非至足, 豈所以逍遙乎." 此向(상)・郭之注所未盡.

【頭註】

○ 王世懋 : 현재의 주석에는 〈원주 ②의 '又從有待者'에서〉 '從'이 '順'으로 되어 있는데, 그 의미는 동일하다.

王云"今注, 從作順, 義一也."

153) 天眞 : 禮俗의 구속을 받지 않는 품성을 이른다. ≪莊子≫ 〈漁父〉에 "禮라는 것은 세속에서 인위적으로 만든 것이고, 眞(참된 道)이라는 것은 하늘로부터 받은 것이기 때문에 저절로 바꿀 수 없다. 그러므로 聖人은 하늘을 본받고 참된 도를 귀하게 여겨 세속에 구속되지 않는다.〔禮者 世俗之所爲也 眞者 所以受於天也 自然不可易也 故聖人法天貴眞 不拘於俗〕" 하였다.

154) 말린……잊겠는가 : 이는 만족하지 않는 바에 대해 만족할 수 없기 때문이다.(≪世說箋本≫)

155) 烝嘗 : 烝은 가을에 올리는 제사이고, 嘗은 겨울에 올리는 제사인데, 여기서는 제사를 지낼 때의 음식을 가리킨다. ≪시경≫ 〈小雅 天保〉에 "봄 제사・여름 제사・가을 제사・겨울 제사를 선공과 선왕에게 올린다.〔禴祠烝嘗 于公于先〕" 하였다.

156) 觴爵 : 술잔을 이르는데, 여기서는 이어지는 醪醴(막걸리)와 대비되어 좋은 술을 가리킨다.

○ 劉辰翁 : 支道林의 논리가 이와 같은데, 어떤 훌륭함과 오묘함이 있다고 칭찬이 이렇게 극심한가.
劉云 "支論如此, 有何高妙, 而稱道甚至."
○ 王世懋 : 이 논리도 신묘하고 기발하니, ≪莊子≫에 대한 하나의 주석으로 갖출 만하다.
王云 "此論亦神奇, 可備一種莊註."

8-35 殷中軍(殷浩)이 한번은 劉尹(劉惔)의 거처에 찾아가 매우 오랫동안 淸談을 나누었는데, 은중군은 논리가 조금 막히자 뜬구름 잡는 이야기[157]를 그치지 않았다. 유윤도 이에 대해 더 이상 대답하지 않고, 은중군이 떠난 뒤에야 말하였다.
"田舍兒(촌놈)가 억지로 사람의 말을 배워 이와 같은[158] 말을 지껄였구나."

殷中軍이 嘗至劉尹所하여 淸言良久러니 殷이 理小屈하니 遊辭不已라 劉도 亦不復答하고 殷去後에 乃云 田舍兒가 强學人하여 作爾馨語로다

8-36 袁宏이 처음 〈東征賦〉를 지었을 때 陶公(陶侃)에 대해 전혀 언급하지 않았다. 胡奴(도간의 아들 陶範)가 그를 작은 방으로 불러내고는 시퍼런 칼날을 들이대면서 말하였다.
"先公(도간)의 공적이 이와 같이 〈훌륭한데도〉 그대는 〈동정부〉를 지을 때 어째서 그분을 등한시했는가?"
원굉이 궁지에 몰린 채 대책이 없었기 때문에 임시방편으로 대답하였다.

陶侃

157) 뜬구름 잡는 이야기 : 원문의 '遊辭'는 헛헛하여 중요한 내용이 없는 말이다. ≪周易≫ 〈繫辭傳 下〉에 "거짓을 일삼는 사람의 말은 붕 떠서 근거가 없다.〔誣善之人 其辭遊〕" 하였다.
158) 이와 같은 : 원문의 '爾馨'은 魏晉南北朝시대의 구어로, '如此'의 뜻이다.

"제가 도공에 대해 많이 언급했는데, 어째서 관련된 내용이 없다고 하십니까?"

그러고는 이어서 다음과 같이 낭송했다.

"순정한 쇠붙이를 백 번 단련하니, 벨 때마다 제대로 잘랐네. 공적은 사람을 잘 다스린 것이고, 직분은 난리의 평정을 생각했으니, 長沙의 공적[159)]은 역사에 의해 찬미되네."

袁宏이 **始作東征賦**에 **都不道陶公**이라 **胡奴**가 **誘之狹室中**하고 **臨以白刃**①하여 **曰 先公**이 **勳業如是**어늘 **君作東征賦**에 **云何相忽略**고하니 **宏**이 **窘蹙無計**하여 **便答 我大道公**이어늘 **何以云無**잇고하고 **因誦曰 精金百鍊**하니 **在割能斷**이라 **功則治人**이요 **職思靖亂**하니 **長沙之勳**은 **爲史所讚**②이라하다

① 胡奴는 陶範으로, 따로 보인다.
胡奴, 陶範, 別見.

② 檀道鸞의 ≪續晉陽秋≫에 말하였다. "袁宏은 大司馬의 記室參軍이 되었는데 뒤에 〈東征賦〉를 지어 강남으로 넘어온 여러 명사들을 모두 칭송하였다. 당시에 桓溫이 南州(荊州)에 있었는데, 원굉이 사람들에게 '나는 桓宣城(桓彝)[160)]에 대해 절대 언급하지 않겠다.' 하였다. 당시에 伏滔가 환온의 막부에 있었는데, 원굉과 사이가 좋았기 때문에 〈그런 말을 하지 말라고〉 간절히 충고했지만, 원굉은 웃으면서 대답하지 않았다. 복도가 은밀히 이런 사실을 환온에게 알리자 환온은 매우 화가 났지만, 원굉이 당시 文宗(문단의 으뜸)이고 또 이 〈동정부〉의 명성이 자자하다는 소문을 들었기 때문에 사람을 시켜 드러내놓고 묻기를 원하지 않았다. 이후에 青山[161)]에서 유람하면서 술을 마시고 돌아올 때에 환온이 원굉에게 수레를 함께 타라고 명령하자, 여러 사람들이 〈원굉이 죽임을 당할까〉 우려하고 두려워하였다. 몇 리쯤 갔을 때 환온이 원굉에게 '듣자니, 그대가 〈동정부〉를 지어 선현을 크게 칭송했다고 하던데 어째서 나의 선친에 대해서는 언급하지 않았는가?' 묻자, 원굉

159) 長沙의 공적 : 陶侃은 王敦과 蘇峻의 반란을 평정한 공적으로 長沙郡公에 봉해졌다.

160) 桓宣城(桓彝) : 桓溫의 부친으로, 그는 宣城의 內史였는데 蘇峻이 반란을 일으켰을 때 군대를 일으켜 항거하다가 死節하였다.(≪世說音釋≫)

161) 青山 : ≪歷朝綱鑑≫의 주석에 "青山磯는 茂昌府 城의 북쪽에 있다." 하였다.(≪世說音釋≫)

이 '존귀하신 분의 이름은 본래 下官이 감히 제멋대로 할 수 있는 바가 아니기 때문에 아직 아뢰지 못하고 감히 드러내지도 못한 것입니다.' 하고 대답하였다. 그러자 환온이 '그대는 어떤 말을 하려고 했는가?' 하니, 원굉이 즉시 '사람을 알아보는 안목이 뛰어나니, 물리치기도 하고 등용하기도 하였네. 몸은 비록 죽어 사라질 수 있지만, 道는 무너질 수 없지. 선성(환온의 부친 桓彝)의 절개는 참으로 진실하네.' 하고 대답하였다. 환온이 눈물을 줄줄 흘리고는 〈더 이상〉 거론하지 않았다." 〈본문과 ≪속진양추≫의〉 두 설명이 같지 않기 때문에 자세히 기록해둔다.

續晉陽秋曰 "宏爲大司馬記室參軍, 後爲東征賦, 悉稱過江諸名望. 時桓溫在南州, 宏語衆云 '我決不及桓宣城.' 時伏滔在溫府, 與宏善, 苦諫之, 宏笑而不答. 滔密以啓溫, 溫甚忿, 以宏一時文宗, 又聞此賦有聲, 不欲令人顯問之. 後遊青山飮酌, 旣歸, 公命宏同載, 衆爲危懼. 行數里, 問宏曰 '聞君作東征賦, 多稱先賢, 何故不及家君.' 宏答曰 '尊公稱謂, 自非下官所敢專, 故未呈啓, 不敢顯之耳.' 溫乃云 '君欲爲何辭.' 宏卽答云 '風鑒散朗, 或披或引. 身雖可亡, 道不可隕. 則宣城之節, 信爲允也.' 溫泫然而止." 二說不同, 故詳載焉.

【頭註】

○ 劉辰翁 : 理所(이치가 있는 곳)에 나아가지 못하였다.
劉云 "未造理所."[162]

8-37 **【補】** 王右軍(王羲之)은 어릴 때부터 중병(痼疾)을 앓았는데 한두 해마다 느닷없이 발병하였다. 이후에 許掾(許詢)의 시에 화답시를 지으려고 할 때 갑자기 다시 병이 도졌는데, 그 와중에 다음과 같이 20글자를 지었다.

"仁者와 智者의 즐거움[163]을 좋아하여, 산과 강의 그늘에 화창한 마음을 의탁하니, 계곡 아래 여울물은 맑고, 소나무 대나무 숲은 성기네."

---

162) 劉云 未造理所 : 元刊本 ≪世說新語≫에 의하면, 이 비평은 '羊孚作雲贊' 조항에 있으며, 이 조항은 ≪世說新語補≫에는 없다.

163) 仁者와……즐거움 : 山水를 통해 얻어지는 즐거움을 이른다. ≪論語≫ 〈雍也〉에 "지혜로운 자는 물을 좋아하고 어진 자는 산을 좋아하며, 지혜로운 자는 동적이고 어진 자는 정적이며, 지혜로운 자는 즐겁고 어진 자는 장수한다.〔智者樂水 仁者樂山 智者動 仁者靜 智者樂 仁者壽〕" 하였다.

王羲之

정신이 든 뒤에 좌우의 사람들이 그 시를 읊었다. 모두 읊고 나자, 왕우군이 탄식하면서 말하였다.

"간질이 어찌 〈仁과 智와 같은〉 盛德(훌륭한 덕)의 일에 끼어들었단 말인가."

王右軍이 **少重患**이러니 **一二年**에 **輒發動**이라 **後答許掾詩**에 **忽復惡**할새 **中得二十字**하니 **云 取歡仁智樂**하여 **寄暢山水陰**하니 **淸泠澗下瀨**요 **歷落松竹林**이라하다 **旣醒**에 **左右誦之**하니 **誦竟**에 **右軍歎曰 癲**이 **何預盛德事耶**①아하다

① ≪說文解字≫에 "癲은 미친병(간질)이다." 하였다. ≪洪武正韻≫에 "〈癲은〉 질병이다." 하였다.
說文曰 "癲, 狂也." 正韻曰 "病也."

8-38 殷中軍(殷浩)은 비록 생각이 널리 통하고 심원하기도 했지만, 才性(재주와 본성)에 대해 특히 정통하였다. 〈才性의〉 四本[164]에 대해 언급하기만 하면 공격할 수 없는 金城湯地[165]의 형세와 같았다.

殷中軍은 **雖思慮通長**이어니와 **然於才性偏精**이라 **忽言及四本**하면 **便**(苦)〔若〕[166]**湯池鐵**

---

164) 四本 : 才性四本論으로, 재주와 본성 사이의 同異合離에 관한 논설이다. 傅嘏는 才性同의 입장으로, 밖으로 드러나는 재주가 바로 하늘로부터 부여받은 본성이고, 이 외에 따로 주체적인 본성은 없다고 하고, 李豐은 才性異의 입장으로, 재주와 본성은 각각 별개로, 본성은 근본적인 것이고 재주는 부차적인 것이기 때문에 결코 동일하지 않다고 하며, 鐘會는 才性合의 입장으로, 비록 본성이 근본적인 것이고 재주가 부차적인 것이지만 서로 어울려 서로의 단점을 보완할 수 있다고 하고, 王廣은 才性離의 입장으로, 비록 재주가 본성으로부터 나오는 것이지만, 일단 나온 뒤에는 그 자체로 독자적인 것이 되어 스스로 발전해나가기 때문에 본성과 분리된다고 하였다.(≪中華百科全書≫ 電子版)

165) 金城湯地 : 성곽을 쇠로 만들고 성곽 주위 해자에 끓는 물을 부어놓았다는 뜻으로, 난공불락의 견고한 성을 이른다.

城無可攻之勢①라

① ≪神農書≫[167]에 말하였다. "石城이 일곱 길〔仞〕이고 끓는 물을 부어놓은 垓子가 일백 步이며, 갑옷을 입은 병사가 백만 명이더라도 군량미가 없는 경우는 〈성을〉 굳건히 지킬 수 없다."
神農書曰 "夫有石城七仞, 湯池百步, 帶甲百萬, 而無粟者, 不能自固也."

8-39 支道林(支遁)과 許掾(許詢) 등 여러 인사들이 함께 會稽王(司馬昱)의 齋頭(서재)에 모였을 때, 지도림이 法師[168]가 되고 허연이 都講[169]이 되었다. 지도림이 하나의 난제에 대해 〈그 의미를〉 제대로 해설해주면 좌중의 모든 사람들이 만족하고, 허연이 하나의 난제를 제시하면 여러 사람들이 모두 손뼉을 치며 기뻐하였다. 그러나 모두 두 사람의 훌륭함에 감탄하면서 칭송할 뿐이고 그 이치가 어디에 있는지는 분변하지 못하였다.

支道林과 許掾諸人이 共在會稽王齋頭①할새 支爲法師하고 許爲都講②이라 支通一義하면 四坐莫不厭心하고 許送一難하면 衆人莫不抃舞나 但共嗟詠二家之美요 不辯其理之所在라

①〈會稽王은〉 東晉 簡文帝(司馬昱)이다.
簡文.
② ≪高逸沙門傳≫에 말하였다. "支道林은 당시에 ≪維摩詰所說經≫[170]을 강론했다."

---

166) (苦)〔若〕: 저본에는 '苦'로 되어 있으나, ≪世說新語箋疏≫에 "苦는 景宋本에 '若'으로 되어 있다."고 한 것에 의거하여 '若'으로 바로잡았다.

167) 神農書 : 淸나라 馬國翰이 輯錄한 것이다. 마국한은 서문에서 "1권으로, 炎帝 神農氏가 찬술한 책이라고 전해진다."고 한 뒤에 ≪漢書≫ 〈藝文志〉에 기재된 ≪神農≫ 20편에 대해 顔師古의 말을 인용하여 "劉向의 ≪別錄≫에서 '李悝와 商君이 말한 내용인 듯하다.'" 하였다.

168) 法師 : 佛經에 정통하고 佛法을 해설할 수 있는 高僧을 이른다.

169) 都講 : 魏晉시대 이후에 佛家에서 강론회를 열어 佛經을 강론할 때, 한 사람은 불경을 읽어 難題를 제시하고 한 사람은 그 내용을 해석했는데, 불경을 읽는 자를 '도강', 해설하는 자를 '法師'라고 불렀다.

170) 維摩詰所說經 : 대승불교의 경전으로, ≪不可思議解脫經≫·≪維摩詰經≫·≪淨名

高逸沙門傳曰 "道林, 時講維摩詰經."

【頭註】

○ 劉辰翁 : 이치가 진실로 있으면, 각각 해설로써 편견과 왜곡을 극복하여 통하지 못하는 것이 없었다.
劉云 "理誠有之, 各以辭勝偏曲, 未有不通也."

8-40 汰法師(竺法汰)가 말하였다.
"六通과 三明[171)]은 귀착점이 같으니 바로 이름만 다를 뿐이다."

汰法師云 六通과 **三明**은 **同歸**하니 **正異名耳**①라

① 〈道安法師傳〉에 말하였다. "竺法汰는 성품과 도량이 넓고 소탈하며 道心이 심오한 경지에 이르렀기 때문에 도안법사가 그와 벗이 되어 잘 대해주었다."
일설에 '축법태는 바로 도안법사의 제자'라고 하였다.
佛經에 말하였다. "六通이라는 것은 三乘[172)]의 공덕으로 〈획득되는〉 것이다. 첫째는 天眼通으로, 먼 곳의 形色을 보는 것이다. 둘째는 天耳通으로, 장벽 바깥의 소리를 듣는 것이다. 셋째는 身通으로, 하늘을 날아다니고 몸을 숨기거나 드러내는 것이다. 넷째는 它心通으로, 타인의 갖가지 생각을 명확히 아는 것이다. 다섯째는 宿命通으로, 神明으로 과거의 일을 아는 것이다. 여섯째는 漏盡通으로, 지혜에 의거하여 〈과거 · 현재 · 미래의〉 모든 세대를 이해하는 것이다. 三明이라는 것은 마음의 측면에서 해탈하여 三世(과거 · 현재 · 미래)를 밝게 비추는 것이다."

經≫이라고도 하는데, 後秦의 鳩摩羅什(구마라집)이 3卷 14品으로 漢譯하였다.

171) 六通과 三明 : '삼명'은 阿羅漢果를 성취한 聖者에게 갖추어진 불가사의한 능력으로, 세 가지에 대해 밝게 아는 것인데, 즉 天眼明 · 宿命明 · 漏盡明을 이르고, '육통'은 여섯 가지 신통력으로, '삼명'에 神足通 · 天耳通 · 他心通 세 가지를 더 추가한 것이다. '삼명'이 세계를 보는 세계관이나 또는 지혜의 눈이라는 측면이 강한 반면, '육통'은 어떤 불가사의한 능력, 부처님이나 아라한에게 갖추어진 자유자재한 권능이라는 측면이 강하다.

172) 三乘 : '乘'이란 부처가 敎法에 의해 중생을 生死의 세계로부터 涅槃의 세계로 옮겨주는 것을 수레에 비유한 것이니, 부처가 중생의 세 가지 根機, 곧 鈍根機는 聲聞乘, 中根機는 緣覺乘, 利根機는 菩薩乘에 맞추어 설파한 세 가지 교법을 이른다.

이와 같다면 천안통·천이통·신통·타심통·누진통 이 다섯 가지는 모두 現在心의 明이고, 숙명통은 過去心의 明이며, 천안통으로 미래의 지혜를 펼치는 것은 未來心의 明이다. '귀착점이 같으니 이름만 다르다.'고 말한 의미는 이런 측면에 있다.

安法師傳曰 "竺法汰者, 體器弘簡, 道情冥到, 法師友而善焉." 一說, 法汰卽安公弟子也. 經云 "六通者, 三乘之功德也. 一曰天眼通, 見遠方之色. 二曰天耳通, 聞障外之聲. 三曰身通, 飛行隱顯. 四曰它心通, 水鏡萬慮. 五曰宿命通, 神知已往. 六曰漏盡通, 慧解累世. 三明者, 解脫在心, 朗照三世者也." 然則天眼·天耳·身通·它心·漏盡此五者, 皆見在心之明也, 宿命, 則過去心之明也, 因天眼發未來之智, 則未來心之明也. '同歸異名', 義在斯矣.

8-41 左太冲(左思)이 〈三都賦〉[173]를 지었는데, 처음 완성했을 때 당시 사람들이 모두 비난하자 좌사의 마음이 편치 않았다. 이후에 張公(張華)에게 보여주니, 장공이 말하였다.

"이 작품은 수도에 대해 쓴 두 편의 賦[174]와 더불어 셋으로 거론될 만하네. 그러나 그대의 문장이 아직 세상에 중시되지 않으니, 마땅히 명망이 큰 인사의 손을 거쳐야 하네."

그러자 좌사가 皇甫謐(황보밀)에게 가르침을 요청하니, 황보밀이 〈삼도부〉를 읽고 감탄하고는 마침내 〈삼도부〉에 대한 서문을 지어주었다. 그러자 이전에 비난했던 자들이 모두 옷깃을 여미면서 공손한 태도로 칭찬하였다.

左太冲이 作三都賦한대 初成에 時人이 互有譏訾하니 思意不愜이라 後에 示張公하니 張曰 此는 二京可三①이나 然君文이 未重於世하니 宜以經高名之士라하다 思乃詢求於皇甫謐하니 謐이 見之嗟歎하고 遂爲作敍하니 於是에 先相非貳者가 莫不斂袵(鑽)〔讚〕[175] 述焉②이라

---

173) 三都賦 : 左思가 10년의 공력을 들여 완성한 장편의 賦로, 〈吳都賦〉·〈魏都賦〉·〈蜀都賦〉 세 편으로 구성되어 있다.

174) 수도에……賦 : 班固의 〈兩都賦〉와 張衡의 〈二京賦〉를 가리키는데, 모두 東都(洛陽)와 西都(長安)의 장관을 묘사한 작품이다.

175) (鑽)〔讚〕 : 저본에는 '鑽'으로 되어 있으나, ≪世說新語≫ 각본과 安永本에 의거하여

① ≪晉書≫ 〈左史傳〉에 말하였다. "司空 張華가 左太冲(좌사)의 〈三都賦〉를 보고는 '〈좌태충은〉 班固와 張衡의 부류이다. 이 작품을 읽는 사람으로 하여금 다 읽은 뒤에도 여운이 남게 하고 오래 지나도 다시 새로운 느낌이 들게 한다.'"

晉書曰 "司空張華見太冲三都賦, 曰 '班·張之流也. 使讀之者盡而有餘, 久而更新.'"

② 〈左思別傳〉에 말하였다. "좌사가 張載를 찾아가 岷·蜀(四川) 지방의 일에 대해 묻기는 했지만, 교류가 역시 드물었다. 皇甫謐(황보밀)은 西州의 고명한 인사이고 摯仲治(摯虞)는 老師宿儒로서 명성이 자자했으니, 좌사와 비슷한 수준의 인물이 아니었다. 劉淵林(劉逵)과 衛伯輿(衛權)는 모두 일찍 세상을 떠났으니, 이들은 모두 좌사의 〈삼도부〉에 대해 서문을 짓거나 주석을 달지 않았다. 모든 주석과 해설은 하나하나 좌사가 직접 붙인 것인데, 자신의 문장이 중시되기를 바랐기 때문에 당시 명사의 이름을 빌린 것이다."

思別傳曰 "思造張載, 問岷蜀事, 交接亦疎. 皇甫謐, 西州高士, 摯仲治, 宿儒知名, 非思倫匹. 劉淵林·衛伯輿, 竝蚤終, 皆不爲思賦序注也. 凡諸注解, 皆思自爲, 欲重其文, 故假時人名姓也."

【頭註】

○ 王世懋 : 左思의 〈三都賦〉는 후대에 영원히 사라지지 않았으니, 皇甫士安(皇甫謐)의 이 서문이 없었더라도 어찌 전수되지 않았겠는가. 당시 사람들이 좌사를 무시했기 때문에 제멋대로 비난했을 뿐이다. 황보사안의 서문 한 편이 어찌 좌사를 중시하게 하여 당시 사람들이 이처럼 〈그의 작품을〉 전수하였겠는가. 劉孝標는 이 점에 대해서 식견이 없는 것이다.

王云 "思三賦不朽, 士安非此序, 幾不傳. 時人薄思, 故肆譏彈爾. 士安一序, 何足重思而時人傳乃爾. 孝標, 於是爲無識矣."

8-42 太叔廣은 말재주가 매우 뛰어나고 摯仲治(摯虞)는 글짓기에 뛰어나 모두 列卿(九卿)의 지위에 올랐다. 매번 公坐(朝廷)에 나아갔을 때 태숙광이 담론하면 지중치는 대답할 수 없었으나, 〈공좌에서〉 물러나 〈지중치가〉 문장을 써서 태숙광을 논박하면 태숙광이 또한 답변할 수 없었다.

'讚'으로 바로잡았다.

太叔廣은 甚辯給하고 而摯仲治는 長於翰墨한대 俱爲列卿이라 每至公坐에 廣談하면 仲治不能對나 退하여 著筆難廣하면 廣又不能答①이라

① 王隱의 ≪晉書≫에 말하였다. "太叔廣은 字가 季思로, 東平 사람이다. 成都王(司馬穎)이 皇太弟로 봉해진[176] 뒤에 〈鄴(南京)에 있던 그를〉 洛陽으로 보내고자 하니, 태숙광의 자손이 대부분 낙양에 있었기 때문에 해를 입을까 우려하여 자살하였다. 摯虞는 字가 仲治로, 京兆의 長安 사람이다. 조부 摯茂는 秀才였고, 부친 摯模는 太僕卿을 역임하였다. 지우는 어릴 때부터 학문을 좋아하여 皇甫謐(황보밀)을 스승으로 섬겼다. 문장의 의미를 연구하고 고증하는 데에 뛰어나고 저술한 글이 많았으며, 秘書監과 太常卿을 역임하였다. 惠帝(司馬衷)를 따라 장안에 갔다가 결국 鄠縣(호현)과 杜陽縣에서 떠돌아다녔다. 성품이 博古[177]를 좋아하여 文籍을 〈구하느라 가산을〉 탕진하고, 永嘉 5년(311)에 낙양에 대기근이 들었을 때 마침내 굶어 죽었다. 지우와 태숙광은 명성과 지위가 대체로 같았는데, 태숙광은 말재주가 좋았고 지우는 글재주에 뛰어났으나 모두 정치업무를 처리하는 능력은 부족하였다. 여러 사람이 모인 자리에서 태숙광이 담론을 하면 지우는 그에 대해 대답할 수 없었으나, 물러난 뒤에 〈지우가〉 문장을 써서 태숙광을 논박하면 태숙광도 대답할 수 없었다. 그래서 서로 비웃느라 세상에 떠들썩하였다. 태숙광은 기록할 만한 내용이 없으나 지우는 저술한 바가 많으니, 이런 점에서는 〈지우가〉 더 뛰어나다."
王隱晉書曰"太叔廣, 字季思, 東平人. 拜成都王爲太弟, 欲使詣洛, 廣子孫多在洛, 慮害乃自殺. 摯虞, 字仲治, 京兆長安人. 祖茂, 秀才, 父模, 太僕卿. 虞少好學, 師事皇甫謐. 善校練文義, 多所著述, 歷秘書監・太常卿. 從惠帝至長安, 遂流離鄠・杜間. 性好博古, 而文籍蕩盡. 永嘉五年, 洛中大饑, 遂餓而死. 虞與廣, 名位略同, 廣長口才, 虞長筆才, 俱少政事. 衆坐廣談, 虞不能對, 虞退筆難廣, 廣不能答. 於是,

---

176) 成都王(司馬穎)이……봉해진 : 성도왕이 齊王 司馬冏(사마경)의 擧義에 호응하여 趙王 司馬倫을 죽이는 데 공적을 세웠는데도 자못 겸손하자 인심이 그에게 기울었고, 이후에 제왕이 공적을 믿고 교만하고 사치하자 인심이 더욱 그에게 기울었다. 제왕이 실각하자 그는 鄴에서 실권을 장악한지 얼마 지나지 않아 제왕보다 심하게 교만하고 사치하였다. 마침 河間王 司馬顒(사마옹)이 태자 司馬覃을 폐위하고 성도왕을 皇太弟로 세우자, 그는 더욱 교만하여 천자를 무시하는 마음을 지니게 되었다.(≪世說新語補觿≫, ≪世說箋本≫)

177) 博古 : 古書畫나 古器物 등을 널리 收藏하고 감상하는 것을 이른 말이다.

互相嗤笑, 紛然於世. 廣無可記, 虞多所錄, 於斯爲勝也."

【頭註】

○ 劉應登 : 太叔廣은 晉나라 宗室의 혈족이다.
(劉)〔應登〕[178]云 "廣, 晉宗室屬."

8-43 桓宣武(桓溫)가 袁彦伯(袁宏)에게 〈北征賦〉를 지으라고 명하였다. 작품이 완성된 뒤에 환선무가 당시의 명사들과 함께 보았는데 모두 감탄하였다. 당시에 자리에 있던 王珣이 말하였다.

"한 구절이 부족한 점이 아쉬우니, '寫'자로 韻字를 보충하면 틀림없이 훌륭해질 것이오."

원언백이 즉시 자리에서 붓을 들어 다음 구절을 보충하였다.

"감회가 내 마음에서 끊어지지 않으니, 流風을 거슬러 올라 홀로 내 마음을 드러내네."

환선무가 왕순에게 말하였다.

"이제는 이 일로 원언백을 추숭하지 않을 수 없겠구료."

桓宣武가 **命袁彦伯**하여 **作北征賦**①한대 **旣成**에 **公**이 **與時賢共看**한대 **咸嗟歎之**라 **時**에 **王珣在坐云 恨少一句**하니 **得寫字足韻**하면 **當佳**리라하다 **袁**이 **卽於坐**에 **攬筆益云 感不絶於余心**하니 **泝流風而獨寫**라하니 **公謂王曰 當今**에 **不得不以此事推袁**②이라하다

① 檀道鸞의 ≪續晉陽秋≫에 말하였다. "袁宏은 桓溫이 鮮卑를 정벌할 때 종군했기 때문에 〈北征賦〉를 지었는데, 원굉의 문장 가운데 수준이 높은 작품이다."
續晉陽秋曰 "宏從溫征鮮卑, 故作北征賦, 宏文之高者."

② ≪袁宏集≫에 〈北征賦〉를 싣고 있는데, 그 내용은 다음과 같다. "전해들은 세대가 전해준 내용을 들어보니,[179] 이 들판에서 기린을 잡았다[180]고 하네. 상서로운 덕

178) (劉)〔應登〕: 安永本에는 '劉'으로 되어 있으나, 元刊本 ≪世說新語≫에 의거하여 '應登'으로 바로잡았다.

179) 전해들은……들어보니 : 春秋公羊學派에서 주장하는 三世說의 하나로, 魯나라 군주

(훌륭한 정치)으로 靈物이 탄생되는 법인데, 어찌하여 동산지기에게 몸을 주었던가.[181] 尼父(孔子)의 통곡[182]을 슬퍼하니, 진실로 통곡하시고 거짓이 아닌 듯하기 때문이지. 어찌 하나의 기린을 애달파할 만하겠는가, 실로 천하에 대해 매우 슬퍼하신 것이지. 감회가 내 마음에서 끊어지지 않으니, 유풍을 거슬러 올라 홀로 내 마음을 드러내네."

孫盛의 ≪晉陽秋≫에 말하였다. "원굉이 王珣·伏滔와 함께 환온을 모시고 자리한 적이 있었는데, 환온이 복도에게 〈북정부〉를 읽게 하였다. '천하에 대해 매우 슬퍼하셨다.'는 구절에 이르렀는데, 이 뒤 구절에서 운자가 바뀌었다.[183] 왕순이 '이 운자로 읊는 것은 천년의 세월에 감개가 깊기 때문인데, 지금 '천하'의 뒤에 바로 운자를 바꾸었으니 〈천년의 깊은 감개를〉 드러내는 운치에 미진한 듯합니다.' 하자, 복도가 이어서 '寫를 운자로 하는 한 구절을 첨가하면 혹시 조금 나을 수도 있을 것입니다.' 하였다. 환공(환온)이 원굉에게 '경이 한 번 잘 생각하여 첨가해보시오.' 하니, 원굉이 즉시 첨가하자 왕순과 복도가 훌륭하다고 칭찬하였다."

宏集載其賦云"聞所聞於相傳, 云獲麟於此野. 誕靈物以瑞德, 奚授體於虞者. 悲尼父之慟泣, 似實慟而非假. 豈一物之足傷, 實致傷於天下. 感不絕於余心, 泝流風而獨寫." 晉陽秋曰"宏嘗與王珣·伏滔同侍溫坐, 溫令滔讀其賦, 至'致傷於天下', 於此改韻. 云'此韻所詠, 慨深千載, 今於天下之後便移韻, 於寫送之致, 如爲未盡.' 滔乃云'得益寫一句, 或當小勝.' 桓公語宏'卿試思益之.' 宏應聲而益, 王·伏稱善."

【頭註】

○ 劉辰翁 : 〈王珣은〉 문장을 논하는 데 법도가 있었고, 〈袁宏은〉 구절을 보충하여 스스로

12公에 대한 기록에 대해 孔子가 所傳聞世(전해들은 세대), 所聞世(직접 들은 세대), 所見世(직접 본 세대)로 나눌 수 있다고 하였다.

180) 이……잡았다 : ≪春秋≫ 哀公 14년 조항에 "서쪽으로 巡狩하여 기린을 잡았다.〔西狩獲麟〕" 하였다.

181) 동산지기에게……주었던가 : 기린이 동산지기에게 잡힌 것을 이른다.

182) 尼父(孔子)의 통곡 : 공자가 魯 哀公 14년 봄에 聖王의 출현을 알리는 상서로운 징조로서 나와야 할 기린이 난세에 잘못 나와서 잡혀 죽었던 것을 보고는 몹시 상심한 나머지 흐르는 눈물을 옷소매로 닦으면서 "나의 도가 곤궁하구나.〔吾道窮矣〕" 하였다.

183) 이……바뀌었다 : 2구의 野, 4구의 者, 6구의 假, 8구의 下는 모두 上聲 馬韻에 속하는데, 10구의 韻字가 이에 속하지 않는다는 뜻이다.

훌륭하게 만들었다.
劉云 "談文有法, 補句自佳."

8-44 支道林(支遁)이 〈卽色遊玄論〉을 지었다. 〈즉색유현론〉이 완성되었을 때 王中郎(王坦之)에게 보여주었는데, 왕중랑이 아무런 말을 하지 않았다. 지도림이 말하였다.

"묵묵히 마음속으로 이해했습니까?[184)]"

왕중랑이 대답하였다.

"이미 文殊師利[185)]가 없으니, 누구에게 칭찬받을 수 있겠습니까."

支道林이 **造卽色論**①한대 **論成**에 **示王中郎**이어늘 **中郎都無言**이라 **支曰 默而識**(지)**之乎**아하니 **王曰 旣無文殊**하니 **誰能見賞**②이리오하다

① ≪支道林集≫ 〈妙觀章〉에 말하였다. "色[186)]의 본성은 본래부터 색이 있는 것이 아니다. 색은 본래부터 있는 것이 아니니, 비록 현실적으로 색이 존재해도 그 본질은 空인 것이다. 그러므로 '색이 바로 공이지만, 색은 또한 공과는 다르다.' 하였다."
支道林集妙觀章云 "夫色之性也, 不自有色. 色不自有, 雖色而空. 故曰 '色卽爲空, 色復異空.'"

② ≪維摩詰經≫ 〈入不二法門品〉에 말하였다. "文殊師利가 維摩詰에게 '菩薩이 不二法門[187)]에 들어가는 방법은 무엇입니까?' 물었는데, 당시에 유마힐이 잠자코 아무런 말을 하지 않으니, 문수사리가 탄식하면서 '이것이 참으로 불이법문에 들어가

---

184) 묵묵히……이해했습니까 : ≪論語≫ 〈述而〉에 "말없이 마음에 새겨두는 것, 배우되 싫증내지 않는 것, 남을 가르치되 게을리하지 않는 것, 이런 일들이 어찌 내게 있겠는가.〔默而識之 誨人不倦 何有於我哉〕" 하였다.

185) 文殊師利 : 梵語 Mañjuśrī의 음역어로, 滿殊尸利·曼殊室利라고도 하고, 妙德妙首·普首·濡首·敬首·妙吉祥으로 漢譯하는데, 문수와 만수는 '妙'의 뜻이고, 師利·室利는 '頭'·'德'·'吉祥'의 뜻이다. 오른손에는 지혜의 칼을 들고 왼손에는 꽃 위에 지혜의 그림이 있는 青蓮花를 쥔 채 사자를 타고 있는 모습으로 형상화된다.

186) 色 : 불교 용어로, 감각으로 확인할 수 있는 모든 形質을 이른다.

187) 不二法門 : 모든 현상의 是非善惡 등 상대적 차별을 초월하여 절대적 차원에서 평등한, 궁극적 깨달음의 경지이다.

는 방법이로다.' 하였다."

維摩詰經曰 "文殊師利問維摩詰云 '何者是菩薩入不二法門.' 時維摩詰默然無言, 文殊師利歎曰 '是眞入不二法門也.'"

【頭註】

○ 劉辰翁 : 아마 維摩詰이 아닐 것이다.
劉云 "殆未是維摩詰也."

8-45 三乘은 佛家의 이해하기 어려운 의미인데, 支道林(支遁)이 제대로 분석하여 삼승의 〈의미가〉 명확하게 되었다. 여러 사람들이 堂下에서 앉아 들을 때에는 모두 이해할 수 있다고 했지만, 지도림이 堂上에서 내려와 앉고 자기들끼리 서로 토론할 때에는 정작 聲聞乘과 緣覺乘의 의미는 이해했지만, 菩薩乘의 의미에 들어가면 곧 혼란스러워했다. 지금 그 의미를 제자들이 비록 전수하기는 하지만, 여전히 완전히 이해한 것은 아니다.

三乘은 **佛家滯義**로되 **支道林**이 **分判**하여 **使三乘炳然**이라 **諸人**이 **在下坐聽**엔 **皆云可通**이어늘 **支下坐**하고 **自共說**하여는 **正當得兩**이나 **入三便亂**이라 **今義**를 **弟子雖傳**이나 **猶不盡得**①이라

① ≪法華經≫에 말하였다. "三乘이라는 것은 첫째 聲聞乘, 둘째 緣覺乘, 셋째 菩薩乘이다. '성문'이라는 것은 四諦(사제)[188]를 깨달아 득도한 경우이고, '연각'이라는 것은 因緣[189]을 깨달아 득도한 경우이고, '보살'이라는 것은 六度(육도)[190]를 실행하

188) 四諦(사제) : 梵文 Catursatya의 음역으로, '諦'는 佛經에서 가리키는 진리이다. '사제'는 불교의 기본 교리 가운데 하나로, 苦諦·集諦·滅諦·道諦를 이른다. '고제'는 세상에 항상 존재하는 生老病死 등의 일체 고통, '집제'는 세상의 고통을 야기하는 원인, '멸제'는 세상의 고통을 야기하는 원인을 제거한 뒤에 최고의 이상인 涅槃의 경지에 이르는 것, '도제'는 열반의 경지에 이르기 위해 장기적으로 수행해야 하는 八正道를 이른다.

189) 因緣 : 十二因緣으로, 과거·현재·미래 三世의 윤회하는 인과관계를 설명하는 불교의 기본 교리 가운데 하나이다. '無明'은 迷惑의 근원인 無知, '行'은 선악의 行業, '識'은 수태될 때의 일념, '名色'은 모체 속 태아의 심신의 발육, '六入'은 六根인

여 득도한 경우이다. 그렇다면 羅漢이 득도한 것은 전적으로 부처의 가르침을 따랐기 때문에 '성문'이라고 명명한 것이다. 辟支佛(벽지불)[191]이 득도한 것은 인연을 듣고 해탈하기도 하고 佩玉 소리를 듣고 깨달음을 얻기도 하여 그 정신이 홀로 도달할 수 있기 때문에 '연각'이라고 명명한 것이다. 보살은 위대한 도리를 지닌 인물로서, 方便[192]에 있어서는 단지 육도를 실행하고 眞教[193]에 있어서는 갖가지 선행을 모두 행하되, 그 공적을 자기 것으로 삼지 않고 널리 중생을 구제하는 데에 뜻을 두었기 때문에 '大道'라고 명명한 것이다."

法華經曰 "三乘者, 一曰聲聞乘, 二曰緣覺乘, 三曰菩薩乘. 聲聞者, 悟四諦而得道也, 緣覺者, 悟因緣而得道也, 菩薩者, 行六度而得道也. 然則羅漢得道, 全由佛教, 故以聲聞爲名也. 辟支佛得道, 或聞因緣而解, 或聽環佩而得悟, 神能獨達, 故以緣覺爲名也. 菩薩者, 大道之人也, 方便則止行六度, 眞教則通修萬善, 功不爲己, 志存廣濟, 故以大道爲名也."

【頭註】

○ 王世懋 : 林公(支道林)의 의도를 음미해보면, 어찌 聲聞과 緣覺을 총괄하여 一乘의 이치로 여겼겠는가.

王云 "詳林公意, 豈以聲聞·緣覺總之爲一乘理邪(야)."

○ 王世懋 : 생각건대, 大乘과 最上乘[194]을 一乘으로 총괄했기 때문에 "정작 聲聞乘과 緣覺

眼·耳·鼻·舌·身·意의 완비, '觸'은 출생 후 사물과의 접촉, '受'는 접촉에 의한 감각, '愛'는 인간의 근본적인 욕망, '取'는 욕망 추구에의 집착, '有'는 현재에 지은 업에 의한 미래의 果, '生'은 현재의 업에 따른 미래의 탄생, '老死'는 미래에 탄생하여 다시 늙어 죽는 것이다.

190) 六度(육도) : 六波羅蜜(육바라밀)로, 六度無極·六到彼岸이라고도 한다. 생사의 굴레에 속박되어 있는 此岸으로부터 열반의 경지인 彼岸에 도달하기 위해 수행해야 하는 여섯 가지 덕목으로, 布施(財施·法施·無畏施), 持戒(律儀戒·攝善法戒·饒益有情戒), 忍辱(生忍·法忍·無生法忍), 精進(斷精進·修精進·求化精進), 精慮(禪定 : 身定·口定·意定), 智慧(般若 : 生空智·法空智·一切智智)이다.

191) 辟支佛(벽지불) : 梵語 pratyeka-buddha의 음역인 辟支迦佛陀의 약칭으로, 三乘 가운데 中乘의 聖人이다. 그가 12因緣法을 관조하여 득도했기 때문에 緣覺으로 의역하기도 하고, 그가 붓다가 없는 세상에 태어나 홀로 수행하여 깨달았기 때문에 獨覺으로 의역하기도 한다.

192) 方便 : 생동감 있는 방식으로 가르쳐 佛法의 참된 뜻을 깨닫게 함을 이른다.

193) 眞教 : 참된 가르침으로, 佛教를 이른다.

乘의 의미는 이해했다." 했으니, 劉孝標의 注는 이러한 의미를 깨닫지 못한 듯하다.

又云"意謂大乘與最上乘, 總是一乘, 故云'正當得兩', 而注似未喩."

8-46 許掾(許詢)이 젊을 때 사람들이 그를 王苟子(王脩)에게 비교하니 허연이 크게 불평하였다. 당시에 여러 인사와 林法師(支遁)가 모두 會稽의 西寺(光相寺)에서 강론했는데 왕구자도 그 자리에 있었다. 허연은 마음속으로 매우 화가 나서 곧장 서사로 가서 왕구자와 논리를 따져 함께 우열을 가리니, 격렬하게 서로 논쟁을 벌인 끝에 왕구자가 마침내 크게 패배하였다. 허연이 다시 왕구자의 논리를 취하고 왕구자가 허연의 논리를 취하여 다시 서로 반복하여 논쟁했는데 왕구자가 다시 패배하였다. 허연이 支法師(支遁)에게 물었다.

"방금 논쟁한 저의 의론이 어떻습니까?"

지법사가 차분하게 대답하였다.

"그대의 의론은 훌륭하다면 훌륭하겠지만, 어찌 상대방을 그렇게 심하게 괴롭히는가. 이것이 어찌 이치를 찾을 때에 하는 담론이겠는가."

許掾이 年少時에 人以比王苟子①하니 許大不平이라 時에 諸人士及(於)〔林〕[195]法師가 竝在會稽西寺講할새 王亦在焉이라 許意甚忿하여 便往西寺하여 與王論理하여 共決優劣하니 苦相折挫에 王遂大屈이라 許가 復執王理하고 王이 執許理하여 更相覆(복)疏하니 王復屈이라 許謂支法師曰 弟子向語가 何似이니잇가하니 支從容曰 君語는 佳則佳矣어니와 何至相苦邪(야)아 豈是求理中之談哉리오하다

① 苟子는 王脩의 兒名이다.

≪文字志≫에 말하였다. "왕수는 字가 敬仁으로, 太原의 晉陽 사람이다. 그의 부친 王濛은 司徒의 左長史를 역임하였다. 왕수는 〈태학생도 아니고 관리도 아닌 상

---

194) 最上乘 : 불교에서 말하는 가장 고명하고 원만한 敎法이다.

195) (於)〔林〕: 저본에는 '於'로 되어 있으나, 宋本·元刊本 ≪世說新語≫에 의거하여 '林'으로 바로잡았다. 일부 ≪세설신어≫에는 '於'로 되어 있고, 安永本에는 '支'로 되어 있다.

태에서〉 기용되어 著作佐郎과 瑯琊王의 文學이 되고, 中軍司馬로 전직되었는데 부임하지 못한 채 세상을 떠났으니, 당시 나이 24세였다. 옛날에 王弼이 사망했을 때의 나이가 왕수와 같았기 때문에 왕수의 아우 王熙가 탄식하면서 '옛사람(왕필)에게 부끄러움이 없고, 〈세상을 떠난〉 나이도 그와 같구나.' 하였다."

苟子, 王脩小字也. 文字志曰 "脩, 字敬仁, 太原晉陽人. 父濛, 司徒左長史. 脩起家著作佐郎・瑯琊王文學, 轉中軍司馬, 未拜而卒, 時年二十四. 昔王弼之沒, 與脩同年, 故脩弟熙乃歎曰 '無愧於古人, 而年與之齊也.'"

8-47 庾子嵩(庾敳)이 〈意賦〉를 지어 완성했을 때, 조카 庾文康(庾亮)이 〈意賦를〉 보고 물었다.

"만약 〈왕실을 걱정하는〉 마음이 있다면 賦로는 모두 표현하지 못할 것이고, 만약 그러한 마음이 없다면 더 이상 어찌 부를 짓겠습니까?"

유자숭이 대답하였다.

"바로 有意와 無意의 사이에 있는 것이다."

庾子嵩이 作意賦成①에 從子文康②이 見하고 問曰 若有意邪(야)면 非賦之所盡이요 若無意邪(야)면 復何所賦리잇가하니 答曰 正在有意無意之間이라하다

① 孫盛의 ≪晉陽秋≫에 말하였다. "庾敳(유애)는 永嘉 연간(307~313)에 石勒[196]에게 죽임을 당하였다. 이보다 앞서 유애는 晉나라 왕실에 어려움이 많은 것을 보고는 결국 그 재앙에 걸려들 것을 알았기 때문에 〈意賦〉를 지어 자신의 감회를 기탁하였다."

晉陽秋曰 "敳, 永嘉中, 爲石勒所害. 先是, 敳見王室多難, 知終嬰其禍, 乃作意賦以寄懷."

② 〈庾文康은〉 庾亮이다.

亮也.

【頭註】

---

196) 石勒 : 前趙의 劉淵 밑에서 大將軍을 역임하다가 後趙를 세운 뒤에 전조를 멸망시키고, 十六國 중에 가장 강성한 나라를 이룩하였다.

○ 王世懋 : 〈'有意와 無意의 사이에 있다.'는〉 구절은 ≪莊子≫로부터 온 것[197]이다.
王云"此從莊子得來."

○ 李贄 : 庾公(庾敱)은 총명하다.
李云"庾公聰明."

8-48 林道人(支遁)이 謝公(謝安)을 방문하였다. 謝東陽(謝朗)은 당시 이제 막 머리를 땋은 어린 나이로, 병석에서 갓 일어나 몸이 아직 피로를 견디지 못하는 지경이었는데 林公(지둔)과 담론하다가 마침내 격렬한 상태에 이르렀다. 그의 모친 王夫人이 벽 뒤에서 듣고 있다가 두 번이나 심부름꾼을 보내 그에게 돌아오라고 했는데, 謝太傅(사안)가 붙잡아두었다. 그러자 왕부인이 직접 나와서 말하였다.

"新婦[198]가 젊은 시절 집안의 불행한 일(남편의 죽음)을 만났으니, 평생 의지하는 바는 오직 이 아이뿐입니다."

〈왕부인이〉 눈물을 흘리면서 아이를 안고 돌아갔다. 사공이 동석한 사람들에게 말하였다.

"형수님께서는 그 말씀과 심정이 비분강개하여 전할 만하니, 조정의 인사들로 하여금 보지 못하게 한 것이 아쉽습니다."

林道人이 詣謝公한대 東陽은 時始總角할새 新病起하여 體未堪勞어늘 與林公講論하여 遂至相苦①라 母王夫人이 在壁後聽之라가 再遣信令還이어늘 而太傅留之하니 王夫人이 因自出云 新婦가 少遭家難하니 一生所寄는 惟在此兒니이다하고 因流涕抱兒하여 以歸라 謝

---

197) ≪莊子≫로부터 온 것 : 장자의 제자가 "어제 산중의 나무는 쓸모없어서 그 천수를 누리는데, 오늘 주인의 기러기는 쓸모없어서 죽으니, 선생은 장차 어떻게 처신하시겠습니까?" 물으니, 장자가 웃으면서 "나는 材와 不材의 사이에 처신하겠다." 하였다.〔昨日山中之木 以不材得終其天年 今主人之鴈 以不材死 先生將何處 莊子笑曰 周將處乎材與不材之間〕(≪莊子≫ 〈山木〉)

198) 新婦 : 이미 결혼한 아낙이 시부모와 남편 및 시집의 어른과 동년배 친속에 대해 자신을 낮추어 부르는 호칭이다.

公이 語同坐曰 家嫂는 辭情忼慨하여 致可傳述하니 恨不使朝士見②이라하다

① 何法盛의 ≪中興書≫에 말하였다. "謝朗은 널리 배우고 뛰어난 재주가 있으며, 현묘한 이치를 담론하는 데 뛰어났다."
中興書曰 "謝朗, 博涉有逸才, 善言玄理."

② ≪謝氏譜≫에 말하였다. "謝郞의 부친 謝據(謝安의 둘째 형)는 太康 사람 王韜의 딸을 아내로 맞았는데, 그녀의 이름은 綏이다."
謝氏譜曰 "朗父據, 娶太康王韜女, 名綏."

【頭註】

○ 王世懋 : 이 또한 〈賢媛篇〉에 넣을 만하다.
王云 "此亦可入賢媛."

8-49 謝車騎(謝玄)가 부친 謝安西(謝奕)의 喪中에 있었는데, 林道人(支遁)이 찾아가 담론하다가 날이 저물 쯤에 물러났다. 길에서 어떤 사람을 만났는데, 그가 물었다.

"공께서는 어디에서 오십니까?"

임도인이 대답하였다.

"오늘 謝孝子[199]와 한바탕 실컷 담론을 나누고 오는 길입니다."

謝車騎가 在安西艱中①이러니 林道人이 往就語하고 將夕에 乃退라 有人道上見者한대 問云 公何處來오하니 答云 今日에 與謝孝로 劇談一出來②라하다

① 謝安西는 謝奕이다.
安西, 謝奕也.

② 〈謝玄別傳〉에 말하였다. "謝玄은 淸談에 능했고 名理(사물의 이름과 이치를 분석하는 이

---

199) 謝孝子 : 부친이나 모친이 세상을 떠나 喪中에 있는 사람을 이르는 말이다. ≪禮記≫ 〈雜記〉에 "제사를 지낼 때는 祭主가 孝子나 孝孫이라고 일컫고, 喪을 치를 때는 喪主가 哀子나 哀孫이라고 일컫는다.〔祭稱孝子孝孫 喪稱哀子哀孫〕" 하였는데, 이에 대한 陳澔의 주석에 "제사는 吉祭이다. 卒哭 이후에는 길제가 되니 祝辭에 효자나 효손이라고 일컫고, 虞祭 이전에는 凶祭가 되니 '哀'라고 일컫는다." 하였다.

론)에 뛰어났다."

玄別傳曰"玄能淸言, 善名理."

【頭註】

○ 劉辰翁 : 이런 내용을 어찌 〈이 책에〉 실을 만하겠는가.
劉云"此何足載."

8-50 支道林(支遁)이 처음 동쪽(會稽)에서 나와 〈建康의〉 東安寺에 머무르고 있었다. 王長史(王濛)는 오랫동안 정밀한 논리를 구성하고 아울러 훌륭한 언사를 다듬은 뒤에 지도림과 담론하려고 갔지만, 〈지도림은〉 그다지 〈성의 있게〉 대응하지 않았다. 왕장사는 수백 마디의 말로 논리를 서술하고는 스스로 자신의 名理(사물의 이름과 이치를 분석하는 이론)가 탁월하다고 여겼다. 지도림이 천천히 말하였다.

"제가 그대와 헤어진 지 많은 해가 지났는데, 그대의 논리와 언사는 전혀 향상되지 않았군요."

그러자 왕장사가 크게 부끄러워하면서 물러났다.

支道林이 初從東出하여 住東安寺中①이라 王長史는 宿構精理하고 并撰其才藻하여 往與支語어늘 不大當對라 王이 敍致作數百語하고 自謂是名理奇藻한대 支徐徐謂曰 身與君別이 多年이로되 君義言이 了不長進이라하니 王이 大慚而退라

① ≪高逸沙門傳≫에 말하였다. "支遁이 會稽에 머물 때 晉 哀帝(司馬丕)가 그의 풍모를 흠모하여 中使(환관)를 동쪽(회계)에 파견하여 맞이하게 하니, 지둔이 마침내 자연 속에서의 생활을 청산하고 도읍(建康)에서 크게 활약하였다."
高逸沙門傳曰"遁居會稽, 晉哀帝欽其風味, 遣中使, 至東迎之, 遁遂辭丘壑, 高步大邑."

【頭註】

○ 劉辰翁 : 어찌 〈王濛 같은〉 이런 부류가 없겠는가. 역시 淸流를 더럽힐 뿐이다.
劉云"豈無此等. 亦穢淸流."

8-51 佛經에서는 〈일반인도〉 마음속으로 번뇌를 끊고 지혜를 닦으면 聖人(부

처)이 될 수 있다고 하였다. 이에 대해 東晉 簡文帝(司馬昱)가 말하였다.

“즉시 정상에 올라 궁극의 경지에 나아갈 수 있는지는 모르겠지만, 수양의 공효는 아무래도 부정할 수 없다.”

佛經에 以爲祛練[200]神明하면 則聖人可致①라하니 簡文云 不知便可登峰造極不나 然陶練之功은 尙不可誣라하다

① 釋氏經(佛經)에 말하였다. “일체의 중생은 모두 佛性을 지니고 있다. 다만 지혜를 닦고 번뇌를 끊어 온갖 행실이 빠짐없이 갖추어지면 곧바로 부처가 된다.”
釋氏經曰 “一切衆生, 皆有佛性. 但能修智慧, 斷煩惱, 萬行具足, 便成佛也.”

8-52 殷中軍(殷浩)이 물었다.

“자연은 사람에게 품성을 부여할 때 특별한 의도가 없는데, 어째서 정작 善人은 적고 惡人은 많은가?”

여러 사람 가운데 대답하는 자가 없었는데, 劉尹(劉惔)이 대답하였다.

“비유하자면 물을 쏟아 〈물이〉 땅에 떨어졌을 때 틀림없이 저절로 종횡으로 퍼져 正方形이나 正圓形의 형태가 전혀 없는 것과 같습니다.”

당대 사람들이 〈이 말에〉 매우 감탄하면서 名通(사리에 달통한 논의)이라고 하였다.

殷中軍問 自然은 無心於稟受어늘 何以正善人少하고 惡人多오하니 諸人이 莫有言者로되 劉尹이 答曰 譬如寫水著(착)地에 正自縱橫流漫하여 略無正方圓者니이다하니 一時絶歎하여 以爲名通①이라하다

① ≪莊子≫ 〈齊物論〉에 “天籟라는 것은 불어서 나오는 소리가 만 가지로 다르지만 자신의 구멍으로부터 나오게 하는 것이다.” 하였는데, 郭子玄(郭象)의 주석에 다음과 같이 말하였다. “無라는 것은 이미 아무것도 없는 것이니 有를 탄생시킬 수 없

200) 祛練 : ‘祛’는 번뇌를 끊는 것을 이르고, ‘練’은 지혜를 닦는 것을 이른다.(≪世說新語補觿≫)

고, 有가 탄생되지 않으면 또 무언가를 탄생시킬 수 없다. 그렇다면 생명을 탄생시키는 자는 누구인가? 홀로 저절로 탄생할 뿐이요, 내가 탄생시키는 것이 아니다. 내가 만물을 탄생시키지 못하고 만물이 나를 탄생시키지 못하니, 저절로 이미 그렇게 된 것이기 때문에 天然이라고 부른다. 천연은 인위적으로 무언가를 하는 것이 아니다. 그러므로 天으로 말한 것이니, 이는 저절로 그렇게 되었다는 것을 밝히기 위한 것이다."

莊子曰 "天籟者, 吹萬不同, 而使其自己也." 郭子玄注曰 "無旣無矣, 則不能生有, 有之未生, 又不能爲生. 然則生生者, 誰哉. 塊然而自生耳, 非我生也. 我不生物, 物不生我, 則自然而已然, 謂之天然. 天然, 非爲也, 故以天言之, 所以明其自然故也."

【頭註】

○ 李贄 : 劉惔의 말이 지극히 오묘하다.
李云 "劉語極妙."

8-53 殷浩와 謝安 등 여러 인사들이 함께 모였을 때, 사안이 이를 계기로 은호에게 물었다.

"눈〔眼〕이 가서 만물의 형상과 접촉하는가, 아니면 만물의 형상이 와서 눈에 들어오는가?"

殷謝諸人이 **共集**①할새 **謝因問殷**하되 **眼往屬萬形**가 **萬形來入眼不**②아하다

① 〈殷謝는〉 殷浩와 謝安이다.
殷浩・謝安.

② ≪成實論≫ 〈根塵合離品〉에 말하였다. "眼識[201]은 〈눈〔眼〕이〉 사물에 도착할 필요도 없이 허상인 六塵[202]을 알아채니, 공간과 빛을 빌리기 때문에 사물〔色〕을 볼 수 있다. 만약 눈이 〈사물에〉 도착하거나 사물이 〈눈으로〉 들어온다면 사물 사이에는 공간과 빛이 없게 된다. 만일 眼篦(안비)[203]가 눈과 접촉하면 대상물을 볼 수

---

201) 眼識 : 인간의 여섯 가지 기관인 六根(眼・耳・鼻・舌・身・意)이 그 대상인 六識(色・聲・香・味・觸・法)과 만나 발생하는 인식 작용인 六識(見識・聞識・嗅識・味識・覺識・知識)의 하나이다.

202) 六塵 : 六根을 통해 의식을 일으키게 하는 六境, 즉 色・聲・香・味・觸・法을 이른다.

없으니, 안식은 〈눈이 사물에〉 이르지 않아도 〈사물을〉 알아볼 수 있다는 사실을 알아야 한다."

이와 같은 설명에 따르면, 눈이 〈만물의 형상에〉 가는 것도 아니고 만물의 형상이 〈눈으로〉 들어오는 것도 아니니, 멀리서 보는 것이다. 謝安의 질문만 있고 殷浩의 대답이 없는 것은 아마도 문장이 누락된 듯하다.

成實論曰 "眼識不待到而知虛(屬)〔塵〕[204], 假空與明, 故得見色. 若眼到色到, 色間則無空・明. 如眼〔篦〕觸(目)〔眼〕[205], 則不能見彼, 當知眼識不到而知.[206]" 依如此說, 則眼不往, 形不入, 遙屬而見也. 謝有問, 殷無答, 疑闕文.

【頭註】

○ 王世懋 : ≪楞嚴經≫에 있는 문답이 명확하게 갖추어져 있다. 단지 거울만 가지고 대답한 내용이 그 자체로 명확하니, 이 ≪成實論≫보다 훨씬 뛰어나다.
王云 "楞嚴經中, 具明問答. 但以鏡答, 自明, 殊勝此論."

8-54 어떤 사람이 殷中軍(殷浩)에게 물었다.

"어째서 장차 지위를 얻게 될 때 꿈에서 棺을 보고, 장차 재물을 얻게 될 때 꿈에서 똥을 보는 것입니까?"

은중군이 대답하였다.

"벼슬은 본디 썩은 냄새가 나는 것이기 때문에 벼슬을 얻게 될 때에는 관속의 시체꿈을 꾸게 되고, 재물은 본디 똥거름을 준 흙에서 나오는 것이기 때문에

---

203) 眼篦(안비) : 고대 인도에서 의사가 맹인의 眼膜을 제거할 때 사용하던 도구였다. 후세에는 佛家에서 중생들의 눈을 가리고 있는 無智의 장막을 제거해준다는 뜻으로 사용하였다.

204) (屬)〔塵〕: 저본에는 '屬'으로 되어 있으나, 安永本・≪世說新語≫ 각본・≪成實論≫ 〈根塵合離品〉에 의거하여 '塵'으로 바로잡았다.

205) 眼〔篦〕觸(目)〔眼〕: 저본・≪世說新語≫ 각본・萬曆 14년본에는 '眼觸目'으로 되어 있으나, ≪成實論≫ 〈根塵合離品〉에 의거하여 '眼篦觸眼'으로 바로잡았다. 安永本의 '眼觸篦'도 ≪성실론≫과 의미상으로는 부합한다.

206) 眼識……而知 : ≪成實論≫에는 다음과 같이 되어 있다. "眼識不待到, 故知塵.…… 又假空與明, 故得見色. 若眼到色, 則間無空・明. 如眼篦觸眼, 則不能見, 當知眼識不到而知."

재물을 얻게 될 때에는 똥꿈을 꾸게 되는 것이다”

당시 사람들이 훌륭한 논의라고 하였다.

人有問殷中軍하되 何以將得位에 而夢棺器하고 將得財에 而夢矢穢잇가하니 殷曰 官은 本是臭腐니 所以將得에 而夢棺屍하고 財는 本是糞土니 所以將得에 而夢穢汙라하니 時人이 以爲名通이라

【頭註】

○ 王世懋 : 훌륭한 갈이다, 훌륭한 말이다.
王云“名言名言.”

8-55 殷中軍(殷浩)이 廢庶人이 되어 東陽郡으로 유배 갔을 때[207] 처음으로 佛經을 읽었다. 처음에 ≪維摩詰所說經≫을 읽었는데 ‘般若波羅蜜(반야바라밀)’이라는 말이 너무 많다고 의구심을 지녔다가 이후에 ≪小品般若波羅蜜經≫을 읽을 때에는 이 말이 적다고 아쉬워하였다.

殷中軍이 被廢東陽에 始看佛經이라 初視維摩詰①한대 疑般若波羅蜜이 太多러니 後見小品에는 恨此語少②라

① ≪維摩詰所說經≫ 〈序品〉의 僧肇의 注에 말하였다. “유마힐은 우리 後秦에서는 ‘淨名’이라고 불렀다. 〈이 사람은〉 法身[208]의 大士(보살)로, 이 속세에 나타나 살면서 佛道를 확장하였다.”
僧肇注維摩經曰“維摩詰者, 秦言淨名. 蓋法身之大士, 見(현)居此土, 以弘道也.”

② ‘波羅蜜(바라밀)’이라는 이 말은 彼岸에 도달한다는 뜻이다. 佛經에 말하였다. “피안

207) 殷中軍(殷浩)이……때 : 永和 8년(352)에 은호가 中軍長軍으로서 北伐에 나서 許昌과 洛陽을 공격했는데, 9년에 적군의 계략에 걸려 허창에서 패배하자, 桓溫이 탄핵하는 글을 올려 그를 庶人으로 만들고 東陽郡으로 유배 보냈다.

208) 法身 : 報身·應身과 더불어 三身의 하나로, 淸淨한 본성을 각성하고 획득하여 일체의 功德을 성취한 자이다. 불생불멸하고, 형체가 없지만 곳곳에서 형체가 있는 상태로 나타나며, 佛身이라고도 한다.

에 도달하기 위해서는 여섯 가지 수행을 해야 한다. 첫째는 '檀'[209]이니, '단'이라는 것은 布施(보시)이다. 둘째는 '毗黎'[210]이니, '비려'라는 것은 持戒(계율 준수)이다. 셋째는 '羼提'[211]이니, '찬제'라는 것은 忍辱이다. 넷째는 '尸羅'[212]이니 '시라'라는 것은 精進이다. 다섯째는 '禪'[213]이니, '선'이라는 것은 定이다. 여섯째는 '般若(반야)'[214]이니, '반야'라는 것은 智慧이다. 그렇다면 앞의 다섯 가지는 배〔船〕가 되고 반야는 배를 이끄는 선도가 되니, 〈반야가〉 선도하면 모두 相[215]이 있는 세상의 물결을 끊어 相이 없는 피안에 오른다. 그러므로 '바라밀'이라고 한다."

殷淵源(殷浩)이 아직 반야바라밀의 이치를 완벽히 이해하지 못했을 때는 그 말이 적은데도 많다고 의구심을 가졌고, 얼마 뒤에 그 宗旨를 연구한 뒤에는 그 말이 많은데도 적다고 걱정한 것이다.

'波羅蜜', 此言到彼岸也. 經云 "到者有六焉. 一曰檀, 檀者, 施也. 二曰(毗)〔毗〕[216]黎, (毗)〔毗〕黎者, 持戒也. 三曰羼提, 羼提者, 忍辱也. 四曰尸羅, 尸羅者, 精進也. 五曰禪, 禪者, 定也. 六曰般若, 般若者, 智慧也. 然則五者爲舟, 般若爲導, 導則俱

---

209) 檀 : dānā-pāramitā(檀那波羅蜜)로, 자신의 모든 것을 중생들에게 조건 없이 베풀면서도 무엇을 주었다는 생각마저 버림으로써 자신의 貪心을 끊고 집착을 떠나며, 타인의 괴로움을 없애주는 윤리적 실천이다.

210) 毗黎 : vīrya-pāramitā(毘梨耶波羅蜜)로, 몸과 마음을 가다듬고 善行과 波羅蜜을 힘써 실천하여 나태한 마음을 버리고 善法을 닦아나가는 것이다. ≪世說新語補考≫에 "劉孝標의 注에서 '持戒'라고 한 것은 오류이다." 하였다.

211) 羼提 : Kṣānti(羼提波羅蜜)로, 타인으로부터 받는 모든 박해와 고통을 잘 참고, 나아가 그것을 받아들여 원한과 노여움을 없애고 諸法을 밝게 관찰하여 마음이 안주하는 것이다.

212) 尸羅 : śīla-pāramitā(尸羅波羅蜜)로, 在家와 出家, 大乘과 小乘의 모든 戒와 律을 잘 지켜 惡業을 없애고 몸과 마음의 청정을 얻는 것이다. ≪世說新語補考≫에 "劉孝標의 注에서 '精進'이라고 한 것은 오류이다." 하였다.

213) 禪 : dhyāna-pāramitā(禪那波羅蜜)로, 마음이 산란해지는 것을 멈추고 마음을 한 곳에 모아 진리를 바르게 사유하는 것이다.

214) 般若(반야) : prajñā-pāramitā(般若波羅蜜)로, 一切法의 自性이 空하다는 것을 깨달아 眞如實相을 똑바로 보는 지혜의 완성이다.

215) 相 : 상대적이고 차별적인, 형체가 있는 事相이나 생멸하고 변화하는 사상을 이른다.

216) (毗)〔毗〕 : 저본에는 '毗'로 되어 있으나, ≪世說新語≫ 각본과 安永本에 의거하여 '毗'로 바로잡았다.

絶有相之流, 升無相之彼岸也. 故曰波羅蜜也." 淵源未暢其致, 少而疑其多. 已而究其宗, 多而患其少也.

8-56 支道林(支遁)과 殷淵源(殷浩)이 함께 相王(司馬昱)[217]의 거처에 있었는데, 상왕이 두 사람에게 말하였다.

"한번 담론해볼 만한데, 才性(재주와 본성)의 논리는 은연원이 崤函처럼 견고하니, 〈지도림〉 그대는 신중해야 할 것이오."

지도림이 담론을 시작할 때 방향을 바꾸어 〈재성론의 문제를〉 멀리 피했지만, 서너 번 논쟁을 주고받는 사이에 자기도 모르게 玄理(재성론)에 빠졌다. 상왕이 〈지도림의〉 어깨를 두드리고는 웃으면서 말하였다.

"이는 본래 은연원의 뛰어난 부분이니 어찌 승리를 다툴 수 있겠소."

支道林과 殷淵源이 俱在相王許①한대 相王이 謂二人하되 可試一交言이로되 而才性은 殆是淵源崤函之固②하니 君其愼焉하라하다 支가 初作에 改轍遠之나 數四交에 不覺入其玄中하니 相王撫肩하고 笑曰 此는 自是其勝場이니 安可爭鋒이리오하다

①〈相王은 훗날 황제가 된〉 東晉 簡文帝(司馬昱)이다.
簡文也.

②崤는 二陵[218] 지역을 이르고, 函은 函谷關으로, 모두 秦나라의 험준한 요새이자 王者의 거처이다. 左思의 〈蜀都賦〉에 "효산과 함곡관은 제왕의 집이다." 하였다.
崤, 謂二陵之地, 函, 函谷關也, 竝秦之險塞(새), 王者之居. 左思(魏)〔蜀〕[219]都賦曰

---

217) 相王(司馬昱) : 東晉 簡文帝가 황제가 되기 전에 會稽王의 신분으로서 승상의 직임을 맡고 있었기 때문에 이렇게 일컬은 것이다.

218) 二陵 : 東崤山과 西崤山이다. ≪春秋左氏傳≫ 僖公 32년 조항에 "晉나라가 군대를 막는 곳은 틀림없이 효산일 것이니, 효산에는 이릉이 있다. 南陵은 夏后皐의 묘소가 있는 곳이고 北陵은 文王께서 비바람을 피하셨던 곳이다.〔晉師禦師必於殽 殽有二陵焉 其南陵 夏后皐之墓也 其北陵 文王之所辟風雨也〕" 하였다.

219) (魏)〔蜀〕: 저본에는 '魏'로 되어 있으나, 〈魏都賦〉에 '崤函荒蕪'라는 구절이 있고 〈蜀都賦〉에 '崤函有帝皇之宅'이라는 구절이 있기 때문에 安永本에 의거하여 '蜀'으로 바로잡았다.

"崤·函, 帝王之宅."

【頭註】

○ 두 사람(支遁과 殷浩)은 道人인 듯하다.
二人疑道人.

○ 劉辰翁 : 〈司馬昱이〉 이와 같은 말을 했으니, 더욱 말이 되지 않는다.
劉云 "作如此語, 更〔不〕[220]成文."

8-57 僧意가 瓦官寺에 있었는데, 王苟子(王脩)가 찾아와 함께 담론할 때에 곧장 논리를 제시하라고 하였다. 승의가 왕구자에게 물었다.

"聖人에게 감정이 있습니까?"

왕구자가 대답하였다.

"없습니다."

〈승의가〉 다시 물었다.

"성인은 〈감정이 없는〉 나무기둥과 같습니까?"

왕구자가 대답하였다.

"성인은 籌筭과 같으니, 비록 감정이 없지만 그것을 움직이는 자는 감정이 있습니다."

승의가 물었다.

"누가 성인을 움직입니까?"

왕구자가 대답하지 못한 채 그 자리를 떠났다.

僧意가 在瓦官寺中①한대 王苟子來하여 與共語할새 便使其唱理라 意謂王曰 聖人有情不아하니 王曰 無라하다 重問曰 聖人如柱邪(야)아하니 王曰 如籌算筭하니 雖無情이나 運之者는 有情이라하다 僧意云 誰運聖人邪(야)아하니 苟子가 不得答而去②하다

① 僧意의 씨족이 어디에서 비롯되었는지 자세하지 않다.

---

220) 〔不〕 : 저본에는 '不'이 없으나, 元刊本에 의거하여 보충하였다.

未詳僧意氏族所出.

② 여러 판본에는 僧意가 마지막에 말한 〈'누가 성인을 움직입니까'라는〉 한 구절이 없으니, 누락된 게 아닌가 의심스러워 여러 판본을 널리 교감했으나 모두 마찬가지였다. 오직 한 판본에 이 구절이 있었기 때문에 가지고 와서 그 의미를 완성하였다. 그러나 王脩는 玄理(才性論)를 논하는 데 뛰어났고, 이와 같은 담론은 특히 人情에 부합하지 않으니, 여전히 이 문장은 잘못되었다고 의심된다.

諸本無僧意最後一句, 意疑其闕, (慶)〔廣〕[221]校衆本, 皆然. 唯一書有之, 故取以成其義. 然王脩善言理, 如此論特不近人情, 猶疑斯文爲謬也.

【頭註】

○ 王世懋 : 〈주석 ②의〉 '慶'이 臨川(劉義慶)이 아니면 〈이 주석은〉 劉孝標의 〈주석이〉 아니다.
王云 "此'慶', 非臨川, 則非孝標矣."

8-58 殷仲堪이 玄論에 정통하니, 사람들은 그가 연구하지 않은 부분이 없다고 하였다. 은중감이 탄식하면서 말하였다.

"만일 내가 四本論을 제대로 이해한다면 담론이 이와 같은 데 그치지 않을 것이다."

殷仲堪이 精覈玄論하니 人謂莫不硏究라하다 殷乃歎曰 使我解四本이면 談不翅爾①라하다

① 周祇의 〈隆安記〉에 말하였다. "殷仲堪은 학문을 좋아하고 理思(합리적 사고)가 있었다."

---

221) (慶)〔廣〕 : 저본에는 '慶'으로 되어 있으나, ≪世說新語箋疏≫에 의거하여 '廣'으로 바로잡았다. ≪세설신어전소≫에 다음과 같이 말하였다. 李慈銘은 "'慶'은 마땅히 '峻'이 되어야 한다. 傳寫者가 劉孝標의 본명이 '峻'이라는 것을 몰라 함부로 '慶'으로 고쳐 臨川(劉義慶)이 스스로 주해한 말이라고 여겼다. 그리고 자칭할 때는 자신의 이름을 쓰는 것이 마땅하다." 하였다. 내(余嘉錫) 생각은 이렇다. '慶'은 절대 아니고 '峻'도 타당하지 않다. 오직 宋本에만 '廣'으로 되어 있는데 語氣에 오묘하게 합치한다. '慶'과 '廣'은 글자의 모양이 비슷하기 때문에 오류가 발생한 것이다. 또한 〈賢媛〉의 유효표 注의 '臣謂', 〈汰侈〉의 유효표 注의 '臣按', 〈惑溺〉의 유효표 注의 '臣按' 등을 보면, 유효표는 칙명을 받들어 註解했기 때문에 스스로 '臣'이라고 일컬은 것이다. 이런 예를 보면 이 조항에서 굳이 자신의 이름 '峻'을 거론할 필요가 없는 것은 자명하다.

周祗隆安記曰 "仲堪好學, 而有理思也."

8-59 (補)[222] 殷荊州(殷仲堪)가 한번은 遠公(慧遠)에게 물었다.

"≪周易≫은 무엇을 본질로 합니까?"

원공이 대답하였다.

"≪주역≫은 감응을 본질로 합니다."

은형주가 물었다.

"'銅山이 서쪽에서 무너지면 靈鍾이 동쪽에서 감응하여 울린다.'[223]고 하니, 이것이 바로 ≪주역≫입니까?"

원공이 웃으면서 대답하지 않았다.

慧遠

殷荊州가 曾問遠公하되 易은 以何爲體잇가하니 答曰 易은 以感爲體니이다하다 殷曰 銅山西崩하면 靈鍾東應이라하니 便是易邪(야)①잇가하니 遠公이 笑而不答이라

①〈東方朔傳〉[224]에 말하였다. "孝武皇帝(漢 武帝) 시대에 未央宮의 前殿(正殿)에 있던 鍾이 이유 없이 저절로 울려 3일 밤낮으로 그치지 않았다. 조서를 내려 太史待詔 王朔에게 물으니, 왕삭은 '아마 전쟁의 조짐이 있을 듯합니다.' 하고 대답하였다. 다시 동방삭에게 물으니, 동방삭이 말하였다. '제가 듣건대, 銅은 山의 아들이요, 山은 銅의 어머니라고 하니, 陰陽의 기운으로 유추하여 말한다면 아들과 어머니가 서로 감응한 것으로서 산이 무너지려는 조짐이 있기 때문에 종이 먼저 울린 듯합니다. ≪주역≫에 「우는 학이 그늘에 있으니 그 새끼가 화답한다.」[225] 했으니, 이는 더할 나위 없이 정밀한 내용입니다. 그에 대한 호응이 5일 이내에 있을 것입니

---

222) (補) : 저본에는 '補'가 있으나, 이 일화는 ≪何氏語林≫이 아닌 ≪世說新語≫에 있으므로 '補'를 삭제하였다.

223) 銅山이……울린다 : 郭璞의 ≪葬經≫ 〈內篇〉에 보이는 구절이다.

224) 東方朔傳 : 현행 통행본 ≪漢書≫ 〈東方朔傳〉에는 이 내용이 없고, ≪太平御覽≫ 〈樂部〉 '鍾' 항목에 〈東方朔傳〉의 내용으로 인용되어 있다.

225) 우는……화답한다 : ≪周易≫ 中孚卦 九二爻에 보이는 구절이다.

다.' 3일 뒤에 南郡太守가 上書하여 '산이 무너졌는데, 그 규모가 가로와 세로 20여 리에 이릅니다.' 하였다."

〈樊英別傳〉에 말하였다. "漢 順帝 시대에 궁전 아래의 종이 울렸다. 번영에게 그 이유를 물으니, 번영이 '蜀의 岷山이 무너졌습니다. 산은 銅의 어머니로, 어머니가 무너지자 자식이 운 것이니 聖朝의 재앙은 아닙니다.' 하고 대답하였다. 이후에 촉에서 과연 산이 무너졌다는 보고를 올렸는데, 그 날짜가 일치하였다."

두 가지 설명이 약간 다르기[226] 때문에 모두 기록해둔다.

東方朔傳曰 "孝武皇帝時, 未央宮前殿鍾, 無故自鳴, 三日三夜不止. 詔問太史待詔王朔, 朔言 '恐有兵氣'. 更問東方朔, 朔曰 '臣聞銅者山之子, 山者銅之母, 以陰陽氣類言之, 子母相感, 山恐有崩弛者, 故鍾先鳴. 易曰「鳴鶴在陰, 其子和之.」精之至也. 其應在後五日內.' 居三日, 南郡太守上書言 '山崩, 延袤二十餘里.'" 樊英別傳曰 "漢順帝時, 殿下鍾鳴. 問英, 對曰 '蜀岷山崩. 山於銅爲母, 母崩子鳴, 非聖朝災.' 後蜀果上山崩, 日月相應." 二說微異, 故竝載之.

【頭註】

○ 劉辰翁 : 〈遠公이〉 대답하지 않는 것이 가장 옳다.
劉云 "不答最是."

○ 王世懋 : 생각건대, ≪周易≫의 이치는 정밀하고 미묘하며 넓고 크니, 이것이 ≪주역≫이 아니라고 해도 옳지 않고, 이것을 고집하여 ≪주역≫이라고 해도 옳지 않다. 이것이 遠公이 웃으면서 대답하지 않은 이유이다.
王云 "按易理, 精微廣大, 謂此非易, 不可, 執此言易, 又不可. 遠公所以笑而不答."

---

226) 두……다르기 : 〈東方朔傳〉의 내용은 산이 무너지기 전에 종이 먼저 울린 것이고, 〈樊英別傳〉의 내용은 산이 무너진 뒤에 종이 울린 것이다.

9. 문학 하 文學 下

9-1 殷仲堪이 말하였다.

"3일 동안 ≪道德經≫을 읽지 않으면 곧장 혀뿌리가 뻣뻣해지는 것을 느낀다."

殷仲堪云 三日不讀道德經이면 便覺舌本間强①이라

① 王韶之의 ≪晉安帝紀≫에 말하였다. "殷仲堪은 풍부한 사고력이 있고 淸談에 뛰어났다."
晉安帝紀曰 "仲堪, 有思理, 能淸言."

【頭註】

○ 王世懋 : 强은 去聲으로 읽으니, 지금의 俗語와 같다.
王云 "强作去聲, 如今俗語."

9-2 桓南郡公(桓玄)은 殷荊州(殷仲堪)와 함께 담론할 때마다 매번 〈그를〉 공격하고 논박하였다. 1년 뒤 쯤에는 단지 한두 번의 〈담론 끝에〉 환남군공이 才思(재주와 사고력)가 점점 퇴보한다고 스스로 탄식하자, 은형주가 말하였다.

"그것이 바로 당신이 점점 이해하고 있다는 증거입니다.[1)]"

桓南郡은 與殷荊州로 共談에 每相攻難이러니 年餘後에는 但一兩番에 桓이 自歎才思轉

---

1) 그것이……증거입니다 : 桓玄은 殷仲堪의 논리를 논박하지 못했기 때문에 자신이 퇴보한다고 했는데, 은중감은 자신의 논리를 환현이 이해하여 논박하지 못했기 때문에 점점 이해하고 있다고 한 것이다.(≪世說啓微≫)

退하니 殷云 此乃是君轉解①라하다

① 周祗의 ≪隆安記≫에 말하였다. "桓玄은 玄理의 담론에 뛰어났는데, 義興郡(義興太守의 직분)을 버리고 〈封地인〉 南郡으로 돌아와서는 항상 荊州刺史 殷仲堪과 더불어 온종일 담론하기를 그치지 않았다."
周祗隆安記曰 "玄善言理, 棄郡還國, 常與殷荊州仲堪, 終日談論不輟."

【頭註】

○ 劉辰翁 : 두 사람(桓玄과 殷仲堪)의 말씀에 상황을 반전시키는 오묘함이 있다.
劉云 "兩語得反覆之妙."

○ 王世懋 : 담론한 바가 어떤 내용인지는 모르겠으나, 이후에 〈환현이 은중감을〉 공격하여 살해하였다.
王云 "不知所談云何, 乃相攻殺."

9-3 江左(東晉)의 殷太常(殷融) 부자[2)]는 모두 玄理의 담론에 뛰어났으나, 역시 달변과 눌변의 차이가 있었다. 〈조카인〉 揚州刺史(殷浩)는 말솜씨가 매우 현란했으니, 〈그가 논변을 펼칠 때마다 숙부인〉 은태상이 번번이 말하였다.
"너는 나의 논의를 다시 생각해 보거라."

江左殷太常父子는 竝能言理로되 亦有辯訥之異라 揚州는 口談至劇하니 太常輒云 汝는 更思吾論①하라하다

① 何法盛의 ≪晉中興書≫에 말하였다. "殷融은 字가 洪遠으로, 陳郡 사람이다. 桓彝는 인물을 제대로 파악하는 식견을 지녔는데, 은융을 보고는 매우 감탄하면서 찬미하였다. 〈象不盡意論〉과 〈大賢須易論〉을 지었는데, 이치가 정밀하고 의미가 심오하여 담론가들이 칭찬하였다. 그 형(殷羨)의 아들 殷浩도 역시 청담에 뛰어났는데, 매번 은호와 담론할 때마다 자주 논리가 꺾였으나, 물러나서 논문을 지어 다시 우위에 설 수 있었다. 司徒(王導)의 左西屬이 되었다. 술을 마시고 춤을 잘 추며 온종일 시를 읊조릴 뿐 한 번도 세속의 일로 스스로를 속박하지 않았다. 여러

2) 殷太常(殷融) 부자 : 은융과 殷揚州(殷浩)는 숙부와 조카 사이인데, 옛날에는 叔姪 사이도 '父子'라고 통칭하였다.(≪世說音釋≫)

관직을 역임하고 吏部尙書와 太常卿으로 승진한 뒤에 세상을 떠났다."

中興書曰"殷融, 字洪遠, 陳郡人. 桓彝有人倫鑑, 見融, 甚歎美之. 著象不盡意·大賢須易論, 理義精微, 談者稱焉. 兄子浩, 亦能淸言, 每與浩談, 有時而屈, 退而著論, 融更居長. 爲司徒左西屬. 飮酒善舞, 終日嘯詠, 未嘗以世務自嬰. 累遷吏部尙書·太常卿, 卒."

【頭註】

○ 王世懋 : 이상은 玄理로써 문학을 논의한 것이다, 운운.[3]

王云"以上, 以玄理論文學, 云云.

○ 劉辰翁 : 殷浩는 담론에 뛰어났고, 殷融은 작문에 뛰어났다.

劉云"浩長於談, 融長於筆也."

9-4 習鑿齒는 史學의 재능이 비범하였다. 桓宣武(桓溫)가 그 점을 매우 중시하여 30세가 되기도 전에 곧장 荊州의 治中[4]으로 기용되었다. 습착치도 謝牋文(감사의 글)에서 역시 다음과 같이 말하였다.

"明公(환선무)을 만나지 못했다면 荊州에서 〈미관말직인〉 從事[5]로 致仕할 뻔했습니다."

이후에 〈습착치가〉 도성인 建康(南京)에 이르러 簡文帝(司馬昱)를 뵙고 돌아와 복명하니, 환선무가 물었다.

"相王(사마욱)을 뵌 느낌이 어떠한가?"

---

3) 운운 : 이에 해당하는 내용은 다음과 같다. 문장에서 별도로 하나의 조항을 빼내는 것은 魏나라 때부터 시작되었으니, 이는 하나의 항목을 두 개의 항목으로 분리하는 것이다. 凌濛初(1580~1644)는 "≪世說新語≫에는 이 조항이 '太叔廣은 말재주가 매우 뛰어났다(8-42항)'는 항목 다음에 위치하니, 원문의 '亦有辯訥之異'의 '亦'은 위의 조항을 이어 받은 것이다." 하였다. 생각건대, ≪世說新語補≫는 당시의 편차에 근거하여 순서의 혼란을 야기했으니, 이는 작자의 의도에 어긋난다.(≪世說箋本≫)

4) 治中 : 治中從事史로, 州의 장관인 刺史의 고급 보좌관인데, 漢나라 元帝 때에 처음 설치되었고, 주요 업무는 여러 曹의 문서를 관장하는 것이고, 지위는 別駕 다음으로 副州長에 해당한다.

5) 從事 : 漢나라 이후 三公과 州郡의 장관이 모두 스스로 발탁하는 속관인데, 이를 대부분 '종사'라고 불렀다.

〈습착치가〉 대답하였다.

"평생 한 번도 이런 〈훌륭한〉 분을 뵌 적이 없습니다."

이로부터 〈찬탈의 뜻을 품고 있던〉 환선무의 뜻에 거슬려 지방으로 좌천되어 衡陽郡의 태수가 되니 정신착란증에 걸렸다. 와병 중에도 ≪漢晉春秋≫를 지었는데 〈인물에 대한〉 품평이 탁월하였다.

習鑿齒는 史才不常하여 宣武甚器之하니 未三十에 便用爲荊州治中이라 鑿齒謝牋에 亦云 不遇明公이면 荊州老從事耳라하다 後에 至都하여 見(현)簡文하고 返命한대 宣武問 見(현)相王이 何如오하니 答云 一生不曾見此人이니이다하다 從此忤旨하여 出爲衡陽郡하니 性理遂錯이라 於病中에 猶作漢晉春秋한대 品評卓逸①이라

① 檀道鸞의 ≪續晉陽秋≫에 말하였다. "習鑿齒는 젊을 때부터 박학다식하고 才情(재주와 사고력)이 뛰어났으니, 桓溫이 그를 매우 기특하게 여겨 荊州의 從事 신분으로부터 한 해 동안 3번 승진하여 治中에 이르렀다. 이후에 〈환온의〉 뜻에 거슬려 좌천되어 戶曹參軍과 衡陽太守가 되었다. 형양군에 있을 때 ≪漢晉春秋≫를 지어 환온의 찬탈하려는 마음을 지적하였다."

≪習鑿齒集≫에 그 글을 싣고 있는데, 대략적인 내용은 다음과 같다. "漢나라 말기의 여러 세대에 걸친 교전을 종식시키고 九域(九州)에 깔린 어둠을 말끔히 걷어내어 천년의 훌륭한 공적을 크게 확정한 것은 모두 司馬氏(晉나라)이다. 만약 魏(三國)나라에 王者를 대신할 덕이 있었다고 해도 〈왕자가 되기에는〉 충분하지 못하고, 혼란을 종식시킨 공적이 있었다고 해도 〈완벽히 통일하지 못하여〉 〈吳(삼국)나라의〉 孫氏(孫權)와 〈蜀(삼국)나라의〉 劉氏(劉備)와 정립하였다. 共工氏[6]와 秦나라의 嬴政(秦 始皇)조차도 제왕으로 기록되지 못하였으니, 하물며 몇몇 州의 백성을 잠시 제압한 경우는 말할 것도 없다. 게다가 한나라에는 周나라를 계승한 업적이 있는데, 진나라에는 위나라를 계승한 자취가 없다. 春秋시대에 吳나라와 楚나라가 〈참람되게〉 天王을 자칭했으나, 만약 덕을 지닌 자를 추숭한다면 한나라는

---

6) 共工氏 : 중국 고대 신화 속의 水神으로, 洪水를 관장하였다. ≪太平御覽≫ 〈皇王部3〉 女媧氏 조항에 "여와씨의 말년에 제후 가운데 공공씨가 있었다. 그는 지혜와 형벌에 의지하여 강성했으나, 패자가 될 뿐 왕자가 되지는 못했다." 하였다.

틀림없이 스스로 주나라를 계승했다고 하고 오나라와 초나라를 왕으로 추숭하지는 않을 것이다. 하물며 〈사마씨의 진나라가〉 조정에서 강력히 천하를 다스리고 오나라와 촉나라 양국을 평정한 것은 천하의 공적임에랴."

續晉陽秋曰"鑿齒少而博學, 才情秀逸, 溫甚奇之, 自州從事, 歲中三轉至治中. 後以忤旨, 左遷戶曹參軍·衡陽太守. 在郡著漢晉春秋, 斥溫覬覦之心也." 鑿齒集載其論, 略曰"靜漢末累世之交爭, 廓九域之蒙晦, 大定千載之盛功者, 皆司馬氏也. 若以魏有代王之德, 則不足, 有靜亂之功, 則孫·劉鼎立, 共(王)〔工〕[7]·秦政, 猶不見敍於帝王, 況暫制數州之衆哉? 且漢有係周之業, 則晉無所承魏之迹矣. 春秋之時, 吳·楚稱王, 若推有德, 彼必自係於周, 不推吳·楚也. 況長轡廟堂, 吳·蜀兩定, 天下之功也?"

【頭註】

○ 劉辰翁 : 〈본문의 史才不常의〉 '不常'은 바로 '비범하다'는 뜻이다.
劉云"不常, 卽非常."

○ 劉辰翁 : 姦雄(桓溫)에게 正道를 말하는 것은 본래 어렵다. 그러나 역시 어찌 정신착란증에 걸리는 지경이 되겠는가.
又云"與姦雄語正, 自難, 然亦何至狂癡?"

9-5 孫興公(孫綽)이 말하였다.
"〈三都賦〉[8]와 〈二京賦〉[9]는 五經을 선양한 작품이다."

孫興公云 三都와 二京은 五經鼓吹①라

① 이 5개의 賦는 經典을 보조하는 작품이라고 말한 것이다.
言此五賦, 是經典之羽翼.

【頭註】

○ 王世懋 : '鼓吹' 두 글자가 매우 오묘하니, 절대 '羽翼(보조함)'으로 해석할 수는 없다.[10]

---

7) (王)〔工〕 : 저본에는 '王'으로 되어 있으나, ≪晉書≫ 〈習鑿齒列傳〉에 의거하여 '工'으로 바로잡았다.

8) 三都賦 : 左思가 지은 〈魏都賦〉·〈吳都賦〉·〈蜀都賦〉이다.

9) 二京賦 : 張衡이 지은 〈東京賦〉와 〈西京賦〉이다.

王云"鼓吹二字, 殊妙, 正不得以羽翼解."

9-6 謝太傅(謝安)가 主簿인 陸退에게 물었다.

"〈그대의 장인어른인〉 張憑은 어째서 모친의 誄文[11]만 짓고 부친의 뇌문은 짓지 않았는가?"

육퇴가 대답하였다.

"본래 남자의 훌륭한 덕은 당연히 事迹에 드러나지만, 부인의 훌륭함은 뇌문이 아니면 드러나지 않기 때문입니다."

謝太傅가 問主簿陸退①하되 張憑은 何以作母誄하고 而不作父誄②오하니 退答曰 故當是丈夫之德은 表於事行이로되 婦人之美는 非誄면 不顯③일새니이다하다

① ≪陸氏譜≫에 말하였다. "陸退는 字가 黎民으로, 吳郡 사람이다. 고조부 陸凱(육개)는 吳(三國)나라의 丞相을, 조부 陸仰은 吏部郎을, 부친 陸伊는 州의 主簿를 역임하였고, 육퇴는 품계가 光祿大夫에 이르렀다."
陸氏譜曰"退, 字黎民, 吳郡人. 高祖凱, 吳丞相, 祖仰, 吏部郎, 父伊, 州主簿, 退, 仕至光祿大夫."

② 南朝 宋 明帝의 ≪文章志≫에 말하였다. "張憑은 字가 長宗으로, 吳郡 사람이다. 의지와 기개가 있어 마을 사람들의 칭찬을 받았고, 학문은 체득하는 바를 숭상하며, 명민하고 글재주가 있었다. 太守는 그의 재주가 뛰어나다고 하여 孝廉[12]에 천거하였고, 對策[13] 시험에서 우수한 성적으로 합격하였다. 劉惔에 의해 천거되어

---

10) 절대……없다 : 五經은 노래에 해당하고, 五賦는 八音에 해당하기 때문에 이렇게 말한 것이다.(≪世說箋本≫)

11) 誄文 : 죽은 사람의 생전의 행적을 나열해 기록한 글로, 예전에는 諡號를 짓는 기본 자료로 사용하였다.

12) 孝廉 : '효'는 효성, '염'은 청렴을 이르는데, 옛날에 인재를 선발하는 과목이었다. 이는 西漢시대에 비롯되었고, 東漢시대에는 벼슬을 구하는 자가 반드시 거쳐야 할 길이 되었는데, 후세에 종종 이를 합하여 하나의 과목으로 삼았다.

13) 對策 : 政事나 經義 등에 대한 질문에 대하여 응시자가 답하는 것인데, 漢나라 때에 이르러 인재를 선발하는 시험이 되었다.

太常博士에 보임되고, 여러 관직을 역임한 뒤에 吏部郞과 御史中丞이 되었다."
宋明帝文章志曰 "憑, 字長宗, 吳郡人. 有意氣, 爲鄕閭所稱, 學尙所得, 敏而有文. 太守以才選擧孝廉, 試策高第. 爲劉惔所擧, 補太常博士, 累遷吏部郞·御史中丞."

③ ≪육씨보≫에 말하였다. "육퇴는 장빙의 사위이다."
陸氏譜曰 "退, 憑壻也."

9-7 庾闡이 처음 〈揚都[14]賦〉를 지었을 때, 溫嶠와 庾亮을 다음과 같이 칭찬하였다.

"온교는 의리의 표상을 세우고 유량은 백성의 희망〔望〕이 되니, 명성을 비유하면 종의 소리와 같고, 품덕을 비유하면 옥의 광택〔亮〕과 같다.[15]"

庾公(유량)이 〈양도부〉가 완성되었다는 소식을 듣고는 보여주기를 원하면서 아울러 선물을 주니, 유천이 '희망〔望〕'을 '준걸〔儁〕'로 고치고 '광택〔亮〕'을 '윤택〔潤〕'으로 수정하였다.

庾闡이 **始作揚都賦**에 **道溫庾**하여 **云 溫**은 **挺義之標**하고 **庾**는 **作民之望**하니 **方響則金聲**이요 **比德則玉亮**이라하다 **庾公**이 **聞賦成**에 **求看**하고 **兼贈貺之**하니 **闡**이 **更**(경)**改望爲儁**하고 **以亮爲潤云**①하다

① 何法盛의 ≪晉中興書≫에 말하였다. "庾闡은 字가 仲初로, 穎川 사람이며, 太尉 庾亮의 친족이다. 어릴 때 부친을 여의고, 9세에도 글을 지을 수 있었다. 散騎侍郞과 領大著作(領著作郞)이 되었다. 〈揚都賦〉를 지었는데, 당시에 가장 훌륭한 작품이었다. 54세에 세상을 떠났다."
中興書曰 "闡, 字仲初, (潁)〔穎〕川人, 太尉亮之族也. 少孤, 九歲便能屬文. 遷散騎

---

14) 揚都 : 南北朝시대에 建康(南京)을 이르던 명칭이다.

15) 명성을……같다 : ≪孟子≫ 〈萬章 下〉에 "孔子를 集大成이라 이른다. 집대성이라는 것은 쇠로 만든 악기로 소리를 퍼뜨리고, 옥으로 만든 악기로 거둠이다. 金으로 소리를 퍼뜨린다는 것은 條理를 시작함이요, 玉으로 거둔다는 것은 조리를 끝내는 것이다. 조리를 시작하는 것은 智의 일이요, 조리를 끝내는 것은 聖의 일이다.〔孔子之謂集大成 集大成也者 金聲而玉振之也 金聲也者 始條理也 玉振之也者 終條理也 始條理者 智之事也 終條理者 聖之事也〕" 하였다.

侍郎・領大著作. 爲揚都賦, 邈絶當時. 五十四卒."

【頭註】

○ 劉辰翁 : 아마 溫嶠와 庾亮이 모두 예전에 楊州를 다스린 적이 있었던 듯하다.
劉云 "疑溫嶠・庾亮俱曾爲楊州."

○ 劉辰翁 : 庾公(庾亮)의 이름 '亮'을 피하고자 했기 때문에 〈'潤'으로 고치고〉 아울러 이웃 구절의 韻字 〈'望도 儁으로〉 수정하였다.
又云 "欲避庾公名, 故幷更旁韻也."

○ 劉辰翁 : 〈庾闡은〉 아첨을 떠는 허수아비와 같은 짓을 한 것이다.
又云 "作佞之俑."

9-8 桓玄이 한번은 江陵城의 南樓에 올라 말하였다.

"내가 지금 王孝伯(王恭)을 위해 誄文을 짓고자 한다."

그리고는 한참 동안 읊조리다가 즉시 붓을 들어 쓰니 단숨에 뇌문이 완성되었다.

桓玄이 **嘗登江陵城南樓云 我今欲爲王孝伯作誄**라하고 **因吟嘯良久**에 **隨而下筆**하니 **一坐之間**에 **誄以之成**①이라

① 王韶之의 ≪晉安帝紀≫에 말하였다. "桓玄은 문장의 아름다움이 한 시대에 뛰어났다. 환현의 문집에 그 誄文을 싣고 있는데, 내용은 다음과 같다. '〈晉 安帝〉 隆安 2년(398) 9월 17일에 前將軍과 靑州와 兗州 二州刺史를 역임한 太原 사람 王孝伯(王恭)이 서거하였다. 명산대천이 〈이 분에게〉 신령함을 내려주니, 哲人이 이에 태어나 성장하였네.

〈명산대천은〉 이미 영령을 맑게 해놓고는, 그에 걸맞은 복록은 내려주지 않았네.
天道가 애매모호하니, 누가 禍福을 예측하겠는가.
개와 말이 도리어 물어뜯고, 승냥이와 이리가 도약하네.
산마루엔 큰 오동나무 부러지고, 숲에는 해묵은 대나무 쓰러지네.
이 분이 서거하니, 국가는 지도자를 잃었네.
이에 뇌문을 지어, 훌륭한 덕을 기리네.'"
〈뇌문은〉 문장이 길어 모두 싣지는 않는다.

晉安帝紀曰 "玄文翰之美, 高於一世. 玄集載其誄, 敍曰 '隆安二年九月十七日, 前將軍・青兗二州刺史太原王孝伯薨. 川岳降神, 哲人是育. 既爽其靈, 不貽其福. 天道茫昧, 孰測倚伏? 犬馬反噬, 豺狼翹陸. 嶺摧高梧, 林殘故竹. 人之云亡, 邦國喪牧. 于以誄之, 爰旌芳郁.'" 文多, 不盡載.

【頭註】

○ 劉辰翁 : 誄文도 다만 소략하게 남겼을 뿐이다.
劉云 "誄文, 亦粗遺而已."

○ 劉辰翁 : 王恭은 司馬道子(晋簡文帝 司馬昱의 일곱째 아들)에게 살해당했는데, 桓玄이 다시 사마도자를 죽였다.
又云 "王恭爲司馬道子所害, 桓玄復殺道子."

○ 王世懋 : 이러한 내용에도 주석이 필요한가.
王云 "此等亦須注邪?"

9-9 桓玄이 처음 西夏[16]를 병합하여[17] 荊州・江州・二府[18]・一國[19]을 거느렸는데, 당시 첫눈이 내리자 다섯 곳에서 모두 축하하여 다섯 통의 답장편지가 모두 도착하였다. 환현이 聽事[20] 위에 있었는데, 축하편지가 이르면 즉시 그 뒷면에 답장을 쓰니 모두 찬란히 문채를 이루고 서로 뒤섞이지 않았다.

桓玄이 **初并西夏**에 **領荊江二州二府一國**①한대 **于時始雪**하니 **五處俱賀**하여 **五版竝入**이라 **玄**이 **在聽事上**한대 **版至**면 **即答版後**하니 **皆粲然成章**하고 **不相揉雜**이라

① 〈桓玄別傳〉에 말하였다. "桓玄이 殷仲堪에게 승리하고 楊佺期를 죽인 뒤에 사신을 보내 조정을 풍자하니, 조정에서 환현을 都督八州諸軍事로서 江州와 荊州의 二刺

16) 西夏 : 胡三省이 "江左(東晉)와 六朝시대에는 荊楚지역을 서하라고 했다." 하였다.(≪世說音釋≫)

17) 桓玄이……하여 : 환현이 隆安 3년(399)에 殷仲堪과 楊佺期를 토벌하고 荊州와 雍州를 평정한 것을 이른다.

18) 二府 : 後將軍府와 都督府를 이른다.(≪世說音釋≫)

19) 一國 : 桓溫이 南郡公에 봉해졌는데, 그가 사망한 후에 桓玄이 襲封하였다.(≪世說音釋≫)

20) 聽事 : 廳堂으로, 관청의 일을 처리하는 장소인데, 후대에는 私宅의 大廳을 이르기도 한다.

史로 임명하였다."

玄別傳曰"玄既克殷仲堪, 殺楊佺期, 遣使諷朝廷, 朝廷以玄都督八州, 領江州・荊州二刺史."

【頭註】

○ 劉應登 : 눈이 내린 일에 대한 축하편지에 답장했다는 말이다.
應登"謂答下雪之版."

9-10 袁虎(袁宏)는 젊은 시절에 가난하여 다른 사람에게 고용되어 배를 타고 租米(田賦)를 운반한 적이 있었다. 謝鎭西(謝尙)가 한번은 배를 몰아[21] 가고 있었는데, 그날 밤은 바람이 맑고 달이 밝았다. 강기슭에 있는 估客船(商船)에서 시를 읊조리는 소리를 들었는데, 매우 정취가 있는데다가 낭송하는 五言詩는 또 이전에 그가 들어본 적이 없는 내용이었다. 찬탄을 금치 못한 채 즉시 사람을 보내 자세히 물어보게 하니, 다름 아니라 원호가 자신이 지은 〈詠史詩〉를 스스로 읊은 것이었다. 이로써 〈원호를〉 맞이하니, 서로 매우 기뻐하면서 의기투합하였다.

袁虎少貧①하여 **嘗爲人傭載運租**라 **謝鎭西**가 **經船行**에 **其夜淸風朗月**한대 **聞江渚間估客船上**에 **有詠詩聲**한대 **甚有情致**하고 **所誦五言**은 **又其所未嘗聞**이라 **歎美不能已**하고 **即遣委曲訊問**하니 **乃是袁**이 **自詠其所作詠史詩**라 **因此相要**하니 **大相賞得**②이라

① 虎는 袁宏의 어릴 때 이름이다.
虎, 袁宏小字也.

② 檀道鸞의 ≪續晉陽秋≫에 말하였다. "袁虎는 어릴 때부터 뛰어난 재주가 있고 문장이 매우 아름다웠다. 일찍이 〈詠史詩〉를 지었는데, 이는 자신의 회포를 의탁한 작품이다. 어릴 때 부친을 여의고 가난하여 租米를 운반하는 일을 생업으로 삼았다. 鎭西將軍 謝尙이 당시에 牛渚를 다스렸는데, 바람 맑고 달 밝은 아름다운 가

---

21) 배를 몰아 : 원문의 '經船'에 대해 ≪世說補觿≫・≪世說啓微≫・≪世說講義≫에서는 '원호의 배를 지나쳐'라고 해석하였다.

을밤을 틈타서 마음 내키는 대로 측근과 함께 평복 차림으로 강에 배를 띄웠다. 그때 마침 원호가 조미를 운반하는 배에서 시를 읊고 있었는데, 목소리 자체가 청아하고 조화로운 데다가 가사도 출중했으니, 사상이 이전에 들어본 적이 없는 것이었다. 〈사상이〉 마침내 배를 멈춘 채 듣고는 사람을 보내 물어보게 하니, '저는 袁臨汝(袁勖)의 아들이고, 낭송한 시는 바로 제가 지은 〈영사시〉입니다.' 대답하였다. 사상은 그에게 고상한 정취가 있음을 훌륭하게 여기고는 즉시 사람을 보내 맞이하여 오게 하여 새벽이 될 때까지 담화를 나누었으니, 이로부터 〈원호의〉 명성이 나날이 커졌다."

續晉陽秋曰"虎少有逸才, 文章絕麗. 曾爲詠史詩, 是其風情所寄. 少孤而貧, 以運租爲業. 鎭西謝尙, 時鎭牛渚, 乘秋佳風月, 率爾與左右微服汎江. 會虎在運租船中諷詠, 聲旣淸會, 辭又藻拔, 非尙所曾聞. 遂住聽之, 乃遣問訊, 答曰'是袁臨汝郎, 誦詩卽其詠史之作也.' 尙佳其率有勝致, 卽遣要迎, 談話申旦, 自此名譽日茂."

【頭註】

○ 李贄 : 이 사람도 역시 품팔이꾼이 되었구나.
李云"此人亦爲傭乎."

9-11 혹자가 顧長康(顧愷之)에게 물었다.

"그대의 〈箏賦〉는 嵇康의 〈琴賦〉와 비교하면 어떻습니까?"

고장강이 말하였다.

"〈제대로〉 감상할 줄 모르는 사람은 나의 작품이 〈금부〉보다 뒤에 나왔다고 버려두지만, 식견이 높은 사람은 역시 매우 뛰어나다고 하여 귀하게 여깁니다."

或問顧長康하되 **君箏賦**는 **何如嵇康琴賦**오하니 **顧曰 不賞者**는 **作後出**이라하여 **相遺**나 **深識者**는 **亦以高奇見貴**①라하다

顧愷之

① 何法盛의 《晉中興書》에 말하였다. "顧愷之

는 박학다식하고 재능이 있었다. 사람됨이 둔하고 똑똑하지 못했으면서도 스스로 잘났다고 뽐냈기 때문에 당시 사람들의 비웃음을 샀다."

南朝 宋 明帝의 ≪文章志≫에 말하였다. "桓溫이 '顧長康(顧愷之)은 몸속에 어리석음과 총명함이 각각 절반이니, 종합적으로 논평하면 바로 중간 정도 수준이다.' 하였다. 세상에서는 〈그에게〉 三絶(세 가지 뛰어난 점)이 있다고 하는데, 그것은 畫絶(그림의 뛰어남)・文絶(문장의 뛰어남)・癡絶(어리석음의 뛰어남)이다."

檀道鸞의 ≪續晉陽秋≫에 말하였다. "顧愷之는 자랑과 뽐냄이 실상을 지나쳤기 때문에 여러 연소자들이 그를 칭찬함으로써 조롱거리로 삼았다. 〈그가〉 散騎常侍가 되었을 때 謝瞻과 관사가 맞닿아 있었다. 〈그가〉 밤에 달빛 아래에서 오래도록 시를 읊조리고는 스스로 先賢의 風制(정취)를 얻었다고 하면 사첨이 매번 멀리서 칭찬해 주었는데, 고개지는 그런 칭찬을 듣고 싶어서 피곤함을 잊은 채 더욱 힘썼다. 사첨이 잠자리에 들면서 발을 안마하는 시종에게 대신 칭찬하도록 했는데도 고개지는 이상한 점을 알아채지 못하고 마침내 새벽이 되어서야 〈낭송을〉 멈추었다."

中興書曰"愷之, 博學有才氣. 爲人遲鈍, 而自矜尙, 爲時所笑." 宋明帝文章志曰"桓溫云'顧長康, 體中癡黠各半, 合而論之, 正平平耳.' 世云有三絶, 畫絶・文絶・癡絶." 續晉陽秋曰"愷之, 矜伐過實, 諸年少因相稱譽, 以爲戲弄. 爲散騎常侍, 與謝瞻連省, 夜於月下長詠, 自云得先賢風制, 瞻每遙贊之, 愷之得此, 彌自力忘倦. 瞻將眠, 語搥脚人令代, 愷之不覺有異, 遂幾申旦而後止."

9-12 羊孚가 지은 〈雪贊〉에 말하였다.

"〈물의〉 맑음에 힘입어 〈눈으로〉 변화하고 바람을 타고 흩날리니,

경물을 만나면 선명하게 만들고 깨끗한 곳으로 나아가면 광채가 나네."

桓胤이 마침내 이 구절을 부채에 썼다.

羊孚作雪贊①하여 **云 資淸以化**하고 **乘氣以霏**하니 **遇象能鮮**하고 **卽潔成輝**이라하니 **桓胤**이 **遂以書扇**②이라

① ≪羊氏譜≫에 말하였다. "羊孚는 字가 子道로, 泰山 사람이다. 조부 羊楷는 尙書郎을, 부친 羊綏는 中書郎을 역임하였다. 양부는 太學博士・州別駕・太尉參軍을 역임하고, 46세에 세상을 떠났다."

羊氏譜曰"孚, 字子道, 泰山人. 祖楷, 尙書郎, 父綏, 中書郎. 孚歷太學博士・州別駕・太尉參軍, 年四十六卒."

② 何法盛의 ≪晉中興書≫에 말하였다. "桓胤은 字가 茂遠으로, 譙國 사람이다. 조부 桓冲은 太尉를, 부친 桓嗣는 江州刺史를 역임하였다. 환윤은 젊을 때부터 고상한 절조를 지녔고, 욕심이 없고 겸손하다고 칭찬을 받았다. 관직은 中書令에 이르렀다. 桓玄이 〈모반했다가〉 패배하자 安成郡[22]으로 유배 갔다가 이후에 주살 당했다."
中興書曰 "胤, 字茂(祖)〔遠〕[23], 譙國人. 祖冲, 太尉, 父嗣, 江州刺史. 胤少有淸操, 以恬退見稱. 仕至中書令. 玄敗, 徙安成郡, 後見誅."

【頭註】

○ 劉氏 : 理所(이치가 있는 곳)에 나아가지 못하였다.
劉云 "未造理所."

9-13 王敬仁(王脩)이 13세 때에 〈賢人論〉[24]을 지었는데, 〈그의 부친〉 王長史(王濛)가 劉眞長(劉惔)에게 보내 보여주었더니, 유진장이 대답하였다.

"왕경인이 지은 논문을 보니, 즉시 微言(심오한 담론)에 참여하기에 충분합니다."

王敬仁이 年十三에 作賢人論한대 長史가 送示眞長하니 眞長答云 見敬仁所作論하니 便足參微言①이니이다하다

① ≪王脩集≫에 그 논문을 싣고 있는데, 그 내용은 다음과 같다. "혹자가 물었다. '≪周易≫ 에서 賢人을 일컬어 「황색 치마와 같으니 크게 길하다.」[25] 했으니, 만일 〈聖人처럼〉 암암리에 이치에 융회관통할 수 없다면 어찌 통달하기를 구하지 않을 수 있겠는가. 통달하기를 구한다면 손상이 생기니, 손상이 생긴다면 「크게 길하다」라는 언표는 혹시 빈말인가?' 왕수가 대답하였다. '賢人은 진실로 아직 이치에 암암리에 융회관통할 수 없으니, 그대로 사람이 따라가서 이치가 완벽히 구현된 수준에 미치려고 하는 것은 당연하다. 이는 하나의 터럭이 하나의 들보를

---

22) 安成郡 : ≪晉書≫ 〈桓胤列傳〉에는 '新安郡'으로 되어 있다.

23) (祖)〔遠〕 : 저본에는 '祖'로 되어 있으나, ≪晉書≫ 〈桓胤列傳〉에 의거하여 '遠'으로 바로잡았다.

24) 賢人論 : ≪晉書≫ 〈王脩列傳〉에는 〈賢全論〉으로 되어 있다.

25) 황색……길하다 : 황색은 中色이고 치마는 아래에 있는 것이므로 높은 지위에 있으면서도 분수를 알아 자신을 낮게 처하면 길하다는 뜻이다.(≪周易≫ 坤卦 六五 爻辭)

매달고 있는 것과 같다. 하나의 터럭이 하나의 들보를 매달고 있는 것은 비록 이치에 대해 부족함이 있는 것이지만, 들보를 부러뜨리기에는 역부족이다. 현인은 情이 지극히 적고 터럭은 형체가 지극히 작다. 터럭이 들보를 부러뜨리는 데에 이르지 못하니, 현인에 대해 어찌 손상시킬 것이 있겠는가.'"

脩集載其論曰"或問'易稱賢人,「黃裳元吉」, 苟未能闇與理會, 何得不求通? 求通則有損, 有損則「元吉」之稱, 將虛設乎?' 答曰'賢人誠未能闇與理會, 當居然人從, 比之理盡, 猶一豪之領一梁. 一豪之領一梁, 雖於理有損, 不足以撓梁. 賢有情之至寡, 豪有形之至小, 豪不至撓梁, 於賢人何有損之者哉?'"

【頭註】

○ 王世懋 : 이런 논의는 요즘 시대에는 웃음거리가 되는 것을 피하지 못한다. 당시의 이른바 名理라는 것이 이와 같으니, 문장의 측면에서 보면 하나의 큰 재앙이다.
王云"此等論, 在今世未免撫掌, 當時所謂'名理'乃爾, 文章一大厄也."

○ 劉辰翁 : 理所(이치가 있는 곳)에 나아가지 못하였다.
劉云"未造理所."

9-14 孫興公(孫綽)이 〈遊天台山賦〉를 지어 완성하고는 范榮期(范啓)에게 보여주면서 말하였다.

"그대는 한 번 〈천태부〉를 땅에 던져 보시오. 틀림없이 〈맑은〉 金石의 소리가 날 것이오."

범영기가 말하였다.

"아마 그대의 금석은 宮商에 맞는 소리[26)]가 아닐 것이오."

그러나 〈범영기는〉 매번 아름다운 구절에 이를 때마다 번번이 말하였다.

"틀림없이 우리 부류의 말이다."

孫興公이 作天台賦成에 以示范榮期①하고 云 卿試擲地어다 要作金石聲이리라하니 范曰 恐子之金石은 非宮商中聲이리라하나 然每至佳句②면 輒云 應是我輩語라하다

---

26) 宮商에 맞는 소리 : 아름다운 시를 뜻한다. '궁상'은 五音(宮商角徵羽) 가운데 宮音과 商音으로, 위아래에서 서로 호응하여 아름답게 조화를 이루는 음악을 이른다.

① 何法盛의 ≪晉中興書≫에 말하였다. "范啓는 字가 榮期로, 愼陽 사람이다. 부친 范堅은 護軍을 역임하였다. 범계는 재주와 도의로 세상에 드러났고, 관직이 黃門郎에 이르렀다."
中興書曰 "范啓, 字榮期, 愼陽人. 父堅, 護軍. 啓, 以才義顯於世, 仕至黃門郎."

② '赤城山[27]이 노을처럼 솟으니 이정표가 되고, 폭포가 날아 흐르니 길의 경계가 되네'라는 구절이 이 〈遊天台山賦〉의 아름다운 부분이다.
'赤城霞起而建標, 瀑布飛流而界道', 此賦之佳處.

9-15 桓公(桓溫)이 謝安石(謝安)이 지은 〈간문제의 시호에 관한 의론〉을 보았는데, 끝까지 보고는 좌중의 여러 빈객들에게 던져 주면서 말하였다.
"이 문장은 사안석의 황금 조각이네."

桓公이 **見謝安石作簡文謚議**하고 **看竟**에 **擲與坐上諸客**하고 **曰 此是安石碎金**①이라하다

① 劉謙之의 ≪晉紀≫에 謝安이 지은 의론을 싣고 있는데, 그 내용은 다음과 같다. "삼가 謚法[28]을 살펴보건대, 한결같은 덕으로 게을리 하지 않은 경우를 '簡'이라고 하고, 도덕이 높고 견문이 넓은 경우를 '文'이라 한다고 했습니다. 쉽고 간단하여 천하의 이치가 터득되며,[29] 人文을 살펴보아 천하를 교화하여 완성합니다.[30] 고상한 덕행을 생각해보면 이 경우와 흡사한 측면이 있으니, 마땅히 尊號를 太宗이라고 하고 시호를 簡文이라 해야 합니다."
劉謙之晉紀載安議曰 "謹按謚法, 一德不懈曰簡, 道德博聞曰文. 易(이)簡而天下之理得, 觀乎人文, 化成天下, 議之景行(항), 猶有髣髴, 宜尊號曰太宗, 謚曰簡文."

【頭註】

○ 劉辰翁 : 〈桓公의〉 이런 말은 식견도 없고, 〈文學〉편에 넣은 것도 역시 무식하다.
劉云 "此語無識, 列文學, 亦然."

---

27) 赤城山 : 토석이 붉은 색이고 모양이 성곽과 같은 산으로, 浙江省 天台縣 북쪽에 있다.
28) 謚法 : ≪逸周書≫ 〈謚法解〉에 보인다.
29) 쉽고……터득되며 : ≪周易≫ 〈繫辭傳 上〉에 보이는 구절이다.
30) 人文을……완성합니다 : ≪周易≫ 賁卦(비괘) 彖辭에 보이는 구절이다.

9-16 支道林(支遁)·許詢·謝安 등 盛德(名賢)들이 함께 王濛의 집에 모였다. 사안이 여러 사람들을 돌아보면서 말하였다.

"오늘은 彥會(賢士의 모임)라고 할 만합니다. 시간은 이미 붙잡아 둘 수 없고 이 모임도 진실로 역시 항상 있기 어려우니, 마땅히 함께 담론하여 자신의 회포를 쏟아내야 합니다."

허순이 물었다.

"주인께서는 ≪莊子≫가 있습니까?"

그러자 바로 〈漁父〉 한 편을 찾아왔다.

사안이 표제를 보고는 좌중의 모든 사람들에게 각각 해석하라고 하였다. 지도림이 먼저 해석하여 7백 여 마디의 말을 지었는데, 事理의 서술이 정밀하고 아름다우며, 표현의 재치가 기발하여 모든 사람들이 훌륭하다고 칭찬하였다. 이에 좌중의 모든 사람들이 각자 자신의 회포를 모두 피력하자 사안이 물었다.

"그대들은 다 말씀하셨습니까?"

모두 말하였다.

"오늘의 담론은 스스로 다 말하지 않은 바가 거의 없습니다."

사안이 이후에 대략 논란하고, 이어서 스스로 자신의 생각을 서술하여 만 여 마디의 말을 지었는데, 才峰(才氣)이 빼어나 이미 그 자체로 건드리기 어렵고 意氣를 보태어 〈논지에〉 의탁하여 명쾌하게 훌륭한 논설이 되니, 좌중의 모든 사람들이 흡족해하였다. 지도림이 사안에게 말하였다.

"당신은 뒤도 돌아보지 않고 내달려 〈현묘한 경지에〉 나아갔기 때문에 절로 훌륭하게 된 것입니다."

支道林과 許와 謝盛德이 共集王家①할새 謝가 顧謂諸人하되 今日은 可謂彥會니이다 時旣不可留요 此集固亦難常하니 當共言詠하여 以寫其懷니이다하다 許便問하되 主人有莊子不잇가하니 正得漁父一篇②이라 謝看題하고 便各使四坐通하니 支道林先通하여 作七百許語한대 敍致精麗하고 才藻奇拔하여 衆咸稱善이라 於是에 四坐各言懷畢이라 謝問曰 卿等盡不잇가하니 皆曰 今日之言은 少不自竭이니이다하다 謝後麤難하고 因自敍其意하여 作萬餘語한대 才峰秀逸③하여 旣自難干하고 加意氣擬託하여 蕭然自得하니 四坐莫不厭心이라

支謂謝曰 君은 一往奔詣하니 故復自佳耳니이다하다

① 許詢과 謝安과 王濛이다.
許詢・謝安・王濛.

② ≪莊子≫ 〈漁父〉에 말하였다. "孔子가 어둑어둑할 정도로 무성한 숲에서 노닐다가 杏壇에 앉아 쉬고 있었다. 공자는 노래를 부르면서 琴을 연주하고 있었는데, 연주하던 곡조가 채 반이 끝나지 않았을 때 어부 한 사람이 배에서 내려 가까이 다가왔다. 그는 수염과 눈썹이 모두 하얀 노인이었는데, 머리를 풀어헤치고 소매를 휘저으면서 늪지대를 걸어 올라와 언덕에 이르러 멈추고는 왼손으로 무릎을 짚고 오른손으로 턱을 괸 채 연주를 들었다. 곡이 끝나자 〈그는〉 子貢과 子路를 손짓으로 불러 '저 사람은 어떤 사람인가?' 물으니, '공씨입니다.' 대답하였다. 〈그가〉 '공씨는 어떤 일을 하는가?' 물으니, 자공이 '忠信을 일삼고 仁義를 실행하며, 禮樂을 닦고 인륜을 가르치는 것이 공씨가 하는 일입니다.' 하였다. 〈그가〉 '영토를 가지고 있는 군주인가?' 물으니, '아닙니다.' 하였다. 어부가 '인자하다면 인자하다고 하겠지만, 아마도 그 몸은 재앙을 면치 못할 것이다.' 하였다. 공자가 그 말을 듣고는 청하여 〈재앙에 대해〉 물으니, 〈그가〉 마침내 八疵[31]와 四病[32]을 말하여 공

31) 八疵 : 사람에게 있는 여덟 가지 문제점으로, 摠・佞・諂・諛・讒・賊・慝・險이다. ≪莊子≫ 〈漁父〉에 "자기의 일이 아닌데도 일삼는 것을 아무 일에나 '나댄다〔摠〕'고 하고, 돌아보는 이도 없는데 進言하는 것을 '말이 많다〔佞〕'고 하고, 상대의 마음을 엿보고 그 기분에 맞춰 말하는 것을 '아첨한다〔諂〕'고 하고, 옳고 그른 것을 가리지 않고 말하는 것을 '무조건 따른다〔諛〕'고 하고, 남의 결점을 즐겨 말하는 것을 '헐뜯는다〔讒〕'고 하고, 타인의 우정을 쪼개고 친족을 이간질하는 것을 '해친다〔賊〕'고 하고, 남을 겉으로는 칭찬하면서 속으로는 기만하고 속여서 남을 파멸시키는 것을 '사악하다〔慝〕'고 하고, 선악을 가리지 않고 양쪽을 다 받아들여 양쪽에 다 얼굴을 부드럽게 대하면서 자기가 갖고 싶은 것을 훔쳐 빼내는 것을 '음험하다〔險〕'고 한다." 하였다.

32) 四病 : 일에 대처할 때 나타나는 네 가지 문제점으로 叨・貪・很・矜인데, ≪莊子≫에는 '四患'으로 되어 있다. ≪장자≫ 〈漁父〉에 "큰일에 나서는 것을 좋아하며 공연히 자주 변경하여 원칙까지 바꾸어 功名을 높이 세우려는 것을 '외람되다〔叨〕'고 하고, 자기의 지혜를 과신하고 멋대로 일을 처리하여 남의 영역을 침범하며 자기 힘을 발휘하는 것을 '탐욕스럽다〔貪〕'고 하고, 자기의 과오를 알고서도 고치지 않고 충고하는 말을 들으면 도리어 더 심하게 어기는 것을 '패려궂다〔很〕'고 하고, 남의 견해가 자기와 같으면 인정하고 자기와 같지 않으면 착한 사람이라 할지라도 나쁘다

자를 경계시켰다."

莊子曰 "孔子遊乎緇帷之林, 休坐乎杏壇之上. 孔子絃歌鼓琴, 奏曲未半, 有漁者下船而來, 鬚眉交白, 被髮揄袂, 行原以上, 距陸而止, 左手據膝, 右手持頤, 以聽. 曲終而招子貢・子路, 語曰 '彼何爲者也?' 曰 '孔氏.' 曰 '孔氏何治?' 子貢曰 '服忠信, 行仁義, 飾(칙)禮樂, 選人倫, 孔氏之所治也.' 曰 '有土之君歟?' 曰 '非也.' 漁人曰 '仁則仁矣, 恐不免其身.' 孔子聞而求問之, 遂言八疵・四病, 以誡孔子."

③ 王愔의 ≪古今文字志目≫에 말하였다. "사안은 풍모가 수려하고, 현묘한 이치에 대한 담론에 능했다."

文字志曰 "安, 神情秀悟, 善談玄理."

【頭註】

○ 劉辰翁 : 〈漁父〉는 위작이니 어찌 중시할 만하겠는가.

劉云 "漁父, 僞書, 何足千萬?"

9-17 裴郎(裴啓)이 ≪語林≫을 저술하여 처음 〈세상에〉 나왔을 때, 원근의 사람들에게 크게 전해져서 당시 젊은이들이 베껴서 각각 한 권씩 소유하지 않은 자가 없었다. 〈그 책에〉 王東亭(王珣)이 지은 〈王戎이 황공의 주막 아래를 지난 일에 대해 지은 부〉를 싣고 있는데, 재기와 정취가 물씬 풍긴다.

裴郎이 作語林하여 始出에 大爲遠近所傳하여 時流年少가 無不傳寫하여 各有一通이라 載王東亭作經(王)〔黃〕[33]公酒壚下賦한대 甚有才情①이라

① ≪裴氏家傳≫에 말하였다. "裴榮은 字가 榮期로, 河東 사람이다. 부친 裴穉(배치)는 豐城縣令을 역임하였다. 배영기는 젊을 때부터 풍모와 재기를 지니고, 고금의 인물에 대한 논평을 좋아하여 몇 권 분량의 ≪語林≫을 저술하고는 ≪裴子≫라고 명명하였다."

檀道鸞이 말하였다. "裴松之는 裴啓가 ≪어림≫을 지었다고 했으니, 배영이 혹시 배계라는 별명을 사용한 듯하다."

고 하는 것을 '잘난체한다〔矜〕'고 한다." 하였다.

33) (王)〔黃〕: 저본에는 '王'으로 되어 있으나, ≪晉書≫ 〈王戎列傳〉에 의거하여 '黃'으로 바로잡았다.

裴氏家傳曰"裴榮[34], 字榮期, 河東人. 父稺, 豐城令. 榮期, 少有風姿才氣, 好論古今人物, 撰語林數卷, 號曰裴子." 檀道鸞謂"裴松之以爲啓作語林, 榮儻別名啓乎."

9-18 謝萬이 〈八賢論〉을 지어 孫興公(孫綽)과 의견을 주고받았는데 조금 논리가 막혔다. 사만이 이후에 〈팔현론〉을 꺼내 顧君齊(顧夷)에게 보여주자, 고군제가 말하였다.

"내가 역시 그런 글을 지어 〈그대에게 보여주었다면〉, 그대가 당연히 〈나의 작품을〉 칭찬하지 않을 것을 알고 있소.[35]"

謝萬이 **作八賢論**하고 **與孫興公**으로 **往反**한대 **小有利鈍**①이라 **謝**가 **後出**하여 **以示顧君齊**②하니 **顧曰 我亦作**하면 **知卿當無所名**이라하다

① 何法盛의 ≪晉中興書≫에 말하였다. "謝萬은 문장을 잘 지었고, 담론에도 뛰어났다."
사만의 문집에 出仕하지 않은 네 명[36]과 출사한 네 명[37]에 대해 여덟 명의 현인이라고 서술한 〈八賢論〉을 싣고 있는데, 〈팔현은〉 漁父·屈原·司馬季主·賈誼·楚老·龔勝·孫登·嵇康을 이른다. 그의 논지는 출사하지 않은 자를 훌륭하게 여기고 출사한 자를 못났다고 여긴 것이었는데, 孫綽이 논박하여 "현묘한 이치를 체득하고 심원한 도리를 이해한 자는 출사하거나 출사하지 않거나 귀착점이 같다." 하였다. 당시 사람들은 손작의 논의가 옳다고 여겼다.
中興書曰"萬善屬文, 能談論." 萬集載其敍四隱四顯爲八賢之論, 謂漁父·屈原·季主·賈誼·楚老·龔勝·孫登·嵇康也. 其旨以處者爲優, 出者爲劣. 孫綽難之, 以謂"體玄識遠者, 則出處同歸." 時以孫義爲得.

② ≪顧氏譜≫에 말하였다. "顧夷는 字가 君齊로, 吳郡 사람이다. 조부 顧歆(고흠)은

---

34) 裴榮 : ≪世說新語≫ 〈輕詆〉의 주석에서 인용한 ≪續晉陽秋≫, ≪隋書≫ 〈經籍志〉, ≪世說敍錄≫ 〈人名譜〉에는 '裴啓'라고 되어 있다. ≪世說箋本≫에서는 "榮啓期가 ≪莊子≫와 ≪列子≫ 등에 보이는데, 范啓의 字가 榮期이니 이곳의 裴子도 당연히 이름이 啓일 것이다." 하였다.

35) 그대가……있소 : 顧夷도 孫綽과 마찬가지로 謝萬의 견해를 인정하지 않는다는 뜻이다.

36) 出仕하지 않은 네 명 : 漁父·司馬季主·楚老·孫登을 이른다.

37) 출사한 네 명 : 屈原·賈誼·龔勝·嵇康을 이른다.

孝廉에 천거되었고, 부친 顧霸는 少府卿을 역임하였다. 고이는 州의 主簿로 초청되었으나 나아가지 않았다."

顧氏譜曰 "夷, 字君齊, 吳郡人. 祖厥, 孝廉, 父霸, 少府卿, 夷, 辟州主簿, 不就."

【頭註】

○ 王世懋 : 〈顧夷의〉 이 말은 이해하기 어렵다. "내가 역시 〈그대를〉 알아줄 사람이라고 여겼겠지만, 그대를 위해 칭찬할 수는 없다."는 뜻인 듯하다.
王云 "此語難解, 似謂我亦算作相知者, 然不能爲卿名也."

9-19 孫興公(孫綽)이 말하였다.

"曹輔佐(曹毗)는 그 재주가 하얀 바탕의 明光錦[38]을 재단하여 負版者의 바지를 만든 것과 같으니, 문채가 없는 것은 아니지만 재봉 솜씨가 전혀 없다."

孫興公道 曹輔佐는 **才如白地明光錦**①을 **裁爲負版絝**②하니 **非無文采**나 **酷無裁製**라하다

① 何法盛의 ≪晉中興書≫에 말하였다. "曹毗는 字가 輔佐로, 譙國 사람이며, 魏(三國)나라 大司馬 曹休의 증손자이다. 전적을 좋아하고 문장을 잘 지었으며, 여러 관직을 거쳐 太學博士·尙書郎·光祿勳이 되었다."
中興書曰 "曹毗, 字輔佐, 譙國人, 魏大司馬休曾孫也. 好文籍, 能屬詞, 累遷太學博士·尙書郎·光祿勳."

② ≪論語≫ 〈鄕黨〉에 "孔子가 負版者에게 예의를 표하셨다." 하였다. 鄭玄의 주석에 "版은 국가의 호적을 이르는데, 그것을 짊어진 자는 비천한 사람이다." 하였다.
論語曰 "孔子式負版者." 鄭氏注曰 "版, 謂邦國籍也. 負之者, 賤隸人也."

【頭註】

○ 劉辰翁 : 문장에는 말재주가 필요하다는 말이다.
劉云 "謂文須利口也."

9-20 桓宣武(桓溫)가 북쪽으로 정벌할 때, 袁虎(袁宏)가 당시에 종군했는데 견

---

38) 明光錦 : 北朝시대 後趙의 織錦署에서 짠 비단으로, 이외에 小登高와 大明光이라는 비단도 있었다.

책 받아 면직되었다. 그때 마침 露布文[39)]이 필요했기 때문에 원호를 불러 말 앞에 기대어 짓도록 하였는데, 〈원호는〉 손에서 붓을 멈추지 않은 채 잠깐 사이에 일곱 장을 써냈는데도 매우 볼 만하였다. 王東亭(王珣)이 곁에 있다가 그의 재주를 극찬하니 원호가 말하였다.

"마땅히 〈글을 읽는 자의〉 입 속에서 이득을 얻게 해야지요.[40)]"

桓宣武가 **北征**①에 **袁虎時從**이러니 **被責免官**이라 **會須露布文**하여 **喚袁**하여 **倚馬前令作**한대 **手不輟筆**하여 **俄得七紙**로되 **殊可觀**이라 **東亭在側**하여 **極嘆其才**하니 **袁虎云 當令齒舌間得利**라하다

① 〈桓溫別傳〉에 말하였다. "桓溫이 〈晉 廢帝〉 太和 4년(369)에 상소문을 올리고는 스스로 鮮卑(前燕)를 정벌하였다."
溫別傳曰 "溫以太和四年上疏, 自征鮮卑."

【頭註】

○ 王世懋 : 〈袁虎의〉 이 말은 이해하기 가장 어렵다. "원호가 이런 재주를 지녔는데도 관직 생활에 유리하지 않고 단지 王東亭의 찬탄만 얻어 구설에서만 이득을 얻을 뿐이니, 일에 무슨 보탬이 되겠는가.[41)]"라고 말한 것이다.
王云 "此語最深難解. 言袁有此才, 而官不利, 徒得東亭歎賞, 齒舌間得利而已, 何益于事?"

○ 王世懋 : 옛날부터 문인이 누구나 똑같이 아쉬워하였다.
又云 "自古文人同恨."

9-21 殷仲文은 타고난 재주가 매우 풍부하지만, 독서의 범위는 그다지 넓지 않

---

39) 露布文 : ≪文心雕龍≫에 "내용을 적은 板을 드러내고 봉함하지 않아 많은 사람들에게 포고하는 것이다." 하였고, ≪續博物志≫에 "露布는 捷書의 별명인데, 비단에 쓴 내용을 장대 위에 매다니, 이는 천하 사람들이 알게 하려는 것이다." 하였다.(≪世說音釋≫)

40) 마땅히……해야지요 : 독자가 자신의 글을 좋아하여 그를 통해 利祿을 얻어야 한다는 뜻이다.

41) 원호가……되겠는가 : 이렇게 해석하려면 원문의 '當令齒舌間得利'의 '當'이 '徒'가 되어야 의미가 통한다.(≪世說箋本≫)

았으니, 傅亮이 개탄하며 말하였다.

"만약 은중문의 독서량이 袁豹의 절반만 되었다면 그의 재주가 班固에 뒤지지 않을 것이다."

殷仲文은 **天才宏贍**[①]이나 **而讀書不甚廣**하니 **傅亮歎曰**[②] **若使殷仲文**이 **讀書半袁豹**[③]면 **才不減班固**[④]리라하다

① 檀道鸞의 ≪續晉陽秋≫에 말하였다. "殷仲文은 〈태어날 때부터〉 본래 뛰어난 재주와 사고력을 지녔고, 수십 편의 문장을 지었다."
　續晉陽秋曰 "仲文, 雅有才藻, 著文數十篇."

② 傅亮은 따로 보인다.
　亮, 別見.

③ 丘淵之의 ≪文章敍≫에 말하였다. "袁豹는 字가 士蔚(사울)로, 陳郡 사람이다. 조부 袁耽은 歷陽太守를 역임하였고, 부친 袁質은 瑯琊內史를 역임하였다. 원표는 〈晉安帝〉 隆安 연간(397~401)에 著作佐郞이 되고, 여러 관직을 거쳐 太尉長史와 丹陽尹이 되었으며, 義熙 9년(413)에 세상을 떠났다."
　丘淵之文章敍曰 "豹, 字士蔚, 陳郡人. 祖耽, 歷陽太守, 父質, 瑯琊內史. 豹隆安中, 著作佐郞, 累遷太尉長史・丹陽尹, 義熙九年卒."

④ ≪續漢書≫에 말하였다. "班固는 字가 孟堅으로, 右扶風 사람이다. 어릴 때부터 뛰어난 재주를 지니고 배움에는 고정된 스승이 없었으며, 글을 잘 짓고 두루 읽지 않은 經傳이 없었다."
　續漢書曰 "固, 字孟堅, 右扶風人. 幼有儁才, 學無常師, 善屬文, 經傳無不究覽."

班固

【頭註】

○ 王世懋 : 살펴보건대, 〈傅亮의〉 '傅'자가 '博'으로 잘못되었다. 위의 문장을 참고하여 지금 '傅'로 고쳐 바로잡았다.42)
　王云 "按傅字訛爲博, 以就上文, 今改正爲傅."

9-22【補】〈南朝〉宋 文帝(劉義隆)가 한번은 慧觀에게 물었다.

"頓悟[43)]의 의미는 누가 다시 익혔소?"

〈혜관이〉 대답하였다.

"生公(竺道生)의 제자 道猷가 있습니다."

〈문제가〉 즉시 臨川郡에 〈사신을〉 파견하여 도유를 서울로 올라오게 하라고 칙령을 내렸다. 〈도유가〉 도착한 뒤에 〈문제는 그를〉 궁궐로 초청하고 義僧[44)]을 대규모로 소집하고 도유에게 돈오의 의미를 진술하라고 명하였다. 당시 변론을 다투는 무리들의 〈돈오의 의미와〉 관련된 논박이 번갈아 나왔지만, 도유는 이미 심오한 사고가 현묘한 경지에 들었고, 또 宗旨의 본원에 근본이 있었기 때문에 기회를 틈타 〈상대방의〉 날카로움을 꺾어 상황마다 반드시 예봉을 무화시켰다. 문제가 안석을 어루만지면서 통쾌하다고 소리치고, 이어서 여러 사람들에게 말하였다.

"생공은 외로운 정서를 표현한 것이 매우 빼어났는데[45)] 猷公은 곧장 홀로 경지에 올랐으니, 스승의 마음을 제대로 밝혀 그 훌륭한 말씀에 부끄러움이 없다고 이를 만하구나."

宋文帝가 嘗問慧觀①하되 頓悟之義는 誰復習之②오하니 答云 有生公③弟子道猷④니이다하다 卽敕臨川郡하여 發遣到京하니 旣至에 延入宮內하고 大集義僧하여 命猷伸述頓悟라 時에 競辯之徒의 關責互起어늘 猷는 旣積思參玄하고 又宗源有本하여 乘機挫銳하여 往必摧鋒하니 帝가 撫几稱快⑤하고 因語諸人曰 生公은 孤情絶照한대 猷公이 直轡獨上하니 可謂

---

42) '傅'자가……바로잡았다 : 원문의 '傅亮歎曰'의 '傅'가 ≪世說新語≫에 '博'으로 되어 있는데, 이것의 오류를 수정했다는 말이다.

43) 頓悟 : 순서를 거치지 않고 처음부터 곧바로 오묘한 교리를 듣고 단번에 깨닫는 것으로, 南宗의 慧能이 주장하였다.

44) 義僧 : ≪世說音釋≫에 "義學의 승려이다." 하였는데, '의학'은 경전의 의미를 연구하는 학문이라는 뜻이다.

45) 생공의……빼어났는데 : 竺道生이 마음으로 깨달은 이치가 심오하여 전수되지 않았다는 뜻이다.(≪世說啓微≫, ≪世說講義≫)

克明師匠하여 **無忝徽音**이로다하다

① 釋惠皎의 ≪高僧傳≫ 〈義解 4〉에 말하였다. "慧觀은 淸河 사람으로, 俗姓은 崔氏이다. 10세 때에 넓은 식견으로 명성을 떨치고, 弱冠의 나이에 출가하여 廬山을 유람하다가 惠遠을 師事하였다. 풍모가 수려하고 단아하며, 사고력이 현묘한 경지에 들었다."

釋惠皎高僧傳曰 "慧觀, 淸河人, 姓崔. 十歲便以博見馳名, 弱年出家, 遊方廬山, 諮稟惠遠. 風神秀雅, 思入玄微."

② 불교의 수행 방법에는 頓悟와 漸修[46]라는 두 가지 宗旨가 있다.

佛教修入, 有頓悟・漸修二宗.

③ 釋惠皎의 ≪高僧傳≫ 〈義解 4〉에 말하였다. "竺道生은 鉅鹿 사람이다. 어릴 때부터 귀신처럼 총명했는데, 竺法汰를 만나 마침내 俗名을 고치고 〈불교에〉 귀의하였다. 영특한 생각이 기발하여 〈불교의〉 이치를 들으면 환히 이해하였다. 王弘과 顔延之가 모두 그의 풍모와 인격을 공경하였다."

高僧傳曰 "竺道生, 鉅鹿人. 幼穎悟若神, 値竺法汰, 遂改俗歸依. 雋思奇拔, 聞義開解. 王弘・顔延之竝欽挹風猷."

④ 釋惠皎의 ≪高僧傳≫ 〈義解 4〉에 말하였다. "道猷는 처음에 生公(竺道生)의 제자가 되었는데, 스승이 세상을 떠난 뒤에 새로 나온 ≪勝鬘獅子喉一乘大方便方廣經≫[47]을 보고는 '작고하신 스승님의 옛날 논설이 암암리에 이 경전과 같구나.' 감탄하였다. 그리고는 ≪승만사자후일승대방편방광경≫을 주해하여 〈스승의〉 유훈을 보완하여 선양하였다."

高僧傳曰 "道猷, 初爲生公弟子, 師亡後, 見新出勝鬘經, 嘆曰 '先師昔義, 闇與經同.' 因註勝鬘, 以翌宣遺訓."

⑤ 釋惠皎의 ≪高僧傳≫ 〈義解 4〉에 말하였다. "竺道生은 심사숙고한 시일이 오래된 뒤에 言外의 진리를 철저히 깨닫고는 한숨을 쉬면서 다음과 같이 탄식하였다. '物象은 의미를 완벽히 표현하기 위한 것이니 의미를 깨달으면 물상이 잊혀지고, 언

46) 漸修 : 순서를 거쳐 점차로 수행하여 도를 깨닫는 것으로, 北宗의 神秀가 주장하였다.
47) 勝鬘獅子喉一乘大方便方廣經 : 1권 15장이다. 승만 부인이 一乘의 대방편을 널리 전개시키기 위하여 사자후한 것을 수록한 經이라는 뜻인데, 南朝 宋나라 436년에 中天竺國 사람 求那跋陀羅(Gunabhadra, 功德賢)가 漢譯하였다.

어는 진리를 설명하기 위한 것이니 진리의 경지에 들어가면 언어가 종식된다. 불경이 동쪽(중국)으로 전래된 이래로 번역가들이 겹겹이 의미를 이해하지 못해 대부분 정체된 문구를 고수하고 현묘한 이치를 파악하는 자가 드무니, 만약 통발을 잊은 채 물고기를 잡는다면[48] 비로소 道를 말할 수 있을 것이다.' 이에 眞諦(진제)와 俗諦[49]의 의미를 자세히 살피고 因과 果[50]를 반복적으로 깊이 생각하고는 '善行은 보답을 받지 않고,[51] 頓悟하면 성불한다.' 주장하고, 또 〈二諦論〉을 지었다." 高僧傳曰 "道生旣潛思日久, 徹悟言外, 迺喟然嘆曰 '夫象以盡意, 得意則象忘, 言以詮理, 入理則言息. 自經典東流, 譯人重阻, 多守滯文, 鮮見玄義, 若忘筌取魚, 始可

---

48) 통발을……잡는다면 : 원문은 '忘筌取魚'로, ≪莊子≫ 〈外物〉의 得魚忘筌을 원용한 것이다. 〈외물〉에서 "통발은 물고기를 잡기 위한 것이니 물고기를 잡은 뒤에는 통발을 잊고, 올가미는 토끼를 잡기 위한 것이니 토끼를 잡은 뒤에는 올가미를 잊는다.〔筌者所以在魚 得魚而忘筌 蹄者所以在兎 得兎而忘蹄〕" 하였다. 올가미나 통발은 어떤 목적을 달성하기 위한 도구 또는 방편으로, 도를 얻은 뒤에는 이런 도구를 잊어야 한다는 뜻인데, 여기서는 도구나 방편을 인식하지 않은 채 바로 진리를 깨닫는 頓悟의 입장을 주장한 것이다.

49) 眞諦(진제)와 俗諦 : '진제'는 불법을 제시하여 이성의 眞空을 설명하는 것으로 眞智에 의해 터득한 궁극적인 眞如의 진리이고, '속제'는 세속을 그대로 따라서 현상의 幻有를 설명하는 것으로 현상계의 미혹되고 허망한 세계의 진리이다. 진제와 속제는 상호 연계되는데, 이는 大乘佛教의 기본적인 원칙의 하나이다. ≪世說音釋≫에서는 "진제는 四聖諦에서 滅諦와 道諦, 속제는 苦諦와 集諦이다." 하였고, ≪世說箋本≫에서는 "진제는 有가 아님을 밝히는 것이고, 속제는 無가 아님을 밝히는 것이다." 하였다.

50) 因과 果 : 因緣과 果報로, 輪回說에 근거하여 어떤 因을 심으면 그에 상응하는 어떤 果가 발생한다는 주장이다. 業은 사람이 마음·입·몸으로 짓게 되는 갖가지 생각·말·행위인데, 이 업이 因과 果를 결속시키는 매체로 작용하니 業因業果를 의미하게 된다. 불교 발생 이전에 고대 인도의 聖典에 이미 착한 행위를 하면 福德을 얻고 악한 행위를 하면 惡果를 얻는다고 하여 因果를 선악과 화복 등의 윤리적인 사항과 연관시켜서 인식했는데, 불교에서 이 이론을 수용한 뒤에 행위의 業으로 인한 因果를 말과 생각에까지 확대시키고, 그것을 과거·현재·미래로 확산시켜 현세에 있어서의 인간의 행위나 존재방식은 전생에 베푼 선업이나 악업에 의해서 결정되고, 현세의 인간행위가 미래의 禍福苦樂을 좌우한다고 주장하였다.

51) 善行은……않고 : 보답을 바라고 선행을 하는 것은 옳지 않다는 뜻이다. 불교에서는 대중들에게 선행을 권유하기 위해 '선행에는 좋은 보답이 있고, 악행에는 나쁜 보답이 있음〔善有善報 惡有惡報〕'을 강조하는데, 竺道生은 보답을 바라는 세속의 마음을 깨뜨리기 위해 이렇게 말한 것이다.

以言道矣.' 於是校閱眞俗, 硏思因果, 迺言 '善不受報, 頓悟成佛.' 又著二諦論."

9-23【補】何子季(何胤)와 周彦倫(周顒)은 동시대 인물인데, 두 사람은 온 마음을 다해 佛法을 믿었다. 하자계가 精廬(僧舍)를 따로 세우고 처첩을 전혀 두지 않으니, 文惠太子(蕭長懋)가 한번은 주언륜에게 물었다.

"그대의 수행은 하윤과 비교하면 어떠하오?"

주언륜이 대답하였다.

"三塗와 八難은 둘 다 면치 못하는 바이거니와 각자 얽매임이 있습니다."

문혜태자가 물었다.

"얽매인 바는 무엇이오?"

주언륜이 대답하였다.

"저는 아내가 있고, 하윤은 고기를 먹습니다."

何子季與周彦倫[①]은 同時한대 二人精信佛法[②]이라 子季가 別立精廬하고 都無妻妾하니 文惠太子[③]가 嘗問彦倫하되 卿精進이 何如何胤고하니 彦倫答曰 三塗와 八難[④]은 共所未免이어니와 然各有其累니이다하다 太子問 所累云何오하니 曰 周妻何肉[⑤]이니이다하다

① 周顒(주옹)은 따로 보인다.
周顒, 別見.

② ≪南史≫ 〈何胤列傳〉에 말하였다. "何胤은 字가 子季로, 廬江 灊(첨) 사람이다. 조부 何尙之는 中書令을, 부친 何鑠(하삭)은 〈南朝〉 宋나라의 宜都太守를 역임하였다. 하윤은 8세 때에 親喪을 당했는데 〈슬픔으로〉 수척해진 것이 어른〈이 거상하는 것〉과 같았다. 장성해서는 〈언행이〉 신중하지 못하고 가볍고 〈예법에〉 얽매이지 않다가 만년에 비로소 평소의 행실을 고치고 학문을 좋아하게 되어 劉瓛(유환)을 스승으로 섬겨 ≪周易≫·≪禮記≫·≪毛詩≫를 배웠다. 鍾山의 定林寺에 들어가 內典(불경)을 공부하여 그 학문에 모두 통달했으나 마음 내키는 대로 방종하여 당시 사람들이 그의 수준을 제대로 알아보지 못하고, 오직 유환과 주옹만이 〈그를〉 매우 중시하였다. 齊나라에서 벼슬하여 建安太守를 역임했고, 〈東昏侯〉 永元 연간(499~500)에 太子詹事로 초청되며 梁나라 때에는 領軍司馬로 초청되었으나 모두 나아가지 않았다."

南史曰"何胤, 字子季, 廬江灊人. 祖尙之, 中書令, 父鑠, 宋宜都太守. 胤八歲居憂, 毁若成人. 及長, 輕薄不羈, 晩乃折節好學, 師事劉瓛, 受易及禮記・毛詩. 入鍾山定林寺, 聽內典, 其業皆通, 而縱情誕節, 時人未之知也, 唯瓛與周顒, 深器異之. 仕齊, 爲建安太守. 永元中, 徵太子詹事, 梁徵領軍司馬, 竝不就."

③ 蕭子顯의 ≪南齊書≫ 〈文惠太子列傳〉에 말하였다. "문혜태자 蘇長懋는 字가 雲喬, 어릴 때 이름이 白澤이고, 世祖(武帝 蘇賾)의 맏아들이다."

齊書曰"文惠太子長懋, 字雲喬, 小字白澤, 世祖長子也."

④ 살펴보건대, ≪淨名經≫[52]에 대한 天台智者(智顗)의 주해에 다음과 같이 말하였다. "界內八難[53]은 다음과 같다. '地獄途(火途), 畜生途(血途), 餓鬼途(刀途)는 三塗[54]에 속하고, 盲聾喑啞[55], 世智辨聰[56], 佛前佛後[57], 北俱盧洲[58]는 人道에 속하며, 간혹 長壽天[59]이라고도 하는 無想天은 天上에 속하니, 평범한 사람은 팔난을

52) 淨名經 : 대승불교의 경전으로, ≪不可思議解脫經≫・≪維摩詰所說經≫・≪維摩詰經≫이라고도 하는데, 北朝 後秦의 鳩摩羅什(구마라집)이 3卷 14品으로 한역하였다.

53) 界內八難 : '계내'는 欲界・色界・無色界 등 三界의 세계이고, 모든 부처와 보살이 있는 淨土, 즉 삼계를 떠난 세계를 界外라고 한다. 삼계는 생사고락이 있는 고통스러운 세계로, 부처는 이미 생사고락을 떠나 열반을 획득했기 때문에 부처는 이미 삼계의 생사고락을 초월했다고 한다. '팔난'은 부처를 만나 불법을 배우기 어려운 여덟 가지 경우를 이른다.(≪長阿含經≫ 〈十上經〉, ≪中阿含經≫ 〈八難經〉)

54) 三塗 : 三惡道로, 天道・人道・阿修羅道・畜生道・餓鬼道・地獄道라는 六道를 윤회하는 가운데 惡業을 지은 자가 태어나는 세 곳으로, 上品의 열 개 악업을 지은 자는 지옥도에, 中品의 열 개 악업을 지은 자는 아귀도에, 下品의 열 개 악업을 지은 자는 축생도에 떨어지는데, 八難 가운데 가장 심한 경우이다.

55) 盲聾喑啞 : 소경・귀머거리・벙어리는 中國(고대 인도의 중부지역에 있던 摩竭陀國 일대)에 태어나도 業에 의한 장애가 막중하여 감각기관이 온전하지 않기 때문에 부처를 만나 불법을 깨우치지 못한다.

56) 世智辨聰 : 세속의 지혜・말재주・총명함을 지닌 자는 오직 이단의 經書만 익히는데 힘쓰고 出世間의 正法을 신뢰하지 않아 부처를 만나 불법을 깨우치지 못한다.

57) 佛前佛後 : 부처 이전에 태어나거나 부처 이후에 태어났기 때문에 부처를 만나 불법을 깨우치지 못한다.

58) 北俱盧洲 : 勝處(좋은 곳)라고 번역되는 鬱單越(邊地)로, 이곳에 태어난 자는 수명이 천 년이고 요절하는 경우가 없으며 향락에 빠져 교화를 받아들이지 않기 때문에 부처를 만나 불법을 깨우치지 못한다.

59) 長壽天 : 色界의 네 번째 禪天 가운데에 있는 無想天이다. 이곳에 있는 자는 수명이

일삼는 수준에 머문다.' 界外八難은 다음과 같다. '有餘涅槃[60] 가운데 있는 세 가지 十心[61]은 三惡道가 되며, 無我法[62]에 안주하는 것은 北洲라고 명명하며, 地前菩薩[63]은 法愛[64]가 장수천과 같고 아직 初地[65]의 열 종류 六根[66]이 없어 모든 根이 갖추어지지 않았다고 명명하며, 지전보살은 그의 얕은 지혜가 세지변총과 같고 中理(바른 이치)를 궁구하지 않음이 불전불후와 같으니, 二承(聲聞乘과 緣覺乘)이 팔난을 다스리는 데 머무는 경우이다.'"

按淨名疏, "界內八難曰 '地獄・畜生・餓鬼, 三塗也, 盲聾喑啞・世智辨聰・佛前佛後・北俱盧洲, 人道也, 無想天, 或指長壽天, 天(二)〔上〕[67]也, 爲凡夫住事八難.' 界外八難曰 '有餘中三十心, 爲三惡道, 住無我法, 名爲北洲, 地前, 法愛如長壽天, 未

5백 劫이고, 얼음 속의 물고기나 땅속의 벌레와 마찬가지로 행동하려 하지 않으니, 外道의 수행자들 가운데 많은 자가 이곳에 태어나 부처를 만나 불법을 깨우치지 못한다.

60) 有餘涅槃 : '열반'은 생사의 윤회와 미혹의 세계에서 해탈한 깨달음의 세계로, 불교의 궁극적인 실천 목적이다. 小乘의 部派佛教에서는 열반이란 번뇌를 멸절한 상태를 이르는데, 유여열반과 무여열반이 있다. '유여열반'은 깨달음은 이루었으나 번뇌를 지닌 육신에 의지하고 있는 상태를 이르고, '무여열반'은 중생을 교화하기 위해 방편으로 의지하고 있던 육신을 벗어나 인간으로서의 삶을 마치고 法身으로 돌아간 상태를 이른다.

61) 세 가지 十心 : 보살이 수행하는 단계나 그 단계에서 지녀야 하는 마음을 가리키는 것으로, 十住・十行・十廻向이다.

62) 無我法 : 일체의 존재나 현상은 상호 의존하는 관계이기 때문에 '나'라는 실체가 없다는 진리인데, 灰身滅智하여 佛法을 구하지 않는 상태를 이른다.

63) 地前菩薩 : 대승보살의 수행 단계인 十信・十住・十行・十廻向・十地・等覺・妙覺 등 52위 가운데 십신・십주・십행・십회향의 階位에 있는 보살을 이른다.

64) 法愛 : 法悅에 가득 찬 마음으로 중생을 가련히 여기는 것, 부처처럼 아무데도 치우치지 않은 대자대비심, 또는 자기가 알고 있는 법을 최고・최선의 법이라 여겨 집착함을 이른다.

65) 初地 : 대승보살의 수행 단계인 十信・十住・十行・十廻向・十地・等覺・妙覺 등 52위 가운데 41위로부터 제50위까지의 '십지'의 첫 階位인 歡喜地를 이른다.

66) 열 종류 六根 : '육근'은 여섯 가지 인식대상인 六境(色・聲・香・味・觸・法)을 지각하는 기관인 眼・耳・鼻・舌・身・意인데, ≪華嚴經≫ 〈離世間品〉에서 이 육근에 대해 각각 열 종류로 설명하였다.(≪世說音釋≫)

67) (二)〔上〕 : 저본에는 '二'로 되어 있으나 ≪世說箋本≫에 의거하여 '上'으로 바로잡았다.

有初地十種六(相)〔根〕[68], 名諸根不具, 地前智淺, 如世智辨(聽)〔聰〕[69], 不窮中理, 如佛前佛後, 爲二承住理八難.'"

⑤ ≪南史≫ 〈何胤列傳〉에 말하였다. "하윤은 음식에 사치를 부려 식사할 때마다 반드시 사방 열 자짜리 음식상을 차렸다. 이후에 그 심한 정도를 조금 줄이고자 했으나, 여전히 白魚(뱅어)·䱉脯(뱀장어포)·糖蟹(설탕에 절인 게)를 먹었다. 한번은 조개와 굴을 먹을 때 문인들에게 논의하게 했는데, 학생 鍾岏(종완)이 말하였다. '뱀장어를 포로 만들 때에 〈뱀장어는〉 다급하게 꼬물거리고, 게를 설탕에 절일 때에 〈게는〉 버둥대는 것이 더욱 심해집니다. 어진 이의 마음 씀씀이는 대상을 측은해하듯이 마음에 깊이 품습니다. 〈그러나〉 대합과 조개와 굴의 경우, 眉目이 몸 안에 있지만 混沌[70]의 기이함에 부끄럽고, 거친 껍데기가 밖을 봉함하고 있지만 金人[71]의 신중함은 아닙니다. 시들지도 않고 꽃이 피지도 않으니 초목만 못하고, 향기도 없고 악취도 없으니 어찌 기와조각과 다르다고 하겠습니까. 그러므로 마땅히 오랫동안 부엌에 갖추어 영원히 口實(음식)로 삼아야 합니다.' 〈불교를 독실히 신봉하던〉 竟陵王(蕭子良)이 종완의 논의를 보고는 크게 화를 냈다.

汝南 사람 주옹이 하윤에게 편지를 보내 채식을 하라고 권하면서 다음과 같이 말하였다. '변고 가운데 중요한 것은 生死보다 심한 것이 없고, 생사에 중요한 바는 생명보다 더한 것은 없습니다. 저들의 입장에서 보면 생명은 지극히 절실하고, 우리의 입장에서 보면 맛난 음식은 늦출 수 있는 것입니다. 만약 三世(전생·현생·후생)의 이치가 거짓이라면 다행스럽고 매우 좋겠지만, 만일 이 이치가 과연 사실이어서 몸을 받아 태어나는 것이 그치지 않아 한 번 죽으면 한 번 태어나 탄생과 사망이 일상적인 일이라면 상심의 참담함이 장차 역시 본인에게도 이를

68) (相)〔根〕: 저본에는 '相'으로 되어 있으나, ≪世說音釋≫에 의거하여 '根'으로 바로잡았다.

69) (聽)〔聰〕: 저본에는 '聽'으로 되어 있으나, ≪世說音釋≫에 의거하여 '聰'으로 바로잡았다.

70) 混沌 : 천지가 아직 개벽하기 이전인 불분명한 상태를 이른다. ≪莊子≫ 〈應帝王〉에 "儵(숙)과 忽이 혼돈에게 날마다 구멍을 하나씩 뚫으니 7일 만에 혼돈이 죽었다." 하였다.

71) 金人 : 銅으로 주조한 사람의 형상으로, 孔子가 后稷의 사당에 들어갔을 때 금인이 있었는데, 그 입을 세 겹으로 봉했으며, 그 등에 "옛날에 말을 조심하던 사람이다." 라고 새겨 있었다.(≪孔子家語≫ 〈觀周〉)

것입니다. 丈人(하윤)께서는 血氣(동물)의 부류에 대해 비록 직접 도살하지는 않지만, 새벽의 오리와 밤중의 잉어에 이르기까지 〈강렬한 식욕 때문에〉 취하여 푸줏간에 갖추지 않을 수 없습니다. 도둑의 손을 거친 재물은 역시 청렴한 선비가 버리는 바이니, 살아 있는 생명에 한 번 鑾刀[72]를 대는 행위를 어찌 다시 자애로운 마음에 차마 하겠습니까. 騶虞[73]는 비록 굶주리더라도 저절로 죽은 풀이 아니면 먹지 않으니, 그 풍모를 듣는다면 어찌 사람들로 하여금 크게 부끄럽게 만들지 않겠습니까. 장인께서는 이런 의미를 이해하시는 데 평소의 소양이 있으니, 오로지 이 몇 마디 말을 되새겨 〈자비심을〉 일으키십시오.' 하윤은 말년에 마침내 육식을 끊었다."

南史曰 "胤侈於味, 食必方丈. 後稍欲去其甚者, 猶食白魚·䱇脯·糖蟹. 嘗食蚶·蠣, 使門人議之. 學生鍾岏曰 '䱇之就脯, 驟於屈伸, 蟹之將糖, 躁擾彌甚. 仁人用意, 深懷如怛. 至於車螯·蚶·蠣, 眉目內闕, 慙混沌之奇, 獷殼外緘, 非金人之愼. 不悴不榮, 曾草木之不若, 無馨無臭, 與瓦礫其何算? 故宜長充庖廚, 永爲口實.' 竟陵王見岏議, 大怒. 汝南周顒與胤書, 勸令食菜, 曰 '變之大者, 莫過死生, 死生之所重, 無逾性命. 性命之於彼, 極切, 滋味之在我, 可賒(사). 若云三世理誣, 則幸矣良快, 如使此道果然, 而受形未息, 一往一來, 生死常事, 則傷心之慘, 行亦自及. 丈人於血氣之類, 雖不身踐, 至於晨鳧·夜鯉, 不能不取備屠門. 財貝之經盜手, 猶爲廉士所棄, 生性之一啓鑾刀, 寧復慈心所忍? 騶虞雖饑, 非自死之草, 不食, 聞其風者, 豈不使人

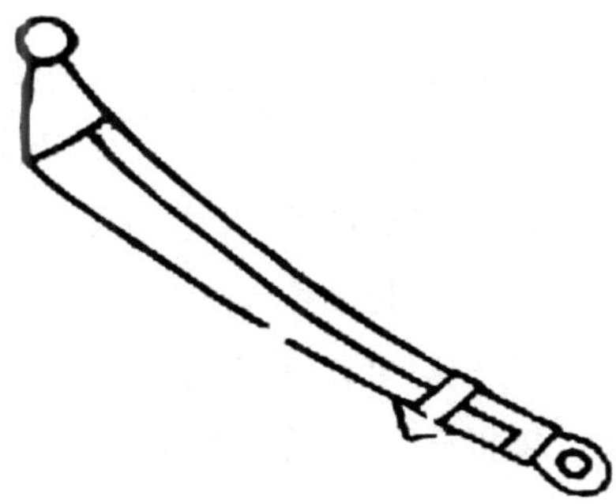

鑾刀

騶虞

72) 鑾刀 : 鸞刀라고도 하는데, 칼끝에 방울을 단 칼로, 고대에 제사를 지낼 때 희생을 자르던 용도로 사용하였다.

73) 騶虞 : 仁厚한 덕을 지녔다는 전설 속의 짐승으로, 白虎의 모습에 검은 무늬를 띠었는데 生物을 잡아먹지 않으며 生草를 밟지 않으며, 聖人의 덕에 감응하여 나타난다고 한다.

多愧? 丈人得此有素, 聊復片言發起耳.' 胤末年遂絶血味."

9-24【補】何尙之가 丹陽尹이 되었을 때 南郭 밖에 玄學館을 다시 설치하니,[74] 당대의 명사들이 道를 흠모하여 찾아왔다. 王倩玉(王球)이 일찍이 이 일에 대해 칭찬하였다.

"하상지에게는 西河의 기풍[75]이 땅에 떨어지지 않았구나."

何尙之가 **爲丹陽尹**①에 **更置玄學於南郭外**하니 **一時名士**가 **慕道來遊**라 **王倩玉**②이 **嘗稱之曰 尙之**는 **西河之風**이 **不墜**③라하다

① ≪宋書≫ 〈何尙之列傳〉에 말하였다. "하상지는 字가 彦德으로, 廬江의 灊(첨) 사람이다. 증조부 何準은 〈그 뜻을〉 고상히 지켜 벼슬하지 않고, 조부 何恢는 南康太守를 역임하며, 부친 何叔度는 공손하고 삼가며 덕행과 학업이 있었다. 하상지는 평소에 문장을 좋아하고 차분히 술 마시면서 담론했는데, 〈南朝〉 宋 太祖에게 크게 인정받고 관직이 侍中과 尙書令에 이르렀다."
宋書曰"何尙之, 字彦德, 廬江灊人. 曾祖準, 高尙不仕, 祖恢, 南康太守, 父叔度, 恭謹有行業. 尙之雅好文義, 從容賞會, 甚爲宋太祖所知, 官至侍中・尙書令."

② ≪宋書≫ 〈王球列傳〉에 말하였다. "왕구는 字가 倩玉(천옥)으로, 瑯琊 臨沂 사람이다. 부친 王謐(왕밀)은 司徒를 역임하였다. 왕구는 평소 도도하고 고귀한 체 하여 사람들과 교유하지 않았다. 江夏王 王義恭이 한번은 하상지에게 '현재는 인재가 부족하니 백관들이 마땅히 있는 힘을 다해야 하는데, 왕구는 오만방자하니 아마 국법으로 바로잡아야 할 듯하오.' 하니, 하상지가 '왕구에게는 소박하고 고상한 지조가 있으니 文案(공문서)으로 잡을 수 없습니다.' 하였다. 〈왕구는〉 관직이 太子詹事・大夫・尙書僕射(상서복야)에 이르렀다."

74) 何尙之가……설치하니 : 南朝 宋 文帝 元嘉 13년(436)에 하상지에게 玄學館을 개설하여 생도를 교육하게 했는데, 이때의 '玄學'은 佛學을 가리킨다. 당시에는 현학과 불학이 서로 융화되고 있었기 때문에 사람들이 말하는 '현학'이 '불학'을 지칭하기도 하고 '老莊의 현학'을 가리키기도 하였다.(盧盛江, ≪魏晉玄學與中國文學≫ 2쪽, 百花洲文藝出版社, 2002)

75) 西河의 기풍 : 孔子의 제자 子夏가 만년에 서하에서 강학하면서 魏나라 文侯의 스승이 되자, 주변에 유학이 크게 번성하였다.

宋書曰 "王球, 字倩玉, 瑯琊臨沂人. 父謐, 司徒. 球素簡貴, 不交遊. 江夏王義恭嘗謂何尙之曰 '當今乏才, 群下宜加戮力, 而王球放恣, 恐宜以法糾之.' 尙之曰 '球有素尙, 未可以文案索(색)也.' 官至太子詹事·大夫·尙書僕射."

③ 西河는 〈孔子의 제자〉 子夏가 거처하던 곳이다.
西河, 子夏所居.

9-25 **【補】** 張參軍(張譏)은 젊을 때부터 깊은 사고력이 있었다. 國子監의 助敎로 있을 때, 당시 周弘正이 국자감에서 ≪주역≫의 논제를 강론했는데 주홍정의 넷째 아우 周弘直도 역시 강론의 자리에 참석하였다. 장참군이 주홍정과 의미를 토론할 때 주홍정의 논리가 조금 막히자, 주홍직이 꼿꼿이 앉아 목소리를 높여 〈막힌〉 논리를 펼칠 수 있도록 주홍정을 도와주었다. 장참군이 정색하면서 말하였다.

"오늘의 義集(경전의 의미를 연구하는 모임)은 名理(사물의 이름과 이치를 분석하는 이론)를 논변하여 바로잡는 자리이니, 비록 형제끼리는 어려운 일을 해결해준다[76]는 점을 알지만, 四公(주홍직)께서는 도움을 주면 안 됩니다."

주홍정이 사람들에게 말하였다.

"내가 매번 〈강론하기 위해〉 자리에 올랐을 때마다 장기가 자리에 있는 것을 보면 나의 간담을 서늘하게 합니다."

張參軍은 **少有思理**①라 **爲國子助敎**한대 **時**에 **周弘正**이 **在國學**하여 **發周易題**할새 **弘正第四弟弘直**도 **亦在講席**이라 **參軍**이 **與弘正論義**할새 **弘正**이 **理小屈**하니 **弘直**이 **危坐厲聲**하여 **助其申理**라 **參軍正色曰 今日義集**은 **辯正名理**니 **雖知兄弟急難**이나 **四公不得有助**라하다 **弘正**이 **語人曰 吾每登坐**에 **見張譏在席**하면 **使人懍然**②이라하다

① ≪南史≫ 〈張譏列傳〉에 말하였다. "장기는 字가 直言으로, 淸河 武城 사람이다. 조부 張僧寶는 〈南朝〉 梁나라의 太子洗馬를, 부친 張仲悅은 양나라의 尙書祠部郎을

---

76) 형제끼리는……해결해준다 : 원문은 '急難'인데, ≪시경≫ 〈小雅 常棣〉에 "할미새가 언덕에 있으니, 형제가 어려움을 구원하네.〔脊令在原 兄弟急難〕" 하였다.

역임하였다. 장기는 어릴 때부터 총명하고 사변 능력이 있었다. 14세에 ≪孝經≫과 ≪論語≫에 통달하고, 玄談을 매우 좋아하였다. 〈그의〉 아들 張孝則은 始安王[77]의 記室參軍을 역임하였다."

南史曰"張譏, 字直言, 淸河武城人. 祖僧寶, 梁太子洗馬, 父仲悅, 梁尙書祠部郞. 譏幼聰俊, 有思理. 十四通孝經・論語, 篤好玄言. 〔子孝則〕[78], 官始安王記室參軍."

② ≪南史≫ 〈周朗列傳〉에 말하였다. "周弘正은 字가 思行이다. 부친 周寶始는 〈南朝〉 梁나라의 司徒와 祭酒(좨주)를 역임하였다. 주홍정은 어릴 때 부친을 여의어 그 아우 周弘讓・周弘直과 함께 백부인 周捨에게 양육되었다. 10세에 ≪老子≫와 ≪周易≫에 통달하고, 관직이 國子祭酒에 이르렀다. 주홍직은 字가 思方으로, 어릴 때부터 총명하였고, 양나라에서 벼슬하여 湘東王(元帝 蕭繹)의 記室參軍이 되었다."

南史曰"周弘正, 字思行. 父寶始, 梁司徒・祭酒. 弘正幼孤, 及弟弘讓・弘直, 爲伯父捨所養. 十歲通老子・周易. 官至國子祭酒. 弘直, 字思方, 幼聰敏, 仕梁爲湘東王記室參軍."

9-26【補】邢子才(邢劭)는 매우 많은 책을 소유하고 있었는데, 그다지 꼼꼼하게 교정하지는 않고, 한번은 다음과 같이 말하였다.

"잘못된 글을 생각하는 것도 하나의 즐거운 일이다."

邢子才는 **有書甚多**한대 **不甚讐校**①하고 **嘗謂 誤書思之**도 **更是一適**②이라하다

① 李百藥의 ≪北齊書≫ 〈邢劭列傳〉에 말하였다. "형소는 字가 子才로, 河間 鄚 사람이며, 〈北朝〉 北魏의 太常 邢貞의 후손이다. 10세에 문장을 지었고, 평소에 才思(재주와 사고력)가 있으며, 총명하고 기억력이 뛰어나 하루에 만 마디의 말을 암송하였다. 젊을 때 洛陽에 있었는데, 당시의 名勝(명사)들과 함께 오로지 산수를 유람하면서 연회를 베푸는 일을 즐거움으로 삼았다. 한번은 장맛비 때문에 〈나가지 못하고〉 ≪漢書≫를 읽었는데, 5일 만에 〈그 내용을〉 대략이나마 모두 암송할 수 있었

---

77) 始安王 : 南朝시대 陳나라 後主의 넷째 아들 陳深으로, 후주의 寵姬인 張貴妃의 아들이며, 字는 承源이다. 至德 元年(583)에 시안왕에 봉해지고, 얼마 뒤에 軍師將軍과 揚州刺史가 되었다. 禎明 2년(588)에 황태자 陳胤이 폐위되자 후주가 황태자로 삼았다.(≪陳書≫ 〈後主十一子列傳〉)

78) 〔子孝則〕 : 저본에는 '子孝則'이 없으나, ≪南史≫ 〈張譏列傳〉에 의거하여 보충하였다.

다. 나중에는 술 마시면서 노는 일에 싫증이 나자 경서와 역사서를 널리 찾아 다섯 줄을 한 번에 읽어 내려가서 한 번 보고는 잊는 내용이 없었다. 〈지은〉 문장은 전아하고 아름다우며, 풍부하면서도 〈짓는 속도가〉 빨라 나이 스물이 채 되기도 전에 문인들 사이에서 명성이 자자하였다. 관직은 國子祭酒(국자좨주)에 이르렀다."

李百藥齊書曰 "邢劭, 字子才, 河間鄚人, 魏太常貞之後. 十歲能屬文, 雅有才思, 聰明强記, 日誦萬言. 少在洛陽, 與時名勝, 專以山水遊宴爲娛. 嘗因霖雨, 讀漢書, 五日略能遍記. 後飮讌旣倦, 廣尋經史, 五行俱下, 一覽便無遺忘. 文章典麗, 旣贍且速, 年未二十, 名動衣冠. 官至國子祭酒."

② 李百藥의 ≪北齊書≫ 〈邢劭列傳〉에 말하였다. "형소의 손아래 처남 李季節도 재주와 학문이 뛰어난 선비였다. 그가 형소에게 '잘못된 글을 생각하면 어떻게 〈올바른 의미를〉 이해할 수 있겠습니까?' 하니, 형소가 '만약 생각해도 이해하지 못하면 수고롭게 독서하지 않네.' 대답하였다."

齊書曰 "邵妻弟(李節)〔李季節〕[79], 亦才學之士, 謂邵 '思誤書, 何由便得?' 邵答曰 '若思不能得, 便不勞讀書.'"

9-27 【補】 顔延之가 한번은 鮑明遠(鮑照)에게 자신의 시와 謝康樂(謝靈運)의 시의 우열을 물으니, 포명원이 말하였다.

"사강락의 오언시는 마치 연꽃이 처음 피어나는 것과 같으니 그 자연스러움은 사랑할 만하고, 당신의 시는 마치 비단을 펼쳐 놓은 것과 같으니 역시 채색이 눈에 가득합니다."

謝靈運

顔延之가 **嘗問鮑明遠**①**己詩與謝康樂**의 **優劣**하니 **鮑曰 謝五言**은 **如初發芙蓉**하니 **自然可愛**요 **君詩**는 **若鋪錦列繡**하니 **亦雕繢**(궤)**滿眼**②이라하다

79) (李節)〔李季節〕: 저본에는 '李節'로 되어 있으나, ≪北齊書≫ 〈邢劭列傳〉에 의거하여 '李季節'로 바로잡았다.

① 沈約의 ≪宋書≫ 〈鮑照列傳〉에 말하였다. "포조는 字가 明遠이다. 文辭가 풍부하고 빼어나며, 〈南朝 宋〉 世祖(孝武帝 劉駿) 때에 中書舍人이 되었다. 세조는 문장 짓기를 좋아했는데 타인이 자신의 수준에 미칠 수 없다고 스스로 생각하였다. 포조는 세조의 마음을 알아차려 문장을 지을 때 비천한 말과 누추한 구절을 많이 사용하니, 당시에 모두 포조의 재주가 고갈되었다고 했지만 사실은 그렇지 않았다. 臨海王 劉子頊(유자욱)이 荊州刺史가 되었을 때, 포조는 前軍參軍으로서 書記를 담당하였다. 유자욱이 〈반란을 일으켰을 때 포조가 동참했으나〉 실패하자, 반란군에게 피살되었다."

沈約宋書曰 "鮑(昭)〔照〕[80], 字明遠. 文辭贍逸, 世祖時, 爲中書舍人. 上好爲文章, 自謂物莫能及, 照悟其旨, 爲文, 多鄙言累句. 當時咸謂照才盡, 實不然也. 臨海王子(瑱)〔頊〕[81]爲荊州, 照爲前軍, 掌書記, 子頊敗, 爲亂兵所殺."

② 鍾嶸의 ≪詩品≫에 말하였다. "湯惠休가 '謝靈運의 시는 연꽃이 물에서 나온 것과 같고, 顔延之의 시는 채색을 베풀고 금을 아로새긴 것과 같다.' 하니, 안연지는 종신토록 이런 점을 근심하였다."

詩品曰 "湯惠休曰 '謝詩如芙蓉出水, 顔如錯彩鏤金.' 顔終身病之."

9-28【補】謝超宗은 학문을 좋아하고 문장력을 지녀서 新安王 劉子鸞의 常侍가 되었다. 당시에 신안왕의 모친 殷淑妃가 세상을 떠났는데, 사초종이 誄文을 지어 상주하자, 皇上(孝武帝 劉駿)이 크게 감탄하고 말하였다.

"사초종은 확실히 鳳毛(봉황의 깃털)[82]를 지녔구나."

謝超宗은 **好學**하고 **有文辭**①하여 **爲新安王子鸞常侍**②라 **時**에 **王母殷淑妃**[83]**卒**③하니 **超宗**이 **作誄奏之**한대 **上**이 **大嗟賞**하고 **曰 超宗**은 **殊有鳳毛**로다하다

---

80) (昭)〔照〕: 저본에는 '昭'로 되어 있고 '昭'가 '照'의 통용자이기는 하나, 인명이기 때문에 '照'로 바로잡았고, 아래도 같다.

81) (瑱)〔頊〕: 저본에는 '瑱'으로 되어 있으나, ≪宋書≫ 〈鮑照列傳〉에 의거하여 '頊'으로 바로잡았고, 아래도 같다.

82) 鳳毛(봉황의 깃털) : 자식이 훌륭한 아버지를 잘 닮은 것을 비유하는 말로, 謝超宗이 그의 조부 謝靈運과 부친 謝鳳의 훌륭함을 그대로 이어받았다는 뜻이다.

83) 妃 : ≪南齊書≫ 〈謝超宗列傳〉과 ≪南史≫ 〈謝靈運列傳〉에는 '儀'로 되어 있다.

① ≪南史≫ 〈謝超宗列傳〉에 말하였다. "사초종은 謝鳳의 아들이며, 謝靈運의 손자이다. 〈조부 사영운의 일에 연루되어〉 嶺南으로 유배 간 부친을 따라 갔는데, 〈南朝 宋 文帝〉 元嘉 연간(424~453)까지 放還되지 못하였다. 여러 관직을 거쳐 義興太守에 이르렀는데, 이후에 어떤 사건에 연루되어 自盡하라는 명을 받았다.[84)]"

南史曰 "超宗, 謝鳳子, 靈運之孫也. 隨父徙嶺南, 元嘉未得還. 歷官至義興太守, 後以事賜盡."

② ≪宋書≫ 〈始平孝敬王列傳〉에 말하였다. "시평효경왕 劉子鸞은 孝武帝(劉駿)의 여덟 째 아들로, 〈襄陽王에서〉 다시 新安王에 봉해졌다."

宋書曰 "始平孝敬王子鸞, 孝武第八子也, 改封新安王."

③ ≪宋書≫ 〈始平孝敬王列傳〉에 말하였다. "殷淑妃가 세상을 떠나니 皇上은 슬퍼하고 안타까워하는 마음을 그치지 못하여 漢나라 武帝(劉徹)의 〈李夫人[85)]賦〉를 모방하여 賦를 지었다."

宋書曰 "淑妃卒, 上痛愛不已, 擬漢武李夫人賦."

9-29 【補】 〈南朝〉 齊 世祖(武帝 蕭賾)가 王僕射(王儉)에게 물었다.

"당대에 누가 오언시를 잘 짓는가?"

왕복야가 대답하였다.

"謝朏(사비)는 그의 부친 〈謝莊의〉 기름진 살을 얻었고, 江淹은 의도를 지니고 있습니다.[86)]"

---

84) 어떤……받았다 : 謝超宗은 사돈 張敬兒가 죽임을 당한 뒤에 丹陽尹 李安人에게 "지난해에는 韓信을 죽이고 올해는 彭越을 죽이네." 탄식했는데, 이안인이 이 내용을 皇上(南朝 齊나라 武帝)에게 보고하였다. 이 일로 越嶲(월수)로 유배 가게 되었는데, 豫章에 이르렀을 때 황상이 豫章內史 虞悰을 시켜 사약을 내려 自盡하게 하고 그 시체를 훼손하지 말라고 칙령을 내렸다.(≪南史≫ 〈謝靈運列傳〉)

85) 李夫人 : 평민 출신으로, 中山 사람이다. 西漢시대 저명한 음악가 李延年과 貳師將軍 李廣利의 여동생이며 李季의 언니로, 平陽公主가 한나라 무제에게 추천하여 夫人에 봉해지고 큰 총애를 받았다. 昌邑哀王 劉髆(유박)을 낳은 뒤 얼마 지나지 않아 病死하였다.(≪史記≫ 〈外戚世家〉)

86) 의도를……있습니다 : 원문의 '有意'는 歇後(뒤끝을 흐리는 말)의 말이다. 의도를 갖고 시를 지으니, 그의 재주가 높은 경지에 이르지 못했다는 말이다.(≪世說啓微≫)

齊世祖가 **問王僕射**하되 **當今**에 **誰能爲五言詩**①오하니 **王答曰 謝朓**는 **得父膏腴**②하고 **江淹**은 **有意**③니이다하다

① ≪南齊書≫ 〈王儉列傳〉에 말하였다. "왕검은 字가 仲寶로, 瑯琊 臨沂 사람이다. 조부는 王曇首(왕담수)이고, 부친은 王僧綽이다. 왕검이 태어났을 때 왕승작이 살해당하여 〈숙부 王僧虔에게 양육되었는데〉 어린 나이에 〈豫寧侯의〉 작위를 襲封하고, 천자를 배알하고 茅土[87]를 받을 때 눈물을 흘리면서 오열하였다. 어릴 때부터 멋진 풍모가 있었고, 온 마음을 기울여 학문에 정진하여 손에서 책을 놓지 않았다. 〈南朝〉 齊 高帝(蕭道成)가 太尉의 신분이었을 때 그를 長史로 발탁하고, 〈제나라 건국 이후에〉 尙書僕射(상서복야)로 승진하였다."

南齊書曰 "儉, 字仲寶, 瑯琊臨沂人. 祖, 曇首, 父, 僧綽. 儉生而僧綽遇害, 數歲襲爵, 拜受茅土, 流涕嗚咽. 幼有神彩, 專心篤學, 手不釋卷. 高帝爲太尉, 引爲長史, 遷尙書僕射."

② ≪南史≫ 〈謝朓列傳〉에 말하였다. "사비는 字가 敬冲으로, 謝莊의 아들이다. 어릴 때부터 총명하고 지혜로워 10세에도 글을 잘 지었다. 사장이 土山[88]에서 유람할 때 사비에게 문장을 짓게 하자, 붓을 잡자마자 바로 완성하였다. 사장이 그의 등을 쓰다듬으면서 '정말 우리 집안의 천금 보배로구나.' 하였다. 관직이 中書監·司徒·衛將軍에 이르렀다."

南史曰 "謝朓, 字敬冲, 謝莊子. 幼聰慧, 十歲能屬文. 莊遊(上)〔土〕[89]山, 使朓命篇, 攬筆便就, 莊撫其背曰 '眞吾家千金.' 仕至中書監·司徒·衛將軍."

③ 劉璠(유번)의 ≪梁典≫에 말하였다. "江淹은 字가 文通으로, 濟陽 사람이다. 6세에 시를 잘 지었고, 장성해서는 기이한 시풍을 좋아하고 숭상하였다. 〈南朝〉 宋 桂陽王(劉休範)이 秀才로 천거하고, 齊나라가 건국된 뒤에는 豫章王(蕭嶷)의 記室이 되며, 〈梁 武帝〉 天監 연간(502~519)에 金紫光祿大夫가 되었다."

---

87) 茅土 : 천자가 제후를 봉할 때 주는 흙으로, 제후로 봉해진 지역의 방위에 맞는 色土, 즉 동방은 青土, 서방은 白土, 남방은 赤土, 북방은 黑土를 흰 띠에 싸서 주어 社를 세우게 하였다.(≪書經≫ 〈禹貢〉)

88) 土山 : 江寧城에서 25리 쯤 되는 곳으로, 謝安이 會稽의 東山을 본떠서 만들고는 기생을 데리고 노닐던 곳이다.(≪世說音釋≫, ≪世說箋本≫)

89) (上)〔土〕 : 저본에는 '上'으로 되어 있으나, 安永本에 의거하여 '土'로 바로잡았다.

鍾嶸의 ≪詩品≫에 말하였다. "江文通(江淹)은 詩體가 종합적으로 다양하고 모방에 뛰어났는데, 〈南朝 宋나라의〉 王微를 배워 근력을 얻고, 齊나라의 謝朓(사조)를 배워 완성하였다. 예전에 강엄이 宣城太守를 그만두고 〈귀향하는 길에〉 마침내 冶亭에서 묵었는데, 꿈에 郭璞이라고 자칭하는 잘생긴 사나이 한 명이 나타나 강엄에게 '내 소유의 붓이 그대에게 있은 지 여러 해이니, 돌려받아야겠소.' 하니, 강엄이 품속을 더듬어 오색 붓을 찾아 그에게 주었다. 그 뒤에 시를 지었지만 더 이상 좋은 시구를 완성하지 못했기 때문에 세상 사람들이 강엄의 재주가 바닥났다고 전하였다."

劉璠梁典曰 "江淹, 字文通, 濟陽人. 六歲能屬詩, 及長, 愛奇尙異. 宋桂陽王擧秀才, 齊興, 爲豫章王記室, 天監中, 爲金紫光祿大夫." 鍾嶸詩品曰 "文通, 詩體總雜, 善於摹擬, 筋力於王微, 成就於謝朓. 初淹罷宣城郡, 遂宿冶亭, 夢一美丈夫, 自稱郭璞, 謂淹曰 '吾有筆, 在卿處多年矣, 可以見還.' 淹探懷中, 得五色筆, 以授之. 爾後爲詩, 不復成語, 故世傳江淹才盡."

9-30 **【補】 何參軍**(何思澄)이 **族弟**인 **何水部**(何遜) · **何散騎**(何子朗)와 더불어 모두 **文名**을 독점했는데, 당시 사람들이 그들에 대해 다음과 같이 말하였다.

"**東海**의 하씨 세 명 가운데 하자랑이 가장 훌륭하다."

何參軍이 말하였다.

"외부의 평가는 전혀 옳지 않으니, 진실로 마땅히 하손을 추숭해야 한다.[90]"

何參軍①이 **與族弟水部**②와 **散騎**③로 **俱擅文名**한대 **時人**이 **爲之語曰 東海三何**에 **子朗最多**라하니 **參軍曰 外言殊不爾**니 **故當推遜**이라하다

① ≪南史≫ 〈何思澄列傳〉에 말하였다. "하사징은 字가 元靜으로, 東海 郯(담) 사람이다. 부친 何敬叔은 〈南朝〉 齊나라의 長城縣令을 역임하였다. 하사징은 어릴 때부터 학문에 부지런하고 문장을 잘 지었는데, 〈遊廬山〉이라는 시를 지었을 때 沈約이 크게 칭찬하면서 〈그의 수준에〉 미치지 못한다고 스스로 말하였다. 관직이 湘東王(남조 梁 元帝 蕭繹)의 錄事參軍에 이르렀다."

90) 하손을……한다 : ≪南史≫ 〈何思澄列傳〉에는 "하사징은 마땅히 자신을 추숭해야 한다고 생각한 것이다.〔思澄意謂宜在己也〕" 하였다.

南史曰 "何思澄, 字元靜, 東海(剡)〔郯〕[91] 人. 父敬叔, 齊長城令. 思澄少勤學工文, 爲遊廬山詩, 沈約大相稱賞, 自以爲弗逮. 仕至湘東王錄事參軍."

② ≪梁書≫ 〈何遜列傳〉에 말하였다. "하손은 字가 仲言으로, 東海 郯 사람이다. 증조부 何承天은 〈南朝〉 宋나라의 御史中丞을 역임하였다. 하손은 8세에 시를 지었고, 문장은 劉孝綽과 더불어 세상에 중시되어 세상 사람들이 何·劉라고 병칭하였다. 관직은 尙書水部郞에 이르렀다."

梁書曰 "何遜, 字仲言, 東海剡人. 曾祖承天, 宋御史中丞. 遜八歲能賦詩, 文章, 與劉孝綽竝重於世, 世謂何·劉. 官至尙書水部郞."

③ ≪南史≫ 〈何子朗列傳〉에 말하였다. "하자랑은 字가 世明이다. 일찍부터 才思(재주와 사고력)를 지녔는데, 周捨가 매번 그와 담론할 때마다 그의 정밀한 논리에 탄복하였다. 國山縣令으로 있다가 세상을 떠났다."

南史曰 "何子朗, 字世明. 早有才思, 周捨每與談, 服其精理. 卒於國山令."

9-31 【補】 張思光(張融)이 〈海賦〉를 지었는데 표현이 괴이하였다. 이것을 鎭軍將軍 顧覬之(고기지)에게 보여주니, 고기지가 말하였다.

"이 〈해부〉는 진실로 木玄虛(木華)를 능가하지만, 다만 소금을 언급하지 않은 점이 아쉽습니다."

장사광이 즉시 붓을 달라고 하여 다음과 같은 구절을 추가하였다.

"모래를 걸러 하얀 소금을 만들어내고, 바닷물을 끓여 하얀 소금을 추출하네.
한창 봄인데 눈이 쌓인 듯하고, 무더운 여름 길가에 서리가 날리는 듯하네."

張思光이 作海賦한대 文辭詭激①이라 以示鎭軍將軍(徐凱之)〔顧覬之〕[92]하니 (徐)〔顧〕曰 此賦는 寔超玄虛②나 但恨不道塩耳라하니 思光이 卽求筆하여 益之曰 漉沙搆白이요 熬波出素라 積雪中春이요 飛霜暑路[93]라하다

---

91) (剡)〔郯〕: 저본에는 '剡(섬)'으로 되어 있으나, ≪南史≫ 〈何思澄列傳〉에 의거하여 '郯'으로 바로잡았고, 아래도 같다.

92) (徐凱之)〔顧覬之〕: 저본에는 '徐凱之'로 되어 있으나, ≪南史≫ 〈張邵列傳〉에 의거하여 '顧覬之'로 바로잡았고, 아래도 같다.

93) 路 : 저본에는 '露'로 되어 있으나, ≪世說補考≫·≪世說講義≫·≪世說箋本≫에 의

① 張融이 지은 〈海賦〉의 기이한 구절은 다음과 같다.

"끝없는 지역은 모래톱에 잠겨 있고, 만 리 길은 해안에 숨어있네.

소용돌이가 칠 때는 해와 달이 놀란 듯하고, 물결이 일렁일 때는 은하수가 뒤집어진 듯하네.

돌아보아도 뒤가 없고, 바라보아도 앞이 없네.

멀리 찾아보아도 높이 바라보아도, 단지 물과 하늘뿐이네."

전체 내용이 누락되어 읽을 수 없는 것이 애석하다.

融賦奇句曰"窮區沒渚, 萬里藏岸. 湍轉則日月似驚, 浪動則星河如覆. 却瞻無後, 向望無前. 長尋高眺, 唯水與天." 惜全篇脫落, 不可讀.

② 王儉의 ≪七志≫에 말하였다. "木華는 字가 玄虛로, 廣川 사람이다."

傅亮의 ≪文章志≫에 말하였다. "목현허가 〈海賦〉를 지었는데, 문장이 아름다워 전대의 훌륭한 작품을 잇기에 충분하다."

王儉七志曰"木華, 字玄虛, 廣川人." 傅亮文章志曰"玄虛爲海賦, 文章雋麗, 足繼前良."

9-32 【補】 〈북방 隋나라 사람〉 薛道衡이 〈남방의〉 陳나라에 聘問을 가서 〈인일에 귀향을 생각하다(人日[94]思歸)〉라는 시를 지어 다음과 같이 읊었다.

"봄이 된 지는 겨우 7일인데, 집 떠나온 지는 이미 두 해로구나."

남방 〈진나라〉 사람들이 비웃으면서 말하였다.

"이것이 무슨 말인가, 이 오랑캐[95]가 시를 지을 줄 안다고 누가 말했는가."

〈설도형이〉 이어서 다음과 같이 읊었다.

"〈가을이 되어〉 기러기가 북방으로 간 뒤에 사람은 귀향할 텐데, 〈봄이 와〉 꽃이 피기도 전에 〈귀향의〉 생각이 일어나네."

그러자 남쪽 사람들이 기뻐하면서 말하였다.

거하여 '路'로 바로잡았다.

94) 人日 : 음력 1월 7일을 이른다. 이날은 佳節이라 일곱 가지 나물을 넣고 끓인 국을 먹고 채색 천 또는 華勝(머리를 꾸미는 꽃 모양의 장식물)을 만들어 서로 보내주며, 栢葉酒로 서로 축하하고 높은 곳에 올라 시를 읊으며, 잠을 자지 않고 밤을 지새웠다.(≪荊楚歲時記≫)

95) 오랑캐 : 南人은 北人을 '虜(오랑캐)'라고 불렀다.(≪世說音釋≫)

"〈훌륭한〉 명성 아래에는 진실로 헛된 선비가 없구나.[96]"

薛道衡이 聘陳하여 作人日詩하여 云 入春纔七日이요 離家已二年이라하니 南人이 嗤之曰 是底言고 誰謂此虜解作詩오하다 及云 人歸落鴈後어늘 思發在花前이라하니 乃喜曰 名下에는 固無虛士라하다

【頭註】

○ 李贄 : 詩가 六朝시대에 이르자, 비단 제대로 지을 수 있는 자가 없을 뿐만 아니라 역시 제대로 감식안을 가진 자도 없었다.
李云 "詩至六朝, 非但無作者, 亦乏識者."

9-33【補】釋慧淨이 한번은 道士 蔡晃과 의리를 담론했는데, 채황의 논리가 여러 번 꺾였다. 國子祭酒(국자좨주) 孔穎達이 마음속으로 도교의 무리를 편들어 혜정에게 말하였다.

"佛家에는 다툼이 없으니 法師께서는 무엇 때문에 누차 이런 논란을 만드십니까?"

혜정이 대답하였다.

"부처께서 外道(불교 이외의 교도)의 논리를 격파하셨건만 외도는 깨닫지 못하고는 도리어 부처에게 '너는 항상 스스로 平等心[97]을 말해왔는데 지금 이미 논박으로 나의 논리를 격파했으니, 이는 바로 불평등심이다. 무엇이 평등심인가?' 하니, 부처께서 그를 위해 깨우쳐주기를 '나의 불평등심으로 그대의 불

孔穎達

96) 훌륭한……없구나 : 명성을 지닌 자는 그에 걸맞은 실질이 있다는 뜻이다.(≪世說講義≫, ≪世說箋本≫)

97) 平等心 : 諸法이 평등하다는 이치를 깨달아 일체 중생에 대해 원망하거나 친애하는 등의 차별적인 견해를 일으키지 않는 자비심이다.

평등심을 격파했으니, 그대가 만약 평등심을 얻으면 즉시 나도 평등심의 상태가 될 것이다.' 하셨습니다. 지금의 상황을 돌아보면 역시 이와 같습니다. 저의 논쟁으로 그의 논쟁을 격파했으니, 그의 논쟁을 없을 수 있다면 즉시 저도 논쟁이 없을 것입니다."

釋慧淨이 **嘗與道士蔡晃**으로 **談義**할새 **晃**이 **屢被摧折**①하니 **國子祭酒孔穎達**②이 **心存道黨**하여 **謂慧淨曰 佛家無諍**③하니 **法師**는 **何以屢構斯難**잇고하니 **慧淨答曰 佛破外道**어늘 **外道不通**④하고 **反謂佛曰 汝**는 **常自言平等**이러니 **今旣以難破我**하니 **卽是不平**이라 **何謂平等**⑤고하니 **佛**이 **爲通曰 以我不平**으로 **破汝不平**하니 **汝若得平**이면 **卽我平矣**라하니이다 **顧今亦爾**니 **以淨之諍**으로 **破彼之諍**하니 **彼得無諍**이면 **卽淨無諍也**리이다하다

① 僧道宣의 ≪續高僧傳≫에 말하였다. "慧淨은 俗姓이 房氏로, 常山 眞定 사람이며, 隋나라 國子博士 房徽遠의 조카이다. 태어날 때부터 모든 이치를 알고 천성적으로 지혜가 탁월하며, 평소에 篇什(詩文)을 좋아하며, 풍격이 숭고하고 특출하며, 도량이 심원하고 기개가 컸다. 어린 나이에도 文頌[98]을 이해하고, 14세에 출가했는데 뜻이 넓고 공부가 원대하였다. 매일 8천 여 마디의 말을 암송했는데, 總持[99]에 대한 말씀과 의미는 그에게 비견될 자가 드물었다."

僧道宣(傳燈錄)〔續高僧傳〕[100]曰 "慧淨, 俗姓房氏, 常山眞定人, 隋國子博士徽遠族子. 生知天挺, 雅懷篇什, 風格標峻, 器宇冲邈. 弱歲便曉文頌, 十四出家, 志業弘遠, 日頌八千餘言, 總持辭義, 罕有其比."

② 劉昫(유후)의 ≪舊唐書≫ 〈孔穎達列傳〉에 말하였다. "공영달은 字가 仲達로, 冀州 衡水 사람이다. 8세에 학문에 입문하여 매일 천 여 마디의 말을 암송하였다. 성장해서는 ≪春秋左氏傳≫, 鄭玄의 ≪尙書≫, 王弼의 ≪周易≫, ≪毛詩≫, ≪禮記≫에 정통하고, 아울러 산술과 역법에도 뛰어나며, 문장을 잘 지었다. 같은 郡의 劉焯은 명성이 세상에 높았는데, 공영달이 그의 집에 찾아가 의문점을 질의할 때 의표

---

98) 文頌 : 공적을 노래하고 덕을 칭송하는 시문이다.

99) 總持 : 陀羅尼(다라니)의 意譯으로, 衆德을 갖추어 지닌 것을 가리킨다. 法陀羅尼·義陀羅尼·呪陀羅尼·忍陀羅尼의 네 가지가 있는데, 여기서는 呪文이라는 뜻이다.

100) (傳燈錄)〔續高僧傳〕: 저본에는 '傳燈錄'으로 되어 있으나, ≪世說音釋≫과 ≪世說箋本≫에 의거하여 '續高僧傳'으로 바로잡았다.

를 찌르는 내용이 많자 유작이 태도를 고쳐 그를 공경하였다. 〈隋 煬帝〉 大業 연간(605~618) 초반에 明經科에 급제하고, 〈唐나라〉 太宗이 文學館學士로 초빙한 뒤에 國子祭酒(국자좨주)에 임명하였다."

劉昫唐書曰 "孔穎達, 字仲達, 冀州衡水人. 八歲就學, 日誦千餘言. 及長, 明左氏傳・鄭氏尙書・王氏易・毛詩・禮記, 兼善算歷, 解屬文. 同郡劉焯, 名重海內, 穎達造門, 請質疑滯, 多出意表, 焯改容敬之. 大業初, 擧明經, 太宗引爲文學館學士, 拜國子祭酒."

③ ≪金剛般若波羅密經(금강반야바라밀경)≫ 〈一相無相分〉에 말하였다. "부처께서 나(須菩提)를 無諍三昧[101]를 얻은 사람 가운데 가장 으뜸이라고 하셨다."

(語錄)〔金剛般若波羅密經〕[102]曰 "佛說我得無諍三昧人中, 最爲第一."

④ ≪圓覺經≫의 주석에 말하였다. "外道를 추구하는 자는 諸見(각양각색의 주장) 등에 집착하여 사악한 지혜로 사람을 미혹시켜 의심하게 만든다."

圓覺經註曰 "外道者, 着諸(제)見等, 以邪智惑人令疑."

⑤ ≪金剛般若波羅密經(금강반야바라밀경)≫ 〈究竟無我分〉에 말하였다. "이 法(진리)은 평등하여 고하의 차이가 없으니, 이를 阿耨多羅三藐三菩提(아뇩다라삼막삼보리)[103]라고 명명한다."

金剛經曰 "是法平等, 無有高下, 是名阿耨多羅三藐三菩提."

9-34 **【補】** **齊澣**은 근래의 일을 잘 알고 **高仲舒**는 옛날 일을 잘 알았다. **姚崇**이 매번 이 두 사람에게 자문을 구했는데, 한 번은 다음과 같이 말하였다.

"옛날 일을 알고 싶으면 고중서에게 묻고, 근래의 일을 알고 싶으면 제한에게

---

101) 無諍三昧 : '무쟁'은 空의 이치에 철저하게 安住하여 다른 것과 다투는 일이 없는 것이며, '삼매'는 산란한 마음을 한 곳에 모아 움직이지 않게 하고 망념에서 벗어나는 것으로, 다른 것과 다투는 일이 없는 禪定을 이른다.

102) (語錄)〔金剛般若波羅密經〕: 저본에는 '語錄'으로 되어 있으나, ≪世說音釋≫과 ≪世說箋本≫에 의거하여 '金剛般若波羅密經'으로 바로잡았다.

103) 阿耨多羅三藐三菩提(아뇩다라삼막삼보리) : 梵語 Anuttara-samyak-saṃbodhi의 音譯으로, 無上正遍智・無上正等覺으로 漢譯되는데, '더 이상 위가 없는 올바르고 두루 완전한 깨달음' 또는 '완전한 지혜'라고 번역된다. 한문의 발음은 '아누다라삼막삼보제'이지만, 세속화된 발음의 변화로 '아뇩다라삼막삼보리'라고 읽는다.

물어보라."

齊澣은 **善知今事**①하고 **高仲舒**는 **善知古事**②하니 **姚崇**이 **每諮此兩人**이러니 **嘗曰 欲知古事**인댄 **問仲舒**하고 **欲知今事**인댄 **問齊澣**③하라하다

① 計有功의 ≪唐詩紀事≫에 말하였다. "齊澣은 字가 洗心으로, 定州 사람이다. 〈唐玄宗〉 開元 연간(713~741)에 蘇晉·蘇頲·賈曾·韓休·許景先·孫逖과 함께 詔誥(詔令)를 담당했는데, 代言[104] 가운데 최고였다. 杜暹(두섬)이 국정을 담당했을 때 表文을 올려 宋璟을 吏部尙書로, 제한과 소진을 吏部侍郎으로 삼았는데, 세상에서 이를 臺選[105]이라고 하였다. 〈제한이〉 일찍이 陳希烈과 苗晉卿의 재능을 칭찬했는데, 이후에 둘 모두 크게 현달하였다."
唐詩紀事曰 "齊澣, 字洗心, 定州人. 開元間, 與蘇晉·蘇頲·賈曾·韓休·許景先·孫逖典詔誥, 爲代言最. 杜暹當國, 表宋璟爲吏部尙書, 澣及蘇晉爲侍郎, 世謂臺選. 嘗稱陳希烈·苗晉卿之才, 後皆大顯."

② 劉昫(유후)의 ≪舊唐書≫ 〈高仲舒列傳〉에 말하였다. "高睿의 아들 고중서는 雍州萬年 사람이다. 경서와 역사서에 널리 통달하고, 三禮(周禮·儀禮·禮記)와 訓詁書에 더욱 밝았다. 〈唐 中宗〉 神龍 연간(705~707)에 相王府(睿宗 李旦)의 文學이 되었는데 상왕이 그를 매우 중시하고, 개원 연간에 中書舍人에 제수되었다. 宋璟과 蘇頲이 매번 그를 찾아가 옛날 일에 대해 자문을 구하였다."
劉昫唐書曰 "高(叡)〔睿〕[106](字)〔子〕[107]仲舒, 雍州萬年人. 博通經史, 尤明三禮及詁訓之書. 神龍中, 爲相王府文學, 王甚重之. 開元中, 授中書舍人. 宋璟·蘇頲, 每詢訪故事焉."

③ 姚崇은 따로 보인다.

---

104) 代言 : 天子를 대신하여 詔命의 초안을 쓰거나, 그 일을 하는 사람이다. ≪世說音釋≫에 "≪舊唐書≫에는 '王言'으로 되어 있는데, '詔誥'라는 뜻이다." 하였다.

105) 臺選 : 臺省의 선임이라는 뜻인데, 대성은 東臺 門下省, 西臺 中書省, 中臺 尙書省을 이른다.

106) (叡)〔睿〕: 저본에는 '叡'로 되어 있으나, ≪舊唐書≫ 〈高睿列傳〉에 의거하여 '睿'로 바로잡았다.

107) (字)〔子〕: 저본에는 '字'로 되어 있으나, ≪舊唐書≫ 〈高睿列傳〉에 의거하여 '子'로 바로잡았다.

崇, 別見.

9-35【補】元微之(元稹)가 劉夢得(劉禹錫)・韋楚老와 더불어 白傅(白居易)[108]의 집에 있으면서 각각 〈금릉에서 옛일을 회고하다〉라는 시를 지었다. 劉夢得이 먼저 시를 완성하자, 백부가 보고 말하였다.

"네 사람이 驪龍(黑龍)을 더듬다가 그대가 먼저 여의주를 얻었으니, 〈여룡의〉 남은 비늘과 발톱은 어디에 쓰겠는가."

이에 〈나머지 사람들은〉 시 짓기를 그만두었다.

元稹

元微之①가 與劉夢得②과 韋楚老③로 在白傅第④할새 各賦金陵懷古詩라 劉先成하니 白覽之하고 曰 四人探驪龍에 子先獲珠하니 所餘鱗爪는 何用邪⑤아하다 於是에 罷唱⑥하다

① 劉昫(유후)의 ≪舊唐書≫ 〈元稹列傳〉에 말하였다. "원진은 字가 微之로, 河南 사람이며, 〈北朝〉 北魏의 昭成皇帝(拓拔什翼犍)[109]의 후예이다. 부친 元寬은 比部郎中을 역임하였다. 원진은 9세에도 문장을 잘 짓고, 15세에 兩經에 합격하며,[110] 28세에 制擧[111]에 응시했는데 才識兼茂明於體用科에서 원진이 수석을 차지하여 右拾

---

108) 白傅(白居易) : 백거이가 만년에 太子少傅를 역임했기 때문에 이렇게 부른 것이다.

109) 拓拔什翼犍 : 北魏 황실의 성씨는 본래 拓拔인데, 孝文帝 宏 때 元氏로 바꾸었기 때문에 元稹이 탁발씨의 후예가 되는 것이다.

110) 兩經에 합격하며 : 唐宋시대 進士試에서 經書의 분량에 따라 대중소로 나누었는데, ≪禮記≫・≪春秋左氏傳≫의 大經, ≪詩≫・≪周禮≫・≪儀禮≫의 中經, ≪易≫・≪尙書≫・≪春秋穀梁傳≫・≪春秋公羊傳≫의 小經으로 구분하여 학생 중에 대경 하나에만 통달해도 모두 관리에 보임하였다. 두 경전에 합격하는 것은 대경과 소경에서 각각 하나이거나 중경에서 둘을 통과해야 하고, 세 경전에 합격하는 것은 대경・중경・소경에서 각각 하나를 통과해야 하고, 다섯 경전에 합격하는 것은 대경을 모두 통과하고 중경과 소경에서 각각 하나를 통과하며 아울러 ≪孝經≫과 ≪論語≫를 통해야 한다.(≪新唐書≫ 〈選擧志 上〉) 당시에 元稹이 합격한 '양경'은 대경의 ≪예기≫와 소경의 ≪상서≫ 시험이었다.

遺에 제수되었다. 〈唐 穆宗〉 長慶 2년(822)에 平章事에 제수되었다."

計有功의 ≪唐詩紀事≫에 말하였다. "唐 穆宗 때에 嬪御(侍妾과 宮女)들이 대부분 원진이 지은 노래의 가사를 암송했으니, 궁중에서는 〈그를〉 元才子라고 불렀다."

劉昫唐書曰 "元稹, 字微之, 河南人, 魏昭成皇帝之後. 父寬, 比部郎中. 稹九歲能屬文, 十五兩經擢第. 二十(入)〔八〕[112]應制擧, 才識兼茂明於體用科, 稹爲第一, 除右拾遺. 長慶二年, 拜平章事." 唐詩紀事曰 "穆宗時, 嬪御多誦稹歌詞, 宮中號爲元才子."

② 劉昫(유후)의 ≪舊唐書≫ 〈劉禹錫列傳〉에 말하였다. "유우석은 字가 夢得으로, 彭城 사람이다. 조부 劉雲과 부친 劉溆(유서)는 대를 이어 儒學으로 칭송받았다. 유우석은 古文에 정통하고, 오언근체시를 잘 지으며, 문장도 역시 재주와 문채가 풍부하였다. 監察御史가 되었을 때 王叔文과 친근히 지냈기 때문에 잇달아 좌천되고 유배되고,[113] 太子賓客·秘書監分司東都의 자리에 있다가 세상을 떠났다."

唐書曰 "劉禹錫, 字夢得, 彭城人. 祖雲·父溆, 世以儒學稱. 禹錫精於古文, 善五言詩近體, 文章復多才麗. 爲監察御史, 以附王叔文, 連加貶逐, 終太子賓客·分司東都."

③ 計有功의 ≪唐詩紀事≫에 말하였다. "韋楚老는 〈唐 穆宗〉 長慶 연간(821~824)에 進士가 되고, 拾遺의 자리에 있다가 세상을 떠났다."

唐詩紀事曰 "韋楚老, 長慶進士, 終于拾遺."

④ 劉昫(유후)의 ≪舊唐書≫ 〈白居易列傳〉에 말하였다. "백거이는 字가 樂天으로, 太原 사람이며, 〈北朝〉 北齊의 五兵尙書 白建의 仍孫(7대손)이다. 조부 白鍠(백굉)과 부친 白季庚은 대를 이어 유학에 진력하였다. 백거이는 총명과 지혜가 매우 뛰어났다. 〈唐 德宗〉 貞元 14년(798)에 〈知貢擧(進士試 시험관)인〉 高郢이 〈그를〉 甲科로 선발하여 校書郎을 제수하고, 〈憲宗〉 元和 연간(806~820)에 集賢殿校理가 되었다. 문장이 풍부하고 아름다우며 시에 더욱 정통했는데, 〈그가〉 지은 시는 諷諫에 의미를 두어 시대의 병폐를 경계하고 정치의 부족한 점을 보충했기 때문에 士

---

111) 制擧 : 唐나라 과거시험 가운데 하나로, 황제가 殿廷에서 직접 試題를 제출하는 것인데, 制科·制擧科라고도 한다.

112) (入)〔八〕: 저본에는 '入'으로 되어 있으나, ≪舊唐書≫ 〈元稹列傳〉에 의거하여 '八'로 바로잡았다.

113) 王叔文과……유배되고 : 劉禹錫이 王伾·王叔文의 黨에 연좌되어 播州刺史로 좌천되었는데, 함께 좌천된 柳宗元이 유우석은 노모가 있다는 이유를 들어 상소하여 지역을 바꾸어주기를 청하자 憲宗이 連州로 옮겨주었다.

君子들이 으뜸으로 삼았다. 종종 〈그의 시가〉 궁중에 흘러 들어가 알려졌는데, 章武皇帝(헌종)는 간언을 받아들이고 도리를 생각하며 정직한 말을 애타게 들으려 했기 때문에 翰林院에 불러 들여 學士로 삼았다."

唐書曰 "白居易, 字樂天, 太原人, 北齊五兵尙書建之仍孫. 祖鍠·父季庚, 世敦儒業. 居易聰慧絶人. 貞元十四年, 高郢擢昇甲科, 授校書郞, 元和中, 爲集賢校理. 文辭富艶, 尤精詩筆, 所著歌詩, 意存諷賦, 箴時之病, 補政之闕, 士君子宗之. 往往流聞禁中, 章武納諫思理, 渴聞讜言, 召入翰林, 爲學士."

⑤ ≪莊子≫ 〈列禦寇〉에 말하였다. "黃河 가에 집이 가난하여 쑥대로 발을 엮는 일로 생계를 꾸리는 사람이 있었는데, 〈그의〉 아들이 물에 빠졌다가 천금 가치의 구슬을 얻었다. 그가 아들에게 말했다. '돌을 가져와서 그것을 깨버려라. 천금 가치의 구슬은 틀림없이 까마득히 깊은 못 속에 사는 驪龍의 턱 아래 있을 것이니, 네가 그 구슬을 얻을 수 있었던 것은 여룡이 잠자고 있었기 때문이다. 만일 여룡이 깨어 있었다면 네가 도대체 어찌 신체의 조금이라도 남아 있겠느냐.'"

莊子曰 "河上有家貧, (持)〔恃〕[114]緯蕭而食者, 子沒川, 得千金珠. 謂其子, '取石來鍛之. 夫千金之珠, 必在九重之泉驪龍頷下, 若能得珠者, 遭其睡也. 如使驪龍寤, 子尙奚微之有哉?'"

⑥ 劉禹錫의 〈서새산에서 옛일을 회고하다(西塞山懷古)〉[115]라는 시는 다음과 같다.

"王濬의 樓船이 益州에서 내려오니,[116] 금릉(南京)의 王氣는 빛을 잃고 사라졌네.
천길 쇠사슬을 長江 아래 두었으나,[117] 한 조각 항복 깃발 石頭城에 내걸렸네.[118]

---

114) (持)〔恃〕: 저본에는 '持'로 되어 있으나, ≪莊子≫ 〈列禦寇〉에 의거하여 '恃'로 바로잡았다.

115) 西塞山懷古 : '서새산'은 湖北省 黃石市 동쪽에 있는 산으로, 산세가 가파르고 험준한데다가 강을 끼고 있어 吳나라의 서쪽 요새였다. 이 시의 제목이 〈金陵懷古〉로 되어 있는 판본도 있다.

116) 王濬의……내려오니 : 왕준은 魏晉시대 晉나라의 益州刺史로, 晉나라 武帝 太康 元年(280)에 吳나라를 칠 때에 龍驤將軍으로서 전함을 만들어 수군을 이끌고 내려갔다. '樓船'은 왕준이 만든 전함으로, 서로 연결하면 크기가 120步이고 수용인원이 2천 명에 달하며, 나무로 성을 만들어 망루를 세우고 그 위에서는 말을 달릴 수도 있었다.(≪晉書≫ 〈王濬列傳〉) '益州'는 진나라의 治所로 四川省 成都市이다.

117) 천길……두었으나 : 吳나라는 晉나라의 공격을 방어하기 위해 긴 쇠사슬로 강을 가로막았는데, 王濬은 화력을 이용해 이 쇠사슬을 부수어 강물에 빠뜨렸다.

118) 한……내걸렸네 : 王濬의 수군이 金陵에 이르렀을 때, 吳王 孫皓가 항복하였다. '石

인간 세상 지난 일[119)]을 몇 번이나 아파하는가, 산세는 예전처럼 맑은 강물에 비쳐 있네.

지금 온 세상이 한 집안이 된 때, 옛 보루가 억새 속에 쓸쓸한 가을이구나."

劉詩曰 "王濬樓舡下益州, 金陵王氣黯然收. 千尋鐵鎖沉江底, 一片降幡出石頭. 人世幾回傷往事, 山形依舊枕清流. 而今四海爲家日, 故壘蕭蕭蘆荻秋."

9-36【補】范蜀公(范鎭)은 평소에 술을 마시지 않았고 또한 불교를 비방하였다. 許下(許昌)에 있을 때 韓持國(韓維) 형제와 왕래했는데, 한지국 형제가 모두 〈飮酒와 崇佛〉 이 두 가지 일을 추숭하니 범촉공이 매우 병통으로 여겼다. 범촉공이 蘇子瞻(蘇軾)에게 편지를 보내 물었다.

"그들을 구원하려면 어떤 방법을 사용해야 합니까?"

소자첨이 다음과 같이 답장하였다.

"청컨대, 공께서는 〈그들이 술과 불교에〉 미혹될 수 있는 마음이 어디에서 발생하는지, 〈공께서 그들을〉 구원하고자 하는 마음이 어떤 모습을 하고 있는지 한 번 살펴보십시오. 〈공의〉 이런 마음이 확립되지 않았다면 저들의 〈미혹이〉 도대체 어디에 의거하겠습니까. 〈이런 내용은〉 바로 황금빛 얼굴의 瞿曇(구담)[120)]조차도 틀림없이 옷깃을 여미며 〈공손히 수용할〉 것이니, 하물며 구담을 배우는 자는 말할 것도 없습니다."

蘇軾

頭城'은 石首城이라고도 하는데, 江蘇省 南京市 淸凉山에 있다.

119) 지난 일 : 吳·東晉·宋·齊·梁·陳 등 金陵을 수도로 건국했던 왕조들의 흥망성쇠를 이른다.

120) 瞿曇(구담) : 梵語 Gāutama의 音譯으로, 석가모니 선대의 俗姓인데, 喬答摩라고도 한다. 후대에는 부처나 승려를 이렇게 호칭하였다.

范蜀公은 素不飮酒하고 又詆佛教①라 在許下에 與韓持國②兄弟③로 往還한대 諸韓이皆崇此二事④하니 公頗病之라 貽蘇子瞻書問하되 救之인댄 當以何術잇고하니 子瞻報曰 請公試觀能惑之性이 何自而生이며 欲救之心이 作何形相잇가 此猶不立이면 彼復何依잇가 正恐黃面瞿曇도 亦須斂衽⑤이리니 況學之者耶⑥아하다

① ≪宋史≫ 〈范鎭列傳〉에 말하였다. "범진은 字가 景仁으로, 成都 華陽 사람이다. 薛奎가 〈지방관으로서〉 蜀郡을 다스리다가 중앙 조정으로 돌아와 '위대한 사람 한 명(범진)을 알게 되었는데, 〈그는〉 틀림없이 文學으로 세상에 명성을 떨칠 것이다.' 하였다. 그의 학문은 六經에 근본을 두고, 佛陀・老子・申不害・韓非子의 논설을 언급하지 않았다. 여러 관직을 역임하고 端明殿學士・提擧太乙宮 겸 侍讀이 되었다."
宋史曰 "范鎭, 字景仁, 成都華陽人. 薛奎守蜀, 還朝曰 '得一偉人, 當以文學名世.' 其學本六經, 不道佛・老・申・韓之說. 歷官端明殿學士・提擧太乙宮兼侍讀."

② ≪五朝名臣言行錄≫에 말하였다. "韓維는 字가 持國으로, 忠獻公 韓億의 아들이다. 蔭補[121]로 出仕하여 관직이 門下侍郎에 이르렀다."
五朝名臣言行錄曰 "韓維, 字持國, 忠獻公億之子. 以蔭補官, 仕至門下侍郎."

③ ≪宋史≫ 〈韓億列傳〉에 말하였다. "한억에게 아들이 있었는데 公府(三公)의 지위에 있었고, 행실에 각자 적합함이 있었다. 韓絳은 어울림에 적합하고, 한유는 올바름에 적합하며, 韓縝은 엄격함에 적합하였다."
宋史論曰 "億有子, 位公府, 而行各有適. 絳適於同, 維適於正, 縝適於嚴."

④ 李廌(이치)의 ≪師友談記≫에 말하였다. "蘇東坡(蘇軾)가 말하였다. '일전에 王寧과 王寔의 방문을 받았는데, 왕식은 少傅 한지국(한유)의 사위이다. 한지국의 안부를 물었더니, 두 사람 모두「한지국께서 한번은 사람들에게『나는 이미 병들고 늙었으니 장차 음악과 酒色으로 여생을 즐길 것이다.』하였습니다.」하였다. 내(소동파)가 말하였다.「근래에 어떤 노인 한 분이 있었는데, 〈그는〉 한 번도 참선한 적이 없었으나 평소 禪理에 부합했소. 하루는 〈그가〉 벗들을 모아 놓고『이 늙은이는 장차 떠나려 하네.』하고는 옷매무새를 단정히 하고 바르게 앉으니 장차 숨이 끊어지려고 하였소. 자식들이 울부짖으면서 가르침으로 삼을 만한 한 마디 말씀

121) 蔭補 : 선대의 공훈으로 과거시험을 거치지 않고 관직에 보임되는 것이다.

을 남겨주기를 원하자, 노인은 『五更(새벽 3~5시)에 일어나 자신의 일을 처리하라.』 하였소. 자식들이 『집안이 다행히 풍족하니 무엇 때문에 일찍 일어나겠습니까. 집안일은 모두 〈각자〉 본인의 일이니 어찌 구분이 있겠습니까.』 하니, 노인이 『그렇지 않다. 이른바 자신의 일이라는 것은 죽을 때 가지고 떠날 것을 가리킨다. 나는 평생 동안 생계를 꾸려왔는데, 오늘 就化(승려의 사망)하려고 하니 무엇을 가지고 떠나는 것이 좋겠느냐?』 하자, 자식들이 〈그 의미를〉 잘 깨달았소. 한지국께서 스스로 과연 노년에 음악과 주색으로 마음을 수고롭게 하려고 생각한다면, 이는 죽을 때 가지고 떠날 것을 생각하는 것만 못하오.」"

李(薦)〔廌〕[122]師友談記曰 "東坡云 '日者王寗·王寔見訪, 寔, 持國少傳之壻也. 因問持國安否, 皆曰「持國嘗語人,『吾已癃老, 且將聲樂酒色, 以娛年.』」東坡曰「頃有一老人, 未嘗參禪, 而雅合禪理. 一日會親友曰『老人且去.』因攝衣正坐, 將奄奄焉. 諸子呼號, 願留一言爲教. 老人曰『惟五更起, 句當自家事.』諸子曰『家中幸豐, 何用早起? 家事, 皆自家事, 豈有分別?』老人曰『不然. 所謂自家事, 是死時將得去者. 吾平生治生, 今日就化, 可將何者去?』諸子頗悟. 持國果自以殘年勞心聲酒, 不若爲死時將去者計也.」'"

⑤ ≪釋迦譜≫에 말하였다. "淨飯王[123]의 먼 조상이 나라를 포기하고 수행하여 瞿曇(구담)이라는 姓을 받았기 때문에 瞿曇氏라고 한 것이다."

釋迦譜曰 "淨飯遠祖, 捨國修行, 受瞿曇姓, 故曰瞿曇氏."

⑥ 張太史(張耒)의 ≪明道雜志≫에 말하였다. "范蜀公(范鎭)은 불교의 논설을 믿지 않았다. 大蘇公[124]이 한번은 범공과 담론하다가 불교의 논설을 믿지 않는 이유를 물었더니, 범공이 '저는 평소 어떤 일이든 눈으로 직접 보지 않은 것은 믿어본 적이 없습니다.' 하였다. 대소공이 '공은 또한 어찌 그럴 수 있습니까. 만약 공에게 질병이 있다면 의사로 하여금 진맥하게 한 뒤 의사가 寒症이라고 하면 熱藥을 복용할 것이고 熱症이라고 하면 寒藥을 먹을 것입니다. 공은 어떻게 항상 진맥만 받고도

---

122) (薦)〔廌〕: 저본에는 '薦'으로 되어 있으나, ≪世說箋本≫에 의거하여 '廌'로 바로잡았다.

123) 淨飯王 : 梵語 śuddhodana의 意譯으로, 석가모니의 부친인 中印度 迦毗羅國의 임금이다.

124) 大蘇公 : 蘇軾의 별칭이다. 蘇洵은 그의 아들 蘇軾·蘇轍과 더불어 문장에 뛰어나 唐宋八大家에 들었는데, 소순을 老蘇, 소식을 大蘇, 소철을 小蘇라 하였고, 셋을 합하여 三蘇, 소식 형제를 二蘇라 하였다.

믿으십니까? 어찌 유독 불교에 대해서만 기필코 〈직접〉 보려고 하십니까.'"

張太史明道雜志曰 "范蜀公不信佛說, 大蘇公嘗與公論, 求其所以不信之說. 范公云 '鎭平生事, 非目所見者, 未嘗信.' 蘇公曰 '公亦安能然哉? 設公有疾, 令醫切脉, 醫曰寒則服熱藥, 曰熱則餌寒藥, 公何嘗見脈而信之? 何獨至於佛而必待見耶?'"

9-37【補】黃龍寺의 晦堂老子[125]가 한번은 黃山谷(黃庭堅)에게 '나는 너희에게 숨기는 것이 없다.'[126]라는 구절의 의미를 묻자, 황산곡이 두세 번 설명해주었지만 회당노자는 답변하지 않았다. 당시는 더위가 물러가고 서늘한 기운이 생겨 가을 화초의 향기가 정원에 가득하였다. 회당노자가 이어서 물었다.

"木犀[127]의 향기가 풍겨옵니까?"

황산곡이 대답하였다.

"풍겨옵니다."

회당노자가 말하였다.

"저는 그대에게 숨기는 것이 없습니다."

황산곡이 이에 탄복하였다.

黃庭堅

黃龍寺晦堂老子가 嘗問山谷以吾無隱乎爾之義①하니 山谷이 詮釋再三이어늘 晦堂不答이라 時에 暑退凉生하여 秋香滿院하니 晦堂因問曰 聞木犀香乎아하니 山谷曰 聞이라하다 晦堂曰

125) 晦堂老子 : 北宋시대 高僧으로, 이름은 祖心이다. 黃龍寺에 거주했는데, 方丈(주지의 방)의 명칭이 '회당'이기 때문에 '회당선사'라고 불렀고, '노자'는 어른에 대한 존칭이다.

126) 나는……없다 : 孔子가 "제자들아, 내가 숨기는 것이 있다고 생각하느냐? 나는 너희들에게 숨기는 것이 없다. 나는 행동한 일 치고 너희들과 더불어 같이하지 않은 것이 없다. 이런 사람이 바로 나이다.〔子曰 二三子 以我爲隱乎 吾無隱乎爾 吾無行而不與二三子者 是丘也〕" 하였다.(≪論語≫ 〈述而〉)

127) 木犀 : 물푸레나뭇과의 상록수로, 목재는 조각재로 쓰이고 꽃은 향수를 만드는데, 중국이 원산지이다.

吾無隱乎爾라하니 **山谷乃服**②이라

① ≪寧州志≫에 말하였다. "黃龍山寺는 吳(三國) 〈太帝〉 黃武 연간(222~229)에 黃龍이 산에 나타났기 때문에 황룡사라고 명명한 것이다."
寧州志曰 "黃龍山寺, 吳黃武中有黃龍見于山, 因以名."

② 釋曉瑩의 ≪羅湖野錄≫에 말하였다. "黃魯直(黃庭堅)은 〈宋 哲宗〉 元祐 연간(1086~1094)에 母親喪을 당하여 黃龍山에 임시로 묵으면서 晦堂 스님과 종유하였다."
羅湖野錄曰 "魯直, 元祐間丁家艱, 館黃龍山, 從晦堂和尙遊."

9-38【補】宋次道(宋敏求)는 집에 서적이 많았으니 劉道原(劉恕)이 가서 빌려 보았다. 송차도가 매일 술과 음식을 마련하여 주인의 예를 갖추자, 유도원이 말하였다.

"이것은 내가 찾아온 이유가 아니니, 모두 거두어 가십시오."

〈그런 뒤에 유도원은〉 문을 닫은 채 베끼고 읽어 10일 만에 책을 모두 보고는 떠났다.

宋次道는 **家多書**①하니 **劉道原**이 **就借觀**이라 **宋**이 **日具酒饌**하여 **爲主人禮**하니 **道原曰 此**는 **非吾所爲來也**니 **悉撤去**하라하고 **閉閤抄讀**하여 **旬日**에 **盡其書而去**②라

① 王稱의 ≪東都事略≫에 말하였다. "宋敏求는 字가 次道로, 隨州 平棘 사람이다. 부친 宋綬는 參知政事를 역임하였고, 집에 2만 권의 책을 소장하였다. 송민구는 龍圖閣學士를 역임하였고, 학문에 매진한다고 하여 〈임금의〉 인정을 받았다. 아버지와 아들이 대를 이어 역사서 편찬을 담당하였다."
東都事略曰 "宋敏求, 字次道, 隨州平棘人. 父綬, 參知政事, 家藏書二萬卷. 敏求, 官龍圖閣學士, 以力學被遇. 父子繼世掌史."

② ≪宋史≫ 〈劉恕列傳〉에 말하였다. "유서는 字가 道原으로, 筠州 사람이다. 부친 劉奐은 潁上縣令을 역임하였다. 유서는 어릴 때부터 영특하여 책의 내용이 눈에 스쳐 가기만 해도 암송하고, 意義(명예)를 중시하며, 응답을 신속히 하였다.[128] 王安

128) 응답을 신속히 하였다 : 원문의 '然'과 '諾'은 모두 대답하는 말로, 허락 · 인정을 의

石이 불러 들여 三司條例司[129]에 두려고 하였으나, 〈세금으로 내는〉 돈과 곡물에 익숙하지 않다는 이유로 사양하였다."

宋史曰"劉恕, 字道原, 筠州人. 父渙, 潁上令. 恕少穎悟, 書過目成誦, 重意義, 急然諾. 王安石欲引置三司條例, 以不習金穀辭."

미하는데, 여기서는 말한 것에 대해 신의를 지킨다는 뜻이다.

129) 三司條例司 : 宋 神宗 때 설치한 관서이다. 五代시대의 舊例에 의하여 삼사인 鹽鐵·度支·戶部에 각 1使 내지는 三司使를 동시에 설치하였으나, 王安石의 주장에 의해 그것을 합병하였다. 국가의 회계를 기획하고, 舊法을 변경하는 것을 의논함으로써 천하의 이익을 통하게 하는 것을 관장하였다.

世說新語補 卷六

10. 방정 상 方正 上

〈방정〉편은 바른 언행에 관련된 일화를 기술하고 있다. ≪世說新語≫에서 38항목, ≪何氏語林≫에서 23항목을 뽑아 상편에 19항목, 하편에 42항목을 편차하여 총 61항목으로 구성하였다.

'방정'은 타인과의 대화에서 바른 의견을 내는 경우, 위태로운 상황에서 의연히 대처하는 경우, 타인과의 교류를 끊고 자신을 수양하는 경우, 옳지 않은 타인의 언행에 대해 질책하는 경우 등이 포함된다. 그러나 盧志와 陸機가 각각 상대방의 조부와 부친의 이름을 부른 경우(11-1항), 상대방을 부르는 卿과 君의 호칭 문제(11-2항), 江虨(강반)과 王導가 바둑을 둘 때의 대화처럼 〈言語〉편에 포함되어야 할 내용도 있고, 아우에 대한 周嵩과 周顗의 태도(11-11항), 司馬道子가 어린아이로 불렸을 때의 王爽의 대답(11-31항)처럼 〈방정〉편과 관계없는 내용도 있다.

10-1【補】陳尙書(陳咸)는 王莽이 何武와 鮑宣을 주살하는 것을 보고는 한숨 쉬며 탄식하였다.

"나는 떠나야겠다."

〈진상서의〉 부자가 함께 鄕里로 돌아가 문을 닫아걸고 출입하지 않았으나, 여전히 漢나라 王家의 祖祭와 臘祭를 지냈다. 어떤 이가 〈그 이유를〉 물으니, 〈진상서가〉 대답하였다.

"우리 선조들께서 어찌 王氏(왕망)의 납제를 알겠는가."

陳尙書①가 **見王莽**②**誅何武**와 **鮑宣**③하고 **喟然歎曰 吾可以逝矣**로다하고 **父子**가 **相與歸鄕里**하여 **閉門不出入**이로되 **猶用漢家祖・臘**이라 **或問之**하니 **答曰 我先祖**가 **豈知王氏臘乎**④아하다

① 班固의 ≪漢書≫ 〈陳咸傳〉에 말하였다. "御史大夫 陳萬年[1)]의 아들 진함은 강직하고 남다르게 뛰어난 재주를 지녔다. 廷尉監을 역임하고, 여러 관직을 거친 뒤에 尙書가 되었다."
班固漢書曰 "御史大夫陳萬年子咸, 亢直有異才, 官廷尉監, 累遷尙書."

② 司馬光의 ≪資治通鑑≫ 〈孝平皇帝 下〉 元始 5년 조항에 말하였다. "王莽은 字가 巨君으로, 〈漢 元帝의 비〉 孝元皇后의 조카이다. 처음에 新都侯에 被封되었는데, 〈원제의 손자〉 平帝를 시해하여 漢나라의 천하를 찬탈하고는 나라를 세워 국호를 新이라고 하였다. 참람하게 천자의 지위를 차지한 지 18년 만에 한나라 군대가 그를 죽였다."
司馬光通鑑曰 "莽, 字巨君, 孝元后之姪也. 初封新都侯, 弑平帝, 簒漢天下, 建國號新, 僭位十八年, 漢兵殺之."

③ 班固의 ≪漢書≫ 〈何武傳〉에 말하였다. "하무는 字가 君公으로, 蜀郡 郫縣 사람이며, 哀帝 시대에 어사대부가 되었다. 鮑宣은 字가 子都로, 渤海 高城 사람이다. 하무가 〈포선을〉 매우 존경하여 〈그를〉 천거하여 諫大夫가 되었다. 〈하무는〉 董賢[2)]이 고관대작으로서 천자의 총애를 받자, 上書하여 〈동현을 멀리하라고〉 간절히 간언하였다. 왕망은 정권을 잡은 뒤에 한나라를 찬탈하려는 마음을 은밀히 품어 자기를 따르지 않는 자를 주살했는데, 〈이 때문에〉 포선과 하무 등이 모두 죽었다."
班固漢書曰 "何武, 字君公, 蜀郡郫縣人, 哀帝時, 爲御史大夫. 鮑宣, 字子都, 渤海高城人. 何武甚敬重焉, 薦爲諫大夫, 董賢貴幸, 上書切諫. 王莽秉政, 陰有簒國之心, 誅不附己者, 宣及何武等皆死."

④ 祖는 길을 나설 때 路神에게 지내는 제사이고, 臘은 한 해가 끝날 때 지내는 성대

---

1) 陳萬年 : ?~B.C. 44. 漢 宣帝 때 사람으로, 윗사람의 비위를 잘 맞췄는데, 특히 外戚인 許史에게 뇌물을 많이 바쳐 고을 아전의 신분에서 발탁되어 御史大夫에 이르렀다.
2) 董賢 : B.C. 22~1. 雲陽 사람으로, 字는 聖卿이다. 漢 哀帝의 총애를 받아 왕의 곁을 떠난 적이 없었으며 高安侯에 봉해졌다. 22세에 관직이 大司馬 衛將軍에 이르렀는데, 애제가 죽자 王莽의 탄핵을 받고 파직되어 자살하였다.

한 제사이다. 〈魏(三國)나라〉 高堂隆[3]의 ≪魏臺訪議≫에 말하였다. "王者는 각각 〈하늘로부터 부여 받은〉 五行의 德을 기준으로 〈자신의 오행이〉 왕성할 때 조제를 지내고 쇠약할 때 납제를 지낸다. 한나라는 火德으로 王者가 되었으니 火는 午月(음력 5월)에 왕성하고 戌月(음력 9월)에 쇠약해진다. 그러므로 오월에 조제를, 술월에 납제를 지냈다."

祖, 道祭也. 臘, 歲終之大祭也. 高堂隆魏臺訪議曰 "王者各以其行, 盛日爲祖, (墓)〔衰〕[4]日爲臘. 漢家以火德王, 火盛於午, 墓於戌, 故以午祖戌臘."

【頭註】

○ 王世懋 : 何元朗(何良俊)이 글을 읽었지만 漢나라에 두 명의 陳咸이 있었다는 것을 몰랐으니, 여기에서의 진함은 陳寵[5]의 증조부이지 陳萬年의 아들이 아니다. 진만년의 아들은 成帝 시대에 근심으로 죽었으니, 연대가 전혀 일치하지 않는다.

王云 "何元朗讀書, 不知漢有兩陳咸, 此陳咸是陳寵曾祖, 非萬年子. 萬年子以憂死於成帝時, 年代大不相當."

10-2 **【補】** 蘇桓公(蘇純)은 성품이 강직하고 엄격하며 〈타인에 대한〉 毁譽(비방과 칭찬)를 지속하였다. 그러자 士友들이 모두 그를 꺼리어 피하고, 심지어는 이렇게 말하였다.

"소환공을 만나면 그가 나를 가르쳐 꾸짖을까 걱정되지만, 만나지 않으면 또 그가 그립다."

三輔[6] 지역에서는 〈그를〉 大人이라고 불렀다.

---

3) 高堂隆 : ?～237. 泰山 平陽 사람으로, 字는 升平이다. 曹操의 막하로 들어가 丞相軍議掾이 되었다가 魏(三國) 明帝(曹叡)가 즉위한 후 給事中·博士가 되었다.

4) (墓)〔衰〕 : 저본에는 '墓'로 되어 있으나, ≪世說音釋≫에 의거하여 '衰'로 바로잡았다.

5) 陳寵 : ?～106. 沛國 洨 사람으로, 字는 昭公이다. 법률과 경서에 밝아 젊어서부터 獄訟을 담당하였는데, 漢 章帝 초반에 尙書가 되어 앞 시대의 번다하고 가혹한 법령을 제거하기를 청하여 장제의 허락을 받았다.

6) 三輔 : 西漢 武帝 때부터 東漢 말년에 이르기까지 長安의 京畿 지구를 다스리는 관원인 京兆尹·左馮翊·右扶風이나, 이 세 명의 관리가 다스리는 京兆·左馮翊·右扶風 지역을 이르는데, 三秦이라고도 한다.

蘇桓公은 性彊切而持毁譽하니 士友가 咸憚之하고 至相語曰 見蘇桓公이면 患其敎責人이나 不見이면 又思之라하다 三輔號爲大人①이라

① ≪後漢書≫ 〈蘇章列傳〉에 말하였다. "소장의 8대조 蘇建은 漢 武帝 시대에 右將軍을 역임하였고, 조부 蘇純은 字가 桓公으로, 높은 명망이 있었다."
後漢書蘇章傳曰 "章八世祖建, 武帝時右將軍, 祖父純, 字桓公, 有高名."

10-3 【補】 馬伏波(馬援)가 병이 든 적이 있었는데, 梁松이 병문안을 와서 침상 아래에서 獨拜[7]했으나, 〈마복파가〉 답례하지 않았다. 여러 아들이 물었다.
"황제의 사위는 신분이 높고 권력이 막중하니, 어찌 답례하지 않으셨습니까?"
마복파가 말하였다.
"나는 양송의 부친의 벗이니, 비록 〈그가〉 존귀하더라도 어찌 〈長幼의〉 순서를 잃을 수 있겠느냐."

馬援

馬伏波가 嘗有疾①한대 梁松이 來候之하여 獨拜床下어늘 不答이라 諸子問曰 帝壻貴重하니 奈何不爲禮잇가하니 伏波曰 我乃松父友니 雖貴나 何得失其序②리오하다

① 范曄의 ≪後漢書≫ 〈馬援列傳〉에 말하였다. "마원은 字가 文淵으로, 扶風 茂陵 사람이다. 증조부 馬通[8]은 重合侯에 봉해졌는데, 어떤 사건에 연루되어 죽임을 당했기 때문에 두 세대 동안 현달하지 못하였다. 마원은 12세에 부친을 여의었으나, 어려서부터 큰 뜻을 품고 있었다. 한번은 '사나이가 뜻을 세웠으면 곤궁할수록 더욱 굳건해야 하고 늙을수록 더욱 씩씩해야 한다.' 하고는 농업과 목축업에 종사

7) 獨拜 : 서로 맞절을 하지 않고 어느 한쪽만 절하는 것을 이른다.
8) 馬通 : ?~B.C. 88. 西漢시대 무장으로, 흉노를 정벌하고 重合侯에 봉해졌다. B.C. 88년 형 馬何羅, 아우 馬安成과 함께 사적으로 역모를 꾸며 武帝를 시해하려다가 실패하여 族滅 당했다.

하여 수천 마리의 소·말·양과 수만 斛의 곡물을 소유하는 데에 이르렀다. 얼마 있다가 탄식하면서 '재산을 증식하는 모든 경우에 가난한 이를 구제하고 타인에게 베푸는 것이 중요하다. 그렇게 하지 않으면 수전노일 뿐이다.' 하고는 〈소유한 재산을〉 모두 베풀어 형제와 벗들에게 나누어주고, 자신은 양가죽 웃옷과 가죽 바지를 입었다. 형의 아들 馬嚴과 馬敦이 모두 풍자와 비난을 좋아하고 협객과 사귀니, 마원이 交趾에 있으면서 편지를 보내 훈계하였다. 〈漢 光武帝〉 建武 4년(28)에 隗囂(외효)[9]가 〈마원에게〉 편지를 지니고 洛陽에 가서 〈광무제를 배알하게 했는데, 마원은〉 한나라 조정에 귀순하였다. 〈그 후에〉 여러 차례 戰功을 세워 伏波將軍에 제수되고 新息侯에 봉해졌다."

范曄後漢書曰"馬援, 字文淵, 扶風茂陵人. 曾祖父通, 封重合侯, 坐事誅, 故再世不顯. 援年十二而孤, 少有大志. 嘗曰'丈夫爲志, 窮當益堅, 老當益壯.' 因處田牧, 至有牛馬羊數千頭·穀數萬斛. 旣而歎曰'凡殖貨財産, 貴能賑施也, 否則守錢虜耳.' 乃盡散以班昆弟故舊, 身衣羊裘皮袴. 兄子嚴·敦, 竝喜譏議, 而通俠客, 援在交趾, 以書誡之. 建武四年, 隗囂使奉書洛陽, 歸身漢朝. 累立戰功, 拜伏波將軍, 封新息侯."

② ≪後漢書≫ 〈梁松列傳〉에 말하였다. "양송은 字가 伯孫으로, 安定 烏氏(오지) 사람이며, 梁統[10]의 아들이다. 젊을 때 郎이 되었고, 光武帝의 딸 舞陰長公主[11]에게 장가 들었다."

後漢書曰"梁松, 字伯孫, 安定烏氏人, 梁統子. 少爲郎, 尙光武女舞陰長公主."

【頭註】

○ 李贄 : 〈梁松이 절을〉 엉망으로 했던 것이다.

李云"胡做了."

○ 李贄 : 〈원주 ①의 "사나이가 뜻을 세웠으면 곤궁할수록 더욱 굳건해야 하고 늙을수록 더욱 씩씩해야 한다."는 말은〉 명언이다.

---

9) 隗囂(외효) : ?~33. 王莽의 新나라 말엽 隴西를 근거지로 둔 군벌이다. 天水 成紀 사람으로, 字는 季孟이고, 西州上將軍이라 자칭하였다. 처음에는 劉玄을 떠받들다가 뒤에 光武帝를 섬겼으며, 그 뒤에 다시 반란을 일으켜 公孫述에게 붙었다가 광무제의 정벌로 인해 西域으로 도망쳤다가 그곳에서 죽었다.

10) 梁統 : B.C. 5~62. 安定 烏氏(오지) 사람으로, 字는 仲寧이다. 東漢 초반의 軍事家·思想家로, 대장군 梁冀의 선조이다.

11) 舞陰長公主 : 東漢의 개국 황제 光武帝의 장녀로, 舞陽長公主라고도 한다.

李云 "名言."

10-4 【補】 王仲回(王丹)는 몸가짐이 바르고 성품이 개결하여 권세를 믿고 제멋대로 구는 자를 미워하였다. 어떤 벗이 親喪을 당했을 때, 關西 지역의 大俠으로서 같은 郡 출신의 陳遵이 그 벗을 위해 상례를 도왔는데, 부조를 매우 많이 하였다.[12] 왕중회는 '엷은 황색의 고운 합사 비단〔縑〕' 한 필을 품고 와서 주인 앞에 내놓으면서 말하였다.

"내가 가져온 이 비단은 〈나의 아내가 직접〉 베틀에서 짠 것이네."

진준이 〈이 말을 듣고〉 부끄러운 기색을 띠었다.

王仲回는 姿性方潔하여 疾惡(오)彊豪①라 一友人이 喪親한대 同郡陳遵이 關西大俠으로 爲護喪事에 賻助甚豐이라 仲回懷一縑하여 陳於主人前하고 曰 如丹此縑은 出自機杼라하니 遵有慚色②하다

① 范曄의 ≪後漢書≫ 〈王丹列傳〉에 말하였다. "왕단은 字가 仲回로, 京兆 下邽(하규) 사람이다. 哀帝와 平帝 시대에 州와 郡에서 벼슬하였고, 王莽 시대에 연달아 〈조정으로〉 초빙되었으나 나아가지 않았다. 鄧禹[13]가 關中에 이르렀을 때, 表文을 올려 〈그에게〉 左馮翊 지역을 다스리게 했으나 병을 핑계 대고 〈일을 처리하지 않자〉 면직되어 돌아갔다. 이후에 다시 〈조정에 초빙되어〉 太子少傳가 되었다."
范曄後漢書曰 "王丹, 字仲回, 京兆下邽人. 哀・平間, 仕州・郡, 王莽時, 連徵不至, 鄧禹至關中, 表爲左馮翊, 稱疾免歸, 後復徵爲太子少傳."

② 班固의 ≪漢書≫ 〈陳遵傳〉에 말하였다. "진준은 字가 孟公으로, 杜陵 사람이다. 신장이 8척 남짓이고 용모가 매우 훤칠하며, 옛날 기록을 대략 섭렵하고 문장이 풍부하였다. 요청을 받으면 감히 거역하지 않았기 때문에 이르는 곳마다 衣冠(사대

12) 부조를……하였다 : 陳遵이 大俠의 명성을 이용하여 타인에게 취한 물품이 많았던 것이다.(≪世說講義≫)

13) 鄧禹 : 2~58. 南陽 新野 사람으로, 字는 仲華이다. 13세 때 長安에 유학할 당시 漢光武帝를 만나 서로 친하게 지냈고, 이후에 광무제를 도와 천하를 평정하는 데 큰 공을 세워 高密侯에 봉해지고, 明帝 때에 太傅가 되었다.

부)이 그를 좋아하였다. 당시 列侯[14] 가운데 진준과 성씨와 〈字가〉 같은 자가 있었는데, 그가 매번 남의 집 문에 이르러 '진맹공이오.'라고 하면 번번이 좌중의 모든 사람이 깜짝 놀랐지만, 〈집 안에〉 이른 뒤에 〈보면 진준이〉 아니었다. 그래서 그 사람을 陳驚坐라고 불렀다고 한다."

班固漢書曰"陳遵, 字孟公, 杜陵人. 長八尺餘, 容貌甚偉, 略涉傳記, 贍於文辭. 請求, 不敢逆, 所到, 衣冠懷之. 時列侯有與遵同姓氏者, 每至人門曰 '陳孟公', 坐中皆震動, 旣至而非, 因號其人, 曰陳驚坐云."

10-5 【補】 侯司徒(侯霸)가 王仲回(王丹)와 교유하고 싶었는데, 왕중회가 〈조정에〉 초빙되자 아들 侯昱을 보내 길에서 기다리게 하였다. 후욱이 맞이하여 〈왕중회의〉 수레 아래에서 절을 하니 왕중회가 〈수레에서〉 내려 答拜하였다. 후욱이 말하였다.

"아버님께서 공과 친교를 맺고자 하시는데 어찌 제가 절을 받겠습니까?"

왕중회가 말하였다.

"君房(후패)이 그런 말을 했지만, 나는 아직 허락하지 않았기 때문이네."

侯司徒가 欲與王仲回로 交友러니 仲回被徵에 遣子昱하여 候於道라 昱이 迎拜車下하니 仲回가 下答之라 昱曰 家公이 欲與君結交하니 何爲見拜잇가하니 仲回曰 君房이 有是言이나 丹이 未之許也①일새라하다

① 范曄의 ≪後漢書≫ 〈侯霸列傳〉에 말하였다. "후패는 字가 君房으로, 河南 密 사람이다. 〈그는〉 진중하고 엄숙하며 위엄 있는 모습을 지니며, 의지가 독실하고 학문을 좋아하였다. 九江太守 房元을 스승으로 섬겨 ≪春秋穀梁傳≫을 연구하고, 방원의 都講[15]이 되었다. 〈漢 光武帝〉 建武 4년(28)에 후패를 〈조정에〉 초빙하고 수레를 보낸 뒤에 〈광무제가〉 壽春에서 〈그를〉 만나 尙書令에 제수하였고, 다음해에

14) 列侯 : 작위의 하나이다. 秦나라의 작위 12등급 가운데 徹侯가 가장 높은 등급이었는데, 漢나라가 이 제도를 승계하면서 武帝 劉徹의 이름을 피휘하여 '철후'를 '通侯' 또는 '열후'라고 하였다.

15) 都講 : 고대에 국립학교에서 博士를 보조하여 경전을 강론하는 유생으로, 수준 높은 학생을 선발하여 충당했는데, 여기서는 수제자라는 뜻이다.

伏湛[16)]을 대신하여 大司徒가 되었다."

范曄後漢書曰 "侯霸, 字君房, 河南密人. 矜嚴有威容, 篤志好學. 師事九江太守房元, 治穀梁春秋, 爲元都講. 建武四年, 徵霸與車駕, 會壽春, 拜尙書令, 明年代伏湛爲大司徒."

10-6【補】周太常(周澤)은 청렴결백하고 예법을 준수하였다. 한번은 병이 들어 齋宮에 누워 있었는데 그의 아내가 엿보면서 아픈 곳을 물었더니, 주태상은 〈부인이〉 재궁의 금기를 범했다고 여겨 크게 화내고는 〈아내를〉 붙잡아 詔獄[17)]에 보내버렸다. 당시 사람들이 이에 대해 말하였다.

"세상에 살면서 〈모든 일이〉 조화롭지 못하니, 주태상의 아내가 되었네. 〈주태상은〉 1년 360일 가운데 359일은 재계하고, 재계하지 않는 하루는 곤죽이 되도록 술에 취하네."

周太常은 **清潔守禮**러니 **嘗臥病齋宮**할새 **妻**가 **闚問所苦**하니 **周**가 **以爲干犯齋禁**하여 **大怒**하고 **收送詔獄**이라 **時人**이 **爲之語曰 生世不諧**하니 **作太常妻**라 **一歲三百六十日**에 **三百五十九日齋**하고 **一日不齋醉如泥**①라하다

① ≪東觀漢記≫[18)] 〈周澤傳〉에 말하였다. "주택은 字가 穉都(치도)이다. 젊을 때부터 고상한 절조를 닦아 강직함이 남달리 뛰어났다. 학문을 좋아하여 ≪嚴氏春秋≫[19)]를 연구했는데, 제자가 수백 명이었다. 上野에 은거하면서 세상사에 급급해하지 않았다. 太常에 제수된 뒤에는 과감하게 자주 직언을 하였고, 조정에서는 그의 청렴결백을 가상히 여겼다."

東觀漢記曰 "周澤, 字穉都. 少修高節, 耿介特立. 好學問, 治嚴氏春秋, 門徒數百

---

16) 伏湛 : ?~37. 瑯琊 東武 사람으로, 字는 惠公이다. 漢 光武帝가 즉위한 뒤에 尙書·大司徒를 역임하고, 陽都侯에 봉해졌다가 이후에 不其侯로 改封되었다.

17) 詔獄 : 황제의 명령으로 죄인을 체포하여 가두는 감옥이다.

18) 東觀漢記 : 漢 光武帝로부터 靈帝에 이르기까지의 역사를 기전체로 기록한 역사서로, 班固·陳宗·尹敏·孟異·劉珍·李尤·劉騊駼 등이 편찬에 참여하였다.

19) 嚴氏春秋 : 嚴彭祖가 해설한 ≪춘추≫로, 東漢시대 光武帝 建武 연간(25~56)에 ≪엄씨춘추≫에 대한 博士를 설치하였다.

人. 隱居上野, 不汲汲於時俗. 拜太常, 果敢數(삭)有直言, 朝廷嘉其淸廉."

10-7 【補】 魏(三國) 文帝(曹丕)가 五官中郎將이 되었을 때, 빈객이 구름떼처럼 모였지만 邴根矩(邴原)만 유독 찾아가지 않았다. 曹公(曹操)이 은밀히 사람을 보내 〈그 이유를〉 물어보니 병근구가 대답하였다.

"제가 듣건대, '국가가 위태로우면 총재를 섬기지 않고, 군주가 연로하면 세자를 받들지 않는다.' 합니다."

조공이 그의 말을 매우 중시하였다.

曹操

魏文帝가 **爲五官中郎將**에 **賓客如雲**이어늘 **邴根矩**①가 **獨不往**이라 **曹公**이 **微使人問之**하니 **邴答曰 吾聞**컨대 **國危**면 **不事冢宰**하고 **君老**면 **不奉世子**라하니이다하니 **曹公**이 **深重其言**하다

① 邴原은 따로 보인다.
邴原, 別見.

10-8 南陽 사람 宗世林(宗承)은 魏(三國) 武帝(曹操)와 동시대 사람이었는데, 무제의 사람됨을 매우 우습게 보아 그와 교유하지 않았다. 위무제가 司空이 되어 조정의 〈정사를〉 총괄하게 되었을 때, 차분하게 종세림에게 물었다.

"〈이제는〉 교유할 수 있겠습니까?"

〈종세림이〉 대답하였다.

"松柏의 지조[20]가 여전이 남아 있습니다."

종세림은 이미 〈무제의〉 뜻에 거슬려 소원해졌기 때문에 그 지위가 그 덕망에 걸맞지 못했으나, 文帝(曹丕)의 형제는 매번 그의 집에 찾아갈 때마다 모두

---

20) 松柏의 지조 : 추운 계절에도 늘 푸른 소나무와 잣나무처럼 아무리 어려운 환경에서도 지켜 나가는 지조를 이른다. ≪논어≫ 〈子罕〉에 "날씨가 추워진 뒤에야 소나무와 잣나무가 뒤늦게 시듦을 알 수 있다.〔歲寒然後 知松柏之後彫也〕" 하였다.

그의 座牀 아래에서 獨拜했으니, 그가 예우를 받음이 이와 같았다.

南陽宗世林은 魏武同時어늘 而甚薄其爲人하여 不與之交라 及魏武作司空하여 總朝政할새 從容問宗曰 可以交未잇가하니 答曰 松柏之志猶存이니이다하다 世林은 旣以忤旨見疎하여 位不配德이로되 文帝兄弟는 每造其門에 皆獨拜牀下하니 其見禮如此①하다

① 張方[21)]의 ≪楚國先賢傳≫에 말하였다. "宗承은 字가 世林으로, 南陽 安衆 사람이다. 부친 宗資는 훌륭한 명성을 지녔다. 종승은 어릴 때부터 덕성을 함양하여 典雅하고 純正하였으며, 꿋꿋한 태도로 여러 사람들과 어울리지 않아 〈조정에서〉 초빙해도 나아가지 않으니, 〈그의〉 德望을 듣고 찾아온 사람이 숲처럼 많았다. 魏(三國) 武帝(曹操)가 弱冠의 나이에 여러 번 그의 집에 찾아갔는데, 번번이 빈객이 매우 많아 대화를 나눌 기회를 얻을 수 없었다. 그래서 〈아침에〉 종승이 일어날 때를 엿보고는 가서 기다렸다가 손을 잡고 교유를 요청했으나, 종승이 거절하고 받아들이지 않았다. 무제가 이후에 司空이 되어 漢나라 조정을 보좌하게 되자, 종승에게 '그대는 옛날에는 저를 돌아보지 않았었는데, 지금은 교유할 수 있습니까?' 하니, 종승이 '松柏의 지조가 여전이 남아 있습니다.' 하였다. 무제가 불쾌했으나, 그가 저명한 현자였기 때문에 여전히 존경하고 예우하며, 文帝(曹丕)에게 명하여 子弟의 예를 갖추어 그의 집에 나아가 漢中太守를 제수하게 하였다. 무제가 冀州를 평정하고[22)] 이어서 〈기주의 중심지인〉 鄴城에 이르자, 陳群 등이 모두 무제에게 절을 하였다. 무제는 여전히 〈종승에 대해〉 옛날 情誼가 마음에 남아 있었기 때문에 그 지위는 낮게 했으나 그 예우는 융숭하게 하고, 그의 집에 찾아가 조정의 〈대소사를〉 물으며, 빈객의 상석에 자리하게 하였다. 문제는 〈그를〉 초빙하여 直諫大夫로 삼았고, 明帝(曹叡)는 〈그를〉 초빙하여 승상으로 삼으려고 했으나 〈그는〉 노년이라는 이유로 완강히 사양하였다."

楚國先賢傳曰"宗承, 字世林, 南陽安衆人. 父資, 有美譽. 承少而修德雅正, 确(확)然不群, 徵聘不就, 聞德而至者如林. 魏武弱冠, 屢造其門, 值賓客猥積, 不能得言. 乃

---

21) 張方 : ?~306. 西晉시대 河間 사람으로, 名將이다.

22) 무제가……평정하고 : 漢 獻帝 建安 7년(202)에 袁紹가 病死한 뒤에 그의 맏아들 袁譚과 셋째 아들 袁尙이 사이가 좋지 않았는데, 원상에게 대적할 수 없었던 원담이 曹操에게 투항하였다. 건안 9년에 원상이 원담을 공격하는 틈을 타서 曹操가 冀州를 함락하였다.(≪三國志≫ 〈魏志 袁紹傳〉)

伺承起, 往要之, 捉手請交, 承拒而不納. 帝後爲司空, 輔漢朝, 乃謂承曰 '卿昔不顧吾, 今可爲交未?' 承曰 '松柏之志猶存.' 帝不說, 以其名賢, 猶敬禮之, 勅文帝修子弟禮, 就家拜漢中太守. 武帝平冀州, 從至鄴, 陳群等皆爲之拜, 帝猶以舊情介意, 薄其位而優其禮, 就家, 訪以朝政, 居賓客之右. 文帝徵爲直諫大夫, 明帝欲引以爲相, 以老固辭."

10-9 夏侯玄이 이미 체포되었는데, 당시에 鍾毓(종육)이 廷尉의 신분이었다. 〈종육의 아우〉 鍾會[23]는 이전에 하후현과 아는 사이가 아니었는데, 〈하후현에게 오랜 벗인 듯이〉 망설임 없이 親狎하였다. 하후현이 말하였다.

"〈내가〉 비록 형벌을 받는 사람이지만, 감히 〈그대의〉 말을 듣지 못하겠소."

고문을 해도 〈하후현은〉 처음부터 한 마디 말을 하지 않았고, 東市[24]에서 처형당할 때에도 안색이 변치 않았다.

鍾會

夏侯玄이 **旣被桎梏**①한대 **時**에 **鍾毓爲廷尉**②라 **鍾會**는 **先不與玄相知**어늘 **因便狎之**라 **玄曰 雖復刑餘之人**이나 **未敢聞命**③이라하다 **考掠**에 **初無一言**하고 **臨刑東市**에 **顔色不異**④하다

① 孫盛의 ≪魏氏春秋≫[25]에 말하였다. "夏侯玄은

---

23) 鍾會 : 225~264. 魏(三國)나라 장군으로, 자는 士季이다. 박학다식하여 젊은 나이에 승진을 거듭하고 關內侯의 직위에 올랐으며, 晉 武帝 司馬炎의 아버지인 司馬昭로부터 張子房으로 불렸다. 그러나 蜀漢을 정벌한 뒤에 반란을 일으켰다가 내부에서 불화가 일어나 胡烈 등 부하 장수들에게 피살되었다.

24) 東市 : 漢나라 때에 수도 長安의 동쪽 저잣거리로, 사형을 집행했던 곳인데, 刑場을 가리킨다.

25) 孫盛의 ≪魏氏春秋≫ : 손성(302~373)은 太原 中都 사람으로, 字가 安國이다. 東晉시대 征西大將軍 桓溫 막하에서 參軍이 되었는데, 환온이 제3차 북벌에서 前燕을 공격

字가 太初로, 譙國 사람이며, 夏侯尙[26]의 아들이자 大將軍(曹爽)의 前妻[27]의 오라비이다. 〈그는〉 풍격이 고상하고 언변이 유창하였다. 〈魏(三國) 齊王〉 正始 연간(240~248)에 護軍이 되었다. 曹爽[28]이 죽임을 당한 뒤에 〈조정에서〉 초빙하여 太常이 되었는데, 마음속으로 〈재앙을〉 피하지 못할 것을 알고는[29] 세상사에 관여하지 않고 기록도 모아두지 않았다. 太傅(司馬懿)가 세상을 떠나자, 許允[30]이 하후현에게 '그대에게 더 이상 근심거리가 없습니다.' 하니, 하후현이 탄식하면서 '士宗(허윤)이여, 그대는 어찌 사태를 〈제대로〉 보지 못합니까? 이 사람(사마의)은 오히려 〈나를〉 대대로 교유해온 집안의 연소자로서 대우해주었으나, 子元(司馬師)과 子上(司馬昭)은 나를 용납하지 않을 것이오.' 하였다. 이후에 中書令 李豐[31]은 대장군(사마사)이 정사를 좌지우지하는 것을 싫어하여 마침내 모의하여 하후현으로 그를 대체하려 했는데, 대장군이 그 모의를 듣고는 이풍을 주살하고, 하후현을 체포하여 廷尉에게 압송하였다."

干寶의 ≪晉紀≫[32]에 말하였다. "처음 이풍이 모의할 때 사람을 보내 〈구체적인

할 때 枋頭에서 패전한 사실을 있는 그대로 ≪진양추≫에 기록하였다. ≪魏氏春秋≫는 魏(三國)나라의 역사를 기술한 史書이다.

26) 夏侯尙 : ?~226. 沛國 譙郡 사람으로, 魏(三國)나라의 名將이다. 字는 伯仁이며, 征西將軍 夏侯淵의 조카이다.

27) 前妻 : 景懷夏侯皇后로, 이름은 徽, 字는 媛容이다.

28) 曹爽 : ?~249. 沛國 譙縣 사람으로, 字는 昭伯이며, 魏(三國)나라 大司馬 曹眞의 맏아들이다. 明帝(曹叡)가 양자 曹芳을 후계자로 지명하며 조상에게 후사를 부탁하자, 조상은 나이 어린 조방을 보좌하며 정권을 잡았으나 司馬懿가 정변을 일으켰을 때 멸족 당했다.

29) 마음속으로……알고는 : 夏侯玄은 자신이 曹爽과 고종사촌 관계이기 때문에 조상의 죄에 연루되어 죽임을 당할 것을 알았다는 뜻이다.

30) 許允 : ?~254. 高陽 사람으로, 字는 士宗이다. 魏(三國)나라 中領軍을 역임하였고, 李豐・夏侯玄과 사이가 좋았다.

31) 李豐 : ?~254. 馮翊 東縣 사람으로, 字는 安國 또는 宣國이며, 魏(三國)나라 中書令을 역임하였다. 才性四本論에서 才性異의 입장으로, 재주와 본성은 각각 별개로, 본성은 근본적인 것이고 재주는 부차적인 것이기 때문에 결코 동일하지 않다고 주장하였다.

32) 干寶의 ≪晉紀≫ : 282?~351? 新蔡 사람으로, 字는 令升이다. 晉 元帝 때에 著作郎이 되어 칙명을 받아 國史 편찬의 책임을 맡았다. 이후에 司徒의 右長史가 되었다

계획을〉 하후현에게 알려주니, 하후현이 '마땅히 더 자세하게 알아야겠습니다.'라고 답하였다. 〈하후현은〉 이풍의 모의를 〈사마사에게〉 보고하지 않았기 때문에 禍難에 이르렀다."

魏氏春秋曰"玄, 字太初, 譙國人, 夏侯尙之子, 大將軍前妻兄也. 風格高朗, 弘辯博暢. 正始中, 護軍. 曹爽誅, 徵爲太常, 內知不免, 不交人事, 不畜筆硏. 及太傅薨, 許允謂玄曰 '子無復憂矣.' 玄歎曰 '士宗, 卿何不見事乎? 此人猶能以通家年少遇我, 子元・子上不吾容也.' 後中書令李豐, 惡大將軍執政, 遂謀以玄代之, 大將軍聞其謀, 誅豐, 收玄送廷尉." 干寶晉紀曰"初, 豐之謀也, 使告玄, 玄答曰 '宜詳之爾.' 不以聞也, 故及於難."

② ≪三國志≫ 〈魏志 鍾毓傳〉에 말하였다. "종육은 字가 稚叔으로, 潁川 長社 사람이며, 鍾繇[33]의 맏아들이다. 14세에 散騎侍郞이 되었다. 영민하고 담소하는 모습에 부친의 풍모가 있었다. 벼슬이 車騎將軍에 이르렀다."

魏書曰"毓, 字稚叔, 潁川長社人, 繇長子也. 年十四, 爲散騎侍郞. 機捷談笑, 有父風. 仕至車騎將軍."

③ 郭頒의 ≪魏晉世語≫[34]에 말하였다. "夏侯玄이 廷尉의 〈관서에〉 도착했는데, 조금도 下辭[35]하려고 하지 않았다. 정위 鍾毓이 직접 나서서 하후현을 심문하자, 하후현이 정색하면서 '내가 도대체 무슨 말을 해야 하오? 〈九卿의 반열에 있는 그대가 지금은〉 令史(문서 담당 관리)가 되어 나를 심문하는 것이오? 〈그렇다면〉 그대가 즉시 나를 위해 〈供招를〉 작성하시오.' 하였다. 종육은 하후현이 名士이기 때문에 그의 높은 절개를 꺾을 수 없다고 여겼으나, 獄事는 끝내야 했기에 밤에 그를 위해

가 散騎常侍로 승진하였다. ≪진기≫는 20권으로, 사실을 정직하게 기술하면서도 완곡하여 당시에 良史라고 칭송되었고, 후대의 사학가들의 존중을 받았다.

33) 鍾繇 : 151~230. 潁川 사람으로, 字는 元常이며, 시호는 成이다. 漢나라 말기에 孝濂으로 천거되어 벼슬했으며, 魏(三國)나라에서 太傅를 역임했으며, 隸書・楷書・行書에 뛰어났다.

34) 郭頒의 ≪魏晉世語≫ : 곽반(?~?)은 西晉시대 사학가로, 字는 長公으로, 처음에 令史가 되었고, 이후에 지방으로 나가 襄陽縣令이 되었다. ≪위진세어≫는 魏晉시대 명사들에 대한 일화를 기록했는데, ≪三國志≫의 裴松之의 注에 여러 차례 인용하였고, 全書는 일실되었다.

35) 下辭 : 供詞로, 심문을 받는 자가 구두나 서면으로 자신의 죄를 진술하거나, 또는 그 진술한 내용이다.

공초를 작성하되 〈조사한〉 일과 부합하도록 맞추고는 눈물을 흘리면서 하후현에게 보여주었더니, 하후현이 이를 보고는 '이처럼 타당하지 않단 말인가.' 하였다. 鍾會는 하후현보다 나이가 어려서 하후현이 그와 교유하지 않았는데, 이날 종육이 〈하후현을 심문하는〉 자리에서 하후현에게 〈오랜 벗인 듯이〉 친압하니, 하후현이 정색하면서 '鍾君이 어찌 이와 같을 수 있단 말인가.' 하였다."

袁宏의 ≪正始名士傳≫[36]에 말하였다. "처음에 하후현은 종육이 〈자신과는〉 뜻과 지향이 다르다고 여겨 그와 교유하지 않았다. 하후현이 체포되었을 때 종육이 廷尉의 신분이었는데, 하후현의 손을 잡으면서 '太初(하후현)가 어찌 이런 지경에 이르렀소?' 하자, 하후현이 정색하면서 '비록 형벌을 받는 사람이지만, 〈그대와〉 교유할 수는 없소.' 하였다."

생각건대, 곽반은 西晉시대 사람이니 〈하후현의 생존 시기와〉 시대가 가까워 〈그가〉 저술한 ≪晉魏世語(위진세어)≫는 기사가 대부분 자세하고 정확하다. 孫盛 같은 사람들은 모두 〈이 책의 내용을〉 채록하여 책을 저술했는데, 모두 "하후현이 종회〈와의 교유〉를 거부했다."고 하였는데, 원굉의 ≪정시명사전≫은 가장 뒤에 출현했는데도 이전의 역사에 의거하지 않고 〈하후현이 교제를 거부한 대상이〉 종육이라고 하였으니, 오류라고 할 만 하다.

世語曰 "玄至廷尉, 不肯下辭. 廷尉鍾毓, 自臨履[37]玄, 玄正色曰 '吾當何辭? 爲令史責人耶? 卿便爲吾作.' 毓以玄名士, 節高不可屈, 而獄當竟, 夜爲作辭, 令與事相附, 流涕以示玄, 玄視之曰 '不當若是耶.' 鍾會, 年少於玄, 玄不與交, 是日於毓坐狎玄, 玄正色曰 '鍾君何得如是?'" 名士傳曰 "初玄以鍾毓志趣不同, 不與之交. 玄被收時, 毓爲廷尉, 執玄手曰 '太初何至於此?' 玄正色曰 '雖復刑餘之人, 不可得交.'" 按郭頒, 西晉人, 時世相近, 爲晉魏世語, 事多詳覈. 孫盛之徒, 皆采以著書, 竝云玄距鍾會, 而袁宏名士傳最後出, 不依前史, 以爲鍾毓, 可謂謬矣.

④ ≪三國志≫ 〈魏志 夏侯玄傳〉에 말하였다. "하후현은 품격과 기량이 넓고 컸다. 참수를 당할 때에도 안색이 변치 않고 행동거지가 태연자약했다."

---

36) 袁宏의 ≪正始名士傳≫ : 원굉(328~376)은 東晉시대 문학가・사학가이다. 陳郡 陽夏縣 사람으로, 字가 彦伯이고, 어릴 때 이름이 虎이다. ≪정시명사전≫은 魏晉시대 명사들에 대한 일화를 기록했는데, 全書는 일실되었고, ≪世說新語≫의 주석, ≪水經注≫, ≪文選≫의 주석 등에 佚文 20여 則이 남아 있다.

37) 履 : '理'로 읽어야 하니 '治'의 뜻이다.(≪世說音釋≫)

魏志曰 "玄, 格量弘濟, 臨斬, 顔色不異, 擧止自若."

【頭註】

○ 劉辰翁 : 鍾會가 夏侯玄에게 親狎한 것은 반드시 이유가 있다고 할 수 없으니, 교제를 맺으려고 한 것이 아니다.
劉云 "其狎之, 未必以故, 非內(납)交也."

10-10 夏侯泰初(夏侯玄)는 廣陵 사람 陳本과 사이가 좋았다. 진본과 하후현이 진본의 모친 앞에서 술자리를 벌이고 있을 때, 진본의 아우 陳騫이 출타했다가 돌아와 〈기별이 없이〉 느닷없이 뜨락에 들어오자, 하후태초가 그 때문에 일어나 말하였다.

"동석할 수는 있지만, 어울릴 수는 없습니다."

夏侯泰初는 與廣陵陳本으로 善이라 本與玄이 在本母前에 宴飮①할새 本弟騫②이 行還하여 徑入至堂戶하니 泰初因起曰 可得同이어니와 不可得而雜③이라하다

① 郭頒의 ≪魏晉世語≫에 말하였다. "陳本은 字가 休元으로, 臨淮 東陽 사람이다."
≪三國志≫ 〈魏志 陳本傳〉에 말하였다. "진본은 廣陵 東陽 사람이다. 부친 陳矯는 司徒를 역임하였다. 진본은 郡守와 廷尉를 역임했는데, 부임지마다 강령만 지키고 핵심 사항만 시행하여도 모든 아랫사람들이 스스로 〈정성을〉 다할 수 있게 하였으니, 통솔하는 재주가 있었다. 자잘한 일은 직접 하지 않고 법률도 읽지 않았으나 〈훌륭한〉 정위라는 호칭을 얻었고, 鎭北將軍으로 승진하였다."
世語曰 "本, 字休元, 臨淮東陽人." 魏志曰 "本, 廣陵東陽人. 父矯, 司徒. 本歷郡守・廷尉, 所在, 操綱領擧大體, 能使群下自盡, 有率御之才. 不親小事, 不讀法律, 而得廷尉之稱, 遷鎭北將軍."

② 孫盛의 ≪晉陽秋≫[38]에 말하였다. "陳騫은 字가 休淵으로, 司徒(진교)의 둘째 아들이다. 직언을 서슴지 않는 과감한 풍모는 없었으나, 익살스러우면서 슬기로운 꾀가 많았다. 관직이 大司馬에 이르렀다."

38) 晉陽秋 : 東晉시대 孫盛이 편찬한 책으로, 32권이며 西晉과 동진의 역사를 기술하였다. 원본은 산실되었고 현재 輯本이 남아 있다.

晉陽秋曰 "騫, 字休淵, 司徒第二子. 無謇諤風, 滑稽而多智謀, 仕至大司馬."

③ 袁宏의 ≪正始名士傳≫에 말하였다. "夏侯玄은 마을에서는 나이가 귀중하니[39] 본래 덕망과 지위를 따지지 않고 연장자에게 반드시 절을 해야 한다고 여겼다. 〈하후현이〉 陳本과 함께 〈진본의〉 모친 앞에서 술을 마실 때에 〈진본의 아우인〉 陳騫이 들어오자 나간 것은 진건과 동석할 수는 있지만 어울릴 수 없는 사람이었기 때문이다."

名士傳曰 "玄以鄕黨貴齒, 本不論德・位, 年長者必爲拜. 與陳本母前飮, 騫來而出, 其可得同, 不可得而雜者也."

10-11 郭淮는 關中都督이 되어 민심을 크게 얻고 역시 여러 차례 戰功도 세웠다. 곽회의 아내는 太尉 王淩의 누이동생인데, 왕능의 사건[40]에 연좌되어 〈왕릉과 함께〉 처형당하게 되었다. 使者가 매우 다급하게 체포해 가려 하자, 곽회는 〈아내에게〉 행장을 꾸리게 하여 기일에 맞추어 출발시키려 했는데, 州와 府의 문무 관원과 백성들이 곽회에게 擧兵하라고 권했으나 곽회는 듣지 않았다. 기일이 되어 아내를 보내니 울부짖으며 뒤따르는 백성이 수만 명이었다. 〈아내가〉 수십 리를 갔을 때 곽회가 마침내 좌우에게 명하여 부인을 쫓아가 데려오라고 하니, 이에 문무 관원들이 내달렸는데 마치 〈자신의〉 목숨을 구하는 것처럼 다급하게 하였다. 〈아내가〉 돌아온 뒤에 곽회가 宣帝(司馬懿)에게 편지를 보내 말하였다.

"다섯 아들이 애달파하고 그리워하여 〈그 어미를〉 생각하니, 그 어미가 죽은 뒤에는 다섯 아들이 〈죽어서〉 없어질 것이고, 다섯 아들이 만약 목숨을 끊는다

---

39) 마을에서는……귀중하니 : 孟子가 "천하에 공통적으로 높여야 할 것이 세 가지 있으니 벼슬과 나이와 덕이다. 조정에서는 벼슬이 가장 우선이고, 마을에서는 나이가 가장 우선이고, 세상을 도와 백성을 기르는 데에는 덕이 가장 우선이다.〔天下有達尊三 爵一齒一德一 朝廷莫如爵 鄕黨莫如齒 輔世長民莫如德〕" 하였다.(≪孟子≫ 〈公孫丑 下〉)

40) 왕능의 사건 : 魏(三國) 齊王 嘉平 원년(249)에 王淩이 그의 외조카인 兗州刺史 令狐愚와 공모하여 당시의 천자였던 齊王 曹芳을 폐위하고 曹操의 아들인 楚王 曹彪를 옹립하려 했는데, 결국 실패하여 가평 3년에 음독자살하였다.(≪三國志≫ 〈魏志 王淩傳〉)

면 역시 더 이상 저도 〈죽어서〉 없어질 것입니다."

宣帝가 마침내 表文을 올려 곽회의 아내를 특별히 사면해주었다.

郭淮는 **作關中都督**하여 **甚得民情**하고 **亦屢有戰庸**①이라 **淮妻**는 **太尉王凌之妹**니 **坐凌事**하여 **當幷誅**②라 **使者徵攝甚急**하니 **淮使戒裝**하여 **克日當發**한대 **州・府文武及百姓**이 **勸淮擧兵**이나 **淮不許**라 **至期遣妻**하니 **百姓號泣追呼者**가 **數萬人**이라 **行數十里**에 **淮乃命左右**하여 **追夫人還**하니 **於是**에 **文武奔馳**를 **如狥身首之急**이라 **旣至**에 **淮與宣帝**③**書曰 五子哀戀**하여 **思念其母**하니 **其母旣亡**이면 **則無五子**요 **五子若殞**이면 **亦復無淮**니이다하니 **宣帝乃表**하여 **特原淮妻**④하다

① ≪三國志≫ 〈魏志 郭淮傳〉에 말하였다. "곽회는 字가 伯濟로, 太原 陽曲 사람이다. 〈漢 獻帝〉 建安 연간(196~220)에 平原府丞에 제수되었다. 〈魏(三國) 文帝〉 黃初 원년(220)에 使命을 받들어 문제의 즉위를 축하하러 갔는데 〈도중에 병이 들어〉 지체되어 〈제 시간에〉 도착하지 못하였다. 여러 신하들이 즐겁게 연회를 베푸는 중에 문제가 정색을 하면서 〈곽회를〉 질책하였다. '옛날에 〈夏나라〉 禹임금께서 塗山에서 제후들과 회합하셨는데, 防風氏가 늦게 도착하자 곧장 사형을 거행하였소.[41] 지금 온 천하가 함께 축하하는데 그대가 가장 지체했으니 어찌된 일이오?' 곽회가 '제가 들으니, 五帝께서 교화를 우선시하여 덕으로 백성을 인도했는데, 하나라 때에 정치력이 쇠퇴하여 형벌을 사용하기 시작했다고 합니다. 지금 저는 唐虞(堯舜)와 같은 시대를 만났습니다. 이 때문에 방풍씨와 같은 주벌을 피하리라는 것을 압니다.' 하자, 문제가 기뻐하고는 〈그를〉 雍州刺史로 발탁하였고 征西將軍으로 승진시켰다. 곽회가 關中에 머문 30여 년 동안 공적이 뚜렷이 드러나서 儀同三司로 승진하였고, 〈사후에〉 大將軍에 추증되었다."

〔魏志曰〕[42] "郭淮, 字伯濟, 太原陽曲人. 建安中, 除平原府丞. 黃初元年, 奉使賀文帝踐阼, 而稽留不及. 群臣歡會, 帝正色責之曰 '昔禹會諸侯於塗山, 防風氏後至, 便行大戮. 今溥天同慶, 而卿最留遲, 何也?' 淮曰 '臣聞五帝先教, 導民以德, 夏后政

---

41) 옛날에……거행하였소 : '塗山'은 浙江省 紹興縣의 會稽山으로, 夏나라 禹임금이 여기에서 제후를 소집했을 때, 제후인 防風氏가 가장 뒤에 왔기 때문에 우임금이 그를 죽였는데, 그의 뼈마디 하나만으로도 수레에 가득 찼다.(≪史記≫ 〈夏本紀〉)

42) 〔魏志曰〕 : 저본에는 '魏志曰'이 없으나, ≪世說新語≫에 의거하여 보충하였다.

衰, 始用刑辟. 今臣遭唐虞之世, 是以知免防風氏之誅.' 帝說之, 擢爲雍州刺史, 遷征西將軍. 淮在關中三十餘年, 功績顯著, 遷儀同三司, 贈大將軍."

② 魚豢의 ≪魏略≫[43]에 말하였다. "王淩은 字가 彦雲으로, 太原 祁 사람이며, 司空·太尉·征東將軍을 역임하였다. 은밀히 楚王 曹彪[44]를 옹립하려 했기 때문에 司馬宣王(司馬懿)이 직접 토벌하니, 왕능은 스스로 자신을 결박하고 자신의 죄를 인정하면서 멀리 太傅(사마의)에게 '〈나에게 죄가 있다면〉 그대가 단지 折簡[45]으로 나를 부른다고 한들 내가 응당 가지 않겠소?' 하니, 太傅가 '〈내가 토벌하러 온 것은〉 그대는 절간을 기꺼이 따를 사람이 아니기 때문이오.' 하고는 마침내 사람을 시켜 〈그를〉 서쪽(洛陽)으로 보내게 하였다. 왕능은 스스로 죄가 막중하다는 것을 알았기 때문에 시험 삼아 관 뚜껑에 박는 못을 요청하여 태부의 의중을 살폈는데, 태부가 그에게 〈못을〉 주었다. 왕능의 행차가 項城에 이르렀을 때 밤에 〈자신의〉 屬官들을 불러 그들과 영결하면서 '나이가 곧 80세가 되는데 몸과 명성이 모두 사라지니, 天命이로구나.' 하고는 마침내 자살하였다."

魏略曰 "淩, 字彦雲, 太原祁人, 歷司空·太尉·征東將軍. 密欲立楚王彪, 司馬宣王自討之, 淩自縛歸罪, 遙謂太傅曰 '卿直以折簡召我, 我當不至邪?' 太傅曰 '以卿非肯逐折簡者也.' 遂使人送至西. 淩自知罪重, 試索棺釘, 以觀太傅意, 太傅給之. 淩行至項城, 夜呼掾屬, 與決曰 '行年八十, 身名俱滅, 命邪.' 遂自殺."

③ 司馬懿는 따로 보인다.

司馬懿, 別見.

④ 郭頒의 ≪魏晉世語≫에 말하였다. "郭淮의 아내가 〈그녀의 오라비인 王淩의 사건

---

43) 魏略 : 魏(三國)나라의 郎中이었던 魚豢이, 晉 武帝 太康 연간(280~289)에 私撰한 위나라의 역사서로, 紀·志·列傳의 체제로 되어 있다. 원문은 산실되어 전해지지 않으나, ≪三國志≫ 裴松之의 注, ≪太平御覽≫, ≪翰苑≫ 등에 逸文이 있으며, 淸나라의 張鵬一이 그것을 집성하여 ≪魏畧輯本≫ 25권을 편찬하였다. 陳壽가 지은 ≪삼국지≫도 이 ≪위략≫을 토대로 서술된 부분이 많다.

44) 曹彪 : 曹操의 스물다섯 명 아들 가운데 하나로 字가 朱虎이며 어머니는 孫姬이다. ≪三國志≫ 〈魏志 楚王彪傳〉에는 魏나라 嘉平 원년(249)에 兗州刺史 令狐愚와 太尉 王淩이 許昌에서 조표를 맞이하여 황제로 세우려고 모의하였는데 일이 누설되어 조표가 자살했다고 하였고, ≪世說新語≫ 〈尤悔〉에는 형인 曹丕에게 죽임을 당했다고 하였다.

45) 折簡 : 반쪽으로 쪼갠 竹簡으로, 예의를 갖추지 않은 편지를 이른다.

에〉 연좌되었다. 侍御史가 가서 그녀를 체포하려 하니, 督將 및 羌族과 胡族의 우두머리 수천 명이 머리를 〈땅에〉 조아리면서 곽회에게 부인을 그대로 머물게 해달라는 表文을 올리라고 요청했으나 곽회는 따르지 않았다. 아내가 길에 오르자 눈물을 흘리지 않는 자가 없었으며, 사람마다 〈분노에 차서〉 주먹을 불끈 쥐고 〈시어사를〉 위협하여 만류하고자 하였다. 곽회의 다섯 아들이 머리를 〈땅에〉 찧어 피를 흘리면서 곽회에게 요청하자, 곽회가 차마 보지 못하고는 마침내 〈그녀를〉 추격하라고 명하니, 이에 수천 명의 기병이 추격하여 〈그녀를〉 데려 왔다. 곽회가 편지를 써서 司馬宣王(司馬懿)에게 아뢰기를 '다섯 아들이 제 어미를 불쌍히 여겨 자신의 몸을 아까워하지 않습니다. 만약 그 어미가 〈죽어서〉 없어진다면 다섯 아들도 〈죽어서〉 없어질 것이고, 다섯 아들이 만약 죽는다면 역시 저도 〈죽어서〉 없어질 것입니다. 지금 경솔히 추격하여 〈아내를〉 데려왔으니, 만약 국법에 합당하지 않으면 주관하는 관리(刑吏)에게 죄를 받는 것이 마땅합니다.' 하였다. 편지가 도착하자, 사마선왕이 마침내 표문을 올려 〈그녀를〉 사면해주었다."

世語曰 "淮妻當從坐, 侍御史往收, 督將及羌·胡渠帥(수)數千人叩頭, 請淮上表留妻, 淮不從. 妻上道, 莫不流涕, 人人扼腕, 欲劫留之. 淮五子叩頭, 流血請淮, 淮不忍視, 乃命追之, 於是數千騎往追還. 淮以書白司馬宣王曰 '五子哀母, 不惜其身, 若無其母, 是無五子, 五子若亡, 亦無淮也. 今輒追還, 若於法未通, 當受罪於主者.' 書至, 宣王乃表原之."

【頭註】

○ 劉辰翁 : 〈郭淮의〉 말이 매우 감동적이고, 〈조치한〉 절차도 모두 합당하다.
劉云 "語甚感動, 節次皆是."

○ 王世懋 : ≪魏晉世語≫가 〈내용이〉 간략하면서도 완전하고 앞뒤가 서로 호응하니, 일을 서술하는 데에 솜씨가 훌륭함을 볼 수 있다.
王云 "世語簡而盡, 前後相應, 敍事工拙見矣."

10-12 高貴鄕公(曹髦)이 세상을 떠나니, 조정이나 재야나 〈모두〉 소란스러웠다. 司馬文王(司馬昭)이 侍中 陳泰에게 물었다.

"어떻게 하면 진정시킬 수 있겠소?"

진태가 말하였다.

"단지 賈充을 죽임으로써 천하에 사죄할 뿐입니다"

사마문왕이 말하였다.

"그보다 조금 낮출 수 있겠소?"

〈진태가〉 대답하였다.

"다만 그 이상(군주를 시해한 죄)을 알 뿐, 그 이하는 알지 못합니다."

高貴鄕公이 **薨**하니 **內外諠譁**①라 **司馬文王**이 **問侍中陳泰曰**② **何以靜之**오하니 **泰云 惟殺賈充**하여 **以謝天下**③니이다하다 **文王曰 可復下此不**아하니 **對曰 但見其上**이요 **未見其下**④니이다하다

① ≪三國志≫ 〈魏志 三少帝紀〉에 말하였다. "高貴鄕公은 諱가 髦(모)이고 字가 彦士로, 魏(三國) 文帝(曹丕)의 손자이자 東海定王 曹霖[46]의 아들이다. 처음에 郯縣高貴鄕公에 봉해졌고, 학문을 좋아하여 일찍 완숙해졌다. 齊王(曹芳)[47]이 폐위되자 모든 신하가 그를 맞이하여 황제의 지위에 올랐다."

習鑿齒의 ≪漢晉春秋≫[48]에 말하였다 "曹芳의 〈폐위〉 사건 이후에 魏나라는 〈궁중의〉 宿衛兵을 줄이고 더 이상 갑옷을 입지 못하게 하며, 모든 궁문에 배치된 군병도 노약자들뿐이었다. 曹髦(조모)는 〈위나라의〉 위세와 권력이 나날이 사라지는 것을 보고는 분노를 이기지 못하여 侍中 王沈,[49] 尙書 王經,[50] 散騎常侍 王業을 불러 '司馬昭의 〈찬탈하려는〉 마음은 행인들도 아는 바입니다. 나는 앉아서 폐위

---

46) 曹霖 : ?~251. 沛國 譙縣 사람으로, 魏(三國)나라의 종실이며, 武帝 曹操의 손자이자 文帝 曹丕의 아들이다.

47) 齊王(曹芳) : 232~274. 魏(三國)나라 明帝(曹叡)의 양자가 되어 뒤를 이었는데, 재위 15년 만에 司馬師에게 폐위되어 齊王이 되었다.

48) 習鑿齒의 ≪漢晉春秋≫ : 습착치(317~384)는 襄陽 사람으로, 字는 彦威이다. 桓溫의 從事・西曹主簿가 되었는데, 환온의 簒位 계획에 반대하여 戶曹參軍으로 좌천되었고, 이후에 滎陽太守를 역임하였다. 그는 玄學・佛學・史學에 정통하였고, 저서로 ≪漢晉春秋≫, ≪襄陽耆舊記≫, ≪逸人高士傳≫, ≪習鑿齒集≫ 등이 있다. ≪한진춘추≫는 漢 光武帝로부터 晉 愍帝에 이르는 281년 동안의 역사를 기록했는데, 蜀漢을 정통으로 인정하여 魏나라를 배제하고 진나라가 한나라를 계승했다고 하였다.

49) 王沈 : ?~266. 字는 處道로, 魏晉시대의 대신이며 사학가이다. 東漢시대 護匈中郎將 王柔의 손자이자 東郡太守 王機의 아들이며 司空 王昶의 조카이다.

50) 王經 : ?~260. 冀州 淸河郡 사람으로, 字는 彦緯이다. 농민 출신으로서 魏(三國)나라 江夏太守와 雍州刺史를 역임하였다.

되는 치욕을 당할 수 없으니 오늘 마땅히 그대들과 함께 직접 나가서 그를 토벌해야겠소.' 하였다. 왕경이 〈안 된다고〉 간했으나 듣지 않고, 마침내 가슴속에 품고 있던 板令(詔令)을 꺼내 땅에 내던지면서 '거행하는 것은 결정되었소. 설령 죽더라도 무엇이 한스럽겠소. 게다가 반드시 죽는다고도 할 수 없소.' 하였다. 이에 〈太后宮에〉 들어가 〈모친인〉 태후(明帝 曹叡의 비 郭皇后)에게 아뢰었다. 왕침과 왕업이 다급히 달려가 사마소에게 고발하니 사마소가 그에 대해 방비하였다. 조모가 마침내 僮僕 수백 명을 거느리고 요란히 북을 울리면서 출병하였다. 사마소의 아우인 屯騎校尉 司馬伷(사마주)[51]가 〈궁궐로〉 들어가다가 동쪽 止車門[52]에서 조모를 만났는데, 〈조모의〉 좌우가 그를 꾸짖자 사마주의 무리들이 다급히 달아났다. 中護軍 賈充이 또 조모를 맞이하여 남쪽 궐문 아래에서 싸웠는데, 조모가 직접 칼을 휘두르자 〈가충의〉 무리들이 물러서려 하였다. 太子舍人 成濟가 가충에게 '사태가 다급합니다. 어떻게 해야 합니까?' 물으니, 가충이 '공(사마소)께서 너희들을 기른 것은 바로 오늘을 위해서이니, 오늘의 일은 물을 바가 없다.' 하자, 성제가 즉시 앞으로 나아가 조모를 찔렀는데 그 칼날이 등으로 나왔다."

孫盛의 ≪魏氏春秋≫에 말하였다. "황제(조모)가 장차 대장군(司馬昭)을 죽이기 위하여 有司(담당 관리)에게 조서를 내려 다시 〈그의〉 지위를 相國으로 승진시키고 九錫[53]을 수여하려 하였다. 황제가 밤에 冗從僕射(용종복야) 李昭와 黃門從官 焦伯 등을 직접 거느리고 陵雲臺[54]를 내려와 〈호위부대에게〉 갑옷을 입히고 무기를 주고는, 〈수여식에 모일 신하들의〉 모임을 기회로 〈그를 맞이하는〉 사신을 파견하고 〈그가 오면〉 직접 출병하여 토벌하려고 했으나, 마침 비가 내려 〈수여식이〉 연기되었다. 다음날 결국 왕경 등을 만나 품속에서 黃素詔[55]를 꺼내면서 '이 일(사마소

---

51) 司馬伷(사마주) : 227~283. 河內 溫 사람으로, 字는 子將이다. 晉 宣帝(司馬懿)의 셋째 아들로, 伏太妃가 낳았고 瑯琊王에 봉해졌다. 景帝(司馬師)와 文帝(司馬昭)의 이복동생이자 武帝(司馬炎)의 숙부이다.

52) 止車門 : 漢나라 궁궐의 司馬門으로, 이 문에 이르면 太子나 諸王도 모두 수레에서 내려야 했기 때문에 이렇게 일컬은 것이다.

53) 九錫 : 천자가 특별한 공로가 있는 신하에게 하사하는 아홉 가지 은전으로, 車馬・衣服・樂器・朱戶・納陛(中陛로 올라갈 수 있음)・虎賁(從者 1백 명)・弓矢・鈇鉞・秬鬯(검은 기장과 향초를 섞어 빚은 술)이다.(≪春秋公羊傳≫ 莊公 元年)

54) 陵雲臺 : 魏(三國) 文帝(曹丕)가 黃初 2년(221) 洛陽城에 건축한 누대로, 魏晉시대부터 北魏에 이르기까지 중요한 건축물인데, 그 위치에 대해서는 이설이 분분하다.

의 찬탈)을 참을 수 있다면 무슨 일인들 참지 못하겠소.[56] 지금 마땅히 이 일(사마소 토벌)을 결행해야 하오.' 하였다. 황제가 마침내 칼을 뽑아 들고 수레에 오른 뒤에 궐내의 숙위병과 蒼頭[57]와 官僮[58]을 거느리고 戰鼓를 울리면서 雲龍門[59]을 나섰다. 가충이 〈궁궐〉 밖에서 안으로 들어오자 황제의 군대가 궤멸되어 흩어졌는데, 황제는 여전히 천자라고 외치면서 손수 검을 휘두르며 힘껏 싸우니 〈가충의〉 병사가 감히 다가서지 못하였다. 가충이 솔선하여 장병들을 독려하니, 騎督[60] 成倅(성채)[61]의 아우 성제가 창을 들고 돌진하여 황제는 전란 속에서 붕어하였다. 그때 폭우가 쏟아지고 천둥과 번개가 치면서 깜깜해졌다."

魏志曰 "高貴鄕公, 諱髦, 字彦(文)〔士〕[62], 文帝孫, 東海定王霖之子也. 初封郯縣高貴鄕公, 好學夙成. 齊王廢, 群臣迎之, 卽皇帝位." 漢晉春秋曰 "自曹芳事後, 魏人省徹宿衛, 無復鎧甲, 諸門戎兵, 老弱而已. 曹髦見威權日去, 不勝其忿, 召侍中王沈・尙書王經・散騎常侍王業, 謂曰 '司馬昭之心, 路人所知也. 吾不能坐受廢辱, 今日當與卿自出討之.' 王經諫, 不聽, 乃出懷中板令投地, 曰 '行之決矣. 正使死, 何所恨? 況不必死耶?' 於是入白太后. 沈・業奔走告昭, 昭爲之備. 髦遂率僮僕數百, 鼓譟而出. 昭弟屯騎校尉伷入, 遇髦於東止車門, 左右訶之, 伷衆奔走. 中護軍賈充又逆髦, 戰於南闕下, 髦自用劒, 衆欲退. 太子舍人成濟問充曰 '事急矣, 當云何?' 充曰 '公畜(흌)汝等, 正爲今日, 今日之事, 無所問也.' 濟卽前刺(척)髦, 刃出於背." 魏氏春秋曰 "帝將誅大將軍, 詔有司, 復進位相國, 加九錫. 帝夜自將冗從僕射李昭・黃門從官焦伯等, 下陵雲臺, 鎧仗授兵, 欲因際會遣使, 自出致討, 會雨而却. 明日遂

---

55) 黃素詔 : 제왕의 詔書를 이른다. 조서 내용을 누런 비단에 기록했기 때문에 이렇게 일컬은 것이다.

56) 이……못하겠소 : 원문의 '是可忍也 孰不可忍'은 ≪論語≫ 〈八佾〉에 보이는 구절이다.

57) 蒼頭 : 奴僕을 이른다. 漢나라 때 奴僕들이 짙은 푸른색 베로 머리를 감쌌기 때문에 이렇게 일컬은 것이다. ≪史記≫ 〈蘇秦列傳〉의 '창두' 주석에 "푸른 두건으로 머리를 싸서 다른 사람들과 구별한다." 하였다.

58) 官僮 : 관청에 소속되어 심부름하고 잡역을 담당한 사람이다.

59) 雲龍門 : 魏(三國) 明帝(曹叡)가 지은 洛陽宮의 서문이다.

60) 騎督 : 騎兵을 거느리고 독려하는 軍官이다.

61) 成倅(성채) : ?~260. 魏(三國)나라의 무장으로, 아우 成濟와 함께 司馬昭에 의해 죽임을 당하였다.

62) (文)〔士〕 : 저본에는 '文'으로 되어 있으나, ≪三國志≫ 〈魏志 諱髦傳〉에 의거하여 '士'로 바로잡았다.

見王經等, 出黃素詔於懷曰 '是可忍也, 孰不可忍, 今當決行此事.' 帝遂拔劍升輦, 率殿中宿衛・蒼頭・官僮, 擊戰鼓, 出雲龍門. 賈充自外而入, 帝師潰散, 帝猶稱天子, 手劍奮擊, 衆莫敢逼. 充率厲將士, 騎督成倅弟濟, 以矛進, 帝崩於師, 時暴雨雷電晦冥."

② ≪三國志≫ 〈魏志 陳泰傳〉에 말하였다. "진태는 字가 玄伯으로, 司空 陳群[63]의 아들이다."
魏志曰 "泰, 字玄伯, 司空群之子也."

③ 傅暢의 ≪晉諸公敍贊≫[64]에 말하였다. "賈充은 字가 公閭로, 襄陵 사람이다. 부친 賈逵는 魏(三國)나라에서 豫州刺史를 역임하였다. 가충은 尙書에 기용되고 廷尉로 승진하였고, 晉나라가 〈위나라로부터〉 禪讓을 받은 뒤에 魯郡公에 봉해졌다."
晉諸公贊曰 "充, 字公閭, 襄陵人. 父逵, 魏豫州刺史. 充, 起家爲尙書, 遷廷尉, 晉受禪, 封魯郡公."

④ 干寶의 ≪晉紀≫에 말하였다. "高貴鄕公(曹髦)이 살해된 뒤에 司馬文王(사마소)이 조정의 신료들을 불러 그 대책을 논의했는데, 太常 陳泰가 오지 않았다. 그의 외숙부 荀顗(순의)[65]에게 그를 불러 참석 여부를 물어보게 하니, 진태가 '세상의 논자들은 저를 외숙부에게 견주는데, 지금은 외숙부께서 저만 못합니다.[66]' 하였다. 자제들과 내외의 친족들이 모두 함께 〈참석하라고〉 강요하여 눈물을 흘리면서 조정에 들어갔다. 사마문왕이 曲室(밀실)에서 그를 기다리고 있다가 '玄伯(진태)이여, 그대는 나에게 어떤 〈처신의〉 방도를 주겠소?[67]' 하니, 〈진태가〉 '賈充을 죽임으

---

63) 陳群 : ?~237. 魏(三國)나라의 대신으로, 字는 長文, 시호는 靖侯이다. 그는 東漢 말기의 명사 陳寔의 손자이자 陳紀의 아들이며, 九品官人制를 만들었다.

64) 傅暢의 ≪晉諸公敍贊≫ : 부창(?~330)은 北地 泥陽 사람으로, 字는 世道이며, 조부는 魏(三國)나라의 太常 傅嘏, 부친은 靈州公 傅祗이다. 그는 西晉에서 司徒를 역임한 뒤 秘書丞에 이르고 封武鄕亭侯에 봉해졌으며, 後趙의 石勒이 서진을 멸망시킨 뒤에 그를 大將軍右司馬로 삼았다. ≪진제공서찬≫은 진나라 王公과 大臣의 傳記이며 뒤에 論贊하는 말이 있다. 원본은 산실되었고, 淸나라 黃奭의 輯本과 傅以禮의 집본이 있다.

65) 荀顗(순의) : ?~274. 荀彧의 아들로, 字는 景倩, 시호는 康公이다. 魏(三國)나라에서 벼슬하여 臨淮公에 봉해졌으며, 晉나라에 들어와서는 侍中과 太尉를 역임하였다.

66) 지금은……못합니다 : 荀顗(순의)는 司馬氏에게 아부하지만, 자신(陳泰)은 魏나라에 충성하기 때문에 이렇게 말한 것이다.

로써 천하에 사죄해야 합니다.' 대답하였다. 사마문왕이 '나를 위하여 그 다음 방책을 다시 생각해주시오.' 하니, 진태가 '단지 이보다 더 한 것이 있을 뿐, 그 다음 방책은 모르겠습니다.' 대답하자, 사마문왕이 그제야 〈질문을〉 멈추었다."

習鑿齒의 ≪漢晉春秋≫에 말하였다 "조모가 세상을 떠났다는 소식을 사마소가 듣고는 자신의 몸을 땅에 내던지면서 '천하가 나를 뭐라고 하겠는가.' 하였다. 이에 백관을 불러 그 대책을 논의하였다. 사마소가 눈물을 흘리면서 진태에게 '나에게 어떤 〈해결〉 방안을 주겠소?' 하니, 진태가 '공께서는 다방면으로 몇 세대를 보좌하여 공적이 천하를 뒤덮으니, 옛날 현인과 자취를 함께하고 후대에 훌륭함이 전해지는 것이 마땅하다고 하겠습니다. 〈그러나〉 하루아침에 군주를 시해한 사건이 발생했으니 또한 애석하지 않겠습니까. 속히 가충을 참수한다면 그런대로 스스로를 해명할 수 있을 것입니다.' 하였다. 사마소가 '公閭(가충)는 죽일 수 없소. 그대는 다른 계책을 다시 생각해주시오.' 하니, 진태가 언성을 높이면서 '생각건대, 단지 이보다 더 한 것이 있을 뿐, 나머지는 권할 만한 계책이 없습니다.' 하고는 〈집에〉 돌아와 스스로 목숨을 끊었다."

孫盛의 ≪魏氏春秋≫에 말하였다. "진태가 대장군(사마소)에게 가충을 죽이라고 권하니, 대장군이 '그대는 그 이외의 방책을 다시 생각해주시오.' 하자, 진태가 '어찌 저에게 다시 뒷말을 하도록 하십니까?' 하고는 마침내 피를 토하고 죽었다."

干寶晉紀曰 "高貴鄕公之殺, 司馬文王召朝臣, 謀其故, 太常陳泰不至. 使其舅荀顗召之, 告以可不, 泰曰 '世之論者, 以泰方於舅, 今舅不如泰也.' 子弟・內外, 咸共逼之, 垂涕而入. 文王待之曲室, 謂曰 '玄伯, 卿何以處我?' 對曰 '可誅賈充, 以謝天下.' 文王曰 '爲吾更思其次.' 泰曰 '惟有進於此, 不知其次.' 文王乃止." 漢晉春秋曰 "曹髦之薨, 司馬昭聞之, 自投於地, 曰 '天下謂我何?' 於是召百官, 議其事. 昭垂涕問陳泰曰 '何以居我?' 泰曰 '公光輔數世, 功蓋天下, 謂當竝迹古人, 垂美於後. 一旦有殺(시)君之事, 不亦惜乎? 速斬賈充, 猶可以自明也.' 昭曰 '公閭, 不可得殺也. 卿更思餘計.' 泰厲聲曰 '意惟有進於此耳, 餘無足委者也.' 歸而自殺." 魏氏春秋曰 "泰勸大將軍誅賈充, 大將軍曰 '卿更思其他.' 泰曰 '豈可使泰復發後言?' 遂嘔血死."

---

67) 어떤……주겠소 : 본래는 벗 사이에 이별할 때 서로 권면하는 말을 해주는 것을 이른다. 子路가 魯나라를 떠나가면서 顔淵에게 "무슨 말을 나에게 해줄 것인가?〔何以贈我〕" 하고, 안연이 자로에게 "무슨 말로 나에게 처신하는 방도를 일러 줄 것인가?〔何以處我〕" 하였다.(≪禮記≫ 〈檀弓 下〉)

【頭註】

○ 王世懋 : 〈陳泰의 언행은〉 천년토록 늠름하니, 〈진태의 부친〉 陳群은 부끄러운 마음이 들 것이다.[68)]

王云 "千載凜凜, 陳群有慚德矣."

○ 劉應登 : 〈成濟가 직접 魏帝를 찔렀으나〉 賈充이 직접 魏나라 황제를 시해한 셈이다.

應登云 "充親弑魏帝."

○ 王世懋 : 여러 설명을 취합하여 玄伯(陳泰)이 올바름을 실증하였다.

王云 "合數說, 以實玄伯之正."

○ 劉辰翁 : 〈이 내용은〉 참으로 〈方正〉의 항목에 걸맞으니, 정신과 의지가 늠름하다.

劉云 "眞方正之目也, 神志凜然."

○ 李贄 : 〈司馬昭는〉 도둑놈이다.

李云 "老賊."

10-13 諸葛靚(제갈정)이 〈吳(三國)나라가 멸망한〉 이후에 晉나라에 들어갔을 때, 〈진나라 조정에서〉 大司馬에 제수하여 불렀으나 응하지 않았고, 진나라 왕실과는 원수 관계라고 여겼기 때문에 항상 洛水를 등지고 앉았다. 晉 武帝(司馬炎)와 옛 우정이 있었던 터라 무제가 그를 만나고자 했으나 방법이 없었기 때문에 〈무제는〉 諸葛妃[69)]에게 제갈정을 불러달라고 요청하였다. 〈제갈정이 제갈비의 처소에〉 도착한 뒤에 무제가 太妃(제갈비)의 처소에 가서 그를 만났다. 상견례가 끝나고 술이 얼큰하게 취했을 때 무제가 말하였다.

"그대는 아직도 竹馬를 타고 놀았을 때의 우정을 기억하고 있소?"

제갈정이 말하였다.

"신은 〈복수하기 위해〉 숯을 삼키거나 몸에 옻칠을 할[70)] 수 없었기 때문에

---

68) 陳群은……것이다 : 漢나라를 저버리고 曹操에게 벼슬하여 尙書에 이르렀고, 曹丕 때에는 侍中에 이르렀기 때문에 이렇게 말한 것이다.

69) 諸葛妃 : 諸葛誕의 장녀이자 諸葛靚(제갈정)의 누이로, 司馬懿의 세째 아들 瑯琊王 司馬伷(司馬昭의 異母弟)에게 시집갔다. 사마소의 아들 司馬炎에게는 숙모가 된다.

70) 숯을……할 : 春秋 晉나라 智伯이 韓氏·魏氏와 함께 趙襄子를 공격하여 晉陽城이 함

오늘 다시 성상의 용안을 뵙는 것입니다."

그리고는 눈물과 콧물을 줄줄 흘리자, 무제가 이에 부끄러워하고 후회하면서 〈제갈비의 처소를〉 나갔다.

諸葛靚이 **後入晉**하니 **除大司馬召**나 **不起**하고 **以與晉室有讎**라하여 **常背洛水而坐**라 **與武帝有舊**라 **帝欲見之**나 **而無由**하니 **乃請諸葛妃呼靚**이라 **旣來**에 **帝就太妃間**하여 **相見**할새 **禮畢**하고 **酒酣**에 **帝曰 卿故復憶竹馬之好不**아하니 **靚曰 臣不能呑炭漆身**하니 **今日復覩聖顔**이니이다하고 **因涕泗百行**하니 **帝於是慚悔而出**①하다

① 傅暢의 ≪晉諸公敍贊≫에 말하였다. "諸葛靚(제갈정)은 字가 仲思로, 瑯琊 사람이며, 司空 諸葛誕의 막내아들이다. 우아하고 바르며 재능과 명망이 있었다. 吳(三國)나라에서 벼슬하여 右將軍과 大司馬가 되었다. 오나라가 멸망한 뒤에 제갈정은 洛陽으로 들어갔는데, 부친 제갈탄이 太祖(司馬昭)에게 피살되었다는 이유로 世祖(사마소의 아들 司馬炎)를 만나지 않겠다고 맹세하였다. 세조의 숙모인 瑯琊王 〈司馬伷(사마주)의〉 妃는 제갈정의 누이였다. 武帝(사마염)는 이후에 제갈정이 〈그의〉 누이에 처소에 있는 것을 기회로 삼아 만나러 갔는데, 제갈정은 변소 안으로 도망쳤다. 이에 극진한 효성으로 이름을 떨치게 되었다. 당시에 嵇康(혜강)[71]도 처형되었는데, 혜강의 아들 嵇紹는 蕩陰의 전투에서 죽었다.[72] 논자들은 모두 '혜소와

락될 지경이었는데, 한씨와 위씨가 지백을 배반하고 조양자와 함께 지백을 공격하여 鑿臺에서 죽였다. 지백의 가신 豫讓이 원수를 갚기 위해 몸에 옻칠을 하여 문둥이처럼 하고 숯을 삼켜 벙어리가 되면서까지 조양자를 죽여 복수하려고 했다. 그의 친구가 보다 못해 차라리 조양자의 신하가 되면 쉽게 복수할 기회를 얻을 수 있지 않느냐고 하자, 예양은 "내가 이렇게 하는 것은 후세 사람들에게 남의 신하가 되어 두 마음을 품는 사람을 부끄럽게 하기 위해서이다." 하였다.(≪史記≫ 〈刺客列傳〉)

71) 嵇康(혜강) : 224~263. 譙國 銍縣(질현) 사람으로, 字는 叔夜이며, 竹林七賢의 한 사람이다. 曹操의 증손녀 長樂亭主에 장가들고, 魏(三國)나라 郎中에 임명되며, 中散大夫가 되었다가 이후에 은거했는데, 司隷校尉 鍾會의 참소로 죽임을 당하였다.

72) 혜강의……죽었다 : 東海王 司馬越이 晉 惠帝(司馬昭의 손자 司馬衷)를 받들어 永安 원년(304)에 成都王 司馬穎과 싸우다가 蕩陰에서 패배하였다. 이때 嵇康(혜강)의 아들 嵇紹가 侍中의 신분으로 쏟아지는 화살 속에서 엄호하다가 혜제 옆에서 쓰러져 죽자 그 피가 御衣를 적셨다. 사태가 안정된 뒤에 좌우의 측근이 그 옷을 세탁하려 하자, 혜제가 "이것은 혜 시중의 피이니 없애지 말라." 하였다.

제갈정 두 사람을 살펴본 이후에야 忠孝의 도리는 종류에 따라 구별이 있다[73]는 것을 알 수 있다.' 하였다."

晉諸公贊曰 "靚, 字仲思, 瑯琊人, 司空誕少子也. 雅正有才望, 仕吳, 爲右將軍・大司馬. 吳亡, 靚入洛, 以父誕爲太祖所殺, 誓不見世祖. 世祖叔母瑯琊王妃, 靚之姊也. 帝後因靚在姊間, 往就見焉, 靚逃於厠中. 於是以至孝發名. 時嵇康亦被法, 而康子紹死蕩陰之役. 談者咸曰 '觀紹・靚二人, 然後知忠孝之道, 區以別矣.'"

10-14【補】諸葛思遠(諸葛瞻)이 처음 조정의 일을 통솔하게 되었을 때, 廖元儉(廖化)이 宗德艶(宗預)의 집에 들려 함께 제갈사원의 집을 방문하려고 하니, 종덕염이 말하였다.

"나의 나이가 일흔이 넘었고 훔친 바(관직을 맡은 바)가 이미 과도하며, 단지 한 번 죽는 일만 남아있을 뿐입니다. 연소배에게 무엇을 얻겠다고 다급히 그 집에 가겠습니까."

결국 〈제갈사원의 집에〉 가지 않았다.

諸葛思遠이 初統朝事①에 廖元儉②이 過宗德艶하여 欲與共詣思遠許하니 德艶曰 吾年踰七十하고 所竊已過요 但少一死耳니 何求於年少輩하여 而屑屑造門耶아하고 遂不往③하다

① ≪三國志≫ 〈蜀志 諸葛瞻傳〉에 말하였다. "제갈첨은 字가 思遠으로, 丞相 諸葛亮의 아들이다. 제갈량이 〈北伐을 위해〉 武功縣으로 출동할 때에 그 형님 諸葛瑾에게 편지를 써서 '제갈첨이 이미 8세가 되었는데, 총명하고 지혜로워 사랑할 만합니다. 〈그러나〉 일찍 원숙한 것이 마음에 걸리니, 소중한 재목이 될 수 없을까 걱정입니다.' 하였다. 승상이 사망하자, 촉(三國)나라 사람들이 승상을 그리워하면서 제갈첨의 뛰어난 재주를 사랑하였다. 매번 조정에 한 가지 훌륭한 정사나 아름다운 일이 있을 때마다 비록 제갈첨이 선도하여 건의한 것이 아니라도 〈이 일을 사

---

73) 忠孝의……있다 : 諸葛靚(제갈정)의 부친 諸葛誕이나 嵇紹(혜소)의 부친 嵇康이나 모두 司馬昭에게 피살되었는데, 제갈정은 부친에 대한 효성 때문에 司馬炎(사마소의 아들)의 조정에서 벼슬하지 않았고, 혜소는 국가에 대한 충성 때문에 司馬衷(사마소의 손자)을 위해 목숨을 바쳤기 때문이다. 원문의 '區以別'은 ≪논어≫ 〈子張〉에 보이는 구절이다.

방으로〉 전하면서 서로 '葛侯(제갈첨)께서 하신 일이다.' 알려주었다. 이 때문에 훌륭한 명성과 넘치는 칭찬이 그 실상을 지나치는 경우가 있게 되었다. 董厥[74]과 함께 平尙書事가 되었고, 촉나라가 멸망할 때 國難 속에서 죽었다."

蜀志曰"諸葛瞻, 字思遠, 丞相亮之子. 亮出武功, 與兄瑾書曰'瞻已八歲, 聰慧可愛, 嫌其早成, 恐不能重器耳.' 丞相亡, 蜀人思之, 愛瞻才敏. 每朝廷有一善政佳事, 雖非瞻所建倡, 傳相告曰'葛侯所爲也.' 是以美聲溢譽, 有過其實. 與董厥竝(乎)〔平〕[75]尙書事, 蜀亡, 死於國難."

② ≪三國志≫ 〈蜀志 廖化傳〉에 말하였다. "요화는 字가 元儉으로, 襄陽 사람이다. 丞相(諸葛亮)의 參軍이 되었는데, 과감한 행실과 강인한 마음으로 일컬어졌다. 관직과 품계는 張翼[76]과 같았고, 宗預의 위에 있었다."

蜀志曰"廖化, 字元儉, 襄陽人. 爲丞相參軍, 以果烈稱. 官位與張翼齊, 而在宗預之右."

③ ≪三國志≫ 〈蜀志 宗預傳〉에 말하였다. "종예는 字가 德艶으로, 南陽 安衆 사람이며, 승상(諸葛亮)의 主簿가 되었다. 승상이 세상을 떠난 뒤, 吳나라는 魏나라가 촉나라를 습격할까 우려하여 巴丘城의 수비병을 만 명으로 증원하였고, 촉나라도 역시 永安城의 수비를 강화하였다. 종예가 왕명을 받들어 오나라에 가니, 孫權이 '동쪽(오나라)의 서쪽(촉나라)에 대한 관계는 비유하자면 한 집안과 같은데, 서쪽에서 白帝城의 수비를 더욱 강화하는 것은 무엇 때문이오?' 물으니, 종예가 '동쪽에서 파구성의 수비를 강화하는 것이나 서쪽에서 백제성의 수비를 강화하는 것이나 모두 상황으로 보아 마땅한 일이니, 따질 것이 못됩니다.' 하자, 손권이 크게 웃으면서 그의 강직함을 훌륭하게 여겼다."

蜀志曰"宗預, 字德艶, 南陽安衆人, 爲丞相主簿. 丞相卒, 吳慮魏襲蜀, 增巴丘守兵萬人, 蜀亦益永安之戍. 預將命至吳, 孫權問曰'東之與西, 譬猶一家, 而西更增白帝之守, 何也?' 預曰'東益巴丘之戍, 西增白帝之守, 皆事勢宜然, 不足相問.' 權大笑,

74) 董厥 : 義陽 平氏 사람으로, 字는 龔襲이다. 蜀(三國)나라 丞相府의 令史・主簿가 되었고, 여러 관직을 거쳐 尙書僕가 되고 南鄕侯에 봉해진 뒤에 尙書令・輔國大將軍이 되었다.

75) (乎)〔平〕: 저본에는 '乎'로 되어 있으나, ≪三國志≫ 〈蜀志 諸葛瞻傳〉에 의거하여 '平'으로 바로잡았다.

76) 張翼 : ?~264. 犍爲郡 武陽縣 사람으로, 字는 伯恭이다. 蜀(三國)나라 梓潼・廣漢・蜀郡의 太守를 역임하였고, 諸葛亮이 北伐할 때에 左車騎將軍이 되었으며, 처음에 關內侯에 봉해졌다가 都亭侯로 승진되었다.

嘉其伉直."

10-15 和嶠[77]는 晉 武帝(司馬炎)에게 친애와 존중을 받아 왔는데, 〈무제가〉 화교에게 물었다.

"東宮(惠帝 司馬衷)이 근래에 더 진보한 듯하니, 그대가 한 번 가서 살펴보시오."

〈화교가 동궁을 보고〉 돌아오자, 〈무제가〉 물었다.

"어떻소?"

〈화교가〉 대답하였다.

"황태자는 자질이 처음과 같습니다."

和嶠는 爲武帝所親重이러니 語嶠曰 東宮이 頃似更(갱)成進하니 卿試往看하라하고 還에 問何如오하니 答曰 皇太子는 聖質如初①니이다하다

① 干寶의 ≪晉紀≫에 말하였다. "황태자(惠帝 司馬衷)는 순박하고 고풍스러운 풍모를 지녔고 〈타인의 말을 의심 없이〉 믿고 받아들이는 것을 훌륭하게 여겼다. 侍中 和嶠가 자주 임금(武帝 司馬炎)에게 '말세에는 거짓이 많은데 태자는 믿음만 숭상하니 四海의 주인이 아닐 것입니다. 태자가 폐하의 집안일(왕업)을 완수하지 못할까 우려되니, 위로 文武의 왕위 계승[78]을 생각하소서.' 아뢰었다. 주상은 이미 적장자를 중시하였고, 또 齊王(사마염의 同母弟 司馬攸)[79]이 패거리를 짓는다는 여론을 생

---

77) 和嶠 : ?~292. 汝南 西平 사람으로, 字는 長輿, 시호는 簡이다. 魏(三國)나라 太常 和洽의 손자이자 吏部尙書 和逌(화유)의 아들이다. 부친의 작위 上蔡伯을 이어 받고 太子舍人으로 벼슬을 시작하고, 여러 관직을 역임한 뒤에 中書令이 되었다.

78) 文武의 왕위 계승 : 周나라 文王이 맏아들 伯邑考를 후계자로 선택하지 않고, 武王에게 제위를 물려준 일을 이른다.

79) 司馬攸 : 248~283. 河內郡 溫縣 사람으로, 字는 大猷, 어릴 때 이름은 桃符, 시호는 獻이다. 晉 文帝(司馬昭)의 둘째 아들이자 武帝(司馬炎)의 同母弟이고, 어머니는 文明皇后(王元姬)이다. 伯父 司馬師의 양자가 되어 舞陽侯에 襲封되었고, 西晉시대에 齊王에 봉해졌으며, 驃騎將軍·司空·開府儀同三司 등 요직을 역임하였다. 무제 만년에 조정의 안팎에서 그가 皇位를 계승해야 한다는 여론이 고조되었는데, 荀勖과 馮紞이 이를 기회로 자신을 참소하자 분노를 이기지 못하고 36세의 나이로 피를 토하면서 죽었다.

각했기 때문에 〈화교의 충고를〉 받아들이지 않았다. 이후에 임금이 화교에게 '태자가 근래에 조정에 들어왔는데, 내 생각에 조금 진보한 것 같으니, 그대가 荀侍中(荀顗)과 함께 가서 대화를 나누어 보시오.' 순의가 명을 받들어 갔다가 돌아와서는 임금에게 '태자는 고명한 식견이 넓고 참신해졌으니, 성상께서 말씀하신 것과 같은 점이 있었습니다.' 아뢰었다. 화교에게 물으니, 화교는 '태자의 자질은 처음과 같습니다.' 대답하자, 임금이 아무런 말을 하지 않았다.

孫盛의 ≪晉陽秋≫에 말하였다. "世祖(司馬炎)는 惠帝(司馬衷)가 〈천자의〉 大業을 계승하지 못할까 의심하여 和嶠와 荀勗을 보내 살펴보게 하였다. 〈그들이 혜제를〉 만난 뒤에 순욱은 칭찬하고 감탄하면서 '태자는 품덕이 더욱 진보하고 훌륭해졌으니 예전과 같지 않습니다.' 하였고, 화교는 '황태자는 자질이 처음과 같습니다. 이 일(후계자 선정)은 폐하의 가정사이니 신이 다할 수 있는 것이 아닙니다.' 하였다. 천하 사람들이 이 말을 듣고는 모두 화교가 충직하다고 칭찬하고 순욱을 완전히 죽이고자 하였다."

살펴보건대, 순의는 청렴하고 우아하며 성품 상 아부하지 않았으니, 〈간보와 손성의〉 두 가지 설명을 비교해보면 손성의 설명이 타당하다.

干寶晉紀曰 "皇太子有醇古之風, 美於信受. 侍中和嶠, 數(삭)言於上曰 '季世多僞, 而太子尙信, 非四海之主. 憂太子不了陛下家事, 願追思文武之阼.' 上旣重長適, 又懷齊王朋黨之論, 弗入也. 後上謂嶠曰 '太子近入朝, 吾謂差(치)進, 卿可與荀侍中共往言.' 及顗(의)奉詔還, 對上曰 '太子, 明識弘新, 有如明詔.' 問嶠, 嶠對曰 '聖質如初.' 上默然. 晉陽秋曰 "世祖疑惠帝不可承繼大業, 遣和嶠・荀勗往觀察之. 旣見, 勗稱歎曰 '太子, 德更(갱)進茂, 不同於故.' 嶠曰 '皇太子, 聖質如初. 此陛下家事, 非臣所盡.' 天下聞之, 莫不稱嶠爲忠, 而欲灰滅勗也." 按, 荀顗淸雅, 性不阿諛, 校之二說, 則孫盛爲得也.

【頭註】

○ 王世懋 : 荀顗(순의)도 〈목숨을〉 보전하지 못하였다.
王云 "荀顗, 亦未可保."

10-16 晉 武帝(司馬炎) 때에 荀勖이 中書監[80]이 되고 和嶠가 中書令이 되었다.

---

80) 中書監 : 中書省의 장관으로, 魏(三國) 文帝(曹丕) 黃初 연간(220~226)에 중요한 정

선례에 따르면 중서감과 중서령은 본래부터 함께 수레를 타고 〈조정에 들어왔다.〉 화교는 성품이 우아하고 방정하여 순욱의 아첨하는 태도를 항상 미워하였다. 이후에 公車(관용 수레)가 오자, 화교가 즉시 올라타서 앞을 향해 중앙에 앉아 더 이상 순욱이 탈 자리를 비워두지 않으니, 순욱은 한창 다시 〈다른〉 수레를 찾은 뒤에야 출발할 수 있었다. 중서감과 중서령에게 각각 수레를 지급한 것은 이로부터 시작되었다.

晉 武帝時에 **荀勗爲中書監**①하고 **和嶠爲令**한대 **故事**에 **監令**이 **由來共車**라 **嶠性雅正**하여 **常疾勗諂諛**②러니 **後**에 **公車來**에 **嶠便登**하여 **正向前坐**하여 **不復容勗**하니 **勗**이 **方更**(갱)**覓車**하여 **然後得去**라 **監令**을 **各給車**는 **自此始**③하다

① 虞預[81)]의 ≪晉書≫에 말하였다. "荀勗은 字가 公曾으로, 潁川 潁陰 사람이며, 漢나라 司空 荀爽[82)]의 증손자이다. 10여 세에 글을 제대로 지을 수 있었으니, 외조부 鍾繇(종요)가 '이 아이는 틀림없이 그의 증조부(순상)의 〈수준에〉 이를 것이다.' 하였다. 安陽縣令이 되었을 때 〈善政을 베풀어〉 백성들이 생전에 그를 위해 사당을 세웠다. 여러 차례 승진하여 侍中·中書監이 되었다."

虞預晉書曰"勗, 字公曾, (穎)〔潁〕川(穎)〔潁〕陰人, 漢司空爽曾孫也. 十餘歲能屬文, 外祖鍾繇曰'此兒, 當及其曾祖.' 爲安陽令, 民生爲立祠. 累遷侍中·中書監."

② 王隱의 ≪晉書≫[83)]에 말하였다. "荀勗은 성품이 아첨을 잘하여 太子(司馬炎의 아들 司馬衷)를 칭찬하고 齊王(사마염의 同母弟 司馬攸)을 쫓아냈다. 당시 재야의 의론에

무를 관장하게 하기 위해 중서감과 中書令 두 장관을 설치하였다.

81) 虞預 : 285?~340? 會稽 餘姚 사람으로, 본명은 茂, 字는 叔寧이다. 晉 元帝 때에 著作郎이 되었고, 成帝 咸和 연간(326~334)에 西鄕侯에 봉해지고 蘇峻의 반란을 평정하는 데 일조하여 平康縣侯가 되었으며, 여러 차례 散騎常侍에 임명되었다.

82) 荀爽 : 128~190. 潁川 潁陰 사람으로, 字는 慈明, 또 다른 이름은 諝이다. 才德이 출중하여 당시에 八龍으로 불렸던, 東漢시대 荀淑의 여덟 아들 가운데 여섯 째 아들이다.

83) 王隱의 ≪晉書≫ : 왕은은 陳郡 陳縣 사람으로, 字가 處叔이다. 晉 元帝 때 활동했으며 王敦의 난을 평정하는데 공이 있어 平陵鄕侯에 봉해졌다. ≪진서≫는 著作郎인 왕은과 그 부친인 王銓이 공동 편찬한 紀傳體 史書이다. 본래 93권이었으나 隋나라 때는 86권이 남았고, 지금은 湯球가 집록한 輯本 11권이 있다.

'국가를 망치고 백성을 해치는 짓이 孫資·劉放과 같다.[84] 후세에 만약 훌륭한 사관이 나온다면 틀림없이 〈그의 행적을〉 佞倖傳에 기록할 것이다.' 하였다."

王隱晉書曰"勗性佞媚, 譽太子, 出齊王. 當時私議, '損國害民, 孫·劉之匹也. 後世若有良史, 當著佞倖傳.'"

③ 曹嘉之의 ≪晉紀≫에 말하였다. "中書監과 中書令은 항상 함께 수레를 타고 조정에 들어왔는데, 和崎가 중서령이 되고 荀勗이 중서감이 되었을 때 화교의 성품이 강직하여 수레를 독점하여 앉았다. 중서감과 중서령에게 수레를 따로 타게 한 것이 이로부터 시작되었다."

曹嘉之晉紀曰"中書監·令, 常同車入朝. 至和崎爲令, 而荀勗爲監, 嶠意彊抗, 專車而坐, 乃使監·令異車, 自此始也."

【頭註】

○ 王世懋 : 이것은 본래 和長輿(和嶠)의 방정한 태도이니, 曹嘉之의 ≪晉紀≫에서 '强抗(강직하다)이라고 하면 안 되는 것이다.'

王云"此故是長輿方正, 嘉之紀不得云强抗."

10-17 晉 武帝(司馬炎)가 和嶠에게 말하였다.

"나는 우선 王武子(王濟)[85]를 통렬히 꾸짖은 뒤에 그에게 작위를 주려고 하오."

화교가 말하였다.

"왕무자는 재능이 출중하고 호방하니 아마 굴복시킬 수 없을 것입니다."

무제가 마침내 왕무자를 불러 호되게 꾸짖은 뒤에 말하였다.

"부끄러움을 느끼는가?"

왕무자가 말하였다.

"한 자의 베와 한 말의 곡식에 대한 노래를 생각하면 항상 폐하께 부끄러운

---

84) 孫資·劉放과 같다 : 魏(三國) 文帝(曹丕) 때에 유방은 中書監, 손자는 中書令이 되어 중책을 맡았고, 明帝(曹叡) 때에도 아첨으로 신임을 얻었다. 명제의 어린 아들 齊王의 후견인이 되어 燕王 曹宇를 물러나게 하고 曹爽과 司馬懿를 추천했는데, 이는 위나라가 쇠퇴하게 된 하나의 원인이 되었다.

85) 王武子(王濟) : 太原 晉陽 사람으로, 字는 武子이다. 魏(三國)나라 司空 王昶의 손자이자 司徒 王渾의 둘째 아들이며, 晉 文帝(司馬昭)의 사위이다.

마음이 듭니다. 타인들은 소원한 사람을 친밀하게 할 수 있는데, 저는 친밀한 사람조차 친밀하게 할 수 없으니,[86] 이 때문에 폐하께 부끄럽습니다."

武帝가 **語和嶠曰 我欲先痛罵王武子**하고 **然後爵之**라하니 **嶠曰 武子儁爽**하니 **恐不可屈**이리이다하다 **帝**가 **遂召武子**하여 **苦責之**하고 **因曰 知愧不**①아하니 **武子曰 尺布斗粟之謠**에 **常爲陛下恥之**②니이다 **他人**은 **能令踈親**이어늘 **臣**은 **不能使親**(踈)〔**親**〕[87]하니 **以此愧陛下**니이다하다

① 傅暢의 ≪晉諸公敍贊≫에 말하였다. "齊王(司馬攸)이 〈조정에 있다가〉 封國으로 나가게 되었을 때, 王濟가 〈보내지 말라고〉 무수하게 간하고 요청하였다. 또, 여러 차례 〈자신의 아내〉 常山公主(사마염의 누이)와 甄德[88]의 아내 長廣公主(사마염의 누이 京兆公主)를 함께 조정에 들여보내 머리를 땅에 조아리면서 〈제왕을 조정에〉 머물게 해달라고 간청하게 하였다. 世祖(사마염)가 매우 화를 내면서 王戎[89]에게 '우리 형제들은 더할 나위 없이 친밀하지만, 지금 제왕을 내보내는 것은 짐의 집안을 위해 생각한 것인데, 견덕과 왕제가 연달아 자기 부인을 들여보내 산채로 곡을 하는구나. 〈인척 관계에 있는〉 왕제 등이 오히려 이러하니 하물며 다른 사람들은 말할 것도 없다.' 하였다. 왕제가 이로부터 견책을 받아 國子祭酒(국자좨주)로 좌천되었다."

晉諸公贊曰 "齊王當出藩, 而王濟諫請無數, 又累遣常山(王)〔公主〕[90]與(婦)〔甄德妻〕[91]長廣公主共入, 稽顙陳乞留之. 世祖甚恚(에), 謂王戎曰 '我兄弟至親, 今出齊

86) 친밀한……없으니 : 王濟는 武帝(司馬炎)의 누이 常山公主의 남편이니, 妻男인 무제를 친밀하게 하지 못한다는 뜻이다.

87) (踈)〔親〕: 저본에는 '踈'로 되어 있으나, ≪晉書≫ 〈王濟列傳〉에 의거하여 '親'으로 바로잡았다.

88) 甄德 : 西平 사람으로, 字는 彦孫이다. 魏晉시대의 大臣으로, 晉 武帝(司馬炎)의 姊兄이자 京兆公主(長廣公主)의 남편이다.

89) 王戎 : 234~305. 琅邪 臨沂 사람으로, 字는 濬冲이다. 三國시대로부터 西晉시대에 이르기까지의 名士이자 관원이며, 竹林七賢의 한 명이다.

90) (王)〔公主〕: 저본에는 '王'으로 되어 있으나, ≪晉書≫ 〈王濟列傳〉에 의거하여 '公主'로 바로잡았다.

91) (婦)〔甄德妻〕: 저본에는 '婦'로 되어 있으나, ≪晉書≫ 〈王濟列傳〉에 의거하여 '甄德

王, 自朕家計, 而甄德・王濟連遣婦入來, 生哭人邪. 濟等尙爾, 況餘者乎.' 濟自此被責, 左遷國子祭酒."

② ≪漢書≫에 말하였다. "淮南厲王 劉長은 高祖(劉邦)의 막내아들이다. 죄를 짓자 文帝가 蜀郡으로 유배 보냈는데 〈도중에 아무것도〉 먹지 않아 죽었다.[92] 백성들이 노래를 지어 '한 자의 베도 오히려 재봉하여 〈함께 옷을〉 입을 수 있고, 한 말의 곡식도 오히려 찧어 〈함께〉 먹을 수 있거늘, 형제 두 명이 서로 용납할 수 없구나." 하였다. 薛瓚[93]의 주석에 말하였다. "한 자의 옷감도 재봉하여 함께 옷을 입을 수 있고, 한 말의 곡식도 찧어 함께 먹을 수 있는데, 하물며 광대한 천하를 소유하고도 〈아우를〉 용납할 수 없었다는 말이다."

漢書曰"淮南厲王長, 高祖少子也. 有罪, 文帝徙之於蜀, 不食而死. 民作歌曰 '一尺布, 尙可縫, 一斗粟, 尙可舂, 兄弟二人, 不能相容.'" 瓚注曰"言一尺布帛, 可縫而共衣, 一斗米粟, 可舂而共食, 況以天下之廣, 而不相容也."

山濤

10-18 山公(山濤)의 큰아들(山該)[94]이 短帢(단갑)[95]을 쓰고 수레 안에서 기대 있었는데, 晉 武帝(司馬炎)가 그를 만나고자 하였다. 산공이 감히 사양하지 못하여 아들에게 물어보니, 아들은 〈만나러〉 가고 싶지 않다고 하였다.[96] 당시의 논자들이 말하

妻'로 바로잡았다.

92) 죄를……죽었다 : B.C. 174년 淮南厲王 劉長이 匈奴 및 閩越지역의 수령과 연락하여 반란을 도모하다가 발각되어 체포되었다. 신하들이 사형을 내려야 한다고 했으나 文帝가 허락하지 않고, 王號를 폐지하고 蜀郡 嚴道로 유배 보냈는데, 도중에 먹지 않아 죽었다. 시호는 厲王이다.

93) 薛瓚 : 太原 사람으로, 北朝 前秦의 苻堅 때에 中書侍郎을 역임했고, 淝水의 전투에서 패배한 이후 后秦에 투항하였다.

94) 큰아들(山該) : ≪晉書≫ 〈山該列傳〉에는 이 일화의 주인공이 셋째 아들 山允으로 되어 있다. 산윤은 등이 굽은 곱사병을 앓고있어 왜소하였다.

95) 短帢(단갑) : 고깔처럼 생긴 모자의 일종으로, 네 귀퉁이가 없고 비단으로 만든다.

였다.

"〈아들이〉 산공보다 더 낫다."

山公大兒가 **著**(착)**短帢**하고 **車中倚**한대 **武帝欲見之**라 **山公**이 **不敢辭**하여 **問兒**하니 **兒不肯行**이라 **時論乃云 勝山公**①이라하다

① 傅暢의 ≪晉諸公敍贊≫에 말하였다. "山該는 字가 伯倫으로, 司徒 山濤의 맏아들이다. 평소 기량과 식견이 있었고, 관직이 左衛將軍에 이르렀다."
晉諸公贊曰 "山該, 字伯倫, 司徒濤長子也. 雅有器識, 仕至左衛將軍."

【頭註】

○ 劉辰翁 : 단지 스스로 그 왜소함을 부끄러워한 것일 뿐이니, '산공보다 낫다'고 말할 만하지 않다.
劉云 "直自媿其矮耳, 不足言勝."

嵇紹

10-19 齊王 司馬冏(사마경)이 大司馬가 되어 정사를 보좌하고 있었다. 嵇紹(혜소)[97]가 侍中이 되어 사마경을 찾아가 정사에 대해 물었는데, 〈당시에〉 사마경은 음식을 차려놓고 연회를 베풀면서[98] 葛旟(갈여)와 董艾 등을 불러 時宜(당대의 필요한 조치)를 함께 논의하고 있었다. 갈여 등이 사마경에게 아뢰

---

96) 아들이……하였다 : 短帢(단갑)은 옛날 士人이 쓰던 모자의 일종인데, 황제를 알현할 때 이 모자를 쓰는 것은 禮에 맞지 않았다. 그래서 山該가 武帝를 만나러 가지 않으려고 한 것이다.(沈海波 역주, ≪世說新語≫)

97) 嵇紹(혜소) : 253~304. 譙國 銍縣(질현) 사람으로, 字는 延祖이며, 魏(三國)나라 中散大夫 嵇康의 아들이다. 汝陰太守·豫章內史·徐州刺史·給事黃門侍郎을 역임했고, 여러 차례 散騎常侍·國子博士가 되었으며, 弋陽子에 봉해졌다.

98) 음식을……베풀면서 : 원문의 '宰會'에 대해 ≪世說講義≫에서는 '宰輔의 회의'라고 하였다.

었다.

“嵇侍中(혜소)은 관현악기를 잘 다루니 공께서 그에게 연주하게 하시지요.”

마침내 〈혜소에게〉 악기를 주었는데 혜소가 거절하고 수락하지 않자, 사마경이 말하였다.

“오늘 함께 즐기려는 것인데, 그대는 어찌 거절하시오?”

혜소가 말하였다.

“공께서는 황실을 보좌하고 계시니 일처리는 본보기가 될 만하게[99] 해야 합니다. 제가 비록 관직은 낮지만 직분이 常伯(시중)이고, 관현악기를 연주하는 것은 樂官의 일이니, 先王의 法服(예법에 따라 규정된 복식)을 입은 채 伶人(악관)의 일을 할 수는 없습니다. 지금 공의 명령에 몰려 감히 구차히 사양하지 못하니, 마땅히 冠冕(예복)을 벗고 私服(평복)을 입어야 합니다.[100] 이것이 저의 마음입니다.”

갈여 등이 편치 않은 마음으로 물러났다.

齊王冏이 爲大司馬하여 輔政①이러니 嵇紹가 爲侍中하여 詣冏咨事한대 冏設宰會하여 召葛旟②와 董艾等③하여 共論時宜라 旟等이 白冏하되 嵇侍中은 善於絲竹하니 公可令操之라하니 遂送樂器한대 紹가 推却不受라 冏曰 今日共爲歡하니 卿何却邪아하니 紹曰 公은 協輔皇室하시니 令作事可法이니이다 紹雖官卑나 職備常伯하고 操絲比竹은 蓋樂官之事니 不可以先王法服으로 爲伶人之業이니이다 今逼高命하여 不敢苟辭니 當釋冠冕하고 襲私服이니이다

---

99) 일처리는……만하게 : 春秋 衛나라 北宮文子가 그 군주인 襄公에게 威儀에 대해 설명하면서 “군자(周文王)는 자리에 있으면 사람들이 경외할 만하고 은혜를 베풀면 사람들이 사랑할 만하며, 진퇴하는 것은 법도가 될 만하고 주선하는 것은 법칙이 될 만하며, 행동거지는 보고 배울 만하고 일 처리는 본보기가 될 만하며, 덕행은 본받을 만하고 음성은 즐겁게 여길 만하며, 동작에는 문채가 있고 언어에는 조리가 있었습니다. 이와 같이 아랫사람들을 다스렸기 때문에 그에게 위의가 있다고 말한 것입니다.〔君子 在位可畏 施舍可愛 進退可度 周旋可則 容止可觀 作事可法 德行可象 聲氣可樂 動作有文 言語有章 以臨其下 謂之有威儀也〕”하였다.(≪春秋左氏傳≫ 襄公 31년)

100) 冠冕(예복)을……합니다 : 辭職하겠다는 뜻이다.(≪世說講義≫)

此紹之心也니이다하니 旟等이 不自得而退하다

① 虞預의 ≪晉書≫에 말하였다. "司馬冏(사마경)은 字가 景治로, 齊王 司馬攸(司馬炎의 同母弟)의 아들이다. 어릴 때부터 총명하고 지혜로웠고, 장성해서는 겸손하고 절제하며 베풀기를 좋아하였다. 趙王 司馬倫이 황위를 찬탈하자 사마경이 의병을 일으켜 사마륜을 주벌하였다. 大司馬에 제수되고 九錫[101]이 더해지며, 정사가 모두 그에게서 결정되었다. 그러나 마음대로 소인배들을 기용하고는 더 이상 조회에 참석하지 않고, 결국 長沙王(司馬乂)에게 죽임을 당했다."

虞預晉書曰"冏, 字景治, 齊王攸子也. 少聰慧, 及長, 謙約好施. 趙王倫簒位, 冏起義兵誅倫, 拜大司馬, 加九錫, 政皆決之, 而恣用群小, 不復朝覲, 遂爲長沙王所誅."

② ≪齊王官屬名≫에 말하였다. "葛旟(갈여)는 字가 虛旟로, 제왕의 從事中郎이었다."
孫盛의 ≪晉陽秋≫에 말하였다. "齊王(司馬冏)이 의병을 일으켰을 때 〈갈여는〉 長史로 전임되었고, 〈제왕이〉 趙王 司馬倫을 이긴 뒤에는 董艾 등과 함께 위세와 권력을 독점하다가 사마경이 패배하자 죽임을 당하였다."

齊王官屬名曰"旟, 字虛旟, 齊王從事中郎." 晉陽秋曰"齊王起義, 轉長史, 旣克趙王倫, 與董艾等專執威權, 冏敗, 見誅."

③ 盧綝(노침)의 ≪八王故事≫[102]에 말하였다. "동애는 字가 叔智로, 弘農 사람이다. 조부 董遇는 魏(三國)나라의 侍中을, 부친 董綏(동수)는 秘書監을 역임하였다. 동애는 젊을 때부터 공을 세워 이름을 떨치기를 좋아하고 선비의 예절을 닦지 않았다. 齊王(司馬冏)이 의병을 일으켰을 때 동애는 新汲縣 현령으로 있다가 군대에 참여하니, 〈제왕이〉 동애를 기용하여 右將軍에 임명했는데, 제왕이 패배하자 죽임을 당하였다."

八王故事曰"艾, 字叔智, 弘農人. 祖遇, 魏侍中, 父綏, 秘書監. 艾少好功名, 不修士檢. 齊王起義, 艾爲新汲令, 赴軍, 用艾領右將軍, 王敗, 見誅."

【頭註】

○ 中散大夫(嵇康)의 아들이기 때문에 저절로 비범한 것이다.
王云"中散兒, 故自不凡."

---

101) 九錫 : 173쪽의 주)53 참조.

102) 盧綝(노침)의 ≪八王故事≫ : 노침은 范陽陽 涿縣 사람으로, 관직이 晉나라 尙書郎에 이르렀고, 廷尉에 증직되었다. ≪八王故事≫는 西晉시대 말기에 발생한 '八王의 亂'을 기록한 역사서로, ≪晉書≫ 〈八王列傳〉의 누락과 오류를 보완할 만하다.

11. 방정 하 方正 下

11-1 盧志가 여러 사람들이 앉은 자리에서 陸士衡(陸機)에게 물었다.

"陸遜(육사형의 조부)과 陸抗(육사형의 부친)은 그대와 어떤 관계입니까?"

〈육사형이〉 대답하였다.

"盧毓(노육, 노지의 조부)과 盧珽(노지의 부친)의 관계와 같습니다."

陸士龍(陸雲)이 〈형인 육사형이 노지의 조부와 부친의 이름을 직접 불렀기 때문에〉 아연실색하였다. 〈노지가〉 문을 나선 뒤에 형에게 말하였다.

"어째서 이와 같이 〈심한 지경에〉 이르렀습니까. 저 사람의 태도를 보면 〈육손과 육항이 우리의 조부와 부친이라는 것을〉 알지 못했습니다."

육사형이 정색하면서 말하였다.

"우리 부친과 조부는 명성이 세상에 파다하니 어찌 알지 못하겠는가. 귀신의 자식[1]이 감히 이와 같구나."

陸機

논자들이 두 육씨(육사형과 육사룡)의 우열을

1) 귀신의 자식 : 盧充이 귀신과 혼인하여 아들을 낳았는데, 盧志는 그 후손이라는 뜻이다.

가리지 못하고 있었는데, 謝公(謝安)[2]이 이 일을 기준으로 〈그들의 우열을〉 확정하였다.

盧志가 **於衆坐**①에 **問陸士衡**하되 **陸遜**과 **陸抗**은 **是君何物**②잇고하니 **答曰 如卿於盧毓**(육)과 **盧珽**③이니이다하니 **士龍失色**이라 **旣出戶**에 **謂兄曰 何至如此**잇가 **彼容不相知也**니이다하니 **士衡正色曰 我父祖**는 **名播海內**니 **寧有不知**리오 **鬼子敢爾**④로다하다 **議者**가 **疑二陸優劣**이러니 **謝公**이 **以此定之**하다

① 郭頒의 ≪魏晉世語≫에 말하였다. "盧志는 字가 子通으로, 范陽 사람이며, 尙書 盧珽의 막내아들이다. 젊을 때부터 명성이 알려져서 鄴縣 縣令으로 벼슬을 시작했고, 成都王(司馬穎)의 長史와 衛尉卿과 尙書郞을 역임하였다."
世語曰 "志, 字子通, 范陽人, 尙書珽小子. 少知名, 起家鄴令, 歷成都王長史·衛尉卿·尙書郞."

② ≪三國志≫ 〈吳志 陸遜傳〉에 말하였다. "육손은 字가 伯言으로, 吳郡 사람이며, 〈그의 집안은〉 대대로 명문거족이었다. 처음에 海昌縣令에 임명되었는데 神君이라 불렸고, 여러 관직을 역임하고 丞相이 되었다."
吳書曰 "遜, 字伯言, 吳郡人, 世爲冠族. 初領海昌令, 號神君, 累遷丞相."

③ ≪三國志≫ 〈魏志 盧毓傳〉에 말하였다. "노육은 字가 子家로, 涿縣 사람이다. 부친 盧植[3]은 세상에 명성이 있었다. 〈노육은〉 여러 관직을 역임하고 吏部郞과 尙書가 되었고, 인재를 선발할 때 성품과 행실을 우선으로 여기고 언변과 재주를 나중으

---

2) 謝安 : 320~385. 河南 陳郡 사람으로, 字는 安石이다. 젊은 시절에는 출사하지 않고 會稽의 東山에 은거하면서 명필로 유명한 王羲之 등과 깊은 교분을 나누며 淸談만 탐구했으나, 40세에 벼슬길에 나와 당시 東晉의 최고 권력자 桓溫의 司馬가 되었다. 대사마 桓溫이 황위를 찬탈하려 하자 王坦之 등과 함께 이를 저지하고 동진의 실권을 잡았다. 383년 화북을 통일한 前秦이 前燕을 멸망시키고 백만 대군으로 남하하자 征討大都督이 되어 동생 謝石, 조카 謝玄 등과 함께 前秦에 맞서 싸워 승리했다. 이 여세를 몰아 사안은 계속 북벌을 주창했지만 그의 성장을 경계한 황족 司馬道子의 방해로 좌절되었고, 중앙 정계에서 퇴출되어 廣陵步丘로 좌천되었다가 病死하였다.

3) 盧植 : ?~192. 涿郡 涿縣 사람으로, 字는 子幹이다. 스승은 太尉 陳球와 大儒 馬融이고, 鄭玄·管寧·華歆과 동문이다. 漢나라 九江太守와 廬江太守를 역임했고, 馬日磾(마일제)·蔡邕 등과 함께 東觀에서 유학 관련 서적을 교감하였다.

로 여겼으며, 司空으로 승진하였다. 盧珽은 〈魏(三國) 元帝〉 咸熙 연간(264~265)에 泰山太守가 되었고, 字는 子笏이며, 지위가 尙書에 이르렀다."

魏志曰"毓, 字子家, 涿人. 父植, 有名於世. 累遷吏部郎·尙書. 選擧, 先性行而後言才, 進司空. 珽, 咸熙中, 爲泰山太守, 字子笏, 位至尙書."

④ 孔約의 ≪孔氏志怪≫[4)]에 말하였다. "盧充은 范陽 사람이다. 그의 집에서 서쪽으로 30리 되는 곳에 崔少府의 무덤이 있었다. 노충이 동짓날 하루 전에 집을 나서서 서쪽으로 가서 사냥을 했는데, 노루 한 마리를 보고는 활을 들어 쏘아서 바로 명중시켰다. 노루가 쓰러졌다가 다시 일어나서 달아나자, 노충이 〈그 노루를〉 뒤쫓느라 멀리 왔다는 것을 깨닫지 못하였다.

언뜻 보니, 1리 쯤 되는 곳에 관청의 대문처럼 생긴 문이 있고, 문 안에서 鈴下(문지기) 한 명이 '손님은 들어오십시오.'라고 소리쳤다. 노충이 '이곳은 누구의 저택이오?' 물으니, 〈문지기가〉 '소부의 저택입니다.' 대답하였다. 노충이 '나의 의복이 누추하니 어떻게 귀인을 뵐 수 있겠소?' 하니, 즉시 어떤 사람이 새로운 의복 한 벌을 가지고 와서 맞이하였다. 노충이 〈그 옷을〉 입으니 몸에 꼭 맞았다. 곧장 들어가서 소부를 뵙고는 성명을 알렸다. 술과 고기가 여러 차례 나온 뒤에 최소부가 '근자에 존귀한 府君(太守, 노충의 부친)이 보내신 편지를 받았는데, 그대를 위해 〈나의〉 막내딸을 청하여 혼인시키고자 한다고 하셨네. 그래서 〈그대를〉 맞이한 것이네.' 하고는 즉시 그 편지를 꺼내 노충에게 보여주었다. 노충은 부친이 세상을 떠났을 때 비록 어렸지만, 이미 부친의 필적을 알고 있었기 때문에 곧장 아무 말 없이 흐느끼고 탄식하였다. 최소부가 즉시 안채에 명하여 딸을 위엄 있게 치장하게 하고, 노충에게 동쪽 사랑채로 가게 하였다.

노충이 이르자 신부는 이미 수레에서 내려 자리 앞에 서 있었고, 〈두 사람이〉 함께 맞절을 하였다. 3일 동안의 혼례식이 끝나고 돌아와 최소부를 뵙자, 최소부가 '그대는 돌아가도록 하게. 딸에게 임신한 기색이 있으니, 아들을 낳으면 당연히 그대에게 돌려보낼 것이고 딸을 낳으면 마땅히 이곳에 남겨 기르겠네.' 하고는 수레를 정비하여 손님을 전송하라고 밖에 명령하였다. 최소부가 〈노충을〉 전송할

---

4) 孔氏志怪 : 南朝의 志怪小說集이다. 원서는 4권인데 일실되었다. ≪隋書≫ 〈經籍志〉 史部·雜傳類에 "≪지괴≫ 4권은 공씨가 찬술했다." 하였고, ≪舊唐書≫ 〈경적지〉 잡전류에 "≪지괴≫는 4권이다." 했으며, ≪新唐書≫ 〈藝文志〉 小說家類에 "공씨의 ≪지괴≫는 4권이다." 하였다.

때 대문까지 나와 손을 잡고 눈물을 흘렸는데, 이별의 정감이 살아있는 사람과 다름이 없었고, 다시 옷 한 벌과 침구 한 벌을 주었다. 노충이 즉시 수레에 오르자 번개처럼 〈빠르게〉 떠나 순식간에 집에 도착하였다. 가족들은 〈그를〉 만나 슬퍼하면서도 기뻐하고 〈저간의 사정을〉 자세히 물으니, 〈노충은 그제야〉 최소부가 죽은 사람이고 〈자신이〉 그의 무덤에 들어갔었다는 사실을 알고는 뒤미처 괴로워하고 한탄하였다.

4년이 지난 뒤 3월 3일에 〈노충이〉 물가에서 놀 때, 문득 〈물 위에서〉 두 대의 犢車(독거, 소가 끄는 수레)가 떴다 가라앉았다 하는 광경을 보았다. 〈그 수레들이〉 언덕으로 올라온 뒤에 노충이 가서 수레의 뒷문을 열고 보았더니, 최씨의 딸과 3세 된 남자아이가 함께 타고 있었다. 노충이 그녀를 보고 기뻐하여 그녀의 손을 잡으려고 하자, 그 여인이 손을 들어 뒤에 있는 수레를 가리키면서 '부군께서는 사람을 만나시지요.' 하자, 즉시 최소부를 보게 되어 노충이 〈그에게〉 가서 문안을 올렸다. 여인이 아이를 안아 노충에게 돌려주고, 또 황금 주발을 주어 이별하면서 아울러 다음과 같은 시를 주었다.

'찬란한 靈芝의 자질, 화려함과 아름다움 얼마나 풍성한가.
고운 꽃 당시에 피어나니, 특별한 찬사가 신묘함을 드러내네.
맺은 꽃봉오리 미처 피어나지 못한 채, 한여름에 서리 맞아 시들었구나.
무성하고 아름다운 꽃 길이길이 어둠 속에 사라지니, 세상에 영원히 베풀지 못하네.
음양의 운수 깨닫지 못했거늘, 哲人이 뜻밖에 오셨구나.
만남은 짧고 이별은 신속하니, 모두 신령이 내리시는 복록에 따른 것.
무엇을 나의 낭군께 드릴까, 황금 주발이면 아이를 기를 수 있지.
애정이 이제 끊어지니, 끊어지듯 애간장이 녹는구나.'

노충이 아이와 주발과 시를 받으니, 홀연 두 대의 수레가 보이지 않았다. 아이를 데리고 돌아오니, 좌중의 모든 이들이 그 아이를 귀신이라고 여겨 모두 멀리서 침을 뱉었지만, 아이의 모습은 여전하였다. 〈사람들이〉 아이에게 '누가 너의 아버지이냐?' 물으면, 아이는 줄곧 노충의 품으로 달려갔다. 사람들이 처음에는 괴이하게 여겨 싫어했으나, 그 시를 받아 읽은 뒤에는 개연히 죽은 자와 산 자 사이의 불가사의한 通情을 감탄하였다.

노충이 시장에 가서 주발을 팔려고 할 때에 그 값을 비싸게 불러, 빨리 팔려고 하지 않고 알아보는 자가 있기를 기대하였다. 난데없이 어떤 늙은 하녀 한 명이 노충에게 주발을 얻은 연유를 묻고는, 돌아가 〈자신의〉 大家[5]에게 보고했는데, 〈주인은〉 바로 그녀(노충의 아내)의 이모였다. 〈그 주인이 아들을〉 보내 살펴보게 하니, 과연 사실이었다. 〈그 아들이〉 노충에게 '우리 이모가 최소부에게 시집갔는데, 그 딸이 시집가기 전에 죽었습니다. 부친이 슬퍼하면서 황금 주발 하나를 주어 〈그녀의〉 관 속에 넣게 했는데, 지금 그대의 주발을 보니 매우 흡사합니다. 주발을 얻게 된 자초지종을 들을 수 있겠습니까?' 하니, 노충이 사실대로 대답하였다. 즉시 노충의 집에 가서 아이를 데리고 오니, 아이에게 최씨의 딸의 모습도 있고, 또 노충의 모습과 비슷하였다. 〈그녀의〉 이모가 말하였다. '우리 조카딸은 3월 하순에 태어났습니다. 그 부친(최소부)이 「봄은 따스하고 온화하니〔煗溫〕〈이 아이가〉 훌륭하고 건강하기를 바란다.〔休强〕」 하시고는 즉시 字를 溫休라고 했습니다. 온휴는 幽婚(사람과 귀신의 결혼)을 뜻하니,[6] 그 조짐이 이미 〈이름에〉 드러난 것입니다.' 하였다.

〈노충의〉 아들은 마침내 성장하여 훌륭한 재목이 되어 여러 군의 二千石[7]을 역임하였고, 〈그때마다〉 모두 공적을 세웠다. 그 후손으로 盧植을 낳았는데 그는 漢나라의 尙書가 되었고, 노식의 아들 盧毓은 魏(三國)나라의 司空이 되었으며, 〈그 집안은〉 고관대작이 〈대대로〉 이어져 지금에 이르고 있다."

孔氏志怪曰 "盧充者, 范陽人. 家西三十里, 有崔少府墓. 充先冬至一日, 出家西獵, 見一獐, 擧弓而射, 卽中之, 獐倒而復起, 充逐之, 不覺遠. 忽見一里[8]門如府舍, 門中一鈴下有唱, '(家)〔客〕[9]前.' 充問 '此何府也?' 答曰 '少府府也.' 充曰 '我衣惡, 那得見貴人?' 卽有人提襆(복)新衣迎之, 充著, 盡可體. 便進見(현)少府, 展姓名. 酒炙數行, 崔曰 '近得尊府君書, 爲君索小女婚, 故相延耳.' 卽擧書示充. 充, 父亡時, 雖小, 然已見父手迹, 便歔欷無辭. 崔卽敕內, 令女郞莊嚴, 使充就東廊. 充至, 婦已下車, 立席頭, 共拜. 爲三日畢, 還見崔, 崔曰 '君可歸矣. 女有娠相, 生男, 當以相還, 生

---

5) 大家 : '家'는 '姑'로, 여자에 대한 존칭이다.(≪世說音釋≫)

6) 온휴는……뜻하니 : 溫休의 半切音이 '幽', 休溫의 반절음이 '婚'이 되는 것에 착안한 것이다.(≪世說音釋≫)

7) 二千石 : 太守가 지급 받는 봉록으로, 태수의 代稱이다.

8) 一里 : 이 아래에 '許'자가 있어야 한다.(≪世說音釋≫)

9) (家)〔客〕: 저본에는 '家'로 되어 있으나, ≪搜神記≫ 권16에 의거하여 '客'으로 바로잡았다.

女, 當留自養.' 敕外嚴車送客. 崔送至門, 執手零涕, 離別之感, 無異生人, 復致衣一襲・被褥一副. 充便上車, 去如電逝, 須臾至家. 家人相見, 悲喜推問, 知崔是亡人, 而入其墓, 追以懊(오)惋(완). 居四年, 三月三日臨水戲, 忽見(一)〔二〕[10]犢車, 乍浮乍沒. 旣上岸, 充往, 開車後戶, 見崔氏女與三歲男兒共載. 充見之忻(흔)然, 欲捉其手, 女擧手, 指後車曰 '府君見人.' 卽見少府, 充往問訊. 女抱兒還充, 又與金盌別, 幷贈詩曰 '煌煌靈芝質, 光麗何猗猗? 華艶當時顯, 嘉異表神奇. 含英未及秀, 中夏罹霜萎. 榮曜長幽滅, 世路永無施. 不悟陰陽運, 哲人忽來儀. 會淺離別速, 皆由靈與祇. 何以贈余親? 金盌可頤兒. 恩愛從此別, 斷絶傷肝脾.' 充取兒・盌及詩, 忽不見二車處. 將兒還, 四坐謂是鬼魅, 僉遙唾之, 形如故. 問兒, '誰是汝父?' 兒竟就充懷. 衆初怪惡(오), 傳省其詩, 慨然歎死生之玄通也. 充詣市賣盌, 高擧其價, 不欲速售, 冀有識者. 欻(훌)有一老婢, 問充得盌之由, 還報其大家, 卽女姨也. 遣視之, 果是. 謂充曰 '我姨(姊)〔嫁〕[11]崔少府, 女未嫁而亡, 家親痛之, 贈一金盌, 箸棺中. 今視卿盌, 甚似, 得盌本末, 可得聞不?' 充以事對. 卽詣充家迎兒, 兒有崔氏狀, 又似充貌. 姨曰 '我(舅)〔外〕[12]甥, 三月末間產, 父曰「春, 煗(난)溫也, 願休强也.」卽字溫休. 溫休, 蓋幽婚也, 其兆先彰矣.' 兒遂成爲令器, 歷數郡二千石, 皆著績. 其後生植, 爲漢尙書, 植子毓, 爲魏司空, 冠蓋相承至今也."

【頭註】

○ 李贄 : 〈이 내용은〉 〈言語〉편에 넣어야 한다.
李云 "言語."

○ 王世懋 : 陸士龍(陸雲)도 형보다 나은 점이 따로 있다.
王云 "士龍亦別有勝兄處."

11-2 王太尉(王衍)[13]가 庾子嵩(庾敳(유애))[14]과 〈친밀히〉 교유하지 않았는데, 유

---

10) (一)〔二〕 : 저본에는 '一'로 되어 있으나, ≪搜神記≫ 권16에 의거하여 '二'로 바로잡았다.

11) (姊)〔嫁〕 : 저본에는 '姊'로 되어 있으나, ≪搜神記≫ 권16에 의거하여 '嫁'로 바로잡았다.

12) (舅)〔外〕 : 저본에는 '舅'로 되어 있으나, ≪世說箋本≫에 의거하여 '外'로 바로잡았다.

13) 王衍 : 256~311. 瑯琊 臨沂 사람으로, 字는 夷甫이며, 平北將軍 王乂의 아들이자 司徒 王戎의 사촌아우이다. 西晉시대 黃門侍郎・尙書令・司空・司徒 등을 역임하였다. 永嘉 5년(311) 東海王 司馬越이 세상을 떠났는데, 그의 영구를 호송하여 동해

자숭은 〈왕태위를 부를 때〉 '卿'이라는 호칭을 그만두지 않았다. 왕태위가 말하였다.

"君(당신)[15]은 그렇게 부르면 안 됩니다."

유자숭이 말하였다.

"卿(그대)[16]은 나를 君으로 호칭하고 나는 그대를 卿으로 호칭하니, 나는 나의 방법을 사용하고 그대는 그대의 방법을 쓰는 것이오."

王太尉[①]가 不與庾子嵩交어늘 庾는 卿之不置라 王曰 君不得爲爾라하니 庾曰 卿自君我하고 我自卿卿하니 我自用我法이요 卿自用卿法이라하다

① 〈王太尉는〉 王夷甫이다.
夷甫也.

【頭註】

○ 劉辰翁 : 〈庾敳(유애)의 태도는〉 親狎한 듯하니, 방정한 행실이 아니다.
劉云 "似狎爾, 非方正."

○ 李贄 : 〈이 내용은〉 언어에 관한 것이니, 이미 방정한 행실이 아니다.
李云 "言語, 已非方正."

11-3 向雄(상웅)이 河內의 主簿였을 때 상웅과 무관한 공적인 일이 발생했는데, 河內太守인 劉淮가 막무가내로 〈그에게〉 화를 내고 마침내 杖刑에 처한 뒤에 파면시켰다. 이후에 상웅이 黃門郞이 되고 유회가 侍中이 되었는데, 〈상웅은〉

로 돌아오는 도중에 石勒(後趙의 건국자)에게 잡힌 뒤에 서진의 舊臣들과 함께 생매장 당하였다.

14) 庾敳(유애) : 262~311. 穎川 鄢陵 사람으로, 字는 子嵩이다. 諫議大夫 庾峻의 아들로, 西晉시대 吏部郞과 太傅를 역임하고, 東海王 司馬越의 參軍이 되었다. 永嘉 5년(311) 石勒(後趙의 건국자)에게 잡힌 뒤에 王衍 등과 함께 피살되었다.

15) 君(당신) : 卿보다 정중한 호칭이다.

16) 卿(그대) : 본래 고급 관원을 이르는 표현으로, 이후에 상대방에 대한 美稱으로 사용되었는데, 南北朝시대에는 '爾(너)'나 '汝(너)'와 같이 친밀한 관계인 동년배나 그 이하의 사람에게 사용하였다.

애초에 말을 섞지 않았다. 晉 武帝(司馬炎)가 이 일에 대해 듣고는 상웅에게 칙명을 내려 君臣의 우호관계[17)]를 회복하라고 하자, 상웅은 어쩔 수 없이 유회를 찾아가 再拜하고 말하였다.

"일전에 〈황제의〉 조서를 받았기 때문에 왔지만, 〈당신과 나 사이에〉 군신의 의리가 끊어졌으니, 어쩌겠습니까."

그러고는 즉시 떠났다. 무제가 여전히 화해하지 않았다는 소식을 듣고는 화가 나서 상웅에게 물었다.

"내가 그대에게 〈유회와의〉 군신의 우호관계를 회복하라고 명했는데 어째서 아직도 절교하고 있는가?"

상웅이 말하였다.

"옛날의 군자는 사람을 등용할 때에도 예의에 맞게 하고 사람을 물리칠 때에도 예의에 맞게 했는데, 지금의 군자는 사람을 등용할 때에는 장차 무릎에 앉힐 것처럼 하다가도 사람을 물리칠 때에는 장차 연못에 빠뜨리는 것처럼 합니다. 제가 劉河內(유회)에 대해 戎首(전쟁을 일으키는 주모자)가 되지 않는 것만도 이미 매우 다행일 것이니, 어찌 다시 군신의 우호관계를 맺겠습니까."

무제가 그의 말을 인정하였다.

向雄이 爲河內主簿한대 有公事不及雄이어늘 而太守劉淮[18)]가 橫怒하여 遂與杖遣之라 雄이 後爲黃門郞하고 劉가 爲侍中한대 初不交言이라 武帝聞之하고 勅雄復(복)君臣之好하니 雄이 不得已詣劉하여 再拜曰 向受詔而來나 而君臣之義絶하니 何如잇가하고 於是에 卽去라 武帝가 聞尙不和하고 乃怒하여 問雄曰 我令卿復(복)君臣之好어늘 何以猶絶①가하니 雄曰

---

17) 君臣의 우호관계 : 劉淮는 太守이고 向雄(상웅)은 主簿였으니 지방장관과 그의 속관관계인데, 군주와 신하의 관계와 같다고 여겼기 때문에 이렇게 말한 것이다.

18) 劉淮 : '淮'는 '準'이 되어야 한다. ≪晉書≫ 〈向雄列傳(상웅열전)〉에는 '劉毅'라고 되어 있다.(≪世說音釋≫) 〈劉毅列傳〉에는 유의가 侍中과 河內太守를 역임했다는 기록이 없고, 劉準은 시중과 하내태수를 역임한 적이 있기 때문에 ≪세설음석≫의 견해가 옳다.

古之君子는 進人以禮하고 退人以禮러니 今之君子는 進人에 若將加諸膝이라가 退人에 若將墜諸淵하니 臣이 於劉河內에 不爲戎首가 亦已幸甚이니 安復(부)爲君臣之好리잇가하니 武帝從之②하다

① 習鑿齒의 ≪漢晉春秋≫에 말하였다. "向雄(상웅)은 字가 茂伯으로, 河內 사람이다."

郭頒의 ≪魏晉世語≫에 말하였다. "상웅은 절의와 기개가 있었고, 관직이 黃門郎과 護軍將軍에 이르렀다."

살펴보건대, 王隱과 孫盛의 〈옛 군주에 안부를 묻지 않는 일에 대한 의론(不與故君相聞議)〉에 말하였다. "옛날 〈魏晉시대〉 晉나라 초기에 하내군 溫縣의 領校 상웅이 犧牛(희우)[19]를 운송했는데, 郡에 먼저 바치지 않고 지레 선례에 따라 〈도성인〉 洛陽으로 운송하였다. 매우 더운 날씨를 만나서 郡에서 보내는 소가 대부분 더위를 먹어 죽었다. 臺法[20]이 매우 엄중하여 태수 吳奮이 상웅을 불러 杖刑에 처했는데, 상웅은 장형을 받아들이지 않고 '〈제가 운송한〉 郡牛[21]도 죽었으니, 呈牛[22]도 죽었을 것이니 〈저만 죄가 있는 것이 아닙니다〉.' 하였다. 오분이 크게 화를 내면서 상웅을 하옥시키고 장차 크게 다스리려고 했는데, 마침 司隷(鍾會)가 상웅을 都官從事로 초빙하여 〈재앙을 피하였다〉. 몇 년 뒤에 〈상웅은〉 黃門侍郎이 되고 오분이 侍中이 되어 같은 관아에서 근무하게 되었으나, 〈상웅이 오분을〉 피하여 만나지 않았다. 武帝(司馬炎)가 이 일에 대해 듣고는 상웅에게 술과 예물을 하사하고 오분을 찾아가 화해하게 하니, 상웅이 그제야 조서를 받들었다." 이 일화의 주인공은 劉淮가 아니다.

傅暢의 ≪晉諸公敍贊≫에 말하였다. "유회는 字가 君平으로, 沛國 杼秋 사람이다. 젊을 때부터 청렴과 공정으로 칭송되었고, 河內太守・侍中・尙書僕射(상서복야)・司徒를 역임하였다."

漢晉春秋曰 "雄, 字茂伯, 河內人." 世語曰 "雄有節槩, 仕至黃門郎・護軍將軍." 按

19) 犧牛(희우) : 宗廟의 제사에서 사용하는 純色의 소를 이른다. ≪禮記≫ 〈曲禮 下〉에 "천자는 희우를 사용하고, 제후는 비우를 사용한다.〔天子以犧牛 諸侯以肥牛〕" 하였다.

20) 臺法 : 조정에서 정한 법이다. ≪容齋隨筆≫에 "晉宋시대에는 조정의 禁省(皇宮)을 臺라고 하였다.〔晉宋間 謂朝廷禁省爲臺〕" 하였다.(≪世說音釋≫)

21) 郡牛 : 군에서 도성에 바치는 소이다.(≪世說音釋≫)

22) 呈牛 : 군수에게 바치는 소이다.(≪世說音釋≫)

王隱・孫盛不與故君相聞議曰"昔在晉初, 河內溫縣領校向(상)雄, 送御犧牛, 不先呈郡, 輒隨比送洛. 値天大熱, 郡送牛多暍(갈)死. 臺法甚重, 太守吳奮, 召雄與杖, 雄不受杖曰'郡牛者亦死也, 呈牛者亦死也.' 奮大怒, 下雄獄, 將大治之, 會司隸辟雄都官從事. 數年爲黃門侍郎, 奮爲侍中, 同省, 相避不相見. 武帝聞之, 給雄酒禮, 使詣奮解, 雄乃奉詔." 此則非劉淮也. 晉諸公贊曰"淮, 字君平, 沛國杼秋人. 少以淸正稱, 累遷河內太守・侍中・尙書僕射・司徒."

② ≪禮記≫〈檀弓 下〉에 말하였다. "穆公이 子思에게 '〈지금은 신하가 아니지만 세상을 떠난〉 옛 군주를 위하여 상복을 입는 것이 옛날의 법도입니까?' 하니, 자사가 '옛날의 군자는 사람을 등용할 때에도 예의에 맞게 하고 사람을 물리칠 때에도 예의에 맞게 했기 때문에 옛 군주를 위하여 상복을 입는 예가 있었습니다. 지금의 군자는 사람을 등용할 때에는 장차 무릎에 앉힐 것처럼 하다가도 사람을 물리칠 때에는 장차 연못에 빠뜨리는 것처럼 하니, 戎首(전쟁을 일으키는 주모자)가 되지 않는 것만 해도 역시 좋지 않겠습니까. 어찌 다시 상복을 입는 예가 있겠습니까.'" 鄭玄이 〈주석에서〉 말하였다 "군대의 주동자가 되어 공격하러 오기 때문에 '융수'라고 한 것이다."

禮記曰"穆公問於子思曰'爲舊君反服, 古耶?' 子思曰'古之君子, 進人以禮, 退人以禮, 故有舊君反服之禮. 今之君子, 進人若將加諸膝, 退人若將墜諸淵, 無爲戎首, 不亦善乎? 又何反服之有?'" 鄭玄曰"爲兵主, 來攻伐, 故曰戎首也."

【頭註】

○ 王世懋 : 주석의 인용을 사실의 〈증거로〉 삼았으니, ≪晉書≫에서 마침내 〈劉毅와 吳奮〉 두 사람을 〈동시에 모두〉 기록하였다.[23)]

王云"註引爲眞,[24)] 晉書遂兩用之."

○ 劉辰翁 : 유감스러운 일일 뿐이니, 〈方正〉편에 들어갈 내용이 아니다.

---

23) ≪晉書≫에서……기록하였다 : ≪진서≫ 〈向雄列傳(상웅열전)〉에 "太守 劉毅가 예전에 죄도 아닌 일로 상웅에게 笞刑을 가한 적이 있었는데, 吳奮이 유의를 대신하여 태수가 되었을 때 또 작은 잘못으로 상웅을 감옥에 넣었다 … 〈상웅이〉 여러 관직을 역임하고 黃門侍郎으로 승진했다. 당시에 오부과 유의가 함께 侍中이 되어 〈상웅과 함께〉 門下에 있었는데, 상웅이 애초에 〈그들과〉 말을 섞지 않았다.〔太守劉毅嘗以非罪笞雄 及吳奮代毅爲太守 又以少譴繫雄於獄……〈向雄〉累遷黃門侍郎 時吳奮劉毅俱爲侍中 同在門下 雄初不交言〕" 하였다.

24) 眞 : '証'이 되어야 할 듯하다.(≪世說箋本≫)

劉云 "憾而已, 非方正之選也."

11-4 周伯仁(周顗)[25]이 吏部尙書로 재직할 때, 관사에 머물다가 밤에 병이 들어 위급하였다. 당시 尙書令이었던 刁玄亮(刁協)이 간호할 때 지극한 정성을 갖추자, 한참 뒤에 〈그의 병세가〉 조금 완화되었다. 다음날 아침에 〈주백인의 아우〉 周仲智(周嵩)에게 알리자, 주중지가 허둥지둥 찾아왔다. 〈주중지가〉 문에 들어서자마자 조현량이 침상에서 내려와 주중지를 마주보고 크게 울면서 주백인이 어제 처했던 위급한 상황을 설명했으나, 주중지가 손으로 조현량을 밀치자 조현량이 그 때문에 〈원래 자리에서〉 문가로 피했다. 〈주중지는 침상〉 앞으로 나아간 뒤에 병세에 대해서는 전혀 묻지 않은 채 곧장 말하였다.

"당신이 中朝[26]에 있을 때는 和長輿(和嶠)와 명성을 나란히 했었는데, 어찌 아첨배 조협과 친분이 있단 말입니까?"

그러고는 당장 나가버렸다.

周伯仁이 爲吏部尙書한대 在省內에 夜疾危急라 時에 刁玄亮이 爲尙書令하여 營救에 備親好之至하니 良久小損①이라 明旦에 報仲智②하니 仲智가 狼狽來하여 始入戶할새 刁가 下牀하여 對之大泣하고 說伯仁昨危急之狀어늘 仲智가 手批之하니 刁가 爲辟(벽)易(역)於戶側이라 旣前에 都不問病하고 直云 君在中朝에 與和長輿로 齊名이러니 那與佞人刁協으로 有情잇가하고 逕便出③하다

① 虞預의 ≪晉書≫에 말하였다. "刁協(조협)은 字가 玄亮으로, 勃海 饒安 사람이다. 어릴 때부터 학문을 좋아했는데, 비록 깊이 연구하지는 않았으나 섭렵한 바가 많

25) 周顗 : 269~322. 汝南 安成 사람으로, 字는 伯仁, 시호는 康이다. 西晉시대 安東將軍 周浚의 아들로, 약관의 나이에 武城侯를 襲封하였다. 寧遠將軍・荊州刺史・護南蠻校尉 등을 역임하고, 관직이 尙書左僕射에 이르렀다. 대장군 王敦이 변란을 일으켰을 때 그에 의해 죽임을 당하였다.

26) 中朝 : 魏晉南北朝시대에 建康(南京)에 도읍을 정한 東晉과 宋元 교체기에 臨安(杭州)에 도읍을 정한 南宋과 대비하여 중원지역에 도읍을 정했던 西晉과 北宋을 이르는데, 여기서는 서진을 가리킨다.

았다. 中興(東晉)의 제도는 모두 조협에 의해 제정되었다. 여러 관직을 역임하고 尙書令으로 승진하였고, 晉 中宗(元帝 司馬睿)이 신뢰하고 존중하였다. 王敦[27]에게 미움을 받자, 군대를 일으켜 그를 토벌했으나 강남까지 달아났다가 패배하여 죽었다."

虞預晉書曰"刁協, 字玄亮, 勃海饒安人. 少好學, 雖不硏精, 而多所博涉. 中興制度, 皆稟於協, 累遷尙書令, 中宗信重之. 爲王敦所忌, 擧兵討之, 奔至江南, 敗死."

② 鄧粲의 ≪晉紀≫[28]에 말하였다. "周嵩은 字가 仲智로, 周顗(주의)의 아우이다. 성품이 지조 있고 강직하며 과감하고 의협심이 있어 매번 〈자신의〉 재주와 기개로 타인을 능멸하였다. 주의가 죽임을 당했을 때[29] 王敦이 사람을 보내 조문하니, 주숭이 '돌아가신 형님은 천하에 〈둘도 없는〉 의인이었는데, 천하의 의롭지 않은 사람에게 살해당했으니, 더 이상 어찌 조문할 필요가 있겠는가.' 하였다. 왕돈이 매우 불만스러웠으나 그래도 〈그를〉 데려다가 從事中郞을 삼았다가 어떤 사건에 연루되어 주숭을 죽였다."[30]

孫盛의 ≪晉陽秋≫에 말하였다. "주숭은 부처를 섬겼기 때문에 사형을 당할 때에도 불경을 낭송하였다."

鄧粲晉(記)〔紀〕[31]曰"周嵩, 字仲智, 顗弟也. 性(狡)〔狷〕[32]直果俠, 每以才氣陵物.

---

27) 王敦 : 266~324. 瑯琊 臨沂 사람으로, 字는 處仲, 어릴 때 이름은 阿黑이다. 사촌 아우 王導와 함께 元帝를 보좌하여 東晉을 건립하고, 大將軍·江州牧이 되고 漢安侯에 봉해졌다. 원제 永昌 元年(322) 그는 자신의 반대파인 劉隗를 주벌한다는 명분으로 武昌에서 거병하여 建康을 공격하여 반대파를 제거한 뒤 丞相이 되고 武昌郡公이 되었다. 무창으로 돌아온 뒤, 明帝 太寧 2년(324) 다시 건강을 공격했는데 오래지 않아 軍中에서 병사하였다.

28) 鄧粲의 ≪晉紀≫ : 등찬은 湖南 長沙 사람으로, 字는 長眞이며, 湘州主簿 鄧騫의 아들이다. ≪진기≫는 西晉시대, 특히 元帝와 明帝의 역사를 다루어 ≪元明紀≫라고도 하는데, 名臣·文人·處士·列女·淸談家의 舊聞과 軼事에 대한 내용이 많다. 원본은 산실되었고, 淸나라 湯球의 輯本과 陳運溶의 집본이 있다.

29) 주의가……때 : 晉 元帝 永昌 원년(322)에 王敦이 周顗를 체포하여 戴淵과 함께 石頭城 남문 밖에서 살해하였다.

30) 어떤……죽였다 : 晉 明帝 太寧 2년(324)에 王敦은 周嵩과 周莚이 李脫과 함께 역모를 도모했다고 무고하여 주숭과 주연을 체포하여 軍中에서 살해하였다.

31) (記)〔紀〕 : 저본에는 '記'로 되어 있으나, ≪世說箋本≫에 의거하여 '紀'로 바로잡았다.

32) (狡)〔狷〕 : 저본에는 '狡'로 되어 있으나, ≪晉書≫ 〈周嵩列傳〉에 의거하여 '狷'으로 바

顗被害, 王敦使人吊焉, 嵩曰 '亡兄, 天下有義人, 爲天下無義人所殺, 復何所吊?' 敦甚銜之, 猶取爲從事中郎, 因事誅嵩." 晉陽秋曰 "嵩事佛, 臨刑猶誦經."

③ ≪世說新語≫에 말하였다.[33] "晉 元帝(司馬睿)가 鄭后(鄭雅春)에 대한 총애 때문에 明帝(司馬紹)를 제쳐두고 〈정후 소생의〉 簡文帝(司馬昱)를 〈태자로〉 세우려고 하였다. 논자들이 모두 '연장자를 제쳐두고 연소자를 세우는 것은 이미 도리로 따졌을 때 윤리적이지 않고, 게다가 명제는 총명하고 과단하니 마땅히 儲嗣(태자)로 삼아야 한다.' 하였다. 주의와 王導[34] 등 여러 공들이 함께 간절하게 충간했으나, 오직 조현량만 少主(사마욱)를 받들고자 하여 임금(사마예)의 뜻에 아부하였다."

世說曰 "元帝以鄭后之寵, 欲舍明帝而立簡文. 議者咸謂 '舍長立少, 旣於理非倫, 且明帝以聰亮英斷, 宜爲儲嗣.' 周・王諸公, 竝苦爭懇切, 惟刁玄亮獨欲奉少主, 以阿上旨."

【頭註】

○ 劉辰翁 : 이 사람(周崇)은 倫好(동년배의 우호)에 대해 이와 같이 〈각박했으니〉, 하물며 名品(명성과 품격)을 논의할 만하겠는가.

劉云 "斯人於倫好如此, 尙足論名品邪?"

○ 王世懋 : 이 내용은 방정한 행실에 조금 합당하나, 잘못이 없다고 할 수 있겠는가.

王云 "此稍近方正, 然得無過邪?"

○ 劉應登 : 周仲智(주숭)가 울면서 이별하는 아우(周謨)에게 화를 내고[35] 아첨꾼을 용납한 형(周顗)을 책망한 것은 그 말이 바른듯하지만 역시 인정에 부합하지 않는다.

應登云 "仲智如恚弟之泣別 責兄之容佞, 其言似正, 亦不近人情."

11-5 王敦이 〈襄陽에서 장강을 따라 建康으로〉 내려온 뒤에 〈도성으로 쳐들어가기 위해 건강 서남쪽에 있는〉 石頭城에 배를 정박하고는 明帝(司馬紹)를 폐위하는 마음을 품었다. 빈객이 자리에 가득 모였을 때, 왕돈은 명제가 총명하다

로잡았다.

33) ≪世說新語≫에 말하였다 : 인용된 내용은 ≪세설신어≫ 〈方正〉 23번째 조항이다.

34) 王導 : 276~339. 瑯琊 臨沂 사람으로, 字는 茂弘, 어릴 때 이름은 赤龍・阿龍이다. 元帝・明帝・成帝를 보필한 대신으로, 東晉 정권의 기반을 다진 사람 중의 하나이다.

35) 周仲智(주숭)가……내고 : 212쪽 11-11항 참조.

는 것을 알았기 때문에 불효라는 명목으로 폐위시키려 하여, 매번 명제의 효성스럽지 않은 상황을 말할 때마다 이렇게 말하였다.

"〈황태자의 효성스럽지 않은 모습은〉 溫太眞(溫嶠)[36]이 말한 것일세. 온태진은 예전에 東宮(명제)의 衛率(위율)[37]이었다가 이후에 나의 司馬가 되었기 때문에 〈동궁 때의 일을〉 모조리 알고 있소."

잠시 뒤에 온태진이 오자, 왕돈은 곧장 위엄 있는 모습을 떨치면서 온태진에게 물었다.

"황태자는 사람됨이 어떻소?"

온태진이 말하였다.

"소인은 군자를 헤아릴 수 없습니다."

왕돈이 목소리와 얼굴빛을 모두 사납게 하고는 威力으로 자기의 뜻을 따르게 하려고 다시 온태진에게 물었다.

"황태자는 어떤 측면으로 훌륭하다고 하겠소?"

온태진이 말하였다.

"심원한 것을 끌어내는 것[38]은 천박한 식견을 가진 제가 헤아릴 바는 아니거니와 예의에 맞게 부모님을 모시는 것은 효성스럽다고 칭찬할 만합니다."

王敦이 旣下에 住船石頭하고 欲有廢明帝意①라 賓客盈坐한대 敦이 知帝聰明하여 欲以不

---

36) 溫嶠 : 288~329 太原 祁縣 사람으로, 字는 泰眞(太眞), 시호는 忠武이다. 처음에 晉나라 司隶校尉의 都官從事가 되었다가 이모부인 幷州刺史 劉琨의 막부에 들어가 司空의 左長史가 되었다. 西晉이 멸망한 뒤에 남쪽으로 내려와 元帝를 옹립하여 散騎常侍가 되었다가 太子中庶子로 승진하여 東宮을 보좌하였다. 태자(明帝)와 布衣之交를 맺었고, 명제가 즉위한 뒤에 侍中에 임명되고 中書令으로 전직되었으며, 王敦의 반란을 평정하는 데에 참여하였다.

37) 衛率(위율) : 태자의 屬官으로, 西晉시대에는 동궁의 禁軍을 관장하여 宿衛와 정벌을 담당하였다.

38) 심원한……것 : ≪周易≫ 〈繫辭 上〉에 "숨겨진 것을 찾고 심원한 것을 끌어내어 천하의 길흉을 정하고 천하에 힘써야 할 일을 이루는 것은 시초점과 거북점보다 훌륭한 것이 없다.〔探賾索隱 鉤深致遠 以定天下之吉凶 成天下之亹亹者 莫大乎蓍龜〕" 하였다.

孝廢之하여 每言帝不孝之狀하되 而皆云 溫太眞所說이니 溫이 嘗爲東宮率이러니 後爲吾司馬하여 甚悉之라하다 須臾에 溫來하니 敦이 便奮其威容하여 問溫曰 皇太子는 作人何似오하니 溫曰 小人無以測君子라하다 敦이 聲色竝厲하고 欲以威力으로 使從己하고 乃重問溫 太子는 何以稱佳오하니 溫曰 鉤深致遠은 蓋非淺識所測이어니와 然以禮侍親은 可稱爲孝②니이다하다

① ≪晉紀≫에 말하였다. "明帝는 諱가 紹이고, 字가 道幾로, 元帝의 맏아들인데, 똑똑하고 기회를 만나면 결단하는 능력이 있었다."
晉紀曰 "帝, 諱紹, 字道幾, 元帝長子, 明敏有機斷."

② 劉謙之[39]의 ≪晉紀≫에 말하였다. "王敦이 明帝(司馬紹)를 폐위시키려고 사람들에게 '태자는 자식의 도리에 흠이 있다. 溫司馬(溫嶠)가 예전에 東官에 있었기 때문에 그에 관한 일을 자세히 알고 있다.' 하였는데, 온교가 똑바로 말한 뒤에는 왕돈이 분노하면서도 부끄러워하였다."
劉謙之晉紀曰 "敦欲廢明帝, 言於衆曰 '太子, 子道有虧, 溫司馬昔在東官, 悉其事.' 嶠旣正言, 敦忿而愧焉."

【頭註】

○ 劉辰翁 : 〈溫嶠는〉 마음과 훈계가 매우 바르니, 조정에 있는 것이 마땅하다.
劉云 "情誓甚直, 宜在朝廷之上."

○ 王世懋 : 일을 서술한 것이 그림처럼 〈자세하다〉.
王云 "敍事如畫."

11-6 王大將軍(王敦)이 반란을 일으킨 뒤에 石頭城에 이르렀을 때, 周伯仁(周顗)이 가서 그를 만났다. 〈대장군이〉 주백인에게 말하였다.

"그대는 어째서 〈나를〉 배반〔負〕했소?[40]"

---

39) 劉謙之 : 城呂 사람으로, 劉簡之의 아우이자 劉虔之의 형이다. 晉 安帝 司馬德宗 義熙 연간(405~418) 말엽에 始興相이 되었고, 417년 廣州에서 徐道期가 일으킨 변란을 진압하여 振威將軍 廣州刺史가 되었고, 이후에 太中大夫가 되었다.

40) 그대는……배반했소 : 晉 愍帝 建興 원년(313)에 周顗(주의)가 杜弢(두도)에게 곤욕을 당한 뒤에 豫章에서 王敦에게 의지했기 때문에 이렇게 말한 것이다.

〈주백인이〉 대답하였다.

"공의 戎車(전차)가 정의를 저버리니, 下官(주백인)이 외람되이 六軍(천자의 군대)을 통솔하여 〈싸웠으나〉 천자의 군대가 〈힘을〉 떨치지 못했습니다. 이로써 공을 저버리게〔負〕 되었습니다.[41]"

王大將軍이 **旣反**에 **至石頭**하니 **周伯仁**이 **往見之**라 **謂周曰 卿**은 **何以相負**오하니 **對曰 公**의 **戎車犯正**하니 **下官**이 **忝率六軍**이나 **而王師不振**하니 **以此負公**①이니이다하다

① 孫盛의 ≪晉陽秋≫에 말하였다. "王敦이 〈장강을 따라〉 내려온 뒤에 천자의 군대가 〈맞이하여 싸웠으나〉 대패하였다. 周顗(주의)의 長史 郝嘏(학하)와 좌우의 文武 관원들이 주의에게 피난하라고 권하니, 주의가 '나는 대신의 지위에 있으니, 조정이 위태로울 때 어찌 초야로 〈달아나〉 목숨을 구하기 위해 오랑캐에게 몸을 맡길 수 있겠는가.' 하고는 조정의 관원들과 함께 왕돈을 찾아갔다. 왕돈이 '근자의 전투에 여력이 있소?' 하니, 〈주의가〉 '힘의 부족을 한스러워하니, 어찌 남겨둔 힘이 있겠습니까.' 대답하였다."
晉陽秋曰 "王敦旣下, 六軍敗績. 顗長史郝嘏, 及左右文武, 勸顗避難, 顗曰 '吾備位大臣, 朝廷傾撓, 豈可草間求活, 投身胡虜邪?' 乃與朝士詣敦, 敦曰 '近日戰, 有餘力不?' 對曰 '恨力不足, 豈有餘邪?'"

【頭註】

○ 王世懋 : 방정한 행실에 어울릴 만하다.
王云 "可稱方正."

11-7 蘇峻 때[42]에 孔群은 橫塘에 있었는데 〈소준의 부하인〉 匡術에게 핍박을 당하였다.[43] 〈반란이 평정되고 광술이 투항하자〉 王丞相(王導)이 광술을 살려

---

41) 이로써……되었습니다 : 周顗(주의)는 자신이 무력을 떨쳐 王敦을 물리쳐 국가를 보호해야 하는데, 그렇게 하지 못했다는 측면에서 자신을 알아주었던 왕돈을 '저버렸다〔負〕'고 한 것이다.(≪世說箋本≫)

42) 蘇峻 때 : 소준이 반란을 일으켜 도성을 점령했을 때를 이른다.

43) 孔群은……받았다 : 공군이 사촌형 孔愉와 함께 외출했다가 蘇峻의 신임을 받고 있던 匡術을 橫塘에서 만났는데, 공유는 즉시 광술에게 말을 걸었으나 공군은 쳐다보

주었다. 여러 사람이 앉아 농담을 하다가 광술로 하여금 공군에게 술을 권하여 횡당에서의 유감을 풀려고 하였는데, 공군이 대답하였다.

王導

"〈제가 지닌〉 德은 孔子처럼 〈훌륭한〉 덕을 가진 것은 아니지만, 〈제가 만난〉 곤액은 〈공자께서〉 匡지역 사람에게 당한 것과 같습니다.[44] 비록 따뜻한 봄기운이 널리 퍼져 매가 뻐꾸기로 변하기는 하지만, 〈제대로〉 아는 사람의 입장에서는 여전히 그 눈을 싫어합니다."

蘇峻時①에 **孔群**이 **在橫塘**할새 **爲匡術所逼**이라 **王丞相**이 **保存術**②한대 **因衆坐戲語**하여 **令術勸群酒**하여 **以釋橫搪之憾**하니 **群答曰 德非孔子**어늘 **厄同匡人**③이니이다 **雖陽和布氣**하여 **鷹化爲鳩**나 **至於識者**하여는 **猶憎其眼**④이니이다하다

① 王隱의 ≪晉書≫에 말하였다. "蘇峻은 字가 子高로, 長廣 掖 사람이다. 젊을 때부터 재주와 학식이 있었고, 郡의 主簿로 벼슬살이를 하다가 孝廉[45]에 천거되었다. 中原이 혼란할 때[46]를 만나서는 외지인과 토착민 3천 여 가구를 규합하여 掖縣에 보루를 쌓은 뒤에 황제의 교화를 베풀고 시체의 뼈를 수습하여 장례를 치러 주니,

---

지도 않았다. 광술이 격노하여 공군을 죽이려고 했는데, 공유가 사정하여 겨우 죽지 않을 수 있었다.

44) 德은……같습니다 : 孔子와 孔群의 '孔', 匡人과 匡術의 '匡'을 유추하여 이렇게 말한 것이다. 春秋시대 魯나라 陽虎가 衛나라 匡 땅에서 포악한 짓을 했었는데, 공자가 이 고을을 지날 때 공자의 얼굴이 양호와 비슷하므로 광 땅 사람들이 공자를 양호로 착각하여 포위하자, 공자가 "하늘이 斯文을 없애려 하지 않으시니, 광 땅 사람들이 나를 어찌하겠는가.〔天之未喪斯文也 匡人 其如予何〕" 하였다.(≪論語≫ 〈子罕〉)

45) 孝廉 : '효'는 부모에게 효도하는 것이고, '염'은 청렴한 선비를 이르는데, 옛날에 인재를 선발하는 과목이었다. 이는 前漢시대에 비롯되었고, 後漢시대에는 벼슬을 구하는 자가 반드시 거쳐야 되었는데, 후세에 종종 이를 합하여 하나의 과목으로 삼았다.

46) 中原이 혼란할 때 : 永嘉의 亂을 이른다. '영가의 난'은 晉 懷帝 永嘉 5년(311)에 북방의 이민족이 서진의 수도인 洛陽을 함락하고 회제 등을 포로로 잡은 사건이다.

원근의 사람들이 그 은혜와 의리에 감동하여 모두 함께 〈그를〉 종주로 삼았다. 王敦을 토벌하는 데 공적을 세워 邵陵公에 봉해졌고, 歷陽太守로 승진하였다. 소준의 外營(성 밖의 경비부대)의 장수가 表文을 올려 '북이 저절로 울렸습니다.' 하니, 소준이 직접 북을 찢으면서 '내가 고향에 있을 때 이런 일이 있었으니, 〈재앙이 발생하여〉 성을 비우고 〈피했다〉.' 하였다. 얼마 후에 조서가 내려와 소준을 소환하자, 소준이 '臺下[47]에서 내가 반란을 일으키려 한다고 하니, 반란을 일으켰다면 어찌 살아남을 수 있겠는가. 나는 차라리 石頭山 정상에서 〈刑獄 담당 관리인〉 廷尉를 바라볼지언정 정위가 석두산 정상을 바라보게 할 수는 없다.'[48] 하고는 바로 반란을 일으켰다."

王隱晉書曰"峻, 字子高, 長廣掖[49]人. 少有才學, 仕郡主簿, 擧孝廉. 値中原亂, 招合流舊三千餘家, 結壘本縣, 宣示王化, 收葬枯骨, 遠近感其恩義, 咸共宗焉. 討王敦有功, 封公, 遷歷陽太守. 峻外營將表曰'鼓自鳴.' 峻自斫鼓曰'我鄕里時有此, 則空城.' 有頃, 詔書徵峻, 峻曰'臺下云我反, 反豈得活邪? 我寧山頭望廷尉, 不能廷尉望山頭.' 乃作亂."

② 鍾離岫의 ≪會稽後賢傳記≫[50]에 말하였다. "孔群은 字가 敬休로, 會稽 山陰 사람이다. 조부 孔竺(공축)은 吳(三國)나라의 豫章太守를, 부친 孔奕은 全椒縣令을 역임하였다. 공군은 지혜와 도량이 있었고, 관직이 御史中丞에 이르렀다."

孫盛의 ≪晉陽秋≫에 말하였다. "匡術이 阜陵縣令으로 있었는데 도망쳐도 갈 곳이 없었다. 庾亮[51]이 蘇峻을 부르자, 광술이 소준에게 유량을 죽이라고 권하고는

---

47) 臺下 : 臺府의 아래로, 중앙 정부를 이르는데, 여기서는 庾亮을 가리킨다.(≪世說音釋≫, ≪世說補考≫, ≪世說箋本≫)

48) 정위가……없다 : ≪世說箋本≫에서는 "정위로 하여금 석두산 정상에서 나를 바라보게 할 수는 없다.〔不能使廷尉從山頭望我〕" 해석하였다.

49) 掖 : 長廣郡에는 掖縣이 없고 挺縣이 있기 때문에 '挺'이 되어 한다.(≪世說音釋≫)

50) ≪會稽後賢傳記≫ : ≪隋書≫ 〈經籍志〉에는 "≪회계후현전기≫ 2권은 鍾離岫가 찬술했다." 하였고, ≪舊唐書≫ 〈經籍志〉와 ≪新唐書≫ 〈藝文志〉에는 "≪회계후현전기≫는 3권이다." 하고 편찬자의 이름은 없다.

51) 庾亮 : 289~340. 潁川 鄢陵 사람으로, 字는 元規이다.東晉시대 權臣이자 外戚으로, 그의 누이동생이 明帝(司馬紹)의 皇后 庾文君이었다. 조카인 成帝가 즉위하자 中書令으로서 정권을 장악하고, 咸和 2년(327)에 발생한 蘇峻의 반란을 토벌했으나, 패배하여 潯陽으로 달아났다가 陶侃을 맹주로 추대하여 반란을 평정하였다. 함화 9년

마침내 소준과 함께 반란을 일으켰다가 이후에 宛城을 바치고 투항하였다."

會稽後賢記曰 "群, 字敬休, 會稽山陰人. 祖笁, 吳豫章太守, 父奕, 全椒令. 群有智局, 仕至御史中丞." 晉陽秋曰 "匡術爲阜陵令, 逃亡無行. 庾亮徵蘇峻, 術勸峻誅亮, 遂與峻同反, 後以宛城降."

③ ≪孔子家語≫ 〈困誓篇〉에 말하였다. "공자가 송나라에 가고 있었는데 匡 땅의 簡子가 〈그 일행을〉 군사로 포위하니, 子路가 분노하여 창을 휘두르면서 장차 싸우려고 하였다. 공자가 자로를 만류하면서 '〈저들이〉 詩書를 강론하지 않고 禮樂을 익히지 않은 것, 이는 나의 잘못이다. 〈그러나〉 만약 先王의 道를 강술했는데도 잘못을 저지르는 경우는 나의 잘못이 아니다. 천명이로구나. 노래하라, 내가 너에게 화답하겠다.' 하니, 자로가 칼을 두드리면서 〈노래하자〉 공자가 화답하였다. 악곡이 세 번 끝나자, 광 땅 사람이 군사의 포위를 풀고 해산하였다."

家語曰 "孔子之宋, 匡簡子以甲士圍之, 子路怒, 奮戟將戰. 孔子止之曰 '夫詩書之不講, 禮樂之不習, 是丘之過也. 若述先王之道而爲咎者, 非丘罪也. 命也夫, 歌, 予和汝.' 子路彈劒, 孔子和之, 曲三終, 匡人解甲罷."

④ ≪禮記≫ 〈月令〉에 말하였다. "仲春月(음력 2월)에 매가 변하여 뻐꾸기〔鳩〕가 된다." 하였다. 〈이에 대한〉 鄭玄이 〈주석에서〉 말하였다. "鳩는 播穀(뻐꾸기)이다."

≪夏小正≫[52]에 말하였다. "매는 뻐꾸기로 변한다. 매라고 한 것은 그것이 〈작은 새를〉 잡아먹을 때이고, 뻐꾸기라고 한 것은 〈작은 새를〉 잡아먹지 않을 때이다. 착하게 〈잡아먹지 않는 쪽으로〉 변화하여 仁으로 나아갔기 때문에 갖추어 〈자세히〉 말한 것이다.[53]"

禮記月令曰 "仲春之月, 鷹化爲鳩." 鄭玄曰 "鳩, 播穀也." 夏小正曰 "鷹則爲鳩. 鷹也者, 其殺之時也, 鳩也者, 非殺之時也. 善變而之仁, 故具之."

---

(334) 도간이 죽자 征西將軍이 되어 병권을 장악하고 나라를 보위하였다.

52) 夏小正 : ≪大戴禮記≫의 제47편으로, 작자를 확실히 알 수 없지만, 역대 학자들의 고증을 통하여 夏나라의 자료가 보존되어 있다고 하고, 혹자는 하나라의 曆法이라고 주장하지만 기재된 천문현상에 근거하면 B.C. 350년경, 즉 戰國시대 중기에 지어진 것으로 추정된다. 원문은 唐宋시기에 일실되었고 현존하는 ≪하소정≫은 송나라 傅嵩卿이 지은 ≪夏小正傳≫에서 당시에 소장한 두 판본의 ≪하소정≫을 합하여 완성한 것이다.

53) 갖추어……것이다 : 원문의 '鷹則爲鳩'에서 '則'자를 쓴 것에 대한 설명이다.(≪夏小正傳≫)

【頭註】

○ 王世懋 : 丞相(王導) 말년에는 사람들의 마음을 크게 만족시키지 못했기 때문에 반란을 일으킨 모든 역적의 목숨을 살려주는 데에 집중했으니, 이는 그가 '節義'라는 두 글자에 대해 그다지 분명하지 못했기 때문이다.

王云 "丞相末年, 大不滿人意, 在[54]保存諸叛賊, 蓋渠於節義二字, 不太分曉."

○ 劉辰翁 : 〈孔群은〉 마음과 훈계가 매우 진실되니, 조정에 있는 것이 마땅하다.

劉云 "情誓甚眞, 宜在朝廷之上."

○ 王世懋 : 굳세고 바른 志氣인데, 〈이를 표현한〉 말은 이처럼 교묘하게 하였다.

王云 "正氣, 語乃作爾許[55]巧妙.[56]"

11-8 江僕射(江虨)가 젊을 때에 王丞相(王導)이 〈그를〉 불러 함께 바둑을 두었다. 왕승상의 실력은 항상 〈강복야보다〉 두 점 쯤 뒤졌지만, 대등하게 두고자 하여 〈강복야가 어떻게 하는지〉 살펴보았다. 강반이 즉시 〈바둑돌을〉 놓지 않자, 왕승상이 말하였다.

"당신은 어째서 두지 않으시오?"

강반이 말하였다.

"그렇게 두시면 안 될 듯합니다."

옆에 있던 손님이 말하였다.

"이 젊은이는 바둑솜씨가 나쁘지 않습니다."

왕승상이 천천히 머리를 들면서 말하였다.

"이 젊은이는 단지 바둑에서만 〈나를〉 이길 뿐만이 아니오.[57]"

---

54) 在 : '每'자의 오류인 듯하다.(≪世說箋本≫)

55) 爾許 : 如許, 如此의 뜻이다.

56) 妙 : ≪世說箋本≫에는 '語'로 되어 있다.

57) 이……아니오 : ≪世說補觿≫에서는 "〈江虨(강반)은〉 모든 일에 대해 공손하지 않았다.〔凡事不下氣〕" 하여 비판한 말로 이해했고, ≪世說啓微≫에서는 "이는 〈王導가〉 자신의 품격을 지킨 강반을 훌륭하게 여긴 것이다.〔此蓋美其善自持其品格也〕" 하고, ≪世說講義≫에서는 "〈바둑이라는〉 기예가 우월할 뿐만 아니라 또 나보다 나은 점이 있

江僕射가 **年少**에 **王丞相**이 **呼與共棋**한대 **王手**는 **嘗不如兩道許**어늘 **而欲敵道戲**하여 **試以觀之**라 **江不卽下**하니 **王曰 君何以不行**고하니 **江曰 恐不得爾**①니이다하다 **傍有客曰 此年少**는 **戲迺不惡**이니이다하니 **王**이 **徐擧首曰 此年少**는 **非惟圍棋見勝**②이라하다

① 徐廣[58)]의 ≪晉紀≫에 말하였다. "江虨(강반)은 字가 思玄으로, 陳留 사람이다. 박학다식하고 명성이 알려졌으며, 아울러 바둑도 잘 두어 中興(東晉시대)의 으뜸이었다. 여러 관직을 역임하고 尙書左僕射(상서좌복야)와 護軍將軍이 되었다."
徐廣晉紀曰 "江虨, 字思玄, 陳留人. 博學知名, 兼善奕, 爲中興之冠, 累遷尙書左僕射・護軍將軍."

② 范汪[59)]의 ≪棋品≫에 말하였다. "江虨(강반)과 王恬[60)]은 동등하니 바둑 1품에 속하고, 王導는 5품에 속한다."
范汪棋品曰 "虨與王恬等, 棋第一品, 導第五品."

【頭註】

○ 劉辰翁 : 丞相(王導)은 도량이 넓다. 이 사람(江虨)은 나이도 어리면서 겸손하지 않고 하찮은 재주로 스스로 뽐내니 마땅히 경계해야 한다.
劉云 "丞相雅量. 此年少不讓, 小伎自多, 宜戒."

○ 李贄 : 〈언어〉편에 넣어야 한다.
李云 "言語."

○ 王世懋 : 〈강반은〉 말이 온화하니 王公과 흡사하다.
王云 "語蘊藉, 似王公."

다.〔不惟技勝 又有勝於我也〕" 하여 칭찬하는 말로 이해했는데, 역자는 ≪세설강의≫의 견해를 따랐다.

58) 徐廣 : 352~425. 東莞 姑幕 사람으로, 字는 野民이다. 晉 孝武帝 때 秘書郞・員外散騎侍郞을 역임했고, 中軍參軍・領軍長史가 되었다가 安帝(司馬德宗)의 선양을 받은 宋 高祖(劉裕)에 의해 中散大夫가 되었다.

59) 范汪 : 308~372. 南陽 順陽 사람으로, 字는 玄平, 시호는 穆이다. 晉나라 東陽太守를 역임했기 때문에 范東陽이라고 불리고, 中領軍・安北將軍・徐兗二州刺史를 역임하였다. 둘째 아들 范寧은 東晉시대 大儒 가운데 한 명이다.

60) 王恬 : 314~349. 瑯琊 臨沂 사람으로, 字는 敬豫이며, 王導의 둘째 아들이다. 관직은 後將軍에 이르렀으며, 隸書를 잘 썼고 東晉시대 바둑의 최고수였다.

11-9 顧孟著(顧顯)가 한번은 술을 周伯仁(周顗)에게 권했는데 주백인이 받지 않으니, 고맹저가 〈자리를〉 옮겨 기둥에게 〈술을〉 권하면서 기둥에게 말하였다.

"어찌 곧바로 棟梁[61]으로써 자처할 수 있겠는가.[62]"

주백인이 이 말을 듣고 기뻐하고는 마침내 마음이 통하는 친구가 되었다.

顧孟著가 嘗以酒勸周伯仁한대 伯仁不受하니 顧가 因移勸柱하고 而語柱曰 詎可便作棟梁自遇아하니 周가 得之欣然하고 遂爲衿契①하다

① 徐廣의 ≪晉紀≫에 말하였다. "顧顯은 字가 孟著(맹저)로, 吳郡 사람이며, 驃騎將軍 顧榮의 형의 아들이다. 젊을 때부터 큰 명성이 있었고, 晉 元帝(司馬睿) 太興 연간(318~321)에 散騎侍郎이 되었는데, 일찍 세상을 떠나자 당시 사람들이 그를 슬퍼하고 애석해하였다."

徐廣晉紀曰"顧顯, 字孟著, 吳郡人, 驃騎榮兄子. 少有重名, (泰)〔太〕[63]興中爲騎郎, 蚤卒, 時爲悼惜之."

【頭註】

○ 劉辰翁 : 〈어찌 곧바로 棟梁으로써 자처할 수 있겠는가〉라는 것은 周伯仁(周顗)이 국가의 버팀목으로 자처하여 타인을 끊어버렸다는 말이다.

劉云"言伯仁以棟梁自居, 而絶人也."

○ 劉辰翁 : 기둥에게 〈술을〉 권하고 기둥에게 말한 것은 그 자체로 훌륭하고, 〈그때 한〉 말도 또한 훌륭하다.

又云"勸柱語柱, 自佳, 語又佳."

11-10 王丞相(王導)이 처음 江左(江東)에 〈건너와〉 있을 때, 吳지역 사람들과 〈관계를〉 맺음으로써 도움을 얻고자 하여 陸太尉(陸玩)[64]에게 청혼하니, 〈육태

---

61) 棟梁 : 周顗(주의)가 吏部尙書가 되어 국가의 중요 인물이 된 것을 비유한 것이다.

62) 어찌……있겠는가 : 관직에서 쫓겨날 수 있다는 뜻이다.(≪世說啓微≫, ≪世說講義≫)

63) (泰)〔太〕 : 저본에는 '泰'로 되어 있으나, 晉 元帝가 318~321년에 사용한 연호이기 때문에 '太'로 바로잡았다.

위가〉 대답하였다.

"작은 언덕에는 소나무와 잣나무가 없고,[65] 향초와 악초는 같은 그릇에 담지 않습니다.[66] 제가 비록 재주가 없지만, 의리상 윤리의 시초인 〈부부관계〉를 어지럽히지 못하겠습니다."

王丞相이 **初在江左**에 **欲結援吳人**하여 **請婚陸太尉**하니 **對曰 培塿無松柏**이요 **薰蕕不同器**①니 **玩雖不才**나 **義不爲亂倫之始**②니이다하다

① ≪春秋左氏傳≫ 杜預의 주석에 말하였다. "培塿는 작은 언덕이고, 松柏은 거대한 나무이다.[67] 薰은 향초이고, 蕕는 악초이다.[68]"
杜預左傳注曰 "培塿, 小阜, 松柏, 大木也. 薰, 香草, 蕕, 臭草."

② 〈윤리의 시초라는 것은〉 부부가 된다는 뜻이다.
夫婦.

【頭註】

○ 李贄 : 오늘날 세력을 믿고 〈함부로 구는〉 자들은 〈이 내용을 보고〉 부끄러워해야 한다.
李云 "今之恃勢者, 可羞也."

○ 劉辰翁 : 〈본문의〉 '亂倫'은 집안의 수준이 같지 않다는 뜻인 듯하다.[69]
劉云 "亂倫, 似謂不類耳."

11-11 **周叔治**(周謨)가 **晉陵太守**가 되었을 때, 〈맏형인〉 **周侯**(周顗)와 〈둘째 형인〉 **仲智**(周嵩)가 전별하러 갔다. 주숙치가 장차 이별하려고 할 때 끊임없이 눈물을 흘리자, 중지가 화를 내면서 말하였다.

---

64) 陸玩 : 278~341. 吳郡 吳縣 사람으로, 字는 士瑤, 시호는 康이며, 陸琉나 陸統으로도 기록되어 있다. 吳(三國)나라 승상 陸遜의 조카손자이자 高平相 陸英의 아들이며, 晉나라 侍中·吏部尙書·尙書令·司空 등을 역임하였다.

65) 작은……없고 : ≪春秋左氏傳≫ 襄公 24년 조항에 보이는 구절이다.

66) 향초와……않습니다 : ≪孔子家語≫ 〈致思〉에 보이는 구절이다.

67) 培塿는……나무이다 : ≪春秋左氏傳≫ 襄公 24년 조항의 杜預 주석이다.

68) 薰은……악초이다 : ≪春秋左氏傳≫ 僖公 4년 조항의 杜預 주석이다.

69) 亂倫은……듯하다 : 劉辰翁은 '亂倫'의 '倫'을 '인륜'이 아니라 '무리'로 이해한 것이다.

"이 인간은 바로 아녀자로구나. 사람과 이별하면서 울기만 하는구나."

그러고는 즉시 〈주숙치를〉 내버려두고 〈그 자리를〉 떠났다. 주후가 홀로 남아 〈주숙치와〉 더불어 술을 마시면서 대화를 나누었다. 이별에 임박하여 〈주숙치가〉 눈물을 흘리자, 〈주후가〉 그의 등을 쓰다듬으며 말하였다.

"阿奴[70)]야, 마땅히 자중자애 하거라."

周叔治가 **作晉陵太守**하니 **周侯**와 **仲智**가 **往別**할새 **叔治**가 **以將別**이라하여 **涕泗不止**하니 **仲智**가 **恚之曰 斯人**은 **乃婦女**로다 **與人別**에 **惟啼泣**은여하고 **便舍去**[①]라 **周侯獨留**하여 **與飮酒言話**라가 **臨別流涕**하니 **撫其背曰 奴**여 **好自愛**[②]하라하다

① 鄧粲의 ≪晉紀≫에 말하였다. "周謨는 字가 叔治로, 周顗(주의)의 둘째 아우이며, 관직이 中護軍에 이르렀다."
鄧粲晉紀曰 "周謨, 字叔治, 顗次弟也. 仕至中護軍."

② 阿奴는 周謨의 어릴 때 이름이다.[71)]
阿奴, 謨小字.

【頭註】

○ 李贄 : 〈본문의 奴는〉 아우에 대한 호칭이다.
李云 "兄弟."

○ 劉辰翁 : 똑같은 형제인데 우대와 홀대가 이와 같았다.
劉云 "一樣兄弟, 厚薄如此."

○ 王世懋 : 周仲智(周嵩)는 오만하고 사나웠고 周伯仁(周顗)은 우애로웠으나, 정작 도무지 방정한 행실과는 관계가 없다.
王云 "仲智傲很, 伯仁友愛, 正都無關方正."

11-12 王丞相(王導)이 女伎(여자의 樂舞)를 거행하고 〈손님들을 위해〉 걸상과 자리를 준비하였다. 蔡公(蔡謨)이 먼저 자리에 있었는데, 불쾌해하면서 떠나니 왕

---

70) 阿奴 : 周謨의 어릴 때 이름이기도 하고, 할아버지가 손자를, 아버지가 아들을, 형이 아우를 부르거나, 또는 부부끼리 부르는 친근한 호칭이기도 하다.

71) 阿奴는……이름이다 : '아노'는 周謨의 어릴 때 이름이 절대 아니다.(≪世說音釋≫)

승상도 〈그를〉 만류하지 않았다.

王丞相이 作女伎하고 施設牀席한대 蔡公이 先在坐라가 不說(열)而去하니 王亦不留①하다

① 〈蔡司徒別傳〉에 말하였다. "蔡謨는 字가 道明으로, 濟陽 考城 사람이며, 박학다식하였다. 江左(江東)로 피난 온 이후에 左光祿·錄尙書事·楊州刺史를 역임하였고, 세상을 떠난 뒤에는 司空에 추증되었다."
蔡司徒別傳曰 "謨, 字道明, 濟陽考城人, 博學有識. 避地江左, 歷左光祿·錄尙書事·楊州刺史. 薨, 贈司空."

【頭註】

○ 李贄 : 아무 맛이 없다.
李云 "無味."

11-13 蘇峻이 〈반란을 일으켜〉 石頭城에 이른 뒤에 〈조정의〉 모든 관료가 달아나 흩어졌는데, 오직 侍中 鍾雅만 홀로 황제(成帝) 곁에 있었다. 어떤 이가 종아에게 말하였다.

"가능한 상황을 보면 나아가고 곤란한 상황을 알면 물러나는 것[72)]이 옛날의 도리입니다. 당신은 성품이 진실하고 강직하기 때문에 틀림없이 반란군에게 용납되지 못할 것입니다. 어찌 時勢의 마땅함을 따르지 않고 앉아서 재앙을 기다리겠습니까."

종아가 말하였다.

"국가가 혼란한데도 바로잡을 수 없고 군주가 위태로운데도 구원하지는 못하고[73)] 각자 달아나 〈재앙을〉 피하니, 나는 董狐가 장차 竹簡을 들고[74)] 등장할까

---

72) 가능한……것 : ≪春秋左氏傳≫ 宣公 12년 조항에 보이는 구절이다.

73) 국가가……못하고 : ≪春秋左氏傳≫ 襄公 25년 조항의 '군주가 어리석은데도 바로잡을 수 없고 위태로운데도 구원할 수 없으며 임금이 죽었는데도 따라 죽지 못하였다.〔君昏不能匡 危不能救 死不能死〕'라는 구절을 원용한 것이다.

74) 董狐가……들고 : 동호가 역사책에 이 사실을 기록할 것이라는 뜻이다. '동호'는 春秋시대 晋나라의 史官으로, 大夫 趙盾이 그 임금인 靈公이 시해당할 상황을 보고 달

두렵소."

蘇峻이 既至石頭에 百僚奔散①이어늘 惟侍中鍾雅는 獨在帝側이라 或謂鍾曰 見可而進하고 知難而退가 古之道也라 君性亮直하여 必不容於寇讎리니 何不用隨時之宜하고 而坐待其弊[75]邪아하니 鍾曰 國亂에 不能匡하고 君危에 不能濟요 而各遜遁以求免하니 吾懼董狐將執簡而進矣②라하다

① 孫盛의 ≪晉陽秋≫에 말하였다. "蘇峻이 2만의 병사를 거느리고 橫江으로부터 건너와서 蔣山에 이르자, 천자의 군대가 대패하였다."
晉陽秋曰 "峻率衆二萬, 濟自橫江, 至於蔣山, 王師敗績."

② 〈鍾雅別傳〉에 말하였다. "종아는 字가 彦胄로, 潁川 長社 사람이다. 魏(三國)나라 太傅 鍾繇(종요)의 아우인 鍾仲常[76]의 증손자이다. 젊을 때부터 재주가 있고 뜻을 품었으며, 여러 관직을 역임하고 侍中에 이르렀다."
雅別傳曰 "雅, 字彦胄, 潁川長社人. 魏太傅鍾繇弟仲常曾孫也. 少有才志, 累遷至侍中."

11-14 【補】 王丞相(王導)의 명성이 높고 지위가 막중해지자 모든 관료가 降禮(跪拜禮)를 하고자 하였다. 馮太常(馮懷)[77]이 〈이런 사정으로〉 顔光祿(顔含)에게 묻자, 안광록이 말하였다.

"王公(왕승상)이 비록 존귀하나 예법에 과분하게 존경하는 법이 없소. 강례한다는 말은 혹시 여러분의 사정 때문이오? 나 같은 비천한 사람은 늙었으니 時

아났다가 趙穿이 영공을 죽인 것을 보고 다시 돌아오자, "조돈은 대신으로서 아직 국경을 넘어가지 않고, 국내에 있으면서 반란이 일어난 것을 보고도 돌아오지 않으며, 돌아온 뒤에도 역적을 토벌하지 않았다." 하면서, 조돈이 직접 죽인 것은 아니나 간접적으로 임금을 해친 것이나 다름없다는 뜻으로 "조돈이 그 임금을 죽였다." 기록하여 조정의 신하들에게 보여주었다.(≪春秋左氏傳≫ 宣公 2년)

75) 弊 : ≪世說講義≫에는 '斃'로 되어 있다.

76) 鍾仲常 : ≪世說音釋≫에서 "鍾繇의 아우는 終演이니, '중상'은 틀림없이 종연의 字일 것이다." 했는데, 종요의 자가 元常이므로 ≪세설음석≫의 주장이 近理하다.

77) 馮太常(馮懷) : 字는 祖思로, 東晉시대에 黃門侍郎・侍中・太常・護軍將軍을 역임하였다.

務(시대의 풍조)를 모르겠소."

이윽고 안광록이 사람들에게 말하였다.

"내가 듣건대, 다른 나라를 정벌할 때는 어진 이에게 묻지 않는다[78]고 하던데, 조금 전에 馮祖思(풍회)가 나에게 아첨하는 일에 대해 물으니, 나에게 아마 잘못된 덕이 있을 것이다."

王丞相이 **名位隆重**하니 **百僚**가 **欲爲降禮**라 **馮太常**이 **以問顔光祿**①하니 **顔曰 王公雖重**이나 **禮無偏敬**이니 **降禮之言**은 **或是諸君事宜**잇가 **鄙人老矣**니 **不識時務**니이다하고 **旣而**에 **告人曰 吾聞伐國**엔 **不問仁人**이라하니 **向馮祖思**가 **問佞於我**하니 **我其有邪德乎**인저하다

① ≪晉書≫ 〈顔含列傳〉에 말하였다. "안함은 字가 弘都로, 瑯琊 莘 사람이다. 조부 顔欽은 給事中을, 부친 顔默은 汝陰太守를 역임하였다. 안함은 젊을 때부터 훌륭한 행실을 지녔고, 효성으로 알려졌으며, 관직이 光祿勳에 이르렀다."

何法盛의 ≪晉中興書≫에 말하였다. "안함의 형수가 병들어 위독할 때, 비단뱀의 쓸개가 필요했는데 구할 수 없었다. 안함이 며칠 동안 근심하고 탄식하던 차에 갑자기 어떤 아이가 지니고 있던 푸른 주머니를 안함에게 주었는데, 바로 비단뱀의 쓸개였다. 아이는 푸른 새로 변하여 날아가 버렸다."

晉書曰"顔含, 字弘都, 瑯琊莘人. 祖欽, 給事中, 父默, 汝陰太守. 含少有操行, 以孝聞, 仕至光祿勳." 晉中興書曰"顔含嫂病困, 須蚺(염)蛇膽, 不能得. 含憂歎累日, 忽有一童子, 持青囊授含, 乃蛇膽也. 童子化爲青鳥, 飛去."

11-15 孔君平(孔坦)의 병이 위독할 때, 會稽內史로 있던 庾司空(庾冰)이 문안하러 왔는데, 문안하는 태도가 매우 지극하여 그를 위해 눈물까지 흘렸다. 유사공이 〈공군평의〉 침상을 내려온 뒤에 공군평이 개탄하며서 말하였다.

---

78) 다른……않는다 : 옛날에 魯나라 임금이 柳下惠에게 "나는 제나라를 공격하고 싶은데, 어떻소?〔我欲攻齊 如何〕" 묻자, 유하혜가 물러나 근심스러운 낯빛으로 "내가 들으니, 다른 나라를 공격할 때에는 어진 사람에게 묻지 않는다고 하니, 이런 질문이 어찌 나에게 이르렀는가.〔吾聞伐國 不問于仁人也 此何爲至于我〕" 하였다.(≪春秋繁露≫ 〈對膠西王越大夫不得爲仁〉)

"대장부가 장차 세상을 떠나려 하는데, 국가를 편안하게 할 방법은 묻지 않고 아녀자처럼 〈눈물을 흘리면서〉 문안하는구나."

유사공이 〈그 말을〉 듣더니 돌아와 사죄한 뒤에 話言(훌륭한 말씀)을 청하였다.

孔君平이 **疾篤**①한대 **庾司空**이 **爲會稽**러니 **省之**②에 **相問訊**이 **甚至**하여 **爲之流涕**라 **庾旣下牀**한대 **孔慨然曰 大丈夫將終**에 **不問安國寧家之術**하고 **迺作兒女子相問**이온여하다 **庾聞**에 **回謝之**하고 **請其話言**③하다

① 王隱의 ≪晉書≫에 말하였다. "孔坦은 字가 君平으로, 會稽 山陰 사람이다. ≪春秋≫에 정통하였고, 문장을 잘 짓고 변론에 뛰어났다. 太子舍人을 역임하였고, 여러 관직을 역임하고 廷尉卿이 되었다."
王隱晉書曰 "孔坦, 字君平, 會稽山陰人. 善春秋, 有文辨. 歷太子舍人, 累遷廷尉卿."

② 孫盛의 ≪晉陽秋≫에 말하였다. "庾冰은 字가 季堅으로, 太尉 庾亮의 아우이다. 젊을 때부터 절개와 지조를 지녔는데, 유량이 항상 그를 중시하여 '우리 집안의 晏平仲[79]이다.' 하였다. 여러 관직을 역임하고 車騎將軍과 江州刺史가 되었다."
晉陽秋曰 "庾冰, 字季堅, 太尉亮之弟也. 少有檢操, 亮常器之曰 '吾家晏平仲.' 累遷車騎將軍・江州刺史."

③ 王隱의 ≪晉書≫에 말하였다. "孔坦은 〈인품이〉 단정하고 강직하여 훌륭한 명망이 있었다."
王隱晉書曰 "坦方直而有雅望."

【頭註】

○ 劉辰翁 : 이 경우는 周嵩의 일화(11-4)에 견줄 바가 아니다.
劉云 "此却非周嵩比."

○ 劉辰翁 : 〈본문의〉 '話言' 이하의 내용을 보지 못하는 것이 아쉽다.
又云 "惜不見話言以下."

11-16 桓大司馬(桓溫)[80]가 劉尹(劉惔)[81]을 찾아갔는데 〈유윤이 침상에〉 누워서

---

79) 晏平仲 : 晏嬰으로, 春秋 齊나라의 재상이다. 그는 靈公・莊公・景公을 차례로 섬기면서 節儉과 力行으로 국력을 배양하였다.

일어나지 않았다. 환대사마가 彈弓의 시위를 당겨 유윤의 침상에 쏘니 탄환이 침상과 이불 사이에서 부서졌다. 유윤이 정색을 하며 일어나서 말하였다.

"使君(환대사마)은 이와 같은[82] 곳에서 어찌 전투를 벌여 승리를 구할 수 있겠습니까.[83]"

환대사마는 한스러워하는 모습이 매우 역력하였다.

桓大司馬가 **詣劉尹**한대 **臥不起**라 **桓**이 **彎彈**하여 **彈劉枕**하니 **丸迸碎牀褥間**이라 **劉**가 **作色而起曰 使君**은 **如馨地**에 **寧可鬪戰求勝**①이리오하니 **桓**이 **甚有恨容**하다

① 何法盛의 ≪晉中興書≫에 말하였다. "桓溫이 일찍이 徐州刺史가 된 적이 있었다. 沛國이 徐州에 속하기 때문에 환온을 使君이라고 부른 것이다.[84] 전투라고 한 것은 환온이 〈이전에〉 平北將軍이었기 때문이다."
中興書曰"溫曾爲徐州刺史. 沛國屬徐州, 故呼溫使君. 鬪戰者, 以溫爲將也."

【頭註】

○ 王世懋 : 마땅히 '使君'에서 구두를 떼어야 하니, 〈이는〉 저절로 분명한 것이다.
王云"當以使君爲句, 自明."

○ 劉辰翁 : '이처럼 화낸다', '이처럼 웃는다'라는 〈표현이 있으니〉, 如馨은 바로 如此(이와

---

80) 桓大司馬(桓溫) : 312~373. 譙國 龍亢 사람으로, 字는 元子·符子이다. 桓彛의 맏아들이고, 南康長公主의 남편이다. 晉 明帝 때 荊州刺史와 征西大將軍을 역임했고, 관직이 大司馬·都督中外諸軍事에 이르고 南郡公에 봉해졌다. 燕을 정벌하여 패배시키고 돌아와서 廢帝 奕을 폐위시키고 簡文帝(司馬昱)를 세우고는 찬탈을 꾀하다가 이루지 못하고 病死하였다.

81) 劉尹(劉惔) : 沛國 相縣 사람으로, 字는 眞長이다. 晉陵太守 劉耽의 아들이며, 晉 明帝의 딸 廬陵公主의 남편이다. 젊을 때 王導의 知遇를 입어 당시 사람들이 荀粲에 견주었다. 司徒左長史와 侍中을 역임하고, 丹陽尹이 된 적이 있기 때문에 劉尹으로 불렸다.

82) 이와 같은 : 원문의 '如馨'은 晉宋시대 속어로, 如此, 這樣의 뜻이다.

83) 어찌……있겠습니까 : 淸談을 나누면서 이치를 밝힐 자리라는 뜻이다.(≪世說講義≫)

84) 沛國이 ……것이다 : 패국은 徐州刺史 桓溫이 다스렸던 지역이고, 使君은 자사가 다스리는 곳의 吏民이 자사를 부르는 호칭이다. 劉惔은 당시 丹陽尹이었으나, 출신지가 패국이었기 때문에 환온을 사군이라 부른 것이다.

같다)의 뜻이다.
劉云"如怒如笑, 如謦, 卽如此."

11-17【補】[85] 桓公(桓溫)이 洛陽의 鍾簴(종거)[86]를 옮기는 일[87]에 대해 논의했는데, 王懷祖(王述)[88]가 말하였다.

"永嘉가 강하지 못하여[89] 잠시 江左(江東)에 도읍을 정했으니, 지금은 차츰차츰 천하를 평정하여 옛 수도(낙양)로 수레를 돌려야 합니다. 만약 이와 같지 못하다면 의당 다시 園陵(제왕의 묘소)을 옮겨야 하니 종거를 우선적으로 일삼는 것은 부당합니다."

환공이 〈그의 뜻을〉 꺾지 못하였다.

桓公이 議移洛陽鍾簴한대 王懷祖曰 永嘉不競하여 暫都江左하니 方當漸平區宇하여 旋軫舊京이니이다 若其不爾면 宜改遷園陵이니 不應先事鍾簴니이다하니 桓不能奪하다

【頭註】

○ 李贄 : 〈언어〉편에 넣어야 한다.
李云"言語."

11-18 王右軍(王羲之)[90]이 謝公(謝安)과 함께 阮公(阮裕)[91]을 찾아 갔는데, 〈완

85)【補】: 저본에는 '補'가 없으나, 이 일화는 ≪世說新語≫가 아닌 ≪何氏語林≫에 있으므로 '補'를 보충하였다.

86) 鍾簴(종거) : 종묘에서 종을 거는 틀로, 맹수의 형상으로 장식하는데, 鍾鐻라고도 한다.

87) 낙양의……일 : 帝位를 찬탈하려는 뜻을 품은 것이다.(≪世說講義≫)

88) 王懷祖(王述) : 303~368. 太原 晉陽 사람으로, 字는 懷祖이다. 東海太守 王承의 아들로, 藍田侯에 봉해졌기 때문에 王藍田으로 불렸다. 晉나라 揚州刺史·和衛將軍·尙書令 등을 역임하였다.

89) 永嘉가 강하지 못하여 : '영가'는 晉 懷帝가 307~313년에 사용한 연호로, 영가 5년(311)에 북방의 이민족이 서진의 수도인 洛陽을 함락하고 회제 등을 포로로 잡아 西晉이 멸망한 것을 이른다.

90) 王右軍(王羲之) : 303~361. 瑯琊 臨沂 사람인데 會稽 山陰으로 옮겨 거주하고, 字

공의〉 대문에 이르러 사공에게 말하였다.

"진실로 〈우리가〉 함께 주인(완공)을 떠받들어야 합니다."

사공이 말하였다.

"타인을 떠받드는 것은 정말 본래 어렵지요."

王右軍이 **與謝公**으로 **詣阮公**①한대 **至門**하여 **語謝**하되 **故當共推主人**이니이다하니 **謝曰 推人**은 **正自難**이니이다하다

①〈阮公은〉 阮思曠(阮裕)이다.
阮思曠也.

【頭註】

○ 王世懋 : 결국 〈자신을〉 낮추려고 하지 않았다.
王云 "竟未肯降."

阮裕

11-19 王藍田(王述)이 楊州刺史에 제수되었을 때, 〈양주의〉 主簿가 〈왕남전의 조부와 부친의〉 諱를 묻자,[92] 〈왕남전이〉 가르쳐주며 말하였다.

"돌아가신 조부님과 아버님[93]은 그 명성이 천하에 퍼져 원근에서 〈모두 그

는 逸少이다. 東晉시대 書法家로 書聖이라고 불렸고, 右軍將軍에 임명되었기 때문에 王右軍이라고도 불렸다.

91) 阮公(阮裕) : 河南 陳留 사람으로, 字는 思曠이다. 阮籍의 族弟로, 晉나라 臨海太守·東陽太守·散騎常侍·國子祭酒·金紫光祿大夫·侍中 등을 역임하였다. 처음에 王敦의 主簿가 되었는데, 왕돈이 찬탈의 마음을 품자 온종일 술에 빠져 직무를 수행하지 않으니, 왕돈은 그가 실제 재주가 있지 않고 허명만 있다고 하면서 溧陽縣令으로 내보냈다.

92) 諱를 묻자 : '휘'는 생전에 사용하던 이름을 사후에 일컫는 용어이다. 고대에는 성인이 되면 이름을 부르지 않고 字를 부르는 것이 예의였는데, 魏晉시대에는 家諱를 더욱 중시하였다. 또한 상관이 부임하면 속관은 반드시 상관의 가휘를 물어 기억하여 잘못 부르는 실수를 방비하였다.

이름을〉 아는 바이고, 內諱[94]는 〈대문〉 밖으로 나가지 않는 법이니, 나머지는 거리낄 바가 없네."

王藍田이 拜楊州한대 主簿請諱하니 教云 亡祖와 先君은 名播海內이니 遠近所知요 內諱는 不出於外①하니 餘無所諱라하다

① ≪禮記≫ 〈曲禮 上〉에 말하였다. "부인의 諱는 閨門 밖을 나가지 않는다.[95]"
禮記曰 "婦人之諱[96], 不出門."

【頭註】
○ 李贄 : 〈언어〉 항목에 해당한다.
李云 "言語."

11-20 孫興公(孫綽)[97]이 庾公(庾亮)에 대한 誄文을 지었는데 아부하는 말이 많았다. 〈뇌문이〉 완성된 후에 〈유공의 아들〉 庾道恩(庾羲)에게 보여주자, 유도은이 보고는 탄식하고 〈손흥공에게〉 돌려보내면서 말하였다.
"선친과 당신은 본래 이러한 관계에 이르지 않았습니다."

孫興公이 作庾公誄文한대 多託寄之辭①라 既成에 示庾道恩하니 庾見하고 慨然送還之曰 先君與君이 自不至於此②니이다하다

---

93) 돌아가신 조부님과 아버님 : 王述의 조부는 王湛으로, 字가 處沖이며, 汝南內史를 역임하였고, 부친은 王承으로, 字가 安期이며, 車騎將軍과 東海太守를 역임하였다.

94) 內諱 : 조모나 모친의 이름을 이른다.

95) 부인의……않는다 : 부인의 諱는 부인의 집 안에서만 말하지 않을 뿐이고, 집 밖에 서라면 避諱하지 않는다는 뜻이다.

96) 婦人之諱 : 통행본 ≪禮記≫ 〈曲禮 上〉에는 '婦諱'로 되어 있다.

97) 孫興公(孫綽) : 314~371. 太原 中都 사람으로, 字는 興公이다. 長樂侯를 襲封하고, 晉나라 太學博士·尙書郎·章安縣令·永嘉太守 등을 역임한 뒤에 哀帝 때에 散騎常侍·領著作郎이 되었다. 洛陽으로 천도하려는 大司馬 桓溫의 계획을 저지하고, 王羲之의 蘭亭 모임에 참여하였다. 그는 詩文을 잘 지었는데, 특히 賦를 잘 지어 〈遂初賦〉·〈遊天台山賦〉 등을 남겼다.

① ≪孫綽集≫에 실려 있는 誄文은 다음과 같다.

"아, 나와 공은, 풍류가 일치하였네.
〈공의 인품을〉 헤아려 〈나의〉 마음을 기탁했으니, 〈나는〉 공을 스승처럼 여겼지.
군자의 교제는, 서로 사심이 없으니,
마음을 비워 옳음을 수용하고, 진실을 토로하여 잘못을 뉘우쳤네.
〈나는〉 비록 실로 똑똑치 못하지만, 삼가 弦韋를 〈몸에〉 지녔네.[98]
영원히 〈공의〉 話言(훌륭한 말씀)을 간직하니, 입으로 읊조리자니 마음이 슬퍼지네."

綽集載誄文曰"咨予與公, 風流同歸. 擬量託情, 視公猶師. 君子之交, 相與無私. 虛中納是, 吐誠誨非. 雖實不敏, 敬佩弦韋. 永戢話言, 口誦心悲."

② 徐廣의 ≪晉紀≫에 말하였다. "庾羲(유희)는 字가 叔和로, 庾亮의 셋째 아들이다. 출중하고 고상하며 진솔하였다. 지위가 建威將軍과 吳國內史에 올랐다. 道恩은 유희의 어릴 때 이름이다."

徐廣晉紀曰"庾羲, 字叔和, 亮第三子. 拔尙率到, 位建威將軍・吳國內史. 道恩, 羲小字."

【頭註】

○ 王世懋 : 孫綽에게 더러운 행실이 많았기 때문에 또 이러한 치욕을 당한 것이다.
王云"孫多穢行, 故又受此辱."

○ 劉應登 : 손작이 스스로 아첨의 교제에 의탁한 것을 미워한 것이다.
應登云"惡其自托諂交."

11-21【補】會稽王 司馬道子[99]가 〈섭정하여〉 국정을 전횡할 때, 여러 소인배들에게 〈정무를〉 맡기자, 陸祖言(陸納)이 대궐을 바라보고는 탄식하며 말하였다. "좋은 저택을 어린아이만도 못한 자[100](사마도자)가 때려 부수려고 하는가."

---

98) 弦韋를…지녔네 : '현위'는 활시위와 부드러운 가죽으로, 緩急을 비유하는 말로 쓰이는데, 여기서는 자신의 단점을 보완하고 수정한다는 뜻이다. 戰國시대 魏나라 西門豹는 자신의 성질이 급한 것을 단점으로 여겨 부드러운 가죽을 차고 다니면서 스스로 느긋하게 처신하고, 董安于는 자신의 성질이 느긋한 것을 단점으로 여겨 활시위를 차고 다니면서 스스로 급하게 처신하였다.(≪韓非子≫ 〈觀行〉)

99) 司馬道子 : 364~403. 河內 溫縣 사람으로, 字는 道子이다. 황실의 종실이자 권신으로, 晉 簡文帝(司馬昱)의 일곱째 아들이자 孝武帝(司馬曜)의 同母弟이다.

조정의 인사들이 그의 충직함을 칭송하였다.

會稽王道子가 **專政**할새 **委任群小**하니 **陸祖言**①이 **望闕**하고 **歎曰 好家居**를 **纖兒**가 **欲撞壞之邪**아하니 **朝士**가 **稱其忠亮**하다

① ≪晉書≫ 〈陸納列傳〉에 말하였다. "육납은 字가 祖言으로, 吳郡 吳 사람이다. 부친 吳玩은 侍中과 司空을 역임하였다. 육납은 젊을 때부터 고결한 지조를 지니고, 바르고 엄하여 세속을 끊었다. 太原의 王述이 평소 그를 중시하여 建威長史로 불러들였고, 吏部郎으로 옮겼다가 지방으로 나가 吳興太守가 되었다."
晉書曰"陸納, 字祖言, 吳郡吳人. 父玩, 官侍中・司空. 納, 少有淸操, 貞厲絶俗. 太原王(衛)〔述〕[101]雅重之, 引爲建威長史, 遷吏部郎, 出爲吳興太守."

11-22 **劉眞長**(劉惔)과 **王仲祖**(王濛)[102]가 함께 길을 가는데 날이 저물도록 식사를 하지 못하였다. 알고 지내던 어떤 小人[103]이 음식을 주었는데, 음식상이 매우 풍성하였다. 유진장이 〈그것을〉 사양하자, 왕중조가 말하였다.

"부족하나마 허기를 채우면 되니 어찌 군이 사양하시오?"

유진장이 말하였다.

"소인과는 절대 인연을 만들 수 없소."

劉眞長과 **王仲祖**가 **共行**할새 **日旰未食**한대 **有相識小人**이 **貽其餐**에 **肴案甚盛**이라 **眞長**

---

100) 어린아이만도 못한 자 : ≪世說音釋≫과 ≪世說補考≫에서 "원문의 '纖'은 '작은 것의 지극함〔小之至〕'이니 '섬아'는 어린아이에도 미치지 못한다는 뜻이다." 했는데, ≪世說啓微≫에서는 司馬道子에 의해 정무를 맡은 소인배들을 가리킨다고 하였으나, 陸納의 충직함을 칭송한 것이 강조되려면 사마도자를 가리키는 것으로 보아야 할 듯하다.

101) (衛)〔述〕: 저본에는 '衛'로 되어 있으나, ≪晉書≫ 〈陸納列傳〉에 의거하여 '述'로 바로잡았다.

102) 王仲祖(王濛) : 309~347. 太原 晋陽 사람으로, 字는 仲祖, 어릴 때 이름은 阿奴이다. 司徒 王導의 掾으로 벼슬을 시작하여 晉나라 長山縣令을 지내고 司徒左西屬이 되었다가 中書郎・司徒左長史가 되었다.

103) 小人 : 일반 백성을 이르는데, 魏晉시대 진나라 풍속에 士族들은 일반 백성과 교제하지 않았다.

辭焉하니 **仲祖曰 聊以充虛**니 **何苦辭**오하니 **眞長曰 小人**은 **都不可與作緣**이라하다

【頭註】

○ 劉辰翁 : 음식을 받음으로써 인연을 만든다는 말이다.
劉云 "謂從此作因緣."

○ 王世懋 : 이 말은 적지 않게 유익하다.
王云 "此語殊有益."

11-23 王脩齡(王胡之)[104)]이 일찍이 〈會稽郡의〉 東山에 있을 때 매우 궁핍하였다. 烏程縣令인 陶胡奴(陶範)가 배 한 척 분량의 쌀을 그에게 보내 주었지만, 〈왕수령은〉 거절하고 받으려고 하지 않고는 곧바로 대답하였다.

"나 왕수령이 만약 굶주린다면 스스로 마땅히 謝仁祖(謝尙)[105)]에게 가서 음식을 찾을 것이니, 도호노의 쌀은 필요하지 않소.[106)]"

王脩齡이 **嘗在東山**할새 **甚貧乏**한대 **陶胡奴**가 **爲烏程令**①이러니 **送一船米**하여 **遺之**어늘 **卻不肯取**하고 **直答語**하되 **王脩齡**이 **若饑**면 **自當就謝仁祖**하여 **索食**이니 **不須陶胡奴米**라하다

① 胡奴는 陶範의 어릴 때 이름이다.
〈陶侃別傳〉에 말하였다. "도범은 字가 道則으로, 도간의 열 번째 아들이다. 도간

---

104) 王脩齡(王胡之) : ?~348. 瑯琊 臨沂 사람으로, 字는 修齡이다. 東武侯 王廙의 둘째 아들이다. 젊을 때부터 재능이 탁월하여 명성이 있었고, 평소 風眩病을 앓았다. 晉나라 吳興太守・侍中・丹陽尹 등을 역임한 뒤에 平北將軍이 되어 洛陽의 수복을 준비하다가 진격할 즈음에 세상을 떠났다.

105) 謝仁祖(謝尙) : 308~356. 河南 陳郡 사람으로, 字는 仁祖이다. 豫章太守 謝鯤의 아들이자 謝安의 사촌형이다. 音律에 정통하고 춤을 잘 추며 서예에 조예가 깊고 淸談을 숭상하였다. 晉나라 江州刺史・尙書僕射(상서복야)를 역임하고, 이후에 승진하여 鎭西將軍・散騎常侍・衛將軍・開府儀同三司가 되었는데, 세상에서 謝鎭西라고 불렀다.

106) 도호노의……않소 : 魏晉시대 진나라에는 문벌을 중시하는 풍조가 만연하였다. 陶侃이 큰 공적을 세웠더라도 한미한 가문 출신이기 때문에 명문거족인 王家나 謝家에 비할 수 없다는 생각으로, 도간의 아들 도범을 무시한 것이다.

의 여러 아들 가운데 이름이 가장 많이 알려졌고, 尙書와 祕書監을 역임하였다." 〈≪晉中興書≫의 편찬자인〉 何法盛은 아홉 번째 아들이라고 하였다.

胡奴, 陶範小字也. 陶侃別傳曰"範, 字道則, 侃第十子也. 侃諸子中, 最知名, 歷尙書・祕書監." 何法盛以爲第九子.

11-24【補】戴安道(戴逵)는 젊을 때부터 큰 명성이 있었다. 武陵王(元帝의 넷째 아들 司馬晞)은 그가 琴을 잘 탄다는 소문을 듣고 사람을 보내 불러오게 하였다. 대안도가 심부름하러 온 사람 앞에 나아가 琴을 때려 부수고는 곧바로 말하였다. "나 대안도는 王侯의 伶人(樂官)이 될 수는 없소."

戴安道는 **少有高名**①이러니 **武陵王**②이 **聞其善鼓琴**하고 **使人召之**하니 **安道**가 **就使者前**하여 **打破琴**하고 **直語云 戴安道**는 **不能爲王侯伶人**이라하다

① 王韶之의 ≪晉安帝紀≫[107]에 말하였다. "戴逵는 字가 安道로, 譙國 사람이다. 젊을 때부터 고결한 지조를 지녔고, 침착하고 온화하며 활달하여 자잘한 예의에 구애받지 않아 심지어 劉眞長(劉惔)에게 인정을 받기까지 하였다. 삶을 즐기는 데에 편안함을 느끼며, 琴의 연주를 좋아하고 글을 잘 지었는데, 특히 유람과 연회를 즐겨 대부분 명문가의 풍류를 아는 자들과 교유하

戴逵

107) 王韶之의 ≪晉安帝紀≫ : 왕소지(380~435)는 瑯琊 臨沂 사람으로, 字는 休泰이다. 어릴 때 집안이 가난했으나 역사서 읽기를 매우 좋아하여 박학다식하였다. 晉나라 衛將軍 謝琰의 參軍으로 벼슬을 시작하여 著作佐郎・尙書祠部郎・中書侍郎을 역임하였다. 安帝(司馬德宗)를 독살하는 데 참여하고, 恭帝가 즉위한 뒤에 黃門侍郎・領著作郎이 되었다. 劉裕가 晉나라의 선양을 받은 뒤에 驍騎將軍・吳興太守를 역임하였다. ≪진안제기≫는 10권으로, ≪晉安帝陽秋≫ 또는 ≪晉紀≫라고도 하는데, 진안제 때의 역사를 편년체로 기록한 역사서이다. 원본은 일실되었고, 淸나라 黃奭의 輯本이 있다.

였기 때문에 논자들은 그가 通隱[108]이라고 인정하였다. 〈관리로 부르는〉 명령을 여러 차례 사양하여 마침내 고상하다는 평가를 받았다."

晉安帝紀曰"戴逵, 字安道, 譙國人也. 少有淸操, 恬和通任, 甚爲劉眞長所知. 泰於娛生, 好鼓琴, 善屬文, 尤樂遊宴, 多與高門風流者遊, 談者許其通隱. 屢辭徵命, 遂著高尙之目."

② 司馬晞는 太宰가 되었고, 武陵王에 봉해졌다.

司馬晞, 爲太宰, 封武陵王.

11-25 阮光祿(阮裕)이 山陵(國喪)[109]에 참석하려고 도성(建康)에 도착했는데, 殷浩[110]와 劉惔(유담)이 있는 곳을 찾아가지 않은 채 일을 마친 뒤에 즉시 돌아갔다. 여러 사람들이 함께 〈그를〉 뒤쫓아 갔지만, 〈완광록은〉 이미 역시 時流(세속의 무리)들이 틀림없이 자신을 뒤쫓아 올 것을 알고는 서둘러 갔기 때문에 〈뒤쫓던 자들이〉 方山[111]에 이르도록 따라 잡지 못하였다.

당시 會稽太守 劉尹(유담)이 탄식하면서 말하였다.

"내가 〈회계 경내로〉 들어간다면 마땅히 謝安石(謝安)이 있는 강가에 배를 댈 뿐이고, 감히 더 이상 阮思曠(완유)의 곁에는 가까이 갈 수 없겠지. 〈가까이 가면〉 그가 즉시 막대기를 들고 나를 때릴 수 있겠지만, 〈때리는 것이〉 쉽지 않을 것[112]이다."

---

108) 通隱 : 자유롭고 활달한 隱士로, 대부분의 은사가 세상과 인연을 끊고 사는 것과는 달리 세상 사람들과 교유하면서 살았기 때문에 이렇게 인정한 것이다.

109) 國喪 : ≪世說音釋≫과 ≪世說箋本≫에서는 簡文帝(司馬昱, 320~372)가 붕어했다고 하고, ≪世說補考≫에서는 成帝(司馬衍, 321~342)가 붕어했다고 했는데, 이 일화에 등장하는 殷浩의 생몰년이 303~356년이기 때문에 ≪세설보고≫의 견해가 옳다. 성제는 咸康 8년(342) 6월에 세상을 떠났고, 7월에 興平陵에 장례를 치렀다.

110) 殷浩 : 303~356. 陳郡 長平 사람으로, 字는 深源이다. 젊을 때부터 식견과 도량으로 명성이 높았고, 숙부 殷融과 함께 ≪老子≫·≪易經≫에 심취하였으며 담론에 뛰어났다. 晉나라 建武將軍과 揚州刺史를 역임했고, 북벌전쟁을 수행하다가 실패하여 庶人으로 폐해졌다가 病死하였다.

111) 方山 : 建康의 동남쪽에 있는 天印山이다.

阮光祿이 赴山陵하여 至都한대 不往殷・劉許하고 過事便還이라 諸人이 相與追之어늘 旣[113]亦知時流必當逐己하고 乃遄疾而去하니 至方山에 不相及①이라 劉尹이 時爲會稽러니 乃歎曰 我入이면 當泊安石渚下耳요 不敢復近思曠傍이라 伊便能捉杖打人이나 不易(이)로다하다

① 何法盛의 ≪晉中興書≫에 말하였다. "阮裕는 하루 종일 〈술에 취해〉 쓰러져 있은 채 공부하거나 연구하는 바가 없었으나, 사람들이 저절로 그를 종주로 삼았다."
中興書曰 "裕終日頹然, 無所(錯)〔修〕[114]綜, 而物自宗之."

【頭註】

○ 劉辰翁 : 〈阮裕의 행동은〉 전혀 윤리가 없다.
劉云 "更無倫理."

○ 劉辰翁 : 〈본문의〉 安石渚는 會稽郡의 지명이다.
劉云 "安石渚, 會稽地名."

11-26 王濛과 劉惔이 桓公(桓溫)과 함께 覆舟山(복주산)에 가서 유람하였다. 술이 얼큰하게 취한 뒤에 유담이 발을 끌어당겨서 환공의 목에 얹으니, 환공이 전혀 참지 못하여 손을 들어 〈그 발을〉 밀쳐버렸다. 돌아온 뒤에 王長史(왕몽)가 유담에게 말하였다.

"그 사람(환공)이 어찌 겉모습으로 남을 위압할 수 있겠습니까."

王・劉가 與桓公으로 共至覆舟山看할새 酒酣後에 劉牽脚하여 加桓公頸하니 桓公甚不堪하여 擧手撥去라 旣還에 王長史가 語劉曰 伊詎可以形色으로 加人不①아하다

---

112) 쉽지 않을 것 : 원문의 '不易'에 대하여 ≪世說音釋≫에서는 "내가 감당하기 쉽지 않다." 하였고, ≪世說啓微≫와 ≪世說講義≫에서는 "내가 安石渚에 있을 것이기 때문에 그가 때리기 쉽지 않을 것이다." 했는데, 후자의 견해를 따랐다. ≪世說箋本≫에서는 衍文이라고 하였다.

113) 旣 : 安永本과 ≪世說箋本≫에는 '阮'으로 되어 있다.

114) (錯)〔修〕: 저본에는 '錯'으로 되어 있으나, ≪晉書≫ 〈阮裕列傳〉에 의거하여 '修'로 바로잡았다.

① 〈桓溫別傳〉에 말하였다. "환온은 호방하고 고매한 기풍을 지녔다."
溫別傳曰 "溫有豪邁風氣也."

【頭註】

○ 劉辰翁 : 〈王濛의 말은〉 桓溫을 업신여기는 말이다.
劉云 "薄溫之詞."

○ 劉應登 : 역시 어불성설이다.
應登云 "亦且不成語."

11-27 羅君章(羅含)이 한번은 남의 집에 있었는데 주인이 〈그에게〉 좌중의 손님들과 함께 대화를 나누라고 하니, 〈그가〉 대답하였다.

"〈나는〉 알고 지내는 사람이 이미 많으니, 번거롭게 더 이상 이렇게 하지 않을 것[115]이오."

羅君章이 **曾在人家**한대 **主人**이 **令與坐上客**으로 **共語**하니 **答曰 相識已多**니 **不煩復**(부) **爾**①라하다

① 〈羅府君別傳〉에 말하였다. "羅含은 字가 君章으로, 桂陽 耒陽 사람이다. 〈羅氏는〉 楚나라 熊姓의 후예로서 처음으로 羅國에 分封되어 마침내 〈국명의 羅를〉 종족의 성씨로 삼았고, 이후에 湘水 근처에 거주했기 때문에 계양 사람이 된 것이다. 나함은 臨海太守 羅彦의 증손자이자 滎陽太守 羅綏의 막내아들이다. 桓宣武(桓溫)가 〈그를〉 초빙하여 別駕로 삼았는데, 관청이 소란스럽다고 하여 城의 서쪽 연못에 있는 모래톱 위에 초가집을 짓고, 나무를 베어 침상을 만들고 갈대를 엮어 자리를 만들어 베옷을 입고 거친 밥을 먹었는데도 넉넉한 듯 편안하였다. 여러 관직을 역임하고 散騎常侍와 廷尉, 長沙王의 相이 되었다. 中散大夫로 벼슬을 그만둔 뒤에는 〈찾아오는 손님을 막기 위해〉 대문에 行馬[116]를 설치하였다. 나함이 스스로 관청에 있을 때에 흰 참새 한 마리가 지붕에 둥지를 틀었고, 벼슬을 그만두고 집으

---

115) 이렇게……것 : 새로운 사람과 알고 지낼 필요가 없다는 뜻이다.

116) 行馬 : 적의 침입이나 잡인을 막기 위하여 궁전이나 관아 앞에 못〔釘〕을 박아 교차되게 세운 말뚝으로, 궁궐 앞에는 붉은색, 관사 앞에는 흑색으로 칠했는데, 여기서는 대문 앞에 설치하여 人馬의 출입을 막는 울짱을 이른다.

로 돌아왔을 때에 계단 앞의 뜰에 느닷없이 난초와 국화가 곧게 자랐으니, 어찌 지극한 덕행의 증거가 아니겠는가."

羅府君別傳曰"含, 字君章, 桂陽(棗)〔耒〕[117]陽人. 蓋楚熊姓之後, 啓土羅國, 遂氏族焉, 後寓湘境, 故爲桂陽人. 含, 臨海太守彦曾孫, 滎陽太守綏少子也. 桓宣武辟爲別駕, 以官廨諠擾, 於城西池小洲上立茅茨, 伐木爲牀, 織葦爲席, 布衣蔬食, 晏若有餘. 累遷散騎常侍·廷尉·長沙相. 致仕中散大夫, 門施行馬. 含自在官舍, 有一白雀, 棲集堂宇, 及致仕還家, 階庭忽蘭菊挺生, 豈非至行之徵邪?"

11-28 王文度(王坦之)[118]가 桓公(桓溫)의 長史가 되었을 때, 환공이 〈자신의〉 아들을 위해 왕문도의 딸을 〈며느리로〉 청하니, 왕문도가 〈부친인〉 王藍田(王述)에게 여쭈어보겠다고 하였다. 〈왕문도가 집에〉 돌아온 뒤에, 왕남전은 왕문도를 매우 사랑했기 때문에 비록 〈왕문도가〉 장성했으나 여전히 끌어안아 무릎 위에 앉혔다. 왕문도가 그 기회를 틈타 환공이 자신의 딸을 〈며느리로〉 청해 〈환공의 아들과〉 혼인시키기를 청했다고 말하니, 왕남전이 크게 화를 내면서 왕문도를 밀쳐 무릎에서 내려가게 하고 말하였다.

"어찌[119] 문도가 이렇게 멍청할 줄 알았겠는가. 환온의 모습을 두려워하는가? 〈그는〉 군인이니,[120] 어찌 딸을 시집보내 그에게 줄 수 있겠느냐."

왕문도가 돌아가 〈환공에게〉 보고하였다.

"下官(저)의 집에서는 이미 혼처를 얻었습니다."

桓公이 말하였다.

---

117) (棗)〔耒〕: 저본에는 '棗'로 되어 있으나, ≪晉書≫ 〈羅含列傳〉에 의거하여 '耒'로 바로잡았다.

118) 王文度(王坦之) : 330~375. 太原 晉陽 사람으로, 字는 文度이며, 尙書令 王述의 아들이다. 부친의 작위 藍田侯를 이어받았고, 謝安 등과 함께 조정에서 桓溫에 대항하였다. 晉나라 中書令·領北中郞將·徐兗二州刺史를 역임하였다.

119) 어찌 : 원문의 '惡'에 대해 ≪世說補觿≫와 ≪世說補考≫에서는 감탄사로 이해하였다.

120) 환온의……군인이니 : 원문의 '畏桓溫面兵'에 대해 ≪世說講義≫에서는 '畏桓溫面兵'으로 구두를 떼어 '面兵은 面勢의 뜻'이라고 하였다.

"나는 알겠소. 이것은 그대의 부친이 내켜하지 않을 뿐이겠지."
이후에 환공의 딸은 결국 왕문도의 아들에게 시집갔다.

王文度가 爲桓公長史時에 桓이 爲兒求王女하니 王이 許咨藍田이라 旣還에 藍田이 愛念文度하여 雖長大라도 猶抱著(착)膝上할새 文度가 因言桓求己女婚하니 藍田大怒하여 排文度下膝하고 曰 惡見文度已復癡아 畏桓溫面가 兵이니 那可嫁女與之아하다 文度還報云 下官家中에 先得婚處니이다하니 桓公曰 吾知矣라 此는 尊府君不肯耳이라하다 後에 桓女는 遂嫁文度兒[①]하다

① ≪王氏譜≫에 말하였다. "王坦之의 아들 王愷(왕개)는 桓溫의 둘째 딸에게 장가들었는데, 그녀의 字는 伯子이다."
何法盛의 ≪晉中興書≫에 말하였다. "왕개는 字가 茂仁으로, 吳國內史와 丹陽尹을 역임하였고, 〈세상을 떠난 뒤에〉 太常에 추증되었다."
王氏譜曰 "坦之子愷, 娶桓溫第二女, 字伯子." 中興書曰 "愷, 字茂仁, 歷吳國內史・丹陽尹, 贈太常."

【頭註】

○ 王世懋 : 〈원문의 畏桓溫面兵 那可嫁女與之〉에 대해 예전에는 '面兵'으로 구두를 떼어 이해할 수 없다가 지금에야 깨달았으니, "文度는 어리석은 아이라서 환온의 面孔(얼굴과 생김새)을 두려워했다. 그(환온)는 군인이니, 어찌 딸을 시집보내 그에게 줄 수 있겠느냐." 라는 뜻이다.
王云 "舊以面兵爲句, 而不可解, 今始曉, 所以言文度癡兒, 畏桓溫面孔, 渠, 兵也, 那可嫁女與兵?"

11-29 太極殿[121)]이 비로소 완공되었다. 王子敬(王獻之)[122)]이 당시 謝公(謝安)의

---

121) 太極殿 : 魏(三國) 明帝(曹叡)가 青龍 3년(235)에 지은 궁전인데, 唐나라에 이르기까지 역대로 皇宮의 正殿을 지칭하였다.

122) 王子敬(王獻之) : 344~386. 瑯琊 臨沂 사람인데 會稽 山陰에서 태어났고, 字는 子敬, 어릴 때 이름은 官奴, 시호는 憲이다. 書聖 王羲之의 일곱째 아들로, 역시 書法의 대가이며, 簡文帝(司馬昱)의 사위이자 晉 安帝(司馬德宗)의 장인이다. 秘書郞・司徒長史・吳興太守・中書令 등을 역임하였다. 당시 사람들은 族弟인 王珉과 구분

長史가 되었는데, 사공이 〈현판으로 사용할〉 版을 보내 왕자경에게 題字하라고 하니, 왕자경이 불쾌한 기색을 띠며 심부름꾼에게 말하였다.

"문 밖으로 내던져버리시오."

사공이 이후에 왕자경을 만나 말하였다.

"판에 글씨를 써서 태극전에 올리는 것이 어떻겠소? 옛날 魏나라의 韋誕[123] 등 여러 사람들도 스스로 〈그렇게〉 하였소."

왕자경이 말하였다.

"그 때문에 위나라의 국운이 오래 가지 못한 것입니다."

사공은 〈이 말을〉 名言이라고 하였다.

王獻之

太極殿이 始成①에 王子敬이 時爲謝公長史한대 謝가 送版하여 使王題之하니 王有不平色하고 語信云 可擲箸門外라하다 謝가 後見王曰 題之上殿이 何若고 昔魏朝韋誕諸人도 亦自爲也라하니 王曰 魏祚所以不長이니이다하니 謝가 以爲名言②하다

① 徐廣의 《晉紀》에 말하였다. "晉 孝武帝(司馬曜) 寧康 2년(374)에 尙書令 王彪之[124] 등이 새로운 궁전을 다시 짓자고 아뢰었다. 太元 3년(378) 2월에 內軍(친위부대)과 外軍(작전부대) 6천 명이 건축을 시작하여 7월에 이르러 완성하였다. 太極殿은 높이 8丈, 길이 27丈, 너비 10丈이었다. 尙書 謝萬[125]은 공사를 감독한 공

하여 大令이라고 불렀다.

123) 韋誕 : 179~253. 魏(三國)나라 京兆 사람으로, 字는 仲將이다. 각종 書體에 뛰어난 서법가로, 太僕 韋端의 아들이며, 관직이 侍中에 이르렀다.

124) 王彪之 : 305~377. 瑯琊 臨沂 사람으로, 字는 叔虎·叔武, 어릴 때 이름은 虎犢, 시호는 簡이다. 尙書右僕射 王彬의 아들이자 丞相 王導의 5촌 조카이다. 晉나라 著作郎으로 벼슬을 시작하여 東海王文學·御史中丞·侍中·廷尉 등을 역임하고 尙書令·護軍將軍·散騎常侍 등에 이르렀다. 謝安 등과 桓溫에 대항하고, 환온이 사망한 뒤에 사안과 함께 정권을 잡았다.

로로 關內侯에 봉해졌고, 將作大匠[126] 毛安之는 關中侯에 봉해졌다."

徐廣晉紀曰 "孝武寧康二年, 尙書令王彪之等, 啓改作新宫. 太元三年二月, 內·外軍六千人始營築, 至七月而成. 太極殿, 高八丈, 長二十七丈, 廣十丈. 尙書謝萬監視, 賜爵關內侯, 大匠毛安之, 關中侯."

② 南朝 宋 明帝(劉彧)의 ≪晉江左文章志≫[127]에 말하였다. 孝武帝(司馬曜) 太元 연간(376~396)에 새로운 궁전이 완성되자, 논자들이 王獻之에게 현판에 글씨를 쓰라고 압박하여 영원한 보물로 삼으려고 하였다. 謝安이 왕헌지와 대화를 나누던 차에 魏(三國)나라 때에 凌雲閣을 건축하면서 현판에 글씨를 쓰는 것을 잊어 즉시 韋仲將(韋誕)에게 사다리에 매달려서 쓰라고 했던 일을 언급했으니, 이로써 왕헌지의 마음을 넌지시 움직이고자 한 것이다. 왕헌지가 사안의 의도를 알아차리고 정색하면서 '그것은 괴이한 일입니다. 위중장은 위나라의 大臣인데 어찌 그에게 그와 같은 일을 시킬 수 있습니까. 〈이를 통해〉 위나라의 국운이 오래가지 못한 이유를 알 수 있습니다.' 하자, 사안은 왕헌지의 마음을 이해하고는 더 이상 강요하지 않았다."

宋明帝文章志曰 "太元中, 新宮成, 議者欲屈王獻之題榜, 以爲萬代寶. 謝安與王語次, 因及魏時起凌雲閣, 忘題榜, 乃使韋仲將縣梯上題之, 欲以此風動其意. 王解其旨, 正色曰 '此, 奇事. 韋仲將, 魏朝大臣, 寧可使其若此? 有以知魏德之不長.' 安知其心, 迺不復逼之."

【頭註】

○ 劉辰翁 : 大臣을 야박하게 대한 것은 본래 괜찮지만, 전각의 현판을 甕芻[128]처럼 던져

---

125) 謝萬 : 320~361. 陳郡 陽夏 사람으로, 字는 萬石이다. 太常 謝裒의 넷째 아들이자 太保 謝安의 아우이다. 晉나라 司徒掾·護軍從事中郎·吳興太守·西中郎將 등을 역임하고, 豫州刺史·領淮南太守가 되어 前燕을 공격했는데 대패하여 예주가 대부분 함락되었고, 결국 廢庶人되었다.

126) 將作大匠 : 관직명으로, 宮闕·宗廟·陵寢 및 기타 토목공사에 관한 사무를 관장하였다. 秦나라가 처음 설치할 때는 將作少府라고 했는데, 西漢시대 景帝 때에 장작대장으로 개칭하였다.

127) 明帝(劉彧)의 ≪晉江左文章志≫ : 명제(439~472)는 彭城郡 綏輿里 사람으로, 字는 休炳, 어릴 때 이름은 榮期이다. 晉 文帝(劉義隆)의 열한 번째 아들이자 孝武帝(劉駿)의 異母弟이다. ≪진강좌문장지≫는 ≪隋書≫ 〈經籍志〉에서는 3권이라 했고 ≪新唐書≫ 〈藝文志〉에서는 2권이라 하였다.

버린 것은 옳지 않은 듯하다고 말한 것이다.

劉云 "謂薄待大臣, 固可, 然殿牌比之蹙芻, 擲去, 似爲不可."

○ 王世懋 : 주석이 더욱 자세하다.

王云 "註更委悉."

11-30 孝武帝(司馬曜)가 王爽에게 물었다.

"그대는 그대의 형(王恭)[129]과 비교하면 어떠한가?"

왕상이 대답하였다.

"기풍이 특별히 빼어난 측면은 제가 왕공만 못하지만, 충성과 효성에 대해서는 어찌 역시 남에게 양보할 수 있겠습니까."

孝武가 **問王爽**하되 **卿**은 **何如卿兄**고하니 **王答曰 風流秀出**은 **臣不如恭**이어니와 **忠孝**는 **亦何可以假人**①잇가하다

① 何法盛의 ≪晉中興書≫에 말하였다. "王爽은 字가 季明으로, 王恭의 넷째 아우이다. 충성스럽고 효성스러우며 질박하고 정직하였다. 烈宗(晉 孝武帝 司馬曜)이 붕어했을 때, 王國寶[130]가 밤중에 궁문을 열고 들어와 遺詔를 작성하려고 했는데, 黃門郞이던 왕상이 막으면서 '大行이 晏駕하고[131] 太子가 세워지지 않았으니, 감히

128) 蹙芻 : 발로 차는 꼴이라는 뜻으로, 하찮은 물건을 이른다. ≪예기≫ 〈曲禮 上〉에 "路馬를 끌고 걷게 할 때는 반드시 길 중앙에서 해야 한다. 발로 노마의 꼴을 차는 것이 죄가 되며, 노마의 나이를 세어보는 것이 죄가 된다.〔步路馬 必中道 以足蹙路馬芻有誅 齒路馬有誅〕" 하였다.

129) 王恭 : ?~398. 太原 晉陽 사람으로, 字는 孝伯, 어릴 때 이름은 阿寧이다. 司徒左長史 王濛의 손자이자 會稽內史 王蘊의 아들이며, 晉 孝武帝(司馬曜)의 定皇后(王法慧)의 오빠이다. 관직이 前將軍·靑兗二州刺史에 이르렀다. 두 차례 거병하여 조정의 신하를 토벌했는데, 2차 토벌에서 劉牢의 배반으로 실패하여 사형에 처해졌다. 桓玄이 정권을 잡았을 때 侍中·太保로 추증하였고, 忠簡이라는 시호를 내렸다.

130) 王國寶 : ?~397. 太原 晉陽 사람으로, 字 國寶이다. 中書令 王坦之의 셋째 아들이자 太保 謝安의 사위이다.

131) 大行이 晏駕하고 : 천자가 붕어했다는 뜻이다. '대행'은 천자가 붕어한 뒤에 아직 시호를 정하지 못했을 때 부르는 칭호이고, '안가'는 宮車가 늦게 출발했다는 뜻으로 천자의 붕어를 에둘러 표현한 것이다.

먼저 들어오는 자는 斬刑에 해당하오.' 하자, 왕국보가 두려워하여 즉시 멈추었다. 〈왕상은〉 관직이 侍中에 이르렀다. 형(王恭)의 일이 실패하자 〈형과 함께 죽임을 당했고, 이후에 桓玄[132]이 정권을 잡았을 때〉 太常에 추증되었다."

中興書曰 "爽, 字季明, 恭第四弟也, 忠孝質直. 烈宗崩, 王國寶夜開門入, 爲遺詔, 爽爲黃門郎, 拒之曰 '大行晏駕, 太子未立, 敢有先入者, 斬.' 國寶懼, 乃止. 仕至侍中, 恭事敗, (貶)〔贈〕[133]太常."

【頭註】

○ 劉辰翁 : 〈王爽이〉 훌륭하게 대답하였다.
劉云 "善對."

○ 劉辰翁 : 〈주석의〉 '事敗' 아래에 '誅'라는 글자가 누락된 듯하다.
劉云 "事敗下, 似落一誅字."

11-31 王爽이 司馬太傅(司馬道子)와 함께 술을 마실 때, 사마태부가 취하여 왕상을 小子(어린아이)라고 부르자, 왕상이 말하였다.

"돌아가신 조부 長史(王濛)께서는 簡文皇帝(司馬昱)와 布衣之交[134]를 맺으셨고, 돌아가신 고모와 돌아가신 누이는 두 황제의 배필이 되셨으니, 어찌 어린아이라고 할 수 있단 말입니까."

王爽이 與司馬太傅로 飮酒할새 太傅醉하여 呼王爲小子하니 王曰 亡祖長史는 與簡文皇帝로 爲布衣之交하시고 亡姑와 亡姊는 伉儷二宮하시니 何小子之有①잇가하다

① 何法盛의 ≪晉中興書≫에 말하였다. "王濛의 딸은 諱가 穆之로, 哀帝(王爽의 고모부 司馬丕)의 황후가 되었고, 王蘊의 딸은 諱가 法惠로, 孝武帝(司馬曜)의 황후가 되었다."

---

132) 桓玄 : 369~404. 譙國 龍亢 사람으로, 字는 敬道, 어릴 때 이름은 靈寶이다. 大司馬 桓溫의 아들로, 晉 安帝(司馬德宗) 元興 원년(402)에 거병하여 도성 建康을 공격해 조정을 장악하였고, 이듬해 스스로 제위에 올라 국호를 楚라고 하였다.

133) (貶)〔贈〕: 저본에는 '貶'으로 되어 있으나, 安永本과 ≪世說箋本≫에 의거하여 '贈'으로 바로잡았다.

134) 布衣之交 : 베옷을 입을 때의 사귐이라는 뜻으로, 벼슬을 하기 전 빈천할 때의 사귐, 또는 그렇게 사귄 벗을 이른다.

中興書曰"王濛女, 諱穆之, 爲哀帝皇后, 王蘊女, 諱法惠, 爲孝武皇后."

【頭註】

○ 王世懋 : 재빠르게 〈대답한〉 말일 뿐이니 방정한 것은 아니다.
王云"捷急語耳, 非方正."

○ 王世懋 : 방정한 것은 아니지만 어찌 잘못이겠는가.
王云"非方正, 豈謬邪."

11-32 **【補】** **桓玄**이 〈帝位를〉 찬탈하여 등극하니,[135] **徐野民**(**徐廣**)이 홀로 슬픈 감정 때문에 눈물과 콧물이 줄줄 흘렀다. **謝宣明**(**謝晦**)이 만류하니, 〈서야민이〉 눈물을 거두며 말하였다.

"당신은 宋나라의 개국공신이고 나는 晉나라의 **舊臣**이니, 근심과 기쁨에 관한 일이 본래 그 자체로 같지 않습니다."

그러고는 다시 흐느꼈다.

桓玄篡立하니 **徐野民**이 **獨哀感**으로 **涕泗交流**①라 **謝宣明**이 **止之**하니 **收淚**하고 **言曰 君**은 **爲宋朝佐命**이요 **身**은 **是晉室遺老**니 **憂喜之事**가 **固自不同**이라하고 **乃更欷歔**②하다

① ≪晉書≫ 〈徐廣列傳〉에 말하였다. "서광은 字가 野民으로, 東莞 姑藏 사람이다. 〈그 가문은〉 대대로 학문을 좋아했는데, 서광에 이르러 〈학문이〉 더욱 정밀하고 순수해졌다. 謝玄이 兗州를 다스릴 때 從事로 초빙하였고, 桓玄이 국정을 보좌할 때 大將軍의 祭酒(좨주)로 삼았다."
晉書曰"徐廣, 字野民, 東莞姑臧[136]人. 世好學, 至廣, 尤爲精純. 謝玄爲兗州, 辟從事, 桓玄輔政, 以爲大將軍祭酒."

② ≪宋書≫ 〈謝晦列傳〉에 말하였다. "사회는 字가 宣明으로, 陳郡 陽夏 사람이다. 조

135) 桓玄이……등극하니 : ≪世說補觿≫ · ≪世說啓微≫ · ≪世說講義≫에서는 '劉裕가 晉나라의 선양을 받았던 때'라고 해야 한다고 하였다. 환현의 제위 찬탈은 安帝 때의 일이고, 20년 뒤 恭帝 때에 유유가 선양을 받았기 때문에 이 견해가 옳다.

136) 臧 : '幕'이 되어야 한다. ≪宋書≫에 '幕'이라 되어 있고, 東莞郡에는 姑臧縣은 없고 姑幕縣이 있기 때문이다.(≪世說音釋≫)

부 謝朗은 東陽太守를, 부친 謝重은 司馬道子의 長史를 역임하였다. 사회는 孟昶(맹창)의 中兵參軍이 되었고, 이후에 宋나라 高祖(武帝 劉裕)의 中領軍이 되었다. 少帝(劉義符)가 즉위한 뒤에 中書令으로 승진하여 徐羨之·傅亮과 함께 국정을 보좌하다가 사건에 연루되어 죽임을 당하였다."

宋書曰 "謝晦, 字宣明, 陳郡陽夏人. 祖朗, 東陽太守, 父重, 司馬道子長史. 晦爲孟昶中兵參軍, 後爲宋高祖中領軍. 少帝卽位, 加中書令, 與徐羨之·傅亮共輔政, 以事伏誅."

【頭註】

○ 王世懋 : 徐廣이 謝晦에게 대답한 시기는 劉裕가 〈晉나라의〉 선양을 받았던 때이니, 여기에서 桓玄이 찬탈하여 등극한 때라고 한 것은 오류이다.

王云 "徐廣答謝晦, 劉裕受禪之時也. 此言桓玄簒立, 誤."

11-33【補】[137] 殷仲文[138]이 姑熟으로 돌아갈 때에 전별연에 모든 관원이 참석하였다. 桓敬祖(桓謙)가 王參軍(王弘之)에게 함께 〈전별연에〉 가자고 하니 왕참군이 말하였다.

"전별연에서의 송별은 반드시 친분이 있어야 하는 법입니다. 下官(저)은 은중문과 바람난 말이라도 미칠 수 없는 것[139]과 같은 관계이니, 〈공을〉 모시고 갈 이유가 없습니다."

殷仲文이 還姑熟에 祖送傾朝한대 桓敬祖가 要王參軍同行①하니 王曰 餞離送別은 必在

137) 【補】: 저본에는 '補'가 없으나, 이 일화는 ≪世說新語≫가 아닌 ≪何氏語林≫에 있으므로 '補'를 보충하였다.

138) 殷仲文 : ?~407. 陳郡 長平 사람으로, 字는 仲文이다. 太常 殷融의 손자이자 吳興太守 殷康의 아들이다. 晉나라 會稽王 司馬道子의 驃騎參軍과 新安太守를 역임하였다.

139) 바람난……것 : 말이 바람이 나서 달아나 암컷과 수컷이 서로 유혹하려 해도 거리가 멀어 미칠 수 없다는 뜻으로, 양자의 거리가 멀거나 아무 상관이 없다는 말이다. 齊桓公이 제후의 군대를 거느리고 楚나라를 공격하자, 초나라에서 사신을 보내 "임금은 북해에 살고 과인은 남해에 살아 바람난 말이나 소도 서로 미칠 수 없는 먼 거리이니, 임금께서 우리 땅에 오실 줄은 생각하지도 못했습니다.〔君處北海 寡人處南海 唯是風馬牛不相及也 不虞君之涉吾地也〕" 하였다.(≪春秋左氏傳≫ 僖公 4년 조항)

有情하나니 下官은 與殷으로 風馬不接하니 無緣扈從②이니이다하다

①〈王參軍은〉 王弘之이니, 따로 보인다.
王弘之, 別見.

②何法盛의 ≪晉中興書≫에 말하였다. "桓謙은 字가 敬祖로, 桓沖의 셋째 아들이며, 尙書僕射(상서복야)와 中軍將軍을 역임하였다."
晉中興書曰 "桓謙, 字敬祖, 沖第三子, 尙書僕射·中軍將軍."

11-34【補】南朝 宋나라 때에는 吏部都令史가 자문을 받아 관리 선발의 업무를 관장해왔는데, 〈吏部郞인〉 陸東海(陸慧曉)[140]가 관리를 선발할 때 자기 마음대로 홀로 단행하고 한 번도 〈도영사와〉 상의하지 않았다. 황제가 사람을 보내 육동해에게 말하였다.

"도영사는 옛 제도와 격식을 모조리 기억하고 있으니, 함께 상의해보시오."

육동해가 말하였다.

"나이 60에 더 이상 도영사에게 자문하는 이부랑이 될 수는 없습니다. 황제께서 만약 제가 〈관리 선발 업무를〉 감당할 수 없다고 생각하시면 즉시 옷을 털고 물러가겠습니다."

宋世에 吏部都令史가 咨執選事러니 陸東海①가 在選에 任己獨行하고 未嘗與語라 帝遣人하여 語陸云 都令史는 諳悉舊貫하니 可共參懷라하니 陸曰 六十之年에 不復能諮都令史하여 爲吏部郞也니 上若謂身不堪하시면 便當拂衣而退니이다하다

①〈陸東海는〉 陸慧曉이다.
慧曉也.

11-35【補】卞士蔚(卞彬)[141]가 약관의 나이에 上虞縣令이 되었는데, 매우 강직

140) 陸東海(陸慧曉) : 吳郡 吳縣 사람으로, 字는 叔明이며, 부친은 海陵太守 陸子眞이다. 南朝 宋나라 安西諮議·領冠軍錄事參軍·司徒右長史·西中郞長史·吏部郞·五兵尙書 등을 역임하였다.

한 기개가 있었다. 會稽太守 孟顗(맹의)가 令長[142]으로서 억압하니, 변사위는 쌓인 울분을 참을 수 없어서 모자를 벗어 땅에 내던지며 말하였다.

"내가 그대에게 굽히는 이유는 바로 〈관리가 쓰는〉 이 모자 때문일 뿐이오. 지금 이미 이 모자를 던졌으니, 그대는 한 시대의 勳門(공훈을 세운 가문)이라고 하여 천하의 國士를 업신여기겠소?"

그러고는 옷을 털고는 마침내 떠났다.

卞士蔚가 **弱冠時**에 **爲上虞令**①한대 **甚有剛氣**라 **會稽太守孟顗**가 **以令長裁之**하니 **士蔚**가 **積不能容**하여 **脫幘**(책)**投地**하고 **曰 我所以屈卿者**는 **正謂此幘耳**라 **今已投之**하니 **卿**은 **以一世勳門**으로 **而傲天下國士**아하고 **拂衣竟去**②하다

① ≪南史≫ 〈卞彬列傳〉에 말하였다. "변빈은 字가 士蔚로, 濟陰 冤句 사람이다. 조부 卞嗣之는 中領軍을, 부친 卞延之는 上虞縣令을 역임하였다. 변빈은 남다르게 뛰어난 재주를 지녔는데, 사람들의 뜻에 거스르는 경우가 많았다. 車騎將軍의 記室參軍을 역임하였다."
南史曰 "卞彬, 字士蔚, 濟陰冤〔句〕[143]人. 祖嗣之, 中領軍, 父延之, 上虞令. 彬險拔有才, 與物多忤, 官車騎記室參軍."

② 孟顗(맹의)는 따로 보인다.
顗, 別見.

【頭註】

○ ≪裵子語林≫과 ≪南史≫에 '爲'로 되어있다.
謂語林南史作爲

---

141) 卞士蔚(卞彬) : 卞延之가 되어야 한다. ≪南史≫에서 변연지의 사적을 卞士蔚의 열전에 附記했기 때문에 何良俊이 오인한 것이다.(≪世說音釋≫)

142) 令長 : 秦漢시대 萬戶 이상의 지역을 다스리는 자를 令, 만호에 미치지 못하는 지역을 다스리는 자를 長이라 했는데, 여기서는 '현령의 우두머리'라는 뜻이다. ≪宋書≫ 〈百官志〉에 "현령과 장은 진나라 때의 관직이다. 큰 것이 현령이고 작은 것이 장이니 〈월급이〉 현령은 6백 석, 장은 5백 석이다.〔縣令長 秦官也 大者爲令 小者爲長 縣令六百石 長五百石〕" 하였다.

143) 〔句〕 : 저본에는 '句'가 없으나, ≪南史≫ 〈卞彬列傳〉에 의거하여 보충하였다.

11-36【補】任彦升(任昉)이 南朝 齊나라에 있을 때, 梅蟲兒에게 아부하여 中書郎으로 기용되었다. 임언승이 尙書令 王亮에게 가서 감사하니, 왕양이 말하였다.

"그대는 마땅히 매충아에게 감사해야지, 어찌 뜬금없이 나에게 감사하는가?"

임언승이 매우 부끄러워하였다.

任彦升①이 在齊할새 (紓)〔紆〕[144]意於梅蟲兒②하여 用爲中書郎이라 彦升이 造謝尙書令王亮하니 亮曰 卿은 宜謝梅니 那忽謝我오하니 彦升大慚③하다

① 劉璠[145]의 ≪梁典≫에 말하였다. "任昉은 字가 彦升으로, 樂安(낙안) 사람이다. 4세에 古詩 수십 편을 암송하였고, 16세에 가장 뛰어난 秀才로 천거되었으며, 문장의 아름다움은 당대에 가장 뛰어났다. 〈사람들과〉 친분 맺기를 좋아하고 士友들을 격려하여 발탁했는데, 그의 칭찬을 받은 사람들은 대부분 발탁되어 승진되었다. 衣冠(관료)과 貴遊(귀족)들이 다투어 그와 친분을 맺고자 하여 자리에 있는 빈객들이 항상 수십 명이었다. 당시 사람들이 그를 흠모하여 任君이라고 불렀다. 관직은 寧朔將軍과 新安太守에 이르렀다."

劉璠梁典曰"任昉, 字彦升, 樂安人. 四歲誦古詩數十篇, 十六擧秀才第一. 辭章之美, 冠絶當時. 好交結, 獎拔士友, 得其延譽, 率多升擢. 衣冠·貴遊, 爭與交親, 坐上賓客, 恒有數十. 時人慕之, 號曰任君. 官至寧朔將軍·新安太守."

任昉

144) (紓)〔紆〕: 저본에는 '紓'로 되어 있으나, ≪何氏語林≫에 의거하여 '紆'로 바로잡았다.

145) 劉璠 : 510~568. 沛國 沛縣 사람으로, 字는 寶義이다. 6세조 劉祖敏이 永嘉의 난리를 피해 廣陵으로 이주하였다. 南朝 梁나라 著作郎·樹功將軍·雍州刺史·黃門侍郎 등을 역임했고, 北朝 北周에서 中外府記室·儀同三司·內史中大夫 등을 역임하였다.

② ≪南史≫ 〈梅蟲兒列傳〉에 말하였다. "매충아는 吳興 사람이다. 〈南朝〉 齊 東昏侯(蕭寶卷) 때에 制局監이 되었는데, 크게 총애를 받다가 동혼후가 〈梁나라 건국자 蕭衍에게〉 패배한 뒤에 국법에 따라 처형되었다."

南史曰"梅蟲兒, 吳興人. 齊東昏時, 爲制局監, 甚見愛幸, 東昏敗, 伏法."

③ ≪南史≫ 〈王亮列傳〉에 말하였다. "왕양은 字가 奉叔으로, 王瑩의 사촌아우이다. 부친 王昌[146]은 〈南朝〉 宋나라 太宰中郎을 역임하였다. 왕양은 명문가의 사람으로서 남조 송나라 말엽에 선발되어 공주에게 장가들었다. 齊나라 竟陵王(蕭子良)이 西邸를 설치하여 인재들을 초청하여 士林으로 삼고, 화공에게 그들의 초상화를 그리게 했는데 왕량도 역시 그 안에 있었다. 中書監에 임명되고 散騎常侍가 더해졌다."

南史曰"王亮, 字奉叔, 王瑩從父弟也. 父昌, 宋太宰中郎. 亮以名家, 宋末選尙公主. 齊竟陵王開西邸, 延才俊, 以爲士林, 使工圖其像, 亮亦與焉. 任中書監, 加散騎常侍."

【頭註】

○ '昌'은 어떤 본에는 '攸'로 되어있다.

昌一作攸

11-37【補】褚彦宣(褚炤)은 항상 사촌형 褚彦回(褚淵)가 몸소 두 성씨[147]를 섬기는 것을 비난하였다. 저언회의 아들 褚賁(저비)가 저언선을 찾아가 문후를 여쭙자, 저언선이 물었다.

"司空(저언회)은 오늘 어디에 계시느냐?"

저비가 말하였다.

"옥새와 인끈을 받든 채 齊나라 大司馬의 문[148]에 있습니다."

저언선이 정색하면서 말하였다.

---

146) 王昌 : ≪南史≫ 〈王亮列傳〉에 "부친 왕유는 자가 창달이다.〔父攸 字昌達〕" 하였다.

147) 두 성씨 : 南朝 劉氏의 宋나라와 蕭氏의 齊나라를 이른다.

148) 大司馬의 문 : 齊臺를 이른다. 南朝 宋나라 傅亮이 文帝(劉義隆)를 맞이하여 江陵城門에 行臺를 세우고는 '대사마문'이라고 편액을 걸었다. 齊나라 高帝(蕭道成)가 당시 강릉성에 있었기 때문에 이렇게 말한 것이다.

"너의 집의 사공(저언회)이 한 집안의 물건을 다른 집안에 주려는 것[149)]도 모르니, 더 이상 무엇을 말하겠느냐."

저언회는 장난을 좋아하여 칙명으로 軺車[150)]를 〈저언선에게〉 지급하니, 저언선이 버럭 화를 내면서 말하였다.

"이것을 받는 것은 가문을 욕되게 하는 일이니, 어찌 다른 사람들이 보게 할 수 있겠는가."

그러고는 불을 찾아 그것을 태우려고 하니, 마부가 수레를 내몰아서 겨우 〈재앙을〉 면하였다.

褚彦宣①은 常非從兄彦回身事二姓②이라 彦回子賁③이 往問訊彦宣하니 彦宣問曰 司空은 今日何在오하니 賁曰 奉璽紱하여 在齊大司馬門이니이다하다 彦宣正色曰 不知汝家司空이 將一家物하여 與一家하니 亦復何謂오하다 彦回好戲하여 詔以軺車給之하니 彦宣大怒曰 着此는 辱門戶니 那可令人見가하고 索火燒之하니 馭人奔車하여 乃免④하다

① ≪南史≫ 〈褚炤列傳〉에 말하였다. "저소는 字가 彦宣으로, 褚淵의 사촌아우이다. 부친 褚法顯은 鄱陽太守(파양태수)를 역임하였다. 저소는 젊을 때부터 고상한 절개를 지녔다. 國子博士에 제수되었으나, 한쪽 눈이 애꾸라는 이유로 임명되지 못하였다."
南史曰 "褚炤, 字彦宣, 淵從父弟也. 父法顯, 鄱陽太守. 炤少有高節, 除國子博士, 以一目眇不拜."

② 蕭子顯[151)]의 ≪南齊書≫ 〈褚淵列傳〉에 말하였다. "저연은 字가 彦回로, 河南 陽翟 사람이다. 조부 褚秀之는 〈南朝〉 宋나라의 太常을 역임하였고, 부친 褚湛之는 驃騎將軍을 역임하고 공주에게 장가들었다. 저언회는 젊을 때부터 세상의 명성을 지

---

149) 한……것 : 南朝 宋나라의 옥새를 齊나라에 넘겨준다는 뜻이다.

150) 軺車 : 한 마리의 말이 끄는 가볍고 작은 마차이다.

151) 蕭子顯 : 489~537. 東海 蘭陵 사람으로, 字는 景陽, 시호는 驕이다. 南朝 齊 高帝(蕭道成)의 손자이자 豫章文獻王 蕭嶷의 여덟 째 아들이다. 太子中舍人으로 벼슬을 시작하고, 國子祭酒(국자좨주)로 승진한 뒤에 侍中·領吏部尙書를 역임하고 吳興太守가 되었다. 평생 동안 5종의 역사서를 저술했는데, ≪南齊書≫만 전해진다.

녔고, 다시 文帝(劉義隆)의 따님에게 장가들었다. 저담지가 세상을 떠나자, 저언회는 재물을 양보하여 아우에게 주고 〈자신은〉 단지 수천 권의 서적만 취하였다. 송나라에서 벼슬하여 司空이 되었고, 이후에 齊나라 조정의 佐命(개국공신)이 되고 관직이 侍中과 司徒에 이르렀다."

蕭子顯齊書曰 "褚淵, 字彦回, 河南陽翟人. 祖秀之, 宋太常, 父湛之, 驃騎將軍, 尙主. 彦回, 少有世譽, 復尙文帝女. 湛之卒, 彦回推財與弟, 惟取書數千卷. 仕宋爲司空, 後爲齊朝佐命, 官至侍中・司徒."

③ ≪南史≫ 〈褚賁列傳〉에 말하였다. "褚淵의 맏아들 저비는 字가 蔚先으로, 젊을 때부터 바르고 곧았다. 부친이 袁粲 등을 배반하고 〈南朝 齊〉 高帝(蕭道成)를 따르자, 저비는 옳지 않다는 견해를 강하게 주장하였고, 죽을 때까지 부끄럽고 한스럽게 여겨 은거할 뜻을 품었다. 시중을 역임하였다."

南史曰 "淵長子賁, 字蔚先, 少耿介. 父背袁粲等, 附高帝, 賁深執不可, 終身愧恨, 有棲退之志. 位侍中."

④ 司馬光의 ≪資治通鑑≫ 〈齊紀 1〉에 말하였다. "〈南朝〉 宋나라 군주가 齊나라에 제위를 선양한다는 조서를 내렸는데, 〈宋 順帝가〉 臨軒[152]하려 하지 않으니 王敬則(왕경칙)이 군대를 거느리고 〈순제를〉 맞이하기 위해 들어오자, 송나라 군주(순제)가 나와 東邸로 갔다. 晉나라 때에 이미 郎中을 지냈던 光祿大夫 王琨은 이때에 이르러 〈순제가 탄〉 수레를 부여잡고 대성통곡하면서 '사람들은 장수를 기쁨으로 삼지만, 늙은 저는 장수를 근심으로 삼습니다. 이미 먼저 땅강아지와 개미를 몰아내지 못했더니[153] 이제 다시 이런 일을 자주 보게 됩니다.' 하고는 오열하면서 자신을 주체하지 못하니, 모든 관료들이 비처럼 눈물을 흘렸다. 司空 褚淵 등이 옥새와 인끈을 받들고 齊王(蕭道成)의 궁궐에 가서 제위에 오르라고 권하였다. 제왕은 황제의 지위에 오른 뒤에 저연을 司徒로 삼았는데, 〈사도 취임을 축하하는〉 자

---

152) 臨軒 : 군주가 正殿의 寶座에 앉지 않고 전각 앞의 섬돌 위에 나왔다는 뜻인데, 전각의 앞 堂과 계단의 사이에 있는 난간이 마치 수레의 앞부분이 높은 것과 같기 때문에 이렇게 일컬은 것이다. 여기서는 황제의 보좌를 버리고 물러난다는 뜻이다.

153) 먼저……못했더니 : 원문의 '先驅螻蟻'는 임금보다 앞서 죽는다는 뜻이다. ≪戰國策≫ 〈楚策〉에 "대왕께서 돌아가신 후에는 이 몸도 황천에 함께 가서 개미를 막는 돗자리가 되려 합니다. 또 무슨 즐거움이 이보다 더 즐겁겠습니까.〔大王萬歲千秋之後 願得以身試黃泉蓐螻蟻 又何如得此樂而樂之〕" 하였다.

리에 축하객들이 가득하였다. 褚炤가 탄식하면서 '언회는 젊을 때부터 명성과 덕행을 확립했으니, 어찌 미쳐 날뛰어 이런 지경에 이를 줄 생각이나 했겠는가. 가문이 불행하여 다시 오늘날의 임명이 있게 되었구나. 만일 언회가 中書郎이 되었을 때[154] 죽었다면 응당 한 명의 名士가 되지 않았겠는가. 명예와 덕행이 창성하지 않으니, 다시 期頤[155]의 수명을 두겠구나.' 하였다."

司馬光通鑑曰 "宋(祖)〔主〕[156]下詔, 禪位於齊, 而不肯臨軒, 王敬則勒兵入迎, 宋主出, 就東邸. 光祿大夫王琨, 在晉世已爲郎中, 至是, 攀車慟哭曰 '人以壽爲歡, 老臣以壽爲戚. 既不能先驅螻蟻, 乃復頻見此事.' 嗚咽(열)不自勝, 百官雨泣. 司空褚淵等奉璽綬, 詣齊宮勸進. 齊王卽皇帝位, 以褚淵爲司徒, 賀者滿座. 炤歎曰 '彦回, 少立名行, 何意披猖至此? 門戶不幸, 乃復有今日之拜. 使彦回作中書郎而死, 不當爲一名士邪? 名德不昌, 乃復有期頤之壽.'"

11-38 **【補】 紀僧眞**이 〈南朝〉 齊 世祖(武帝)에게 총애를 받았는데, 한번은 부탁을 하였다.

"저는 本縣의 무관 출신인데, 성스러운 시대를 만나 이처럼 고위직에 올랐으니 더 이상 필요한 것이 없습니다. 다만 폐하께 애걸하니, 士大夫가 되도록 해주십시오."

임금이 말하였다.

"이는 江斅(강효)와 謝瀹를 통해야 하니, 내가 신경을 쓸 수가 없소. 스스로 그들을 찾아가도록 하시오."

기승진이 聖旨를 받들어 강효를 찾아가 평상에 올라 자리를 잡자, 강효가 좌우를 돌아보면서 말하였다.

---

154) 언회가……때 : 褚淵은 南朝 宋나라 明帝(劉彧)가 죽을 때, 中書令·護軍將軍에 임명되고 尙書令 袁粲과 함께 태자인 劉昱(後廢帝)을 보좌하라는 遺詔를 받았다.

155) 期頤 : 100세 노인을 이른다. ≪예기≫ 〈曲禮 上〉에 "백 년은 인간이 살 수 있는 최고의 수명이니, 자손들은 최대한으로 봉양해야 한다.〔百年曰期 頤〕" 하였다.

156) (祖)〔主〕 : 저본에는 '祖'로 되어 있으나, ≪資治通鑑綱目≫ 권27에 의거하여 '主'로 바로잡았다. ≪資治通鑑≫ 〈齊紀 一〉에는 '順帝'로 되어 있다.

"나의 평상을 옮겨 손님과 멀게 하라."

기승진이 기가 꺾인 채 물러나 세조에게 아뢰니, 세조가 말하였다.

"사대부는 본래 천자가 명령할 바가 아니오."

紀僧眞이 **得幸於齊世祖**러니 **嘗請曰 臣**은 **出自本縣武吏**어늘 **邀逢聖時**하여 **階榮至此**①하니 **無復所須**요 **惟就陛下乞作士大夫**하니이다하니 **上曰 此**는 **由江斅**②와 **謝**(瀹)〔淪〕[157]③이니 **我不得措意**라 **可自詣之**하라하다 **僧眞**이 **承旨詣斅**하여 **登榻坐定**한대 **斅**가 **顧命左右曰 移吾牀遠客**하라하다 **僧眞**이 **喪氣而退**하여 **以告世祖**하니 **世祖曰 士大夫**는 **故非天子所命**이라하다

① ≪南史≫ 〈紀僧眞列傳〉에 말하였다. "기승진은 建康 사람이다. 젊은 시절 蕭惠開[158]를 섬겼는데, 소혜개가 그에게 은밀히 '나의 자제들은 모두 남다른 재주가 없으니, 〈인물이라면〉 바로 蕭道成일 뿐일세.' 하였다. 기승진은 이에 〈南朝〉 齊나라 高帝(소도성)를 섬기기를 청하여 크게 친애와 신임을 받았다. 한번은 〈고제가 그에게〉 자신의 필체를 모방하여 상소문에 답하게 하였는데, 모두 일치하였다. 기승진은 용모와 말투에 평소 선비의 풍모가 있었다. 〈고제의 맏아들〉 武帝(蕭賾)가 한번은 눈짓으로 전송하고는 웃으면서 '인생에서 어찌 굳이 가문을 따지겠는가. 기승진의 당당함은 현달한 사람들이 미치지 못하는 바이다.' 하였다."

南史曰"紀僧眞, 建康人也. 少事蕭惠開, 惠開密謂曰'我子弟竝無異才, 政是蕭道成耳.' 僧眞乃請事齊高帝, 備見親信. 嘗令學上手迹, 報答書疏, 皆付之. 僧眞容貌言吐, 雅有士風. 武帝嘗目送之, 笑曰'人生何必計門戶, 紀僧眞(常常)〔堂堂〕[159], 貴人所不及也.'"

② 〈江斅(강효)는〉 따로 보인다.

別見.

---

157) (瀹)〔淪〕: 저본에는 '瀹'으로 되어 있으나, ≪南齊書≫ 〈謝淪列傳〉에 의거하여 '淪'으로 바로잡았고, 아래도 같다.

158) 蕭惠開 : 423~471. 南蘭陵 사람으로, 南朝 宋나라 外戚인 蕭思話의 맏아들이다. 文帝 때 秘書郎·尙書水部郎·南徐州治中從事史·中書侍郎 등을 역임하였다.

159) (常常)〔堂堂〕: 저본에는 '常常'으로 되어 있으나, ≪南史≫ 〈紀僧眞列傳〉에 의거하여 '堂堂'으로 바로잡았다.

③ ≪南史≫ 〈謝瀹列傳〉에 말하였다. "사약은 字가 義潔로, 陳郡 사람이며, 謝莊[160)]의 아들이다. 관직이 太子詹事에 이르렀다."
南史曰 "(瀟)〔瀹〕, 字義潔, 陳郡人, 謝莊子也. 仕至太子詹事."

11-39 **【補】 徐勉**이 **吏部尙書**가 되었을 때, 한번은 문인들과 함께 밤에 회합하였다. 손님 가운데 **詹事五官郎**을 청하는 사람이 있자, 서면이 정색하면서 대답하였다.

"오늘밤은 단지 **風月**에 대해서만 이야기해야 하고 공적인 일을 언급하는 것은 마땅치 않소."

당시 사람들이 그의 사심 없음에 탄복하였다.

徐勉이 **爲吏部尙書**①에 **嘗與門人夜集**한대 **客有求詹事五官**하니 **勉**이 **正色答云 今夕**은 **止可談風月**이요 **不宜及公事**라하니 **時人**이 **服其無私**②하다

① ≪梁書≫ 〈徐勉列傳〉에 말하였다. "서면은 字가 脩仁으로, 東海 郯(담) 사람이다. 조부 徐長宗은 〈南朝〉 宋나라 高祖(劉裕) 覇王府의 行參軍을, 부친 徐融은 南昌相을 역임하였다. 서면은 어릴 때 부친을 여의고 가난했으나, 일찍부터 청렴한 절조에 힘썼다. 6세 때에 마침 장맛비가 계속되어 집안사람들이 祈晴祭를 지내려고 했는데, 〈서면이〉 즉시 문장을 지어 老師宿儒들에게 칭찬을 받았다. 장성해서는 의지를 다지고 학문을 좋아하여 〈鄕試 합격생도 아닌 상태에서〉 國子監 학생이 되었는데, 국자감 祭酒(좨주)로 있던 王儉[161)]이 왕면을 칭찬하여 宰輔(재상)의 기량을 지녔다고 하였다. 여러 관직을 역임하고 侍中이 되었고, 시호는 簡肅이다."

---

160) 謝莊 : 421~466. 陳郡 陽夏 사람으로, 字는 希逸이다. 謝弘微의 아들이자 謝靈運의 族侄인데 ≪月賦≫로 명성을 얻었고, 南朝 宋 文帝・孝武帝・明帝를 섬기고 관직이 中書令에 이르렀다.

161) 王儉 : 452~489. 琅琊 臨沂 사람으로, 字는 仲寶, 시호는 文憲이다. 東晉시대 승상 王導의 5세손이자 宋나라 侍中 王僧綽의 아들이다. 宋 明帝(劉彧) 때에 陽羨公主에게 장가들어 駙馬都尉가 되고, 秘書郎・秘書丞・義興太守・太尉右長史를 역임했다. 齊 太祖(蕭道成)의 즉위를 보좌하고 南齊가 건국된 뒤에 佐命의 공적으로 南昌縣公에 봉해지고, 尙書左僕射(상서좌복야)로 승진한 뒤에 領吏部・丹陽尹을 역임하고, 武帝 때에 관직이 太子少傅・中書監에 이르렀다.

梁書曰"徐勉, 字脩仁, 東海郯人. 祖長宗, 宋高祖覇府行參軍, 父融, 南昌相. 勉幼孤貧, 早勵淸節. 六歲時, 屬(촉)霖雨, 家人祈霽, 率爾爲文, 見稱耆宿. 及長, 篤志好學, 起家國子生, 王儉爲祭酒, 稱勉有宰輔之量. 歷官侍中, 諡簡肅."

② 徐勉이 일찍이 편지를 써서 다음과 같이 아들 徐崧(서숭)을 훈계하였다. "우리 집안은 대대로 청렴결백하여 항상 빈한하게 살아와서 〈재산을 일구는〉 산업에 관한 일에 대해서는 한 번도 언급한 적이 없으니 단지 도모하지 않을 뿐만이 아니었다. 못난 내가 〈聖君을〉 만나 마침내 오늘에 이르렀으니, 높은 관직 많은 봉록은 모든 것을 갖추었다고 할 만하다. 매번 생각건대, 외람되이 차지한 관직과 봉록이 이와 같으니, 어찌 〈나의〉 재주에 의한 것이겠느냐. 위로 선조들의 풍모와 기량에 의지했기 때문에 이런 수준에 이른 것이다.

옛사람이 '청렴결백을 자손에게 물려주니 역시 풍부하지 않은가.[162]' 하였고, 또 '황금이 가득한 상자를 자식에게 물려주기보다는 경서 한 권을 제대로 가르치는 것이 훨씬 낫다.[163]' 하였으니, 이런 말씀의 의미를 자세히 찾아보면 진실로 괜히 한 말씀이 아니다. 나는 실로 본래 이런 뜻을 두었으니, 이러한 의리를 따라 실천하여 감히 실추시키지 않을 수 있기를 바랐다. 그래서 현달한 이후로 문도들과 벗들이 자주 便宜를 권하면서 간혹 전답을 새로 개척하라고 하기도 하고, 간혹 邸店[164]을 세우라고 권하기도 하며, 또 선박으로 〈물품을〉 운송하라고 하기도 하고, 또 재산을 굴려 이익을 취하라고 하기도 하였으나, 이와 같은 일들을 모두 거절하고 수용하지 않았다. 이는 아욱을 뽑아버리거나 베를 짜는 아내를 쫓아내기[165] 위한 것이 아니라, 그저 번잡함을 그치고자 했기 때문이다. 중년에 다만 동

---

162) 옛……않은가 : 漢나라 楊震은 공정하고 청렴하여 개인적인 청탁을 받지 않았기 때문에 자손들이 항상 푸성귀를 먹고 걸어 다녔다. 그의 오랜 벗들이 자손을 위해 재산을 증식하라고 하자, 양진은 기꺼워하지 않으면서 "후세 사람들로 하여금 청백리의 자손이라고 칭찬하게 할 것이니, 이로써 물려주는 것이 역시 풍부하지 않은가.〔使後世稱爲淸白吏子孫 以此遺之 不亦厚乎〕" 하였다.(≪後漢書≫ 〈楊震列傳〉)

163) 황금이……낫다 : 漢나라 鄒魯지역의 大儒라고 일컬어졌던 韋賢이 네 아들을 잘 가르쳐 모두 顯達하게 하였으므로, 추로지역의 속담에 "황금이 가득한 상자를 자식에게 물려주기보다는 경서 한 권을 제대로 가르치는 것이 훨씬 낫다.〔遺子黃金滿籯 不如一經〕" 하였다.(≪漢書≫ 〈韋賢傳〉)

164) 邸店 : 화물창고・상점・객사의 역할을 동시에 하던 곳이다.

165) 아욱을……쫓아내기 : 벼슬살이를 하면서 자신의 생계를 위해 백성들과 이익을 다

쪽 밭에 작은 정원을 조성한 것은 곡식을 심어 이익을 거두려는 데 목적이 있는 것이 아니라, 바로 연못을 파고 나무를 심어 감상하는 마음을 잠시 붙이고자 했기 때문이다. 또 교외의 놀고 있는 넓은 땅에 결국 집을 지은 것은 혹시 관직을 그만둘 수 있는 상황이 되었을 때 실로 이곳에서 노래하고 통곡하고[166] 싶었기 때문이다.

慧日과 十住[167] 등은 기왕에 혼인을 계획해야 하고 또 거처가 필요하지만, 청빈한 우리 집에는 그들을 수용할 곳이 없다. 이렇게 된 것은 역시 이유가 있다. 이전에 서쪽 땅을 할애하여 宣武寺에 보시했는데, 이미 서쪽 행랑이 없어지자 더 이상 규모가 네모반듯하지 못하게 되었다. 마음속으로 또한 이곳을 단지 손님이 묵을 방이라고 생각했을 뿐이니, 어찌 화려하게 꾸미겠느냐. 당시 사람들이 이곳을 나의 집이라고 여긴 것이 항상 유감스러웠다. 옛날이나 지금이나 세력 있는 부자들이 잇달아 나타나 으리으리한 대저택을 짓고 겹겹이 잇닿은 깊숙한 방을 만드니, 그러다 만약 죽어버리면 누구를 위한 집이란 말이냐. 다만 언덕 정도 되는 산을 만들고는 여러 화초를 심어 휴가를 즐김으로써 마음 가는 대로 내맡기지 않을 수 없었다. 신경 쓰지 않고 임의로 얽어 세우고, 넓고 큰 규모에 뜻을 두지 않았기 때문에 내부가 협소하여 더 이상 방을 만들지 못하였다.

근래에 아들과 손자를 위해 동쪽에 두 채의 집을 지었는데, 이는 십주가 남쪽에서 돌아올 때 가져온 재물에 의지하려 한 것이지만, 이미 끌어와도 이르지 않고 또 중도에 그만둘 수도 없었다. 그래서 교외에 있던 동산을 결국 보존하지 못하고 韋黯에게 팔아 백 금을 받아 두 채의 집을 짓는 데에 이미 그 절반을 소비하였다.

투는 일을 하지 않는다는 뜻이다. 春秋시대 公儀子가 魯나라 정승이 되었을 때, 아내가 베틀을 놓고 비단을 짜는 것을 보고는 화가 나서 베틀을 불살라 버리고 아내를 쫓아 보냈으며, 밥을 먹을 때에 아욱국을 보고는 크게 성을 내어 마당에 심은 아욱을 뽑아 버리고는 "내가 國祿을 먹는데, 어찌하여 집에서 비단을 짜고 아욱을 심어 女工과 田夫의 이익까지 빼앗느냐." 하였다.(≪史記≫ 〈公儀休列傳〉)

166) 노래하고 통곡하고 : 春秋시대 晉나라 趙武(獻文子)가 집을 완공하자 진나라 대부들이 모두 모여 하례를 올렸는데, 그중에 張老가 "아름다워라, 웅장한 집이여. 아름다워라, 화려한 집이여. 제사를 지낼 때에는 여기서 음악을 연주하고, 상사를 당했을 때는 여기서 곡읍을 하며, 여기서 국빈과 종친들을 모으게 될 것이다.〔美哉輪焉 美哉奐焉 歌於斯 哭於斯 聚國族於斯〕" 하였다.(≪禮記≫ 〈檀弓 下〉)

167) 慧日과 十住 : 아마 徐勉의 손자의 이름일 것이다.(≪世說音釋≫)

동산의 가격으로 얻을 바를 따진다면 어찌 이 정도이겠느냐. 내가 몇 년 동안 경영했기 때문에 대략이나마 이미 완성되었다. 복숭아나무와 오얏나무가 무성하고 오동나무와 대나무가 그늘을 드리우며, 밭두둑이 서로 통하고 도랑과 밭이 서로 이어지며, 화려한 누대와 드높은 정자에는 자못 조망하는 아름다움이 있고 우뚝 솟은 봉우리와 무성한 초목에는 얽히고설킨 흥취가 없지 않으며, 도랑 속에는 줄풀과 부들이 모두 풍성하고 호수 안에는 마름과 연꽃이 매우 풍부하였다. 비록 人家에서 벗어난 곳이라고 하지만 도성과 매우 가까우니, 韋生(위암)이 원한 것도 평소에 〈이런 곳에〉 흥취를 갖고 있었기 때문이다.

이러한 일을 뒤미처 서술하는 것은 아까워하는 마음이 있기 때문이 아니라 쓰다 보니 이 일에 대해 언급하게 된 것일 뿐이다. 謝靈運의 〈山家〉라는 시의 '이 안은 천지의 물건이었는데, 지금은 비루한 자의 소유가 되었구나.〔中爲天地物 今成鄙夫有〕'라는 구절이 떠오른다. 내가 이 동산을 소유한 지 20년이 되었는데 지금 천지의 물건이 되었으니, 천지의 물건이 나와 더불어 어울릴 시간이 얼마이겠느냐. 이것은 나에게 남은 것이다. 지금 너에게 나누어주니 작은 농가를 지어라. 친속이 이미 많아졌으니, 이치상 역시 이것이 필요할 것이다. 또한 釋氏(불교)의 가르침에는 재물을 外命이라고 하였고, 유가 경전에서도 또한 '무엇으로 사람을 모을까? 바로 재물이지.〔何以聚人 曰財〕'[168] 하였으니, 하물며 일반적인 감정을 지닌 너희들이 어찌 이것을 잊을 수 있겠느냐. 듣자니, 네가 매입한 姑熟의 田地는 소금기가 매우 많은 땅이라고 하니, 더더욱 어찌 안심하겠느냐. 孔子께서 '집안에서의 다스림을 관직생활에 적용할 수 있다.〔居家理治 可移於官〕'[169] 하셨다. 기왕에 경영한다면 마땅히 성공하도록 하라. 나아가지도 못하고 물러나지도 못한다면 또한 비웃음거리만 남길 것이다.

만약 수확하는 바가 있으면 네가 스스로 나누어 주도록 해라. 內外・尊卑・長幼의 친속들이 적절하게 얻게 하는 것은 내가 알 바 아니지만, 또한 역시 응당 여러 딸들에게도 혜택을 주어야 할 것이다. 네가 장손의 지위에 있기 때문에 이렇게 말하는 것이다. 남의 윗사람이 된 모든 경우는 절대 더 이상 쉽지 않으니, 마땅히 집안팎으로 화합하여 타인이 흠 잡는 말을 하지 못하도록 하라. 타인을 우선하고 자

---

168) 무엇으로……재물이지 : ≪周易≫ 〈繫辭傳 下〉에 보이는 구절이다.
169) 집안에서의……있다 : ≪孝經≫ 〈廣揚名〉에 보이는 구절이다.

기를 뒤로 해야 귀중해질 수 있으니, 老生(老子)이 '자신을 뒤로하지만 자신이 앞서게 된다.〔後其身 而身先〕'[170] 하였다. 만약 이와 같을 수 있다면 더욱 거대한 이익을 불러올 것이니, 너는 마땅히 스스로 힘쓰거라. 현명한 사람을 보면 〈그와〉 똑같이 되기를 생각하고〔見賢思齊〕,[171] 소홀히 하여 시간을 허비하면 안 된다. 시간을 허비하는 것은 바로 자신을 포기하는 것이니, 자신의 이름이 훌륭해지고 나빠지는 것이 어찌 큰일이 아니겠느냐.

오늘 신칙한 바는 이런 의미를 대략이나마 말한 것이다. 정작 집안을 이룬 이후에 재산 증식을 일삼지 않았다는 사실을 말했는데, 그 자초지종을 진술함에 부끄러운 마음은 없구나. 아울러 나의 나이가 마침 노년에 접어들어 정신력과 체력이 점차 고갈되어 억지로 공무를 수행하는 데에도 전혀 제대로 수행하지 못하니, 그 가운데 여가를 찾으면 스스로 쉴 수는 있을 것이다. 혹시 겨울철의 햇볕이나 여름철의 그늘 아래 좋은 시절의 아름다운 경치가 펼쳐지는데, 문건을 처리하는 여가에 지팡이를 짚고 짚신을 신은 채 허름한 관사를 한가로이 거닐다가 연못에 이르러 물고기를 구경하고 숲을 헤치고 들어가 새소리를 들으며 탁주 한 잔에 琴 한 곡조를 타면서 잠깐이나마 잠시 동안의 즐거움을 찾고 일상생활 속에서 죽음을 기다리고자 하니 더 이상 집안의 자잘한 일에 수고하는 것은 마땅하지 않구나.

너에게 부여한 일이 이미 정해졌기 때문에 나는 더 이상 농사일에 대해 언급하지 않을 것이니, 너도 더 이상 나에게 그에 관한 것을 말하지 말라. 가령 堯임금 때에 있었던 홍수[172]나 湯임금 때에 있었던 가뭄[173]이 발생한다 해도 어떻게 처리해야 할지 내가 어찌 알겠느냐. 만약 〈곡식이〉 곳간에 가득차고 〈금은보화가〉

---

170) 자신을……된다 : ≪道德經≫ 7장에 보이는 구절이다.

171) 현명한……생각하고 : ≪論語≫ 〈里仁〉에 보이는 구절이다.

172) 堯임금……홍수 : ≪書經≫ 〈堯典〉에 "넘실넘실 홍수가 바야흐로 터져서, 끝없이 산을 에워싸고 언덕을 넘어서, 질펀하게 하늘까지 잇닿았으므로, 백성들이 탄식하고 있다.〔湯湯洪水方割 蕩蕩懷山襄陵 浩浩滔天 下民其咨〕" 하였다.

173) 湯임금……가뭄 : 탕왕이 일찍이 7년 大旱을 만나서 스스로 자기 몸을 犧牲으로 삼아 桑林의 들에서 기도할 적에 여섯 가지 일로 자신을 책망하여 "정사가 간략하지 못한가, 백성이 직업을 잃었는가, 궁실이 높은가, 부녀자의 청탁이 성한가, 뇌물이 행해지는가, 아첨하는 무리가 많은가?〔政不節歟 民失職歟 宮室崇歟 女謁盛歟 苞苴行歟 讒夫昌歟〕" 하자, 그 말이 채 끝나기도 전에 수천 리 지방에 큰 비가 내렸다. (≪呂氏春秋≫ 〈順民〉)

상자에 가득하면, 〈이것은〉 너의 행운이니, 어떤 경우든 내가 알게 되기를 기다리지 마라. ≪예기≫ 〈中庸〉에 '효도라는 것은 선대의 뜻을 잘 계승하고 선대의 사업을 잘 계승하여 발전시키는 것이다.〔孝者 善繼人之志 善述人之事〕' 하였다. 지금 또한 바라건대, 네가 나의 뜻을 온전히 이룬다면 한스러울 바가 없을 것이다."

勉嘗爲書, 戒子崧曰"吾家世淸廉, 常居貧素, 至產業之事, 所未嘗言, 非直不經營而已. 薄躬遭逢, 遂至今日, 尊官厚祿, 可謂備之. 每念叨竊若斯, 豈由才致? 仰藉先代風範, 故臻此耳. 古人'以淸白遺子孫, 不亦厚乎?' 又曰 '遺子黃金滿籝, 不如一經.' 詳求此言, 信非徒語. 吾實有本志, 庶得遵奉斯義, 不敢墜失. 所以顯貴以來, 門人・故舊, 亟(기)薦便宜, 或使創闢田園, 或勸興立邸店, 又欲舳艫運致, 亦令貸殖聚斂, 若此事, 皆距而不納, 非謂拔葵去織, 且欲省(생)息紛紜. 中年聊於東田營小園者, 非在播藝, 以要利入, 正欲穿池種樹, 少寄情賞. 又以郊際閑曠, 終可爲宅, 儻獲懸車致事, 實欲歌哭於斯. 慧日・十住等, 旣應營婚, 又須住止, 吾淸明門宅, 無相容處, 所以爾者, 亦復有以. 前割西邊施宣武寺, 旣失西廂, 不復方幅. 意亦謂此逆旅舍耳, 何事須華? 常恨時人謂是我宅. 古往今來, 豪富繼踵, 高門甲第, 連闥洞房, 宛其死矣, 定是誰室? 但不能不爲培塿之山, 雜以花卉, 以娛休沐, 用託性靈. 隨便架立, 不在廣大, 所以內中逼促, 無復房宇. 近營東邊兒孫二宅, 乃藉十住南還之資, 旣牽挽不至, 又不可中塗而輟, 郊間之園, 遂不辦保, 貨與韋黯, 乃獲百金, 成就兩宅, 已消其半. 尋園價所得, 何以至此? 由吾經始歷年, 粗已成立, 桃李茂密, 桐竹成陰, 塍(승)陌交通, 渠畝相屬, 華樓迥榭, 頗有臨眺之美, 孤峰叢薄, 不無糾紛之興, 瀆中並饒菰蒲, 湖裏殊富芰蓮. 雖云人外, 城闕密邇, 韋生欲之, 亦雅有情趣. 追述此事, 非有吝心, 蓋是筆勢所至耳, 憶謝靈運山家詩云 '中爲天地物, 今成鄙夫有.' 吾此園, 有之二十載矣, 今爲天地物, 物之與我, 相校幾何哉? 此吾所餘, 今以分汝, 營小田舍, 親累旣多, 理亦須此. 且釋氏之敎, 以財物謂之外命, 儒典亦稱 '何以聚人? 曰財.' 況汝曹常情, 安得忘此? 聞汝所買姑熟田地, 甚爲舃鹵, 彌復何安? 孔子曰 '居家理治, 可移於官.' 旣以營之, 宜使成立, 進退兩(忘)〔亡〕[174], 更貽恥笑. 若有所收穫, 汝可自分贍, 內外大小, 宜令得所, 非吾所知, 又復應沾之諸女耳, 汝旣居長, 故有此及. 凡爲人長, 殊復不易(이), 當使中外諧緝, 人無間言. 先物後己, 然後可貴, 老生云 '後其身, 而身先.' 若能爾者, 更招巨利, 汝當自勖. 見賢思齊, 不宜忽略以棄日也, 棄日乃是棄身, 身名美惡, 豈不大哉? 今之所敕, 略言此意. 正謂爲家已來, 不

---

174) (忘)〔亡〕: 저본에는 '忘'으로 되어 있으나, ≪梁書≫ 〈徐勉列傳〉에 의거하여 '亡'으로 바로잡았다.

事資產, 陳其始末, 無愧懷抱. 兼吾年時朽暮, 心力稍殫, 牽課奉公, 略不克擧, 其中餘暇, 裁可自休. 或復冬日之陽・夏日之陰, 良辰美景, 文案間隙, 負杖躡屩(갹) 逍遙陋館, 臨池觀魚, 披林聽鳥, 濁酒一杯, 彈琴一曲, 求數刻之暫樂, 庶居常以待終, 不宜復勞家間細務. 汝交關旣定, 吾不復言及田事, 汝亦勿復與吾言之. 假使堯水・湯旱, 吾豈知如何? 若其滿庾盈箱, 爾之幸遇, 竝無俟令吾知也. 記云 '夫孝者, 善繼人之志, 善述人之事.' 今且望汝全吾此志, 則無所恨矣."

【頭註】

○ 李贄 : 〈원주 ②에서 '산업에 관한 일에 대해서는 한 번도 언급한 적이 없다'고 했는데, 그렇다면〉 말한 바는 무엇인가?
李云 "所言者何?"

○ '筆勢'는 어떤 본에는 '事意'로 되어있다.
筆勢一作事意

○ 李贄 : 〈원주 ②에서 '韋生(위암)이 원한 것도 평소에 〈이런 곳에〉 흥취를 갖고 있었기 때문'이라고 한 것은〉 견강부회하여 한 말이니, 정말 가짜 도학자이다.
李云 "牽强說話, 眞假道學也."

○ 李贄 : 〈원주 ②의 내용은〉 情理에 매우 부합하지 않는다.
又云 "不情甚矣."

○ 李贄 : 말한 내용 중에 생계를 꾸려갔다는 것은 무엇인가?
又云 "說上治生去, 何也?"

11-40 【補】 蘇世長이 〈천자를〉 따라 高陵으로 사냥을 갔는데, 이날 사냥감을 많이 잡아서 旌門[175]에 진열하였다. 〈唐〉 高宗[176]이 여러 신하들을 돌아보면서 말하였다.

"오늘 사냥이 즐거웠소?"

---

175) 旌門 : 제왕이 出行하면 장막을 설치하여 行宮으로 사용하는데, 행궁 앞에 깃발을 세워 문으로 삼은 것이다.

176) 高宗 : ≪世說補考≫에서 "蘇世長은 唐 太宗 貞觀 연간(627~649) 초기에 사망했다. 사냥을 따라 갔다가 간언한 것은 그가 高祖 武德 연간(618~626)에 諫議大夫 신분이었을 때의 일이니 고조라고 해야 한다." 했는데, ≪世說箋本≫에서는 "고조를 옛날에는 고종이라고 했다." 하였다.

소세장이 대답하였다.

"폐하께서 사냥하시느라 萬機(모든 國政)를 폐지하여 100일도 채우지 못하셨으니, 큰 즐거움이 되지는 못합니다."

고종은 얼굴빛이 변했는데, 잠시 뒤에 웃으며 말하였다.

"미친 짓이 발작했소?"

〈소세장이〉 대답하였다

"저의 개인에 대해 생각한다면 미쳤지만, 폐하의 국가에 대해 생각한다면 충성스러운 것입니다."

蘇世長

蘇世長이 **從獵於高陵**①한대 **是日大獲**하여 **陳禽於旌門**이라 **高宗**이 **顧謂群臣曰 今日畋**이 **樂乎**아하니 **蘇對曰 陛下畋獵**하여 **薄廢萬機**하여 **不滿十旬**하니 **未爲大樂**이니이다하다 **高宗**이 **色變**하고 **旣而**요 **笑曰 狂態發邪**아하니 **對曰 臣爲私計則狂**이어니와 **爲陛下國計則忠**이니이다하다

① ≪舊唐書≫ 〈蘇世長列傳〉에 말하였다. "소세장은 雍州 武功 사람이다. 조부 蘇彤(소동)은 後魏의 散騎常侍를, 부친 蘇振은 北周의 宕州刺史(탕주자사)를 역임하였다. 소세장이 10여 세에 글을 올려 정사에 대해 언급하자, 〈北周의〉 武帝가 '무슨 책을 읽었느냐?' 물으니, '≪孝經≫과 ≪論語≫입니다.' 대답하였다. 王世充[177]이 제왕을 僭稱했을 때 〈소세장을〉 行臺僕射(행대복야)로 임명하였고, 왕세충이 〈李世民에게〉 평정된 뒤에 漢南지역을 가지고 당나라에 귀순하였다."
唐書曰 "蘇世長, 雍州武功人. 祖彤, 後魏散騎常侍, 父振, 周宕州刺史. 世長十餘歲, 上書言事, 周武帝問 '讀何書?' 對曰 '孝經·論語.' 王世充僭號, 署行臺僕射, 世

---

177) 王世充 : ?~621. 隋나라의 장수이다. 수나라 말기에 煬帝가 宇文化及에게 피살당하자 皇孫인 楊侗을 황제로 옹립하고 국정을 농단하다가 619년에 황제를 폐위하고 스스로 즉위하여 국호를 鄭, 연호를 開明이라 하여 河南 일대를 지배하였으나, 621년에 秦王 李世民(唐太宗)에게 패배하였다.(≪隋書≫ 〈王充列傳〉)

充平, 以漢南歸國."

【頭註】

○ 劉辰翁 : 蘇世長은 高宗 시기의 인물이 아니니, 지금 〈본문에서〉 고종이라고 말한 것은 오류이다.

劉云"世長是神宗時人, 人言高宗者, 誤也."

11-41 【補】 宋 眞宗이 장차 明肅后(劉后)를 〈황후로〉 책립하려고 하여 丁謂로 하여금 楊大年(楊億)에게 御旨를 알리고 冊封文을 짓게 하라고 하였다. 정위가 〈양대년에게〉 말하였다.

"이 일은 부귀하게 되지 못할까 걱정하지 않아도 됩니다."

양대년이 대답하였다.

"이와 같은 부귀는 역시 얻고 싶지 않소."

眞宗이 **將立明肅后**①하여 **令丁謂**②**諭旨於楊大年**하고 **令作冊文**이라 **丁云 此段**은 **不憂不富貴**니이다하니 **楊答曰 如此富貴**는 **亦不願得**③이니이다하다

① ≪宋史≫ 〈章獻明肅劉皇后列傳〉에 말하였다. "劉后는 華陽 사람으로, 指揮使 劉通의 둘째 딸이다. 모친 龐氏가 달이 품안으로 들어오는 꿈을 꾸고 임신했는데, 眞宗이 즉위한 뒤에 입궁하여 美人이 되고 德妃로 승진하였다. 章穆皇后(郭氏)가 붕어하자, 〈진종이 그녀를〉 황후로 책립하고자 했는데 대신들이 대부분 안 된다고 했으나 결국 책립하였다. 유후는 성품이 총명하고 경전과 역사서에 밝으며, 조정의 일을 들으면 그 자초지종을 기억할 수 있으며, 천하의 상주문에 대해 모두 참여하여 〈그 내용을〉 들을 수 있었다."

宋史曰"劉后, 華陽人, 指揮通第二女也. 母龐夢月入懷而娠, 眞宗卽位, 入爲美人, 進德妃. 章穆皇后崩, 欲立爲后, 大臣多以爲不可, 卒立之. 后性警悟, 曉書史, 聞朝事, 能記其本末, 天下封奏, 皆得預聞."

② 王稱의 ≪東都事略≫[178]에 말하였다. "丁謂는 字가 公言으로, 蘇州 사람이다. 일찍

178) 王稱의 ≪東都事略≫ : 왕칭은 眉州 사람으로, 字는 季平다. 宋 寧宗 慶元 연간(1195~1200)에 吏部郎中·承政郎·龍州知州直秘閣을 역임하였다. ≪동도사략≫

이 〈자신이 지은〉 문장을 가지고 王禹稱을 알현했는데, 왕우칭이 그를 韓愈와 柳宗元에 비견하자 명성이 마침내 〈세상에〉 진동하였다. 眞倧 시대에 재상에 제수되었는데, 제멋대로 皇堂(皇陵)을 옮겼다는 이유로 崖州 司戶參軍으로 좌천되었다."

魏泰의 ≪東軒筆錄≫[179]에 말하였다. "정위는 재주와 지모를 지녔지만, 세상에 영합하기 위해 간사한 짓을 많이 하였다. 조금 벼슬이 높아지자 즉시 진종에게 신선에 관한 일을 아뢰고 玉淸昭應宮을 지어 內帑金(국가 재정)을 낭비했는데, 〈이와 같은 일은〉 이루다 기록할 수 없을 정도이다."

東都事略曰 "丁謂, 字公言, 蘇州人. 嘗以文謁王禹(偁)〔稱〕[180], 王比之韓·柳, 名遂振. 眞宗朝拜相, 以擅移皇堂, 貶崖州司戶." 東軒筆錄曰 "丁謂有才智, 然多希合天下, 以爲姦邪. 及稍進用, 卽啓眞宗以神仙之事, 作玉淸昭應宮, 耗費國帑, 不可勝紀."

③ 王稱의 ≪東都事略≫에 말하였다. "楊億은 字가 大年으로, 建州 浦城 사람이다. 7세 때에도 문장을 잘 지었고, 11세에 童子科[181]에서 〈황제가〉 召對하여 詩賦 5편을 시험하자 붓을 들자마자 즉시 완성하니, 宋 太宗이 감탄하고 놀라고는 秘書省 正字로 삼았다. 여러 관직을 역임하고 翰林學士가 되었고, 시호는 文이다."

東都事略曰 "楊億, 字大年, 建州浦城人. 七歲善屬文, 十一以童子召對, 試詩賦五篇, 下筆立成, 太宗嘆異, 以爲秘書省正字, 歷官翰林學士, 諡曰文."

【頭註】

○ 李贄 : 아무 맛이 없다.

李云 "無味."

은 송나라 太祖로부터 欽宗에 이르는 北宋시대의 역사를 기전체로 서술했는데, 북송의 수도 開封을 東都라고 불렀기 때문에 이렇게 명명한 것이다.

179) 魏泰의 ≪東軒筆錄≫ : 위태는 襄陽 사람으로, 字는 道輔이다. 여러 서적을 섭렵했으나, 벼슬할 생각을 두지 않았으며, 朝野에 떠도는 소문을 얘기하기 좋아했으며, 말재주가 뛰어나 당해낼 자가 없었다. ≪동헌필록≫은 軼事를 기반으로 쓴 소설집으로, 그 내용은 仁宗과 神宗 시대의 일이 대부분인데, 위태가 상류층과 교류가 많아 내밀한 사정을 잘 알고 있었기 때문이다.

180) (偁)〔稱〕: 저본에는 '偁'로 되어 있으나, ≪宋史≫ 〈丁謂列傳〉에 의거하여 '稱'으로 바로잡았다.

181) 童子科 : 과거시험 가운데 아동과 소년을 위해 설치한 과목이다.

11-42【補】王介甫(王安石)[182]가 평소에 馮道를 좋아했는데, 唐參政(唐介)이 말하였다.

"풍도는 재상이 되어 조정에서 성씨가 네 번 바뀌게 하고[183] 자신은 10명의 군주를 섬겼으니, 이런 사람이 순수한 신하가 될 수 있습니까?"

왕개보가 말하였다.

"伊尹이 湯임금에게 다섯 번 나아가고 〈폭군〉 桀王에게 다섯 번 나아간[184] 목적은 바로 백성을 편안하게 하는 데 있었을 뿐입니다."

당참정이 말하였다.

"이윤과 같은 뜻이 있었다면 괜찮습니다."

왕개보가 이 말 때문에 안색이 변하였다.

王介甫가 雅愛馮道①하니 唐參政曰 道爲宰相하여 使朝易四姓하고 身事十主하니 此得爲純臣乎잇가하니 王曰 伊尹이 五就湯하고 五就桀者는 正在安人而已니이다하다

王安石

---

182) 王介甫(王安石) : 1021~1086. 臨川 사람으로, 字는 介甫, 호는 半山이다. 歐陽修에게 수학하였으며, 唐宋八大家 중의 한 사람이다. 春秋三傳의 가치를 긍정하지 않고, 神宗 때 재상이 되어 정치 개혁을 단행, 青苗·水利·均輸·保甲·募役·市易·保馬·方田·均稅 등의 新法을 신설하였다가 물의를 빚어 舊法黨 반대로 鎭南軍節度使로 좌천되었다. 이후에 左僕射(좌복야)에 임명되고 哲宗 때에 司空에 이르렀다. 저서로 《詩經新義》·《尙書新義》·《易義》·《洪範傳》·《周官新義》·《王臨集》 등이 있다.

183) 성씨가……하고 : 五代十國시대 華北지역을 통치했던 五代 가운데 後唐의 李氏, 後晉의 石氏, 後漢의 劉氏, 後周의 郭氏를 이른다.

184) "伊尹이……나아간 : 《孟子》 〈告子 下〉에 "다섯 번 탕왕을 찾아가고 다섯 번 걸을 찾아간 자는 이윤이었다.〔五就湯五就桀者 伊尹也〕" 했는데, 朱熹의 주석에 "이윤이 탕왕에게 나아간 것은 세 번이나 초빙하는 성실함 때문이었고, 걸에게 나아간 것은 탕왕이 그를 천거했기 때문이다.〔伊尹之就湯 以三聘之勤也 其就桀也 湯進之也〕" 하였다.

唐曰 有伊尹之志면 則可니이다하니 介甫가 爲之變色②하다

① ≪新五代史≫ 〈馮道傳〉에 말하였다. "풍도는 字가 可道로, 瀛州 景城 사람이다. 처음에 환관 張承業을 섬겨 晉王(李存勖)에게 천거될 수 있었다. 後唐의 莊宗(이존욱)이 즉위한 뒤에 戶部侍郎에 제수되었고, 明宗(李嗣源) 때에 同中書門下平章事가 되었다. 後晉이 후당을 멸망시키자 풍도는 또 후진을 섬겼는데, 司徒와 侍中의 지위가 더해졌다. 契丹(거란)이 후진을 멸망시키자 풍도는 또 거란을 섬겼다. 後漢의 高祖(劉知遠)가 등극하자 곧 후한에 귀의하였다. 後周가 후한을 멸망시키자 또 후주의 太祖(郭威)를 섬기고 世宗(郭柴榮) 때에 세상을 떠났다. 풍도는 젊을 때부터 본마음을 속인 채 행동함으로써 세상에서 명성을 취하였다. 후진과 後梁이 황하를 사이에 두고 주둔했을 때, 풍도는 軍營에 거처하면서 초가집 한 채를 짓고는 침상을 두지 않은 채 건초 한 다발 위에 누웠을 뿐이었다. 여러 장수 가운데 어떤 자가 미녀를 납치하여 보내주었는데, 풍도는 그녀를 별실에 두었다가 그녀의 주인을 수소문하여 돌려보냈다. 부친상을 당하여 景城에 머물 때, 흉년이 들자 가진 것을 모두 꺼내어 고을 사람들을 구휼하였고, 물러나 들판에서 경작했는데 노동력은 있으나 경작할 수 없을 정도로 〈농토가 황폐한 경우에는〉 밤에 가서 몰래 그를 위해 경작해주었다. 대신이 되어서는 자중하고 신중하여 백성을 안정시키는 데 더욱 힘썼다. 4개 성씨의 10명의 군주를 섬겼는데, 더욱 옛 덕행으로 자처하여 당대의 선비들이 모두 원로로 추앙하였고, 그는 그렇게 칭송받는 것을 좋아하였다."
五代史曰 "馮道, 字可道, 瀛州景城人. 初事宦者張承業, 得薦於晉王. 唐莊宗卽位, 拜戶部侍郎, 明宗時, 同中書門下平章事. 晉滅唐, 道又事晉, 加司徒·侍中. 契丹滅晉, 道又事契丹. 漢高祖立, 乃歸漢. 周滅漢, 又事周太祖, 世宗時卒. 道, 少能矯行, 以取稱於世. 當晉與梁夾河而軍, 道居軍中, 爲一茅庵, 不設牀席, 臥一束芻而已. 諸將有拉得美女者以遺, 道寘之別室, 訪其主還之. 父喪, 居景城, 歲饑, 悉出所有, 以賙鄕里, 而退耕於野, 有力不能耕者, 夜往潛爲之耕. 爲大臣, 尤務持重以鎭物. 事四姓十君, 益以舊德自處, 當世士皆仰爲元老, 而喜爲之稱譽."

② 王稱의 ≪東都事略≫에 말하였다. "唐介는 字가 子方으로, 荊南 사람이다. 監察御史裏行이 되었을 때 文彦博[185]이 宮禁(제왕의 妃嬪)과 결탁하여 〈재상이 되었다고〉

185) 文彦博 : 1006~1097. 汾州 介休 사람으로, 字는 寬夫, 號는 伊叟, 시호는 忠烈이며, 潞國公에 봉해졌다. 宋 仁宗·英宗·神宗·哲宗 네 명의 황제를 섬기면서 50

탄핵했다가 英州別駕로 좌천되었고, 문언박도 재상에서 파직되었다. 이후에 문언박이 다시 재상에 복귀했을 때 상주하여 '저는 부르고 당개는 아직 부르지 않으셨으니, 저는 감히 〈재상의 직책을〉 수행하지 못하겠습니다.' 하자, 仁宗이 즉시 당개를 潭州通判으로 기용하고 얼마 뒤에 重用하였다."

東都事略曰 "唐介, 字子方, 荊南人. 爲御史裏行, 論文彦博交結宮禁, 貶英州別駕, 彦博亦罷相. 後文復(복)相, 上言 '召臣, 未召介, 臣不敢行.' 仁宗卽起介通判潭州, 尋至大用."

년 동안 장수와 재상으로 치적을 이루었다. 밖으로는 王則(왕칙)의 반란을 진압하는 등 四夷에 이름을 떨쳤고, 안으로는 영종을 옹립하는 데 큰 역할을 하였다. 신종 때 王安石의 新法에 반대하여 쫓겨났다가 철종 때 舊法黨이 부활하자 司馬光의 추천으로 다시 등용되었다.

12. 아량 상 雅量 上

〈아량〉편은 너그러운 태도에 관련된 일화를 기술하고 있다. ≪世說新語≫에서 32항목, ≪何氏語林≫에서 26항목을 뽑아 상편에 25항목, 하편에 33항목을 편차하여 총 58항목으로 구성하였다. '아량'은 무례한 행동에 대해 개의치 않는 경우, 전투 상황에서의 침착한 경우, 귀신을 보았을 때의 태연자약한 경우, 죽음에 임했을 때의 동요가 없는 경우, 신분의 귀천을 따지지 않고 우대하는 경우, 관직에서 쫓겨나거나 좌천을 당해도 의연한 경우, 재물을 착복한 하인을 꾸짖지 않은 경우 등이 포함된다.

12-1【補】孔文擧(孔融)[1]가 青州에 있을 때, 袁譚의 공격을 받아 날아오는 화살이 비처럼 쏟아지고 창이 〈城〉 안에서 맞부딪쳤으나, 공문거는 안석에 기대 편히 앉은 채 책을 읽고 의미를 토론하며 태연자약하였다.

孔文擧가 在青州①에 爲袁譚②所攻하여 流矢雨集하고 矛戟內接이어늘 孔은 隱几安坐하여 讀書論義自若③하다

孔融

1) 孔文擧(孔融) : 153~208. 魯國 사람으로, 자는 文擧이다. 공자의 20대손이자 太山都尉 孔宙의 아들이다. 建安七子의 한 사람으로, 東漢시대 北海相이 되어 학교를 세웠고, 조조를 비판, 조소하다가 일족과 함께 처형되었다.

① 范曄의 ≪後漢書≫ 〈孔融列傳〉에 말하였다. "공융이 北海相이 된지 6년에 劉備가 表文을 올려 青州刺史가 되었다."
范曄後漢書曰 "融在北海六年, 劉備表爲青州刺史."
②〈袁譚은〉 袁紹의 아들이다.
袁紹子.
③ 어찌 이럴 리가 있겠는가.
豈有此理?

12-2 【補】 諸葛武侯(諸葛亮)가 司馬宣王(司馬懿)과 더불어 渭水 가에서 군대를 정돈하고 날짜를 약속하여 교전하였다. 사마선왕이 갑옷을 입은 채 전투에 임하고 사람을 시켜 제갈무후를 살펴보게 하였는데, 〈제갈무후는〉 홀로 흰 수레를 탄 채 葛巾을 머리에 두르고 白羽扇을 들고서 三軍[2)]을 지휘하니 〈삼군은〉 나아가고 멈추기를 〈그의 지휘에〉 따랐다. 사마선왕이 감탄하면서 말하였다.

諸葛亮

"諸葛君(제갈무후)은 名士라고 할 만하구나."

諸葛武侯①가 與司馬宣王②으로 治軍渭濱하고 克日交戰할새 宣王이 戎服莅事하고 使人視武侯한대 獨乘素輿하고 葛巾毛扇으로 指麾三軍에 隨其進止하니 宣王歎曰 諸葛君은 可謂名士矣로다하다

① ≪三國志≫ 〈蜀志 諸葛亮傳〉에 말하였다. "제갈양은 字가 孔明으로, 瑯琊 陽都 사람이다. 부친 諸葛珪는 字가 君貢으로, 泰山郡丞을 역임하였다. 제갈양은 어릴 때 부모를 여의고 몸소 농토를 경작하며, 梁父吟[3)]을 즐겨 읊고 키는 8척이었다. 매

2) 三軍 : 한 나라의 군대 전체를 이른다. 1군은 12,500명으로, 천자의 군대는 六軍, 제후의 군대는 三軍이었다. 후에는 右翼·中央·左翼의 각 군대 또는 先鋒·中軍·後衛의 각 군대를 총칭하였다.

번 자신을 管仲과 樂毅에 비유했는데, 당시 사람들은 인정해주지 않았으나, 오직 博陵의 崔州平[4]과 潁川의 徐元直(徐庶)[5]만은 정말 그렇다고 하였다. 先主(劉備)가 新野에 주둔하고 있을 때, 서서가 선주를 뵙고 '제갈공명은 臥龍이니, 장군께서는 어찌 그를 만나려 하지 않으십니까?' 하니, 선주가 '당신이 그와 함께 오시오.' 하였다. 서서가 '이 사람은 찾아가 만날 수는 있어도 욕되게 불러올 수는 없습니다.' 하였다. 선주가 마침내 제갈양을 찾아가 〈만난〉 뒤에 關羽와 張飛에게 '나에게 공명이 있는 것은 물고기에게 물이 있는 것과 같네.' 하였다. 여러 관직을 역임하고 丞相과 益州牧이 되었고, 군대를 통솔하여 북쪽 魏나라를 정벌하다가 渭水 남쪽에서 세상을 떠났다."

蜀志曰 "諸葛亮, 字孔明, 瑯琊陽都人. 父珪, 字君貢, 泰山郡丞. 亮早孤, 躬耕隴畝, 好爲梁父吟, 身長八尺. 每自比管仲・樂毅, 時人莫之許也, 唯博陵崔州平・(穎)〔潁〕川徐元直, 謂爲信然. 先主屯新野, 徐庶見(현)先主曰 '諸葛孔明, 臥龍也, 將軍豈願見之乎?' 先主曰 '君與俱來.' 庶曰 '此人, 可就見, 不可屈致也.' 先主遂詣亮, 謂關羽・張飛曰 '孤之有孔明, 猶魚之有水也.' 累遷丞相・益州牧, 率衆北征, 卒于渭南."

② 干寶의 ≪晉紀≫에 말하였다. "司馬懿는 字가 仲達로, 河內 溫 사람이다. 〈타인을〉 의심하고 미워하며 권모술수가 많았다. 魏(三國)나라 武帝(曹操)는 그에게 狼顧相[6]이 있다는 말을 듣고는 그를 불러 앞으로 걸어가게 하다가 뒤를 돌아보게 하자, 얼굴이 똑바로 뒤를 향한 채 몸이 움직이지 않았다. 또 〈무제가〉 한 번은 세 마리 말[7]이 하나의 구유에서 함께 꼴을 먹는 꿈을 꾸고는 매우 불쾌하여 太子 曹丕에게 '사마의는 남의 신하가 될 자가 아니니, 틀림없이 너의 집안일에 관여할 것이

---

3) 梁父吟 : '양보'는 梁甫라고도 하는데, 泰山 아래에 있는 작은 산이다. '양보음'은 樂府 가운데 楚調의 곡명으로, 본디 죽음을 슬퍼하는 挽歌인데, 高人과 志士가 이 시를 읊어 심회를 풀기도 하였다.

4) 崔州平 : 博陵 安平 사람으로, 이름은 鈞, 字는 符平이다. 太尉 崔烈의 아들이자 議郞 崔均의 아우이며, 漢나라 虎賁中郞將・西河太守를 역임하였다. 獻帝가 즉위한 뒤에 부친이 董卓에게 피살되자 袁紹를 따라 山東에서 거병하여 동탁을 토벌하였다.

5) 徐元直(徐庶) : 潁川 長社 사람으로, 字는 元直이다. 劉備의 참모였는데, 曹操의 계략에 빠져 조조에게 귀순하였다.

6) 狼顧相 : 사람의 관상 가운데 몸은 앞을 향하면서 이리처럼 고개만 돌려 뒤를 보는 상을 이른다.

7) 세 마리 말 : 司馬懿와 그의 아들 司馬師・司馬昭를 상징한다.

다.[8)]' 하였다. 태자는 평소에 宣帝(사마의)와 사이가 좋아서 〈그가 위험할 때마다〉 매번 보호하고 도와주었다."

≪聖賢群輔錄≫[9)]에 말하였다. "河內의 중달 사마의, 潁川의 長文 陳群, 譙郡의 彦才 朱鑠(주삭)[10)], 濟陰의 季重 吳質[11)]이 魏(三國) 文帝(曹丕)의 四友(네 명의 師友)이다."

晉紀曰 "司馬懿, 字仲達, 河內溫人. 猜忌多權數. 魏武聞其有狼顧相, 召使前行, 令反顧, 面正向後, 而身不動. 又嘗夢三馬同食一槽, 甚惡焉, 謂太子丕曰 '司馬懿, 非人臣也, 必與汝家事.' 太子素與帝善, 每相全佑." 聖賢群輔錄曰 "河內司馬懿仲達 · 潁川陳群長文 · 譙朱鑠彦才 · 濟陰吳質季重, 爲魏文帝四友."

12-3 **【補】 許司徒**(許靖)의 아들(許欽)이 죽자, **董休昭**(董允)가 **費文偉**(費禕)와 함께 그 **葬地**에 참석하고자 하였다. 동휴소가 부친 **掌軍中郎將**(董和)에게 아뢰고 수레를 요청하자, 장군중랑장이 뒤가 열려 있는 **鹿車**[12)]를 보내주었다. 동휴소는 타기 어려워하는 기색을 띠었지만 비문위는 즉시 앞쪽에서 먼저 올라탔다. 장지에 도착했을 대 **諸葛亮**과 여러 귀인들이 모두 모여 있고 〈그들의〉 수레가 매우 화려하였다. 동휴소는 여전히 **神色**(안색)이 편치 않았으나 비문위는 태연자약하였다. 수레를 몰고 갔던 사람이 돌아오자, 장군중랑장이 〈저간의 사정

---

8) 너의……것이다 : 曹丕를 위시한 曹氏 집안의 권력을 찬탈할 것이라는 뜻이다. 실제로 司馬懿의 손자 司馬炎에 이르러 魏나라를 찬탈하여 晉나라를 건국하였다.

9) 聖賢群輔錄 : 고대에 성현을 보좌했던 신하들의 사적을 기록한 책으로, ≪四八目≫이라고도 한다. ≪陶潛集≫에 실려 있기 때문에 도잠의 저작이라고 생각해왔으나, ≪四庫全書總目提要≫에 "성현군보라고 명명했으나, 魯나라의 三祖, 鄭나라의 七穆, 晉나라의 六卑, 魏나라의 四友 및 王莽 때의 唐林과 唐遵, 魏晉시대 진나라의 반역자 王敦 등도 그 사적을 기록했으니, 명칭과 실제가 부합하지 않으니 절대 도잠의 작품이 아니다." 하였다.

10) 朱鑠(주삭) : ?~226? 沛國 譙縣 사람으로, 字는 彦才이다. 魏(三國) 文帝(曹丕)의 참모 가운데 한 명이다.

11) 吳質 : 177~230. 兗州 濟陰 사람으로, 字는 季重이다. 魏(三國) 文帝(曹丕)의 참모 가운데 한 명으로, 관직이 振威將軍에 이르렀다.

12) 鹿車 : 원래는 사슴이 끄는 작은 수레였으나, 이후 작은 수레를 이르는 말로 쓰였다.

을〉 물어보아 이와 같았다는 것을 알고는 동휴소에게 말하였다.

"나는 항상 네가 비문위에 대해서 그 우열이 어떤지 의문을 갖고 판가름하지 못했는데, 이제는 나의 생각이 분명해졌다."

許司徒喪子①에 董休昭②가 與費文偉③로 欲共會其葬所라 休昭가 白其父掌軍하고 請車④하니 掌軍이 遣開後鹿車하여 給之한대 休昭는 有難載之色이어늘 文偉는 便從前先上이라 及至喪所하니 諸葛亮及諸貴人이 悉集하고 車乘甚鮮한대 休昭는 猶神色未泰어늘 文偉는 晏然自若이라 持車人還에 掌軍問之하여 知其如此하고 謂休昭曰 吾常疑汝於文偉에 優劣未別也러니 自是로 吾意了矣⑤라하다

① ≪三國志≫ 〈蜀志 許靖傳〉에 말하였다. "허정은 字가 文休로, 汝南 平輿 사람이다. 交趾로 피난 가서 교지태수 士燮(사섭)[13]에게 의지했는데, 劉璋[14]이 사신을 파견하여 허정을 초빙하였다. 허정이 蜀에 들어오자 유장이 그를 廣漢太守로 삼았다. 先主(劉備)가 漢中王이 되었을 때 그를 太傅에 제수하였다. 허정은 나이 일흔이 넘었으나 인재를 사랑하여 후배를 인도하고 받아들였으며, 고담준론을 나누면서 피곤해하지 않았다. 丞相 諸葛亮 등이 모두 그에게 절을 하였다."

蜀志曰 "許靖, 字文休, 汝南平輿人. 避亂交趾, 依太守士燮, 劉璋遣使招靖, 靖入蜀, 璋以爲廣漢太守. 先主爲漢中王, 拜太傅. 靖年逾七十, 愛樂人物, 誘納後進, 淸談不倦. 丞相諸葛亮, 皆爲之拜."

② ≪三國志≫ 〈蜀志 董允傳〉에 말하였다. "동윤은 字가 休昭로, 南郡 枝江 사람이다. 부친 董和는 掌軍中郞將을 역임하였다. 동윤은 마음가짐이 공명정대했기 때문에 승상 제갈양이 宮省(宮中)의 일을 맡기고자 하여 侍中으로 승진시켰다. 동윤은 일처리에 있어 사전에 방비하는 것을 위주로 하였고, 〈後主 劉禪의 잘못을〉 바로잡는 이치를 잘 터득하고 있었다. 〈후주〉 延熙 연간(238~257)에 守尙書令이 되었다."

常璩의 ≪華陽國志≫[15]에 말하였다. "촉나라 사람들은 제갈양 · 蔣琬[16] · 費禕 ·

---

13) 士燮(사섭) : 137~226. 蒼梧 廣信 사람으로, 字는 威彦이며, 三國시대 交州 일대에 근거를 둔 군벌이다.

14) 劉璋 : 江夏 竟陵 사람으로, 字는 季玉이다. 한나라 宗室이자 군벌로, 益州牧 劉焉의 아들이며, 유언의 사망 이후 익주목을 계승하였다.

15) 常璩의 ≪華陽國志≫ : 상거(291?~361?)는 蜀郡 江原 사람으로, 字가 道將이며, 東

동윤을 四相(네 명의 재상)이라고 하였다."

蜀志曰 "董允, 字休昭, 南郡枝江人. 父和, 掌軍中郎將. 允秉心公亮, 丞相亮欲任以宮省之事, 遷侍中. 允事爲防制, 甚得匡救之理. 延熙中, 守尙書令." 華陽國志曰 "蜀人以諸葛亮・蔣琬・費禕及允爲四相."

③ ≪三國志≫ 〈蜀志 費禕傳〉에 말하였다. "비의는 字가 文偉로, 江夏의 鄳(맹) 사람이다. 益州에 와서 공부하여 汝南의 許叔龍, 南郡의 동윤과 명성을 나란히 하였다. 蔣琬을 대신하여 尙書令이 되었다."

蜀志曰 "費禕, 字文偉, 江夏鄳人. 遊學益土, 與汝南許叔龍・南郡董允齊名. 代蔣琬, 爲尙書令."

④ ≪三國志≫ 〈蜀志 董和傳〉에 말하였다. "동화는 字가 幼宰로, 南郡 枝江 사람이다. 劉璋이 〈益州牧이었을〉 때에 익주태수가 되었다. 先主(劉備)가 蜀을 평정했을 때 將軍中郎將이 되어 諸葛武侯(諸葛亮)와 함께 大司馬府의 일을 처리했는데, 善을 권장하고 惡을 바로잡아 함께 친밀한 벗이 되었다. 〈동화는〉 20여 년 동안 조정 밖에서는 먼 지역의 장관이 되고 조정에서는 機衡(중요 업무)을 담당하였으나, 죽는 날에 집에는 儋石[17]의 재물도 없었다. 제갈양이 모든 신하들에게 다음과 같이 훈계하였다. '관리가 된 자가 여러 사람의 생각을 모으면 충성으로 도움이 되는 일을 확장하게 된다. 만약 작은 혐의를 멀리하느라 違覆[18]을 어려워하면 직분을 잃어 손실이 있게 된다. 위복하여 타당함을 얻는 것은 헌 신짝을 버리고 주옥을 얻는 것과 같은데도 사람들의 마음은 괴롭게 여겨 전력을 기울이지 않는다. 오직 徐元直(徐庶)만이 이런 일에 처하여 미혹되지 않았고, 또 동유재(동화)는 관리가 된 7년

晉시대 사학가이다. ≪화양국지≫는 12권이며, 현존하는 지리지 가운데 가장 빠르고 완정한 것으로, 서남지역의 산천・역사・인물・민속에 관한 중요 자료를 싣고 있다.

16) 蔣琬 : ?~246. 零陵 湘鄕 사람으로, 字는 公琰이다. 蜀(三國)나라의 재상으로, 諸葛亮・董允・費禕와 함께 '蜀漢四相'으로 불렸다.

17) 儋石 : '담'은 작은 항아리〔小罌〕로, 2斛을 수용하는데, 한 사람이 메는 용량이다.(≪漢書≫ 〈蒯通傳〉 應劭・顔師古 주석)

18) 違覆 : ≪世說音釋≫에서 "違는 이상하게 여겨 묻는 것이고, 覆은 반복하여 나에게 보고한다는 뜻이다." 하였다. 반복하여 사리를 따지며 연구한다는 뜻으로, 상대의 뜻을 거스르는 한이 있어도 바른 도리를 찾기 위해 계속 공문이나 글을 주고받으면서 끝까지 노력하는 것을 말한다.

동안 사안에 완벽하지 않은 점이 있으면 심지어 열 번까지 반복하여 〈나에게 따지고 생각한 뒤에〉 나를 찾아와 보고하였다. 만일 서원직의 10분의 1을, 동유재의 정성스러움을 배워 국가에 충성할 수 있다면 나는 허물을 줄일 수 있을 것이다.'"
蜀志曰 "董和, 字幼宰, 南郡枝江人. 劉璋時, 爲益州太守. 先主定蜀, 爲掌軍中郎將, 與武侯竝署大司馬府事, 獻可替否, (其)〔共〕[19]爲交歡. 和外牧殊域, 內幹機衡, 二十餘年, 死之日, 家無儋石之財. 亮教與群下曰 '夫參署者, 集衆思, 廣忠益也, 若遠小嫌, 難相違覆, 曠闕損矣. 違覆而得中, 猶棄弊蹻(각)而獲珠玉, 然人心苦不能盡. 惟徐元直, 處玆不惑, 又董幼宰, 參署七年, 事有不至, 至於十反, 來相啓告. 苟能慕元直之十一・幼宰之殷勤, 有忠於國, 則亮可少過矣.'"

⑤〈董允과 費禕의〉 우열은 이런 측면에 있지 않다.
優劣不在此.

12-4 豫章太守 顧劭는 顧雍[20]의 아들이다. 고소가 예장군 〈官舍〉에서 세상을 떠났을 때 고옹은 속관들을 성대히 모아놓고 직접 바둑을 두고 있었다. 심부름꾼이 도착했다고 밖에서 아뢰었는데 아들의 편지가 없자, 비록 표정이 변하지는 않았으나 마음으로는 그 까닭을 알았기 때문에 손톱으로 손바닥을 후벼 파서 피가 흘러 요를 적셨다.[21] 빈객들이 떠난 뒤에 비로소 한탄하였다.

"이왕에 延陵[22]의 고상함이 없으니, 어찌 喪明[23]의 질책이 있을 수 있겠는가."

---

19) (其)〔共〕: 저본에는 '其'로 되어 있으나, ≪三國志≫ 〈蜀志 董和傳〉에 의거하여 '共'으로 바로잡았다.

20) 顧雍 : 168~243. 吳郡 吳縣 사람으로, 字는 元歎이다. 젊을 때 蔡邕에게 수학하고, 약관의 나이에 合肥縣長이 되었다. 여러 현장을 역임했는데 그때마다 치적을 이루고, 會稽郡丞이 되었을 때는 태수의 직임을 대신하여 도적들을 토벌하였다. 이후 孫權의 막부로 들어가 領尙書令・太常丞相・平尙書事 등을 역임하였다.

21) 마음으로는……적셨다 : 顧雍은 이전부터 아들 顧劭의 병이 위중하다는 것을 들었기 때문에 그 이유를 안 것이다.(≪世說箋本≫)

22) 延陵 : 春秋 吳나라 季札을 이른다. 그는 吳王 壽夢의 넷째 아들로, 어질다는 명성이 있어서 수몽이 왕으로 세우고자 하였으나 사양한 채 받지 않자 延陵에 봉했기 때문에 延陵季子라고 불렸다.

23) 喪明 : 孔子의 제자 子夏가 그 아들이 죽자 너무 애통한 나머지 눈이 멀었는데, 曾子가 이에 대해 비판하였다.(≪禮記≫ 〈檀弓 上〉)

이에 마음을 크게 먹고 슬픔을 떨쳐버리니 안색이 태연자약해졌다.

豫章太守顧劭[①]은 是雍之子라 劭가 在郡卒한대 雍은 盛集僚屬하여 自圍棋러니 外啓信至로되 而無兒書하니 雖神氣不變이나 而心了其故하여 以爪掐掌하여 血流沾褥이라 賓客旣散에 方歎曰 已無延陵之高하니 豈可有喪明之責[②]이리오하고 於是에 豁情散哀하니 顏色自若하다

① 環濟의 ≪吳紀≫[24]에 말하였다. "顧劭는 字가 孝則으로, 吳郡 사람이다. 27세에 豫章太守로 벼슬을 시작했는데, 훌륭한 사람을 등용하여 백성을 교육하니 교화가 크게 시행되었다."

環濟吳紀曰 "劭, 字孝則, 吳郡人. 年二十七, 起家爲豫章太守, 擧善以教民, 風化大行."

② ≪禮記≫ 〈檀弓 下〉에 말하였다. "延陵季子가 齊나라에 갔다가 돌아올 때에 그 맏아들이 죽자 嬴縣(영현)과 博縣 사이에서 장례를 치렀다. 孔子가 '연릉계자는 吳나라 사람 가운데 禮를 익혀 잘 알고 있는 사람이다.' 하고는 가서 장례식을 관찰하였다. 그 墓穴의 깊이는 물이 솟는 곳까지 이르지 않고 斂襲에는 평상복을 사용하며, 매장한 뒤에 封墳할 때에는 그 가로와 세로가 묘혈을 덮을 정도이고 그 높이가 손으로 짚을 정도였다. 봉분이 끝나자 왼쪽 소매를 드러낸 채 오른쪽으로 그 봉분을 돌면서 세 번 외치기를 '骨肉이 흙속으로 돌아가는 것은 천명이지만, 혼령의 경우는 가지 못할 곳이 없구나.' 하고는 마침내 떠났다. 공자가 '연릉계자는 禮에 대하여 합당하구나.' 하였다."

〈또 〈단궁 상〉에 말하였다.〉 "子夏가 그 아들의 죽음을 哭하다가 〈너무 비통하여〉 눈이 멀었다. 曾子가 조문하면서 '벗이 눈이 멀면 그를 위해 곡한다.' 하고는 증자가 곡을 하자, 자하도 곡하면서 '천명이로다. 나에게는 죄가 없다.' 하였다. 증자가 화를 내면서 '商(자하)이여, 그대에게 어찌 죄가 없겠는가. 내가 그대와 함께 洙水와 泗水의 사이에서 선생님(孔子)을 섬겼는데, 그대는 물러나 西河 주변에서 노년을 보내면서 서하의 사람들로 하여금 그대를 선생님으로 여기게 하였으니, 이것이 그대의 첫 번째 죄이다. 그대의 부친을 여의였을 때 사람들에게 〈그대가

24) 吳紀 : 晉나라 太學博士 環濟가 편찬한 吳(三國)나라 역사를 다룬 역사서이다. ≪隋書≫ 〈經籍志〉에는 9권, ≪舊唐書≫ 〈경적지〉와 ≪新唐書≫ 〈藝文志〉에는 10권이라 하였는데, 현재 전해지지 않는다.

장례를 훌륭하게 치렀다는 칭찬을 듣지〉 못하였으니, 이것이 그대의 두 번째 죄이다. 그대의 아들을 잃어 눈이 멀었으니, 이것이 그대의 세 번째 죄이다.' 하니, 자하가 그 喪杖을 던지고 절하고는 '내가 잘못하였네. 내가 잘못하였네.' 하였다."
禮記曰 "延陵季子適齊, 及其反也, 其長子死, 葬於嬴・博之間. 孔子曰 '延陵季子, 吳之習於禮者也.' 往而觀其葬焉. 其坎深不至於泉, 其斂以時服, 旣葬而封, 廣輪掩坎, 其高可隱也. 旣封, 左袒, 右還(선)其封, 且號者三曰 '骨肉歸復於土, 命也, 若魂氣, 則無不之也.' 而遂行. 孔子曰 '延陵季子之於禮也, 其合矣乎.'" "子夏哭其子, 而喪其明. 曾子吊之曰 '朋友喪明, 則哭之.' 曾子哭, 子夏亦哭, 曰 '天乎. 予之無罪也.' 曾子怒曰 '商, 汝何無罪也? 吾與汝事夫子於洙泗之間, 退而老於西河之上, 使西河之民, 疑汝於夫子, 爾罪一也. 喪爾親, 使民未有聞焉, 爾罪二也. 喪爾子, 喪爾明, 爾罪三也.' 子夏投其杖而拜曰 '吾過矣, 吾過矣.'"

12-5 **【補】** **魏**(三國)나라 군대가 **興平**에 주둔하자, **蜀**(三國)나라는 **費文偉**(費禕)에게 **符節**을 주어 군대를 통솔하여 가서 방어하게 하였다. **光祿大夫 來敏**이 비문위의 집에 가서 작별하면서 바둑을 두자고 요청하였다. 이 당시에 **羽檄**[25]이 끊임없이 도착하고 수레 정비가 이미 끝난 상태였는데도 비문위가 **對局**에 몰두하여 싫증내는 기색이 없자, 내민이 말하였다.
"잠시 그대를 관찰하면서 시험해본 것이오. 진실로 본래 **可人**(才德을 지닌 사람)이니 틀림없이 적군을 해결할 수 있을 것이오."

魏軍이 **次于興平**하니 **蜀**이 **假費文偉節**하여 **督師往禦**①한대 **光祿大夫來敏**이 **至文偉許別**하고 **就求圍棋**라 **于時**에 **羽檄交馳**하고 **嚴駕已訖**이어늘 **文偉**는 **留意對戲**하여 **色無厭倦**하니 **敏曰 聊觀試卿耳**라 **信自可人**이니 **必能辦賊者**②니이다하다

① 〈費禕別傳〉에 말하였다. "전쟁 중인 나라에는 사안이 많아 公務가 번잡하였다. 비의는 식견과 총명이 남보다 뛰어나 매번 상주문을 살펴 읽을 때마다 눈을 들어 잠깐 보아도 이미 그 뜻을 꿰뚫었는데, 그 속도가 남보다 몇 배 빨랐고 끝까지 역시

---

25) 羽檄 : 군사상 긴급하게 전달하는 檄文으로, 격문에 새의 깃털을 꽂아서 긴급한 뜻임을 보여 신속하게 전달되도록 하였다.

잊지 않았다. 〈그는〉 항상 朝時(辰時, 7~9시)와 晡時(申時, 15~17시)에 공무를 처리하였다. 그 사이에 빈객을 맞아 들여 음식을 먹고 즐겁게 놀며 게다가 바둑까지 두었는데, 매번 사람의 즐거움을 다 누리면서도 공무 역시 잘 처리하였다. 董允이 尙書令이 되었을 때 비의가 하는 바를 본받으려고 하였으나, 열흘 사이에 〈처리해야 할〉 공무가 많이 쌓이자, 탄식하면서 '사람의 재주와 역량이 이처럼 현격히 차이가 나는구나. 나는 온종일 공무를 처리하는데도 오히려 틈을 내지 못하는구나.' 하였다."

禕別傳曰"戰國多事, 公務煩猥. 禕識悟過人, 每省讀書記, 擧目暫視, 已究其意旨, 其速數倍於人, 終亦不忘. 常以朝晡聽事, 其間接納賓客, 飮食嬉戱, 加之博奕, 每盡人之歡, 事亦不廢. 董允爲尙書令, 欲斅(효)禕之所行, 旬日之中, 事多愆滯. 歎曰'人才力相懸若此, 吾聽事終日, 猶不暇爾.'"

② ≪三國志≫ 〈蜀志 來敏傳〉에 말하였다. "내민은 字가 敬達로, 義陽 新野 사람이다. 부친 來艶은 漢나라의 司空을 역임하였다. 내민은 서적을 두루 섭렵했는데, ≪春秋左氏傳≫에 뛰어나고 특히 ≪倉頡篇≫[26]과 ≪爾雅≫[27]의 훈고학에 정통하였다. 先主(劉備)가 典學校尉에 임명했는데, 孟光[28]과 함께 모두 樞機(국가 기밀)를 신중히 처리하지 않아 자주 貶削되었다. 그러나 내민은 東宮(劉禪)의 옛 은혜[29]로 특별히 우대받았다. 이후에 執愼將軍으로 삼았으니, 관직명으로 스스로를 경계하게 하고자 한 것이다."

---

26) 倉頡篇 : 창힐은 黃帝 때의 史官으로, 漢字를 처음으로 만들었다고 하는 전설상의 인물이며, ≪창힐편≫은 字書의 이름으로 秦나라 李斯가 지었다고 한다. 漢나라 초기에 이사의 ≪창힐편≫, 趙高의 ≪爰歷篇≫, 胡毋敬의 ≪博學篇≫을 하나의 책으로 만들어 三倉이라 칭하고, 또한 이를 통칭하여 '창힐편'이라고도 하였는데 총 3,300자였다고 한다. 이후 魏晉시대에 이르러 또 이사의 ≪창힐편≫을 상권, 揚雄의 ≪訓纂篇≫을 중권, 賈魴의 ≪滂喜篇≫을 하권으로 하여 책으로 만들었다고 전한다.

27) 爾雅 : 13經의 하나로, 중국 고대의 경전에 나오는 천문과 지리, 음악과 기물, 초목과 금수 등에 관한 글자를 해석한 책이다.

28) 孟光 : 河南 洛陽 사람으로, 字는 孝裕이다. 漢 靈帝 말년에 講部吏가 되고, 獻帝가 長安으로 천도하자 촉으로 도망갔다. 劉備가 益州를 평정한 뒤에 議郎에 제수되어 許慈 등과 함께 제도를 주관하고, 劉禪이 등극한 뒤에 符節令·屯騎校尉·長樂少府·大司農 등을 역임하였다.

29) 東宮(劉禪)의 옛 은혜 : 昭烈帝(劉備)가 章武 元年(221)에 蜀漢을 건립하고 맏아들 劉禪을 태자로 삼았을 때, 來敏이 太子家令이 된 일을 이른다.

蜀志曰 "來敏, 字敬達, 義陽新野人. 父艶, 漢司空. 敏涉獵書籍, 善左氏春秋, 尤精於倉・雅訓詁. 先主署典學校尉, 與孟光皆以樞機不愼, 數(삭)見貶削. 然敏, 東宮舊恩, 特加優待. 後爲執愼將軍, 欲令以官自警."

12-6【補】嵇中散(嵇康)이 한번은 한밤중에 등불 아래에서 琴을 연주하고 있을 때, 어떤 한 사람이 방으로 들어왔다. 처음 들어올 때는 얼굴이 매우 작다가 잠시 뒤에 점차 커지고 마침내 한 자 남짓이나 길어졌으며, 안색이 매우 검고 홑옷에 새끼줄 허리띠를 매고 있었다. 혜중산이 한참동안 자세히 본 뒤에 등불을 불어 끄면서 말하였다.

"도깨비와 불빛을 다투는 것을 부끄러워하노라."

嵇中散이 嘗於夜中에 燈火下彈琴할새 有一人入室한대 初來時에 面甚小라가 斯須轉大하고 遂長丈餘하며 顔色甚黑하고 單衣草帶라 嵇가 熟視旣久에 乃吹火滅하고 曰 耻與魑魅爭光하노라하다

嵇康

12-7 嵇中散(嵇康)은 東市[30]에서 처형에 임박했을 때 안색이 변치 않은 채 琴을 찾아 줄을 고르고는 〈廣陵散〉[31]을 연주하였다. 곡조가 끝나자 말하였다.

"袁孝尼(袁準)[32]가 일찍이 이 곡조를 배울 것을 요청했는데, 내가 아까워하여

---

30) 東市 : 漢나라 때 수도 長安의 동쪽 저잣거리로, 여기에서 사형을 집행하였기 때문에 이후에는 刑場을 가리키게 되었다.

31) 廣陵散 : 琴曲의 이름이다. '散'은 操・弄・引과 같은 뜻으로, 곡조를 이른다. 魏(三國)나라 嵇康이 洛西에서 노닐다가 華陽亭에 묵으면서 琴을 타고 있을 때, 갑자기 어떤 나그네가 앞으로 나와 琴을 달라고 하더니 광릉산을 연주하여 들려주고는 남에게 그것을 전수하지 않을 것을 맹세하게 하였다.(≪晉書≫ 〈嵇康傳〉)

32) 袁孝尼(袁準) : 陳郡 扶樂 사람으로, 字는 孝尼이다. 魏(三國)나라 郎中令 袁渙의 넷

가르쳐주지 않았으니, 〈광릉산〉은 이제 〈그 전수가〉 끊어지는구나."

태학생 3천 명이 상주하여 〈혜중산을〉 스승으로 삼기를 요청했으나 윤허하지 않았고, 晉 文王(司馬昭)도 역시 이후에 〈그를 죽인 것을〉 후회하였다.

嵇中散은 **臨刑東市**에 **神氣不變**하고 **索琴彈之**하여 **奏廣陵散**이라 **曲終**에 **曰 袁孝尼**가 **嘗請學此散**이어늘 **吾靳固不與**하니 **廣陵散**이 **於今絶矣**①로다하다 **太學生三千人**이 **上書**하여 **請以爲師**한대 **不許**하고 **文王**도 **亦尋悔焉**②하다

① 孫盛의 ≪晉陽秋≫에 말하였다. "처음에 嵇康이 東平 사람 呂安[33]과 매우 친밀하였다. 여안의 嫡兄[34]인 呂遜[35]이 여안의 아내 徐氏와 간통하자 여안은 여손을 고발하고 아내를 내칠 생각으로 혜강에게 물었더니, 혜강은 타이르면서 만류하였다. 여손은 내심 불안해하다가 여안이 모친을 때렸다고 밀고하면서 〈여안을〉 변방으로 유배 보낼 것을 요청하는 表文을 올렸다. 여안이 유배를 가게 되었을 때, 스스로를 변호했는데 供招에서 혜강을 끌어들였다."

張騭(장즐)[36]의 ≪文士傳≫에 말하였다. "여안이 사건에 휘말렸을 때 혜강이 법정에 나아가 해명하자, 鍾會가 혜강에 대해 다음과 같이 庭論[37]하였다. '현재 皇上의 도리가 밝게 드러나 온 세상에 그 교화가 풍미하기 때문에 변방에도 시비를 불문한 채 함부로 남을 따르는 백성이 없고 거리에도 다른 의견을 내는 의론이 없

째 아들로, 위나라에서의 관직은 자세하지 않고, 진나라에서 給事中을 역임하였다. 저서로 ≪儀禮喪服經≫注 1권, ≪袁子正論≫ 19권, ≪正書≫ 25권 등이 있다.

33) 呂安 : ?~262. 兗州 東平 사람으로, 字는 仲悌, 어릴 때 이름은 阿都이다. 冀州牧 呂昭의 둘째 아들이자 呂巽의 이복동생이다.

34) 嫡兄 : 庶子가 嫡室의 형을 부르는 호칭이다.

35) 呂遜 : 兗州 東平 사람으로, 字는 長悌이고, 呂巽이라고도 한다. 司馬昭의 長史를 역임하였다.

36) 張騭(장즐) : ≪晉書≫ 〈載記〉에 "晉 孝武帝 隆安 5년(401)에 房晷와 梁中庸을 左長史와 右長史로 삼았고, 張騭과 謝正禮를 左司馬와 右司馬로 삼았다." 했는데, 余嘉錫은 ≪世說新語箋疏≫ 〈雅量〉에서 "장즐이 어느 시대 사람인지는 확실하지 않지만, 裴松之와 劉孝標가 모두 그의 ≪문사전≫을 인용했으니 장즐은 晉代에 태어난 것이 틀림없다." 하였다.

37) 庭論 : '庭'은 '廷'과 통하는 글자로, 조정에서 대중 앞에서 공개적으로 評議하는 것이다.

습니다. 〈그런데〉 혜강은 위로 천자의 신하가 되지 않고 아래로 王侯를 섬기지 않은 채 시속을 경시하고 세상 사람을 무시하여 필요한 쓰임이 되지 못하니, 지금 시대에 무익하고 풍속을 망칩니다. 옛날 太公(呂尙)께서 華士를 주벌하시고[38] 孔子께서 少正卯를 죽이신 것[39]은 그들이 자신의 재주를 믿고 군중을 미혹시켰기 때문입니다. 지금 혜강을 주벌하지 않으면 王道를 깨끗하게 유지할 수 없습니다.' 이에 혜강을 체포하여 감옥에 가두었다. 〈혜강이〉 죽음에 임박했을 때, 형제와 친족들이 모두 그와 이별했는데, 혜강은 안색도 변하지 않은 채 그 형(嵇喜)에게 '지금 琴을 가지고 오셨습니까?' 하니, 그의 형이 '가지고 왔다.' 하였다. 혜강은 琴을 취하여 줄을 고르고는 〈太平引(廣陵散)〉을 연주하였다. 곡조가 끝나자, 탄식하며 '〈태평인〉이 이제 〈그 전수가〉 끊어지는구나.' 하였다."

晉陽秋曰 "初康與東平呂安親善, 安嫡兄遜, 淫安妻徐氏, 安欲告遜遣妻, 以咨於康, 康喻而抑之. 遜內不自安, 陰告安撾母, 表求徙邊. 安當徙, 訴自理, 辭引康." 文士傳曰 "呂安罹事, 康詣獄以明之, 鍾會庭論康曰 '今皇道開明, 四海風靡, 邊鄙無詭隨之民, 街巷無異口之議, 而康上不臣天子, 下不事王侯, 輕時傲世, 不爲物用, 無益於今, 有敗於俗. 昔太公誅華士, 孔子戮少正卯, 以其負才亂群惑衆也. 今不誅康, 無以淸潔王道.' 於是錄康閉獄. 臨死, 而兄弟親族, 咸與共別, 康顏色不變, 問其兄曰 '向以琴來不邪?' 兄曰 '以來.' 康取調之, 爲太平引, 曲成, 歎曰 '太平引, 於今絶也.'"

② 王隱의 ≪晉書≫에 말하였다. "嵇康이 하옥되자 태학생 수천 명이 〈그의 석방을〉 청원하였다. 그 당시 준걸과 영재들이 모두 혜강을 따라 감옥으로 들어가려 했으나, 〈혜강이 그들〉 모두에게 타이르자 동시에 돌아갔다. 혜강은 결국 呂安과 함께 죽임을 당하였다."

王隱晉書曰 "康之下獄, 太學生數千人請之. 于時豪俊皆隨康入獄, 悉解喩, 一時散遣, 康竟與安同誅."

③ 이 일이 혜강의 죽음을 앞당겼다.

---

38) 太公(呂尙)께서……주벌하시고 : '화사'는 오로지 文飾만 숭상하던 자로, ≪孔子家語≫ 〈始誅篇〉에 "姜太公이 화사의 목을 베었다." 하였고, ≪論衡≫ 〈非韓篇〉에 "狂妄한 화사는 段干木의 부류인데, 강태공이 목을 베었다." 하였다.

39) 孔子께서……것 : '少正卯'는 春秋시대 魯나라의 대부로, '소정'은 複姓이라고도 하고 官名이라고도 하는데, 공자가 노나라의 司寇로 재직할 때에 政事를 어지럽혔다는 죄목으로 사형시켰다.(≪史記≫ 〈孔子世家〉)

此速康之死也.

12-8 裴遐가 周馥의 처소에 있을 때 주복이 주인으로서 연회를 베풀었다. 배하가 어떤 사람과 바둑을 두고 있었는데 주복의 司馬가 술을 따라주었으나, 배하는 한창 바둑을 두느라 때에 맞춰 마시지 못하였다. 사마가 화가 나서 배하를 끌고 가 땅에 내동댕이쳤다. 배하가 자리로 돌아왔는데 행동거지가 평상시와 같고 안색도 변치 않은 채 다시 이전처럼 바둑을 두었다. 〈이후에〉 王夷甫(王衍)가 배하에게 물었다.

"당시에 어떻게 안색이 변치 않을 수 있었습니까?"

〈배하가〉 대답하였다.

"단지 묵묵히 참았기[40] 때문일 뿐입니다."

裴遐①가 在周馥所할새 馥이 設主人②이라 遐가 與人圍棋한대 馥司馬가 行酒어늘 遐正戱하여 不時爲飮하니 司馬恚하여 因曳遐墜地라 遐가 還坐한대 擧止如常하며 顔色不變하고 復戱如故라 王夷甫가 問遐하되 當時에 何得顔色不異이니잇가하니 答曰 直是闇當故耳③니이다하다

① 傅暢의 ≪晉諸公敍贊≫에 말하였다. "裴遐는 字가 叔道로, 河東 사람이다. 부친 裴綽는 長水校尉를 역임하였다. 배하는 젊을 때부터 理稱(일처리에 뛰어나다는 명성)이 있었고, 司空掾과 散騎郞으로 초빙되었다."

晉諸公贊曰"裴遐, 字叔道, 河東人. 父綽, 長水校尉. 遐少有理稱, 辟司空掾·散騎郞."

② 鄧粲의 ≪晉紀≫에 말하였다. "周馥은 字가 祖宣으로, 汝南 사람이다. 劉准[41]를 대신하여 鎭東將軍이 되어 壽陽을 다스렸는데, 사방에 격문을 돌려 천자(孝懷帝 司馬熾)를 받들어 영접하려 하였으나, 元皇帝(司馬睿)가 甘卓[42]으로 하여금 공격하게

---

40) 묵묵히 참았기 : 원문의 '闇當'에 대해 ≪世說補觿≫에서는 "暗合이라는 뜻으로, 본래 그런 것에 뜻이 없어 어두웠기 때문에 안색이 변치 않았다." 했고, 楊勇의 ≪世說新語校牋≫에 "闇當·闇故·鬪將을 鬪變의 誤記이니 私鬪(개인적인 싸움)의 뜻이다." 했는데, 역자는 頭註의 王世懋의 견해를 따랐다.

41) 劉准 : 劉準이 되어야 한다.(≪世說音釋≫)

42) 甘卓 : ?~322. 丹楊 사람으로, 字는 季思이다. 吳(三國)나라 甘寧의 증손자로, 관직

하자, 주복은 도망치다가 도중에 죽었다."

鄧粲晉紀曰"馥, 字祖宣, 汝南人. 代劉准爲鎭東將軍, 鎭壽陽, 移檄四方, 欲奉迎天子, 元皇使甘卓攻之, 馥出奔, 道卒."

③ 어떤 판본에는 '어두웠기 때문에 감당했을 뿐이다(闇故當耳)'로 되어 있고, 어떤 판본에는 '〈나는〉 진실로 잘 싸우는 장수이기 때문이다(眞是鬪將故耳)'로 되어 있다.

一作'闇故當耳', 一作'眞是鬪將故耳'.

【頭註】

○ 王世懋 : 〈본문의〉 '闇當'에 대한 해석은 묵묵히 수용한다는 말인 듯하다.

王云"闇當之解, 似謂墨受."

○ 劉辰翁 : "孫玄이 譚峻에게 물어 '闇'자의 뜻을 들어보니 平聲이었다."

劉云"孫玄, 問譚峻, 聽闇書, 正(佮)〔合〕[43]平聲."

○ 또 말하였다. "闇當은 俗語라고 하였는데, 오늘날 사람들이 말하는 '熟當'이다. '闇'은 '諳'과 같은듯하니 마땅히 上聲이다."

又云"闇當, 以是俗語, 今人說熟當, 亦疑闇如諳, 當上聲."

12-9 【補】 阮德如(阮侃)가 한번은 변소에서 귀신을 보았는데, 키가 한 자 남짓이고 얼굴이 까맣고 눈이 크며, 검은 홑옷을 입고 平上幘[44]을 쓴 채 지척 거리에 있었다. 완덕여는 마음이 안정된 뒤에 천천히 웃으면서 귀신에게 말하였다. "사람들이 귀신은 혐오할 만하다고 하더니, 과연 그렇구나."

귀신이 얼굴을 붉히고 부끄러워하면서 물러났다.

阮德如가 嘗於厠見鬼한대 長丈餘하고 色黑而眼大하며 着皂(조)單衣와 平上幘하여 去之

이 鎭南大將軍에 이르렀다. 王敦의 변란 때 한 차례 거병하여 토벌했으나 실패하고, 왕돈이 정권을 잡은 뒤에 살해되었다.

43) (佮)〔合〕 : 저본에는 '佮'으로 되어 있으나, 劉志慶·范子燁의 ≪世說新語≫에 의거하여 '合'으로 바로잡았다.

44) 平上幘 : 平巾幘이라고도 한다. 魏晉시대 이후로 武官이 착용하는 것으로, 윗부분이 평평한 두건이다. 隋나라 때에는 侍臣과 무관이 모두 착용하였고, 唐나라 때에는 衛官과 무관이 근무할 때 착용하고 천자와 황태자가 말을 탈 때 착용하였다.(≪新唐書≫ 〈車服志〉)

咫尺이라 德如가 心定하고 徐笑語之曰 人言鬼可憎이라하니 果然이로다하니 鬼가 赧(난)愧而退①하다

① 阮侃은 따로 보인다.
阮侃, 別見.

12-10【補】[45] 阮千里(阮瞻)가 琴을 잘 타니, 사람들이 그의 뛰어난 솜씨에 대한 소문을 듣고 〈그의 연주를〉 들으려고 찾아가는 사람들이 많았다. 완천리는 신분의 귀천이나 나이의 노소를 따지지 않고, 찾아가면 그때마다 연주해주었는데, 안색이 부드럽고 온화하며 방금 온 사람들이 어디에 있는지도 알지 못하였다. 內兄(처남) 潘安仁(潘岳)[46]이 항상[47] 그에게 琴을 연주하게 했는데, 낮이 지나고 밤에 이르기까지 한 번도 꺼리는 기색이 없었다.

阮千里가 善彈琴①하니 人聞其能하고 多往聽之라 千里는 不問貴賤長幼하고 至輒與彈한대 神氣冲和하며 不知向人所在라 內兄潘安仁이 常令鼓琴이러니 終日達夜히 曾無忤色하다

① 袁宏의 ≪正始名士傳≫에 말하였다. "阮瞻은 字가 千里이다. 온화하면서도 거리낌이 없고 嗜欲이 적으며, 명성과 품행을 닦지 않고 마음속에서 스스로 만족하였다. 글을 읽을 때에도 그다지 깊이 연구하지는 않고 그 핵심만 이해하였다. 벼슬이 太子舍人에 이르렀다."
名士傳曰"阮瞻, 字千里. 夷任少嗜欲, 不脩名行, 自得於懷. 讀書不甚研求, 而識其要. 仕至太子舍人."

---

45)【補】: 저본에는 '補'가 없으나, 이 일화는 ≪世說新語≫가 아닌 ≪何氏語林≫에 있으므로 '補'를 보충하였다.

46) 潘安仁(潘岳) : 247~300. 河南 中牟 사람으로, 字는 安仁이다. 조부 潘瑾은 安平太守를, 부친 潘芘는 瑯琊內史를 역임하였다. 司空太尉 賈充의 서기관을 거쳐 여러 관직을 역임했는데, 晉나라 趙王 司馬倫이 정권을 장악했을 때 부친의 옛 부하 孫秀에게 모함당하여 일족과 함께 주살되었다.

47) 항상 : 원문의 '常'에 대해 ≪世說啓微≫와 ≪世說講義≫에서는 '嘗'의 뜻이라고 하였다.

12-11 夏侯太初(夏侯玄)가 한번은 기둥에 기대어 글을 쓰고 있었는데, 그때 큰 비가 내리면서 벼락이 쳐서 기대고 있던 기둥이 부러지고 의복이 그을렸다.[48] 그러나 안색이 변치 않고 글씨도 역시 이전과 같았는데, 빈객과 좌우의 사람들은 모두 비틀거리면서 제대로 서있지 못하였다.

夏侯太初가 **嘗倚柱作書**러니 **時大雨霹靂**하여 **破所倚柱**하고 **衣服焦**라 **然神色無變**하고 **書亦如故**어늘 **賓客左右**는 **皆跌蕩**하여 **不得住**①하다

①〈이 일화는〉 顧愷之의 ≪魏晉勝流畵贊≫[49]에 보인다.

裴啓의 ≪裴子語林≫[50]에 말하였다. "夏侯太初(夏侯玄)가 魏(三國)나라 황제를 따라 황릉에 참배했을 때, 소나무와 측백나무 아래에서 陪列하였다. 그때 폭우가 쏟아지면서 벼락이 쳤는데, 서 있던 곳의 나무에 정중앙에 맞아 모자가 그을려 망가졌다. 좌우의 사람들은 그것을 보고 모두 엎드렸으나 하후태초는 안색도 변치 않았다."

臧榮緖[51]는 또 諸葛誕과 〈관련된 고사라고〉 하였다.

見(현)顧愷之(書)〔畵〕[52]贊. 語林曰 "太初從魏帝拜陵, 陪列於松柏下. 時暴雨霹靂, 正中所立之樹, 冠冕焦壞. 左右覩之皆伏, 太初顏色不改." 臧榮緖又以爲諸葛誕也.

【頭註】

---

48) 의복이 그을렸다 : 원문의 '衣服焦然'의 '然'에 대해 ≪世說講義≫와 ≪世說箋本≫에서는 '燃'의 통용자라고 하였다.

49) 顧愷之의 ≪魏晉勝流畵贊≫ : 고개지(348~409)는 晉陵 無錫 사람으로, 字는 長康, 어릴 때 이름은 虎頭이다. 걸출한 화가이자 시인으로, 畵絶·文絶·痴絶이라고 불린다. 〈위진승류화찬〉은 魏晉시대의 화가 衛協과 戴逵 등의 작품 21폭에 대해 평론한 것이다.

50) 裴啓의 ≪裴子語林≫ : 배계는 河東 聞喜 사람으로, 字는 榮期이다. 處士로서 ≪배자어림≫으로 문단에 명성이 높아지고, 당대에 裴氏學이 유행하였다. ≪배자어림≫은 漢魏시대부터 西晉에 이르기까지 유명 인사들의 일화를 기록하고 있는데, 魏晉시대의 특징과 사회 모습을 반영하고 있다.

51) 臧榮緖 : 南朝 宋나라 사람으로, 호는 披褐이다. 京口에 은거하면서 학생을 가르치고, ≪晉書≫ 110권을 저술하였다.

52) (書)〔畵〕: 저본에는 '書'로 되어 있으나, ≪世說箋本≫에 의거하여 '畵'로 바로잡았다.

○ 王世懋 : 夏侯太初(夏侯玄)는 본래 도량이 넓었으나, 〈그의 일화를〉 전수하는 데 조금의 오류가 없을 수 있겠는가.
王云 "夏侯故雅量, 然得無傳之小過?"

12-12 王夷甫가 한번은 친척에게 어떤 일을 부탁했는데, 시일이 지나도 처리해 주지 않았다. 술을 마시면서 잔치하는 어떤 곳에서 〈그 친척을〉 만난 김에 말하였다.

"근래에 당신에게 일을 부탁했는데, 어째서 처리하지 않을 수 있습니까?"

친척이 크게 화를 내고는 곧장 찬합을 들어 왕이보의 얼굴에 던졌다. 왕이보는 아무 말도 하지 않은 채 세수하기를 마치고는 王丞相(王導)의 팔을 끌어 함께 〈牛車를〉 타고 가버렸다. 수레 안에서 거울을 비춰 보면서 왕승상에게 말하였다.

"당신은 나의 눈빛이 바로 소의 등 위에 있는 것[53]을 보시오."

王夷甫가 嘗屬族人事한대 經時未行이러니 遇於一處飮燕하고 因語之曰 近屬(촉)尊事어늘 那得不行이니잇가하니 族人大怒하고 便擧樏(류)하여 擲其面이라 夷甫都無言하고 盥洗畢에 牽王丞相臂하여 與共載去라 在車中照鏡하고 語丞相曰 汝看我眼光이 迺出牛背上①이니이다하다

① 王夷甫는 아마도 〈자신의〉 風神(풍모)이 준수하여 남과 다투는 지경에 이르지 않았다고 스스로 말한 듯하다.
王夷甫蓋自謂風神英俊, 不至與人校.

12-13 王夷甫(王衍)는 裴景聲(裴邈)과 지향과 숭상이 같지 않았다. 배경성이 미워하여 〈자기의 뜻을〉 따르게 하려 했으나, 끝내 〈그의 마음을〉 돌릴 수 없었다. 그러자 일부러 왕이보를 찾아가서 제멋대로 말하고 심하게 욕을 했으니,

---

53) 나의……것 : 단정히 앉아 소의 등을 똑바로 보고 있다는 말로, 조금 전에 당한 일은 개의치 않는다는 뜻이다.

왕이보가 자기에게 욕을 하게 하여 〈세상의〉 비방을 나누고자 한 것이다. 그러나 왕이보는 안색을 바꾸지도 않은 채 천천히 말하였다.

"白眼을 드러내는[54] 놈이 마침내 발작을 하는구나."

王夷甫는 **與裴景聲**으로 **志好不同**한대 **景聲惡**(오)하여 **欲取之**나 **卒不能回**라 **乃故詣王**하여 **肆言極罵**하니 **要王答己**하여 **欲以分謗**이어늘 **王不爲動色**하고 **徐曰 白眼兒**가 **遂作**①이라하다

① 傅暢의 ≪晉諸公敍贊≫에 말하였다. "裴邈은 字가 景聲으로, 河東 聞喜 사람이다. 젊을 때부터 통달한 재주를 지녀서 사촌형 裴頠(배외)[55]가 인재로 여겨 칭찬하였다. 〈배외는〉 매번 〈그와〉 淸談을 나눌 때마다 하루를 다보내고 다음날 새벽에 이르렀다. 혼란한 문제를 다스리는 데 뛰어나다고 스스로 여겨 번번이 매번 질문했지만, 〈그를〉 뛰어넘을 수 없었다.[56] 太傅從事中郎과 太傅左司馬 및 監東海王(司馬越)軍事를 역임하였다. 젊을 때는 文士였는데, 여러 직무를 거친 뒤에 장군이 되었으니, 비록 장군의 재주는 없었지만 과묵함과 진중함으로 칭송받았다."

晉諸公贊曰 "邈, 字景聲, 河東聞喜人. 少有通才, 從兄頠器賞之, 每與淸言, 終日達曙, 自謂理構多如, 輒每謝之, 然未能出也. 歷太傅從事中郎·左司馬, 監東海王軍事. 少爲文士, 而經事爲將, 雖非其才, 而以罕重稱也."

---

54) 白眼을 드러내는 : '백안'은 본래 흰자위를 드러내는 것으로, 냉담하게 대했다는 뜻인데, 여기서는 화가 나서 눈을 부라리는 것을 이른다. 魏晉시대 진나라 때의 名士인 阮籍은 세속의 법도에 구애받지 않고 지내면서 俗士를 만나면 흰자위〔白眼〕를 드러내어 경멸하는 뜻을 보여 주고, 의기투합하는 사람을 만나면 검은 눈동자〔靑眼〕로 대하여 반가운 뜻을 드러내었다.(≪晉書≫ 〈阮籍列傳〉)

55) 裴頠(배외) : 267~300. 河東 聞喜 사람으로, 字는 逸民, 시호는 成이다. 司空 裴秀의 아들로, 晉나라 散騎常侍·國子祭酒·侍中·尙書左僕射 등을 역임하고, 趙王 司馬倫에게 죽임을 당하였다.

56) 배외는……없었다 : 원문의 '自謂理構多如 輒每謝之 然未能出也'에 대해 ≪世說補觿≫에서 "裴頠가 裴邈과 함께 淸談을 나눌 때 매번 〈배막만〉 못하다고 겸손했으나, 〈배막이〉 배외의 수준을 넘지 못했다." 했는데, ≪世說補考≫에서는 이를 비판하면서 "'多如'의 '如'는 '加'가 되어야 한다. 배외가 매번 배막과 청담을 나눌 때 오랜 시간을 보내 혼란한 문제의 정리가 이미 많다고 스스로 생각하여 번번이 매번 사양하여 물러나고자 했으나 〈배막의〉 말이 길어져 나갈 수 없었다. 이것이 새벽까지 이른 이유이다." 하였다.

12-14 劉慶孫(劉輿)이 太傅(司馬越)의 막부에 있었다. 당시에 人士 가운데 무함을 받은 사람이 많았으나, 오직 庾子嵩(庾敳)만은 세상사 바깥에 마음을 마음껏 노닐어 트집을 잡을 행적이 없었다. 이후에 〈유경손은〉 유자숭의 성품이 검소하고 집안이 부유하다는 이유로 태부를 설득하여 천만 냥을 빌려오라고 하였으니, 유자숭이 인색함을 보이면 이에 능멸할 수 있기를 바랐기 때문이다. 태부가 여러 사람이 앉은 가운데 유자숭에게 〈빌려 줄 수 있는지〉 물었는데, 유자숭은 그때 쓰러질 듯 만취하여 두건이 안석 위에 떨어지자 머리를 들이밀어서 쓰고는 천천히 대답하였다.

"下官(저)의 집에는 본래 2천만 냥[57]이 있으니 공이 마음대로 가져가시지요."

이에 〈유경손이〉 마침내 감복하였다. 이후에 어떤 사람이 유자숭에게 이 일을 언급하자, 유자숭이 말하였다.

"소인배의 생각으로 군자의 마음을 헤아렸다[58]고 할 만하지요."

劉慶孫이 在太傅府할새 于時에 人士가 多爲所構로되 惟庾子嵩은 縱心事外하여 無跡可間이라 後에 以其性儉家富라하여 說(세)太傅하여 令換千萬하니 冀其有吝하면 於此可乘①이라 太傅가 於衆坐中에 問庾한대 庾가 時頹然已醉하여 幘墜几上하니 以頭就穿取하고 徐答云 下官家는 故可有兩娑千萬하니 隨公所取니이다하니 於是乃服이라 後에 有人向庾道此하니 庾曰 可謂以小人之慮로 度君子之心이니이다하다

① 孫盛의 ≪晉陽秋≫에 말하였다. "劉輿는 字가 慶孫으로, 中山 사람이다. 호탕하고 의협심이 있으며 재략이 있으며 교제를 잘하였다. 范陽王 司馬虓(사마효)가 깊이

---

57) 2천만 냥 : 원문의 '兩娑千萬'의 '娑'는 "淸나라 劉淇 ≪助字辨略≫ 권2에 "娑는 어조사이니, 兩箇千萬이라고 말하는 것과 같다." 하였다.

58) 소인배의……헤아렸다 : ≪春秋左氏傳≫ 昭公 28년 조항에 "음식이 다 들어왔을 때, 소인들이 배가 부르면 오히려 만족할 줄을 아는 것으로써 군자의 마음도 응당 그럴 것으로 여겨 〈세 번째 한숨을 지은 것이니,〉 적당히 만족하면 그만두기를 바랍니다.〔及饋之畢 願以小人之腹爲君子之心 屬厭而已〕" 하였는데, 이를 전용한 것이다.

친애했는데, 사마효가 세상을 떠나자 太傅(司馬越)가 불러 그를 크게 의지하고 長史로 기용하였다.”

盧綝(노침)의 ≪八王故事≫에 말하였다. “東海王 사마월은 字가 元超로, 高密王 司馬泰의 맏아들이다. 젊을 때부터 布衣의 지조[59]를 중시하여 〈조정의〉 안팎의 인물이 귀의하였고, 여러 관직을 역임하고 司空과 태부가 되었다.”

晉陽秋曰 “劉輿, 字慶孫, 中山人. 有豪俠才筭, 善交結. 爲范陽王虓所暱, 虓薨, 太傅召之, 大相委仗, 用爲長史.” 八王故事曰 “東海王越, 字元超, 高密王泰長子. 少尙布衣之操, 爲中外所歸, 累遷司空·太傅.”

【頭註】

○ 劉辰翁 : 〈본문의 令換千萬〉의 ‘換’은 ‘다른 사람에게 빌린다’는 뜻이다.
劉云 “換, 借換也.”

12-15【補】謝幼輿(謝鯤)가 처음 太傅인 東海王 司馬越 막부에 갔는데, 家僮이 공문서를 가지고 간 일에 연루되어 제명당하였다. 당시 관직에 있던 사람들이 모두 사유여가 처음 宰府(太傅府)에 오르자마자 곧 내쫓기는 치욕을 당했다고 하여 그를 위해 매우 아쉬워했다. 사유여가 그런 소식을 듣고는 맑은 노래를 하면서 琴을 연주하며 개의치 않자, 당시 사람들이 그의 고원하고 활달한 태도에 감복하였다.

謝幼輿①가 **初至東海王越太傅府**한대 **坐家僮取官稿**하여 **除名**이라 **于時**에 **在事諸人**이 **竝以謝初登宰府**에 **便遭黜辱**이라하여 **深爲之恨**이어늘 **謝**가 **聞之**하고 **方淸歌鼓琴**하여 **不以屑意**하니 **時人**이 **服其遠暢**하다

① 孫盛의 ≪晉陽秋≫에 말하였다. “謝鯤은 字가 幼輿로, 陳郡 사람이다. 부친 謝衡은 〈魏晉시대〉 진나라의 대유학자였다. 사곤은 성품이 활달하고 예법에 구애받지 않으며, ≪老子≫와 ≪周易≫을 좋아하고 음악에 뛰어나며, 琴의 연주와 독서를 일로 삼았다. 江東으로 피난 왔을 때 王敦이 그를 불러 長史로 삼았다.”

---

59) 布衣의 지조 : 베옷을 입을 때의 지조라는 뜻으로, 벼슬을 하기 전 빈천할 때, 또는 利慾을 떠난 상태의 지조를 이른다.

晉陽秋曰"謝鯤, 字幼輿, 陳郡人. 父衡, 晉碩儒. 鯤性通簡, 好老·易, 善音樂, 以琴書爲業. 避亂江東, 王敦引爲長史."

12-16 〈荊州와 建康을〉 왕래하는 어떤 사람[60]이 말하였다.

"庾公(庾亮)이 동쪽으로 내려오려는 뜻을 지니고 있다.[61]"

어떤 이가 王公(王導)에게 말하였다.

"조금이나마 은밀하게 〈방비를〉 엄중히 하여 불의의 상황에 대비해야 합니다."

왕공이 말하였다.

"나와 元規(유량)는 비록 대왕의 신하이지만, 본래 신분을 초월한 친분을 품고 있소. 만약 그가 침공해 오고자 한다면 나는 角巾[62]을 쓰고 곧장 烏衣巷[63]로 돌아갈 것이니, 어찌 조금 더 〈방비를〉 엄중히 하겠소?"

有往來者云 庾公有東下意라하니 **或謂王公**하되 **可潛稍嚴**하여 **以備不虞**니이다하다 **王公曰 我與元規**는 **雖俱王臣**이나 **本懷布衣之好**니 **若其欲來**면 **吾**는 **角巾**으로 **徑還烏衣**①니 **何所稍嚴**②가하다

① 山謙之의 ≪丹陽記≫[64]에 말하였다. "烏衣의 기원은 吳(三國)나라 때의 烏衣營이 위치했던 곳인데, 江左(東晉)가 처음 성립되었을 때 瑯琊郡 출신의 왕씨들이 거주

---

60) 어떤 사람 : 南蠻校尉 陶稱을 이른다.(≪晉書≫ 〈王導傳〉)

61) 庾公(庾亮)이……있다 : 유량이 蘇峻의 반란을 진압할 임무를 띠고 도성인 建康을 떠나 安徽省 蕪湖에 주둔한 후로 그가 반란을 일으킬 것이라는 소문이 있었다.

62) 角巾 : 네모진 형태의 두건으로, 處士나 隱者가 착용하였다.

63) 烏衣巷 : 南京市 秦淮河 남쪽에 있는 지명으로, 三國시대 吳나라가 이곳에 烏衣營을 설치했는데, 사병들이 烏衣(검은색 옷)를 입었기 때문에 이렇게 불렀다.

64) 山謙之의 ≪丹陽記≫ : 산겸지(?~454?)는 南朝 宋 文帝 元嘉 연간(424~453)의 사학가로, 學士와 奉朝請이 되었다. 著作郎 何承天의 위임을 부탁으로 ≪宋書≫를 함께 편찬하였다. 저서로 ≪단양기≫·≪南徐州記≫·≪吳興記≫·≪尋陽記≫ 등이 있다. ≪단양기≫는 南朝시대 지리지로, 가장 이른 시기의 南京을 파악할 수 있는 지리지이다. 단양은 당시의 단양군으로, 劉宋시대의 단양군은 9개 현을 관할했는데, 대부분 남경 지역에 속한다.

하던 곳이다."

丹陽記曰"烏衣之起, 吳時烏衣營處所也. 江左初立, 瑯琊諸王所居."

② 何法盛의 ≪晉中興書≫에 말하였다. "이에 전란이 저절로 멈추고 안팎이 화목하게 되었다."

丞相(王導)이 고상한 것이 아니라 정작 술수를 부린 것이다.

中興書曰"於是風塵自消, 內外緝穆." 丞相非高也, 正著數也.

12-17 王丞相(王導)의 主簿가 막하의 속관들을 감찰하려고 하자, 王公(왕승상)이 주부에게 말하였다.

"〈나는〉 주부와 함께 〈공무만〉 처리하고자 하니, 남들의 책상 사이의 일을 알려고 하지 말게."

王丞相主簿가 **欲檢校帳下**하니 **公語主簿**하되 **欲與主簿周旋**하니 **無爲知人几案間事**라하다

12-18 祖士少(祖約)는 재물을 좋아하고 阮遙集(阮孚)은 나막신을 좋아하였다. 둘 모두 항상 스스로 〈자신들이 좋아하는 물건을〉 수집하는 똑같이 하나의 병폐를 지니고 있어서 그 우열을 판가름하지 못하였다. 어떤 사람이 조사소를 찾아갔을 때, 〈그가〉 재물을 살펴보면서 점검하는 것을 보았다. 손님이 도착했을 때, 〈그는 재물을〉 미처 모두 치우지 못하여 남은 두 개의 작은 상자를 등 뒤에 두고 몸을 기울여 가렸으나 마음이 편치 않았다. 어떤 이가 완요집을 찾아갔을 때, 〈그가〉 스스로 불을 피워 나막신에 밀랍을 칠하는 것을 보았는데, 〈그는〉 이렇게 탄식하였다.

"평생 몇 켤레의 나막신을 신을지 모르겠네."

〈그의〉 모습은 여유롭고 온화했으니, 이 일을 통해 〈그들의〉 우열이 비로소 판가름되었다.

祖士少는 **好財**하고 **阮遙集**은 **好屐**(극)한대 **竝恒自經營**하여 **同是一累**로되 **而未判其得失**[①]이라 **人有詣祖**에 **見料視財物**한대 **客至**에 **屛當未盡**하여 **餘兩小簏**을 **箸背後**하고 **傾身障之**나 **意未能平**이라 **或有詣阮**에 **見自吹火蠟屐**한대 **因歎曰 未知一生**에 **當箸幾量**

屐이라하고 神色閑暢하니 於是에 勝負始分하다

①〈祖約別傳〉에 말하였다. "조약은 字가 士少로, 范陽 遒(주) 사람이며, 여러 관직을 거치고 平西將軍·豫州刺史를 역임하였다. 壽陽에 주둔하고 있다가 蘇峻과 함께 〈庾亮에 대해〉 반란을 일으켰다가 소준이 패배하자 조약은 〈後趙의〉 石勒에게 투항하였다. 조약은 본래 幽州의 권문세가의 일원으로서 빈객이 집에 가득했는데, 석륵이 높은 곳에 올라 〈그 집 앞의 많은〉 車馬를 바라보고는 대경실색하였다. 또 고향의 先人의 토지를 강탈하게 했기 때문에 지주들이 깊은 원한을 품었다. 석륵이 이를 미워하여 마침내 조약을 주벌하였다."

孫盛의 ≪晉陽秋≫에 말하였다. "阮孚는 字가 遙集으로, 陳留 사람이며, 阮咸[65]의 둘째 아들이다. 지혜가 조금 있었으나 특별히 뛰어난 점은 없었다. 여러 관직을 거치고 侍中·吏部尙書·廣州刺史를 역임하였다."

祖約別傳曰 "約, 字士少, 范陽遒人, 累遷平西將軍·豫州刺史. 鎭壽陽, 與蘇峻反, 峻敗, 約投石勒. 約本幽州冠族, 賓客塡門, 勒登高, 望見車騎, 大驚. 又使占奪鄕里先人田地, 地主多恨. 勒惡(오)之, 遂誅約." 晉陽秋曰 "阮孚, 字遙集, 陳留人, 咸第二子也. 少有智調, 而無儁異. 累遷侍中·吏部尙書·廣州刺史."

【頭註】

○ 劉辰翁 : 〈祖士少와 阮遙集의〉 우열은 본래 이 일화를 볼 필요가 없으니, 조사소가 살인을 부끄러워한 것을 쓴 것이다.
劉云 "勝負本不待此, 寫得祖士少慚惶殺人."

12-19 許侍中(許璪)과 顧司空(顧和)이 모두 丞相(王導)의 從事가 되었는데, 그때 이미 〈승상에게〉 대우를 받아 연회와 회합에 거의 함께 하지 않음이 없었다. 한번은 밤중에 승상의 집에 가서 놀았는데, 두 사람의 즐거움이 지극해졌을 때 승상이 즉시 자기의 침실에 들어가 자라고 명하였다. 고사공은 새벽까지 뒤척이면서 숙면을 취하지 못했는데, 허시중은 침상에 오르자마자 잠꼬대를 하고 크게 코를 골았다. 승상이 여러 손님들을 돌아보면서 말하였다.

---

65) 阮咸 : 陳留 尉氏 사람으로, 字는 仲容이며, 散騎侍郎을 역임하였다. 阮籍의 조카로, 小阮이라고 불리며, 竹林七賢의 한 명이다.

"이곳도 역시 잠을 자기 어려운 곳이로군요."

許侍中①과 **顧司空**②이 **俱作丞相從事**러니 **爾時**에 **已被遇**하여 **遊宴集聚**에 **略無不同**이라 **嘗夜至丞相許戲**러니 **二人歡極**에 **丞相**이 **便命使入己帳眠**하니 **顧**는 **至曉回轉**하여 **不得快孰**이어늘 **許**는 **上牀**에 **便咍**(해)**臺大鼾**(한)이라 **丞相**이 **顧諸客曰 此中**도 **亦難得眠處**라하다

① ≪晉百官名≫에 말하였다. "許璪는 字가 思文으로, 義興 陽羨 사람이다.
≪許氏譜≫에 말하였다. "허조의 조부 許艶은 字가 子良으로 永興長을 역임했고, 부친 許袠는 字가 季顯으로 烏程縣令을 역임했으며, 허조는 관직이 吏部侍郎에 이르렀다."
晉百官名曰 "許璪, 字思文, 義興陽羨人." 許氏譜曰 "璪祖艶, 字子良, 永興長, 父袠, 字季顯, 烏程令, 璪仕至吏部侍郎."

② 顧和는 字가 君孝이다. 젊을 때부터 명성이 알려져서 친족인 顧榮이 "이 사람은 우리 집안의 천리마이니, 틀림없이 우리 가문을 일으킬 것이다." 하였다. 관직이 尙書令에 이르렀고, 아들이 다섯인데 顧治·顧隗·顧淳·顧履之·顧臺民이다.
顧和, 字君孝. 少知名, 族人顧榮曰 "此, 吾家騏驥也, 必興吾宗." 仕至尙書令. 五子, 治·隗·淳·履之·〔顧臺民〕.66)

【頭註】

○ 劉辰翁 : 王茂弘(王導)의 말은 잘못된 것이다.
劉云 "茂弘語謬."

12-20 **戴公**(戴逵)이 동쪽 〈剡溪에서〉 나오자, **謝太傅**(謝安)가 가서 그를 만났다. 사태부는 본래 대규를 경시했기 때문에 〈대공을〉 만났을 때 단지 그와 더불어 琴과 글씨에 대해서만 토론하였다. 〈그러나〉 대공은 애초에 난처한 기색이 없었고, 琴과 글씨를 담론하는 것이 더욱 오묘해지자 사태부가 저절로 그의 도량을 알게 되었다.

---

66) 〔顧臺民〕 : 저본에는 '顧臺民'이 없으나, 汪藻 ≪世說敍錄≫ 〈人名譜 吳郡顧氏譜〉에 의거하여 보충하였다.

戴公[①]이 從東出한대 謝太傅가 往看之라 謝가 本輕戴하여 見에 但與論琴書어늘 戴는 旣無吝色하고 而談琴書가 愈妙하니 謝가 悠然知其量이라

①〈戴公은〉 戴逵이다.
逵也.

【頭註】

○ 劉辰翁 : 〈戴公(戴逵)의 태도는〉 매우 훌륭하니, 우리들이 미칠 수 없는 바이다.
劉云"甚善, 我輩所未及."

12-21 庾太尉(庾亮)는 풍모가 뛰어나고 행동거지를 무겁게 했는데, 당시 사람들은 모두 거짓으로 꾸민 행동이라고 하였다. 유량에게 몇 살 되지 않은 큰 아들(庾會)이 있었는데, 바르고 침착한 성품이 바로 자연스럽게 유량과 같았으니 사람들은 〈유량의 태도가〉 천성이라는 것을 알았다. 溫太眞(溫嶠)이 한번은 장막에 숨어 아이를 놀래킨 적이 있었는데, 그 아이는 얼굴빛이 태연자약하였고, 이어서 천천히 무릎을 꿇고 말하였다.

"君侯께서는 무엇 때문에 이렇게 하십니까?"

논자들은 〈이 아이가〉 유량에게 뒤지지 않는다고 하였다. 〈이 아이는〉 蘇峻의 〈변란〉 때에 살해당했다. 혹자는 말하였다.

"阿恭(유회)을 보면 元規(유량)의 태도는 거짓으로 꾸민 행동이 아니라는 것을 알 수 있다."

溫嶠

庾太尉는 風儀偉長하고 不輕擧止하니 時人이 皆以爲假라하다 亮有大兒數歲한대 雅重之質이 便自如此하니 人知是天性이라 溫太眞이 嘗隱幔怛之하니 此兒神色恬然하고 乃徐跪曰 君侯는 何以爲此잇가하니 論者謂不減亮이라 蘇峻時에 遇害[①]라 或云 見阿恭하면 知

元規非假②라하다

① ≪庾氏譜≫에 말하였다. "庾會는 字가 會宗으로, 太尉인 庾亮의 맏아들이다. 19세인 〈晉 成帝〉 咸和 6년(331)에 살해당했다."
庾氏譜曰 "會, 字會宗, 太尉亮長子. 年十九, 咸和六年, 遇害."
② 阿恭은 유회의 어릴 때 이름이다.
阿恭, 會小字也.

12-22 褚公(褚裒)이 章安縣令으로 있다가 太尉(庾亮)의 記室參軍으로 전임되었는데, 이름은 이미 널리 드러났지만 지위가 낮아서 사람들이 대부분 〈그를〉 알아보지 못하였다. 저공이 〈부임지로 가기 위해〉 동쪽으로 떠날 때 〈官船을 타지 않고〉 商船을 타고 送故[67]하는 아전이 몇 명뿐이었다. 〈저공은〉 錢塘亭에 투숙하였다. 당시에 吳中 사람 沈充이 전당 현령이었는데, 손님을 전송하느라 浙江(錢塘江)을 건넜다. 〈심충과〉 손님이 〈배에서〉 나오자 전당정의 관리는 저공을 외양간으로 쫓아냈다. 潮水가 이르자 沈令(심충)이 〈그 경치를 감상하려고〉 일어나 여기저기 거닐다가[68] 〈전당정의 관리에게〉 물었다.

"외양간에 있는 자는 어떤 사람인가?"

관리가 대답하였다.

"어제 傖父(촌놈)[69] 한 놈이 와서 정자에 투숙했는데, 존귀한 손님이 오셨기 때문에 임시로 그를 〈외양간으로〉 옮겼습니다."

심영은 취기가 오른 김에 멀리서 물었다.

---

67) 送故 : 魏晉南北朝시대에 州郡의 수령이 전임될 때 그의 屬僚도 그를 따라 전임되는 것을 이른다.

68) 조수가……거닐다가 : 浙江은 조수가 밀려왔을 때 그 물결의 모양과 소리가 굉장하여 옛날부터 '浙江觀潮'라고 유명했는데, 특히 한가위 무렵이 가장 볼만하여 음력 8월 18일을 '潮生日'이라고 불렀다.

69) 傖父(촌놈) : 南北朝시대에 남방 사람이 북방 사람의 거칠고 비루한 태도를 기롱하여 그들에 대해 멸시의 의미를 담아 '창보'라고 하였다.

“촌놈아, 떡을 먹고 싶은가? 이름이 무엇이냐? 함께 대화해보자.”

저공이 손을 들어 대답하였다.

“河南 사람 褚季野(저부)요.”

원근에서 오랫동안 저공의 이름을 들어왔던 터라 심영은 이에 크게 두려워했으나 감히 저공을 옮겨 가게 하지 못하고, 즉시 외양간에서 명함을 올리고 저공을 뵈었다. 또 가축을 잡아 요리를 만들어 저공 앞에 마련하고는 채찍으로 정자의 관리를 때려 부끄러운 죄를 사죄하고자 하였다. 저공은 심영과 술자리를 함께 했는데, 말과 안색이 〈평상시와〉 다름이 없었으니, 그 모습은 〈종전의 일이 있었는지〉 깨닫지 못하는 듯하였다. 심영은 저공을 〈현의〉 경계까지 전송하였다.

褚公이 於章安令에 遷太尉記室參軍①한대 名字已顯이나 而位微하여 人未多識이라 公東出에 乘估客船하고 送故吏數人이라 投錢塘亭住②한대 爾時에 吳(興)〔人〕[70]沈充이 爲縣令이러니 當送客過浙江이라 客出하니 亭吏가 驅公移牛屋下라 潮水至에 沈令이 起彷徨하다가 問 牛屋下는 是何物人고하니 吏云 昨有一傖父가 來寄亭中한대 有尊貴客하여 權移之니이다하다 令有酒色하여 因遙問 傖父아 欲食𩱭不아 姓何等고 可共語라하니 褚가 因擧手答曰 河南의 褚季野로이다하다 遠近久承公名하니 令이 於是大遽하나 不敢移公하고 便於牛屋下에 脩刺詣公이라 更宰殺爲饌하여 具於公前하고 鞭撻亭吏하여 欲以謝慚이라 公이 與之酌宴에 言色無異하니 狀如不覺이라 令이 送公至界라

① 庾亮의 〈啓參佐名〉을 살펴보면, 褚裒(저부)는 당시에 단지 參軍이 되었고 記室을 담당하지 않았다.
按庾亮啓參佐名, 裒時直爲參軍, 不掌記室也.

② ≪錢塘縣記≫에 말하였다 “전당현은 바다에 가까워 조수에 의해 침수되었는데, 전당현의 여러 유력 가문에서 돈을 염출하고 인부를 고용하여 흙을 운반해 塘(제방)을 만들었기 때문에 그것으로 이름을 삼았다.”

---

70) (興)〔人〕: 저본에는 ‘興’으로 되어 있으나, 安永本에 의거하여 ‘人’으로 바로잡았다.

錢塘縣記曰 "縣近海, 爲潮漂沒, 縣諸豪姓, 斂錢雇人, 輦土爲塘. 因以爲名也."

【頭註】

○ 王世懋 : 〈沈充이 전송한 사람은〉 王敦의 문객이 아니다.
王云 "非王敦客也."

○ '吳人'은 어떤 본에는 '吳興'으로 되어있다.
吳人一作吳興

12-23 郗太傅(郗鑒)가 京口에 있을 때 문하생을 보내 왕승상(王導)에게 편지를 보내 사위를 구하니, 왕승상이 치태부의 심부름꾼(문하생)에게 말하였다.

"그대가 동쪽 사랑채로 가서 마음대로 선택하시오."

문하생이 돌아와 치태부에게 아뢰었다.

"왕씨 집안의 여러 젊은이들은 역시 모두 혼례를 치를 만합니다. 사위를 찾으러 왔다는 소식을 듣고는 모두 스스로 진중한 모습을 보였는데, 오직 한 젊은이만이 동쪽 평상 위에서 배를 드러내놓고 누운 채 〈소식을〉 듣지 못한 듯했습니다."

郗公(치감)이 말하였다.

"바로 이 사람이 좋겠구나."

〈치공이 왕승상의 집을〉 방문하니 〈그 젊은이는〉 바로 王逸少(王羲之)였다. 그래서 그에게 딸을 시집보냈다.

郗太傅가 **在京口**에 **遣門生**하여 **與王丞相書**하여 **求女壻**하니 **丞相語郗信**하되 **君往東廂**하여 **任意選之**하라하다 **門生歸**하여 **白郗曰 王家諸郞**은 **亦皆可嘉**니이다 **聞來覓壻**하고 **咸自矜持**어늘 **惟有一郞**이 **在東牀上**에 **坦腹臥**하여 **如不聞**이니이다 **郗公云 正此好**라하고 **訪之**하니 **乃是逸少**라 **因嫁女與焉**①이라

① ≪王氏譜≫에 말하였다. "逸少는 王羲之의 字이다. 왕희지의 아내는 太傅인 郗鑒(치감)의 딸로, 이름은 璿(선), 字는 子房이다."
王氏譜曰 "逸少, 羲之(小)[71]字. 羲之妻, 太傅郗鑒女, 名璿, 字子房."

【頭註】

○ 劉辰翁 : 〈魏晉시대〉 진나라 사람의 품격이 이런 면에 있기 때문에 최고가 되지만, 옛사람 가운데 진실로 〈이런 경우가〉 없을 수는 없다.
劉云 "晉人風致著此, 故爲第一, 在古人中, 眞不可無."
○ 王世懋 : 〈魏晉시대〉 진나라 사람들은 심부름꾼을 '信'이라고 하였다.
王云 "晉人以使爲信."

12-24 〈晉나라 조정이〉 장강을 건너 온 초반에 관직을 제수했을 때, 〈제수 받은 사람들은〉 서로[72] 음식을 마련하여 대접하였다. 羊曼은 丹陽尹에 제수되었는데, 손님 가운데 일찍 온 사람은 모두 훌륭한 상차림을 받았으나, 날이 저물어가면서 차츰 〈음식이〉 떨어져 더 이상 좋은 음식을 대접하지 못했으니 손님이 도착한 순서를 따르고 귀천을 따지지 않았다. 羊固는 臨海太守에 제수되었는데, 온종일 모두에게 좋은 음식을 대접하여 비록 늦게 도착했더라도 역시 훌륭한 음식을 대접받았다. 당시의 여론은 양고의 풍성한 음식이 양만의 진솔함만 못하다고 하였다.

過江初에 **拜官**할새 **輿飾供饌**이라 **羊曼**은 **拜丹陽尹**한대 **客來蚤者**는 **竝得佳設**이나 **日晏漸罄**하여 **不復及精**하니 **隨客早晚**하고 **不問貴賤**①이라 **羊固**는 **拜臨海**한대 **竟日皆美供**하여 **雖晚至**라도 **亦獲盛饌**이라 **時論以固之豐華**가 **不如曼之眞率**②이라

① 〈羊曼別傳〉에 말하였다. "양만은 字가 延祖로, 泰山 南城 사람이다. 부친 羊暨는 陽平太守를 역임하였다. 양만은 방종하고 제멋대로이며, 술을 마시고 예절을 무시하여 陳留郡의 阮放[73] 등과 함께 兗州八達[74]로 불렸다. 여러 관직을 역임하고 丹

---

71) (小) : 저본에는 '小'가 있으나, ≪世說箋本≫에 의거하여 衍文으로 처리하였다.
72) 서로 : 원문의 '輿'에 대해 ≪世說新語補觽≫에서는 '多(많다)'의 뜻, ≪世說講義≫에서는 '輿薪(땔나무를 실은 수레)'의 '輿'로 '거대하여 보기 쉽다'는 뜻이라고 하였고, ≪世說新語補考≫와 ≪世說箋本≫에서는 '與'의 誤字라고 하였다. ≪晉書≫ 〈羊曼列傳〉에 '相'으로 되어 있으니, 후자의 견해가 옳은 듯하다.
73) 阮放 : 江左八達의 한 명으로, 字는 思度이고 陳留 尉氏 사람이다. 晉나라 太學博士와 太子中舍人을 역임하였다. 明帝 때에 吏部郎이 되어 관리를 선발하는 시험을 주관했는데, 훌륭한 업적을 세웠고, 평소에 청렴하여 이부랑이 되었는데도 飢寒을 면

陽尹이 되었고, 蘇峻에게 살해당했다."

曼別傳曰 "曼, 字延祖, 泰山南城人. 父暨, 陽平太守. 曼頹縱宏任, 飮酒誕節, 與陳留阮放等號兗州八達. 累遷丹陽尹, 爲蘇峻所害."

② ≪明帝東宮僚屬名≫에 말하였다. "羊固는 字가 道安으로, 泰山 사람이다."

王愔의 ≪古今文字志目≫[75]에 말하였다. "양고의 부친 羊坦은 車騎將軍의 長史를 역임하였다. 양고는 초서와 행서에 뛰어나서 한 시대에 이름을 날렸다. 난리를 피해 장강을 건넌 뒤에 여러 관직을 역임하고 黃門侍郎이 되었다. 〈사후에〉 그의 청렴과 검소를 표창하여 大鴻臚에 추증하였다."

明帝東宮僚屬名曰 "羊固, 字道安, 泰山人." 文字志曰 "固父坦, 車騎長史. 固善草行, 著名一時. 避亂渡江, 累遷黃門侍郎. 褒其淸儉, 贈大鴻臚."

12-25 周仲智(周嵩)이 술을 마시고 취하여 눈을 부라리면서 얼굴을 돌려 〈그의 형인〉 周伯仁(周顗)에게 말하였다.

"당신은 재주가 이 아우만 못한데도 부당하게 큰 명성을 얻었소."

잠시 뒤에 〈주중지가〉 촛불을 들어 주백인에게 던지자, 주백인이 웃으면서 말하였다.

"阿奴[76]의 火攻은 진실로 下策에서 나온 것일세."

周仲智가 **飮酒醉**하고 **瞋目還面**하여 **謂伯仁曰 君**은 **才不如弟**어늘 **而橫得重名**이라하고 **須臾**에 **擧蠟燭火**하여 **擲伯仁**하니 **伯仁**이 **笑曰 阿奴火攻**은 **固出下策耳**①라하다

① ≪孫子兵法≫ 〈火攻〉에 말하였다. "火攻에는 다섯 가지가 있다. 첫째는 진영과 보루의 막사를 불태우는 것〔火人〕, 둘째는 축적해 놓은 군량미와 꼴을 불태우는 것

치 못하였다.

74) 兗州八達 : 東晉시대에 예법을 전혀 돌아보지 않고 날마다 淸談을 나누며 술을 몹시 즐겼던 光逸・曼桓・謝鯤・羊聃・阮放・阮孚・畢卓・胡毋輔之을 이른다.(≪晉書≫ 〈光逸傳〉)

75) 古今文字志目 : 書法書로, 상권에 古書 36종, 중권에 秦・漢・吳의 59명, 하권에 魏・晉의 58명에 대해 기록했는데, 원문은 일실되었다.

76) 阿奴 : 父兄 등 尊長이 子弟 등 卑幼者를 허물없이 친하게 부르는 칭호이다.

〔火積〕, 셋째는 군수품 수송 수레를 불태우는 것〔火輜〕, 넷째는 군수품 창고를 불태우는 것〔火庫〕, 다섯째는 대오를 불태우는 것〔火隊〕이다. 모든 군대는 반드시 다섯 가지 불의 변화가 있음을 알아서 度數(때)에 맞추어 잘 기다려야 한다. 그러므로 불로써 공격을 돕는 것은 〈승리가〉 확실하다."

孫子兵法曰"火攻有五, 一曰火人, 二曰火積, 三曰火(車)〔輜〕[77], 四曰火(軍)〔庫〕[78], 五曰火隊. 凡軍必知〔有〕[79]五火之變, 〔以數守之〕[80], 故以火〔佐〕[81]攻者明也."

【頭註】

○ 劉辰翁 : 周仲智(周崇)는 오만하고 패려궂었기 때문에 〈아우인 周謨와〉 이별할 때 눈물을 흘리지 않은 것이다.[82]

劉云"仲智傲狠, 故無別淚."

---

77) (車)〔輜〕 : 저본에는 '車'로 되어 있으나, ≪孫子兵法≫ 〈火攻〉에 의거하여 '輜'로 바로잡았다.

78) (軍)〔庫〕 : 저본에는 '軍'으로 되어 있으나, ≪孫子兵法≫ 〈火攻〉에 의거하여 '庫'로 바로잡았다.

79) 〔有〕 : 저본에는 '有'가 없으나, ≪孫子兵法≫ 〈火攻〉에 의거하여 보충하였다.

80) 〔以數守之〕 : 저본에는 '以數守之'가 없으나 ≪孫子兵法≫ 〈火攻〉에 의거하여 보충하였다.

81) 〔佐〕 : 저본에는 '佐'가 없으나, ≪孫子兵法≫ 〈火攻〉에 의거하여 보충하였다.

82) 周仲智(周崇)는……것이다 : 212쪽 11-11항 참조.

13. 아량 하 雅量 下

13-1 顧和가 처음 揚州刺史(王導)의 從事가 되었을 때, 초하루에 入朝하면서 들어가지 않고 잠시 州門 바깥에 잠시 수레를 멈추고 있었다. 周侯(周顗)가 丞相을 뵈러 가다가 고화의 수레 옆을 지나쳤는데, 고화는 이를 잡으면서 태연히 동요하지 않았다. 주후가 이미 지나갔다가 다시 돌아와 고화의 가슴을 가리키면서 말하였다.

"이 속에 무엇이 있는가?"

고화는 이전처럼 이를 잡으면서 천천히 대답하였다.

"이 속은 가장 헤아리기 어려운 곳입니다."

주후가 〈조정에〉 들어온 뒤에 승상을 뵙고 말하였다.

"그대의 州吏 가운데 尙書令이나 尙書僕射(상서복야)가 될 만한 인재가 한 명 있습니다."

顧和가 始爲揚州從事에 月旦當朝할새 未入하고 頃停車州門外라 周侯가 詣丞相할새 歷和車邊[①]한대 和는 覓蝨하고 夷然不動이라 周가 旣過에 反還하여 指顧心曰 此中에 何所有아하니 顧는 搏蝨如故하고 徐應曰 此中이 最是難測地니이다 周侯旣入에 語丞相曰 卿의 州吏中에 有一令僕才[②]니이다하다

① 裴啓의 ≪裴子語林≫에 말하였다. "周侯(周顗)가 술을 마셔 이미 취한 상태에서 흰색 겹옷을 입고 두 사람에게 의지하여 승상(王導)을 뵈러 왔다."
語林曰 "周侯飮酒已醉, 著白袷(겹), 憑兩人, 來詣丞相."

② 何法盛의 ≪晉中興書≫에 말하였다. "顧和는 지조와 도량이 있어 弱冠의 나이에

이름이 알려졌다."
中興書曰"和有操量, 弱冠知名."

13-2 庾太尉(庾亮)가 〈반란을 일으킨〉 蘇峻과 전투하다가 패배하여 측근 10여 명을 거느린 채 작은 배를 타고 서쪽으로 달아났다. 반란군이 옷을 벗기고 물건을 약탈하자, 〈유태위의 측근이〉 잘못 화살을 쏘아 柂工(타공, 조타수)을 맞추어 시위의 울림과 함께 〈타공이〉 거꾸러졌다. 배위에 있던 사람들이 모두 대경실색하면서 흩어졌는데, 유양은 동요하는 모습이 없이 천천히 말하였다.

"이 솜씨가 어떠한가, 〈그로〉 하여금 적을 맞히게 할 수 있을 것이다."

사람들은 즉시 안정되었다.

庾太尉가 與蘇峻戰에 敗하여 率左右十餘人하고 乘小船西奔①이라 亂兵이 相剝掠할새 射誤中柂(타)工하여 應弦而倒하니 擧船上이 咸失色分散이어늘 亮은 不動容하고 徐曰 此手那오 可使著(착)賊이로다하니 衆迺安이라

① 孫盛의 ≪晉陽秋≫에 말하였다. "蘇峻이 반란을 일으키자, 〈조정에서〉 庾亮을 都督征討諸軍事로 임명하니 〈유양이〉 建陽門 밖에서 싸웠다. 王師(官軍)가 크게 패배하자 유양은 陳郡에서 두 아우[1]를 데리고 〈尋陽에 있는〉 溫嶠에게 달아났다."
晉陽秋曰"蘇峻作逆, 詔亮都督征討, 戰於建陽門外. 王師敗績, 亮於陳携二弟, 奔溫嶠."

【頭註】

○ 劉辰翁 : 이 화살이 만약 적에게 적중했더라도 역시 당연히 시위의 울림과 함께 〈적이〉 거꾸러졌을 것이라는 말이니, 궁술의 훌륭한 솜씨를 거짓으로 기뻐하여 사람들을 기쁘게 하고 안정시킨 것이다.
劉云"謂此箭若著賊, 則亦當應弦而倒矣. 謬喜其射藝之工, 以悅安之."

○ 劉辰翁 : 당시는 단지 더 이상 대처하기 어려워 임시방편으로 사람들을 기쁘게 하고 안정시킨 矯情(거짓 마음)을 雅量이라고 일컬었지만, 누가 그의 곤란함을 알았겠는가.
又云"當時直復難處, 苟以悅安之矯情見謂雅量, 孰知其窘?"

---

1) 두 아우 : 이때 함께 달아난 庾亮의 아우는 庾懌·庾條·庾翼으로 3명이었다.(≪資治通鑑≫〈晉記16·顯宗成皇帝 上之下〉)

13-3 桓宣武(桓溫)가 簡文帝(司馬昱)와 太宰(司馬晞)[2)]와 함께 수레를 타고 가다가 몰래 사람을 시켜서 수레 앞뒤에서 북을 크게 울리고 소리를 지르게 하니, 鹵簿(노부)[3)] 대열에 소란이 벌어졌다. 태재는 두려워하면서 수레에서 내리려고 하였으나, 간문제를 돌아보니 온화한 모습으로 고요하고 편안하였다. 환선무가 사람들에게 말하였다.

"조정에 참으로 또 이런 현자가 있습니다."

宣武가 與簡文과 太宰[①]로 共載라가 密令人在輿前後에 鳴鼓大叫하니 鹵簿中驚擾라 太宰惶怖하여 求下輿어늘 顧看簡文하니 穆然淸恬이라 宣武語人曰 朝廷間에 故復有此賢[②]인저하다

① 〈太宰는〉 武陵王 司馬晞이다.
武陵王晞.

② 檀道鸞의 ≪續晉陽秋≫[4)]에 말하였다. "簡文帝는 성품이 온화하고 침착하며, 평소에 도량과 무게감이 있었다. 한번은 桓溫과 태재인 무릉왕 사마희와 함께 수레를 탔는데, 板橋에 이르렀을 때, 환온이 몰래 명령을 내려 느닷없이 號角을 불고 북을 치면서 함성을 지르게 하였더니 部曲과 行伍(항오)[5)]가 모두 놀라 내달렸다. 환

---

2) 太宰(司馬晞) : '태재'는 본래 太師라고 했는데, 晉 景帝(司馬師)의 이름을 피하기 위해 태재라고 하였다. 직위가 三公에 상당하나 실제적인 권력은 없었다. '사마희'는 字가 道叔이고 晉 元帝(司馬睿)의 넷째 아들로, 簡文帝(司馬昱)의 이복형이고, 武陵王에 봉해지고 태재에 임명되었다.

3) 鹵簿(노부) : 제왕의 거둥이나 지위가 높은 사람의 행렬에서 위엄을 드러내기 위하여 격식을 갖추어 배치하는 儀仗隊이다.

4) 檀道鸞의 ≪續晉陽秋≫ : 단도란은 高平 金鄕 사람으로, 字는 萬安이며, 南朝 宋나라 國子博士와 永嘉太守를 역임하였다. ≪속진양추≫는 20권으로, 東晉의 역사를 기술했는데, ≪新唐書≫ 〈藝文志〉에서는 ≪晉陽秋≫라고 하였다. 원본은 산실되었고, 黃奭이 ≪世說新語≫와 ≪文選≫ 등의 주석에서 뽑아 만든 輯本이 있다.

5) 部曲과 行伍(항오) : 군대나 군사를 이른다. '부곡'은 군대의 편제 단위로, 대장군의 군영은 5部로 편성되고 각 部마다 校尉 1명씩 두며, 部에는 曲이 있는데 曲에는 軍候 1명을 두었다. '항오'는 군사의 편제 단위로, 5명이 1伍, 5伍가 1行이 되었다.

온은 깜짝 놀라는 척하였고, 사마희는 심하게 두려워했는데, 간문제는 행동거지가 태연자약하고 목소리와 얼굴빛이 변치 않았다. 환온은 매번 이 일로써 그의 덕성과 도량을 칭송하였다. 그러므로 논자들은 환온이 두려워하여 복종했다고 하였다.

續晉陽秋曰 "帝性溫深, 雅有局鎭. 常與桓溫·太宰武陵王晞同乘, 至板橋, 溫密勅令無因鳴角鼓譟, 部伍竝驚馳. 溫陽駭異, 晞太震, 帝擧止自若, 音顔無變. 溫每以此稱其德量, 故論者謂溫服憚也."

13-4 【補】[6] 劉越石(劉琨)[7]이 〈晉陽城에서〉 胡賊의 騎兵에게 여러 겹으로 포위되어 성 안에서 대책 없이 매우 곤란을 겪었다. 유월석이 초저녁에 달빛을 맞으면서 누각에 올라 청아하게 휘파람을 불자, 호적이 듣고는 모두 쓸쓸히 길게 탄식하였다. 한밤중에 胡笳(풀피리)를 불자, 호적이 모두 눈물을 흘리면서 저마다 고향을 그리워하는 간절함을 지니게 되었다. 새벽녘에 또 〈호가를〉 불자, 호적이 모두 포위 대열에서 일어나 달아났다. 혹자는 〈이 일화의 주인공은 유월석이 아니라〉 劉王喬(劉疇)라고 하였다.

劉越石이 爲胡騎所圍가 數重하여 城中窘迫無計라 劉가 始夕乘月하여 登樓淸嘯하니 胡賊聞之하고 皆悽然長歎하며 中夜에 吹奏胡笳하니 賊皆流涕하고 人有懷土之切하며 向曉又吹하니 賊并起[8]圍奔去라 或云 是劉王喬①라하다

① 曹嘉之[9]의 ≪晉紀≫에 말하였다. "劉疇는 字가 王喬로, 彭城 사람이다. 부친 劉訥은 司隸校尉를 역임하였다. 유주는 名理[10]의 담론에 뛰어나 큰 명성이 있었다. 永

---

6) 【補】: 저본에는 '補'가 없으나, 이 일화는 ≪世說新語≫가 아닌 ≪何氏語林≫에 있으므로 '補'를 보충하였다.

7) 劉越石(劉琨) : 271~318. 中山 魏昌 사람으로, 字는 越石, 시호는 愍이다. 晉나라 并州刺史·司空·大將軍 등을 역임하였다.

8) 安永本에는 '解'로 되어 있다.

9) 曹嘉之 : 曹嘉라고도 한다. 魏(三國)나라의 楚王 曹彪의 아들로, 晉나라 때에 高邑公에 봉해지고 國子博士·東莞太守·前軍恣議를 역임하였고, 조표와 王淩의 모반 사건에 연루되어 賜死되었다.

嘉 연간(307~312)에 閻鼎[11]에게 살해당했다."
曹嘉之晉紀曰 "劉疇, 字王喬, 彭城人. 父訥, 司隸校尉. 疇善談名理, 有重名. 永嘉中, 爲閻鼎所害."

【頭註】

○ 李贄 : 이 내용은 雅量이 아니라, 胡賊을 물리치는 계책이다. 劉琨은 본래 휘파람을 잘 불었다.
李云 "此非雅量, 退胡之計也. 琨本善嘯."

13-5【補】郗嘉賓(郗超)[12]이 한번은 三伏이 든 달에 謝公(謝安)을 뵈러 갔다. 그때는 혹독한 더위가 극성을 부려 모든 사람들이 비록 바람을 맞고 부채질을 하면서도 여전히 땀이 줄줄 흘러내렸으나, 사공은 오래된 명주옷을 입고 뜨거운 흰 죽을 먹으면서 태연히 변함이 없었다.

郗嘉賓이 嘗三伏之月에 詣謝公한대 時는 炎暑熏赫하여 諸人이 雖復當風交扇이라도 猶沾汗流離어늘 謝는 着故絹衣하고 食熱白粥하되 宴然無異①라

① ≪曆忌釋≫에 말하였다. "伏이라는 것은 金의 기운이 〈火의 기운 속에〉 잠복해 있는 날이다."
曆忌釋曰 "伏者, 金氣伏藏之日也."
② 〈사람마다〉 禀性이 같지 않은 것이다.
禀性不同.

---

10) 名理 : 명칭과 이치라는 뜻으로, 魏晉시대 및 그 이후의 淸談家들이 사물의 명칭과 이치가 같은지 다른지, 옳은지 그른지를 변별하고 분석하였다.

11) 閻鼎 : ?~312. 甘肅 天水 사람으로, 字는 臺臣이다. 太傅인 司馬越의 參軍으로 벼슬을 시작하여 卷縣의 현령으로 옮기고 行豫州刺史가 되었다. 秦王 司馬鄴을 황태자로 옹립하여 太子詹事가 되었고, 永嘉 6년(312) 12월 조정에 내란이 벌어져 雍州로 달아났다가 氐族인 竇首에게 살해당했다.

12) 郗嘉賓(郗超) : 336~378. 高平 金鄉 사람으로, 字는 景興·敬輿, 어릴 때 이름은 嘉賓이다. 太尉 郗鑒의 손자이자 會稽內史 郗愔의 아들이다. 草書에 뛰어났으며, 佛學에 정통하여 ≪奉法要≫를 저술했다. 晉나라 大司馬參軍·散騎侍郎·中書侍郎·司徒左長史 등을 역임했고, 桓溫의 주요한 참모였다.

13-6 桓公(桓溫)이 병사를 매복시켜 놓고 잔치를 베풀고는 널리 조정의 인사를 초청했으니, 이를 기회로 謝安과 王坦之를 주살하려고 했다. 왕탄지가 매우 다급해하면서 사안에게 물었다.

"어떤 계책을 세우는 것이 마땅하겠소?"

사안은 마음의 변화 없이 王文度(왕탄지)에게 말하였다.

"晉나라 조정의 존망이 이 한 번의 행동에 달려 있소."

〈사안과 왕탄지가〉 함께 나아갔는데, 왕탄지의 두려워하는 모습은 안색에 더욱 잘 드러났고, 사안의 침착한 태도는 모습에 더욱 잘 나타났다. 〈사안이〉 계단을 바라보고 〈빠른 걸음으로〉 자리에 나아가면서 洛生詠[13)]으로 "드넓게 흐르는 큰 물결이여.[14)]"라고 노래하자, 환공이 그의 〈마음이〉 광대한 것을 존경하여 즉시 서둘러 병사를 해산시켰다. 왕탄지와 사안은 예전부터 명성이 나란했는데, 이 일로써 비로소 우열을 가리게 되었다.

桓公이 伏甲設饌하고 廣延朝士하니 因此하여 欲誅謝安과 王坦之[①]라 王이 甚遽하여 問謝曰 當作何計오하니 謝는 神意不變하고 謂文度曰 晉祚存亡이 在此一行이라하다 相與俱前에 王之恐狀은 轉見於色하고 謝之寬容은 愈表於貌라 望階趨席에 方作洛生詠하여 諷浩浩洪流하니 桓이 憚其曠遠하여 乃趣(촉)解兵[②]이라 王과 謝는 舊齊名이러니 於此에 始判優劣이라

① 王韶之의 ≪晉安帝紀≫에 말하였다. "簡文帝(司馬昱)가 붕어할 때 桓溫에게 詔書를 내려 諸葛亮과 王導의 고사[15)]를 따르라고 하자, 환온이 크게 분노했는데 이는 자

13) 洛生詠 : 洛陽의 書生이 읊던 시가이다. 그 음색이 중후하고 탁했는데, 낙양에서 長江을 건너온, 東晉 때의 명사들이 즐겨 읊었다.

14) 드넓게……물결이여 : 嵇康의 〈四言贈兄秀才入軍〉 18수 가운데 13번째 시에 있는 구절이다.

15) 諸葛亮과 王導의 고사 : 어린 군주를 잘 보좌하여 國事를 잘 처리한 일을 이른다. 제갈양은 蜀(三國)나라 昭烈皇帝(劉備)의 아들인 後主 劉禪을, 왕도는 晉 元帝(司馬睿)의 아들 明帝(司馬紹)와 명제의 아들 成帝(司馬衍)를 보필하였다.

신의 권력을 추락시킨 것은 謝安과 王坦之가 건의한 것이라고 여겼기 때문이다. 〈환온이〉 山陵(國葬)에 참석하려고 入朝할 때에 백관이 길 옆에서 절을 했는데, 지위와 명성이 있는 사람들은 벌벌 떨면서 아연실색했다. 혹자는 이때부터 〈환온이〉 왕탄지와 사안을 죽이고자 했다고 하였다."

晉安帝紀曰 "簡文晏駕, 遺詔桓溫, 依諸葛亮·王導故事, 溫大怒, 以爲黜其權, 謝安·王坦之所建也. 入赴山陵, 百官拜于道側, 在位望者, 戰慄失色. 或云 '自此欲殺王·謝.'"

② 살펴보건대, 南朝 宋 明帝(劉彧)의 ≪晉江左文章志≫에 말하였다. "사안은 낙양 서생의 창법에 뛰어났는데, 어려서 鼻疾이 있어 그 음색이 탁하였다. 이후에 명사들이 대부분 그의 읊조림을 흉내 냈지만 〈그의 수준에〉 이를 수 없자 손으로 코를 쥐고 읊었다. 환온이 新亭[16]에 머물 때, 호위병을 대대적으로 배치하고는 사안과 왕탄지를 불렀으니, 자리에서 그들을 죽이려고 한 것이다. 왕탄지는 들어갈 때 〈두려움으로〉 어쩔 줄 몰라 手版(笏)을 거꾸로 들었고, 땀이 흘러 옷을 적셨다. 사안은 마음과 모습과 행동거지가 평상시와 다르지 않은 채 눈을 들어 환온 좌우의 호위병을 두루 훑어보고는 환온에게 '제가 듣건대, 제후에게 道가 있으면 방비하는 일이 사방 이웃 나라에 있다[17]고 했으니, 明公께서는 어찌 벽 사이에 이러한[18] 무리를 두었습니까?' 하자, 환온이 웃으면서 '정말 이렇게 하지 않을 수 없었기 때문이오.' 하였다. 이에 〈환온은〉 엄숙한 마음이 순간적으로 사라져 좌우의 부대에게 명하여 술자리를 재촉하고 술잔을 돌리며 오랜 시간 웃으며 담소하였다."

按宋明帝文章志曰 "安能作洛下書生詠, 而少有鼻疾, 語音濁. 後名流多斅(효)其詠, 弗能及, 手掩鼻而吟焉. 桓溫止新亭, 大陳兵衛, 呼安及坦之, 欲於坐害之. 王入失厝, 倒執手版, 汗流霑衣. 安神姿擧動, 不異於常, 擧目徧歷溫左右衛士, 謂溫曰 '安聞諸侯有道, 守在四鄰, 明公何有壁間著阿堵輩?' 溫笑曰 '正自不能不爾.' 於是矜莊

---

16) 新亭 : 현재 南京市 雨花臺區 軟件大道 일대의 지역이다. 六朝시대의 수도인 建康의 남부지역의 중요한 군사 보루였는데, 풍경도 매우 아름다웠다.

17) 제후에게……있다 : ≪春秋左氏傳≫ 昭公 23년 조항에 "옛날에 천자는 수비하는 일이 사방의 蠻夷國에 있었는데, 천자의 권력과 위세가 낮아지면서 수비하는 일이 제후국에 있게 되었다. 제후는 수비하는 일이 사방의 이웃 나라에 있었는데, 제후의 권력과 위세가 낮아지면서 수비하는 일이 사방의 국경에 있게 되었다.〔古者天子 守在四夷 天子卑 守在諸侯 諸侯 守在四鄰 諸侯卑 守在四竟〕" 하였다.

18) 이러한 : 원문은 '阿堵'인데, 魏晉南北朝시대의 구어로, '這(이)', '這個(이것)'의 뜻이다.

之心頓盡, 命部左右, 促燕行觴, 笑語移日."

【頭註】

○ 劉辰翁 : 桓溫은 본래 재주와 덕성이 있는 사람이다.
劉云"桓自可人."

13-7 桓宣武(桓溫)가 郗超(치초)와 더불어 조정의 신하를 제거할 것을 의논하고, 〈명단을 적은〉 條牒(문서)이 작성된 뒤에 그날 밤 함께 묵었다. 다음날 새벽에 일어나 謝安과 王坦之를 불러 들어오게 하여 그 문서를 던져 보여주었다. 치초는 여전히 〈침실의〉 휘장 안에 있었고 사안은 전혀 말이 없었는데, 왕탄지는 곧장 던져 돌려주면서 말하였다.

"많습니다."

환선무가 붓으로 〈명단의 일부를〉 삭제하려고 할 때, 치초가 저도 모르게 휘장 안에 있으면서 환선무와 가만히 대화를 나누자, 사안이 웃음을 머금고 말하였다.

"郗生(치초)은 장막에 있는 손님[19]이라 할 만하네."

桓宣武가 與郗超로 議芟夷朝臣하고 條牒既定에 其夜同宿①이라 明晨起하여 呼謝安과 王坦之入하여 擲疏示之라 郗는 猶在帳內하고 謝는 都無言한대 王이 直擲還云 多라하다 宣武가 取筆欲除할새 郗가 不覺竊從帳中으로 與宣武言하니 謝가 含笑曰 郗生은 可謂入幕賓也②라하다

① 檀道鸞의 ≪續晉陽秋≫에 말하였다. "郗超(치초)는 桓溫이 씩씩하고 용맹하여 樂推[20]의 운수에 해당한다고 생각하여 마침내 깊이 자신을 〈그에게〉 맡겨 사귀었

19) 장막에 있는 손님 : 원문의 '入幕賓'은 기밀을 논의하는 자리에 참여하는 幕僚인데, 여기서는 郗超가 휘장 안에 있는 것을 해학적으로 말한 것이다.

20) 樂推 : 사람들이 즐겁게 추대하고 옹호한다는 뜻이다. ≪道德經≫ 66장에 "이러한 까닭에 성인이 위에 처해도 백성은 무겁다고 여기지 않고, 앞에 있어도 백성은 해롭다고 여기지 않으며, 이 때문에 천하가 즐거이 추대하고 싫어하지 않는다.〔是以聖人處上而民不重 處前而民不害 是以天下樂推而不厭〕" 하였다.

다. 환온도 〈치초를〉 깊이 중시했기 때문에 은밀한 계책에 〈치초가〉 참여하지 않은 적이 없었다."

續晉陽秋曰 "超謂溫雄武, 當樂推之運, 遂深自委結. 溫亦深相器重, 故潛謀密計, 莫不預焉."

② 〈본문 猶在帳內의〉 '帳'은 어떤 판본에는 '帷'로 되어 있다.

'帳', 一作'帷'.

【頭註】

○ 劉辰翁 : 옛날 사람들은 이런 일화를 남겨 후인에게 웃음을 주었는데, 지금 사람들은 그렇지 않다.

劉云 "古人常留此等, 與後人笑, 今人則不然."

13-8 謝太傅(謝安)가 東山[21]에서 은거할 때, 孫興公(孫綽) 등 여러 인사들과 바다에 배를 띄워 유람하였다. 바람이 불어 파도가 세게 치자 손흥공과 王羲之 등 사람들은 안색이 모두 다급하여 돌아가게 하라고 즉시 소리쳤으나, 사태부는 마음이 한창 고조되어 읊조리기만 할뿐 아무런 말도 하지 않았다. 舟人(뱃사공)은 謝公(사태부)이 모습은 한가롭고 마음은 즐겁다는 이유로 여전히 멈추지 않고 나아갔다. 바람이 더욱 거세지면서 파도가 맹렬해지자 여러 사람들이 모두 시끌벅적하게 동요하면서 앉아 있지 못하자, 사공이 천천히 말하였다.

"이와 같다면 장차 돌아가지 못할 것이오."

사람들은 〈그의〉 말을 듣자마자 〈제자리로〉 돌아갔다. 이로써 그의 局量이 조정과 재야를 안정시키기에 충분하다는 것을 알 수 있다.

謝太傅가 盤桓東山時에 與孫興公諸人으로 汎海戲①한대 風起浪涌하니 孫王諸人은 色竝遽하여 便唱使還이어늘 太傅는 神情方王하여 吟嘯不言이라 舟人은 以公貌閑意說(열)이라하여 猶去不止라 旣風轉急浪猛에 諸人이 皆諠動不坐하니 公徐云 如此면 將無歸리라하니 衆人이 卽承響而回라 於是에 審其量足以鎭安朝野라

---

21) 東山 : 謝安이 젊은 시절에 은거한 곳으로, 浙江省 上虞縣 남서쪽에 있는데 경치가 수려하기로 유명하였다.

① 何法盛의 ≪晉中興書≫에 말하였다. "謝安은 원래 會稽에 살았는데, 支道林・王羲之・許詢과 함께 유람하였다. 〈집을〉 나서면 산에서 사냥하고 강에서 물고기를 잡으며, 〈집에〉 들어와서는 담론하고 문장을 지었으니, 한번도 處世[22]의 마음을 두지 않았다."
中興書曰 "安元居會稽, 與支道林・王羲之・許詢共遊處. 出則漁弋山水, 入則談說屬文, 未嘗有處世意也."

【頭註】

○ 劉應登 : 〈어떤 판본에는 본문 色竝遽의〉 '竝'이 '變'으로 되어 있다.
應登云 "'竝'字作'變'."

13-9【補】[23] 孟嘉가 桓宣武(桓溫)의 征西參軍이 되었다. 9월 9일(重陽節)에 龍山에서 연회를 베풀 때 寮佐(屬官)가 모두 모였는데, 잠시 뒤에 바람이 불어와 맹가의 모자를 떨어뜨렸지만 맹가는 알아차리지 못하였다. 환선무가 좌우 사람들에게 말하지 말라 하고는 맹가의 행동거지를 살펴보았다. 맹가가 한참 뒤에 변소에 가자, 환선무가 〈모자를〉 취하여 돌려주게 하고 孫盛에게 명하여 맹가를 조롱하는 글을 지어 맹가의 자리에 두라고 하였다. 맹가가 돌아와서 〈그 글을〉 보자마자 곧바로 답글을 썼는데, 그 문장이 매우 아름다우니 좌중의 모든 사람들이 감탄하면서 칭찬하였다.

孟嘉가 **爲桓宣武征西參軍**이라 **九日宴龍山**에 **寮佐畢集**한대 **俄風至**하여 **吹嘉帽落**이어늘 **嘉不之覺**이라 **宣武**가 **使左右勿言**하고 **以觀其擧止**라 **嘉**가 **良久如厠**하니 **宣武**가 **令取還之**하고 **命孫盛作文嘲嘉**하여 **著**(착)**嘉坐處**라 **嘉**가 **還見**하고 **卽答之**한대 **其文甚美**하니 **四坐嗟異**라

---

22) 處世 : 사람들이 사는 곳에서 거처한다는 뜻으로, 보통 정치에 참여하거나 사교활동을 하는 것을 뜻한다.

23) 【補】 : 저본에는 '補'가 없으나, 이 일화는 ≪世說新語≫가 아닌 ≪何氏語林≫에 있으므로 '補'를 보충하였다.

13-10 支道林(支遁)[24)]이 동쪽으로 돌아갈 때, 당시의 현자들이 모두 征虜亭[25)]에서 전송하였다. 蔡子叔(蔡系)은 먼저 도착하여 임공(지도림) 가까이 앉았고, 謝萬石(謝萬)은 나중에 와서 〈임공의 자리로부터〉 조금 멀리 앉았다. 채자숙이 잠시 일어나 〈자리를 비우자〉 사만석이 〈채자숙의〉 자리로 옮겨 갔다. 채자숙이 돌아와서 사만석이 〈자신의 자리에〉 있는 것을 보고는 방석 째로 사만석을 들어서 땅에 내던지고 스스로 다시 〈자신의 자리에〉 앉았다. 사만석은 모자가 벗겨지고 두건이 비뚤어졌으나 곧바로 천천히 일어나 옷을 털고 자리로 갔는데, 마음이 매우 평온하여 성을 내거나 낙담하지도 않았다. 〈사만석이〉 좌정한 뒤에 채자숙에게 말하였다.

"그대는 이상한 사람이니, 거의 내 얼굴을 망가뜨릴 뻔 했소."

채자숙이 대답하였다.

"나는 본래 그대의 얼굴에 대해 계획한 것이 아니었소."

이후에 두 사람은 모두 이 일에 대해 개의치 않았다.

支道林이 還東①할새 時賢이 竝送於征虜亭②한대 蔡子叔은 前至하여 坐近林公③하고 謝萬石은 後來하여 坐小遠이라 蔡가 暫起에 謝가 移就其處한대 蔡還하여 見謝在焉하고 因合褥擧謝擲地하고 自復坐라 謝는 冠幘傾脫이어늘 乃徐起하여 振衣就席한대 神意甚平하여 不覺瞋沮라 坐定하고 謂蔡曰 卿은 奇人이니 殆壞我面이라하니 蔡答曰 我本不爲卿面作計라하고 其後에 二人俱不介意라

① 竺法濟의 ≪高逸沙門傳≫에 말하였다. "支遁은 哀帝(司馬丕)에게 영접 받아 도성에서 오래 머물렀으나, 마음은 옛 산(東山)에 있었기 때문에 곧 도성을 떠나 다시 巖

---

24) 支道林(支遁) : 314~366. 陳留 사람으로, 字는 道林이며, 세상에서 支公·林公·支硎이라고 불렀다. 혹은 河東 林慮 사람이라고도 하는데, 高僧이자 문학가이다.

25) 征虜亭 : 원래 石頭城 안에 있었는데, 현재는 南京市 鼓樓區 國防園 서남쪽 明城墻 안에 있다. 淸나라 道光의 ≪金陵覽勝詩考≫에 "정로정은 정로장군 謝安이 이곳에 머문 적이 있기 때문에 이렇게 명명한 것이다. 석두성 안에 있고, 西晉시대 太元 연간(376~396)에 창건했다.〔征虜亭 征虜將軍謝安嘗止此 故名 在石頭塢 晉太元中創〕" 하였다.

穴(山中)로 갔다."

高逸沙門傳曰 "遁爲哀帝所迎, 游京邑久, 心在故山, 乃拂衣王都, 還就巖穴."

② 山謙之의 ≪丹陽記≫에 말하였다. "太安 연간[26]에 征虜將軍 謝安이 이 정자를 세웠기 때문에 이로써 이름을 삼았다."

丹陽記曰 "太安中, 征虜將軍謝安立此亭, 因以爲名."

③ 何法盛의 ≪晉中興書≫에 말하였다. "蔡系는 字가 子叔으로, 濟陽 사람이고, 司徒 蔡謨의 둘째 아들이다. 文理(禮儀)를 지녔고, 관직이 撫軍長史에 이르렀다."

中興書曰 "蔡系, 字子叔, 濟陽人, 司徒謨第二子. 有文理, 仕至撫軍長史."

【頭註】

○ 劉辰翁 : 승려 한 명을 전송하는데 어찌 〈그와〉 가까운 자리를 다투는 지경에 이르렀는가. 이런 지경에 이르렀고, 蔡子叔(蔡系)은 소인배라서 말이 또 매우 패려궂었다.

劉云 "送一僧, 何至爭近? 至此, 子叔, 小人, 語更深狠."

道安

13-11 郗嘉賓(郗超)이 승려 道安의 덕망과 명성을 흠모하여 쌀 1천 斛(곡)을 보내주고 여러 장의 편지를 써서 〈그에게〉 깊은 정을 담았지만, 도안은 답장에서 단지 〈다음과 같이〉 말하였다.

"보내주신[27] 쌀을 보면 의지하고 있는 〈저의 처지가〉[28] 번거롭다는 것을 더욱 느끼게

26) 太安 연간 : '태안'은 晉 惠帝(司馬衷)가 302~303년에 사용한 연호이다. ≪太平御覽≫ 〈居處部亭〉에 인용된 ≪丹陽記≫에는 "謝石이 정로정을 창건했다.……太元 연간(376~396)이다.〔謝石創征虜亭……太元中〕" 하였다.

27) 보내주신 : 원문의 '損'은 타인이 보내준 편지·시문·선물에 대한 敬辭로, 상대방에게 손해가 된다는 뜻이다.

28) 의지하고……저의 처지가 : 원문의 '有待'는 고대 道家哲學의 용어로, 일정한 조건에

됩니다."

郗嘉賓이 欽崇釋道安德問하여 餉米千斛하고 修書累紙하여 意寄殷勤이어늘 道安答에 直云 損米에 愈覺有待之爲煩이라하다

【頭註】

○ 劉辰翁 : 〈道安이 한 말은〉 道人의 말씀이다.
劉云 "是道人語."

13-12 謝安南(謝奉)은 吏部尙書에서 면직되어 동쪽(會稽)으로 돌아가고, 謝太傅(謝安)는 桓公(桓溫)의 司馬로 부임하려고 서쪽(荊州)으로 가다가 破岡에서 서로 만났다. 기왕에 멀리 이별할 처지여서 마침내 3일을 머물러 함께 대화를 나누었다. 사태부는 사안남이 관직을 잃은 것에 대해 위로해주려고 하였는데, 사안남이 번번이 다른 화제를 꺼내는 바람에 비록 중도에 이틀 밤을 묵었으나 결국이 일을 언급하지 못하였다. 사태부는 마음속에 있는 말을 다하지 못해 매우 아쉬워하면서 배를 같이 탄 사람에게 말하였다.

"사봉은 정말 특이한 인사일세."

謝安南은 免吏部尙書하여 還東①하고 謝太傅는 赴桓公司馬하여 出西라가 相遇破岡한대 旣當遠別하여 遂停三日共語라 太傅가 欲慰其失官한대 安南은 輒引以它端하여 雖信宿中塗나 竟不言及此事라 太傅가 深恨在心未盡하여 謂同舟曰 謝奉은 故是奇士라하다

① ≪晉百官名≫에 말하였다. "謝奉은 字가 弘道로, 會稽 山陰 사람이다."
≪謝氏譜≫[29]에 말하였다. "사봉의 조부 謝端은 散騎常侍를, 부친 謝鳳은 丞相

의지한다는 뜻이다. 莊子는 세속에서의 생활은 모두 '유대'의 상황이어서 자유롭지 못하고, 절대적인 정신의 자유는 '無待'의 상태라고 하였다. ≪莊子≫ 〈逍遙游〉에 "저 열자는 바람을 타고 날아다니기를 시원스럽게 잘하다가 15일 후에야 돌아오니, 그는 복을 구하는 데에는 그다지 급급해하지 않았다. 그는 비록 걸어 다니는 것은 면했으나, 오히려 기대는 것이 있다.〔夫列子御風而行 泠然善 旬有五日而後反 彼於致福者未數數然也 此雖免乎行 猶有所待者也〕" 하였다.

(王導)의 主簿를, 사봉은 安南將軍·廣州刺史·吏部尙書를 역임하였다."
晉百官名曰"謝奉, 字弘道, 會稽山陰人." 謝氏譜曰"奉祖端, 散騎常侍, 父鳳, 丞相主簿, 奉歷安南將軍·廣州刺史·吏部尙書."

【頭註】

○ 劉辰翁 : 〈謝奉은〉 우리들과 같은 사람이다.
劉云"我輩人也."

13-13 **謝公**(謝安)이 손님과 바둑을 두고 있었는데, 잠시 뒤에 **謝玄**이 **淮水**에서 보낸 서신이 도착하였다. 〈사공은〉 서신을 끝까지 보고 난 뒤에 묵묵히 말이 없이 천천히 바둑판을 향하였다. 손님이 회수 〈전투의〉 승패를 묻자, 〈사공이〉 대답하였다.

"어린애들(조카들)이 적군을 크게 무찔렀답니다."

〈사공은〉 안색과 행동거지가 평상시와 다르지 않았다.

謝公이 **與人圍棋**러니 **俄而謝玄淮上信**이 **至**한대 **看書竟**에 **默然無言**하고 **徐向局**이라 **客問淮上利害**하니 **答曰 小兒輩大破賊**이라한대 **意色擧止**가 **不異於常**[①]이라

① 檀道鸞의 ≪續晉陽秋≫에 말하였다. "애초에 〈前秦의〉 苻堅이 남쪽으로 쳐들어왔을 때 도성이 심하게 동요하였다. 謝安은 두려워하는 기색이 없이 바로 수레를 준비하라고 명하여 별장으로 나가 형의 아들인 謝玄과 바둑을 두고는 밤에 돌아와 〈수비책을〉 마련하여 며칠 만에 모두 준비했으며, 적군을 격파했는데도 기뻐하는 모습이 없었으니, 그의 큰 도량이 이와 같았다."

≪謝車騎傳≫에 말하였다. "氐族 오랑캐 부견이 전국적으로 대군을 출동시켜 그 군사가 백만 명이라고 했는데, 조정에서 방어하기 위해 파견한 여러 군대는 모두 8만 명이었다. 부견이 진격하여 壽陽에 주둔하자, 사현이 前鋒都督이 되어 사촌아

---

29) 謝氏譜 : 謝氏 宗親의 家譜로, ≪陳郡陽夏謝氏譜≫와 ≪會稽山陰謝氏譜≫ 2종이 있었다. 이밖에도 ≪隋書 經籍志≫에 ≪謝氏譜≫ 10권, ≪新唐書 藝文志≫에 ≪謝氏家譜≫ 1권 등이 있었다고 하나 모두 逸失되었다. 편찬자는 미상이나 謝氏 族人에 의해 이루어졌을 것으로 보이며, 2종의 ≪사씨보≫에는 東晉시기 두 謝氏의 名諱·字號·承屬關係·官爵·姻婭·子女·子女婚配 등이 기록되었다.

우 謝琰 등과 함께 정예병을 선발하여 결전을 벌였다. 〈그들은〉 활을 쏘아 부견에게 부상을 입히고 수만 명의 포로를 잡으며 僞輦(가짜 천자 수레)과 雲母車[30]를 획득하였고, 〈탈취한〉 보물이 산처럼 쌓이며, 비단과 융단이 만 端[31]이고, 말·소·나귀·노새·낙타가 10만 마리였다."

續晉陽秋曰"初苻堅南寇, 京師大震. 謝安無懼色, 方命駕出(野)〔墅〕[32], 與兄子玄圍棊, 夜還, 乃處分, 少日皆辦, 破賊又無喜容, 其高量如此." 謝車騎傳曰"氐賊苻堅, 傾國大出, 衆號百萬, 朝廷遣諸軍距之, 凡八萬. 堅進屯壽陽, 玄爲前鋒都督, 與從弟琰等, 選精鋭決戰. 射傷堅, 俘獲數萬計, 得僞輦及雲母車, 寶器山積, 錦罽(계)萬端, 馬·牛·驢·騾·駝十萬頭匹."

【頭註】

○ 劉辰翁 : 단지 이와 같이 하는 것은 본분일 뿐이다.
劉云"只如此, 本分本分."

○ 李贄 : 요긴하게 바둑의 수를 둔 것이다.
李云"要緊著數."

13-14 王子猷(王徽之)와 王子敬(王獻之)이 한번은 함께 같은 방에 앉아 있었는데, 지붕에서 느닷없이 불이 났다. 왕자유는 급하게 달려 〈몸을〉 피하느라 신발을 신을 겨를조차 없었지만, 왕자경은 편안한 안색으로 천천히 시종을 불러 부축을 받아 나왔는데 평상시와 다르지 않았다. 세상 사람들은 이 일로 두 왕씨의 神宇(정신과 도량)를 판정하였다.

---

30) 雲母車 : 제왕이 타던, 雲母(광물의 일종)로 장식한 수레이다. 일설에는 투명한 백운모로 창문을 단 수레라고도 한다.

31) 端 : 비단 따위의 길이를 재는 단위로, 1端은 20尺이다. ≪주례≫ 〈地官 媒氏〉에 "딸을 시집보내고 아들을 장가보내는 모든 경우에 純帛으로 폐백을 드리는데, 5兩을 넘지 않는다.〔凡嫁子娶妻 入幣純帛 無過五兩〕" 했는데, 鄭玄의 주석에 "5兩은 10端이다.〔五兩 十端也〕" 하였고, ≪예기≫ 〈雜記〉에 "혼례의 납폐는 1束이다. 1束은 5兩(10端)이다. 1兩(2端)의 길이는 5尋(40尺)이다.〔納幣 一束 束 五兩 兩 五尋〕" 하였다.

32) (野)〔墅〕 : 저본에는 '野'로 되어 있으나, ≪世說新語≫ 주석에 인용된 ≪續晉陽秋≫에 의거하여 '墅'로 바로잡았다.

王子猷와 子敬이 曾俱坐一室한대 上忽發火라 子猷는 遽走避하여 不遑取屐①이나 子敬은 神色恬然하여 徐喚左右하여 扶憑而出한대 不異平常②이라 世以此定二王神宇③라

① ≪晉百官名≫에 말하였다. "王徽之는 字가 子猷이다."
何法盛의 ≪晉中興書≫에 말하였다. "왕휘지는 王羲之의 다섯째 아들이다. 탁월하고 얽매이지 않았고, 예법을 무시하고 방달한 사람이 되고자 하였다. 관직이 黃門侍郎에 이르렀다."
晉百官名曰 "王徽之, 字子猷." 中興書曰 "徽之, 羲之第五子. 卓犖(락)不羈, 欲爲傲達. 仕至黃門侍郎."
② 檀道鸞의 ≪續晉陽秋≫에 말하였다. "王獻之는 비록 常貫(예의규범)을 닦지 않았으나, 행동거지가 제멋대로는 아니었다."
續晉陽秋曰 "獻之雖不修(賞)〔常〕[33]貫, 而容止不妄."
③ 정신과 도량을 관정하기는 어려우나, 왕헌지가 왕휘지보다 낫다고 하기는 어렵다.
神宇難定, 獻難務徽也.

13-15 【補】[34] 王子敬(王獻之)이 밤중에 서재에서 누워 있을 때, 여러 도둑들이 그 방에 들어와 물건을 남김없이 모두 훔치자, 왕자경이 천천히 말하였다.
"도둑들아, 靑氈(푸른 모포)은 우리 집안의 유물이니 그것만은 놓아두어야 하네."

王子敬이 夜齋中臥할새 有群偸入其室하여 盜物都盡한대 王徐曰 偸兒아 靑氈은 我家舊物이니 可特置之하라하다

13-16 王僧彌(王珉)와 謝車騎(謝玄)가 함께 王小奴(王薈)의 집에 모였는데, 왕승미가 술잔을 들어 사거기에게 권하면서 말하였다.
"使君께 한 잔 올립니다."

---

33) (賞)〔常〕: 저본에는 '賞'으로 되어 있으나, 宋本 ≪世說新語≫에 의거하여 '常'으로 바로잡았다.
34) 【補】: 저본에는 '補'가 없으나, 이 일화는 ≪世說新語≫가 아닌 ≪何氏語林≫에 있으므로 '補'를 보충하였다.

사거기가 말하였다.

"좋소."

왕승미가 버럭 화를 내면서 일어나 안색을 붉히면서 말하였다.[35)]

"너는 본래 吳興의 시내 속에 있던 釣碣[36)]일 뿐이니, 어찌 감히 사람을 속이고 현혹하려 드는가."

사거기가 천천히 박수를 치면서 웃으며 말하였다.

"衛軍(王薈)아, 僧彌가 남달리 삼가지 않고 〈자신을〉 돌아보지 않더니, 마침내 上國(謝安)을 능멸하는구나."

王僧彌①와 **謝車騎**가 **共王小奴許集**②한대 **僧彌**가 **擧酒勸謝**하고 **云 奉使君一觴**하노이다하니 **謝曰 可爾**③라하다 **僧彌**가 **勃然起**하고 **作色曰 汝**는 **故是吳興溪中釣碣耳**니 **何敢譸張**④고하니 **謝**가 **徐撫掌而笑曰 衛軍**아 **僧彌殊不肅省**이러니 **乃侵陵上國也**로다하다

① 〈僧彌는〉 王珉의 어릴 때 이름이다.
珉小字也.

② 小奴는 王薈의 어릴 때 이름이다.
〈王薈別傳〉에 말하였다. "왕회는 字가 敬文으로, 丞相(王導)의 막내아들이다. 훌륭한 명성이 있었고, 온화하고 차분하여 〈타인과〉 다투는 일이 없었다. 관직이 鎭軍將軍에 이르렀다."
小奴, 王薈小字也. 薈別傳曰 "薈, 字敬文, 丞相最小子. 有淸譽, 夷泰無競. 仕至鎭軍將軍."

③ 謝玄이 일찍이 徐州刺史가 되었기 때문에 使君이라고 한 것이다.
謝玄曾爲徐州, 故云使君.

④ 謝玄의 숙부 謝安이 일찍이 吳興太守를 역임했는데, 사현이 젊었을 때 그를 따라 유람했기 때문에 王珉이 이와 같이 말한 것이다.
玄叔父安, 曾爲吳興, 玄少時從之遊, 故珉云然.

---

35) 왕승미가……말하였다 : 王珉이 공손히 술을 권했는데, 謝玄이 예의에 맞는 答辭가 없이 곧장 좋다고 했기 때문에 화가 난 것이다.(≪世說補觿≫)

36) 釣碣 : 낚시하기에 편하도록 물속에 둔 돌인데, 여기서는 낚시꾼이라는 뜻이다.

【頭註】

○ 劉辰翁 : 도무지 취할 말이 없고, 단지 '鈞碣'이라는 말만 쓸 만하다.
劉云 "語都無取, 獨'鈞碣'可用."

○ 王世懋 : 〈衛軍이라는 것은〉 이해할 수 없다. '위군'은 혹시 王小奴(王薈)를 부른 것일 수도 있다. 어찌 곧 僧彌의 어릴 때 이름을 가지고 장난을 치겠는가.
王云 "此不可解. 按衛軍或是呼小奴, 豈卽以僧彌小字爲戱邪?"

13-17 王東亭(王珣)[37]이 桓宣武(桓溫)의 主簿가 되었는데, 〈왕동정이〉 이미 선대의 벼슬을 계승하고 훌륭한 명성도 지녔기 때문에 환공(환선무)은 그의 품행과 학문과 가문이 府 전체의 우러러 보는 바가 되는 것을 매우 좋아하였다. 〈왕동정이〉 처음에 〈환공을〉 만나 인사할 때에 예의에 어긋났으나 안색이 태연자약하자, 자리에 있던 빈객들이 즉시 〈그를〉 폄하하면서 비웃었는데 환공은 말하였다.

"그렇지 않네. 그의 情貌(마음과 태도)를 보건대 틀림없이 본래부터 평범하지 않으니, 내가 마땅히 시험해봐야겠소."

이후에 月朝(초하루의 조회)로 인하여 〈환공의 속관들이〉 관청에서 엎드려 있었는데, 환공이 안에서 말을 달려 곧장 돌진해 나오자, 좌우의 사람들이 모두 피하다가 나자빠졌으나 왕동정은 동요하지 않았으니, 이로써 명성이 크게 높아졌다. 모든 사람들이 말하였다.

"이 사람은 公輔[38]가 될 재목이다."

王東亭이 爲桓宣武主簿한대 旣承藉하고 有美譽하니 公甚欲其人地가 爲一府之望이라 初見謝에 失儀어늘 而神色自若하니 坐上賓客이 卽相貶笑라 公曰 不然이라 觀其情貌컨대 必

37) 王東亭(王珣) : 349~400. 瑯琊 臨沂 사람으로, 字는 元琳, 어릴 때 이름은 法護이다. 丞相 王導의 손자이자 中領軍 王洽의 아들이다. 晉나라 中軍長史・給事黃門侍郎・尙書左僕射・尙書令・散騎常侍 등을 역임하였다.

38) 公輔 : 太師・太傅・太保의 三公과 前疑・後丞・左輔・右弼의 四輔로, 모두 천자의 보좌관인데, 보통 임금을 보좌하여 國事를 다스리는 재상과 대신을 이른다.

自不凡하니 **吾當試之**라하다 **後因月朝**하여 **閣下伏**한대 **公**이 **於內走馬**하여 **直出突之**하니 **左右皆宕**(탕)**仆**(부)어늘 **而王不動**하니 **名價**가 **於是大重**이라 **咸云 是**는 **公輔器也**①라하다

① 檀道鸞의 ≪續晉陽秋≫에 말하였다. "王珣이 처음 大司馬의 掾(속관)으로 초빙되었을 때, 桓溫이 더할 나위 없이 그를 중시하여 항상 '속관 왕순은 틀림없이 黑頭公[39]이 될 것이니, 쉽게 얻지 못할 인재이다.' 칭찬하였다."
續晉陽秋曰 "珣初辟大司馬掾, 桓溫至重之, 常稱 '王掾必爲黑頭公, 未易才也.'"

【頭註】

○ 劉辰翁 : 〈이것이 도대체〉 무슨 시험하는 방법인가.
劉云 "何等試法?"

13-18 太元 연간(376~396) 말엽에 長星[40]이 나타나자, 孝武帝(司馬曜)가 마음속으로 매우 꺼려하였다. 밤중에 華林園[41]에서 술을 마시다가 잔을 들어 장성에게 권하면서 말하였다.

"장성이여, 너에게 한 잔 술을 권하니, 예로부터 어느 시대에 만년 동안 천자의 〈지위에 있었던 자가〉 있었겠는가."

太元末에 **長星見**(현)①하니 **孝武**②가 **心甚惡**(오)**之**라 **夜華林園中飮酒**라가 **擧杯屬星云 長星**아 **勸爾一杯酒**하니 **自古**로 **何時有萬歲天子**리오하다

① 徐廣의 ≪晉紀≫에 말하였다. "泰元(太元) 20년(395) 9월, 하얀 피륙 같은 蓬星[42]

---

39) 黑頭公 : 젊을 때 높은 자리에 오른 사람을 이르는데, 黑頭相·黑頭相公·黑頭尙書·黑頭宰相이라고도 한다.

40) 長星 : 옛날 별 이름으로, 혜성과 유사하고 긴 형체에 강한 광채를 내었다.

41) 華林園 : 吳(三國)나라가 만든 園林으로, 옛터가 현재 南京市 雞鳴山 남쪽 古臺城 안에 있다.

42) 蓬星 : 妖星 21개 가운데 하나이다. ≪晉書≫ 〈天文志〉에 "크기가 두 말 되는 그릇만 하고 흰색이며, 일명 王星이다.……이 별이 출현하면 3년 안에 반역을 일으킨 신하가 살해당한다.〔大如二斗器 色白 一名王星 … 星見 不出三年 有亂臣戮死〕" 하였다. 21개의 요성은 彗星·孛星·天棓(부)·天槍·天欃(참)·蚩尤旗·天衝·國皇·昭明·司危·天欃彗·五殘·六賊·獄漢·旬始·天鋒彗·燭星·蓬星·長庚·四塡星·地維藏

이 출현하여 동남쪽으로 이동하여 須女星[43]을 거쳐 哭星[44]에 이르렀다."

살펴보건대, 太元 연간(376~396) 말엽에 단지 이런 괴변이 있었을 뿐이고 長星에 대해서는 듣지 못하였다. 또한 漢 文帝 8년(B.C. 172)에 "장성이 동방에 출현했다."[45] 했는데, 〈顔師古의 주석에서 인용한〉 文穎이 "장성에는 강한 긴 광채가 있는데, 〈그 길이가〉 하늘 끝까지 뻗치기도 하고 10丈 또는 2,3丈이 되기도 하여 일정하지 않다. 이 별이 나타나면 대부분 전쟁이 벌어진다." 하였다. 그 이후 16년이 지나 〈B.C. 157년에〉 문제가 붕어하였다. 이로써 장성이 천자의 〈수명과는〉 관련이 없다는 것을 알 수 있으니, ≪世說新語≫의 내용은 부질없다.

徐廣晉紀曰"泰元二十年九月, 出蓬星如粉絮, 東南行, 歷須女, 至(央)〔哭〕[46]星." 按太元末, 唯有此妖, 不聞長星也. 且漢文八年, "有長星出東方." 文穎(注)[47]曰"長星有光芒, 或竟天, 或長十丈, 或二三丈, 無常也. 此星見(현), 多爲兵革事." 此後十六年, 文帝乃崩, 蓋[48]知長星非關天子, ≪世說≫虛也.

② ≪晉書≫에 말하였다. "孝武帝(司馬曜)는 諱가 曜, 字가 昌明으로, 簡文帝(司馬昱)의 〈여섯 번째〉 아들이다. 24년 동안 재위하였고, 張貴妃에게 시해당하였다.[49]"

晉書曰"帝, 諱曜, 字昌明, 簡文子. 在位二十四年, 爲張貴妃所弑."

光이다.

43) 須女星 : 28宿(수)의 하나로, 북방 玄武 7수 가운데 세 번째 星宿이다. 4개의 별로 이루어졌고, 織女星의 남쪽에 위치한다. ≪淮南子≫ 〈天文訓〉에 "북방을 현천이라고 하는데, 그 성수는 수녀·허·위·영실이다.〔北方曰玄天 其星須女虛危營室〕" 하였다. ≪晉書≫ 〈天文志〉에는 女宿와 虛宿라고 되어 있다.

44) 哭星 : 許宿의 남쪽에 있는 두 별로 死哭을 주관한다.(≪世說音釋≫)

45) 漢나라……출현했다 : ≪漢書≫ 〈文帝紀〉에 보이는 내용이다.

46) (央)〔哭〕 : 저본에는 '央'으로 되어 있으나, ≪晉書≫ 〈天文志〉에 의거하여 '哭'으로 바로잡았다.

47) (注) : 저본에는 '注'가 있으나, ≪漢書≫ 〈文帝紀〉에 의거하여 衍文으로 처리하였다.

48) 蓋 : 安永本에는 '盇'으로 되어 있다.

49) 張貴妃에게 시해 당하였다 : 太元 21년(396) 9월 20일, 후궁들과 주연을 베풀던 晉 孝武帝(司馬曜)가 술에 취한 채로 총애하던 장귀비에게 농담으로 "너도 이제 30세가 넘었구나. 새 후궁을 찾아야겠다." 했는데, 장귀비는 분노를 이기지 못하고 그날 저녁 심복으로 여기는 궁녀를 시켜 만취한 효무제의 얼굴을 두꺼운 이불로 눌러 질식시켜 시해하였다.(≪魏書≫ 〈僭晉司馬叡傳 附昱子昌明傳〉)

【頭註】

○ 王世懋 : 〈본문의〉 '心甚惡之' 네 글자는 제거해야 한다.
王云 "'心甚惡之', 此四字可除."

○ 劉辰翁 : 〈어떤 판본에는 본문의〉 '時'자가 '曾'으로 되어 있다.
劉云 "'時'字作'曾'."

13-19 殷荊州(殷仲堪)[50]의 어떤 지인이 賦를 지었는데, 이는 束皙처럼 장난스럽게 대충 지은 작품과 같은 부류였다. 은형주는 〈그에게〉 재주가 있다고 확신하여 王恭에게 말하였다.

"마침 새로운 문장을 보았는데 매우 볼 만합니다."

〈은형주가〉 즉시 手巾函에서 〈그 문장을〉 꺼내 보여주었다. 왕공이 읽는 동안 은형주는 주체하지 못할 정도로 웃었는데, 왕공은 끝까지 보고 난 뒤에 웃지도 않고 역시 가타부타 말하지 않고는 다만 如意[51]로 눌러 놓았을 뿐이었으니, 은형주가 머쓱해하면서 실망했다.

殷荊州의 有所識이 作賦하니 是는 束皙慢戲之流①라 殷은 甚以爲有才하여 語王恭하되 適見新文한대 甚可觀이라하고 便於手巾函中에 出之라 王讀할새 殷은 笑之不自勝이나 王看竟에 旣不笑하고 亦不言好惡(오)하며 但以如意帖之而已하니 殷이 悵然自失이라

① 張騭(장즐)의 《文士傳》에 말하였다. "束皙은 字가 廣微로, 陽平 元城 사람이며, 漢나라 太子太傅 踈廣의 후손이다. 王莽 〈정권〉 말엽에 소광의 증손 踈孟達이 東海로부터 元城으로 피난하여 姓을 바꾸었는데, '踈'자에서 '足'자를 제거하여 東으로 姓을 삼았다. 속석은 박학다식하여 질문마다 대답하지 못하는 것이 없었다. 〈晉 武帝〉 太康 연간(280~289)에 어떤 사람이 嵩高山 아래에서 竹簡[52] 한 쪽을

50) 殷仲堪 : ?~399. 陳郡 長平 사람으로, 관직이 晉나라 荊州刺史에 이르렀다. 王恭이 조정의 신하를 토벌하는 데에 호응했고, 왕공이 죽은 뒤에 桓玄·楊佺期에 대항하다가 환현에게 습격당해 자살하였다.

51) 如意 : 효자손처럼 생긴 佛具의 하나로, 뼈·대나무·뿔·쇠 따위로 만든다.

52) 竹簡 : 魏晉시대 晉나라 太康 2년(281)에 汲郡 사람인 不準이 魏나라 襄王의 묘소를

주웠는데, 그 위에 科斗文字[53]가 두 줄로 쓰여 있었다. 司空 張華[54]가 이것을 가지고 속석에게 물었더니, 속석이 '이것은 漢 明帝(劉莊)의 顯節陵 안에 있던 策文[55]입니다.' 하였다. 조사하여 살펴보니 과연 그의 말과 같았다. 〈속석은〉 일찍이 〈麰賦〉 등 여러 문장을 지었는데, 문장이 매우 해학적이다. 39세에 세상을 떠나자, 원성에서 그를 위해 시장의 상행위를 정지하였다."

文士傳曰"晳, 字廣微, 陽平元城人, 漢太子太傅疎廣後也. 王莽末, 廣曾孫孟達, 自東海避難元城, 改姓, 去疎之足, 以爲束氏. 晳博學多識, 問無不對. (元)〔太〕[56]康中, 有人自嵩高山下, 得竹簡一枚, 上兩行科斗書. 司空張華以問晳, 晳曰:'此明帝顯節陵中策文也.' 檢校果然. 曾爲〈麰賦〉諸文, 文甚俳諧. 三十九歲卒, 元城爲之廢市."

【頭註】

○ 劉辰翁 : 장난스럽게 대충 지은 작품에 딱 맞으니, 어찌 다시 말할 만하겠는가.
劉云"甚得體慢戲, 何足復贊?"

○ 王世懋 : 그 상황을 〈직접〉 보는 것 같다.
王云"如見其情狀."

도굴하면서 얻은, 수레 수십 대 분량의 竹書를 이른다. ≪紀年≫ · ≪易經≫ · ≪易繇陰陽卦≫ · ≪卦下易經≫ · ≪公孫段≫ · ≪國語≫ · ≪名≫ · ≪師春≫ · ≪瑣語≫ · ≪梁丘藏≫ · ≪繳書≫ · ≪生封≫ · ≪大曆≫ · ≪穆天子傳≫ · ≪圖詩≫ 및 雜書인 ≪周食田法≫ · ≪周書≫ · ≪論楚事≫ · ≪周穆王美人盛姬死事≫ 등 모두 75편으로 이루어져 있으며, 先秦의 蝌蚪文字로 되어 있다. 晉 武帝가 荀勗에게 편찬하도록 하여 荀勗 · 衛恒 · 束晳 · 和嶠 등이 정리하여 ≪中經≫이라 하였는데, 원래의 죽간은 전해지지 않는다. ≪진서≫ 〈武帝紀〉에는 "咸寧 5년(279)에 小篆으로 된 古書 10여만 자를 얻었다." 하였다.(≪晉書≫ 〈武帝紀〉 · 〈荀勗列傳〉 · 〈束晳列傳〉)

53) 科斗文字 : 篆字 이전에 사용된 고대의 글자로, 모양이 올챙이 같다 하여 붙여진 이름인데, 蝌蚪라고도 쓴다.

54) 張華 : 232~300. 范陽 方城 사람으로, 字는 茂先이다. 西晉시대 정치가 · 문학가 · 장서가로, 惠帝 때 光祿大夫를 지냈으며 박학다식하기로 유명하였고, 저서로 ≪博物志≫가 있다.

55) 策文 : 고대에 황제의 묘소에서 제사를 지낼 때 사용하던 哀策文이다.

56) (元)〔太〕 : 저본에는 '元'으로 되어 있으나, ≪晉書≫ 〈武帝紀〉에 의거하여 '太'로 바로잡았다.

13-20【補】[57] 王江州(王弘)가 陶淵明과 교제하고 싶었지만 〈그를〉 이르게 할 수 없었다. 도연명이 한번은 廬山에 갔는데, 왕강주가 도연명의 벗인 龐通之(龐遵)로 하여금 술상을 준비하여 중도의 栗里에서 그를 맞이하게 하였다. 도연명은 脚疾을 앓고 있어서 문하생 한 명과 아들 두 명으로 하여금 籃輿[58]를 들게 하였다. 〈방통지가〉 이른 뒤에 기쁘게 즉시 함께 술을 마셨고, 잠시 뒤에 왕강주가 도착했는데 역시 거스름이 없었다.

王江州①가 欲識陶淵明이나 不能致라 淵明嘗往廬山한대 王이 令淵明故人龐通之로 齎酒具하여 於半道栗里要之라 淵明有脚疾하여 使一門生二兒로 舉籃輿하고 既至에 欣然便共飮酌하고 俄頃王至어늘 亦無忤也②라

① ≪宋書≫ 〈王弘列傳〉에 말하였다. "왕홍은 字가 休元으로, 瑯琊 臨沂 사람이다. 증조부 王導는 晉나라 丞相을, 조부 王洽은 中領軍을, 부친 王珣은 司徒를 역임하였다. 왕홍은 어릴 때부터 배움을 좋아하였고, 청렴과 담백함으로 이름이 알려졌다. 尙書僕射(상서복야) 謝混과 사이가 좋았고, 약관의 나이에 會稽王(司馬道子)의 驃騎參軍이 되었다."
宋書曰 "王弘, 字休元, 瑯琊臨沂人. 曾祖導, 晉丞相, 祖洽, 中領軍, 父珣, 司徒. 弘少好學, 以淸恬知名, 與尙書僕射謝混善. 弱冠, 爲會稽王驃騎參軍."

② 南朝 梁나라 昭明太子(蕭統)가 찬술한 〈陶淵明傳〉에 말하였다. "도연명은 字가 元亮인데, 혹자는 '陶潛은 字가 연명이다.'라고 하였다. 潯陽 柴桑 사람이다. 증조부 陶侃은 晉나라에서 大司馬를 역임하였다. 도잠은 어릴 때부터 고상한 아취를 지녔고 박학다식하며 출중하였다. 부모님이 연로하고 집안이 가난하여 州의 祭酒(좨주)가 되었는데, 며칠 만에 스스로 사직하고 돌아왔다. 州에서 主簿로 불렀으나 나아가지 않았고, 몸소 농사를 지어 자급자족하다가 마침내 羸疾(이질, 영양실조)에 걸렸다. 이후에 다시 彭澤縣令이 되었는데, 가족을 데리고 오지 않고 혼자서 부임하면서 아들에게 일꾼 한 명을 보내면서 편지를 써서 '이 사람도 역시 남의 자식

57)【補】: 저본에는 '補'가 없으나, 이 일화는 ≪世說新語≫가 아닌 ≪何氏語林≫에 있으므로 '補'를 보충하였다.

58) 籃輿 : 대를 엮어서 만든, 뚜껑이 없이 의자처럼 된 작은 가마이다.

이니 잘 대우해주어야 한다.' 하였다. 관직에 있은 지 80여 일이 되었을 때, 郡에서 督郵을 파견하여 팽택현에 도착하자, 아전이 '응당 정장 차림으로 그를 만나야 합니다.' 요청했는데, 도잠은 탄식하면서 '내가 어찌 〈봉급으로 받는〉 다섯 말의 쌀 때문에 동네의 어린아이에게 허리를 굽힐 수 있겠는가.' 하고는 그날로 印綬[59]를 풀어놓고 떠나면서 〈歸去來辭〉를 지었다. 그의 아내 翟氏도 그와 뜻을 같이 하여 힘든 생활도 편안히 여겨서 남편은 앞에서 밭을 갈고 아내는 뒤에서 잡초를 제거하였다. 도잠은 스스로 선조가 진나라의 宰輔(宰相)를 역임했다는 이유로 〈본인이〉 다시 후대의 〈조정에〉 몸을 굽히는 것을 수치로 여겼기 때문에 〈南朝〉 宋 高祖(劉裕)의 왕업이 차츰 융성해진 이후로는 더 이상 벼슬하려고 하지 않았다. 그 해[60]에 〈조정에서〉 장차 다시 그를 부르려고 했는데 마침 세상을 떠났으니, 세상에서 〈그를〉 靖節先生이라고 불렀다."

≪晉書≫ 〈陶潛傳〉에 말하였다. "도잠은 이미 州의 刺史나 郡의 太守를 찾아뵙는 일을 끊어버리고 한번도 〈그들을〉 방문한 적이 없고, 오직 농막에 가거나 廬山에 가서 유람할 뿐이었다. 혹 어떤 사람이 술을 마련하여 초대하거나, 혹 그를 초대하여 함께 술집에 가서 앉으면 비록 〈초대해준〉 주인을 〈본래〉 알지 못했다 하더라도 흔쾌히 거스름이 없었다. 刺史 王弘이 〈晉 恭帝〉 元熙 연간(419~420)에 江州에 부임하고는 도잠을 몹시 흠모했으나, 도잠은 병을 핑계로 만나주지 않았다. 왕홍은 매번 사람을 시켜 도잠을 살피게 했는데, 〈도잠이〉 여산에 가게 될 것을 은밀히 알고는 도잠의 벗인 龐通之(龐遵)를 보내 술상을 마련하여 도중에서 미리 그를 맞이하게 하니, 곧장 술을 마시고 기뻐하면서 갈 길을 잊었다. 왕홍이 그제야 나타나 서로 통성명을 한 뒤에 온종일 유쾌하게 술을 마셨다."

檀道鸞의 ≪續晉陽秋≫에 말하였다. "왕홍이 도연명을 방문했는데 〈도연명에게〉 신발이 없자, 왕홍의 시종이 〈자기〉 신발을 벗어 도연명에게 주었다. 왕홍이 측근에게 팽택현령(도연명)을 위해 신발을 만들어 주라고 하자, 측근이 〈도연명에게〉 신발의 크기를 물었더니 도연명은 즉시 〈예법에 맞지 않는데도〉 여러 사람이 앉아 있는 자리에서 다리를 뻗었다. 신발이 도착하자, 〈도연명은 그것을〉 신고 의심하

59) 印綬 : 신분이나 벼슬의 등급을 나타내는 官印을 몸에 찰 수 있도록 관인의 꼭지에 매단 끈이다.

60) 그 해 : 원문의 '是歲'는 ≪文選≫ 〈陶淵明傳〉에는 '元嘉四年'이라고 되어 있는데, '원가'는 南朝 宋 文帝(劉義隆)가 424~453년에 사용한 연호이다.

지 않았다."

≪吳正傳詩話≫[61]에 말하였다. "〈≪晉書≫〉 本傳에서 언급한 '도잠의 벗인 방통지'는, 여기에 〈答龐參軍〉[62]이라는 사언시와 뒤의 〈같은 제목의〉 오언시[63]가 있는데, 모두 이웃과의 정다운 우호를 서술한 것이니 확실히 이 사람이다. 또 〈怨詩楚調示龐主簿鄧治中〉[64]이라는 시가 있으니, 〈방주부가〉 어찌 바로 방참군이겠는가. '중도의 栗里'라는 〈말을 보면〉 이는 역시 이사했던 일을 증명할 수 있다."

梁昭明太子撰淵明傳曰 "淵明, 字元亮, 或云 '潛, 字淵明.' 潯陽柴桑人. 曾祖侃, 晉大司馬. 潛少有高趣, 博學不群. 親老家貧, 爲州祭酒, 少日自解歸. 州召主簿, 不就, 躬耕自資, 遂抱羸疾. 後復爲彭澤令, 不以家累自隨, 送一力給其子, 書曰 此亦人子也, 可善遇之, 在官八十餘日, 郡遣督郵至縣, 吏請曰 '應束帶見之.' 潛歎曰 '我豈能爲五斗米, 折腰向鄕里小兒.' 卽日解印綬去, 賦〈歸去來辭〉. 妻翟氏亦與同志, 能安勤苦, 夫耕於前, 妻鋤於後. 潛自以先世爲晉宰輔, 耻復屈身後代, 自宋高祖王業漸隆, 不復肯仕. 是歲將復徵之, 會卒, 世號靖節先生." 晉書潛本傳曰 "潛旣絶州郡覲謁, 未嘗有所造詣, 惟至田舍及廬山遊觀而已. 或有酒要之, 或要之, 共至酒家坐, 雖不識主人, 亦欣然無忤. 刺史王弘, 以元熙中臨州, 甚欽遲之, 潛稱疾不見. 弘每令人候之, 密知當往廬山, 遣其故人龐通之齎酒, 先於半途要之, 便引酌, 欣然忘進. 弘乃出與相聞, 歡宴窮日." 續晉陽秋曰 "王弘造淵明, 無履, 弘從人脫履, 以給之. 弘語左右, 爲彭澤作履, 左右請履度, 淵明卽衆坐伸脚. 及履至, 著(착)而不疑." 吳正傳詩話曰 "本傳'潛故人龐通之', 此有〈答龐參軍〉四言及後五言, 皆敍隣曲契好,

---

61) 吳正傳詩話 : 본래 제목은 ≪吳禮部詩話≫로, '정전'은 吳師道(1283~1344)의 字이다. 그는 婺州 蘭溪 사람으로, 元 英宗 至治 원년(1321)에 진사에 합격하고, 寧國路錄事과 建德縣尹을 역임한 뒤에 國子助敎敎와 國子博士가 되었는데, 朱熹의 취지를 근본으로 삼고 許衡의 교육 방법으로 가르쳤고, 義理를 발휘하고 異端을 배척하는 것에 힘쓰는 것을 학문의 임무로 삼았다. 저서로 ≪敬鄕錄≫ · ≪敬鄕後錄≫ · ≪戰國策校注≫ · ≪詩雜說≫ · ≪書雜說≫ · ≪易雜說≫ · ≪春秋胡氏傳附辨≫ · ≪蘭溪山房類稿≫ · ≪禮部集≫ 등이 있다.

62) 答龐參軍 : 陶淵明 60세인, 南朝 宋 文帝(劉義隆) 元嘉 원년(424)에 지은 시로, 4언 48구이다.

63) 오언시 : 陶淵明 60세인, 南朝 宋 文帝(劉義隆) 元嘉 원년(424)에 지은 〈答龐參軍〉으로, 5언 16구이다.

64) 怨詩楚調示龐主簿鄧治中 : 陶淵明 54세인, 晉 安帝(司馬德宗) 義熙 14년(418)에 지은 시로, 5언 20구이다.

明是此人. 又有怨詩示龐主簿者, 豈卽龐參軍耶? '半道栗里', 亦可證移家之事."

13-21【補】徐羨之는 침착하고 근엄하며 과묵하여 근심과 기쁨을 얼굴에 드러내지 않았고, 바둑을 제법 잘 두었는데도 〈남이 두는〉 바둑을 구경할 때는 항상 이해하지 못하는 것처럼 행동하였다. 한번은 謝晦·傅亮과 더불어 술자리에 모였는데, 사회와 부량은 말재주가 뛰어나고 학식이 풍부했으나, 서선지는 언행이 차분하고 태도가 엄정하여 〈말할〉 때가 된 뒤에야 말하였다. 鄭鮮之가 감탄하면서 말하였다.

"서선지와 부량의 담론을 살펴보니, 더 이상 학문만을 장점으로 삼으면 안 되겠다."

徐羨之는 沈密寡言하여 不以憂喜見色하며 頗工奕棊로되 觀戲에 常若未解①라 嘗與謝晦와 傅亮②으로 宴聚한대 晦亮은 才學辯博이나 羨之는 風度詳整하여 時然後言이라 鄭鮮之가 歎曰 觀徐傅言論하니 不復以學問爲長③이라하다

① ≪宋書≫ 〈徐羨之列傳〉에 말하였다. "서선지는 字가 宗文으로, 東海 郯 사람이다. 조부 徐寧은 吏部尙書郞을, 부친 徐祚之는 上虞縣令을 역임하였다. 서선지는 司空과 錄尙書事를 역임하였다. 서선지는 布衣(평민)로서 〈관직에〉 기용된 데다가 또 학술도 없었지만, 단지 지혜와 재능만으로 하루아침에 조정에서 벼슬하니, 조정과 재야에서 추앙하고 心服하여 재상의 명망을 지녔다고 하였다. 謝晦·傅亮과 함께 주살되었다.[65)]"

宋書曰"徐羨之, 字宗文, 東海郯人. 祖寧, 吏部尙書郞, 父祚之, 上虞令. 羨之歷官司空·錄尙書事. 羨之起自布衣, 又無學術, 直以志力局度, 一旦居廊廟, 朝野推服, 謂有宰臣之望. 與謝晦·傅亮同誅."

② ≪宋書≫ 〈傅亮列傳〉에 말하였다. "부량은 字가 季友로, 北地 사람이다. 경서와 역

---

65) 謝晦·傅亮과 함께 주살되었다 : 南朝 宋나라 때에 徐羨之와 사회·부량 등이 어린 왕 劉義符를 폐위하여 營陽王으로 격하시키고, 얼마 후 그와 그 동생인 廬陵王 劉義眞을 죽이고, 셋째 劉義隆(文帝)을 옹립하였다. 그러나 2년 후 문제는 유의부와 유의진을 죽인 책임을 물어 이들을 죽였다.(≪魏書≫ 〈島夷劉裕傳〉)

사서를 널리 섭렵하고 특히 문장에 뛰어났고, 散騎常侍를 역임하였다."
宋書曰"傅亮, 字季友, 北地人. 博涉經史, 尤善文辭, 官散騎常侍."

③ 沈約의 ≪宋書≫에 말하였다. "鄭鮮之는 字가 道子로, 滎陽 開封 사람이다. 고조부 鄭渾은 魏(三國)나라의 將作大匠을, 증조부 鄭襲은 大司農을, 부친 鄭遵은 尙書郎을 역임하였다. 정습이 처음에 江乘縣令이 되었기 때문에 강승현의 경내에 거주했는데, 〈그곳에 있던〉 정선지는 문을 닫아걸고 독서만 하고 교유를 끊었다. 처음에 輔國將軍 桓偉[66]의 主簿가 되었고, 여러 관직을 거쳐 尙書右僕射(상서우복야)가 되었다."
沈約宋書曰"鄭鮮之, 字道子, 滎陽開封人. 高祖渾, 魏將作大匠, 曾祖襲, 大司農, 父遵, 尙書郎. 襲初爲江乘令, 因居縣境, 鮮之下帷讀書, 絶交遊之務. 初爲桓偉輔國主簿, 歷官尙書右僕射."

13-22【補】〈南朝〉宋 明帝(劉彧)가 王景文(王彧)[67]에게 사약을 내렸다. 칙서가 도착한 날 밤에 江州에 있던 왕경문은 손님과 함께 한창 바둑을 두고 있었다. 〈왕경문은〉 칙서를 다 읽고 나서, 〈칙서를〉 바둑판 아래에 두었는데 안색이 태연자약했다. 爭劫[68]이 끝나자, 〈왕경문은〉 바둑돌을 거두어 상자에 모두 담고는 천천히 말하였다.

"사약을 받아 죽으라는 칙서를 받았습니다."

66) 桓偉 : ?~403. 譙國 龍亢 사람으로, 字는 幼道이며, 大司馬 桓溫의 아들이다. 晉나라 都督荊益寧秦梁五州諸軍事・安西將軍・領南蠻校尉・荊州刺史 등을 역임하고, 西昌縣侯에 봉해졌다.

67) 王彧 : 413~472. 瑯琊 臨沂 사람으로, 字는 景文이며, 南朝 宋 明帝(劉彧)의 비(明恭皇后 王貞風)의 오빠이다. 文帝가 매우 중시했고, 명제가 즉위한 이후에 領左衛將軍・丹陽尹이 되었는데, 부친상을 당해 관직에서 물러났다가 冠軍將軍으로 기용되고 江州刺史가 되었으며, 江安縣侯에 봉해졌다. 後廢帝 泰豫 원년(472)에 외척의 권력이 막강하다는 이유로 사사되었다.

68) 爭劫 : 바둑 용어로 패싸움이라 한다. 劫・劫爭・打劫이라고도 한다. 흑백 양쪽 돌이 한 점씩 단수로 몰린 상태로 물려 있어 서로 잡으려는 형태로, 계속 반복되는 패턴을 이르는데, 상대가 패의 돌을 따내면 자신은 바로 그 돌을 다시 따낼 수 없고, 다른 곳에 한 번 이상 둔 후에야 다시 따낼 수 있다.

바로 칙서를 손님에게 보여주고 뒤이어 하사 받은 鴆酒[69]를 들고는 손님에게 말하였다.

"이 술은 〈그대에게〉 권할 수 없소."

마침내 〈사약을〉 마시고 세상을 떠났다.

宋明帝①가 **賜王景文死**한대 **敕至之夜**에 **景文**은 **在江州**하여 **方與客棊**라 **看敕訖**에 **置在局下**한대 **神色恬然**이라 **爭劫竟**에 **歛子**하여 **納奩畢**하고 **徐言**하되 **奉勅見賜以死**라하다 **方以敕示客**하고 **因擧賜鴆**하여 **謂客曰 此酒**는 **不可相勸**이라하고 **遂仰飮而絶**②이라

① ≪宋書≫ 〈明帝紀〉에 말하였다. "명제는 諱가 彧으로, 文帝(劉義隆)의 열한 번째 아들이다."
宋書曰"帝, 諱彧, 文帝第十一子."

② ≪宋書≫ 〈王景文列傳〉에 말하였다. "왕경문은 항상 넘치도록 풍성한 것을 근심으로 삼아 여러 번 직위를 사양했으나, 宋主(明帝 劉彧)는 허락하지 않고 詔書로 답하였다. '사람이 존귀하고 중요한 지위에 있을 때는 단지 마음이 그의 행위와 같은지를 물을 따름이다. 〈孝武帝〉 大明 시대(457~464)에 巢尙之[70]와 徐爰,[71] 두 명의 戴氏(戴法興[72]과 戴明寶[73])는 그 지위가 執戟[74]에 불과했으나, 권세는 군주에

69) 鴆酒 : 鴆鳥의 깃털로 담근 술로, 사람을 살해하는 일종의 독약이다.

70) 巢尙之 : ?~471. 魯郡 사람이다. 한미한 가문 출신이지만, 학식과 재능이 많아 南朝 宋 孝武帝(劉駿)에게 발탁되어 파격적으로 중앙 관료가 되었다. 효무제가 관제 개혁을 추진하면서 점차 中書通事舍人이 국가 중요 사무를 장악하게 되었는데, 그도 역시 그 논의와 처리에 참여하여 권력이 막강해졌다.

71) 徐爰 : 394~475. 南瑯琊 開陽 사람으로, 字는 長玉, 본명은 瑗이다. 한미한 가문 출신으로, 南朝 宋 武帝(劉裕)의 북벌에 참여했는데, 생각이 치밀하고 논리가 정연하여 무제의 신임을 얻었고, 文帝(劉義隆) 때에 殿中侍御史・南臺侍御史가 되었다. 孝武帝(劉駿)가 즉위 이전에 太常丞에 임명되어 조정의 제도 전반을 확립하고, 효무제가 중시하여 국가 중요 사무가 그의 의론이 없이는 시행되지 않았다.

72) 戴法興 : 414~465. 會稽 山陰 사람이다. 한미한 가문 출신으로 가난하여 시장에서 칡을 팔았으나, 학문을 좋아하고 글을 잘 지으며 고금의 역사에 정통하였다. 南朝 宋 孝武帝(劉駿)의 護軍記室掾이 되어 여러 곳을 전전하다가 효무제가 즉위한 이후 南臺侍御史 兼中書通事舍人에 발탁되고, 員外散騎侍郎・給事中・太子旅賁中郎將을 역임하였다. 효무제에게 중시되어 국가 중요 사무의 논의와 처리에 참여하여 막강

대항할 정도였다. 지금 袁粲이 令僕[75]이 되어 〈관리의〉 선발을 주관하고 있는데, 사람들은 종종 원찬이 존재한다는 것을 모른다.[76] 이 때문에 존귀하고 중요한 지위에 있으면 근심과 두려움을 불러일으키는 일이 당연히 있는 것인가? 재앙을 피하는 데에 마음을 두는 것은 무심히 운명에 내맡기는 것만 못하니, 存亡의 요체는 큰일이든 작은 일이든 그 원리가 같다.' 이때에 이르러 〈명제는〉 자신이 세상을 떠난 이후의 사태를 우려했는데, 〈왕경문의 여동생인〉 황후가 조정의 사무를 처리하고 있었기 때문에 왕경문에게 혹시라도 다른 의도가 있을까 염려하여 사신에게 手勅(직접 쓴 조칙)과 약을 가지고 가게 하여 賜死하였다."

宋書曰"景文常以盛滿爲憂, 屢辭位, 宋主不許, 詔報曰'人居貴要, 但問心若爲耳. 大明之世, 巢·徐·二戴, 位不過執戟, 而權抗人主. 今袁粲爲令僕領選, 而人往往不知有粲. 以此居貴要, 當有致憂兢否? 夫有心於避禍, 不若無心於任運, 存亡之要, 巨細一揆耳.' 至是, 慮晏駕後, 皇后臨朝, 景文或有異圖, 遣使齎手勅幷藥, 賜死."

13-23【補】[77] 沈昭略이 徐孝嗣 등 여러 사람과 함께 華林省[78]에서 賜死되었을 때, 서효사가 심소략에게 말하였다.

"그대를 보니, 나로 하여금 夏侯太初(夏侯玄)[79]를 생각나게 하네."

한 권력을 지니게 되었다.

73) 戴明寶 : 南朝 宋 明帝(劉彧) 泰始 3년(467)에 군대의 사무를 주관하고 봉작과 관직을 좌지우지하는 등 권력을 행사했고, 安陸太守·寧朔將軍·驍騎將軍·武陵內史·宣城太守 등을 역임하였다.

74) 執戟 : 秦漢시대에 궁궐을 侍衛하던 관직명으로, 侍郎과 비슷하며 임무를 수행할 때에 손에 창을 들고 다니기 때문에 붙여진 이름이다.

75) 令僕 : 尙書令과 僕射(복야)를 이르는데, 보통 重臣을 뜻한다.

76) 원찬이……모른다 : 당시에 顏師伯이 白衣僕射(백의복야)로서 尙書省을 좌지우지하여 袁粲은 존재감이 없었다.

77)【補】: 저본에는 '補'가 없으나, 이 일화는 ≪世說新語≫가 아닌 ≪何氏語林≫에 있으므로 '補'를 보충하였다.

78) 華林省 : 南朝 齊나라 때 淸溪宮이 있었는데, 이후에 華林苑으로 개명하였다.(≪世說音釋≫)

79) 夏侯太初(夏侯玄) : 209~254. 沛國 譙縣 사람으로, 征南大將軍 夏侯尙의 아들이고 右將軍 夏侯霸의 조카이며 大將軍 曹爽의 외사촌 아우이다. 그는 조상이 위나라의 國

심소략이 말하였다.

"明府[80]께서 하후태초를 떠올리신 것은 바로 마음이 전혀 활달할 수 없기 때문입니다. 下官은 〈죽은 뒤에〉 關龍逄(관용방)과 比干을 만난다면 흔쾌히 〈그들을〉 마주할 것입니다."

沈昭略[①]이 **與徐孝嗣諸人**으로 **同賜死華林省**[②]할새 **孝嗣語昭略曰 見卿**하니 **使人思夏侯太初**라하니 **昭略曰 明府憶夏侯**는 **便是方寸不能都豁**이니 **下官**은 **見龍逄**과 **比干**하면 **欣然相對**[③]하리이다하다

① ≪南史≫ 〈沈昭略列傳〉에 말하였다. "심소략은 字가 茂隆으로, 吳興 武康 사람이다. 조부 沈慶之는 〈南朝〉 宋나라 車騎大將軍과 開府儀同三司를, 부친 沈文叔은 侍中을 역임하였다. 심소략은 성품이 자유분방하고 영특했으며, 술주정을 부리고 기분 내키는 대로 행동하였다. 齊 高帝(蕭道成)가 그를 칭찬하여 中書郎으로 삼았다가 侍中으로 승진시켰다. 〈東昏侯 蕭寶卷〉 永元 연간(499~501)에 華林省에 불려 들어가 毒酒를 마시고 사망하였다."

南史曰 "昭略, 字茂隆, 吳興武康人. 祖慶之, 宋車騎大將軍・開府儀同三司, 父文叔, 侍中. 昭略性狂儁, 使酒使氣. 齊高帝賞之, 以爲中書郎, 進侍中. 永元中, 被召入華林省, 飮藥酒死."

② 蕭子顯의 ≪南齊書≫ 〈徐孝嗣列傳〉에 말하였다. "서효사는 字가 始昌으로, 東海 剡 사람이다. 조부 徐湛之는 〈南朝〉 宋나라 司空을, 부친 徐聿之는 著作郎을 역임하였다. 서효사는 어릴 때부터 몸가짐이 바르고 곧았으며 풍모가 단정하고 의젓했으며, 五兵尙書를 역임하였다. 〈南朝 齊〉 明帝(蕭鸞)가 붕어할 때 遺託을 받았다. 영원 연간 초반에 황제(동혼후)의 失德이 점차 드러났는데도 감히 간쟁하지 못한 채 마음속으로만 걱정하고 두려워했다. 어떤 사람이 황제를 폐위하고 새로운 황제를 세우라고 권유했는데, 서효사는 오랫동안 망설이면서 결정하지 못한 채 '무력을 사용하지 않고 少主(동혼후)가 유람을 떠났을 때 성문을 닫고 백관을 소집하

政을 담당했을 때 武官의 선발을 주관하고 征西將軍과 雍凉州諸軍事都督이 되었는데, 司馬氏들에게 조상이 죽임을 당한 뒤 하후현도 羽林監으로 좌천당하였다. 李豐・張緝 등과 함께 대장군 司馬師를 모살하려 했는데 사전에 발각되어 주살당했다.

80) 明府 : 明府君의 약칭으로, 漢魏시대 이후 太守・縣令・牧・尹의 존칭으로 사용하였다.

여 폐위를 논의해야 한다.'고 생각했으나, 결단을 내리지 못하였다. 여러 소인배들이 점차 서효사를 미워하여 황제에게 그를 주살하라고 권유하자, 〈황제는〉 서효사 등을 화림성에 불러들여 茹法珍을 파견하여 독주를 내렸다. 서효사는 〈독주를〉 한 말〔斗〕 남짓이나 마시고서야 죽었다."

南齊書曰"孝嗣, 字始昌, 東海剡人. 祖湛之, 宋司空, 父聿之, 著作郎. 孝嗣幼而挺立, 風儀端簡, 官五兵尙書. 明帝崩, 受遺託. 永元初, 帝失德稍彰, 不敢諫諍, 內懷憂恐. 有勸行廢立者, 孝嗣遲疑久之, 謂'無用干戈, 須少主出遊, 閉城門, 集百僚, 議廢之', 未決. 群小稍憎孝嗣, 勸帝誅之, 召孝嗣等入華林省, 遣茹法珍賜藥酒. 孝嗣飮至斗餘, 方卒."

③ ≪符子≫에 말하였다. "〈夏나라〉 桀王이 瑤臺[81]에서 炮烙刑[82]을 구경하면서 關龍逄(관용방)을 돌아보면서 '즐거운가?' 하니, 〈관용방이〉 '즐겁습니다.' 하였다. 걸왕이 '형벌을 보면서 즐겁다니, 어찌 측은한 마음이 없는가?' 〈관용방이〉 '형벌은 정말 고통스럽습니다. 그러나 천하가 그것을 고통스러워하나 군주가 즐거워하시니, 군주는 심장과 같고 신하는 팔다리와 같으니 어찌 심장이 즐거워하는데 팔다리가 기뻐하지 않을 자가 있겠습니까?' 대답하였다. 걸왕이 '너의 간언을 들어보고 내가 이해하면 너에게 상을 내리고, 이해하지 못하면 너에게 형벌을 내리겠다.' 하자, 관용방이 '임금님을 보니, 큰 바위를 머리에 이고 봄날의 〈얇은〉 얼음을 밟고 있는 것과 같습니다. 큰 바위를 머리에 이고 있다면 압사 당하지 않는 자가 없고 봄날의 얼음을 밟고 있다면 빠져 죽지 않는 자가 없습니다.' 하였다. 걸왕이 '너는 내가 죽을 줄은 알면서도, 네가 죽을 것이라는 것은 스스로 모르는구나. 포락형에 나아가 군주로 하여금 네가 죽는 것을 구경함으로써 내가 죽지 않는다는 사실을 알게 해 보라.' 하니, 관용방이 '끝났구나. 조물주가 삶으로 나를 수고롭게 하셨는데, 포락형으로 나를 쉬게 하시는구나.'[83] 노래하고는 마침내 포락형에 나아갔다."

---

81) 瑤臺 : 옥으로 장식한 화려한 누대이다.

82) 炮烙刑 : 夏나라 桀王과 殷나라 紂王이 시행한 酷刑의 하나이다. ≪古列女傳≫ 〈殷紂妲己〉에 "구리 기둥에 기름을 바르고 아래에 숯불을 피워 놓은 다음 죄 지은 자로 하여금 기둥 위를 걷게 하였는데, 번번이 숯불 속으로 떨어지니 달기가 웃었다. 이 형벌의 이름을 포락형이라고 한다." 하였다.

83) 조물주가……하시는구나 : ≪莊子≫ 〈大宗師〉에 "대자연은 형체를 주어 나를 이 세상에 살게 하며, 삶을 주어 나를 수고롭게 하며, 늙음으로 나를 편안하게 하며, 죽음으로 나를 쉬게 한다.〔夫大塊 載我以形 勞我以生 佚我以老 息我以死〕" 했는데, 이 말을

≪史記≫ 〈殷本紀〉에 말하였다. "〈은나라 마지막 임금〉 紂王은 술을 좋아하고 방탕하게 즐기며 부인들을 총애하고 형벌을 과중하게 하여 포락과 같은 형법을 만들었다. 제후들이 대부분 등을 돌리자, 왕자 比干이 간언했으나 〈주왕이〉 따르지 않자, 微子는 太師·少師와 논의하여 마침내 떠났다. 비간은 '남의 신하가 된 자는 죽음으로써 간쟁하지 않을 수 없다.' 하고는 마침내 강하게 간언하였다. 주왕이 화를 내면서 '내가 들으니, 聖人의 심장에는 7개의 구멍이 있다고 한다.' 하고는 비간의 〈배를〉 갈라 그 심장을 살펴보았다."

符子曰 "桀觀炮烙於瑤臺, 顧龍逢曰 '樂乎?' 曰 '樂.' 桀曰 '觀刑而樂, 何無惻隱乎?' 對曰 '刑固苦矣, 然天下苦之, 而君樂之. 君, 心也, 臣爲股肱, 孰有心悅而股肱不悅者?' 桀曰 '聽汝之諫, 得, 我功之, 不得, 我刑之.' 逄曰 '觀君冠危石而履春冰也, 未有冠危石而不壓·履春冰而不陷者.' 桀曰 '汝知我亡, 而不自知其亡. 請就炮烙, 使君觀汝亡, 以知我之不亡.' 逄乃歌曰 '休哉. 造化者勞我以生, 而休我以炮烙也.' 遂赴炮烙." 史記曰 "帝紂好酒淫樂(략), 嬖於婦人, 重刑辟, 有炮烙之法. 諸侯多叛, 王子比干諫, 弗聽, 微子乃與太師·少師謀, 遂去. 比干曰 '爲人臣者, 不得不以死爭.' 乃强諫, 紂怒曰 '吾聞聖人心有七竅.' 剖比干, 觀其心."

【頭註】

○ 王世懋 : ≪符子≫는 후대인이 쓴 책이니, 증거로 삼기 위해 인용하는 것은 마땅치 않다. 王云 "符子是後人書, 不當引証."

13-24【補】〈南朝〉 齊 高宗(明帝 蕭鸞, 鬱林王의 5촌 숙부)이 鬱林王(蕭昭業)을 폐위한 뒤에 군대를 거느리고 大殿에 들어오자, 近臣들이 경악하면서 謝侍中(謝瀹)에게 보고하였다. 사시중은 〈보고를 받을 때〉 손님과 바둑을 두고 있었는데, 매번 바둑돌을 놓을 때마다 번번이 말하였다.

"〈이렇게 두는 것은〉 당연히 〈깊은〉 뜻이 있지."

바둑 두기를 마친 뒤에 곧장 서재로 돌아와 누워버리고는 끝내 바깥일에 대해 묻지 않았다.

齊高宗이 廢鬱林하고 領兵入殿하니 左右驚하여 報謝侍中①이라 謝는 與客圍棊한대 每下

원용한 것이다.

子에 輒云 其當有意리라하다 竟局에 乃還齋臥하고 終不問外事②라

①〈謝侍中은〉 謝瀹이다.

瀹也.

② 蕭子顯의 ≪南齊書≫ 〈明帝紀〉와 〈鬱林王紀〉에 말하였다. "高宗(명제)은 諱가 鸞으로, 始安貞王 蕭道生[84)]의 아들이다. 世祖(武帝 蕭賾)의 遺詔를 받아 侍中과 尙書令이 되었다. 鬱林王은 諱가 昭業으로, 文惠太子(蕭長懋)의 맏아들인데, 세조가 등극했을 때 皇太孫이 되었고 세조가 붕어하자 즉위하였다. 울림왕이 中書舍人 朱隆之와 환관 徐龍駒를 총애하자, 소난이 마침내 계책으로 서용구 등을 주살하니 울림왕이 마음속으로 그를 꺼려하였다. 소난은 변란을 우려하여 〈울림왕을〉 폐위하고 새로운 황제를 세울 계책을 확정한 뒤에 蕭諶[85)]과 蕭坦之[86)] 등으로 하여금 병사를 거느리고 雲龍門으로 들어가게 하니, 〈그들이 울림왕을〉 西弄[87)]으로 끌어내어 죽였고, 海陵王 蕭昭文(울림왕의 異母弟)을 세웠다. 얼마 뒤에 다시 太后의 명령을 받들어 해릉왕을 폐위하고 〈대전으로〉 들어가 大位(帝位)를 찬탈하였다."

南齊書曰 "高宗, 諱鸞, 始安貞王道生子也. 受世祖遺詔, 爲侍中·尙書令. 鬱林王, 諱昭業, 文惠太子長子也. 世祖立, 爲太孫, 世祖崩, 卽位. 寵幸中書舍人朱隆之·宦者徐龍駒, 鸞乃以計誅龍駒等, 王心忌之. 鸞慮變, 定謀廢立, 使蕭諶·坦之等, 率兵入雲龍門, 引出西弄, 殺之, 而立海陵王昭文. 已又奉太后令, 廢海陵, 入簒大位."

13-25【補】 張士簡(張率)은 술을 좋아하고 소탈하여 집안일에 대해 개의치 않았

---

84) 蕭道生 : 東海 蘭陵 사람으로, 字는 孝伯이다. 南朝 齊 高帝(蕭道成)의 둘째 형이자 明帝(蕭鸞)의 아버지이다. 宋나라에서 奉朝請을 역임했고, 제나라가 건국된 뒤에 始安王에 추봉되고 貞이라는 시호를 받았다.

85) 蕭諶 : 東海 蘭陵 사람으로, 字는 彦孚이다. 조부 蕭道淸은 員外郎을, 부친 蕭仙伯은 桂陽王의 參軍을 역임했다. 南朝 齊 世祖(武帝 蕭賾)의 中軍刑獄參軍과 東莞太守, 武陵王의 參軍과 臨川王의 前軍參軍을 역임하고 尙書都官郎·建威將軍이 되었다.

86) 蕭坦之 : 東海 蘭陵 사람으로, 字는 君平이다. 조부 蕭道濟는 太中大夫를, 부친 蕭欣祖는 武進縣令을 역임했다. 南朝 齊 明帝 때에 左衛將軍을, 東昏侯 때에는 侍中·領軍將軍을 역임했고, 始安王(蕭遙光)의 반란을 토벌한 공로로 丹陽尹·右將軍이 되었으며, 이후에 동혼후에게 죽임을 당했다.

87) 西弄 : 궁궐 안에 있는 작은 길이다.

다. 新安太守로 재직할 때에 家僮을 보내 쌀 3천 斛(곡)을 실어 〈고향인〉 吳 땅으로 보냈는데, 손실된 곡식이 태반이었다. 장사간이 그 까닭을 묻자, 〈가동이〉 대답하였다.

"참새와 쥐가 없앴습니다."

장사간이 웃으면서 말하였다.[88]

"장하구나, 참새와 쥐여."

더 이상 따져 묻지 않았다.

張士簡은 **嗜酒疎脫**하여 **忘懷家務**라 **在新安**에 **遣家僮**하여 **載米三千斛還吳**한대 **耗失太半**이라 **士簡**이 **問其故**한대 **答曰 雀鼠耗也**라하니 **士簡**이 **笑曰 壯哉**라 **雀鼠**여라하고 **不復研問**①이라

① ≪南史≫ 〈張率列傳〉에 말하였다. "장솔은 字가 士簡으로, 吳郡 吳 사람이다. 조부 張永은 〈南朝〉 宋나라의 征北將軍을, 부친 張環은 右光祿大夫를 역임하였다. 장솔은 성품이 관대하고 우아했으며, 12세에도 문장을 제대로 지을 수 있었다. 黃門侍郎을 역임하고 〈지방으로〉 나가 新安太守가 되었다."
南史曰 "張率, 字士簡, 吳郡吳人. 祖永, 宋征北將軍, 父環, 右光祿大夫. 率性寬雅, 十二能屬文. 歷黃門侍郎, 出爲新安太守."

13-26 **【補】 張黃門**(張融)[89]이 **封溪縣令**으로 좌천되었는데, 〈봉계현이 속해 있는〉 **廣越**지역[90]은 산이 가파르고 험준하였다. **獠賊**(노적)[91]이 장황문을 잡아

88) 장사간이……말하였다 : 家僮이 속인다는 사실을 알았기 때문에 웃은 것이다.(≪世說講義≫)

89) 張黃門(張融) : 444~497. 吳郡 사람으로, 字는 思光이다. 南朝 宋나라 會稽太守 張暢의 아들로, 약관의 나이에 이름이 알려졌다. 宋나라에서 封溪縣令儀과 曹郎郎을 역임하고, 齊나라가 건국된 뒤에 長沙王 蕭晃의 鎭軍, 竟陵王 蕭子良의 征北諮議와 領記室을 역임한 뒤에 黃門郎·太子中庶子·司徒左長史에 이르러 세상에서는 그를 張長史라고 불렀다.

90) 廣越지역 : 廣州와 越州로, 이 지역은 여러 오랑캐가 거주하고 있다.(≪南齊書≫ 〈州郡志〉)

장차 죽여서 잡아먹으려고 했는데, 장황문은 안색도 변치 않은 채 洛生詠[92]을 읊었다.

張黃門이 **出爲封溪令**①한대 **廣越嶂險**이라 **獠賊執張**하여 **將殺食之**어늘 **張**은 **神色不動**하고 **方作洛生詠**이라

① ≪南史≫ 〈張融列傳〉에 말하였다. "〈南朝 宋〉 武帝(劉駿)의 총애를 받던 殷淑儀[93]가 세상을 떠나 淨饌[94]을 진설하였다. 관료로서 〈승려에게〉 시주한[95] 사람 중에 많게는 1만 냥에 이르렀으나, 張融은 홀로 시주금 1백 냥이라고 장부에 기록되어 있었다.[96] 무제는 화가 나서 〈그를〉 封溪縣令으로 좌천시켰다."

(蕭子顯齊書)〔南史〕[97]曰 "帝寵妃殷淑(妃)〔儀〕[98]薨, 建齋. 僚佐襯者, 多至一萬, 融獨注襯百錢, 帝怒, 出爲封溪令."

---

91) 獠賊(노적) : '獠'는 '僚(노)'로, 중국의 옛날 종족 이름인데, '노적'은 그들을 비하하는 표현이다. 그들은 廣東・廣西・湖南・四川・雲南・貴州 등에 분포되어 있었다.

92) 洛生詠 : 洛陽의 書生이 읊던 시가이다. 그 음색이 중후하고 탁했는데, 낙양에서 長江을 건너온, 東晉 때의 명사들이 즐겨 읊었다.

93) 殷淑儀 : ?~462. 南朝 宋 孝武帝(劉駿)의 여덟 째 아들인 劉子鸞의 생모로, 출신 가문에 대해 殷琰의 家人이라는 주장과 南郡王 劉義宣의 딸이라는 주장이 있는데, 효무제가 매우 총애하여 기존의 태자를 폐위하고 유자란을 태자로 삼으려고 할 정도였다. 前廢帝(劉子業)가 즉위한 이후에 은숙의가 총애를 얻어 태자를 교체하려 했다는 죄목으로 그녀 소생의 자녀를 모두 죽이고, 그녀에게 제사를 지내는 新安寺를 파괴하며 그녀의 무덤을 파내었다.

94) 淨饌 : 素齋로, 승려나 도사, 또는 불교나 도교를 믿는 사람들이 먹는 素食이다.

95) 시주한 : 원문의 '襯'은 嚫의 통용자로, 승려에게 시주한다는 뜻이다. ≪釋氏要覽≫ 〈中食〉에 "梵語 達嚫拏는 재물의 베풂을 이른다. 지금은 '달나'를 생략하고 단지 '嚫'이라고만 한다.〔梵語達嚫拏 此云財施 今略達拏 但云嚫〕" 하였다.

96) 장부에 기록되어 있었다 : 원문의 '注'는 記簿(장부에 기록하다)의 뜻이다.(≪世說補觿≫, ≪世說箋本≫)

97) (蕭子顯齊書)〔南史〕 : 저본에는 '蕭子顯齊書'로 되어 있으나, 이 내용은 ≪제서≫에 없고 ≪南史≫ 〈張融列傳〉에 있기 때문에 '남사'로 바로잡았다.

98) (妃)〔儀〕 : 저본에는 '妃'로 되어 있으나, ≪南史≫ 〈張融列傳〉에 의거하여 '儀'로 바로잡았다.

13-27【補】牛弘의 아우 牛弼은 술을 좋아하여 술주정을 하곤 했는데, 한번은 술에 취해 수레를 끄는 소를 활로 쏘아 죽인 적이 있었다. 우홍이 귀가하자, 그 아내가 맞이하면서 말하였다.

"시숙이 활을 쏘아 소를 죽였습니다."

우홍은 그 말을 듣고도 괴이하게 여겨 묻는 바가 없이 단지 대답하였다.

"〈죽은 소로〉 육포를 만드시오."

〈우홍이〉 좌정하자, 그 아내가 또 말하였다.

"시숙이 활을 쏘아 소를 죽였으니, 매우 괴이한 일입니다.[99)]"

우홍이 말하였다.

"이미 알고 있소."

안색이 태연자약한 채 독서를 멈추지 않았다.

牛弘弟弼은 好酒而酗(후)러니 嘗因醉하여 射殺弘駕車牛라 弘還宅에 妻迎謂曰 叔射殺牛니이다하니 弘聞之에 無所怪問하고 直答曰 作脯하라하다 坐定에 其妻又言 叔射殺牛하니 大是異事니이다하니 弘言已知라하고 顏色自若하며 讀書不輟①하다

① ≪北史≫ 〈牛弘列傳〉에 말하였다. "우홍은 字가 里仁으로, 安定 鶉觚(순고) 사람이다. 포대기에 싸인 아기일 때 관상가가 그를 보고는 그의 부친에게 '이 아이는 틀림없이 고관대작이 될 것이니, 잘 보호하고 기르십시오.' 하였다. 장성해서는 수염과 용모가 매우 아름다웠으며, 성품이 관대하고 여유로우며, 학문을 좋아하고 견문이 넓었다. 〈隋 文帝〉 開皇 연간(581~600) 초반에 祕書監에 제수되었고, 〈煬帝〉 大業 연간(605~618)에 上大將軍으로 승진하였다."
北史曰 "牛弘, 字里仁, 安定鶉觚人. 襁褓時, 相者見之, 謂其父曰 '此兒當貴, 善愛養之.' 及長, 鬚貌甚偉, 性寬裕, 好學博聞. 開皇初, 授祕書監, 大業中, 進位上大將軍."

13-28【補】則天武后(측천무후)[100)] 시대에 재상인 楊再思가 새벽에 조정에 들어

---

99) 시숙이……일입니다 : 牛弘의 성씨가 牛이기 때문에 화살을 쏘아 소[牛]를 죽인 것을 괴이한 일이라고 여긴 것이다.(≪世說音釋≫)

갈 때 重車[101] 한 대를 만났다. 〈수레를 모는 자가〉 한창 〈소를〉 끌어당기면서 西門을 나서려고 하는데 길이 미끄러워 소가 나아가지 못하자, 수레를 모는 자가 〈이렇게〉 욕을 하였다.

"한 떼의 어리석은 재상들이 陰陽을 조화롭게 하지 못하여[102] 〈시장의 남문을 폐쇄하여〉 나로 하여금 〈서문으로〉 돌아가게 하여 이처럼 생고생을 하는구나."

양재사가 천천히 그에게 말하였다.

"너의 소가 또한 본래 허약하니, 다른 재상들에게 화를 내면 안 된다."

則天武后

則天朝에 **宰相楊再思**가 **晨入朝**할새 **值一重車**한대 **將牽出西門**이로되 **道滑**하여 **牛不前**하니 **馭者罵曰 一群癡宰相**이 **不能和得陰陽**하여 **而令我匯行**하니 **如此辛苦**①로다하다 **再思**가 **徐謂之曰 爾牛亦自弱**하니 **不得嗔他宰相**②이라하다

① 〈則天武后〉 시대에는 가뭄이 들거나 장마가 지면 그때마다 시장의 남문을 폐쇄하고 푸닥거리를 하였다.
時旱澇, 輒閉坊市南門, 以禳之.

② 劉昫(유후)[103]의 ≪舊唐書≫ 〈楊再思列傳〉에 말하였다. "양재사는 鄭州 原武 사람

---

100) 則天武后(측천무후) : 624~705. 幷州 文水 사람으로, 荊州都督 武士彠(무사확)의 둘째 딸이다. 14세에 후궁으로 들어가 唐 太宗의 才人으로 있으면서 武媚라는 호칭을 받았고, 高宗의 황후가 되면서 전권을 장악하였다. 고종이 죽자 中宗을 세웠다가 폐위하고 그 아우 睿宗을 세웠는데, 결국에는 예종을 폐하고 스스로 帝位에 올라 측천황제라 하고 국호를 周로 바꿨다. 제위 16년 만에 중종이 復位하면서 폐위되었다.

101) 重車 : 생활에 필요한 용구를 싣는 수레, 또는 군수품을 운송하는 兵車이다.

102) 陰陽을……못하여 : 가뭄이 들거나 장마가 진 것을 이른다.

103) 劉昫(유후) : 887~946. 涿州 歸義 사람으로, 字는 耀遠이다. 後唐 庄宗 때에 太常博士・翰林學士를, 明宗 때에 兵部侍郎・端明殿學士・中書侍郎・刑部尙書・同中書門下平章事를, 廢帝 때에 吏部尙書・門下侍郎을 역임하고, ≪唐書≫를 감수했는데

이다. 〈唐 則天武后〉 證聖 연간(695) 초반에 鳳閣侍郎(中書侍郎)이 되었다. 〈그는〉 교활하고 간사하며 아첨하여 군주의 은미한 뜻을 잘 알아차릴 수 있었고, 공손하고 신중하며 두려워하여 한 번도 다른 사람의 뜻을 거스른 적이 없었다. 혹자가 '공께서는 높은 명성이 크고 지위가 막중한데 무엇 때문에 이처럼 스스로를 굽히십니까?' 하자, 양재사가 '세상길이 험난하여 올곧은 자는 재앙을 받으니, 만일 이와 같이 하지 않으면 어떻게 몸을 보전하겠는가?'"

劉昫唐書曰 "再思, 鄭州原武人. 證聖初, 鳳閣侍郎. 巧佞邪媚, 能得人主微旨, 恭愼畏忌, 未嘗忤物. 或曰 '公名高位重, 何爲屈折如此?' 再思曰 '世路艱難, 直者受禍, 苟不如此, 何以全身?'"

③ 옳고 또 옳다.

是是.

13-29 **【補】 裴晉公(裵度)은 術數를 신뢰하지 않았으니, 매번 사람들에게 말하였다. "닭·돼지·생선·달래 같은 음식은 〈그것을〉 만나면 〈그냥〉 먹고, 생·노·병·사는 〈각각〉 그때가 이르면 〈거부하지 않고〉 순응한다."**

裴晉公은 **不信術數**하니 **每語人曰 雞猪魚蒜**(산)은 **逢着則喫**하고 **生老病死**는 **時至則行**①이라하다

① 劉昫(유후)의 ≪舊唐書≫ 〈裴度列傳〉에 말하였다. "배도는 字가 中立으로, 河東 聞喜 사람이다. 〈唐 憲宗〉 元和 연간(806~820)에 門下侍郎으로서 彰義軍節度使를 맡아 淮西와 蔡州의 반란[104]을 평정하고 晉國公에 봉해졌다."

唐書曰 "裴度, 字中立, 河東聞喜人. 元和中, 以門下侍郎, 充彰義軍節度使, 淮·蔡平, 封晉國公."

13-30 **【補】 司空表聖(司空圖)은 미리 壙(墓室)을 만들어놓고 벗이 방문하면 〈그**

南宋시대 이후에는 이를 ≪舊唐書≫라고 불렀다. 後晉 高祖 때에 東都留守·判鹽鐵·司空·동중서문하평장사가 되었다.

104) 淮西와 蔡州의 반란 : 唐나라 때 吳元濟가 淮西와 蔡州의 節度使인 吳少誠을 죽이고 일으켰던 반란으로, 武元衡과 裵度에 의하여 섬멸되었다.

를〉 묘실 안으로 끌고 들어가 시를 짓고 술을 마셨다. 손님이 간혹 난감해하면 사공표성이 말하였다.

"나는 단지 잠시 이곳에서 놀 뿐만이 아니니,[105] 그대는 어찌 〈도량이〉 넓지 못하시오?"

司空表聖은 **預爲壙**하고 **故人來者**면 **引置內**하여 **賦詩對酌**이라 **人或難之**면 **表聖曰 我非止暫遊此中**이니 **公何不廣耶**①아하다

① 宋祁의 ≪新唐書≫ 〈司空圖列傳〉에 말하였다. "사공도는 字가 表聖으로, 河中 虞鄕 사람이며, 여러 관직을 역임하고 中書舍人이 되었다. 昭宗이 〈華州에 있을 때 그를〉 불러 兵部侍郎에 제수하려고 했는데, 〈足疾을 핑계로 사양하고 귀향을 간청하였다.〉 그때 마침 〈朱全忠[106]이 소종을〉 洛陽으로 옮기려 했는데, 柳璨[107]이 賊臣(주전충)의 뜻에 영합하려고 천하의 재능과 명망 있는 사람을 주살하여 〈당나라〉 왕실의 쇠퇴를 가속화하려 했다. 사공도에게 조서를 내려 入朝하게 하자, 사공도가 〈일부러〉 笏을 떨어뜨려 초라하고 노쇠한 뜻을 드러내 보이자, 유찬은 〈그가〉 세상에 뜻이 없다는 것을 알고 마침내 귀향할 것을 허락하였다. 中條山의 王官谷에 거처하면서 마침내 은거하여 세상에 나오지 않았다."

宋祁唐書曰"司空圖, 字表聖, 河中虞鄕人, 累官中書舍人. 昭宗召拜兵部侍郎, 會遷洛陽, 柳璨希賊意, 誅天下才望, 助喪王室. 詔圖入朝, 圖陽墮笏, 意趣野耄, 璨知無

---

105) 나는……아니니 : ≪何氏語林≫에는 이 구절 앞에 '達人大觀 幽顯一致(통달한 사람은 원대하게 상황을 파악하여 저승과 이승을 똑같이 여긴다)' 8자가 있는데, 이것에 근거하면 지금 잠시 동안 이 壙中(墓所)에서 놀 뿐만 아니라 이후에 죽어서도 이곳에 있게 될 것이라는 뜻이다.

106) 朱全忠 : 852~912. 唐나라를 멸망시킨 後梁의 태조이다. 원래 黃巢의 賊徒 출신으로, 당나라에 귀순하여 四鎭節度使에 이르고 梁王에 봉해졌는데, 그 뒤 昭宗과 哀帝를 시해하고 국호를 梁으로 바꿨으나, 만년에 누차 패하면서 세력이 위축되다가 마침내 次子인 朱友珪에게 피살되었다.

107) 柳璨 : ?~906. 河東 사람으로, 字는 照之이다. 어릴 때 가난하여 땔나무를 팔아 생계를 유지하고 밤에 독서하여 역사에 정통하게 되었다. 唐 昭宗 때에 翰林學士·諫議大夫·同中書門下平章事를 역임하고 재상이 되었다. 哀帝 天祐 2년(905)에 재상이었던 그는 朱全忠의 뜻에 영합하여 大臣인 裴樞 등 7인을 모함해서 滑州 白馬驛에서 죽였다.

意於世, 乃聽還. 居中條山王官谷, 遂隱不出."

13-31【補】韓魏公(韓琦)이 延安에 군대를 주둔하고 있었는데, 갑자기 밤에 어떤 사람이 비수를 들고 침실 안으로 들어오자, 한위공이 일어나 물었다.

"누구냐?"

〈그가 말하였다.〉

"저는 諫議大夫(한기)를 죽이러 왔습니다."

〈한위공이〉 또 물었다.

"누가 너를 보냈는가?"

〈그가 말하였다.〉

"張相公(張元)[108]입니다"

한위공이 다시 베개를 베고는 말하였다.

"나의 머리를 〈베어〉 가져가거라."

그 사람이 말하였다.

韓琦

"저는 차마 할 수 없으니, 간의대부의 金帶만 얻으면 충분합니다."

마침내 금대를 가지고 떠났고, 한위공도 이 일에 관해서 징벌하지 않았다.

韓魏公이 駐兵延安한대 忽夜有人携匕首하여 至臥內라 魏公起하여 問 是誰아하니 曰 某來殺諫議①니이다하다 又問 誰遣汝아하니 曰 張相公②이니이다하다 魏公이 復就枕하고 曰 取我首去하라하니 其人曰 某不忍하니 得諫議金帶면 足矣니이다하고 遂取帶去하고 魏公도 亦不治此事③라

① ≪韓忠獻家傳≫에 말하였다. "韓魏公은 諱가 琦, 字가 稚圭로, 相州 사람이다. 〈宋仁宗〉 天聖 5년(1027)에 進士 제2등으로 합격했는데, 〈합격자 이름을 부를 때〉 막 그의 이름을 부르는 순간 太史가 태양 아래에 〈오색 빛깔의〉 구름이 나타났다고

---

108) 張相公(張元) : 宋나라 華州 사람으로, 殿試에 응시하여 누차 떨어지자, 분노를 이기지 못하고 마침내 西夏國의 초대 황제 趙元昊(李曩霄의 改名)에게 투항하여 중국에 반란을 일으켰다.

아뢰었다. 이후에 英宗과 神宗 두 조정에서 재상을 역임하였고, 〈세상을 떠난 뒤에〉 魏國忠獻王에 추증되었다.[109]"

韓忠獻家傳曰 "公, 諱琦, 字穉圭, 相州人. 天聖五年, 進士第二, 方唱名, 太史奏日下雲見(현). 後相英・神兩朝, 贈魏國忠獻王."

② 西夏國은 〈당시에〉 한창 張元이 정권을 잡고 있었다.

夏國, 方張元用事也.

③ ≪宋史≫ 〈韓琦列傳〉에 말하였다. "〈西平王〉 趙元昊[110]가 반란을 일으켰는데, 한기가 마침 蜀에서 돌아와 서쪽 군대의 형세를 매우 자세히 논의하니 즉시 陝西安撫使에 임명하였다. 한기가 范仲淹[111]과 함께 병영에 오랫동안 있었는데, 인심이 그들에게 귀의하였다. 조정에서 〈그들에게〉 의지하면서 중시하니 천하 사람들이 韓范(한기와 범중엄)이라고 일컬었다."

宋史曰 "趙元昊反, 琦適自蜀歸, 論西師形勢甚悉, 卽命爲陝西安撫使. 琦與仲淹在兵間久, 人心歸之. 朝廷倚以爲重, 天下稱爲韓・范."

13-32 【補】 范忠宣(范純仁)이 유배되어 永州에 있을 때, 인편을 통해 〈집에〉 편지를 보내 말하였다.

"이곳의 羊麪이 북방의 것과 다름이 없다. 매일 문을 닫아걸고 餺飥(박탁, 수제비의 일종)을 먹으니 몸이 먼 지방에 와 있는 줄을 모르겠구나."

范忠宣이 謫居永州①한대 以書寄人云 此中羊麪이 無異北方이라 每日閉門殨餺飥하니

---

109) 魏國忠獻王에 추증되었다 : 宋 神宗 熙寧 8년(1075)에 韓琦가 세상을 떠나자, '충헌'이라는 시호를 내렸고, 徽宗 때에 魏郡王에 추증되었다.

110) 趙元昊 : 1003~1048. 西夏國 초대 황제 李曩霄로, 宋나라에서 趙氏로 賜姓하였다. 宋 仁宗 明道 연간(1032~1033) 초반에 서하의 왕위를 세습하고, 顯道란 연호를 쓰고 寶元 연간(1038~1039) 초반에 天授란 연호를 僭稱하여 황제 노릇을 하였다. 뒤에 송나라와 싸워 승리하였으나, 사망과 부상자가 많아 화의를 애걸하여 夏國主로 봉해져서 그대로 황제 노릇을 하였다.

111) 范仲淹 : 989~1052. 蘇州 吳縣 사람으로, 字는 希文이다. 宋나라 興化縣令・祕閣校理・陳州通判 등을 역임했고, 仁宗 康定 元年(1040)에 韓琦와 함께 陝西經略安撫招討副使가 되었으며, 參知政事가 되어 개혁해야 할 정치상의 10개 조를 상소하였으나 반대파 때문에 실패하였다.

不知身之在遠②이라하다

① ≪五朝名臣言行錄≫에 말하였다. "范純仁은 字가 堯夫로, 文正公(范仲淹)의 둘째 아들이다. 恩典으로 관직에 보임되었고, 哲宗 때에 재상이 되었다."
五朝名臣言行錄曰 "范純仁, 字堯夫, 文正公次子. 以恩補官, 相哲宗."

范純仁

② 朱翌의 ≪猗覺寮雜記≫[112]에 말하였다. "북방 사람들이 먹는 면을 餺飥(박탁)이라고 이름한다. 楊雄의 ≪方言≫[113]에 '餅(떡)을 飥이라고 한다.' 하였고, 賈思勰(가사협)의 ≪齊民要術≫[114]에 '靑稞麥(청과맥)의 가루는 밥과 떡을 만들 만한데 매우 맛있고, 완전히 갈아도 찌꺼기가 남지 않는다.' 하였으니, 飥이라는 이름은 이미 漢魏시대에 나타났

---

112) 朱翌의 ≪猗覺寮雜記≫ : 주익(1097~1167)은 舒州 사람으로, 字는 新仲, 호는 潛山居士·省事老人이다. 宋 高宗 때 秘書省正字·校書郞·實錄院檢討官·祠部員外郞·秘書少監·起居舍人·中書舍人을 역임했고, 秦檜를 미워하고 아부하지 않아 韶州에서 19년 동안 귀양살이를 하다가 진회가 죽은 뒤에 秘閣修撰이 되었다. ≪의각료잡기≫는 6권 435개 조목으로 구성되어 있는데, ≪四庫全書總目提要≫에서 "상권은 모두 詩話로, 고증과 전거로 이루어져 있고 작품의 우열을 논평하지 않았다. 하권은 문장에 대해 논평하고 역사적 사실도 언급하였다." 하였다.

113) 楊雄의 ≪方言≫ : B.C. 53~18. 蜀郡 成都 사람으로, 字는 子雲이다. 문장에 뛰어나 이름을 떨쳤는데, 특히 辭賦로 일가를 이루었다. 40세 이후 처음 京師에 가고, 이후 門下史·待詔·給事黃門郞 등 낮은 관직을 전전했으며, 王莽 정권이 들어서자 天祿閣에서 校書로 있다가 타인의 일에 연루되어 자살을 시도하기도 하였다. 저서로 ≪논어≫를 모방한 ≪法言≫, ≪주역≫을 모방한 ≪太玄經≫이 있다. ≪방언≫은 각 지방의 言語·物名의 同異를 수록한 책으로, 13권이다. 양웅이 찬술했다고 하지만, ≪漢書≫ 〈양웅전〉에도 보이지 않고, 許愼의 ≪說文≫에 양웅의 말을 인용한 내용이 ≪방언≫에 보이지 않는 것으로 보아 양웅의 찬술이 아닌 듯하다.

114) 賈思勰(가사협)의 ≪齊民要術≫ : 가사협은 北朝 北魏의 靑州 益都 사람으로, 高陽太守를 역임하였다. ≪제민요술≫은 중국 最古의 農書로, 10권 92편이며, 곡식·과수·야채 등의 경작법과 가축 사육 및 술·된장의 제조법 등을 체계 있게 기술하였다.

다. ≪五代史≫ 〈李茂貞傳〉에 '짐은 宮人들과 함께 하루는 죽을 먹고 하루는 不托을 먹는다.' 했는데, '불탁'은 俗語이니 마땅히 ≪방언≫을 올바름으로 삼아 '박탁'이라고 써야 한다."

猗覺寮雜記曰 "北人食麵, 名餺飥. 楊雄方言, '餅謂之飥.' 齊民要術, '靑𪍿麥麵, 堪作飯及餅(飦)〔飥〕[115], 甚美, 磨盡無麩(부).' 則飥之名, 已見於漢・魏. 五代史李茂貞傳 '朕與宮人, 一日食粥, 一日食不托.' 不托, 俗語, 當以方言爲正, 作餺飥字."

13-33【補】范忠宣(范純仁)이 永州로 유배를 갔는데, 〈그의〉 부인은 〈일이〉 순조롭지 않으면 그때마다 章惇에게 욕을 하였다. 배가 橘洲를 지날 때, 크게 비바람이 쳐서 배가 파손되어 가까스로 언덕에 이를 수 있었다. 〈범충선의 아들〉 范正平이 거적을 들고 범충선공이 스스로 부인을 업고 〈언덕에〉 올라 민가에서 옷을 말렸는데, 공이 〈가족을〉 돌아보면서 말하였다.

"〈이런 일이〉 어찌 또한 장돈이 한 일이겠는가."

范忠宣이 謫永州한대 夫人은 不如意①면 輒罵章惇②이라 舟過橘洲할새 大風雨하여 船破하여 僅得及岸이라 正平持蓋③하고 公自負夫人以登하여 燎衣民舍할새 公顧曰 豈亦章惇所爲耶④리오하다

① 〈范忠宣行狀〉에 말하였다. "〈범충선의〉 부인 王氏는 天章閣待制 王質의 딸이다."
忠宣行狀曰 "夫人王氏, 天章閣待制質之女."

② ≪宋史≫ 〈章惇列傳〉에 말하였다. "장돈은 字가 子厚로, 建州 浦城 사람이다. 재주와 지혜가 뛰어나고 박학다식하며 문장을 잘 지었다. 한번은 蘇軾과 함께 南山에서 유람할 때 仙遊潭에 이르렀는데, 아래로 만 길 낭떠러지이고 그 위에 나무가 걸쳐 있었다. 장돈은 평상시의 걸음걸이로 그곳을 지나 붓에 먹을 적셔 절벽에 글씨를 썼는데 안색에 동요가 없었다. 소식이 '당신은 이후에 틀림없이 사람을 죽일 수 있을 것이오.' 하였다. 王安石이 정권을 잡았을 때, 그의 재주를 좋아하여 編修三司條例官으로 기용하였다. 얼마 뒤에 〈그는〉 參知政事에 제수되었다가 파직되어[116] 蔡州刺史로

115) (飦)〔飥〕: 저본에는 '飦'으로 되어 있으나, ≪何氏語林≫ 주석에 의거하여 '飥'으로 바로잡았다.

좌천되었다. 哲宗시대에 尙書僕射(상서복야)로 기용되자, 오로지 紹述을 국시로 삼아 宣仁太后[117]를 비방하고, 〈이미 사망했는데〉 뒤미처 司馬光 등에게 죄를 주려 하였다.[118] 철종이 붕어한 뒤에 그의 죄를 따져 雷州司戶參軍으로 좌천시켰다."

宋史曰 "惇, 字子厚, 建州浦城人. 豪雋, 博學善文. 嘗與蘇軾遊南山, 抵仙遊潭, 下臨萬仞, 橫木其上. 惇平步過之, 濡筆書壁, 神彩不動. 軾曰 '君他日必能殺人.' 王安石秉政, 悅其才, 用爲三司條例官, 尋拜參知政事, 罷知蔡州. 哲宗朝, 起爲尙書僕射, 專以紹述爲國是, 詆宣仁后, 追貶司馬光等. 哲宗崩, 論其罪, 貶雷州司戶參軍."

③ 范正平은 字가 子夷로, 范忠宣(范純仁)의 둘째 아들이다.

正平, 字子夷, 忠宣次子.

④ ≪宋史≫ 〈范純仁列傳〉에 말하였다. "처음에 呂大防[119] 등이 嶺表(嶺南)로 유배된 뒤, 마침 明堂[120]에서 사면령을 내렸는데, 章惇이 '이 수십 명은 마땅히 종신토록 유배지에서 옮기지 못하도록 하여야 합니다.' 하였다. 범순인이 〈황제에게〉 上言하여 여대방 등을 사면하여 석방해 달라고 간청하여 장돈의 뜻을 거슬렀다. 〈범순인은 여대방 등과〉 같은 죄를 지었다고 비방당하여 武安軍節度副使로 좌천되었다가 永州에 安置[121]되었다. 범순인은 〈그 일에 연루되어〉 좌천당한 뒤에 매번 여러

---

116) 파직되어 : 章惇은 그의 부친 章兪가 민간의 토지를 점탈한 사건에 연루되어 파직되었다.

117) 宣仁太后 : 1032~1093. 宋 英宗의 황후이자 哲宗의 어머니 高滔滔인데, 철종이 어려서 선인태후가 섭정할 때 王安石을 물리치고 司馬光을 등용하여 元祐의 治를 이루었으므로 여자 가운데 堯舜이라고 칭송을 받았다.

118) 哲宗……하였다 : '紹述'은 선인의 전통이나 사업을 물려받아 계승한다는 뜻으로, 특히 宋나라 神宗이 거행했던 王安石의 新法을 계승함을 말한다. 신종이 신법을 시행하다가 죽은 뒤 宣仁太后가 수렴청정하면서 신법을 폐기하였는데, 선인태후가 죽자 철종은 다음해에 연호를 紹聖으로 고치고 신법파인 章惇을 재상으로 등용하여 폐기되었던 신법을 모두 부활시켰다. 장돈은 司馬光·呂公著 등의 시호를 追奪하고 剖棺斬屍를 자행하려 하였다.

119) 呂大防 : 1027~1097. 藍田 사람으로 字가 微仲이다. 宋 英宗이 즉위하자 監察御史가 되었고, 神宗 熙寧 원년(1067)에 求言에 응하여 直言을 서슴지 않았으며, 哲宗 때에 尙書左丞에 오르고 汲郡公에 봉해졌다.

120) 明堂 : 고대 제왕들이 政敎를 반포하던 곳으로, 朝會·祭祀·慶賞·選士·養老·敎學 등 중요한 전례를 모두 이곳에서 거행하였다.

121) 安置 : 宋나라 때에 관리가 貶謫 당한 경우, 가벼운 사람은 "아무 州로 보내어 거주

자제들에게 조금이라도 불평하는 마음을 두지 말라고 경계시켰고, 여러 자제들이 장돈을 원망하는 말을 들으면 반드시 화를 내면서 저지하였다. 배를 타고 유배지로 갈 때에 배가 전복되어 부축 받아 〈물속에서〉 나오자, 옷이 모두 젖었는데, 여러 자제들을 돌아보면서 '이 일이 어찌 장돈이 했겠느냐.' 하였다."

宋史曰 "初呂大防等, 旣竄嶺表, 會明堂肆赦, 章惇言 '此數十人, 當終身勿徙.' 純仁上言, 乞將大防等引赦原放, 忤惇意, 詆爲同罪, 貶武安軍節度副使, 安置永州. 純仁坐貶, 每戒諸子弟毋得小有不平, 聞諸子怨章惇, 必怒止之. 江行赴貶所, 舟覆(복), 扶出, 衣盡濕, 顧謂諸子曰 '此豈章惇爲之哉.'"

⑤ 바로 장돈이 한 일[122]이다.

正章惇之爲也.

하도록 하였다." 하고, 조금 무거운 사람은 "안치했다." 하며, 더 무거운 사람은 "編管했다." 하였다.

122) 장돈이 한 일 : 장돈으로 인해 좌천되어 배를 타고 유배지로 가다가 전복 사고가 났다는 뜻이다.

世說新語補 卷八

14. 식감 識鑒

識鑑은 鑑識과 같은 말로, 사물을 알아보는 것을 말한다. 여기서는 인물에 대한 鑑識을 의미하며, 인물평론에 대한 일화를 집중적으로 다루고 있다. 魏晉시대는 인물 감식이 관직에 진출하는 수단이 되기도 하고, 개인의 명예와 지위에 상당한 영향을 미치기도 하였으므로 귀족들의 사교생활에서 인물평론이 유행하였다. 이편에는 34건의 일화가 실려 있는데, 그중 19건은 ≪世說新語≫에서 가져왔고 15건은 ≪何氏語林≫에서 가져왔다.

14-1【補】鍾季明(鍾皓)[1]이 郡功曹로 있을 때 陳太丘(陳寔)[2]가 西門亭長이었다. 종계명은 진태구를 유독 깊이 존중하고 특별하게 여겨 그가 종계명보다 17살이 어렸지만 항상 예로써 대우하고 그와 더불어 뜻을 같이하였다. 마침 公府[3]의 부름을 받아 〈종계명이〉 하직 인사를 하게 되었을 때, 태수가 종계명에게 물었다.

---

1) 鍾季明(鍾皓) : 86~154. 字는 季明이고 潁川郡 사람으로, 東漢의 名士이다. 鍾氏는 名族으로 대대로 율법에 정통하였다. 종호는 잠시 벼슬하였으나 사직하고 密縣山에 은거하며 죽을 때까지 제자들에게 시가와 율법을 전수하였다.(≪後漢書≫ 〈鍾皓傳〉)

2) 陳太丘(陳寔) : 104~186. 字가 仲弓이고, 潁川 許 사람이다. 東漢 桓帝 때 太丘縣令을 지내 陳太丘라 불린다.(≪後漢書≫ 〈陳寔傳〉)

3) 公府 : 三公의 府이다. 삼공은 古代에 中央의 세 最高 官衙을 합하여 부르는 칭호로, 周나라 때는 太師·太傅·太保를 三公이라 하였고, 西漢 때는 丞相(大司徒)·太尉(大司馬)·御史大夫(大司空), 東漢때는 太尉·司徒·司空을 가리켰다. 唐·宋 때는 東漢의 것을 답습하여 태위·사도·사공을 삼공이라 하였다.

"누구를 그대의 후임으로 삼으면 좋겠는가?"

종계명이 말하였다.

"태수께서 반드시 적임자를 얻고 싶으시다면[4] 서문정장이 쓸 만합니다."

〈후에〉 진태구가 말하였다.

"鍾君(종호)은 남을 살피는 것에 뜻을 두지 않은 듯하구나.[5] 어찌 유독 나를 알아주는지 모르겠다."

鍾季明이 **爲郡功曹時**에 **陳太丘**가 **爲西門亭長**이러니 **鍾深獨敬異**하여 **太丘少鍾十七歲**어늘 **常禮待**하고 **與同分**[6]**義**라 **會辟公府**하여 **臨辭**에 **太守問鍾**하되 **誰可代君**가하니 **鍾曰 明府必欲得其人**인댄 **西門亭長可用**이니이다라하다 **太丘曰 鍾君**은**似不〔以〕**[7]**察人爲意**라 **不知何獨識我**라하다

14-2 **【補】** 李元禮(李膺)[8]는 당대의 龍門[9]이었다. 당시에 같은 현에 사는 聶季寶는 가난한 집 자식이라 감히 이원례를 만날 수 없었다. 杜周甫(杜密)는 섭계보가 어질다는 것은 알았으나 〈품평하는〉 명칭을 정하지 못해 이원례에게 말하였

---

4) 반드시……싶으시다면 : 원문은 "必欲得其人"인데, 鍾皓는 陳寔의 지위가 낮아서 태수가 그를 임용하기 어려울 것을 알았기 때문에 "반드시 얻고 싶다면〔必欲得〕"이라고 말한 것이다.(≪世說講義≫)

5) 아마도……듯하니 : 태수가 자신을 임용하지 못할 것을 살피지 않고 鍾皓 혼자만 자신을 알아준다고 생각하였기에 "듯하다〔似〕"라는 글자를 사용하였다.(≪世說講義≫)

6) 分 : ≪世說音釋≫에 "≪文選≫ 注에 '分'은 '志'와 같다."라고 하였다.

7) 〔以〕 : 저본에는 '以'가 없으나 ≪世說講義≫에 의거하여 보충하였다.

8) 李元禮(李膺) : 110~169. 字는 元禮이고, 潁川郡 襄城縣 사람이다. 東漢 때의 名士이자 官員으로, 黨錮의 禍때 宦官들에 의해 죽임을 당하였다.(≪後漢書≫ 〈黨錮傳〉)

9) 龍門 : 용문은 黃河 상류의 河津이란 작은 고을의 별칭이다. 이곳은 급류의 물살이 강해 물고기들이 용문의 아래에 수천 마리나 모였지만 올라갈 수가 없었는데, 그 급류를 올라갈 수만 있다면 용이 된다는 말이 있었다. 李膺은 당시에 환관들의 전횡에 대항한 인물로 모든 관리들에게 인정을 받았으므로 그에게 인정을 받으면 용문에 올라간 것과 같다고 하였다. '登龍門'이란 말이 여기에서 유래하였다.(≪後漢書≫ 〈李膺傳〉)

다. 이원례가 섭계보를 불러 만나서 섬돌 아래 牛衣[10] 위에 앉혀놓고 한 번 대화해 보고는 즉시 판정하였다.

"이 사람은 國士가 될 것이다."

후에 결국 이원례의 말처럼 되었다.

李膺

李元禮는 一世龍門이라 時에 同縣聶季寶는 小家子라 不敢見元禮러니 杜周甫가 知季寶賢이로대 不能定名하여 以語元禮하니 元禮呼見하여 坐置砌(체)下牛衣上하고 一與言하야 卽決曰 此人은 當作國士리라하다 後卒如元禮言①이라

① 范曄의 ≪後漢書≫ 〈杜密傳〉에 말하였다. "杜密은 字가 周甫이고, 潁川 考城 사람이다. 그는 젊었을 때부터 世俗을 북돋우려는 뜻을 지녔다. 胡廣의 부름을 받았고 桓帝가 초빙하여 상서령에 임명하였다. 黨人의 禍[11]가 일어났을 때 李膺과 함께 연루되었는데 명성과 행위가 서로 버금가서 당시 사람들이 그들도 '李杜'라 칭하였다."

范曄後漢書曰 "杜密, 字周甫, (潁)〔穎〕川考城人. 少有厲俗志. 爲胡廣所辟, 桓帝徵拜尙書令. 黨事起, 與李膺俱坐, 而名行相次, 時人亦[12]稱李・杜."

14-3【補】許子將(許劭)[13]이 潁川에 이르러 저명한 사람들과 많이 어울렸는데 오직 陳仲弓(陳寔)에게만 나아가지 않았고, 또 陳仲擧(陳蕃)[14]의 妻가 죽어 還

---

10) 牛衣 : 추울 때 소의 등을 덮어주는 옷을 말한다.

11) 黨錮의 禍 : 後漢의 桓帝 때 陳蕃・李膺 등의 志士들이 宦官들이 정권을 휘두르는데 분개하여 이를 공격하다가 '黨人'으로 지목되어 화를 당한 사건을 말한다. 이 일로 죽은 자가 100여 인이고 많은 사람이 종신토록 벼슬하지 못하는 終身禁錮刑을 받았다.(≪後漢書≫ 〈黨錮傳〉)

12) 亦 : 李膺과 杜密 이전에 李固와 杜喬가 나란히 명성이 높아 사람들이 '李杜'라 칭하였기 때문에 '亦'자를 쓴 것이다.(≪世說音釋≫)

13) 許子將(許劭) : 150~195. 字는 子將이고, 汝南 平輿 사람이다. 동한 말에 인물감식으로 이름났다.(≪後漢書≫ 〈許劭傳〉)

葬[15])했을 때 고을 사람들이 모두 모였는데 허자장만 가지 않았다. 어떤 이가 그 이유를 묻자, 허자장이 말하였다.

"太丘(진식)는 도가 넓으니 도가 넓으면 주밀하기 어렵고, 仲擧(진번)는 성품이 준엄하니 준엄하면 소통하기 어렵다. 그래서 만나지 않는다."

당시 사람들이 사람을 감식하는 그의 능력에 탄복하였다.

許子將이 **嘗到**(潁)〔穎〕**川**하여 **多長者之游**한대 **唯不詣陳仲弓**하고 **又陳仲擧妻喪還葬**에 **鄉人俱至**어늘 **許獨不往**이라 **或問其故**한대 **子將曰 太丘**는 **道廣**하니 **廣則難周**요 **仲擧**는 **性峻**하니 **峻則少通**이라 **故不造也**라하다 **時人服其裁量**①이라

① 范曄의 ≪後漢書≫ 〈許劭傳〉에 말하였다. "許劭는 字가 子將이고, 汝南 平輿 사람이다. 젊어서부터 명예와 절조에 준엄하고, 인륜을 좋아하여 좋은 평가를 많이 받았으며, 從兄 許靖과 더불어 모두 명성이 높았다. 향당의 인물에 대해 함께 평론하는 것을 좋아하여 매달 그들의 인물 품평을 바꾸어 냈으므로 汝南의 풍속에 月旦評이 생겼다.

范曄後漢書曰"許劭, 字子將, 汝南平輿人. 少峻名節, 好人倫, 多所賞識, 與〔從〕[16]) 兄靖俱有高名. 好共論鄉黨人物, 每月輒更其品題, 汝南俗有月旦評焉.

14-4 【補】[17]) 衛子許(衛玆)[18])가 스무 살 무렵에 같은 郡 사람인 圈文生과 함께 덕이 높은 사람으로 불렸다. 郭林宗(郭泰)[19])이 두 사람과 함께 시장에 갔는데,

---

14) 陳仲擧(陳蕃) : 99?~168. 字는 仲擧이고 汝南 平輿 사람이다. 동한 桓帝 때 大臣으로, 외척 竇武 등과 함께 宦官에게 대항하다가 죽임을 당하였다. 竇武・劉淑과 함께 '三君'으로 불린다.(≪後漢書≫ 〈陳蕃傳〉)

15) 還葬 : 시신을 운구하여 고향에 매장하는 것을 말한다.

16) 〔從〕: 저본에는 이 글자가 없으나, ≪世說音釋≫에 의거하여 보충하였다.

17) 【補】: 저본에는 '補'가 없으나, 이 일화는 ≪世說新語≫가 아닌 ≪何氏語林≫에 있으므로 '補'를 보충하였다.

18) 衛子許(衛玆) : ? ~ 190. 동한 말기의 인물로, 字는 子許이며 위선적인 행동을 하지 않고 세속의 명성을 추구하지 않았다.

19) 郭林宗(郭泰) : 128~169. 字는 林宗이고 太原郡 界休縣 사람이다. 당시 名儒인 八

위자허는 물건을 살 때 값에 따라 온전한 값을 주었고, 권문생은 비싸다고 나무라며 값을 깎아서 샀다. 곽임종이 말하였다.

"위자허는 욕심이 적고 권문생은 감정이 많다.[20] 이 두 사람은 단지 형과 아우 정도가 아니라 아버지와 아들 격이다."

나중에 권문생은 貪汚로 인해 버림을 받았고, 위자허는 훌륭한 절개로 명예를 얻었다.

衛子許①弱冠에 與同郡圈文生으로 同稱盛德이라 郭林宗이 與二人으로 俱到市러니 子許는 買物에 隨價讐直(치)하고 文生은 訓呵하여 減價乃取하니 林宗曰 子許는 少欲이요 文生은 多情이라 此二人은 非徒兄弟요 乃父子也라하다 後에 文生은 以穢貨로 見捐하고 子許는 以烈節로 致譽②라

郭泰

① ≪先賢行狀≫[21]에 말하였다. "衛玆는 字가 子許이고, 陳留 襄邑 사람이다. 남을 속이거나 과격한 행동을 하지 않았고, 세속의 명예를 추구하지 않았으며 포부가 분명하고 생각이 깊었다. 거기장군 何苗에게 초빙되었고 사도 楊彪가 재차 旌命[22]을 보냈다. 漢나라가 기울어 위태로울 때 曹公(曹操)이 진류에 이르러 위자와

顧 중 한 사람이다. ≪後漢書≫에서는 편찬자인 范曄이 자기 부친의 이름(范泰)을 諱하기 위해 그를 '郭太' '郭林宗'으로 표기하였다.(≪後漢書≫ 〈郭林宗傳〉)

20) 위자허는……많다 : 욕심이 적으면 미덥고 미더우면 성공하며, 감정이 많으면 거짓되고 거짓되면 실패한다.(≪世說講義≫)

21) 先賢行狀 : 漢代末에서 三國時期까지의 歷史人物의 言行과 事迹을 기록한 서적으로, 오늘날의 行狀 문체의 맹아가 된 서적이다. 裴松之가 ≪三國志≫ 注를 낼 때 상당 부분을 이 책에서 인용하였다.

22) 旌命 : 旌은 깃발의 종류인데, ≪孟子≫ 〈滕文公 下〉에 "大夫를 부를 때는 旌을 사용한다.〔招大夫以旌〕"라는 말에서 나온 말이다. 현자를 구하러 가는 使者는 旌으로써 군주의 증표를 삼는다. 여기서는 군주가 위자를 초빙하는 사자를 보냈다는 의미이다.(≪世說音釋≫)

서로 만나 함께 군대를 일으킬 것을 도모하였는데, 위자가 말하기를, '난리가 일어난 지 오래되었습니다. 군대가 아니면 어떻게도 이를 평정할 수 없습니다.' 하였다. 이로부터 큰 계획에 앞장서 참여하여 태조(조조)를 따라 滎陽에 들어가 종일토록 힘써 싸우다가 실패하여 죽었다."

先賢行狀曰"衛玆, 字子許, 陳留襄邑人. 不爲詭激之行, 不徇流俗之名, 明慮淵深, 規略宏遠. 爲車騎將軍何苗所辟. 司徒楊彪再加旌命. 漢室傾蕩, 曹公到陳留, 與玆相見, 同議起兵, 玆曰'亂生久矣, 非兵無以整之.' 由是首讚洪謀, 從太祖入滎陽, 力戰終日, 失利而歿."

② 이와 같이 사람을 보는 것은 오히려 표면적이다.

如此看人, 尙在皮毛.

14-5【補】王叔優(王柔)와 아우 季道(王澤)가 어렸을 때 郭林宗이 사람을 알아보는 감식안이 있다는 말을 듣고 함께 가서 그를 찾아뵙고 자신들의 재주와 행실이 어디에 적합한 지를 물어 생업에 힘쓰려고 하였다. 곽임종이 말하였다.

"자네 두 사람은 모두 二千石(태수) 감이네. 그러나 왕숙우는 벼슬로 현달해야 하고 왕계도는 經術로 나아가야 할 것이네. 〈타고난〉 재주를 어기고 바꿔서 힘쓰게 되면 그나마도 이르지 못할 것이네."

후에 왕숙우는 벼슬이 北中郎將에 이르렀고 왕계도는 代郡太守가 되었다.

王叔優가 與弟季道로 小時에 聞郭林宗有知人之鑒하고 共往候之하여 請問才行所宜하여 以自處[23)]業이라 林宗이 曰 卿二人은 皆二千石才也라 然叔優는 當以仕宦으로 顯하고 季道는 宜以經術로 進이라 若違才易(역)務인댄 亦不至也리라하다 後에 叔優는 至北中郎將하고 季道는 代郡太守①라

① ≪王氏世譜≫에 말하였다. "王昶은 字가 文舒이고, 太原 晉陽 사람이다. 伯父 王柔는 字가 叔優이고, 부친 王澤은 字가 季道이다.

王氏世譜曰"王昶, 字文舒, 太原晉陽人. 伯父柔, 字叔優, 父澤, 字季道.

---

23) 處 : ≪世說音釋≫에 "處는 安과 같다."라고 하였다.

14-6 魏 武王(曹操)이 흉노의 사신을 만나려 할 적에 자신은 외모가 초라하여 먼 나라를 압도하기에 부족하다고 여겨 崔季珪(崔琰)를 시켜 대신 만나게 하고 자신은 칼을 차고 평상 머리맡에 서 있었다. 〈상견례가〉 끝난 뒤 은밀히 사람을 시켜 물었다.

"魏王은 어떠합니까?"

흉노의 사자가 대답하였다.

"위왕은 인물이 특별히 출중합니다. 그러나 평상 머리맡에서 칼을 차고 있던 사람, 이 사람이 바로 영웅입니다."

위 무왕이 그 말을 듣고 이 사자를 쫓아가 죽였다.

魏武가 將見匈奴使일새 自以形陋하며 不足雄遠國①이라하여 使崔季珪로 代하고 帝自捉刀立牀頭라 既畢에 令間諜問曰 魏王은 何如하니잇고하니 匈奴使가 答曰 魏王은 雅望非常②이어니와 然牀頭捉刀人은 此乃英雄也니이다라하다 魏武가 聞之하고 追殺此使③하다

① ≪魏氏春秋≫[24]에 말하기를, "武王은 작고 왜소했으나 총명함이 빛났다." 하였다.
魏氏春秋曰 "武王姿貌短小, 而神明英發."

② ≪三國志≫ 〈魏志 崔琰傳〉에 말하였다. "崔琰은 字가 季珪이고, 淸河 東武城 사람이다. 목소리가 우렁차고 자태가 빼어났으며 미간이 시원스러웠고 수염의 길이가 4자나 되어 매우 위엄이 있었다."
魏志曰 "崔琰, 字季珪, 淸河東武城人. 聲姿高暢, 眉目疎朗, 鬚長四尺, 甚有威重.

③ 이 사자는 평범하지 않으니 죽이지 않을 수 없었다.

魏 武王(曹操)

24) 魏氏春秋 : 東晉의 史學家인 孫盛이 20권으로 편찬한 서적으로, 魏(三國)나라 때의 일을 기록하였다. 원본은 散失되었고, ≪三國志≫와 ≪世說新語≫ 등에 일부 인용되어 전한다.

此使不凡, 不可不殺.

【頭註】

○ 王世懋 : 흉노 중에도 이런 사람이 있었으나 스스로 화를 부르기에 딱 좋았다.
王云 "匈奴中乃有此人, 然適足自禍."

○ 劉辰翁 : 이 사신을 뒤쫓아 가 죽였다고 말하는 식은 바로 小說의 일반적 생리이다.
劉云 "謂追殺此使, 乃小說常情."

14-7 **【補】 夏侯仲權**(夏侯覇)이 **蜀**나라에 〈망명하여〉 들어갔을 때 **姜伯約**(姜維)이 그에게 물었다.

"**司馬公**(司馬懿)은 이미 정권을 잡았는데 여전히 다시 정벌할 뜻이 있습니까?"

하후중권이 말하였다.

"이 사람은 지금 가문을 세우느라 여념이 없어 대외적인 일을 할 겨를이 없습니다. **鍾士季**(鍾會)라는 자가 있는데 그 사람이 젊긴 하나 결국에 오나라와 촉나라의 근심이 될 것입니다."

夏侯仲權이 **入蜀**①일새 **姜伯約**이 **問之曰 司馬公**이 **既得彼政**한대 **還復**(부)**有征伐之志不**아하니 **仲權曰 此人**은 **方營立家門**하여 **未遑外事**라 **有鍾士季者**한대 **其人雖少**나 **終爲吳蜀之憂**②리니이다라하다

姜維

① ≪三國志≫ 〈魏志 夏侯淵傳〉에 말하였다. "夏侯覇는 字가 仲權이고, 夏侯淵의 아들이다. 평소에 曹爽에게 신임을 받았는데, 조상이 살해되자 스스로 〈화가 미칠까〉 의심하여 蜀나라로 망명해 들어갔다."
魏志曰 "夏侯覇, 字仲權, 夏侯淵子. 素爲曹爽所厚, 爽誅, 自疑, 亡入蜀."

② ≪三國志≫ 〈蜀志 姜維傳〉에 말하였다. "姜維는 字가 伯約이고, 天水郡 冀縣 사람이다. 젊어서 모친과 함께 살았는데 鄭氏의 학문[25]을

좋아하였다. 諸葛亮이 초빙하여 奉義將軍으로 삼았다. 〈제갈량이〉 長史 張裔, 參軍 蔣琬에게 보낸 편지에, '姜伯約(강유)은 時事에 충실하고 근면하며 생각이 정밀하니, 그가 지닌 능력을 따져보면 永南(李邵)[26]이나 季常(馬良)[27] 등 여러 사람보다 낫다.' 하였다. ≪傅子≫에 말하였다. '강유는 功名을 세우기를 좋아하여 은밀하게 죽음을 무릅쓰는 용맹한 군사를 양성하였고, 평민으로서의 생업을 꾸리지 않았다.' 郤正[28]이 논하였다. '姜伯約은 上將이라는 중한 자리를 차지하여 여러 신하들의 윗자리에 처하였는데도 거처하는 집이 초라하고 재산에 여유가 없으며 側室에 총애하는 첩이나 侍婢[媵人]가 없고 後庭에서는 즐기는 음악 소리가 나지 않았다. 의복은 공급되는 것만 입고 수레와 말은 준비된 것만 탔다. 음식은 절제하고 사치하지도 절약하지도 않았으며, 官에서 주는 비용은 손닿는 대로 다 써버렸다. 그가 그렇게 하는 이유를 살펴보니, 탐욕을 억제하고 부패에 엄격하며 욕심을 억누르고 끊어낸 것이 아니라 단지 이만하면 충분하다고 생각하여 많이 구하는데 마음을 두지 않았기 때문이었다. 대개 사람들은 말할 때 늘 성공한 자를 기리고 실패한 자를 폄하하며 〈지위가〉 높은 사람을 칭찬하고 낮은 사람을 억누르게 마련이라서, 모두들 강유가 자신의 몸을 장사 지낼 곳도 없이 자신을 죽게하고 친족도 망하게 하였다고 여겨 이것으로 폄하하고 더 이상 재고하지 않는데, 이는 ≪春秋≫의 포폄하는 의리와 다르다. 이를테면 강유가 학문을 좋아하여 게을리

---

25) 鄭氏의 학문 : 東漢 末에 鄭玄이 창시한 經學學派를 말한다. '鄭學', '通學', '綜合學派' 등으로도 불린다. 정현의 학문은 古文經學을 위주로 하면서 今文經學의 장점을 채택하여 하나로 융합하였다고 평가된다. 鄭玄은 東漢의 儒學者로 중국 역사상 저명한 經學家이며, 그를 따르는 제자가 수 천 명에 달하여 魏晉에서 隋唐에 이르는 시기에 광대한 영향을 미쳤다.

26) 永南(李邵) : ?~225. 字는 永南이고, 廣漢郡 郪縣(지금의 四川省 三台縣) 사람이다. 형인 李朝・李邈과 더불어 재주와 명망이 높아 당시 사람들이 '李氏三龍'이라 불렀다. 劉備가 蜀나라를 세운 뒤 諸葛亮이 그를 초빙하여 西曹掾으로 삼았다.

27) 季常(馬良) : 187~222. 字는 季常이고 荊州 襄陽郡 宜城縣(지금의 湖北省 宜城市) 사람이다. 눈썹에 흰 털이 섞여 있어 '白眉'라고도 불렸는데, 이후 뛰어난 인물을 일컫는 말의 유래가 되었다. 蜀漢의 뛰어난 家臣으로 평가 받는다.

28) 郤正 : ?~278. 본명은 郤纂이고, 字는 令先이다. 好學하여 광범위하게 독서하였고 문장을 잘 지었다. 蜀漢의 秘書吏・秘書令을 지냈으며, 263년에 曹魏가 촉한을 정벌하였을 때 后主 劉禪의 投降書를 그가 지었다. 후에 晉 武帝(司馬炎)의 인정을 받아 巴西太守에 임명되었다.(≪三國志≫ 〈蜀書 郤正傳〉)

하지 않고 청빈하고 절약하였던 점은 그 시대의 표상이었다.'"

蜀志曰 "姜維, 字伯約, 天水冀人. 少與母居, 好鄭氏學. 諸葛亮辟爲奉義將軍. 與長史張裔參軍蔣琬書曰 '姜伯約忠勤時事, 思慮精密, 考其所有, 永南季常諸人不如也.' 傅子曰 '維好立功名, 陰養死士, 不修布衣之業.' 郤正論曰 '姜伯約據上將之重, 處群臣之右, 宅舍敝薄, 資財無餘, 側室無妾媵之褻, 後庭無聲樂之娛, 衣服取供, 輿馬取備, 飮食節制, 不奢不約, 官給費用, 隨手消盡, 察其所以然者, 非激貪厲濁, 抑情自割也, 直謂如是爲足, 不在多求. 凡人之談, 常譽成毁敗, 扶高抑下, 咸以姜維投厝無所, 身死宗滅, 以是貶削, 不復料擿, 異乎春秋褒貶之義矣. 如姜維之樂學不倦淸素節約, 自一時之儀表也.'"

14-8 何晏·鄧颺·夏侯玄이 모두 傅嘏[29]와 교제하기를 구하였으나 부하가 끝내 허락하지 않자 이들이 마침내 荀粲[30]을 통하여 교제하도록 설득하게 하였다. 〈순찬이〉 부하에게 말하였다.

"夏侯泰初(夏侯玄)는 당대의 걸출한 선비인데도 그대에게 마음을 비우고 대했는데도 경은 불가하다고 하는구려. 교제하여 〈뜻을〉 합치면 성공하기 좋고 합치지 않으면 불화하게 될 것이네. 두 현인이 화목하면 나라의 복이 될 것이니, 이것이 藺相如가 廉頗에게 자신을 낮춘 이유라네."

그러자 부하가 말하였다.

"하후태초는 뜻은 크지만 노심초사하는 인물이므로 헛된 명예를 구하는 데 영합할 수 있으니 실로 이른바 달변으로 국가를 뒤엎는 사람[31]이다. 하안과 등

---

29) 傅嘏 : 209~255. 字는 蘭石 또는 昭先이고, 北地郡 泥陽縣 사람이다. 曹魏(三國) 후기의 重臣으로,河南尹·尙書 등을 지냈다.

30) 荀粲 : 209~237. 魏(三國)의 학자이다. 字는 奉倩이고, 豫州 潁川郡 사람이다. 荀彧의 末子이다. 부친 순욱이나 형 荀顗가 儒家의 說을 중시한 반면 그는 道家의 說을 존중하여 "儒敎의 經典은 聖人의 찌꺼기에 지나지 않는다."라고 주장하였다. 洛陽에서 傅嘏·夏侯玄·裴徽 등과 친하게 교제하며 老子나 莊子의 說 등 論理學에 관한 담론을 하였다.(何劭 ≪荀粲傳≫)

31) 이른바……사람 : 원문은 "利口覆國之人"인데, ≪論語≫ 〈陽貨〉에 "〈잡색인〉 자줏빛이 〈원색인〉 붉은빛의 자리를 뺏는 것을 미워하며, 정나라의 〈음란한〉 음악이 〈바른〉 아악을 문란하게 하는 것을 미워하며, 말만 잘하는 입이 나라를 뒤엎는 것을 미

양은 큰일을 하되 조급하고 박식하되 요체가 없으며, 겉으로 이익을 좋아하고 안으로 절제가 없고, 자신들과 뜻이 같은 것을 중요하게 여기고 뜻이 다른 것을 미워하며, 말이 많고 〈자신보다 능력이〉 앞선 사람을 질투한다. 말이 많으면 다툼이 많고 앞선 사람을 질투하면 친하지 못하니, 내 관점으로 보면 이 세 사람은 모두 덕을 그르치는 사람들일 뿐이다. 멀리 해도 오히려 화를 당할까 염려되는데 더구나 친하게 지내서야 되겠는가."

나중에 모두 그가 말한 것과 같았다.

何晏・鄧颺・夏侯玄이 **竝求傳嘏交**로대 **而嘏終不許**러니 **諸人**이 **乃因荀粲說**(세)**合之**라 **謂嘏曰 夏侯泰初**는 **一時之傑士**로대 **虛心於子**어늘 **而卿**은 **意懷不可**하니 **交合則好成**하고 **不合則致隙**라 **二賢若穆**이면 **則國之休**리니 **此藺相如所以下廉頗也**[①]라하니 **傅曰 夏侯泰初**는 **志大心勞**하여 **能合虛譽**하니 **誠所謂利口覆國之人**이요 **何晏・鄧颺**은 **有爲而躁**하고 **博而寡要**하며 **外好利而內無關籥**하고 **貴同惡**(오)**異**하며 **多言而妬前**이라 **多言**이면 **多釁**하고 **妬前**이면 **無親**하니 **以吾觀之**컨대 **此三賢者**는 **皆敗德之人爾**라 **遠之**라도 **猶恐罹**(리)**禍**어늘 **況可親之邪**(야)아라하다 **後皆如其言**[②]이라

① ≪史記≫ 〈廉頗藺相如傳〉에 말하였다. "藺相如는 공로가 컸기 때문에 上卿에 임명되었는데 지위가 廉頗보다 위였다. 염파가 이를 분하게 여겨 그를 욕보이고자 하니, 인상여는 매번 병을 핑계대면서 〈조회에 참석하지 않았고〉 멀리서 〈염파를〉 보면 수레를 돌려 피하여 숨었다. 인상여의 측근이 염파를 제거하고자 하자 그가 말하였다. '저 위세 있는 秦王을 내가 조정에서 질타하였는데[32] 어찌 염장군을 두려워하겠는가. 다만 秦나라는 강하고 趙나라는 약한데, 진나라는 우리 두 사람 때

위한다.〔惡紫之奪朱也 惡鄭聲之亂雅樂也 惡利口之覆邦家者〕"라는 말에 근거한다.

32) 秦王을……질타하였는데 : 戰國시대 秦昭王이 15개의 城으로 趙나라의 和氏璧과 바꾸자고 했을 때, 조나라 사람인 藺相如가 그 화씨벽을 가지고 진나라에 사신 갔다. 인상여는 진소왕이 성을 주려는 마음이 없는 것을 알고는 화씨벽을 붙들고 기둥에 붙어 서서 "대왕께서 반드시 신을 몰아치시려 한다면 신의 머리와 이 옥구슬이 같이 기둥에 부딪쳐 부서지고 말 것입니다.〔大王必欲急臣 臣頭與璧俱碎於柱矣〕"라고 질타했던 일을 말한다.(≪史記≫ 〈藺相如傳〉)

문에 감히 조나라에 군대를 보내지 못하고 있다. 지금 호랑이 두 마리가 싸우면 형세로 볼 때 둘 다 살아남지 못할 것이니, 나는 나라가 위급한 것을 생각하고, 사적인 원한은 뒤로 여기는 것이다.' 염파가 〈이 말을〉 듣고는 사죄하였다."

史記曰 "相如, 以功大拜上卿, 位在廉頗右. 頗怒, 欲辱之, 相如每稱疾, 望見引車避匿, 其舍人[33]欲去之, 相如曰 '夫以秦王之威, 而吾廷叱之, 何畏廉將軍哉! 顧秦彊趙弱, 秦以吾二人故, 不敢加兵於趙. 今兩虎鬪, 勢不俱生, 吾以公家急而後私讐也. 頗聞謝罪."

② ≪傅子≫에 말하였다. "이때 何晏은 재주와 언변으로 귀족들 사이에서 유명하였고, 鄧颺은 교제하기를 좋아하여 도당들을 통합하는 것으로 항간에 명성이 높았으며, 夏侯玄은 귀족의 자제로 젊어서부터 명성이 높았다. 그런데 이들 모두 傅嘏에게 교제를 청하였으나 부하가 받아들이지 않았다. 부하의 친구인 荀粲은 식견이 높고 뜻이 원대한 사람이었는데도 오히려 부하에게 교제를 권하였다고 한다."

傅子曰 "是時, 何晏以才辯, 顯於貴戚之間, 鄧颺好交, 通合徒黨, 鬻聲名於閭閻, 夏侯玄以貴臣子, 少有重名, 皆求交於嘏, 嘏不納也. 嘏友人荀粲有淸識遠志, 然猶勸嘏結交云."

【頭註】

○ 王世懋 : 이 傳에 의하면, 蘭碩(傅嘏)은 선견지명이 있어 교제할 사람을 선택하였기 때문에 늘 福〈있는 자〉와 만나야 마땅하다. 그런데 〈別傳〉에 '종회는 나이가 〈부하보다〉 적었으나, 부하는 종회가 현명하고 지혜로웠기 때문에 교제하였다.' 하였으니, 太初(夏侯玄)와 교제하는 것이 叛臣과 교제하는 것[34]보다 그래도 낫지 않았겠는가.

王云 "據此傳, 蘭碩先識擇交, 故當動與福會, 而別傳乃云 '鍾會年少, 嘏以明智交會', 交太初, 不猶勝於交叛臣呼!'"

○ 劉辰翁 : 명언이다.

劉云 "名言."

14-9 晉 武帝(司馬炎)가 宣武場[35]에서 講武할 때 무제는 무력을 중지하고 문화

---

33) 舍人 : 가까이 있는 친근한 사람을 말한다.(≪世說音釋≫)

34) 叛臣과 교제하는 것 : 여기서 叛臣은 鍾會를 말한다. 종회는 曹魏(三國)의 大臣으로, 蜀漢을 멸망시킨 조위의 장군 중 하나이다. 촉에 들어간 뒤 姜維와 손을 잡고 반란을 일으켰고 결국 軍中에서 죽었다.

를 닦으려고 친히 선무장에 행차하여 신하들을 모두 소집하였다. 山公(山濤[36])은 그렇게 해서는 안 된다고 생각하여 尙書들과 더불어 孫武와 吳起의 用兵의 本意에 대해 마침내 연구하고 토론하니, 자리에 있던 사람들이 감탄하지 않은 이가 없어 모두 "山少傅(산도)의 말이 천하의 명언이다."라고 하였다. 후에 여러 왕이 교만하여 경솔하게 禍亂을 만드니, 이에 도적들이 곳곳에서 벌떼처럼 일어났는데, 郡國들 대부분 아무런 대비를 하지 못해 제압할 수 없었기 때문에 마침내 점점 더 도적이 극성을 부렸으니, 이는 모두 공이 말한 대로였다. 당시 사람들이 말하였다.

"산도는 손무와 오기에게 배우지 않았으나 암암리에 그들과 뜻이 맞았다."

王夷甫(王衍) 역시 감탄하여 말하였다.

"공은 암암리에 道에 맞았다."

晉武帝가 講武於宣武場할새 帝欲偃武修文하여 親自臨幸하여 悉召群臣이라 山公謂不宜爾하여 因與諸尙書로 言孫·吳用兵本意하여 遂究論하니 擧坐無不咨嗟하여 皆曰 山少傅乃天下名言①이라하다 後에 諸王이 驕汰하여 輕遘禍難하니 於是에 寇盜가 處處蟻合이어늘 郡國이 多以無備하여 不能制服하니 遂漸熾盛이 皆如公言이라 時人以謂 山濤는 不學孫吳나 而闇與之理會라하고 王夷甫도 亦歎云 公은 闇與道合②이라하다

① ≪史記≫ 〈孫子吳起列傳〉에 말하기를, "孫武는 齊나라 사람이다. 吳起는 衛나라 사람이다." 하였는데, 모두 兵法에 뛰어났다.

≪竹林七賢論≫에 말하였다. "咸寧(275~279) 연간에 吳나라가 평정되자[37] 上

35) 宣武場 : 洛陽城 북쪽에 있는 지명으로, 군사들이 무술 훈련을 하거나 황제가 군대를 사열하던 곳이었다.

36) 山公(山濤) : 205~283. 字는 巨源이고 河內郡 懷縣 사람이다. 三國시대 魏나라와 西晉 시기에 활동한 名士로, 竹林七賢의 한 사람이다.

37) 咸寧……평정되자 : ≪晉書≫ 〈山濤傳〉 注에 "〈武帝紀〉를 살펴보니 무제가 선무장에서 군대를 사열한 일은 함녕 3년(277)에 있었는데, 이때는 아직 吳나라를 평정하기 전이니, ≪竹林七賢論≫에서 '오나라가 평정되자〔吳旣平〕'라고 한 것은 잘못이다."라고 하였다.

(司馬炎)은 장차 華山과 桃林의 일[38]과 같이 전쟁을 멈추고 군대를 쉬게 함으로써 천하에 크게 안정되었음을 보이려고 하였다. 이에 州와 郡에 모두 군대를 없애고 큰 군에는 武吏 100인, 작은 군에는 50인을 두었다. 이때 京師에서는 여전히 講武를 행하고 있었기 때문에 山濤가 孫武와 吳起가 주장한 用兵에 대한 본래의 취지를 논하였던 것이다. 산도의 인품은 항상 조용하고 말이 없었으나, 국가는 전쟁을 망각해서는 안 된다고 생각하였기에 이렇게 말한 것이다."

≪名士傳≫에 말하였다. "산도는 魏晉시대에 살았는데 의견을 표명한 적이 없었다. 한번은 尙書 盧欽과 더불어 용병의 본 취지에 대해 언급하였는데, 무제가 그 말을 듣고는 '山少傅(산도)의 명언이로다.'라고 하였다."

史記曰 "孫武, 齊人. 吳起, 衛人." 竝善兵法. 竹林七賢論曰 "咸寧中, 吳旣平, 上將爲桃林華山之事, 息役弭兵, 示天下以大安. 於是州郡悉去兵, 大郡置武吏百人, 小郡五十人. 時京師猶講武, 山濤因論孫吳用兵本意. 濤爲人常簡默, 蓋以爲'國者不可以忘戰,' 故及之. 名士傳曰 "濤居魏晉之間, 無所標明. 嘗與尙書盧欽, 言及用兵本意, 武帝聞之曰 '山少傅名言也.'"

② ≪竹林七賢論≫에 말하기를, "永寧(301~302) 이후에 여러 왕이 화란을 일으키고 교활한 오랑캐가 갑자기 일어난 것이 모두 山濤의 말과 같았다." 하였다.

≪名士傳≫에 말하기를, "王夷甫(王衍)가 탄복하기를, '산도는 암암리에 道와 합치되니 그 깊이를 잴 수 없다.'"라고 하였다.

〈산도에 대한 품평은〉 모두 이러한 類이다.

竹林七賢論曰 "永寧之後, 諸王構禍, 狡虜欻(훌)起, 皆如濤言." 名士傳曰 "王夷甫推歎'濤晻晻爲與道合, 其深不可測.'" 皆此類也.

【頭註】

○ 劉辰翁 : 군대를 없애서는 안 되니, 孫武와 吳起의 〈兵書〉 어디에 〈그런 말이〉 있는가.
劉云 "兵不當廢, 何在孫吳?"

○ 李贄 : 이 公(山濤)은 청담의 걸출한 인물이 아닌가. 어찌 〈해야 할〉 일을 안 하는가.
李云 "此公, 非淸談之傑乎? (可)〔何〕[39]廢事也?"

---

38) 華山과 桃林의 일 : ≪書經≫ 〈武成〉에 周 武王이 殷나라를 정벌하고 돌아오다가 豐에 이르러 말을 華山의 남쪽으로 돌려보내고 소를 桃林의 들판에 풀어놓아, 천하에 무력을 쓰지 않을 뜻을 보였다〔歸馬于華山之陽 放牛于桃林之野 示天下弗服〕는 고사가 있다.

14-10【補】裴使君(裴徽)이 管公明(管輅)[40]에게 물었다.

"何尙書(何晏)[41]는 당대의 名士인데 실제로는 어떠합니까?"

관공명이 말하였다.

"그의 재주는 큰 그릇에 담긴 물과 같으니, 보이는 곳은 맑으나 보이지 않는 곳은 흐립니다."

裴使君①이 問管公明하되 何尙書는 一代名士인대 其實은 何如하니 管曰 其才는 若盆盎之水하니 所見(현)者淸이나 不見(현)者濁이라하다

①〈裴使君은〉 裴徽이다.
徽也.

14-11 潘陽仲(潘滔)이 젊었을 때의 王敦[42]을 만나서 말하였다.

"그대는 벌과 같은 눈은 이미 드러났으나, 승냥이 같은 음성은 아직 떨치지 못하였으니, 필시 남을 잡아먹을 수도 있지만 남에게 잡아먹힐 수도 있을 것이다."

潘陽仲이 見王敦小時하여 謂曰 君은 蜂目은 已露나 但豺聲은 未振耳이니 必能食人이어니와 亦當爲人所食①이라하다

---

39) (可)〔何〕: 安永本에는 '可'로 되어 있으나, ≪李贄全集注≫에 의거하여 '何'로 바로잡았다.

40) 管公明(管輅) : 209~256. 字는 公明이고, 平原(지금의 山東省) 사람이다. 魏(三國)나라 사람으로 正始 9년(248)에 秀才가 되었고, 卜筮로 이름이 났다.(≪三國志≫ 〈魏書 管輅傳〉)

41) 何尙書(何晏) : ?~249. 字는 平叔이고 南陽郡 宛縣 사람이다. 그의 부친이 일찍 죽어 司空 曹操가 그의 모친 尹氏를 첩으로 들여 조조에게 양육되었다. 曹魏(三國)의 大臣을 지냈고 老莊의 학문을 좋아하였다.

42) 王敦 : 266~324. 字는 處仲이고, 東晉의 丞相 王導의 堂兄이다. 琅琊王氏 출신으로, 왕도와 함께 司馬睿가 東晉政權을 수립하는 것을 도와 당시의 權臣이 되었으나, 정권을 찬탈하려는 마음을 품어 王敦의 亂을 일으켰다.(≪晉書≫ 〈王敦傳〉)

① ≪晉陽秋≫에 말하였다. "潘滔는 字가 陽仲이고, 滎陽 사람이다. 太常 潘尼의 조카이다. 문학과 식견이 있었다. 永嘉(307~313) 말에 河南尹이 되었는데 살해되었다.

≪漢晉春秋≫[43]에 말하였다. "처음에 王夷甫(王衍)가 東海王 司馬越에게 말하여 王敦을 揚州太守로 옮기게 하였다. 潘滔가 太傅(사마월)의 長史가 된 초기에 태부에게 말하기를, '王處仲(王敦)의 벌과 같은 눈은 이미 드러났으나 그의 승냥이 같은 음성은 아직 드러나지 않았습니다. 지금 그를 長江 밖에 두어 횡포한 마음을 멋대로 휘두르게 하는 것은 그를 해치는 것입니다.'라고 하였다."

≪晉陽秋≫에 말하였다. "왕돈이 太子舍人이었을 때 반도와 동료였기 때문에 이렇게 말한 것이다."

習鑿齒(≪漢晉春秋≫)와 孫盛(≪晉陽秋≫)의 주장이 약간 다르다.

≪春秋左氏傳≫ 〈文公元年〉에 말하였다. "楚나라의 令尹 子上(鬪勃)이 말하기를, '世子 商臣은 벌 같은 눈과 승냥이 같은 음성을 지녔으니 잔인한 사람입니다.'[44]라고 하였다."

晉陽秋曰 "潘滔, 字陽仲, 滎陽人. 太常尼從子也. 有文學才識. 永嘉末爲河南尹, 遇害." 漢晉春秋曰 "初, 王夷甫言東海王越, 轉王敦爲揚州. 潘滔初爲太傅長史, 言於太傅曰 '王處仲蜂目已露, 豺聲未發, 今樹之江外, 肆其豪彊之心, 是賊之也." 晉陽秋曰 "敦爲太子舍人, 與滔同僚, 故有此言." 習孫二說, 便小遷異. 春秋傳曰 "楚令尹子上[45]謂世子商臣, 蜂目而豺聲, 忍人也."

【頭註】

○ 王世懋 : 面前에서 배척한 것이 아니니, 〈司馬越에게 말했다고 한〉 주석의 말이 맞다. 王云 "無容面斥之, 註語是也,"

---

43) 漢晉春秋 : 東晉의 習鑿齒가 지은 史書로, 後漢의 光武帝부터 西晉의 민제까지의 약 300년 간의 역사가 서술되어 있으며, 삼국시대에서 촉한을 정통으로 삼는 蜀漢正統論을 주장하였다. 전체 권수는 54권이나, 오늘날에는 산일되었다. ≪三國志≫ 裴松之 注에 내용이 다수 인용되어 있고, 청대에 일문을 수집하여 만든 輯本이 있다.

44) 世子……사람입니다 : 商臣은 楚成王의 아들로, 일찍 태자가 되었으나 그 후 초성왕의 마음이 변하여 다른 왕자인 職을 태자로 세우려 하자 난을 일으켜 父王을 죽이고 왕위에 올라 楚穆王이 되었다. 이 말은 초성왕이 상신을 아직 태자로 세우기 전에 令尹(鬪勃)에게 의견을 물었을 때, 영윤이 답한 말이다.(≪春秋左氏傳≫ 〈文公 元年〉)

45) 子上 : 春秋시대 楚나라의 令尹이었던 鬪勃(?~B.C. 627)을 말한다. 子上은 그의 字이다.

14-12 褚期生(褚爽)이 젊었을 때 謝公(謝安)[46]이 그를 매우 인정하여 언제나 늘 말하곤 하였다.

"저기생이 만약 훌륭한 사람이 되지 않는다면 나는 다시는 선비를 감식하지 않을 것이다."

褚期生이 少時에 謝公이 甚知之하여 恒云 褚期生이 若不佳者인댄 僕不復(부)相士①리라하다

① 期生은 褚爽의 어릴 적 字이다.

≪續晉陽秋≫에 말하였다. "褚爽은 字가 茂弘이고, 河南 사람이다. 태부인 褚裒의 손자이고 비서감 褚韶의 아들이다. 태부 謝安이 그가 어렸을 때 만나보고서 탄복하기를, '저기생이 만약 훌륭하게 되지 않다면 나는 다시는 선비에 대해 논하지 않겠다.' 하였다. 성장하여서 과연 출중하였으며 기풍이 있었다. 老莊의 말을 좋아하였고 당대의 영예를 달가워하지 않았다. 오로지 殷仲堪과만 교제하였다. 여러 번 자리를 옮겨 中書郎·義興太守가 되었다. 딸이 恭帝(司馬德文)의 皇后가 되었다.

期生, 褚爽小字也. 續晉陽秋曰"爽, 字茂弘, 河南人. 太傅裒之孫, 秘書監韶之子. 太傅謝安見其少時, 歎曰'若期生不佳, 我不復論士.' 及長, 果俊邁有風氣. 好老莊之言, 當世榮譽, 弗之屑也. 唯與殷仲堪善. 累遷中書郎·義興太守. 女爲恭帝皇后."

14-13 謝公(謝安)이 東山에 〈은거하고〉 있을 때 기생들을 데리고 있자, 簡文帝(司馬昱)[47]가 말하였다.

"安石(사안)은 반드시 出仕할 것이다. 이미 백성과 즐거움을 같이 하였으니 또한 백성과 근심을 함께 하지 않을 수 없을 것이다."

---

46) 謝公(謝安) : 320~385. 字는 安石이고, 陳郡 陽夏 사람이다. 東山에 은거하였다가 40세 이후 벼슬하여, 吳興太守·侍中·吏部尙書·后將軍·揚州刺史·尙書事 등 고관을 지냈다. 죽은 뒤 太傅에 추증되었고, 훌륭한 재상으로 평가된다. 謝東山·謝太傅·謝安石·謝相·謝公으로 불린다.(≪晉書≫ 〈謝安傳〉)

47) 簡文帝(司馬昱) : 320~372. 字는 道萬이고 東晉 제8대 황제이다. 永和 원년(345)부터 계속 會稽王으로 輔政하며 조정의 實權을 장악하였다. 52세 때에 당시 權臣인 桓溫에게 옹립되어 황제가 되었으나 겨우 250일 만에 病死하였다.(≪晉書≫ 〈簡文帝紀〉)

謝公이 **在東山**일새 **畜**(휵)**妓**하니 **簡文曰 安石**은 **必出**하리라 **旣與人同樂**(락)하니 **亦不得不與人同憂**①리라하다

① 宋 明帝의 ≪晉江左文章志≫[48]에 말하였다. "謝安은 마음 가는 대로 세속의 일을 벗어나고 일상의 예절을 소홀히 하면서도, 늘 女妓를 두고 있었고 그들을 데리고 마음 내키는 대로 놀았다."
宋明帝文章志曰 "安, 縱心事外, 疎略常節, 每畜女妓, 携持遊肆也."

【頭註】

○ 劉辰翁 : 이 말은 특별히 기미를 안 것이다. 劉眞長(劉惔)이 殷浩에 대해 말한 것[49]과 같다.
劉云 "此語, 別見幾微者也. 與劉眞長說殷浩同."

○ 李贄 : 진솔함이 밖으로 드러났기 때문에 簡文帝가 그의 眞情을 알아본 것이고, 진심을 숨기는 것이 고상하였기 때문에 진장(유담)이 그의 위장을 알아본 것이다.
李云 "眞率外見(현), 故簡文見其眞. 矯情爲高, 故眞長識其假."

14-14 郗超[50]는 傅瑗과 교유하였다. 부원이 자신의 두 아들을 보여주었는데 모두 총각 머리를 한 어린아이들이었다. 치초가 한참을 바라보고 나서 부원에게 말하였다.

"작은 애가 재주와 명성 모두 뛰어날 것이나, 경의 집안을 보존하는 것은 결국 형에게 달려 있을 것이오."

---

48) 宋 明帝의 ≪晉江左文章志≫ : 명제는 宋(南朝)의 제6대 황제인 劉彧으로, 字는 休炳이고 어릴 때 이름은 榮期이다. 讀書를 좋아하여 즉위하기 전에 ≪晉江左文章志≫나 ≪論語注≫ 등의 저작이 있었다.(≪宋書≫ 〈明帝本紀〉)

49) 劉眞長(劉惔)이……것 : 14-24의 일화 내용을 가리킨다.

50) 郗超 : 336~378. 字는 景興 또는 敬輿이고, 小字는 嘉賓이며, 高平 金鄕 사람이다. 大司馬參軍·散騎侍郎·中書侍郎·司徒左長史 등을 역임하였다. 그는 桓溫의 謀主로서 황제를 폐위시켜 위엄을 세울 것을 환온에게 권하였으나 받아들여지지 않았다. 환온이 3차 北伐에 패하여 돌아온 뒤 죽자, 모친상을 이유로 관직을 떠났다. 草書에 뛰어났고 佛學에 정통하여 ≪奉法要≫를 저술하였다.(≪晉書≫ 〈郗超傳〉)

바로 傅亮 형제를 두고 한 말이었다.

郗超가 與傅瑗으로 周旋하거늘 瑗이 見(현)其二子한대 竝總髮이라 超가 觀之良久하고 謂瑗曰 小者가 才名皆勝이나 然保卿家는 終當在兄이리라하니 卽傅亮兄弟也라①

① ≪傅氏譜≫에 말하였다. "傅瑗은 字가 叔玉이고, 北地 靈州 사람이다. 護軍長史・安城太守를 역임하였다."

≪宋書≫ 〈傅亮傳〉에 말하였다. "傅迪은 字가 長猷이고, 傅瑗의 長子이다. 지위가 五兵尙書에 이르렀고, 太常에 추증되었다."

丘淵之[51]의 ≪文章錄≫에 말하였다. "傅亮은 尙書令을 역임하였고, 光祿大夫에 임명되었다. 元嘉 3년(426)에 죄를 지어 처형되었다."

傅氏譜曰"瑗, 字叔玉, 北地靈州人. 歷護軍長史・安城太守."宋書曰"迪, 字長猷, 瑗長子也. 位至五兵尙書, 贈太常."丘淵之文章錄曰"亮, 歷尙書令, 任光祿大夫. 元嘉三年, 以罪伏誅."

14-15【補】[52] 索靖(색정)은 선견지명과 원대한 기량을 지녔다. 천하가 장차 어지러울 것을 알고는 洛陽의 宮門에 있는 銅으로 만든 낙타[53]를 가리키며 탄식하여 말하였다.

"네가 가시덤불 속에 있는 것을 보게 되겠구나."

索靖은 有先識遠量이라 知天下將亂하고 指洛陽宮門銅駝하여 歎曰 會見汝在荊棘

---

51) 丘淵之 : 宋(南朝)의 詩人으로 字는 思玄이고, 吳興郡 烏程縣(지금의 浙江 湖州) 사람이다. 丘深之 또는 丘泉之라고도 한다. 劉義隆이 劉裕를 따라 北伐할 때부터 참여하여 徐州長史 등을 지냈으며, 유의륭이 즉위하여 宋 文帝가 된 이후에는 散騎常侍・侍中・吳郡太守 등을 역임하였다. 문집이 있었으나 散失되었다.(≪宋書≫ 〈丘淵之傳〉)

52)【補】: 저본에는 '補'가 없으나, 이 일화는 ≪世說新語≫가 아닌 ≪何氏語林≫에 있으므로 '補'를 보충하였다.

53) 銅으로 만든 낙타 : ≪資治通鑑綱目集覽≫에 "始皇帝가 銅으로 주조하게 한 낙타가 〈長安〉 궁성 서쪽 掖門 밖에 있었는데, 魏 明帝(曹叡)가 장안에서 洛陽으로 옮겼다."라고 하였다. 위 명제는 226년에 황제가 되었고, 색정은 239~303년까지 생존하였으므로, 색정이 본 동으로 만든 낙타는 위 명제가 장안에서 옮겨다 놓은 것이다.

中이라하다①

① ≪晉書≫ 〈索靖傳〉에 말하였다. "索靖은 字가 幼安이고, 燉煌 사람이다. 부친 索湛은 北地太守였다. 색정은 젊어서부터 무리 중에서 뛰어난 기량을 지녔고, 鄕人 氾衷·張甝·索紾·索永과 함께 모두 태학에 나아가 海內에 명성이 자자하여 '燉煌五龍'이라 불렸다. 색정은 經史에 해박하였고 아울러 內緯[54]에 통달하였다. 傅玄·張華는 색정과 한번 만나 보고는 모두 친하게 지내 서로 우정을 맺었다. 지방에 나가 西域의 戊己校尉[55]가 되었다. 長史 張勃이 표문을 올려 색정은 재주와 기예가 남보다 뛰어나니 臺閣[56]에 두어야 마땅하다고 하자, 武帝가 발탁하여 尙書郞으로 삼았다. 襄陽의 羅尙, 河南의 潘岳, 吳郡의 顧榮과 함께 근무하였는데 모두들 그의 기량에 탄복하였다."

晉書曰"索靖, 字幼安, 燉煌人. 父湛, 北地太守. 靖少有逸群之量, 與鄕人(范)〔氾〕[57]衷·張(甝)〔甝〕[58]·索(紒)〔紾〕[59]·索永, 俱詣太學, 馳名海內, 稱燉煌五龍. 靖該博經史, 兼通內緯. 傅玄·張華, 與靖一面, 皆厚與之相結. 出爲西域戊巳校尉. 長史張

---

54) 內緯 : 漢나라 때 유생들은 七緯를 內學으로 삼고 六經을 外學으로 삼았는데, 七緯는 ≪易緯≫·≪書緯≫·≪詩緯≫·≪禮緯≫·≪樂緯≫·≪春秋緯≫·≪孝經緯≫ 7종의 緯書를 말한다. 緯書는 經義에 假托하여 吉凶禍福을 예언하는 따위의 圖讖書인데, 여기서 內緯는 포괄적으로 '讖緯의 학문'을 가리킨다.

55) 戊己校尉 : 西漢때 처음으로 설치한 관직으로 西域의 屯田에 관한 일을 관리하는 관원이다. ≪漢書≫ 〈百官公卿表〉의 顔師古 注에 의하면 十干 중에 甲·乙·丙·丁·庚·辛·壬·癸는 각각 정해진 방향이 있는데 戊와 己는 위치가 정해지지 않았으므로 '定住할 장소를 갖지 않은 校尉'를 말한다는 설이 있으며, 또 다른 주장으로는 戊와 己는 中央에 위치하여 四方을 鎭撫하기 때문에 붙여진 명칭이라는 설이 있다.

56) 臺閣 : ≪後漢書≫ 〈仲長統傳〉 李賢의 注에 "臺閣은 尙書를 말한다."라고 하였으니, 즉 尙書臺를 가리킨다. 상서대는 東漢 때부터 설치된 중앙 권력 기구로, 관료의 선발을 주관하고 중앙 관사를 총괄하는 기능을 맡았다.

57) (范)〔氾〕 : 저본에는 '范'으로 되어 있으나, ≪何氏語林≫과 安永本에는 '氾'으로 되어 있고 ≪晉書≫ 〈索靖傳〉 에는 '泛'으로 되어 있다. 氾과 泛은 同形異體字이므로 '氾'으로 바로잡았다.

58) (甝)〔甝〕 : 저본에는 '甝(차)'로 되어 있으나, ≪何氏語林≫과 ≪晉書≫ 〈索靖傳〉 등에 의거하여 '甝(감)'으로 바로잡았다.

59) (紒)〔紾〕 : 저본에는 '紒(개)'로 되어 있으나, ≪晉書≫ 〈索靖傳〉에 의거하여 '紾(진)'으로 바로잡았다.

勃表, 靖才藝絶人, 宜在臺閣. 武帝擢爲尙書郎. 與襄陽羅尙・河南潘岳・吳郡顧榮同官, 咸器服焉."

14-16 王夷甫(王衍)[60]의 부친 王乂가 平北將軍으로 있을 때 공적인 일이 있어 行人(使者)을 시켜 진술하였으나 〈뜻대로〉 되지 않았다. 이때 왕이보가 京師에 있었는데 수레를 준비하게 하여 僕射 羊祜와 尙書 山濤를 만났다. 왕이보가 이때 總角[61] 머리를 한 소년이었는데 자태가 빼어나고 재주가 뛰어났으며 서술이 명쾌한데다 일처리까지 논리가 있자, 산도가 그를 매우 기특하게 여겼다. 그가 물러가자 하염없이 바라보면서 감탄하여 말하였다.

"자식을 낳으면 왕이보 정도는 되어야 하지 않겠는가."

그러자 양호가 말하였다.

"천하를 어지럽힐 자가 필시 이 아이일 것입니다."

王夷甫父乂가 爲平北將軍일새 有公事하여 使行人論이로대 不得이라 時에 夷甫가 在京師라가 命駕하여 見僕射(야)羊祜・尙書山濤라 夷甫가 時總角이로대 姿才秀異하고 叙致旣快하며 事加有理하니 濤甚奇之라 旣退에 看之不輟하고 乃歎曰 生兒에 不當如王夷甫邪(야)아하니 羊祜曰 亂天下者는 必此子也라하다①

① ≪晉陽秋≫[62]에 말하였다. "王夷甫(王衍 256~311)의 부친 王乂는 〈비난하는〉 문서가 있어서 장차 관직에서 파면될 상황이었다. 왕이보가 당시 17살이었는데, 繼母

---

60) 王夷甫(王衍) : 256~311. 字는 夷甫이고, 瑯琊 臨沂 사람이다. 瑯琊王氏 출신으로, 司徒 王戎의 堂弟이고, 西晉에서 司徒를 지냈다. 淸談을 좋아하고 실제 정사에 참여하지 않았으며, 三公의 한 사람으로서 국가를 구하지 않고 保身만 추구하다가 결국 石勒에게 잡혀 죽임을 당하였다. 후세에서 그를 '청담으로 나라를 망친 자'라고 비난하여 서진 멸망에 책임이 있다고 평가하였다.(≪晉書≫ 〈王衍傳〉)

61) 總角 : 머리털을 모두 모아 양쪽에 뿔〔角〕같이 상투를 만든 것을 말한다. 고대에 兒童들이 하던 머리 형태이다. 여기서 총각 머리를 했다는 것은 王衍이 이때 소년이었음을 뜻한다.

62) 晉陽秋 : 東晉의 孫盛(302~374)이 편찬한 책으로 32권이며 西晉과 東晉의 역사를 기술하였다.

의 從兄弟인 羊祜(211~278)를 만나 일의 실상을 자세히 진술할 때 말이 매우 준엄하고 훌륭하였다. 양호가 자신의 말을 인정하지 않자, 왕이보는 옷자락을 떨치며 일어나 버렸다. 양호가 돌아보며 빈객에게 말하기를, '이 사람은 필시 성대한 명성으로 당대의 높은 지위에 있게 될 것이다. 그러나 풍속을 무너뜨리고 교화를 해칠 자는 필시 이 사람이다.'" 하였다.

≪漢晉春秋≫[63]에 말하였다. "처음에 羊祜는 軍法으로 〈王衍의 從兄인〉 王戎을 처형하려 하였고, 왕이보는 또 양호가 자신을 두고 반드시 패망할 것이라 말한 것을 분하게 여겨 서로 존중하지 않았다. 천하 사람들이 그 때문에 말하기를, '두 王氏(王戎과 王衍)가 정권을 잡고 있을 때는 세상 사람들이 羊公에게 덕이 있다고 칭찬해서는 안 된다.'라고 하였다."

晉陽秋曰 "夷甫父乂有簡書[64], 將免官. 夷甫年十七, 見所繼從舅羊祜, 申陳事狀, 辭甚俊偉. 祜不然之, 夷甫拂衣而起. 祜顧謂賓客曰 '此人必將以盛名, 處當世大位. 然敗俗傷化者, 必此人也." 漢晉春秋曰 "初, 羊祜以軍法, 欲斬王戎, 夷甫又忿祜言其必敗, 不相貴重. 天下爲之語曰 '二王當朝, 世人莫敢稱羊公之有德.'"

【頭註】

○ 劉辰翁 : 부친을 대신하여 진술한 것이다.
劉云 "代父致辭."

○ 李贄 : 양공은 한 걸음 물러나서 걸음걸음이 차분한 사람이고, 夷甫(王衍)는 狂者라서 자연히 서로 맞지 않으니, 어찌 더 이상 평가할 수 있겠는가.
李云 "羊公, 退一步是步步踏實地人也. 夷甫, 狂者, 自不相入, 安得便再輕重?"

○ 유진옹 : 양공(羊祜)이 王衍을 알아본 것이 巨源(山濤)보다 뛰어나다.
劉云 "羊公識王, 高于巨源."

○ 유진옹 : 別史에 이르기를 '두 왕씨(王戎과 王衍)가 정권을 잡았을 때, 양공은 아무런 德이 없었으니 더욱 뛰어나다.' 하였다.
又云 "別史云 '二王當國, 羊公無德, 更有佳.'"

---

63) 漢晉春秋 : 東晉의 習鑿齒가 편찬한 史書로, 後漢의 光武帝부터 西晉의 晉愍帝(司馬鄴)까지의 약 300년간의 역사가 서술되어 있다.

64) 簡書 : 秦・漢 이전에는 종이가 없어 竹簡에 글자를 썼으므로 '簡書'라고 하였다. 후에는 文書나 公案을 가리키는 말로 쓰였다.

14-17 石勒이 글을 알지 못하여 사람을 시켜 ≪漢書≫를 읽게 하였는데, 酈食其(역이기)가 6국의 후손을 세워줄 것을 권하여 〈漢王이〉 印章을 새겨 내주려고 하는 대목을 듣고 크게 놀라며 말하였다.

"이 방법은 당연히 실패할 것인데, 어떻게 마침내 천하를 얻을 수 있었다고 했을까?"

留侯(張良)가 간하는 대목에 이르러서는 마침내 말하였다.

"이 사람 덕이었구나."

石勒이 **不知書**①하여 **使人讀漢書**러니 **聞酈食其**가 **勸立六國後**하여 **刻印將授之**하고 **大驚曰 此法當失**이어늘 **云何得遂有天下**오하고 **至留侯諫**하얀 **迺曰 賴有此耳**②라하다

① 〈石勒傳〉에 말하였다. "石勒은 字가 世龍이고, 上黨 武鄕 사람이다. 匈奴의 후예이다. 용맹스럽고 말타기와 활쏘기를 좋아하였다. 晉나라 元康(291~299) 연간에 山東지역을 떠돌다가 平原 茌(사)平 사람 師歡 집에 고용되었다. 귀에서 늘 북·나발·鞞鐸[65]의 소리가 들려 석륵은 내심 이상하게 여겼다. 처음에 석륵이 살던 향리 들판 땅속에서 돌이 생겨나 나날이 자랐는데 鐵騎의 모습과 흡사하였고, 나라 안 〈집〉 정원에 인삼이 자라났는데 꽃과 잎이 매우 무성하였다. 이에 父老 중에 점을 치는 자들이 모두들 말하기를, '이 胡人은 생김새가 기이하고 알 수 없는 점이 있다.'라고 하며 고을 사람들에게 그를 후하게 대해줄 것을 권하였는데 사람들이 대부분 비웃고 믿지 않았다. 永嘉(307~313) 초에 호걸들이 모두 일어나자 석륵은 胡人 王陽 등 18騎와 더불어 汲桑에게 나아가 左前督이 되었다. 급상이 패하자 모두 석륵을

張良

65) 鞞鐸 : 鞞(비)는 鼙(비)와 같은데, 騎鼓이다. 작은 鐘 모양으로 생겼으며 움직일 때마다 소리가 난다.

추대하여 왕으로 삼고 州縣을 공격하여 함락시키고 襄國縣에 도읍하였다. 〈석륵은〉 후에 참람하게 황제의 칭호를 썼으며 죽은 뒤의 시호는 明皇帝이다."

石勒傳曰 "勒, 字世龍, 上黨武鄕人. 匈奴之苗裔也. 雄勇, 好騎射. 晉元康中, 流宕山東, 與平原茌(사)平人師歡家庸, 耳恒聞鼓角鞞鐸之音, 勒私異之. 初, 勒鄕里原上地中, 生石日長, 類鐵騎之象, (國)〔園〕[66]中生人參, 葩葉甚盛. 于時父老相者, 皆云此胡體貌奇異, 有不可知, 勸邑人厚遇之, 人多哂而不信. 永嘉初, 豪傑竝起, 與胡王陽等十八騎, 詣汲桑, 爲左前督. 桑敗, 共推勒爲主, 攻下州縣, 都於襄國.[67] 後僭正號,[68] 死謚明皇帝."

② 鄧粲의 ≪晉紀≫에 말하였다. "석륵은 손으로 글씨를 쓸 줄 모르고 눈으로 글자를 알지 못하여 늘 軍中에서 사람을 시켜 글을 읽게 하였는데 한 번 들으면 모두 그 의미를 알았다."

≪漢書≫ 〈張良傳〉에 말하였다. "項羽가 滎陽에서 漢王(劉邦)을 급히 포위하자 한왕이 酈食其와 더불어 초나라의 권력을 약화시키려고 계획하였다. 역이기가 6국의 후손을 세워줄 것을 권하자 왕이 급하게 印章을 새기게 하였는데, 張良이 들어가 간하여 불가함을 말하였다. 한왕이 음식을 먹다가 말고 입안의 음식을 뱉으며 역이기를 욕하기를, '儒者 놈이 거의 내 일을 망칠 뻔했구나.'라고 하고서 즉시 인장을 녹여 없애게 하였다."

鄧粲晉紀曰 "勒手不能書, 目不識字, 每於軍中, 令人誦讀, 聽之皆解其意." 漢書曰 "項羽急圍漢王於滎陽, 漢王與酈食其謀撓楚權. 食其勸立六國後, 王令趣刻印, 張良入諫, 以爲不可, 輟食吐哺, 罵酈生曰 '豎儒幾敗乃公[69]事.' 趣令銷印."

14-18 張季鷹(張翰)이 齊王(司馬冏)의 東曹掾으로 부름을 받아 洛陽에 있을 때 가을바람이 부는 것을 보고는 〈고향인〉 吳郡의 고채국과 농어회를 떠올리며 말하였다.

---

66) (國)〔園〕: 저본에는 '國'으로 되어 있으나, 安永本·≪世說箋本≫·≪晉書≫ 〈石勒上〉에 의거하여 '園'으로 바로잡았다.

67) 襄國 : 廣平郡에 있는 襄國縣인데, 春秋시대 趙나라의 군주인 趙襄子(趙無恤)의 謚號로 지명을 삼은 것이다.(≪世說音釋≫)

68) 正號 : 황제를 칭하는 것을 말한다.(≪世說音釋≫)

69) 乃公 : 乃는 汝이고 公은 漢王 자신을 가리킨다.(≪世說音釋≫)

"인생에서 귀한 것은 자기 뜻에 맞게 사는 것인데, 어찌 수천 리 타향에서 벼슬살이하며 명성과 작위를 구하리오."

그리고는 마침내 수레를 준비하게 하여 곧바로 고향으로 돌아갔다. 얼마 있다 齊王이 패하니 당시 사람들이 모두 그가 선견지명이 있다고 하였다.

張翰

張季鷹이 辟齊王東曹掾하여 在洛일새 見秋風起하고 因思吳中菰菜羹鱸魚膾하고 曰人生貴得適意耳어늘 何能羈宦數千里하여 以要名爵이리오하고 遂命駕하여 便歸하다 俄而齊王敗하니 時人이 皆謂其見機①라

① ≪文士傳≫에 말하였다. "張翰은 字가 季鷹이고, 부친 張儼은 吳나라의 大鴻臚였다. 장한은 탁월한 재주와 훌륭한 명성을 지녔고 박학하고 문장을 잘 지어 순식간에 완성하였으며 글의 형식과 내용이 淸新하였다. 大司馬 齊王 司馬冏이 불러서 東曹掾으로 삼았다. 장한이 같은 郡 사람인 顧榮에게 말하기를, '천하가 혼란스럽기 그지없어 四海의 이름난 자는 벼슬에서 물러나기를 요청해도 참으로 어렵소. 나는 본래 山林에 살던 사람으로 이 시대에 바랄 것이 없게 된 지 오래되었소. 그대는 현명함으로써 앞을 잘 방비하고 지혜로써 뒤를 잘 대비하시오.' 하니, 고영이 그의 손을 잡고는 서글프게 말하였다. '나 역시 그대와 함께 南山의 고사리를 뜯고 三江의 물을 마실 것이오.' 하였다. 장한이 병을 이유로 〈고향에〉 돌아가자 官府는 대번에 관리 명부에서 그를 삭제하였다. 장한은 성품이 지극히 효성스러워 모친상을 당했을 때 정해진 예보다 지나치게 슬퍼하였다. 스스로 나이가 많다고 여겨 당대의 일을 맡지 않았고 병으로 집에서 죽었다."

文士傳曰"張翰, 字季鷹, 父儼, 吳大鴻臚. 翰有淸才美望, 博學善屬文, 造次立成, 辭義淸新. 大司馬齊王冏辟爲東曹掾. 翰謂同郡顧榮曰 '天下紛紛未已, 夫有四海之名者, 求退良難. 吾本山林間人, 無望於時, 久矣. 子善以明防前, 以智慮後.' 榮捉其手, 愴然曰 '吾亦與子, 採南山蕨, 飮三江水爾.' 翰以疾歸, 府以輒去除吏名. 性至孝, 遭母艱, 哀毁過禮. 自以年宿, 不營當世, 以疾終于家."

14-19 王平子(王澄)[70]는 평소에 〈조카인〉 眉子(王玄)를 인정하지 않고 말하였다. "그는 뜻이 자신의 기량보다 크니 결국 흙 보루 사이에서 죽게 될 것이다."

王平子가 素不知眉子하여 曰 志大其量하니 終當死塢壁間①이리라하다

① ≪晉諸公贊≫에 말하였다. "王玄은 字가 眉子이고, 夷甫(王衍)의 아들이다. 東海王 司馬越이 불러 掾으로 삼았다. 후에 陳留太守로 가서 크게 형벌을 시행하다가 塢人에게 살해되었다."
晉諸公贊曰 "王玄, 字眉子, 夷甫子也. 東海王越辟爲掾. 後行陳留太守, 大行威罰, 爲塢人所害."

【頭註】

○ 王世懋 : 패망할 것이라고 말하면 되었을 뿐인데, 어찌 흙 보루 사이에서 죽을 줄 알 수 있었단 말인가. 억지로 끌어다 댄 내용이 많은 것이 이와 같다.
王云 "言敗可耳, 何得定知死塢壁間? 傅會多如此."

14-20 周伯仁(周顗)의 모친이 冬至에 술을 들어 세 아들에게 내려주고 말하였다. "나는 본래 長江을 건너면 발붙일 곳이 없을 것이라고 생각했었는데, 너희 집안이 신의 도움을 받아 너희들이 모두 내 앞에 늘어서 있게 되었으니, 더 이상 무엇을 근심하겠는가."

그러자 周嵩이 일어나 오래 무릎을 꿇고 울면서 말하였다.

"어머니의 말씀과 같지 않습니다. 伯仁(주의)의 사람됨은 뜻은 크지만 재주가 부족하고, 명성은 높지만 식견이 부족하며 남의 약점을 이용하기를 좋아하니 이는 스스로를 보존하는 방도가 아니고,[71] 저는 성품이 오만하여 역시 세상에 용납되지 못할 것입니다.[72] 오직 阿奴(周謨)만은 평범하니 어머니 눈앞에 남아

70) 王平子(王澄) : 269~312. 字가 平子이고, 瑯琊王氏 출신이며 司徒 王戎의 堂弟이다. 西晉에서 荊州刺史를 지냈다. 인물품평에 뛰어나, 당시 사람들은 그의 품평을 거치면 다른 이의 품평이 필요 없다고 여겼다. 王敦의 시기를 받아 그가 보낸 力士 路戎에게 피살되었다.(≪晉書≫ 〈王戎附王澄傳〉)

71) 스스로를……아니고 : 周顗(269~322)는 대장군 王敦에게 죽임을 당하여 54세 때 죽었다.

72) 세상에……것이고 : 周嵩(?~324)은 周顗의 동생이다. 元帝 때 御史中丞을 지냈다. 王敦이 주의를 죽인 뒤 사람을 시켜 조문하자, 주숭이 "돌아가신 형님은 천하 사람

있게 될 것입니다."

周伯仁母가 **冬至**에 **擧酒**하여 **賜三子**하고 **曰 吾本謂度江**할새 **託足無所**어늘 **爾家有相**하여 **爾等**이 **竝羅列吾前**하니 **復何憂**리오하거늘 **周嵩**이 **起**하여 **長跪而泣曰 不如阿母言**이니이다 **伯仁**은 **爲人**이 **志大而才短**하고 **名重而識闇**하며 **好乘人之弊**하니 **此**는 **非自全之道**요 **嵩**은 **性狼抗**하여 **亦不容於世**니이다 **唯阿奴碌碌**하니 **當在阿母目下耳**리이다라하다

【頭註】

○ 劉辰翁 : 말이 매우 슬프다.
劉云 "語甚可悲."

14-21 王大將軍(王敦)이 패망한 뒤 王應은 世儒(王彬)에게 의탁하려 하였는데, 세유는 江州刺史였다. 王含은 王舒에게 의탁하려 하였는데, 왕서는 荊州刺史였다. 왕함이 〈아들인〉 왕응에게 말하였다.

"대장군(왕돈)이 평소에 강주(왕빈)와 〈관계가〉 어떠하였는데,[73] 〈그걸 알면서도〉 너는 그에게 귀의하려 하느냐?"

왕응이 말하였다.

"이것이 바로 그 사람에게 가야 하는 이유입니다. 강주(왕빈)는 상대가 강성하였을 때 그에게 항거하여 異議를 제기하였으니,[74] 이는 보통 사람이 행할 수 있는 것이 아닙니다. 위급한 처지의 사람을 보게 되면 필시 측은해하는 마음을 일으킬 것입니다. 형주(왕서)는 법도를 준수하니 어찌 예상 밖의 일을 만들겠습니까."

인데, 천하 사람에게 살해되었다. 또 어찌 조문한단 말인가.〔亡兄天下人 爲天下人所殺 復何所吊〕"라고 하니, 왕돈이 매우 앙심을 품었다. 주숭은 후에 誣告를 당해 죽었다.

73) 대장군(왕돈)이……하였는데 : 王彬은 王敦의 從弟였는데, 왕돈이 자신의 친구인 周顗를 죽이자 이를 강하게 비난하여 왕돈이 그의 목을 치겠다는 뜻의 말을 할 정도로 미워하였다.

74) 강성한……제기하였으니 : 周顗를 哭하고 王敦의 죄를 비난한 일과 왕돈이 반역을 일으킨다고 諫한 일을 말한다.(≪世說音釋≫)

왕함이 그 말을 따르지 않고 마침내 둘이 같이 왕서에게 의탁하였는데, 왕서는 결국 왕함 부자를 강에 빠져 죽게 하였다. 왕빈은 왕응이 온다는 말을 듣고 몰래 배를 준비해놓고 기다리다가 결국 올 수 없게 되자 무척 한스럽게 여겼다.

王大將軍旣亡에 王應은 欲投世儒한대 世儒는 爲江州요 王含은 欲投王舒한대 舒는 爲荊州라 含語應曰 大將軍이 平素與江州云何어늘 而汝欲歸之아하니 應曰 此迺所以宜往也①이니이다 江州는 當人彊盛時하여 能抗同異[75]하니 此는 非常人所行이니이다 及覩衰危하얀 必興愍惻②이리이다 荊州는 守文하니 豈能作意表行事리이까하다 含不從하고 遂共投舒한대 舒果沈含父子于江③이라 彬聞應當來하고 密具船以待之라가 竟不得來하니 深以爲恨④이라

① 〈王含別傳〉에 말하였다. "王含은 字가 處弘이고, 瑯琊 臨沂 사람이다. 여러 번 승진하여 徐州刺史에 이르렀는데 아우인 王敦과 반역을 일으켜 처형되었다."
≪晉陽秋≫에 말하였다. "王應은 字가 安期이고, 王含의 아들이다. 왕돈에게 아들이 없어 그를 입양하여 후사로 삼고, 武衛將軍으로 삼아 자신의 보좌로 썼다. 〈후에〉 처형되었다."
含別傳曰 "含, 字處弘, 瑯琊臨沂人. 累遷徐州刺史, 與弟敦作逆誅." 晉陽秋曰 "應, 字安期, 含子也. 敦無子, 養爲嗣, 以爲武衛將軍, 用爲副貳. 伏誅."

② 〈王彬別傳〉에 말하였다. "王彬은 字가 世儒이고, 瑯琊사람이다. 조부 王覽과 부친 王正은 모두 덕으로 이름났다. 왕빈은 호방한 기개가 동년배보다 뛰어났고 雅正한 운치가 있었다. 元帝(司馬睿)와 이종 형제 사이로 皇業을 보좌하였으며 누차 승진하여 侍中에 이르렀다. 從兄 王敦이 石頭로 내려가서 周伯仁(周顗)을 해쳤을 때, 왕빈은 주의와 평소 친하게 지냈으므로 그의 屍身 앞에 가서 매우 애통하게 곡하였다. 얼마 뒤 왕돈을 만났는데, 왕돈은 그가 참담한 모습인 것을 이상하게 여기고 그 이유를 물었다. 그러자 그가 대답하기를 '지난번에 주백인을 곡하였는데 슬픈 정을 떨쳐버릴 수 없습니다.'라고 하였다. 왕돈이 말하기를 '주백인은 스스로 죽임을 초래하였으니 네가 더 이상 무엇을 하겠는가.'라고 하니, 왕빈이 '伯仁은 깨끗하고 명예로운 선비인데 무슨 죄가 있습니까?'라고 하였다. 그리고는 왕돈을 비난하여 말하기를, '〈종형은〉 깃발을 내걸고 윗사람을 범하였으며 충성스럽고 선

75) 同異 : '異議를 제기하다'라는 의미이다.

량한 사람을 살육하였습니다.'라고 하였는데, 그 언사가 강개하였고 눈물을 줄줄 흘렸다. 왕돈이 크게 노하자 丞相(王導)이 좌중에 있다가 그를 위해 대신 변명하며, 왕빈에게 '절하고 사죄하거라.' 하니 왕빈이 말하였다 '足疾이 있어 근래 천자를 만나서도 절을 할 수 없었는데 어찌 무릎을 꿇겠습니까.' 그러자 왕돈이 말하기를 '발 아픈 것이 어찌 목이 〈잘려〉 아픈 것과 같겠는가." 하였다. 그러나 〈결국〉 친척이기 때문에 해치지는 않았다. 누차 승진하여 江州刺史・左僕射에 이르렀고 衛將軍에 추증되었다."

王彬別傳曰"彬, 字世儒, 瑯琊人. 祖覽父正, 竝有名德. 彬爽氣出儕類, 有雅正之韻. 與元帝姨兄弟, 佐佑皇業, 累遷侍中. 從兄敦下石頭, 害周伯仁, 彬與顗素善, 往哭其尸甚慟. 旣而見敦, 敦怪其有慘容而問之, 答曰 '向哭周伯仁, 情不能已.' 敦曰 '伯仁自致刑戮, 汝復何爲者哉?' 彬曰 '伯仁淸譽之士, 有何罪?' 因數敦曰 '抗旌犯上, 殺戮忠良', 音辭忼慨, 與涙俱下. 敦怒甚, 丞相在坐, 代爲之解, 命彬曰 '拜謝', 彬曰 '有足疾, 比來見天子, 尙不能拜, 何跪之有?' 敦曰 '脚疾何如頸疾?' 以親故不害之. 累遷江州刺史・左僕射, 贈衛將軍."

③〈王舒傳〉에 말하였다. "王舒는 字가 處明이고, 瑯琊 사람이다. 조부 王覽은 이름이 알려졌고, 부친 王會는 御史였다. 왕서는 器局과 德業이 대범하고 소박하였고 문무를 겸비하였다. 中宗(晉 元帝 : 司馬睿)이 임용하여 北中郎將・荊州刺史・尙書僕射로 삼았다. 지방관으로 나가 會稽太守가 되었을 때는 부친의 이름이 會였기 때문에 여러 번 表文을 올려 스스로 〈부임할 수 없는 사정을〉 진술하였다. 蘇峻을 토벌하는 데 공이 있어 彭澤侯에 봉해졌다. 車騎大將軍에 추증되었다."

王舒傳曰"舒, 字處明, 瑯琊人. 祖覽知名, 父會御史. 舒器業簡素, 有文武幹. 中宗用爲北中郎將・荊州刺史・尙書僕射. 出爲會稽太守, 以父名會, 累表自陳. 討蘇峻有功, 封彭澤侯. 贈車騎大將軍."

④王含이 王舒에게 몸을 맡기려 하였는데 왕서가 군대를 보내 그것을 막으니, 왕함 부자가 물에 뛰어들어 죽었다. 예전에 酈寄(역기)가 친구를 팔아 비난을 받았는데[76] 더구나 형제를 팔아 편안함을 구했으니 왕서는 사람도 아니다.

---

76) 酈寄가……받았는데 : 前漢 때 高皇后 呂氏가 죽은 뒤 대신들이 呂氏 일가를 섬멸하고자 하였으나 呂祿이 병권을 잡고 있어 뜻을 이루지 못하고 있었다. 이때 陳平과 周勃이 여록의 친구인 酈寄(역기)를 협박하여 그의 부친 酈商(역상)을 인질로 잡고 여록을 설득하여 병권을 내놓게 하였다. 당시 사람들은 역기를 친구를 배신한 사람

含之投舒, 舒遣軍逆之, 含父子赴水死. 昔酈寄賣友見譏, 况販兄弟以求安, 舒非人矣.

【頭註】

○ 劉辰翁 : 영웅과 현자의 특출한 식견은 후세의 귀감이 되지만, 거북도 스스로는 신령스럽지 못하였으니 애석하고 경계할 만하다. 王彬은 필시 친척을 죽게 한 것으로 자책하지 않을 수 없었을 것이고, 王舒는 또 어떠하였을지 모르겠다.

劉云 "英賢獨見, 爲鑒後來, 龜不自靈, 可傷可戒! 彬未必不以滅親自詭, 不知舒復如何."

14-22 武昌의 孟嘉가 庾太尉(庾亮)의 州從事가 되었는데 이미 이름이 알려져 있었다. 褚太傅(褚裒)는 인물을 알아보는 감식안이 있었는데, 그가 豫章太守에서 파직되어 돌아가다가 무창에 들러 유태위에게 물었다.

"孟從事(맹가)가 훌륭하다고 들었는데, 지금 여기에 있습니까?"

유태위가 말하였다.

"경이 직접 찾아보시지요."

저태부가 한참을 빙 둘러보다가 맹가를 가리키며 말하였다.

"이 사람이 조금 남다릅니다. 이 사람이 아닙니까?"

유태위가 크게 웃으면서 말하였다.

"그렇습니다."

당시의 사람들은 말없이 인물을 알아보는 저태부의 능력에 감탄하였고, 또 맹가가 인정을 받은 것을 기뻐하였다.

武昌의 孟嘉가 作庾太尉州從事한대 已知名이라 褚太傅有知人鑒한대 罷豫章하여 還過武昌이라가 問庾曰 聞孟從事佳한대 今在此不아하니 庾云 卿自求之하라하다 褚眄睞良久라가 指嘉曰 此君小異라 得無是乎아하니 庾大笑曰 然하다라하다 于時旣歎褚之默識하고 又欣嘉之見賞①이라

①〈孟嘉別傳〉에 말하였다. "太傅 褚裒는 인물을 알아보는 능력이 있었다. 庾亮이 새

이라고 비난하였으나, 班固는 그를 社稷을 안정시키고 군주와 아버지를 보존한 사람이라고 평가하였다.(≪史記≫ 〈呂后本紀〉)

해 아침에 조회를 열었을 때 저부가 유량에게 묻기를, '江州에 孟嘉가 있다고 들었는데, 어디에 있습니까?' 하니, 유량이 '이 자리에 있으니 경이 직접 찾아보시지요.' 하였다. 저부가 한참 동안 두루 살펴보다가 맹가를 가리키며 '이 사람이 아닙니까?' 하니 유량이 기분 좋게 웃으며 저부가 맹가를 인정한 것을 기뻐하고, 맹가가 저부에게 인정을 받은 것을 특별하게 여겨 이에 더욱 그를 존중하였다.

嘉別傳曰"太傅褚裒, 有器識. 亮正旦大會, 裒問亮, '聞江州有孟嘉, 何在?' 亮曰 '在坐, 卿但自覓.' 裒歷觀久之, 指嘉曰 '將無是乎?' 亮欣然而笑, 喜裒得嘉, 奇嘉爲裒所得, 乃益器之."

14-23 **【補】** 劉眞長(劉惔)은 淸遠한 것에 뜻을 두었다. 젊었을 때 사람들이 그를 袁羊(袁喬)[77]에 빗대자 유진장이 기뻐하며 그 모친에게 돌아가 고하였다. 모친은 鑑識眼이 있었는데, 그에게 말하였다.

"이는 네가 견줄만한 사람이 아니니 받아들이지 말라."

또 그를 范汪[78]에 비교하는 자가 있자 유진장이 다시 기뻐하였는데, 모친이 또 허락하지 않았다. 후에 유진장이 점점 나이가 많아지고 덕이 높아지게 되자 평론하는 자들이 그를 荀粲[79]에 빗댔다.

劉眞長은 **標寄淸遠**이라 **小時**에 **諸人**이 **比之袁羊**하니 **劉喜**하여 **還告其母**라 **母有識鑒**한대 **謂之曰 此**는 **非汝比**니 **勿受之**하라하다 **又有方之范汪者**하니 **劉復喜**한대 **母又不聽**이라 **後**에 **眞長**이 **年德轉升**하니 **論者比之荀粲**①이라

①〈范汪別傳〉에 말하였다. "范汪은 字가 玄平이고, 潁陽 사람이다. 左將軍 范略의 손

---

77) 袁羊(袁喬) : ?~?. 字는 彦升이고, 어릴 때 이름은 羊이다. 東晉의 官員이자 將領으로, 환온이 蜀을 평정한 뒤 湘西伯·益州刺史를 지냈다. 박학하고 文才가 있었다. (≪晉書≫ 〈袁喬傳〉)

78) 范汪 : 308~372. 字는 玄平이고 南陽 順陽 사람으로, 東晉의 大臣이며 醫學에 정통한 것으로 이름 났다. 東陽太守를 지냈으므로 范東陽으로도 부르며 郡에 재직할 때 학교를 크게 일으키고 惠政을 베푼 것으로 유명하다.(≪晉書≫ 〈范汪傳〉)

79) 荀粲 : 209~237. 字는 奉倩이고, 荀彧의 아들이다. 당시의 전형적인 名士이고, 玄學家로 추앙 받았다.

자이다. 젊어서부터 범상치 않은 뜻을 지녔고, 통달하고 민첩하였으며 박식하였고 經籍을 두루 섭렵하여 당시에 명성이 높았다. 吏部 尙書를 역임하였다."

≪晉書≫ 〈范汪傳〉에 말하였다. "范汪은 어려서 부친을 잃고 6세 때 長江을 건너가 외가인 新野庾氏에 의탁하였는데, 王澄이 그를 보고 특별하게 여겼다. 성장하여서는 학문을 좋아하였는데 외가가 가난하여 그를 돌보아 줄 수 없자, 범왕이 마침내 동산에서 기거하면서 베옷을 입고 채소를 먹었으며, 땔감을 태워 〈그 불빛으로〉 책을 베꼈고, 독서 또한 폭넓게 하여 많은 분야에 박학다식하였다. 名理[80]에 대한 담론에 뛰어났다.

范汪別傳曰"范汪, 字玄平, (穎)〔潁〕陽人. 左將軍略之孫. 少有不常之志, 通敏多識, 博涉經籍, 致譽於時, 歷吏部尙書." 晉書曰"汪, 少孤, 六歲過江, 依外家新野庾氏, 王澄見而奇之. 及長好學, 外氏家貧, 無以資給, 汪乃廬於園中, 布衣蔬食, 燃薪寫書, 誦讀亦遍, 博學多通. 善談名理."

14-24 王仲祖(王濛)・謝仁祖(謝尙)・劉眞長(劉惔)이 모두 丹陽의 墓所에 이르러 殷揚州(殷浩)를 찾아갔는데[81] 은양주는 〈은둔하려는〉 뜻이 확고하였다. 돌아온 뒤에 왕중조와 사인조가 서로 말하였다.

"淵源(은호)이 벼슬길에 나오지 않으니 장차 백성들을 어찌할 것인가."

그리고서 깊이 근심하고 한탄하니 유진장이 말하였다.

"경들은 정말로 연원이 벼슬길에 나오지 않을 것이라 근심하는가?"

王仲祖・謝仁祖・劉眞長이 **俱至丹陽墓所**하여 **省殷揚州**한대 **殊有确**(학)[82]**然之志**①라 **旣反**에 **王・謝相謂曰 淵源**이 **不起**하니 **當如蒼生何**오하고 **深爲憂嘆**이라 **劉曰 卿諸人**은 **眞憂淵源不起邪**(야)아라하다

① ≪中興書≫에 말하였다. "殷浩가 은거한 지 여러 해가 되었는데 여러 번 초빙하여

---

80) 名理 : 보편적으로 '名稱과 道理'를 가리키지만, 여기서는 魏晉시대에 淸談家들이 사물의 명칭, 이치의 是非・同異를 분석하는 것을 말한다.

81) 丹陽의……찾아갔는데 : 殷浩는 모친의 묘소가 있는 丹陽(江蘇省)에 은거하여 10년 가까이 출사하지 않았다.(≪晉書≫ 〈殷浩傳〉)

82) 确(학) : 確과 같으며, 견고하다는 의미이다.(≪世說音釋≫)

도 이르지 않았다."

中興書曰"浩, 棲遲積年, 累聘不至."

【頭註】

○ 劉辰翁 : 眞長(劉惔)이 殷浩를 알아본 것이 桓溫을 능가하였는데, 어찌 王濛과 劉惔을 같이 호칭할 수 있는가.

劉云"眞長能識殷浩, 駕馭桓溫, 豈可王·劉竝稱?"

14-25 小庾(庾翼)가 임종 무렵에 스스로 표문을 올려 아들 園客(庾爰之)을 〈형주자사의〉 후임으로 삼아 달라고 하였다. 조정에서는 〈소유의 청을 들어주지 않고〉 그가 명을 따르지 않을까 염려하여 누구를 보내야 할지 모르다가 마침내 함께 논의하여 桓溫을 임용하였다. 그러자 劉尹(劉惔)이 말하였다.

"그를 보내면 반드시 西楚[83)]를 평정할 수는 있겠지만 다시는 그를 통제할 수 없을까 염려된다."

小庾臨終에 自表하여 以子園客으로 爲代①한대 朝廷慮其不從命하여 未知所遣이라가 乃共議하여 用桓溫하니 劉尹曰 使伊去면 必能克定西楚어니와 然恐不可復制②라하다

① 園客은 庾爰之의 어릴 적 이름이다.

≪庾氏譜≫에 말하였다. "유원지는 字가 仲眞이고 庾翼의 둘째 아들이다."

≪中興書≫에 말하였다. "유원지는 부친 庾翼의 기풍을 지녀 桓溫이 그를 豫章에 옮겼는데 36세에 죽었다."

園客, 爰之小字也. 庾氏譜曰"爰之, 字仲眞, 翼第二子." 中興書曰"爰之有父翼風, 桓溫徙于豫章, 年三十六而卒."

② 〈陶侃別傳〉에 말하였다. "庾翼이 임종할 때 表文을 올려 자기 아들 庾爰之를 형주자사의 후임으로 삼아줄 것을 청하였다. 何充이 말하기를, '陶公(陶侃)은 공훈이 많은 사람이었지만 임종할 때 고결하게 사양하였고,[84)] 승상(王導)이 죽기 전에 〈그의

83) 西楚 : 長江 동쪽에서 보면 荊州가 西楚가 된다.(≪世說音釋≫)

84) 陶公은……사양하였고 : 陶侃(259~334)은 東晉의 名將으로, 蘇峻의 亂을 평정하는 등 동진을 안정시키는데 큰 공훈을 세운 인물이다. 武昌太守·荊州刺史·侍中·太

아들인〉 敬豫(王恬)가 4品의 將軍이었는데 지금까지도 변하지 않았으며,[85] 왕실의 친족인 道恩(庾羲)이 散騎(정3품)에 머물러 있으니, 이와 같이 파격적으로 제수한 적이 없었다.' 하여 마침내 徐州刺史 桓溫을 安西將軍·荊州刺史로 삼았다."

宋 明帝의 ≪晉江左文章志≫에 말하였다. "유익이 표문을 올려 자기 아들을 후임으로 임명하려고 하자, 조정에서 그것을 꺼려 논의하는 자들이 환온을 그 자리에 제수하려고 하였다. 그때 簡文帝(司馬昱)[86]가 정사를 돕고 있었는데 그에 찬성하였다. 劉惔이 말하기를, '환온이 가면 반드시 西楚를 평정할 수 있겠지만, 다시는 통제할 수 없게 될까 염려됩니다. 부디 大王(사마욱)이 직접 上流를 진압하소서. 제가 從軍司馬가 되겠습니다.' 하였는데 간문제가 허락하지 않았다. 환온은 나중에 과연 유담이 예상했던 대로 되었다."

陶侃別傳曰 "庾翼薨, 表其子爰之代爲荊州. 何充曰 '陶公, 重勳也, 臨終高讓, 丞相未薨, 敬豫爲四品將軍, 于今不改. 親則道恩, 優游散騎, 未有超卓若此之授.' 乃以徐州刺史桓溫, 爲安西將軍·荊州刺史." 宋明帝文章志曰 "翼表其子代任, 朝廷畏憚之. 議者欲以授桓溫, 時簡文輔政, 然之. 劉惔曰 '溫去, 必能定西楚. 然恐不能復制. 願大王自鎭上流, 惔請爲從軍司馬.' 簡文不許. 溫後果如惔所算也."

14-26 桓公(桓溫)이 장차 蜀을 정벌하려 할 때, 일을 맡고 있던 여러 사람들이 모두 李勢가 蜀에 있은 지 이미 오래되었고, 계승한 지 여러 세대가 되었으며 또 지형이 상류의 三峽에 근거하고 있어 정벌하기가 쉽지 않을 것으로 생각하였다. 그런데 劉尹(劉惔)만은 말하였다.

"그(환온)는 반드시 촉을 정벌할 것이다. 그가 도박하는 것을 관찰해보니 그

尉·都督八州諸軍事 등을 역임하였고 長沙郡公에 봉해졌다. 그는 76세에 병으로 임종할 때 조정에 표문을 올려 자신의 지위를 사양하고 사람을 보내 假節의 麾, 侍中의 貂蟬, 太尉의 인장, 荊·江州刺史의 印 등을 반납하였다.(≪晉書≫ 〈陶侃傳〉)

85) 敬豫(王恬)가……않았으며 : 敬豫는 승상 王導의 次子인 王恬이다. 부친이 생존했을 때 後將軍이었는데, 부친이 죽자 관직을 떠났다가 다시 기용될 때 전처럼 후장군에 임명되었다. 후장군은 4품이다.

86) 簡文帝 : 성명은 司馬昱(320~372)이고 字는 道萬이며 東晉의 開國 황제인 元帝의 막내아들이다. 會稽王으로서 황제를 보좌하다가 桓溫에 의해 廢帝(司馬奕)를 이어 제8대 皇帝가 되었다.

는 반드시 딸 수 없으면 하지 않았다."

桓公이 將伐蜀할새 在事諸賢이 咸以李勢在蜀既久하고 承藉累葉하며 且形據上流三峽하여 未易(이)可克이어늘 唯劉尹云 伊必能克蜀하리라 觀其蒱博하니 不必得이면 則不爲①라하다

① ≪華陽國志≫[87]에 말하였다. "李勢는 字가 子仁이고, 略陽 臨渭 사람이다. 본래 巴西 宕渠賨人이었는데, 그의 선조인 李特이 晉나라의 난리를 틈타 蜀에 웅거하였고 이특의 아들 李雄이 成都에서 황제를 칭하였다. 이세의 조부 李驤은 이특의 아우이다. 이양이 李壽를 낳고 이수가 帝位를 찬탈하여 스스로 자립하였는데, 이세는 바로 이수의 아들이다. 晉나라의 安西將軍(桓溫)이 촉을 치자 이세가 항복하여 揚州로 옮겨졌으니, 창건에서 멸망까지가 6대 37년[88]이었다."

〈桓溫別傳〉에 말하였다. "처음에 조정에서는 촉이 험준하고 먼 곳에 위치하고 있는 반면 환온의 군사는 수가 적은데다가 고립된 군대가 깊이 들어가는 것이었으므로 매우 두려워하였다. 그러나 환온이 곧바로 成都로 쳐들어가자 이세가 항복하였다."

≪語林≫[89]에 말하였다. "劉尹(劉惔)은 환공이 매번 도박에서 반드시 이기는 것을 보고는 말하기를, '경이 이렇게 이기기를 좋아하니 어찌 위급한 일을 해결하지 못하겠는가.' 하였다. 蜀을 치러 갈 때였으므로 이런 말을 한 것이다.

華陽國志曰"李勢, 字子仁, (洛)〔略〕[90]陽臨渭人. 本巴西宕渠賨人也. 其先李特, 因晉亂據蜀, 特子雄稱號成都. 勢祖驤, 特弟也. 驤生壽, 壽簒位自立, 勢卽壽子也. 晉安西將軍伐蜀, 勢歸降, 遷之(楊)〔揚〕[91]州. 自起至亡, 六世三十七年." 溫別傳曰

---

87) 華陽國志 : 東晉 永和 11년(355)에 常璩가 12권으로 편찬한 華陽 즉 巴・蜀・漢中의 地理志이다. 고대로부터 晉(南朝)까지의 역사가 단편적으로 쓰여 있고, 연혁과 產物에 대한 기록을 전하고 있다. 원본은 산실되었고, ≪後漢書≫와 ≪三國志≫ 주석에 일부 내용이 인용되어 있다. 1987년에 출간된 任乃强의 집본이 있다.

88) 37년 : ≪晉書≫ 〈李特載記〉에는 "四十六"이라 하였고, ≪華陽國志≫ 권9에는 "이씨가 일어나서부터 망할 때까지 6대 47년이었다.〔李氏自起事至亡 六世四十七年〕"라고 하였다.

89) 語林 : 東晉의 裴啓가 10권으로 편찬하였으며, 주로 漢나라 이후 東晉까지의 인물을 품평한 일화로 구성되어 있다. 隋나라 때 亡失되었고, 지금 周楞伽의 輯本이 있다.

90) (洛)〔略〕 : 저본에는 '洛'으로 되어 있는데, ≪世說音釋≫과 ≪晉書≫ 〈李特載記〉와 ≪華陽國志≫ 등에 의거하여 '略'으로 바로잡았다.

"初, 朝廷以蜀處險遠而溫衆寡少, (縣)〔懸〕[92]軍深入, 甚以憂懼, 而溫直指成都, 李勢面縛."[93] 語林曰 "劉尹見桓公, 每嬉戲必取勝, 謂曰 '卿乃爾好利, 何不焦頭?'[94] 及伐蜀, 故有此言."

14-27 郗超는 謝玄과 사이가 나빴다. 苻堅이 장차 晉나라를 병탄할 생각으로 이미 이리처럼 梁山과 岐山[95]을 집어삼켰고, 또 호시탐탐 淮水 남쪽지역을 노리고 있었다. 이에 조정에서 사현을 파견하여 북쪽을 토벌하게 할 것을 논의하였는데, 사람들 사이에 贊反 의견이 상당히 달랐다. 그런데 치초만은 말하였다.

"이 일은 반드시 성공할 것이다. 내가 예전에 桓宣武(桓溫)의 府에서 〈사현과〉 함께 근무하였을 때 그가 모든 사람들이 모두 재주를 다 발휘하게 하여 비록 나막신을 신는 〈천한〉 사람이라 할지라도 그 직임에 맞게 썼다. 이것으로 미뤄 보건대 아마도 그는 반드시 공을 세울 수 있을 것이다."

〈사현이〉 큰 성공을 거두자 당시 사람들이 모두 치초가 선견지명이 있음에 탄복하였고, 또 그가 愛憎 때문에 〈사현의〉 장점을 가리지 않은 것을 높이 평

---

91) (楊)〔揚〕: 저본에는 '楊'으로 되어 있으나, 安永本 등에 의거하여 '揚'으로 바로잡았다. 아래도 같다.

92) (縣)〔懸〕: 저본에는 '縣'이라 되어 있으나, ≪世說新語≫ 宋本과 ≪世說音釋≫에 의거하여 '懸'으로 바로잡았다. 懸軍은 멀리 정벌하러 出征하여 형세상 지원을 받기 어려운 군대를 말한다.

93) 面縛 : 面縛銜璧의 줄임말로, 전쟁에 패한 쪽 사람이 자진해서 손을 뒤로 묶은 채 璧玉을 입에 물어 폐백으로 바치는 것을 말하며, 이는 일반적으로 군주의 항복을 뜻한다.

94) 焦頭 : ≪世說音釋≫에 '赴急'과 같다고 하였는데, '赴急'은 '달려가 급하고 어려운 일을 해결하다'라는 의미이다.

95) 梁山과 岐山 : 원문은 "梁岐"인데, ≪世說音釋≫에서는 '梁'을 夏陽縣에 있는 梁山으로 보고 '岐'를 美陽縣에 있는 岐山으로 보았다. ≪世說新語箋疏≫(余嘉錫)에서는 '梁'을 '梁州'로 보았는데, 이는 寧康 元年(373) 겨울에 苻堅의 前秦이 梁州와 益州를 취하였다는 것을 근거로 한 것이다. 그러나 '岐'자에 대해서는 지명을 확정하지 못하고 다만 益州를 나타내는 '益'자의 오류가 아닐까 추정하였다. 본고는 ≪世說音釋≫의 견해를 따라 번역하였다.

가하였다.

郗超가 與謝玄으로 不善이라 苻堅이 將問晉鼎[96)]하여 既已狼噬梁岐하고 又虎視淮陰矣[①]라 于時에 朝議遣玄北討한대 人間頗有異同之論이어늘 唯超曰 是必濟事리라 吾昔嘗與共在桓宣武府일새 見使才皆盡하니 雖履屐之間이라도 亦得其任이라 以此推之컨대 容必能立勳이라하다 元功既擧에 時人咸歎超之先覺하고 又重其不以愛憎匿善[②]이라

① 車頻의 ≪秦書≫에 말하였다. "苻堅은 字가 永固이고, 武都 氐 사람이다. 본래의 姓은 蒲였는데, 조부인 蒲洪이 讖文을 사칭하여 苻로 바꿨으니, 자신이 왕에 된다는 符命을 받았음을 말한 것이다. 부견이 처음 태어날 때 붉은 빛이 나타나 그 집에 흘렀고, 태어났을 때 등에 붉은 색으로 篆書體를 새긴 것처럼 도드라져 있었다. 〈그는〉 어려서부터 아름다운 태도가 있었다. 石虎의 司隷 徐正이 인물을 알아보는 능력으로 이름났는데, 부견이 6세 때 길에서 놀고 있는 것을 똑바로 바라보고 기이하게 여겨 그에게 묻기를, '苻郎, 여기는 官街인데 어린 아이가 놀고 있으니 잡혀가는 것이 두렵지 않느냐.' 하였다. 부견이 말하기를, '관리는 죄 지은 자를 잡아가지 어린아이는 잡아가지 않습니다.' 하니, 서정이 좌우에 있는 사람들에게 말하기를, '이 아이는 王者나 霸者가 될 相이 있다.'라고 하였다. 石氏의 亂이 일어났을 때 伯父인 苻健과 부친 苻雄이 서쪽 관문에 들어왔는데, 부견의 꿈에 붉은 옷을 입고 관을 쓴 天神의 사자가 肩頭를 龍驤將軍에 임명하였다. 견두는 부견의 어릴 때 이름이다. 부견은 즉시 그를 용양장군에 임명하여 神命에 부응하였다. 후에 부건이 황제를 僭稱하였다. 그가 죽자 그 아들 苻生이 즉위했는데 흉포하니, 여러 신하가 그를 죽이고 부견을 세웠다. 부견이 재위한 지 15년[97)]에 長樂公

---

96) 問晉鼎 : ≪春秋左氏傳≫ 宣公 3년 조에 "楚王이 陸渾의 오랑캐를 치고 周나라 국경 가까이서 군사를 사열하였다. 천자가 王孫滿을 보내 위로하니 초왕이 周鼎의 輕重을 물었다."라는 내용이 있다. 여기서 '周鼎'의 '鼎'은 九鼎이다. 구정은 夏·商·周 3대에 전해지던 보물로, 천하를 소유한 자만이 가질 수 있었으므로 초왕이 주나라의 九鼎에 대해 물은 것은 주나라를 탈취할 뜻을 보인 것이다. 따라서 晉鼎에 대해 묻는다는 것은 그가 晉나라를 침략할 뜻이 있음을 말한다.

97) 부견이 선 지 15년 : 원문은 '堅立十五年'인데, 여기서 말하는 15년과 다음에 말한 19년은 부견이 처음 자립한 연도를 말하는 것이 아니라, 부견의 秦나라가 '建元'이라는 연호를 사용한 지 15년, 19년을 말한다. 그에 의하면, 건원 15년은 379년이

丕[98]를 보내 襄陽을 함락시켰고, 19년에 대대적으로 군사를 일으켜 晉나라를 정벌하였다. 100만이라 부르는 군사가 水陸 양쪽으로 진격하여 項城에 진을 치니, 항성에서 長安까지 천리나 깃발이 끊이지 않고 이어져 있었다. 마침내 사람을 보내 晉나라에 고하기를, '이미 晉君을 위해 長安城 안에 장대한 집을 지어놓았고, 이제 일부러 대대적으로 강을 건너 맞이하러 왔으니, 날을 잡아 그 집에 들어가시오.'라고 하였다."

車頻秦書曰 "苻堅, 字永固, 武都氐人也. 本姓蒲, 祖父洪詐稱讖文, 改曰苻, 言已當王應符命也. 堅初生, 有赤光, 流其室, 及誕, 背赤色隱起若篆文. 幼有美度, 石虎司隷徐正名知人, 堅六歲時, 嘗戲於路, 正見而異焉, 問曰 '苻郎, 此官街, 小兒行戲, 不畏縛耶?' 堅曰 '吏縛有罪, 不縛小兒.' 正謂左右曰 '此兒有王霸相'. 石氏亂, 伯父健及父雄, 西入關, 健夢天神使者朱衣冠, 拜肩頭爲龍驤將軍, 肩頭, 堅小字也. 健卽拜爲龍驤, 以應神命. 後健僭帝號, 死. 子生立, 凶暴, 群臣殺之而立堅. 堅立十五年, 遣長樂公丕, 攻沒襄陽, 十九年大興師伐晉. 衆號百萬, 水陸俱進, 次于項城, 自項城至長安, 連旗千里, 首尾不絶. 乃遣告晉曰 '已爲晉君於長安城中建廣夏之室, 今故大擧渡江相迎, 克日[99]入宅也.'"

② ≪中興書≫에 말하였다. "이때 氐賊이 강성하니 조정에서 북방을 진압시킬 수 있는 문무를 겸비한 훌륭한 장수를 구하는 논의가 있었는데, 대장군 謝安이 말하기를, '형님의 아들 謝玄만이 이 일을 맡을 수 있습니다.' 하였다. 중서랑 郗超가 그 말을 듣고 탄복하며 말하였다. '사안이 대중의 뜻을 어기고 친척을 추천한 것은 현명하다. 사현은 필시 그의 추천을 저버리지 않을 것이다.'"

中興書曰 "于時氐賊彊盛, 朝議求文武良將可鎭靖北方者, 謝大將軍安曰 '唯兄子玄可任此事.' 中書郎郗超聞而嘆曰 '安違衆擧親, 明也. 玄必不負其擧.'"

【頭註】

○ 王世懋 : 正史에 苻堅의 성을 '苻'로 썼으니, 즉 蒲가 변한 것이다. 마땅히 '符命'이라고 할 때처럼 〈苻자의 艹를〉 竹자로 구성하여야 된다고 하지만 옳지 않다.

王云 "正史堅姓從苻, 卽蒲之變也. 此云當應符命從竹, 非是."

○ 왕세무 : 石虎 때의 〈苻堅의〉 바른 姓은 '蒲'였으니 符郎이라고 할 수 없다.

고, 건원 19년은 383년이다.(≪世說新語箋疏≫(余嘉錫))

98) 長樂公 丕 : 부견의 장남인 苻丕로, 永樂公에 봉해졌다.(≪世說音釋≫)

99) 克日 : 克은 刻과 같다. 刻日은 '날을 정하다'라는 의미이다.(≪世說音釋≫)

又云"石虎時正姓蒲, 不得云符郎."

14-28 王恭이 부친(王蘊)을 따라 會稽에 있을 때 王大(王忱)가 도성에서 와서 묘소에 참배하였다. 왕공이 잠시 묘소에 가서 만났다가 두 사람은 평소 친하게 지내서 마침내 10여일이 지나서야 돌아왔다. 부친이 왕공에게 무엇 때문에 여러 날이 걸렸는지 묻자, 왕공이 대답하였다.

"阿大(王忱)와 계속 이야기하다 보니 돌아올 수 없었습니다."

그러자 부친이 왕공에게 말하였다.

"아무래도 아대는 너의 친구가 아닌 것 같다."

결국 서로 애호하는 마음이 깨져 그가 말한 대로 되었다.

王恭이 隨父하여 在會稽①일새 王大가 自都來하여 拜墓라 恭暫往墓下하여 看之라가 二人素善하여 遂十餘日方還이라 父問恭하되 何故多日고하니 對曰 與阿大로 語蟬連[100]하여 不得歸니이다라하다 因語之曰 恐阿大는 非爾之友라하여늘 終乖愛好하여 果如其言②이라

① 王恭의 부친 王蘊은 따로 보인다.
恭父蘊, 別見.

② 王忱과 王恭은 王緖가 이간질하여 결국 원수지간이 되었다. 따로 보인다.
忱與恭爲王緖所間, 終成怨隙. 別見.

14-29【補】齊 明帝(蕭鸞)가 〈武帝를〉 폐위시키려 할 때 王思遠이 從兄 王晏에게 말하였다.

"형님은 무제에게 두터운 은혜를 입었는데 지금 하루아침에 다른 사람을 도와주니, 이와 같이 그를 섬긴다면 임시방편으로 서로 필요할 수는 있겠으나 형님이 장차 어떻게 살아갈 수 있을지 모르겠습니다. 이쯤에서 책임을 지고 자결하면 그래도 집안을 보전하고 훗날의 명예는 잃지 않을 수 있을 것입니다."

100) 蟬連 : 담론이 끊어지지 않음을 말한다.

그러자 왕안이 말하였다.

"현재 죽을 먹는 형편이라 이러한 일을 할 겨를이 없다."

왕안이 驃騎將軍에 제수된 뒤 자제들을 모아놓고 말하였다.

"隆昌(494) 말에 阿戎(왕사원)이 나에게 자결할 것을 권하였는데, 만약 그의 말대로 하였다면 어찌 오늘이 있었겠는가."

그러자 왕사원이 대번에 응답하였다.

"제가 본 바와 같다면 아직도 늦지 않았습니다."

열흘 뒤 왕안이 화를 입었다.

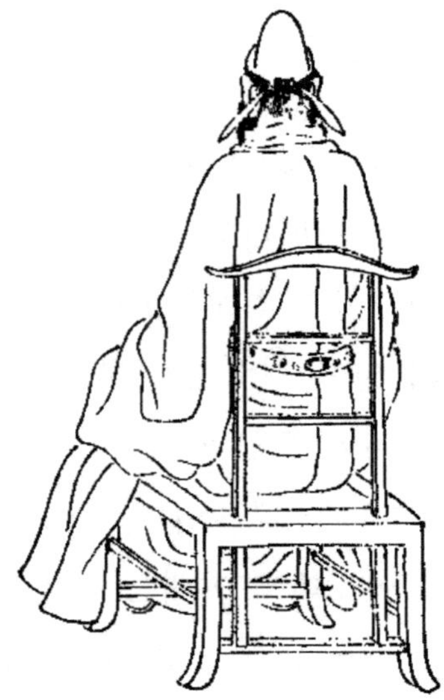

王思遠

(宋)〔齊〕[101)] 明帝廢立之際[①]에 王思遠[②]이 謂從兄晏曰 兄은 荷武帝厚恩이어늘 今一旦贊人하니 如此事彼면 或可以權計相須나 未知兄將何以自立이라 及此引決이면 猶可保全門戶하고 不失後名이라하니 晏曰 方啖粥하여 未暇此事라하다 及晏拜驃騎하여 會子弟曰 隆昌之末에 阿戎勸我自裁한대 若用其語인댄 豈有今日이리오하니 思遠이 遽應曰 如阿戎所見은 猶未晚也[③]라하다 旬日晏及禍[④]하다

① ≪宋書≫ 〈明帝紀〉[102)]에 말하였다. "廢帝 劉子業은 여러 숙부를 의심하고 두려워하여 殿內에 구금하였으며 주상(明帝)을 만나도 무례하게 대하여 장차 해치려 하였으므로, 주상이 먼저 阮佃夫·李道兒 등과 몰래 모의하여 後堂에서 죽였다."
明帝紀曰 "廢帝子業疑畏諸父, 拘之殿內, 遇上無禮, 將加害, 上先與阮佃夫李道兒等密謀, 殞之後堂."

② ≪南史≫ 〈王思遠傳〉에 말하였다. "王思遠은 王晏의 사촌동생이었다. 부친 王羅雲

---

101) (宋)〔齊〕: 원문은 '宋'이나, 실제 이 일화는 ≪齊書≫ 〈明帝紀〉에 실려 있으므로 '齊'로 바로잡았다.

102) ≪宋書≫ 〈明帝紀〉: 여기서 '明帝'는 '齊明帝'인데 ≪何氏語林≫의 편찬자인 何良俊이 '宋明帝'로 잘못 알고 ≪宋書≫ 〈明帝紀〉에서 인용하였다. 따라서 ≪宋書≫ 〈明帝紀〉에서 가져온 이 주석의 내용은 본문과 관련이 없다.

은 平西長史였는데, 왕사원이 8세 때 죽었다. 조부 王弘之와 외조부 羊敬元(羊欣)은 모두 은거하여 살고 高尙하였기 때문에 왕사원은 조금도 벼슬할 마음이 없었다. 宋 建平王 劉景素가 主簿로 초빙하여 깊이 예우하였다. 후에 司徒·左長史에 이르렀다."

南史曰"王思遠, 晏從父弟也. 父羅雲平西長史, 思遠八歲, 父卒. 祖弘之及外祖羊敬元, 竝棲退高尙, 故思遠少無仕心. 宋建平王景素, 辟主簿, 深見禮遇. 後至司徒·左長史."

③ 阿戎은 王思遠의 어릴 적 이름이다.

阿戎, 思遠小字.

④ ≪南齊書≫ 〈王晏傳〉에 말하였다. "王晏은 字가 休默이며 또한 字가 士彦이라고도 한다. 武帝(蕭賾) 때 丹陽尹이 되었으며 〈왕실과〉 친밀하고 지위가 막중하였다. 明帝(蕭鸞)가 〈무제의〉 폐위를 도모하자 왕안이 즉각 호응하니, 명제는 일 때문에 왕안을 필요로 하긴 하였으나 내심으로는 그를 의심하고 배척하였다. 왕안은 방비할 뜻을 가지지도 않고 조정에서 대부분의 사안을 독단으로 처리하였고, 자주 관상가를 불러 자신을 점치게 하였는데 그들은 〈왕안에게〉 크게 귀하게 될 것이라는 말을 하였다. 〈왕안은〉 손님과 대화할 때 다른 사람을 물리치기를 좋아하였다. 명제는 왕안이 반역을 일으킬까 의심하여 마침내 몰래 왕안을 華林省에 불러들이는 계책을 꾸며 그를 죽였다."

(宋)〔齊〕[103]書曰"晏, 字休默, 一字士彦. 武帝時爲丹陽尹, 位任親重. 明帝謀廢立, 晏便響應, 帝雖以事際須晏, 而心相疑斥. 晏無防意, 居朝事多專決, 數(삭)呼相工自視, 云當大貴, 與客語好屛人. 帝疑晏反, 乃密計召晏於華林省, 誅之."

14-30 **【補】** **瑯琊王** 元長(王融)이 재주와 명성이 매우 높았는데, **徐勉**과 교제하기를 원하여 매번 다른 사람에게 부탁하여 그를 부르곤 하였다. 서면이 사람들에게 말하였다.

"王郞(왕융)은 명성은 높으나 **餘望**이 촉박하니[104] 가볍게 옷자락을 떨치며 만

103) (宋)〔齊〕: 저본과 ≪何氏語林≫에는 '宋'으로 되어 있으나, ≪世說音釋≫과 安永本에 의거하여 '齊'로 바로잡았다.

104) 餘望이 촉박하니 : 원문은 '望促'인데, ≪資治通鑑≫ 〈齊紀〉 4 注에 "〈王融은〉 명성

나기 어렵다."

얼마 있다가 원장이 화를 당하자 당시 사람들이 그의 鑑識眼에 탄복하였다.

瑯琊王元長이 **才名甚盛**한대 **欲與徐勉**으로 **相識**하여 **每托人召之**라 **徐謂人曰 王郞**은 **名高**로대 **望促**하니 **難可輕(襒)衣裾**[105]라하다 **俄而元長及禍**하니 **時人服其幾鑒**①이라

① 蕭子顯의 ≪齊書≫ 〈王融傳〉에 말하였다. "王融은 字가 元長이고, 瑯琊 사람이다. 정신이 기민하고 지혜로웠으며, 박식하고 文才가 있었다. 중서랑이 되었을 때 武帝가 병드니, 왕융이 먼저 竟陵王 蕭子良을 세우려 하였다. 鬱林王(蕭昭業)이 왕융을 매우 미워하여 즉위한 뒤에 廷尉獄에 내려 처형하였다.
蕭子顯齊書曰 "王融, 字元長, 瑯琊人. 神明警惠, 博涉有文才. 爲中書郞. 帝[106]疾, 融先欲立竟陵王子良. 〔鬱林深怨融〕[107] 及卽位, 下廷尉獄, 賜死."

14-31 **【補】** **李密**이 부들로 만든 언치[108]를 깐 황소를 타고 ≪**漢書**≫ 1질을 소뿔에 걸쳐놓고는 한 손으로는 소의 가슴걸이를 잡고 한 손으로는 ≪한서≫의 책장을 넘기며 가고 있었다. **越國公**(楊素)이 길에서 우연히 만나 뒤따라 말고삐를 잡고 그를 쫓아 와서 물었다.

"어느 곳의 **書生**이 이처럼 학문을 좋아하는가?"

이밀은 그가 **越公**(양소)이라는 것을 알고는 소에서 내려 두 번 절하고 자신의 성명을 말하였다. 〈월공이〉 또 물었다.

은 높으나 경박하고 조급한 사람이라 필시 그에게 화가 미칠 것을 알았으므로 '望促'이라 한 것이다.〔名雖高而輕操人 知其必及禍 故望促〕"라고 한 것을 참고하여 번역하였다.

105) 輕(襒)衣裾 : ≪世說音釋≫에는 '襒'를 '拂'이라 하였고, 胡三省(元)의 ≪通鑑釋文辨誤≫ 권6에는 '輕'이 '竝'으로 되어 있고, '폐'를 '弊'로 보아야 문리가 통한다고 하였다. 胡三省의 플이에 의하면 "해진 옷을 같이 입을〈정도로 친할〉 수 없다."는 뜻이 된다. 여기서는 ≪세설음석≫의 뜻을 따라 번역하였다.

106) 帝 : 武帝를 말한다.(≪世說音釋≫)

107) 〔鬱林深怨融〕 : 저본에는 이 내용이 없으나, ≪世說音釋≫에 의거하여 보충하였다.

108) 언치 : 말이나 소의 안장이나 길마 밑에 깔아 그 등을 덮어 주는 방석이나 담요이다.

"읽고 있는 책이 무엇인가?"

그러자 이밀이 대답하였다.

"〈項羽傳〉입니다."

월공이 기특하게 여겨 그와 더불어 대화를 나눈 뒤 크게 기뻐하고 자신의 아들 玄感 등에게 말하였다.

"내가 이밀의 식견과 도량을 보니 너희들이 미치지 못한다."

李密①이 **乘一黃牛**한대 **被以蒲韉**하고 **將漢書一帙**을 **掛於角上**하고 **一手**로 **捉牛靷**하고 **一手**로 **翻漢書**라 **越國公**②이 **遇見於道**하고 **從後**하여 **按轡躡之**라가 **旣及**에 **問何處書生**이 **耽學如此**오하니 **密識是越公**하여 **乃下牛再拜**하고 **自言姓名**이라 **又問所讀書**하니 **答云項羽傳**이라하다 **越公**이 **奇之**하여 **與語大悅**하고 **謂其子玄感等曰 吾觀李密識度**하니 **女等不及**③이라하다

① 〈李密은〉 따로 보인다.
   別見.

② 楊素이며, 따로 보인다.
   楊素, 別見.

③ ≪隋書≫ 〈楊玄感傳〉에 말하였다. "楊玄感은 사도 楊素의 아들이다. 독서를 좋아하였고 말타기와 활쏘기를 잘하였다. 부친의 軍功 덕으로 지위가 柱國[109]에 이르렀다."
   隋書曰 "楊玄感, 司徒素之子也. 好讀書, 便騎射. 以父軍功, 位至柱國."

---

109) 柱國 : 楚(戰國)나라에서 공훈이 있는 장군에게 '柱國', '上柱國'의 칭호를 준 것에서 유래하였다. 그 후 漢 更始帝 때 李通에게, 後燕(北朝)의 翟檀에게, 北魏의 長孫嵩에게 '주국'에 '대장군'이라는 칭호를 합하여 '주국대장군'을 제수한 기록이 있는데, 이때에는 여러 장군 칭호 중 하나였을 뿐이었다. 그 지위가 크게 변한 것은 北魏 孝莊帝 때 柱國大將軍이 丞相보다 우위에 있게 되면서부터이다. 이후 東魏의 권력을 장악했던 高歡이나 西魏의 권력을 장악했던 宇文泰가 주국대장군이 되었고, 우문태는 8명의 장군에게 이 칭호를 부여하여 '八柱國'이라 불렀다. 北周가 성립된 뒤부터 8명의 주국보다 더 많은 장군에게 이 칭호가 부여되어 散官으로 변하였으며, 隋나라 때는 '대장군'이라는 호칭이 삭제되었다.

14-32【補】[110] 路巖이 淮南에서 崔鉉을 보좌하여 支使[111]로 있을 때, 최현은 그가 반드시 귀하게 될 줄 알았다. 한번은 말하였다.

"路十(노암)은 나중에 재상이 될 것이다."

〈노암이〉 얼마 뒤 감찰어사로 들어가서 長安城을 나가지 않고 10년 만에 재상이 되었다. 그가 翰林院[112]에 들어간 날 최현은 여전히 회남에 있었는데, 그 소식을 듣고 말하였다.

"路十이 지금 벌써 한림원에 들어갔으니 어찌 〈한림원에서〉 늙겠는가." 나중에 모두 최현이 말한 대로 되었다.

路巖①이 **佐崔鉉於淮南**하여 **爲支使**②일새 **鉉知其必貴**라 **嘗曰 路十**은 **終須作彼一官**③이리라하다 **旣而入爲監察御史**하여 **不出長安城十年**에 **至宰相**이라 **其入翰林日**에 **鉉猶在淮南**이라가 **聞之曰 路十**이 **今已入翰林**하니 **如何得老**[113]오라하다 **後皆如鉉言**이라

① ≪唐書≫ 〈路巖傳〉에 말하였다. "路巖은 字가 魯瞻이고, 陽平 冠氏 사람이다. 조부 路季는 諫議大夫였다. 부친 路群은 經學에 정통하였고 뜻이 바르고 행실이 고결하였으며 한림학사를 지냈다. 노암은 어려서부터 다른 사람보다 월등하게 총명하고 기민하였다. 大中進士[114]에 올랐고 戶部侍郎同平章事가 되었을 때가 겨우 36세였다."
唐書曰 "巖, 字魯瞻, 陽平冠氏(지)人. 祖季, 諫議大夫. 父群, 精經學, 志行貞潔, 爲

---

110)【補】: 저본에는 '補'가 없으나, 이 일화는 ≪世說新語≫가 아닌 ≪何氏語林≫에 있으므로 '補'를 보충하였다.

111) 支使 : 唐나라 관찰사 막하에 소속하여 表·牋·書翰 등 書記의 직임을 담당했던 관원이다.(≪世說音釋≫)

112) 翰林院 : 唐나라 때 처음 생긴 이후, 주로 황실과 나라의 문화·예술 사업과 황실의 實錄 등 학술 활동을 총괄하던 기관이다. 이곳에서 일하는 학사를 翰林學士라 불렀다.

113) 如何得老 : ≪世說音釋≫에 '어떻게 翰林에서 늙겠는가〔如何得老於翰林〕'라는 의미라고 하였으니, 한림원에서 늙지 않고 재상이 될 것이라는 뜻이다.

114) 大中進士 : 대중은 宣宗의 연호(847~860)이다. 路巖이 대중 연간에 進士가 되었다는 말이다.

翰林學士. 巖幼聰敏過人, 登大中進士, 以戶部侍郎同平章事, 年始三十六."

② 劉昫의 ≪唐書≫에 말하였다. "崔鉉은 字가 台碩이고, 義成節度使 崔元略의 아들이다. 여러 번 승진하여 호부시랑에 이르렀다. 會昌(841~846) 말에 本官平章事[115]로서 동료 李德裕의 시기를 받아 재상에서 파직되었다."

劉昫唐書曰"崔鉉, 字台碩, 義成節度使元略子也. 累官戶部侍郎, 會昌末, 以本官平章事爲同列李德裕所嫉, 罷相."

③ 胡三省의 ≪資治通鑑≫注에 말하기를, "〈一官은〉 재상이 되는 것을 이른다." 하였다.

胡三省通鑑注曰"謂作相也."

14-33【補】韓熙載가 南唐[116]에 있을 때 여종들을 많이 두고 밤낮으로 춤추고 노래하였다. 어떤 사람[117]에게 말하였다.

"내가 이런 행동을 하는 것은 재상으로 들어오라는 명을 피하려고 해서입니다."

그가 물었다.

"무엇 때문에 그 명을 피하십니까?"

〈한희재가〉 말하였다.

"中原[118]이 항상 이곳을 호시탐탐 노리고 있으니, 어느 날 〈중원에서〉 진정한 군주가 나오면 江南은 갑옷을 버릴 겨를조차 없을 것이니, 나는 千古의 웃음거리가 될 수 없어서입니다."

---

115) 本官平章事 : '平章事'라는 명칭은 唐나라때 처음 나타난다. 당시 중서성과 상서성의 장관이 재상이 되었으나 관직이 높고 권한이 막중하여 상시적으로 설치하지는 않고, 다른 관원을 선발하여 本官 외에 '同中書門下平章事(약칭 '同平章事')'라는 명칭을 더해주어 재상의 역할을 맡게 하였다.(≪新唐書≫ 〈百官志〉) 여기서 최현은 '호부시랑'이라는 本官에 '평장사'라는 명칭이 더해졌으므로 재상이 되었음을 말한다.

116) 南唐 : 937년부터 975년까지 39년간 존속한 五代十國 중 한 나라이다. 金陵에 도읍하였고 先主는 李昪, 中主는 李璟, 後主는 李煜이다.

117) 어떤 사람 : ≪何氏語林≫에는 僧 德明에게 말했다고 하였다.

118) 中原 : 南唐이 존속했던 시기에 중원을 차지하였던 後周를 가리킨다. 후주는 951년부터 960년까지 존속하였으며, 955년부터 958년 사이에 3차례 남당을 정벌하는 전쟁을 하였다. 이 전쟁에서 패한 남당은 황제를 칭하지 못하게 되고 長江 이북 지역을 후주에게 주었다.

韓熙載①在南唐일새 多置女僕하고 晝夜歌舞라 語人云 吾爲此行은 正欲避入相之命이라하거늘 問何故避之오하니 曰 中原常虎視於此하니 一旦眞主出하면 江南은 棄甲不暇리니 吾不能爲千古笑端②이라하다

① ≪湘山野錄≫에 말하였다. "韓熙載는 字가 叔言이고, 본래 青州 사람이다. 강남의 세 군주[119]를 섬겼는데, 당시 사람들이 그를 神仙中人이라 불렀다. 풍채가 사물을 빛나게 하여 말고삐를 휘두르며 봄가을에 城이나 동산을 다니면 사람들이 모두 그를 따라다니며 구경하였다. 그가 말하거나 웃으면 듣는 사람이 피곤을 잊었고, 음악을 알고 춤에 능하였으며 八分[120]과 書畵를 잘하여 모두 으뜸이었다. 꼿꼿하고 굽히지 않아 조정 전체에서 어느 누구에게도 절을 한 적이 없었다. 건의하는 일마다 대부분 받아들여졌다. 길례와 흉례 중에 법식과 같지 않은 것은 일이 생길 때마다 바로잡았으며, 그가 지은 制誥는 典雅하여 元和(806~820)의 기풍[121]이 있었다. 여러 차례 그를 재상으로 삼으려 하였으나, 宋齊丘가 그를 매우 시기하여 끝내 재상에 등용되지 못하였다."

湘山野錄曰"韓熙載, 字叔言, 本青(社)〔州〕[122]人. 事江南三主, 時謂之神仙中人. 風彩照物, 每縱轡春城秋苑, 人皆隨觀. 談笑則聽者忘倦, 審音能舞, 善八分及畵筆, 皆冠絶. 簡介不屈, 擧朝未嘗拜一人. 每獻替,[123] 多嘉納. 吉凶儀制不如式者, 隨事稽正, 制誥典雅, 有元和之風. 屢欲相之, 爲宋齊丘深忌, 終不進用."

② ≪南唐書≫[124]에 말하였다. "韓熙載가 南唐에 있을 때 충심을 다하고 직언을 하였으나 後房의 妓妾들을 단속하지 않아 그들이 멋대로 출입하였다. 後主가 여러 차

---

119) 세 군주 : 南唐의 군주인 先主 李昪(889~943), 嗣主 李璟(916~961), 後主 李煜(937~978)을 말한다.(≪世說音釋≫)

120) 八分 : 書體名으로, 秦나라 때 上谷 사람 王次仲이 만들었다 한다. 2分은 隸書와 비슷하고, 8分은 篆書와 비슷하여 八分이라 부르게 되었다고 한다.

121) 元和의 기풍 : 元和는 唐 憲宗의 연호(806~820)이다. 이 시기에 활동한 문인으로는 詩에 元稹·白居易, 문장에 韓愈 등이 있다.

122) (社)〔州〕 : 저본에는 '社'로 되어 있으나, ≪世說音釋≫에 의거하여 '州'로 바로잡았다.

123) 獻替 : 행해야 할 일을 進獻하고 행해서는 안 되는 일을 폐지하도록 임금에게 건의한다는 獻可替否의 준말이다.

124) 南唐書 : ≪南唐書≫는 3종이 있는데, 馬令의 ≪南唐書≫ 30권, 陸游의 ≪南唐書≫ 18권, 胡恢의 ≪南唐書≫이다.

례 그를 재상으로 삼고 싶었으나, 그의 이와 같은 행실을 싫어하여 마침내 좌천시켜 右庶子에 임명하여 지방에 分司하게 하였다. 한희재가 표문을 올려 그대로 있게 해달라고 빌고 여종들을 다 내보내자, 후주가 마침내 기뻐하여 秘書監에 임명하였다. 여종들이 다시 처음처럼 모여들었다."

南唐書曰 "熙載在南唐, 盡忠直言, 後房妓妾, 不加檢束, 恣其出入. 後主屢欲相之, 而惡(오)其如此, 乃左授右庶子, 分司於外. 熙載上表乞留, 盡出群婢, 後主乃喜, 以爲秘書監. 群婢復集如初.

14-34【補】待制 李誠之(李師中)가 宋 仁宗(趙禎)의 조정에 있을 때, 邸吏[125]를 통해 包希仁(包拯)이 參知政事가 되었다는 소식을 들었다. 어떤 이가 말하였다.

"조정이 이제부터 일이 많아지겠습니다."

그러자 이대제가 말하였다.

"包公(포증)은 〈일을〉 만들어 낼 수 없는 사람입니다. 지금 鄞令[126]인 王安石이라는 자가 눈에 흰자위가 많은 것이 王敦과 매우 흡사하니, 훗날 천하를 어지럽힐 자는 필시 이 사람일 것입니다."

李待制[127]誠之①가 在仁宗朝일새 因邸吏報包希仁參政[128]한대 或曰 朝廷自此多事矣리라하니 李曰 包公은 無能爲라 今鄞令王安石者가 眼多白이 甚似王敦하니 他日亂天下는 必此人②이리라하다

---

125) 邸吏 : 수도에 와서 지내며 행정과 연락을 맡아 하는 지방 관원을 말한다.

126) 鄞令 : 鄞은 會稽縣을 말한다.(≪世說音釋≫) 王安石은 鄞縣 知縣을 지냈다.

127) 待制 : 官名으로, 唐나라 때 처음 설치되었다. 5품 이상의 관원에게 中書省과 門下省에 숙직하며 황제의 訪問에 대비하게 하였다. 宋나라 때에도 그 제도를 답습하여 殿이나 閣에 모두 待制를 두었으니, 이를테면 保和殿待制, 龍圖閣待制 등속이다. 지위는 學士・直學士의 아래였다. 황제의 侍從을 담당하고 顧問에 대비하는 일을 하였다.

128) 參政 : 參知政事의 약칭이다. 참지정사는 唐宋時期에 가장 높은 長官 중 하나로, 同平章事・樞密使・樞密副使와 합하여 "宰執"이라 불렀다. 唐나라 때는 中書令・侍中・尙書僕射(상서복야) 외에 다른 관원을 宰相職에 임명할 때 "參知政事"를 제수하였다. 宋代에는 參知政事가 副宰相이었다.

① ≪宋史≫ 〈李師中傳〉에 말하였다. "李師中은 字가 誠之이고, 楚丘 사람이다. 부친 李緯가 涇原都監이었을 때 견책을 받아 강등될 상황에 처했는데, 이사중이 재상에게 나아가 변론하여 이로 인해 이름이 알려졌다. 進士에 올라 洛川縣의 知縣[129]이 되어 善政을 많이 베풀었고, 兗州·濟州·舒州·瀛州 등의 자사를 역임하였다."
宋史曰 "李師中, 字誠之, 楚丘人. 父緯爲涇原都監, 當責降, 師中詣宰相辯詰, 由是知名. 擧進士, 知洛川縣, 多善政, 歷知兗·濟·舒·瀛等州."

② ≪呂氏家塾記≫[130]에 말하였다. "包拯은 字가 希仁이다. 京尹이 되었을 때 禁令을 시행하여 천하 사람들이 모두 그를 包待制라 불렀다."
≪여씨가숙기≫에 말하였다. "包家는 예전에 저자거리의 小民이나 시골 촌사람이었으므로, 〈당시에〉 私利를 좇는 자를 보면 모두 손가락질하고 비웃으며 '너는 일개 포가이다.'라고 하였고, 탐오하고 부패한 자를 보면 '너는 일개 司馬家이다.'라고 하였다. 아마도 당시 사람들은 司馬君實(司馬光) 역시 사마가라고 불렀을 것이다."
呂氏家塾記曰 "包拯, 字希仁. 嘗爲京尹, 令行禁止, 天下皆呼爲包待制." 又曰 "包家, 故市井小民, 及田野之人, 見徇私者, 皆指笑之曰 '爾一箇包家', 見貪汚者曰 '爾一箇司馬家'. 蓋當時亦稱司馬君實爲司馬家."

---

129) 知縣 : 한 縣의 행정을 총괄하는 官名이다. 知縣事가 본래 명칭이나 통상 知縣이라고 불렀다.

130) 呂氏家塾記 : 呂希哲(1040~1117)이 1권으로 편찬한 雜著類 서적으로, 원본은 산실되었고 송대 이후의 서적 중에 내용 일부가 전한다. 여희철은 字가 原明이고, 呂公著의 長子이다. 학자들은 그를 滎陽先生이라 칭하였다. 그는 宋代의 정치적 문화적으로 뛰어난 인물을 많이 배출한 가문인 동래여씨 자손으로, 程顥·程頤·張載와 교유하였다. 저술로 ≪歲時雜記≫ 2권 등이 있었으나 산실되었다.

世說新語補 卷九

15. 상예 상 賞譽 上

〈상예〉편은 인물의 鑑賞과 禮讚에 관한 일화들이다. 인물의 예찬은 治國 능력에 대한 것이 상당수이며, 士人의 品行이나 처세・태도 등 각종 재능에 대한 감상과 예찬이 많아 이를 통해 각 시대에서 추구하는 이상적인 人格이 어떠하였는지를 알 수 있다. 전편인 〈識鑑〉과 다른 점은 일에 대한 豫見을 포함하지 않고 단지 인물의 品格・재주・風度에 대한 논평과 예찬이라는 점이다. 〈상예〉 上・下에는 본서에서 가장 많은 일화인 157건의 일화가 수록되어 있는데, 그중 ≪世說新語≫에서 가져온 것은 115건이고, ≪何氏語林≫에서 가져온 것이 42건이다.

15-1 陳仲擧(陳蕃)가 한번은 감탄하며 말하였다.

"周子居(周乘) 같은 자는 참으로 나라를 다스릴 그릇이다. 그를 寶劍에 비유하자면 세상의 〈귀한〉 干將이다."

陳仲擧가 **嘗歎曰 若周子居者**는 **眞治國之器**①로다 **譬諸寶劒**이면 **則世之干將**②이라하다

① ≪汝南先賢傳≫[1]에 말하였다. "周乘은 字가 子居이고, 汝南 安城 사람이다. 타고난 자질이 총명하고 특출하여 산처럼 우뚝하였으며, 陳仲擧(陳蕃)와 黃叔度(黃憲)의 무리가 아니면 교유하지 않았다. 진중거가 한번은 감탄하며 '周子居(周乘)는 참으로 나라를 다스릴 그릇이다.'라고 하였다. 泰山太守가 되어 상당히 善政을 펼쳤다."
汝南先賢傳曰 "周乘, 字子居, 汝南安城人. 天資聰朗, 高峙嶽立,[2] 非陳仲擧黃叔度

---

1) 汝南先賢傳 : 魏(三國)나라 사람 周斐(주비)가 편찬한 책으로, 汝南(河南省) 출신 인물들의 전기를 다루었다. 5권으로 되어 있었는데 散失되었고 현재 輯本이 있다.

之儔, 則不交也. 仲擧嘗歎曰 '周子居者, 眞治國之器也.' 爲泰山太守, 甚有惠政."

② ≪吳秋越春≫ 〈闔閭內傳〉에 말하였다. "吳王 闔閭가 干將에게 검을 만들어 줄 것을 청하였다. 간장은 吳나라 사람이고 그의 처는 莫邪(막야)라 하였다. 간장은 五山의 정기와 六金의 정수를 모아 하늘과 땅을 살피고 음양을 살폈으며, 百神이 와서 살펴주었으나 金과 鐵의 정수가 〈녹아〉 흐르지 않았다. 부부가 마침내 머리카락과 손톱을 잘라 화로에 던지자 金과 鐵이 드디어 녹아 2개의 검을 만들게 되었다. 陽은 간장이라 명명하고 거북무늬를 새겼고, 陰은 막야라 명명하고 무늬 없이 만들었다. 간장은 陽은 감춰두고 陰을 꺼내어 합려에게 바쳤는데, 합려가 그것을 보물로 매우 중하게 여겼다.

吳越春秋曰 "吳王闔閭請干將作劍. 干將者, 吳人, 其妻曰莫邪(야). 干將采五山之精六金之英, 候天地, 伺陰陽, 百神臨視, 而金鐵之精未流, 夫妻乃剪髮及爪, 而投之鑪中, 金鐵乃濡, 遂成二劍. 陽曰干將而作龜文, 陰曰莫邪而作漫理.[3)] 干將匿其陽, 出其陰, 以獻闔閭, 闔閭甚寶重之."

15-2 세상 사람들이 李元禮(李膺)를 평하였다.

"굳세기가 마치 꿋꿋한 소나무 아래 부는 바람 같다."

世目[4)]李元禮하되 謖謖如勁松下風[①]이라하다

① ≪李氏家傳≫에 말하였다. "李膺은 산처럼 우뚝하고 연못처럼 맑으며, 준엄한 외모가 고귀하고 위엄이 있었다. 온 중국 사람들이 말하기를, '潁川 李府君(이응)은 玉山처럼 거대하고, 汝南 陳仲擧(陳蕃)는 천리마처럼 높이 날며, 南陽 朱公叔(朱穆)은 송백 아래 부는 세찬 바람 같다.' 하였다."

李氏家傳曰 "膺, 嶽峙淵淸, 峻貌貴重, 華夏稱曰 '(顈)〔潁〕川李府君, 頵頵如玉山, 汝南陳仲擧, 軒軒如千里馬, 南陽朱公叔, 飂飂如行松栢之下."

---

2) 嶽立 : '山立'과 같다. ≪禮記≫ 注에 "'山立'은 마치 산이 서 있는 것처럼 우뚝하고 움직이지 않는 것이다."라고 하였다.(≪世說音釋≫)

3) 漫理 : ≪世說音釋≫에 "漫은 무늬가 없는 것이다.〔漫無文也〕"라 하였다.

4) 目 : ≪資治通鑑≫ 注에 "目이라는 것은 그 사람의 재주와 품성을 가지고 品題를 삼는 것이다." 하였다.

15-3【補】[5] 어떤 사람이 范孟博(范滂)에게 물었다.

"郭林宗은 어떤 사람입니까?"

그러자 범방이 말하였다.

"은거하면서도 부모님의 뜻을 어기지 않고, 올바르면서도 세속과 단절하지 않으며, 천자가 그를 신하 삼을 수 없고 제후가 그를 벗 삼을 수 없는 그런 사람입니다. 그 밖의 것은 나는 모릅니다."

或問范孟博하되 **郭林宗**은 **何如人**잇가하니 **范曰 隱不違親**하고 **貞不絶俗**하며 **天子不得臣**하고 **諸侯不得友**라 **吾不知其他**①라하다

① 范曄의 ≪後漢書≫에 말하였다. "范滂은 字가 孟博이고, 汝南 伊陽 사람이다. 젊어서부터 깨끗한 절조를 지니려고 애썼고 孝廉으로 천거되었다. 수레에 올라 고삐를 휘두르며 천하를 쇄신하려는 뜻을 지녔다. 후에 黨人 사건[6]으로 옥에 갇혔는데 황제가 조서를 내려 中常侍 王甫를 파견하여 차례로 심문하게 하였다. 범맹박이 이에 차례를 뛰어넘어 대답하기를, '신이 仲尼(孔子)의 말을 들으니, 「善을 보면 미치지 못할 것처럼 하고, 惡을 보면 뜨거운 국을 만지는 것처럼 한다.」 하였기에, 〈신은〉 善한 사람을 선하게 여겨 그 깨끗함을 함께 하려고 하고 惡한 사람을 미워하여 그 더러움을 함께 미워하려 하였고, 그것이 王政이 듣기 원하는 것이라 생각하였는데 다시 黨人이라 여길 줄은 생각

范滂

5)【補】: 저본에는 '補'가 없으나, 이 일화는 ≪世說新語≫가 아닌 ≪何氏語林≫에 있으므로 '補'를 보충하였다.

6) 黨人 사건 : 黨錮의 禍를 말한다. 後漢의 桓帝 때 宦官들이 정권을 휘두르는데 분개하여 陳蕃·李膺 등의 志士들이 환관들을 공격하다가 그들의 미움을 받아 '黨人'으로 지목되어, 죽은 자가 100여 인이고 많은 사람이 종신토록 벼슬하지 못하는 終身禁錮刑을 받은 사건을 말한다.(≪後漢書≫ 〈黨錮傳〉)

하지 못했습니다.' 하였다. 왕보가 말하기를, '경이 서로 도와 발탁하고 추천하여 번갈아 이와 잇몸처럼 긴밀한 관계를 맺었고 뜻이 맞지 않는 자가 있으면 번번이 배척하였으니, 그 의도가 무엇인가?' 하니, 범방이 마침내 분연히 하늘을 우러러 보며 말하였다. '옛날에 선을 따르는 자는 많은 복을 구했는데, 오늘날 선을 따르는 자는 목숨을 잃게 되는구나. 내가 죽으면 나를 首陽山 곁에 묻어 주기 바란다. 〈나는〉 위로는 皇天을 저버리지 않고 아래로는 伯夷와 叔齊에게 부끄럽지 않다.' 그러자 왕보가 측은하게 여겨 그로 인해 자세를 바로 하였다.

范曄後漢書曰"范滂, 字孟博, 汝南伊陽人. 少厲淸節, 擧孝廉. 登車攬轡, 有澄淸天下之志. 後以黨事繫獄, 詔遣中常侍王甫, 以次辨詰. 孟博越次對曰'臣聞仲尼之言,「見善如不及, 見惡如探湯.」欲使善善同其淸, 惡惡同其汚, 謂王政之所願聞, 不悟更以爲黨.' 甫問'卿更相拔擧, 迭爲脣齒, 有不合者, 動見則排斥, 其意云何?' 孟博慷慨仰天曰'古之循善, 自求多福. 今之循善, 身陷大戮. 身死之日, 願埋滂於首陽山側. 上不負皇天, 下不愧夷齊.' 甫愍然爲之改容."

15-4【補】脂元升(脂習)이 孔文擧(孔融)의 시신에 곡하자 위 태조(曹操)가 그를 체포하여 죄를 다스리려 하였으나, 그가 한 일이 올발랐기 때문에 용서받았다. 지원승이 후에 태조를 만나 지난 잘못을 사죄하자, 태조가 그의 字를 부르며 말하였다.

"원승, 경이 예전에 강개하였지."

脂元升이 **以哭孔文擧尸**하니 **魏太祖**가 **收欲治罪**나 **以其事直**으로 **見原**이라 **元升**이 **後見太祖**하여 **陳謝前愆**하니 **太祖**가 **呼其字曰 元升 卿故慷慨**①라하다

① 魚豢(어환)의 ≪魏略≫[7]에 말하였다. "脂習은 字가 元升이고, 京兆 사람이다. 公府에서 높은 순위에 천거하였다. 천자가 西遷하여 許昌에 나아갈 때[8] 지습이 늘 수행하여 시종하였다. 少府 孔融과 친하였다. 太祖(曹操)가 司空이 되어 威德이 나날이 강성해지는데 공융의 진언하는 태도가 거만하자, 지습이 항상 그를 나무라며

7) 魏略 : 魏나라의 郎中을 지낸 魚豢이 魏(三國)나라의 역사를 기술한 史書로, 50권으로 편찬하였다. 원본은 散失되었고 지금 淸나라의 王仁俊과 張鵬一이 집록한 輯本이 있다.

8) 천자가……때 : 後漢 獻帝 初平 원년(190) 2월에 長安으로 도읍을 옮겼다.(≪世說音釋≫)

절조를 바꾸게 하려 하였다. 공융이 처형되었을 때 공융과 친하게 지냈던 허창 안의 百官들 중 누구도 감히 그 시신을 수습하고 돌보는 사람이 없었는데, 지습만이 그 시신을 어루만지며 곡하면서 말하기를, '文擧(공융)여, 경이 나를 버리고 죽으면 나는 또 누구와 더불어 말을 한단 말인가.' 하였다."

魚豢魏略曰 "脂習, 字元升, 京兆人. 公府辟擧[9]高第. 天子西遷, 及詣許昌, 習常隨從. 與少府孔融親善. 太祖爲司空, 威德日盛, 融書疏倨傲, 習常責融, 欲令改節. 融被誅時, 許中百官與融親善者, 莫敢收恤, 習獨撫而哭之曰 '文擧, 卿舍我死, 我當復與誰語者.'"

15-5 公孫度가 邴原을 품평하였다.

"구름 속의 白鶴이니, 제비나 참새를 잡는 그물로는 잡을 수 있는 사람이 아니다."

公孫度가 **目邴原**하되 **所謂雲中白鶴**이니 **非燕雀之網**으로 **所能羅也**①라하다

① ≪三國志≫ 〈魏書 邴原傳〉에 말하였다. "公孫度는 字가 叔濟이고, 襄平 사람이다. 여러 번 자리를 옮겨 冀州刺史·遼東太守가 되었다."

〈邴原別傳〉에 말하였다. "邴原은 字가 根矩이고, 東管 朱虛 사람이다. 어려서 부친을 여의었다. 서너 살 때 書舍를 지나가다가 울자, 스승이 '동자는 어찌하여 우는가?'라고 물었다. 병원이 말하기를, '대개 배울 수 있는 사람은 부친이 있어서이다. 첫째는 그들이 부친을 여의지 않기를 바라서이고, 둘째는 그들이 배울 수 있는 것이 부러워서 마음이 서글퍼져 울었을 뿐입니다.' 하니, 스승이 측은하게 여겨 말하기를, '참으로 배우고 싶다면 돈을 낼 필요가 없다.' 하였다. 이리하여 학업에 나아가게 되었고, 성장하여서는 두루 읽고 많이 들었으며 그 행실이 금과 옥처럼 빛났다. 세상이 장차 어지러워질 것을 미리 알아 遼東으로 피난하였는데, 公孫度가 후하게 예우해주었다. 中國이 안정되자 고향으로 돌아가려 하였으나 공손도가 못 가게 막았다. 병원은 몰래 스스로 행장을 꾸려 놓고[10] 部落에 말하기를, '조

---

9) 辟擧 : 인재선발의 제도로 鄕里나 州郡에서 行實과 名望이 높은 사람을 관리로 추천하는 방식이며 辟召라고도 한다.

10) 행장을 꾸려 놓고 : 원문은 '治嚴'이다. 漢代에 明帝(劉莊)의 이름을 피하기 위해 "裝"

만간 가까운 郡으로 이사하겠다.' 하고 그들의 뜻을 관찰하니 모두 '옮겨도 좋다.' 라고 하였다. 병원은 전부터 고기를 잡는 큰 배를 가지고 있었는데, 촌락 사람들을 초빙하여 모두 술에 취하게 만들고는 밤을 틈타 떠났다. 며칠 뒤 공손도가 마침내 그 사실을 알았는데, 관리가 추격하려고 하자 공손도가 말하였다. '邴君은 구름 속의 白鶴이니 메추라기를 잡는 그물로는 잡을 수 있는 그런 사람이 아니다.' 魏王(曹操)이 祭酒(좨주)로 초빙하였고 여러 번 자리를 옮겨 五官中郎長[11]의 長史가 되었다.

魏書曰 "度, 字叔濟, 襄平人. 累遷冀州刺史遼東太守." 邴原別傳曰 "原, 字根矩, 東管朱虛人. 少孤, 數歲時過書舍而泣, 師問曰 '童子何泣也?' 原曰 '凡得學者, 有親也. 一則願其不孤, 二則羨其得學, 中心感傷, 故泣耳.' 師惻然曰 '苟欲學, 不須資也.' 於是就業, 長則博覽洽聞, 金玉其行. 知世將亂, 避地遼東, 公孫度厚禮之. 中國既寧, 欲還鄉里. 爲度禁絶. 原密自治嚴, 謂部落曰 '移比近郡', 以觀其意, 皆曰 '樂移'. 原舊有捕魚大船, 請村落, 皆令熟醉, 因夜去之. 數日度乃覺, 吏欲追之, 度曰 '邴君, 所謂雲中白鶴, 非鶉鷃之網所能羅也.' 魏王辟祭酒, 累遷五官中郎長史."

15-6 鍾士季(鍾會)가 王安豐(王戎)을 품평하였다.

"阿戎(왕융)은 총명하여 나의 뜻을 분명히 안다."

鍾士季가 **目王安豐**하되 **阿戎**은 **了了**하여 **解人意**[12]①라하다

① 王隱의 ≪晉書≫에 말하기를, "王戎은 젊어서부터 〈마음이〉 깨끗하고 총명하였으며 지혜로웠다." 하였다.

王隱晉書曰 "戎, 少淸明曉悟."

15-7 【補】 曹子建(曹植)이 일곱 걸음 걷는 동안에 문장을 완성하니, 세상 사람

이 "莊"과 同聲이므로 "嚴"으로 바꿔 썼는데, 후대에 그것을 연용하였다.

11) 五官中郎長 : 後漢 建安 16년(211)에 천자가 魏공자 曹丕를 五官中郎將으로 삼고, 官屬을 갖추게 하고 丞相의 다음이 되게 하였으니, 그 지위가 魏國의 제후들보다 위였다.(≪三國志≫ 〈魏志 文帝紀〉)

12) 解人意 : 여기서 '人'은 '나(我)'를 말한다.(≪世說音釋≫)

들이 그를 '繡虎'[13]라 평하였다.

曹子建이 **七步**에 **成章**하니 **世目爲繡虎**①라하다

① ≪三國志≫ 〈魏志 曹植傳〉에 말하였다. "陳思王 曹植은 字가 子建이고, 文帝(曹丕)의 同母弟이다. 나이 10여 세에 詩論과 辭賦 수만 자를 암송하였고, 문장을 잘 지었다. 太祖(曹操)가 한번은 그의 글을 보고 '네가 남에게 시켜서 지었느냐?' 하니, 조식이 무릎 꿇고 말하였다. '말을 하면 論이 되고, 붓을 대면 문장이 된 것이니, 단지 직접 시험해보시면 될 것입니다 어찌 남에게 시켜 지었겠습니까?' 하였다. 이때 鄴에 銅雀臺가 새로 완공되자 태조가 여러 아들을 모두 거느리고 그곳에 올라 각자에게 賦를 짓게 하였다. 조식이 이에 붓을 가져다 즉시 문장을 지었는데 볼 만하였다. 성품이 대범하였고 위엄을 차리지 않았으며, 수레·말·복식의 화려한 것을 바라지 않았다. 어려운 질문을 받을 때마다 곧바로 대답하여 태조가 총애하였고 거의 태자가 될 번한 적이 여러 번이었다. 문제가 즉위하여 그를 鄄城侯에 봉하였고 후에 雍丘로 옮겼으며 다시 東阿에 봉하였다. 조식은 매번 자신을 〈벼슬을 내려〉 시험해줄 것을 요구하였지만 되지 않고 封國도 자주 바뀌자 불안하였고 기쁜 일이 없었다. 41세에 죽었다."

魏志曰 "陳思王植, 字子建, 文帝同母弟也. 年十餘歲, 誦詩論及辭賦數萬言, 善屬(촉)文. 太祖嘗視其文曰 '汝倩人邪(야)?' 植跪曰 '言出爲論, 下筆成章. 顧當面試, 奈何倩人?' 時鄴銅雀臺新成, 太祖悉將諸子登之, 使各爲賦. 植援筆立成可觀. 性簡易(이), 不治威儀, 輿馬服飾, 不尙華麗. 每見難問, 應聲而答, 太祖寵愛之, 幾爲太子者數(삭)矣. 文帝卽位, 封鄄城侯, 後徙雍丘, 復封東阿. 植每求試不得, 而國亟遷易, 汲汲無懽. 年四十一薨."

曹植

---

13) 繡虎 : '繡'는 문사가 화려하고 아름다운 것을 말하고, '虎'는 재주가 뛰어나다는 것을 말한다. 후에 이 고사에 근거하여 詩文에 뛰어나고 문사가 화려한 자를 가리키는 말로 쓰였다.

15-8 謝子微(謝甄)가 許子將(許劭) 형제를 보고 말하였다.

"平輿의 못에 용 두 마리가 있구나."

許子政(許虔)이 스무 살 무렵이었을 때 보고는 감탄하며 말하였다.

"허자정 같은 자는 나라를 다스릴 器量이 있으니, 얼굴색을 바로 하고 충성스럽고 정직한 것은 陳仲擧(陳蕃)에 필적하고, 악인을 토벌하고 무능한 이를 물러나게 하는 것은 范孟博(范滂)의 기풍이 있다."

謝子微가 見許子將兄弟曰 平輿之淵에 有二龍焉이라하다 見許子政弱冠之時하야 歎曰 若許子政者는 有幹國之器이니 正色忠謇은 則陳仲擧之匹①이요 伐惡退不肖는 范孟博之風이라하다

① ≪汝南先賢傳≫에 말하였다. "謝甄은 字가 子微이고, 汝南 邵陵 사람이다. 人才를 알아보는 것은 비록 郭林宗이라도 사견의 鑑識에는 미치지 못하였다. 許子將(許劭) 형제가 스무 살 무렵에 보고는 말하기를, '平輿의 못에 용 두 마리가 있구나.' 하였다. 벼슬하여 豫章從事가 되었다. 許虔은 字가 子政이고, 平輿 사람이다. 고결함을 본받았고 바르고 관대하였다. 謝子微(謝甄)가 허건 형제를 보고 감탄하기를, '許子政(許虔) 같은 자는 나라를 다스릴 그릇이다.' 하였다. 허건의 아우 許劭가 명성이 아직 드러나지 않았을 때 당시 사람들이 그를 허건만 못하다고 생각하였는데, 허건은 항상 무릎을 치며 허소를 칭찬하고 자신이 아우에게 미치지 못한다고 하였다. 벼슬하여 郡功曹가 되었는데, 간사한 자를 축출하고 악한 자를 쫓아내 온 고을이 두려워하였다. 35세에 죽었다."

≪海內先賢傳≫에 말하였다. "허건의 아우 허소는 산처럼 우뚝하고 연못처럼 깊으며 그의 행동은 규범이 되었다. 邵陵 사람 사자미(사견)는 재주가 높고 식견이 고원하였는데, 10세 때의 허소를 보고 감탄하기를, '이 아이는 세상에 드문 偉人이다.' 하였다. 처음에 허소가 시장의 가게에서 樊子昭를 발탁하였고, 虞承賢을 객사에서 나오게 하였으며, 李叔才를 명성이 알려지지 않은 상태에서 불러내었고, 郭子瑜를 小吏에서 발탁하였다. 廣陵 사람 徐孟本[14](徐璆)이 汝南에 부임해 와서

---

14) 徐孟本 : 徐璆(구)이다. 본서에는 그의 字를 孟本이라 보았으나, ≪後漢書≫ 〈徐璆

허소의 높은 명망을 듣고 功曹로 초빙하였다. 이때 袁紹가 公族으로서 濮陽長이 되었다가 관직을 버리고 〈여남으로〉 돌아오면서 副車와 기병을 거느리고 왔는데, 고을의 경계에 들어오려다가 탄식하며 말하기를, '허자장은 맑은 기품을 지닌 사람인데 어찌 내가 수레와 의복을 그대로 지니고 그를 만나겠는가.' 하고는 마침내 말 한 마리만 타고 돌아갔다. 公府掾으로 초빙되어 여러 번 부름을 받았으나 모두 나아가지 않고 江南으로 피해 갔다가 豫章에서 죽었다."

汝南先賢傳曰 "謝甄, 字子微, 汝南邵陵人. 明識人倫, 雖郭林宗, 不及甄之鑒也. 見許子將兄弟弱冠時, 則曰 '平輿之淵, 有二龍.' 仕爲豫章從事. 許虔, 字子政, 平輿人. 體尙高潔, 雅正寬亮. 謝子微見虔兄弟, 嘆曰 '若許子政者, 幹國之器也.' 虔弟劭聲未發時, 時人以謂不如虔, 虔恒拊髀稱劭, 自以爲不及也. 釋褐爲郡功曹, 黜姦廢惡, 一郡肅然. 年三十五卒." 海內先賢傳曰 "虔弟劭, 山峙淵停, 行應規表. 邵陵謝子微, 高才遠識, 見劭十歲時, 歎曰 '此乃希世之偉人也.' 初劭拔樊子昭於市肆, 出虞承賢于客舍, 召李叔才於無聞, 擢郭子瑜於小吏. 廣陵徐孟本來臨汝南, 聞劭高名, 召功曹. 時袁紹以公族爲濮陽長, 棄官還, 副車從騎, 將入郡界, 乃歎曰 '許子將秉持淸格, 豈可以吾輿服見之邪(야)?' 遂單馬而歸. 辟公府掾, 敦辟[15]皆不就, 避地江南, 卒於豫章也."

15-9 【補】 管公明(管輅)이 말하였다.

"裴使君(裴徽), 何尙書(何晏), 鄧尙書(鄧颺), 劉太常(劉寔) 형제와 대화를 나누다 보면 정신과 생각을 맑게 일어나게 만들어 밤에도 잠잘 겨를이 없다. 이제부터는 아마도 대낮에나 잠들려 할 것이다."

管公明이**言 與裴使君**과 **何鄧二尙書**①와 **劉太常兄弟**로 **語**하면 **使人神思淸發**하여 **昏不假寐**라 **自此以還**으로 **殆白日欲寢矣**②라하다

傳〉에는 字가 孟玉이라 하였고, ≪삼국지≫ 〈魏志 武紀〉 注에는 字가 孟平이라 하였다. 서구는 東漢 말에 활약한 大臣으로, 荊州刺史·汝南太守 등을 지냈으며 袁術이 패한 뒤 그가 가지고 있던 玉璽를 훔쳐 漢 獻帝에게 바쳤다. 후에 太常에 제수되었고, 曹操가 丞相을 양보하려고 하였으나 받지 않고 任地에서 죽었다.

15) 敦辟 : ≪後漢書≫ 〈韋彪傳〉에 '數辟(삭벽)'으로 되어 있는 것에 의거하여 '여러 번'이라고 번역하였다.

①〈何鄧은〉 何晏과 鄧颺이다.

何晏・鄧颺.

②≪晉書≫ 〈劉寔傳〉에 말하였다. "劉寔은 字가 子眞이고 平原 高唐 사람이다. 집이 매우 가난하여 牛衣를 팔아서 생활하였다. 배우기를 좋아하고 책을 읽어 古今에 두루 정통하였고, 자신을 깨끗하게 하여 행동에 전혀 잘못이 없었다. 처음에 鍾會와 鄧艾가 蜀나라를 칠 때, 어떤 이가 '두 장군이 촉나라를 평정하겠습니까?'라고 묻자, 유식이 대답하기를 '촉나라를 평정하는 것은 분명하지만 모두 돌아오지 못할 것입니다.' 하였는데 결국 그가 말한 대로 되었다. 유식은 세상 사람들이 대부분 앞으로 나아갈 줄만 알고 廉遜하는 도리가 없다고 생각하여 〈崇讓論〉을 지어 〈풍속을〉 바로잡으려 하였다. 아우 劉智는 字가 子房이다. 깨끗한 절조를 지녀 형과 닮은 풍모가 있었고 儒者의 행실로 칭송되었다."

晉書曰"劉寔, 字子眞, 平原高唐人. 家貧苦, 賣牛衣以自給. 好學讀書, 博通古今, 淸身潔己, 行無玷缺. 初鍾會鄧艾伐蜀, 或問二將其平蜀乎? 寔曰'破蜀必矣, 而皆不還.' 竟如其言. 寔以世多進趣, 廉遜道缺, 作崇讓論, 以矯之. 弟智, 字子房, 貞素有兄風, 以儒行稱."

15-10 裴令公(裵楷)이 夏侯太初(夏侯玄)를 품평하였다.

"엄숙하기가 마치 廟堂에 들어 간 것 같으니 일부러 공경하라고 시키지 않아도 사람이 저절로 공경하게 된다."

한번은 말하였다.

"〈하후태초는〉 마치 종묘에 들어간 것 같으니 영롱하게 禮器와 樂器만 보이고, 鍾士季(鍾會)를 보면 마치 武庫를 사열하는 것 같으니 온갖 창들만 보이며, 傅蘭碩(傅嘏)을 보면 광대하여 수용하지 않는 것이 없고, 山巨源(山濤)을 보면 마치 산에 올라 아래를 내려다보는 것 같이 아득하게 깊고 멀다."

裴令公이 **目夏侯太初**하되 **肅肅如入廊廟中**하니 **不脩敬而人自敬**①이라하다 **一曰 如入宗廟**하니 **琅琅但見**(현)**禮樂器**하고 **見鍾士季**하면 **如觀武庫**하니 **但覩矛戟**하고 **見傅蘭碩**하면 (江)〔汪〕廧(장)[16]**靡所不有**하고 **見山巨源**하면 **如登山臨下**하니 **幽然深遠**이라하다

①≪禮記≫ 〈檀弓 下〉에 말하였다. "周豐이 魯哀公에게 말하기를, '종묘와 사직단에서는 공경하라고 시키지 않아도 백성이 자연히 공경합니다.' 하였다."

禮記曰 "周豐謂魯哀公曰 '宗廟社稷之中, 未施敬而民自敬.'"

【頭註】

○ 王世懋 : 〈江廧은〉 晉나라 史書(≪晉書≫ 〈裴楷傳〉)에 의하면, '汪翔'으로 되어 있다. 이는 汪字가 잘못 전해져서 江이 되고, '翔(상)' 字의 발음이 잘못 전해져서 廧(장)이 된 것이다. 그러나 汪廧 역시 매우 이해하기 어렵다.
王云 "據晉史, 作汪翔, 蓋汪字訛而爲江, 翔音訛而爲廧也. 然汪廧亦甚費解."

15-11 羊公(羊祜)이 낙양에 돌아왔을 때 郭奕이 野王令이었다. 양공이 〈고을의〉 경계에 이르러 사람을 보내 〈만나기를〉 청하니 곽혁이 직접 가서 만나 보고서 감탄하여 말하였다.

"羊叔子가 어찌 반드시 나 郭泰業(곽혁)보다 못하겠는가."

다시 양공이 있는 곳에 가서 조금 있다 돌아와 다시 감탄하여 말하였다.

"양숙자는 보통 사람보다 뛰어나다."

양공이 떠날 때 곽혁이 온종일 그를 전송하여 한 번에 수백 리를 갔다가 결국 현의 경계를 벗어나는 바람에 파면되었다. 곽혁이 다시 감탄하며 말하였다.

"양숙자가 어찌 반드시 顔子(顔淵)보다 못하겠는가."

羊祜

羊公이 還洛에 郭奕이 爲野王令①이라 羊至界하여 遣人要之하니 郭便自往하고 旣見에 歎曰 羊叔子가 何必減郭泰業이리오라하다 復往羊許하여 小悉還하여 又歎曰 羊叔子는 去人遠矣라하다 羊旣去에 郭送之彌

16) (江)〔汪〕廧(장) : 저본에는 '江廧'으로 되어 있으나, ≪晉書≫ 〈裴楷傳〉과 ≪世說新語箋疏≫(余嘉錫)에 의거하여 '江'을 '汪'으로 바로잡았다. 汪廧은 汪翔과 같으며, 汪翔은 汪洋과 같으니, 광대함을 말한다. 참고로 ≪진서≫ 〈배해전〉에는 '汪翔'으로 되어 있다.

日하여 一擧數百里라가 遂以出境으로 免官이라 復歎曰 羊叔子가 何必減顔子오하다

① ≪晉諸公贊≫에 말하였다. "郭奕은 字가 泰業이고, 太原 陽曲 사람이다. 여러 세대에 걸친 舊族이었다. 곽혁은 재주와 명망이 있었다. 雍州刺史 · 尙書를 역임하였다."
晉諸公贊曰"奕, 字泰業, 太原陽曲人. 累世舊族. 奕有才望. 歷雍州刺史 · 尙書."

【頭註】

○ 劉辰翁 : 이런 사람은 얻기 힘들다.
劉云"少得此人."

15-12【補】[17] 山公(山濤)이 嵇叔夜(嵇康)를 품평하였다.
"마치 소나무 한 그루가 홀로 서 있는 것처럼 위엄이 있다."

山公이 目嵇叔夜하되 巖巖如孤松之獨立이라하다

15-13 王戎이 山巨源(山濤)을 품평하였다.
"마치 〈原石인〉 璞玉과 渾金 같아 사람들이 모두 그 보배로움을 흠모하나 그 기량을 무어라 命名할지 알지 못한다."

王戎이 目山巨源하되 如璞玉渾金[18]하여 人皆欽其寶나 莫知名其器①라하다

① 顧愷之의 ≪畫贊≫에 말하였다. "山濤는 표명하지 않아도 돈후하고 깊이가 있고 과묵하였으므로 사람들이 그 한계를 보지 못하였고, 그 기량 역시 도의 경지에 들어가 있었기 때문에 그를 본 사람들은 무어라 명칭할 수는 없으면서도 그의 큰 도량에 탄복하였다."
顧愷之畫贊曰"濤, 無所標明, 淳深淵默, 人莫見其際, 而其器亦入道. 故見者莫能稱謂, 而服其偉量."

17)【補】: 저본에는 '補'가 없으나, 이 일화는 ≪世說新語≫가 아닌 ≪何氏語林≫에 있으므로 '補'를 보충하였다.

18) 璞玉渾金 : 쪼거나 갈지 않은 玉과 제련하지 않은 金, 즉 가공하지 않은 천연의 原石을 말한다.

15-14 山公(山濤)이 阮咸을 吏部郎으로 추천하며 품평하여 말하였다.
"순진하며 욕심이 적어 세상 그 무엇도 〈그의 志向을〉 바꾸게 할 수 없다."

山公이 擧阮咸爲吏部郎할새 目曰 淸眞寡欲하여 萬物不能移也①라하다

① ≪名士傳≫에 말하였다. "阮咸은 字가 仲容이고, 陳留 사람이다. 阮籍의 형(阮熙)의 아들이다. 대범하고 예법에 구애받지 않아 당시 사람들이 그의 행동을 괴이하게 여겼는데, 그와 함께 거처하여 〈그가〉 욕심이 적고 哀樂의 감정이 지극하여 보통 사람보다 더 뛰어나다는 것을 알게 된 뒤에는 모두 그에 대한 예전의 비난을 잊었다. 散騎侍郞이 되었는데, 山濤가 吏部郎으로 추천하였으나 武帝(司馬炎)가 서용하지 않았다. 太原 사람 郭奕이 그를 만나보고서 마음이 기울어 자신도 모르게 탄복하였다. 음률을 알았고 술을 좋아하다가 죽었다."

山濤의 ≪山公啓事≫[19]에 말하였다. "吏部郎 史曜가 파면되어 나간 자리가 비어 〈후임자를〉 선발할 때 산도가 완함을 추천하며 말하기를, '순진하며 욕심이 적고 〈人事의〉 淸濁을 깊이 알아 그 무엇도 그의 지향을 바꾸게 할 수 없습니다. 만일 인재를 선발하는 관직에 둔다면 반드시 이 시대에 뛰어난 능력을 발휘할 것입니다.' 하였는데, 황제는 陸亮을 등용하였다."

≪晉陽秋≫에 말하였다. "완함의 행실은 예법에 어긋난 것이 너무 많아, 산도가 추천하여 이부랑으로 삼으려 하였으나 世祖(사마염)가 허락하지 않았다."

≪竹林七賢論≫[20]에 말하였다. "산도가 완함을 추천하였을 때 이미 주상이 그를 등용할 수 없음을 알았으니, 이는 시대에 보기 드문 준재가 그 뜻을 인정받지

---

19) 山公啓事 : 山濤가 이부상서가 되어 인물을 선발할 때 각 인물에 대한 품평을 적어 황제에게 아뢰었는데, 이것을 당시 사람들이 '산공계사'라 칭하였다.(≪晉書≫ 〈山濤傳〉)

20) 竹林七賢論 : 竹林七賢은 魏末 晉初의 7명의 名士인데, 孫盛이 저술한 ≪魏氏春秋≫에서 嵇康, 阮籍, 山濤, 向秀, 阮咸, 王戎, 劉伶이라 하였다. ≪죽림칠현론≫은 東晉의 戴逵(326~396)가 죽림칠현의 언행과 사적을 기록한 것으로, ≪隋書≫ 〈經籍志〉에 "竹林七賢論 二卷, 晉太子中庶子戴逵撰"으로 기재되어 있다. 원본은 2권이었으나 宋代 이후 亡失되었고 지금은 輯本이 있다. 戴逵는 字가 安道이며, 譙國 사람으로, 어려서부터 박학하고 문장과 악기, 서화 등 다방면에 뛰어났으며 평생 벼슬하지 않았다.

못함을 애석하게 여겨 추천한 것일 뿐이었다. 완함이 저지른 짓들은 세속을 벗어나고자 한 뜻이었는데 그것을 산도가 '순진하고 욕심이 적다.'라고 칭찬하였으니, 세속 밖을 추구하는 그 〈산도〉의 뜻이 자연히 드러난다."

名士傳曰 "咸, 字仲容, 陳留人. 籍兄子也. 任達不拘, 當世皆怪其所爲, 及與之處, 少嗜欲, 哀樂至到, 過絶於人, 然後皆忘其向議. 爲散騎侍郎, 山濤擧爲吏部, 武帝不用. 太原郭奕, 見之心醉, 不覺歎服. 解音好酒以卒." 山濤啓事曰 "吏部郎史曜出處缺, 當選, 濤薦咸曰 '眞素寡欲, 深識淸濁, 萬物不能移也. 若在官人之職, 必妙絶於時.' 詔用陸亮." 晉陽秋曰 "咸行已多違禮度. 濤擧以爲吏部郎, 世祖不許." 竹林七賢論曰 "山濤之擧阮咸, 固知上不能用, 蓋惜曠世之儁, 莫識其意故耳. 夫以咸之所犯, 方外之意, 稱其淸眞寡欲, 則迹外之意, 自見(현)耳."

【頭註】

○ 劉辰翁 : 절묘하게 추천하는 말이다.
劉云 "妙絶擧詞."

15-15 羊長和(羊忱)의 부친 羊繇는 사촌지간인 太傅 羊祜와 친하게 지냈다. 벼슬이 車騎掾에 이르렀을 때 일찍 죽어 양장화 형제 5인은 어려서 부친을 여의게 되었다. 양호가 와서 곡할 때 상을 치르는 양장화의 용모와 처신이 완연히 어른스러움을 보고는 감탄하여 말하였다.
"從兄은 죽지 않았구나."

羊長和[①]**父繇**가 **與太傅祜**로 **同堂相善**이라 **仕至車騎掾**에 **蚤卒**하여 **長和兄弟五人幼孤**[②]라 **祜來哭**할새 **見長和哀容擧止**가 **宛若成人**하고 **迺歎曰 從兄**은 **不亡矣**라하다

① ≪古今文字志目≫[21)]에 말하였다. "羊忱은 字가 長和이다. 羊陶라고도 하며, 泰山 平陽 사람이다. 대대로 顯貴한 집안이었다. 양침은 太傅長史・揚州刺史를 역임하였고, 侍中에 올랐다. 永嘉 5년(311)에 난리를 만나 피살되었는데, 그때 나이가 50여 세였다."

---

21) 古今文字志目 : ≪文字志目≫ 또는 ≪文字志≫라고도 부른다. 北朝의 書家이자 서법 평론가인 王愔이 편찬하였다. 3권으로 되어 있는데, 상권은 古書體 36종, 중권은 秦・漢・吳 시기 서법가 59인, 하권은 魏・晉 시기 서법가 58인에 대한 기록이다.

文字志曰 "忱, 字長和, 一名陶, 泰山平陽人. 世爲冠族. 忱歷太傅長史・(楊)[揚]州刺史, 遷侍中. 永嘉五年, 遭亂被害, 年五十餘."

② ≪羊氏譜≫에 말하였다. "羊繇는 字가 堪甫이고, 泰山 사람이다. 조부 羊續은 漢나라 太尉에 임명되었는데, 나아가지 않았다. 부친 羊祕는 京兆太守였다. 양요는 車騎掾을 역임하였고, 樂國禎의 딸에게 장가들어 羊秉・羊洽・羊式・羊亮・羊忱 다섯 아들을 두었다."

羊氏譜曰 "繇, 字堪甫, 泰山人. 祖續, 漢太尉, 不拜. 父祕, 京兆太守. 繇歷車騎掾, 娶樂國禎女, 生五子, 秉・洽・式・亮・忱也."

15-16 (補)[22] 王戎이 阮文業(阮武)을 품평하였다. "淸倫[23]하고 감식안이 있으니, 漢나라 초 이후로 이런 사람은 없었다."

王戎이 **目阮文業**하되 **淸倫**하고 **有鑒識**하니 **漢元**[24]**以來**로 **未有此人**①이라하다

① 杜篤의 ≪杜氏新書≫[25]에 말하였다. "阮武는 字가 文業이고, 陳留 尉氏(위지) 사람이다. 부친 阮諶은 侍中이었다. 완무는 성격이 활달하고 박식하며 통달하였고 진중하고 고아한 선비였다."

≪陳留志≫[26]에 말하였다. "완무는 魏나라 말에 淸河太守를 지냈다. 조카인 阮

22) (補) : 저본에는 '補'가 있으나, 이 일화는 ≪何氏語林≫이 아닌 ≪世說新語≫에 있으므로 '補'를 삭제하였다.

23) 淸倫 : ≪論語≫ 〈微子〉에서 공자가 柳下惠와 少連을 評하여 "말이 調理에 맞으며 행실이 思慮에 맞았다.〔言中倫 行中慮〕" 하였고, 虞仲과 夷逸을 평하여 "몸은 깨끗하게 지켰고 벼슬하지 않음은 權道에 맞았다.〔身中淸 廢中權〕"라고 한 것을 가지고 추정해 보자면, 阮武가 몸은 깨끗하게 지키고 말은 조리에 맞았음을 아울러 지칭한 것인 듯하다.

24) 漢元 : 漢初이다.(≪資治通鑑綱目≫ 〈漢平帝〉 注)

25) 杜篤의 ≪杜氏新書≫ : 일명 ≪篤論≫이라고도 한다. 東漢 末年부터 京兆 杜氏 6대인 杜畿・杜恕・杜理・杜寬・杜預・杜錫・杜斌・杜乂와 陳留 阮武의 언론・생활・혼인・관직 등에 대해 기술하였다. 作者인 杜篤에 대해서는 立傳되지 않아 알 수 없고 다만 京兆 杜氏의 族人으로 추정할 뿐이다. 裴松之가 陳壽의 ≪三國志≫ 注를 낼 때 이 책의 내용을 다수 인용하였다.

26) 陳留志 : ≪隋書≫ 〈經籍志〉에 "15卷이며 東晉의 剡令 江敞이 撰"한 것으로 기재되어

籍이 나이가 어리고 이름이 알려지기 전이었는데, 완무가 보고서 훌륭하다고 여겨 자기보다 낫다고 하였다. 그가 사람을 알아보는 것이 대부분 이런 식이었다. 18편의 저서가 있는데 ≪阮子≫라고 하였다. 집에서 죽었다. 郭泰의 친구인 宋子俊[27]이 곽태를 칭찬하기를, '한나라 초 이후로 林宗(곽태)에 필적할만한 사람이 아직 없다.' 하였다."

杜篤新書曰 "阮武, 字文業, 陳留尉氏人. 父諶, 侍中. 武, 闊達博通, 淵雅之士." 陳留志曰 "武, 魏末(河淸)〔淸河〕[28]太守. 族子籍年總角,[29] 未知名, 武見而偉之, 以爲勝己. 知人多此類. 著書十八篇, 謂之阮子. 終於家. 郭泰友人宋子俊, 稱泰'自漢元以來, 未有林宗之匹.'"

【頭註】

○ 劉辰翁 : '淸倫하다'는 말 역시 말이 되지 않는다.
劉云 "淸倫亦不成語."

15-17【補】張茂先(張華)이 成公簡을 매우 중하게 여겨 언젠가 말하였다. "성공간은 淸淨하기로는 揚子雲(揚雄)과 같고 묵묵히 기억하는 것은 張安世와 같다."

張茂先이 **甚重成公簡**①하여 **嘗曰 公簡**은 **淸靜**으론 **比揚子雲**②하고 **默識**(지)론 **擬張安世**③라하다

① 王隱의 ≪晉書≫에 말하였다. "成公簡은 字가 宗舒이고 東郡 사람이다. 대대로 二千石[30]을 지냈다. 성품이 깨끗하고 진솔하였으며 영예나 이익을 구하지 않았고,

---

있으나, ≪舊唐書≫에는 江徵 撰 ≪太平御覽≫에는 江微 撰으로 나온다.

27) 宋子俊 : ≪後漢紀≫ 〈孝靈皇帝紀 上〉에 郭泰가 한 고을에 사는 字가 雋인 宋仲이라는 자와 친하게 지냈다는 기록이 있는 것에 근거하여 宋子俊을 宋仲과 동일인으로 보기도 하나, 확신할 수 없어 원문대로 번역하였다.

28) (河淸)〔淸河〕: 저본에는 '河淸'으로 되어 있으나, ≪太平御覽≫ 卷513 〈宗親部〉 등에 의거하여 '淸河'로 바로잡았다.

29) 總角 : 머리털을 모두 모아 양쪽에 뿔〔角〕같이 상투를 만든 것을 말한다. 고대에 兒童들이 하던 머리 형태이다. 여기서 총각 머리를 했다는 것은 王衍이 이때 소년이었음을 뜻한다.

마음을 가라앉히고 도를 음미하여 그의 뜻을 막을 수 있는 것이 없었다. 이로 인해 묵묵히 기억하는 것이 남보다 뛰어났다."

王隱晉書曰"成公簡, 字宗舒, 東郡人. 世二千石. 性清素, 不求榮利, 潛心味道, 罔有干其志者, 由是默識(지)過人."

② ≪漢書≫ 〈揚雄傳〉 自敍에 말하였다. "나 揚雄은 사람됨이 대범하고 느긋하며, 清淨하고 無爲하여 富貴에 급급하지 않고 貧賤에 근심하지 않으며, 체면을 차리는 것으로 당대의 명성을 구하지 않으며, 몇 섬의 곡식이 없어도 태연하다. 스스로 큰 도량을 지녀 성인이나 철인의 서적이 아니면 좋아하지 않으며, 자신의 뜻과 맞지 않으면 아무리 부귀한 인물이라 하더라도 섬기지 않는다."

揚雄自敍曰"雄, 爲人簡易佚宕, 清淨無爲, 不汲汲於富貴, 不戚戚於貧賤, 不修廉隅以徼名當世. 無擔石之儲, 晏如也. 自有大度, 非聖哲之書, 不好也, 非其意, 雖富貴, 不事也."

③ 班固의 ≪漢書≫ 〈張湯傳〉에 말하였다. "張安世는 字가 子孺이다. 젊어서 부친의 덕으로 郎官에 임명되었다. 글씨를 잘 썼기 때문에 給事尙書가 되었는데, 직무에 온 힘을 쏟아 휴가를 간 적이 없었다. 주상이 河東에 행차하였을 때 서적 3상자를 잃어버려 조서를 내려 〈서적에 대해 아는 자를〉 수소문하였으나 아무도 아는 자가 없었다. 오직 장안세가 그 내용을 기억하여 모두 기술하였는데, 나중에 〈원본과〉 비교하니 빠뜨린 내용이 없었다. 임금이 그의 재능을 특별하게 여겨 발탁하여 尙書令으로 삼았다."

班固漢書曰"張安世, 字子孺. 少以父任爲郎. 以善書給事尙書, 精力於職, 休沐[31] 未嘗出. 上幸河東, 亡書三篋, 詔問莫能知. 唯安世識之, 具述其事, 後以相校無所遺失. 上奇其才, 擢爲尙書令."

15-18 (補)[32] 蔡司徒(蔡謨)가 洛陽에 있을 때 陸機 형제가 사는 보좌관의 관사

30) 二千石 : 漢나라 제도에, 郡守의 俸祿이 이천석이었으므로 이후 군수를 이천석이라 불렀다.

31) 休沐 : 휴식하며 씻는 것 즉 休假를 말한다. 漢律에서는 '관리는 5일마다 한 번 나가 목욕한다.'라고 하였다.(≪世說音釋≫)

32) (補) : 저본에는 '補'가 있으나, 이 일화는 ≪何氏語林≫이 아닌 ≪世說新語≫에 있으므로 '補'를 삭제하였다.

를 보니, 세 칸짜리 기와집에 士龍(陸雲)은 동쪽 끝에 살고 士衡(陸機)은 서쪽 끝에 살았다. 사룡은 사람됨이 文弱하고 사랑할 만 하였으며, 사형은 신장이 7척 남짓에 음성이 종소리 같이 크고 말투가 매우 강개하였다.

蔡司徒가 **在洛**일새 **見陸機兄弟住參佐廨中**하니 **三間瓦屋**에 **士龍**은 **住東頭**하고 **士衡**은 **住西頭**라 **士龍**은 **爲人**이 **文弱**[33]**可愛**하고 **士衡**은 **長七尺餘**에 **聲作鐘聲**하고 **言多忼慨**①라

① ≪文士傳≫에 말하였다. "陸雲은 성품이 너그럽고 조용하며 화락하여 士友들의 존경을 받았다. 陸機는 깨끗하고 엄격한 풍격을 지녀 鄕黨 사람들이 두려워하였다." 文士傳曰 "雲, 性弘靜怡怡然, 爲士友所宗. 機, 淸厲有風格, 爲鄕黨所憚."

【頭註】

○ 王世懋 : 陸雲과 陸機는 화를 입어 죽었는데도[34] 이름난 현인(蔡謨)이 이와 같이 추억하고 존경하였으니, 인정을 받은 것이 다행이다.
王云 "二陸卽被禍, 尙爲名賢憶慕如此, 蓋以得見爲幸也."

15-19 庾子嵩(庾敳)이 和嶠[35]를 품평하였다.

"천 길 소나무처럼 높고 무성하니, 울퉁불퉁 옹이가 있긴 하지만 큰 집을 지을 때 마룻대나 대들보로 쓸 만하다."

庾子嵩이 **目和嶠**하되 **森森如千丈松**하니 **雖磊砢**(뇌라)**有節目**이나 **施之大厦**할새 **有棟梁之用**①이라하다

① ≪晉諸公贊≫에 말하였다. "和嶠는 늘 외삼촌 夏侯玄의 사람됨을 흠모하였기에 朝

---

33) 文弱 : 武幹(군사적인 재능)과 상대적인 말로, 懦弱함을 말한다.(≪世說音釋≫)

34) 陸雲과……죽었는데도 : 陸機와 陸雲은 晉 惠帝 大安 2년(303)에 죽었다. 그때 蔡謨는 19세였다. 채모의 부친 蔡克은 육기와 함께 成都의 王穎에게 벼슬하였고, 육기가 죽게 되었을 때 그를 구해주기 위해 힘썼다.(≪晉書≫ 〈陸機傳〉)

35) 和嶠 : 본서와 ≪晉書≫ 〈和嶠傳〉에는 '和嶠'로 되어 있으나 ≪진서≫ 〈庾敳傳〉과 〈溫嶠傳〉에는 '溫嶠'라 하였다. 화교는 유애보다 선배이고 이미 현달한 위치에 있었으므로 유애가 품평할 수 있는 인물이 아니었으므로, 이 고사의 인물은 '온교'가 맞을 듯하다. ≪世說音釋≫, ≪世說新語箋疏≫(余嘉錫)의 견해도 같다.

士 중에 홀로 떨어져 있으며 어울리지 않았다. 당시 사람들이 그의 강직한 절조를 꺼렸다."

晉諸公贊曰 "嶠, 常慕其舅夏侯玄爲人. 故於朝士中峨然不群. 時類憚其風節."

15-20 (補)[36] 王戎이 말하였다.

"太尉(王衍)는 신비한 자태와 명철한 정신이 마치 瑤林의 瓊樹[37]와 같으니, 자연히 세속 밖의 인물이다."

王戎云 太尉는 神姿高徹이 如瑤林瓊樹하니 自然是風塵外物①이라하다

① ≪名士傳≫에 말하였다. "夷甫(王衍)는 타고난 외형이 빼어나고 특출하였으며, 〈정신이〉 명철한 것이 마치 神과 같았다."

≪八王故事≫[38]에 말하였다. "石勒이 이보를 보고는 長史 孔萇에게 이르기를, '내가 천하를 많이 다녀 보았지만 이와 같은 사람은 아직 본 적이 없다. 살려두어도 될까?' 하니, 공장이 말하기를 '그는 晉나라의 三公이니[39] 우리를 위해 힘을 쓰지 않을 것입니다.' 하였다. 석륵이 말하기를, '그렇더라도 칼날을 써서는 안 된다.' 하고는 밤에 담장을 밀어 압살하게 하였다."

---

36) (補) : 저본에는 '補'가 있으나, 이 일화는 ≪何氏語林≫이 아닌 ≪世說新語≫에 있으므로 '補'를 삭제하였다.

37) 瓊樹 : 경수는 신선 세계의 나무 이름이다. ≪漢書≫ 〈司馬相如傳 下〉에 "지초의 꽃을 씹고 경수의 꽃을 따 먹는다.〔咀噍芝英兮嘰瓊華〕"라고 하였는데, 그 注에 "경수는 崑崙山의 서쪽 물가 모래밭에 있는데, 둘레가 300 아름이고 높이가 만 길이다.〔瓊樹生崑崙西流沙濱 大三百圍 高萬仞〕"라고 하였다. 고결한 인품 또는 빼어난 풍채를 가진 사람을 비유하는 말로 쓰인다.

38) 八王故事 : ≪晉八王故事≫라고도 한다. 晉나라 盧綝(노침)이 편찬하였는데, 西晉 말년에 있었던 '八王의 난'에 대한 기록이다. ≪隋書≫ 〈經籍志〉에는 10권이라 하였고, ≪新唐書≫·≪舊唐書≫ 〈藝文志〉에는 12권이라 하였는데, 후대에 산실되어 지금은 ≪黃氏逸書考≫ 등의 輯本이 있다. 盧綝은 范陽 涿縣(지금의 河北 涿州) 사람으로 벼슬이 尙書郎에 이르렀다.

39) 그는 晉나라의 三公이니 : 漢나라 제도에 太尉, 司徒, 司空을 三公이라 하였는데, 당시에 왕연은 삼공 중 하나인 태위를 맡고 있었다. 石勒은 羯族人으로, 五胡十六國時代에 서진과 동진을 무찌르고 後趙를 開國한 인물이다.

名士傳曰"夷甫天形奇特, 明秀若神." 八王故事曰"石勒見夷甫, 謂長史孔萇曰'吾行天下多矣, 未嘗見如此人, 當可活不?' 萇曰'彼晉三公, 不爲我用.' 勒曰'雖然, 要不可加以鋒刃也.' 夜使推牆殺之."

15-21 王汝南(王湛)이 부모의 服制를 마친 뒤에 그대로 묘소에 머물렀는데, 형의 아들 王濟가 와서 성묘할 때마다 거의 숙부에게 들르지 않았고 숙부(왕담) 또한 인사를 하지 않았다. 왕제가 어쩌다 간혹 들러도 날씨나 말하는 정도였다. 후에 시험삼아 근래의 일에 관하여 물어보니 〈왕담의〉 대답이 매우 조리가 있고 뜻밖이어서 왕제가 매우 놀랐다. 함께 담론을 나누어 점점 精微한 경지에 이르게 되자, 왕제가 처음에는 거의 甥姪로서의 공경을 표하지 않다가 그의 말을 들은 후에는 자신도 모르게 두려워져서 마음과 몸이 모두 엄숙해졌다. 마침내 그대로 머물러 종일토록 여러 날 동안 함께 대화하였다. 왕제도 걸출한 인재였으나 스스로 자신이 부족하다고 여기고는 마침내 깊이 탄식하며 말하였다.

"집안에 名士가 계셨는데 30년 동안이나 모르고 있었구나."

왕제가 떠나려 하여 숙부가 전송하여 문에 이르렀을 때, 왕제를 수행하는 기병에게 말 한 마리가 있었는데, 도저히 타기 어려워 그 말을 탈 수 있는 사람이 드물었다. 왕제가 넌지시 숙부에게 물었다.

"말 타는 것을 좋아하십니까?"

그러자 〈왕담이〉 대답하였다.

"그것도 좋아하지."

王湛

왕제가 또 타기 어려운 말을 타게 하였는데, 숙부의 자세가 절묘하고 채찍을 돌리는 것이 마치 휘감는 것 같아 이름난 기병도 그보다 더할 수는 없었다. 왕제는 그의 예측하기 어려운 점이 한두 가지가 아니라는 것에 감탄하였다. 돌아온 뒤에 〈부친인〉 王渾이 왕제에게 물었다.

"어찌하여 잠깐 갔다가 여러 날을 머물렀느냐?"

왕제가 말하였다.

"처음으로 숙부 한 분을 〈제대로〉 알게 되었습니다."

왕혼이 그 까닭을 묻자 왕제가 감탄하며 모두 이와 같이 말씀드렸다. 왕혼이 말하였다.

"우리와 비교하면 어떠하냐?"

왕제가 말하였다.

"저보다 나은 분입니다."

晉 武帝(司馬炎)는 왕제를 만날 때마다 번번이 왕담을 소재로 삼아 조롱하곤 하였다.

"경 집안의 바보 숙부는 아직 죽지 않았는가?"

그때마다 왕제는 대답하지 않았었다. 숙부를 〈제대로〉 알게 된 얼마 뒤에 무제가 또 전처럼 묻자, 왕제가 말하였다.

"신의 숙부는 바보가 아닙니다."

그리고 그의 실제 장점을 칭찬하였다. 무제가 말하였다.

"누구에게 견줄 수 있겠는가?"

왕제가 말하였다.

"山濤 이하이고 魏舒 이상입니다."

이리하여 〈왕담의〉 명성이 드러나 28세에 비로소 벼슬하였다.

王汝南이 既除所生[40)]服에 遂停墓所한대 兄子濟가 每來拜墓할새 略不過叔하고 叔亦不候라 濟脫[41)]時過에도 止寒溫而已라 後에 聊試問近事하니 答對에 甚有音辭하고 出濟意外하여 濟極惋愕이라 仍與語에 轉造精微하니 濟先略無子姪之敬이라가 既聞其言하얀 不覺懍然하여 心形俱肅이라 遂留共語하여 彌日累夜라 濟雖雋爽이나 自視缺然하니 乃喟然

40) 所生 : 父母를 말한다.

41) 脫 : '或然'의 의미이다.(≪世說音釋≫)

歎曰 家有名士로대 三十年而不知라하다 濟去에 叔送至門할새 濟從騎有一馬한대 絶難乘하여 少能騎者라 濟聊問叔하되 好騎乘不잇가하니 曰亦好爾라 濟又使騎難乘馬하니 叔姿形旣妙하고 回策如縈하여 名騎도 無以過之라 濟益歎其難測이 非復一事①라 旣還에 渾問濟하되 何以暫行累日고하니 濟曰始得一叔이니이다라한대 渾問其故하니 濟具歎述如此라 渾曰 何如我오하니 濟曰 濟以上人이니이다라하다 武帝는 每見濟에 輒以湛으로 調之曰 卿家癡叔死未오하면 濟常無以答하더니 旣而得叔後에 武帝又問如前하니 濟曰 臣叔不癡니이다라하고 稱其實美라 帝曰 誰比오하니 濟曰 山濤以下 魏舒以上②이니이다라하다 於是에 顯名하여 年二十八에 始宦이라

① 鄧粲의 ≪晉紀≫ 〈王湛傳〉에 말하였다. "王湛은 字가 處沖이고, 太原 사람이다. 德을 숨겨 사람들이 그를 알지 못해 형제나 친척이라 하더라도 그를 어리석다고 생각하였으나 부친인 王昶만은 그를 남다르게 여겼다. 왕창이 죽자 묘소에서 지낼 때 형의 아들 王濟가 가서 문안하다가, 침상 머리맡에 ≪주역≫이 있는 것을 보았다. 왕담에게 말하기를, '숙부는 이것으로 무엇을 하십니까? 좀 보기는 하십니까?' 하니, 왕담이 웃으면서 말하기를, '몸이 좋을 때 간혹 다시 볼 뿐이다. 오늘은 너와 이야기해 보아야겠다.' 하고는 함께 ≪주역≫에 대해 담론을 나누었는데, 정밀하게 분석하고 절묘한 말과 기이한 취향이 왕제가 들어보지 못한 것이어서 그 헤아릴 수 없음에 감탄하였다. 왕제는 품성이 말을 좋아하였는데, 그가 타는 말은 駿馬여서 내심 그 말을 몹시 아꼈다. 왕담이 말하기를, '이 말은 조금 뛰어나기는 하지만 힘이 부족하여 고통을 이겨내지 못한다. 근래 督郵의 말을 보니 이것보다 나을 것 같다. 다만 제대로 돌보지 않았을 뿐이다.' 하였다. 왕제가 독우의 말을 취하여 십수 일동안 먹인 뒤 왕담과 함께 그 말을 시험하였다. 왕담은 말을 타 본 적이 없었는데 갑자기 바로 내달렸고, 걷고 달리는 것이 왕제와 다름이 없었다. 그러나 어느 말이 나은 지 승부가 나지 않자, 왕담이 말하기를, '이번에는 똑바른 평탄한 길을 다녔으니 어떻게 어느 말이 나은지 구별하겠느냐? 언덕에 나가야 알 수 있다.' 하였다. 이리하여 언덕에 가서 말을 시험해보니 〈왕제의〉 말이 쓰러졌다. 그의 탁월한 감식과 천재적인 능력이 이와 같았다."

鄧粲晉紀曰 "王湛, 字處沖, 太原人. 隱德, 人莫之知, 雖兄弟宗族, 亦以爲癡, 唯父昶異焉. 昶喪, 居墓次, 兄子濟往省湛, 見牀頭有周易. 謂湛曰 '叔父用此何爲? 頗曾看不?' 湛笑曰 '體中佳時,[42] 脫復看耳. 今日當與汝言.' 因共談易, 剖析入微, 妙言奇趣, 濟所未聞, 歎不能測. 濟性好馬, 而所乘馬駿駛, 意甚愛之. 湛曰 '此雖小駛,

然力薄不堪苦. 近見督郵馬, 當勝此, 但養不至耳.' 濟取督郵馬, 穀食十數日, 與湛試之. 湛未嘗乘馬, 卒然便馳騁, 步驟不異於濟, 而馬不相勝. 湛曰 '今直行車路, 何以別馬勝不? 唯當就蟻封耳.' 於是就蟻封盤馬, 果倒踣(북). 其儁識天才乃爾."

② ≪晉陽秋≫에 말하였다. "王濟는 인재에 대한 감식안을 지녔는데, 그들의 고상함과 속됨, 옳고 그름에 대해 후하게 평가한 적이 없었으나 王湛을 만나 보고는 그의 기량에 탄복하였다. 당시 사람들이 말하기를, '왕담은 위로 山濤에 견주기에는 부족하고 아래로 魏舒에 견주기에는 넉넉하다.' 하였다. 왕담이 그 말을 듣고 말하기를, '나를 季氏와 孟氏 사이에 두려 하는가?' 하였다."

王隱의 ≪晉書≫에 말하였다. "魏舒는 字가 陽元이고, 任城 사람이다. 어려서 부친을 여의고 외가인 甯氏에게 양육되었다. 영씨가 집을 지을 때 지관이 '귀한 외손자가 나올 것이다.'라고 하였는데, 외조모는 魏氏인 외손자가 어리지만 총명하여 지관의 말대로 될 것이라 생각하였다. 위서가 말하기를, '외가를 위해 이 지관의 말을 이루어 주겠다.' 하였다. 어렸을 때는 느리고 둔한 것으로 이름났다. 숙부 魏衡이 그에게 물레방아를 지키게 하였을 때, 매번 말하기를 '위서가 800戶의 長[43]이 된다면 더 바랄 게 없다.'라고 하였는데 위서는 개의치 않았다. 신장이 8자 3치였고 보통 사람이 하는 평범한 일은 하지 않았다. 젊어서 활쏘기를 잘하여 가죽옷을 입고 山澤에 들어가 사냥을 할 때마다 〈짐승을〉 많이 잡았다. 後將軍 鍾毓의 長史가 되었는데, 종육이 부하들과 활쏘기를 하며 놀 때 위서는 늘 앉아서 맞힌 화살을 계산하였다. 나중에 활쏘기의 짝이 모자라자 위서를 채워 넣었다. 이에 위서가 쏘기만 하면 모두 맞추었고, 게다가 博射할 때의 자세가 품위가 있어 거의 그 묘기를 다 발휘하였다. 종육이 탄복하며 사과하기를, '내가 경의 재주를 다 발휘하지 못하게 하였구나. 이처럼 활을 잘 쏘는데.'라고 하였다. 相國參軍으로 옮겼는데, 晉王(司馬昭)이 매번 조회가 끝나고 가는 그의 모습을 바라보면서 말하기를, '위서는 당당하구나. 사람들의 領袖[44]로다.' 하였다. 여러 번 자리를 옮겨 侍中·司徒가 되었다."

晉陽秋曰 "濟有人倫鑒識, 其雅俗是非, 少所優潤, 見湛歎服其德宇. 時人謂 '湛, 上方山濤不足, 下比魏舒有餘.' 湛聞之曰 '欲以我處季孟之間[45]乎?'" 王隱晉書曰 "魏

---

42) 佳時 : ≪晉書≫ 〈王湛傳〉과 安永本에는 '不佳時'로 되어있다.

43) 800戶의 長 : 작은 고을의 우두머리를 말한다.

44) 領袖 : 領은 옷깃이고 袖는 소매인데, 사람들의 典範, 儀則이라는 의미로 쓰인다.

舒, 字陽元, 任城人. 幼孤, 爲外氏甯家所養. 甯氏起宅, 相者曰 '當出貴甥.' 外祖母意以(盛)〔魏〕[46]氏甥小而惠, 謂應相也. 舒曰 '當爲外氏成此宅相.' 少名遲鈍. 叔父衡使守水碓, 每言'舒堪八百戶長, 我願畢矣.' 舒不以介意. 身長八尺三寸, 不修常人近事. 少工射, 著韋衣, 入山澤, 每獵大獲. 爲後將軍鍾毓長史, 毓與參佐射戲, 舒常爲坐畫籌. 後值朋人少, 以舒充數, 於是發無不中. 加博措[47]閑雅, 殆盡其妙. 毓歎謝之曰 '吾之不足盡卿, 如此射矣.' 轉相國參軍, 晉王每朝罷, 目送之曰 '魏舒堂堂, 人之領袖.' 累遷侍中・司徒."

【頭註】

○ 王世懋 : 부친과 같다고 말하지 않고 자신보다 낫다고 말하였으니, 분명히 王子敬(王獻之)과 같은 뜻[48]이 있는 것이다. 그러나 王濟는 참으로 부친보다 나은 점이 있다.
王云 "不言如父, 而言勝己, 居然有王子敬意. 然濟寔有勝父處."

15-22【補】 세상 사람들은 鄧士載(鄧艾)를 '엎드려 있는 난새'라 하고, 陸士龍(陸雲)을 '은둔한 고니'라고 평하였다.

世目鄧士載하되 爲伏鸞이라하고 陸士龍하되 爲隱鵠이라하다

---

45) 季孟之間 : 계씨와 맹씨의 중간이라는 것은 상등과 하등의 중간이라는 말과 같다. ≪논어≫ 〈微子〉에 齊나라 景公이 孔子에 대해, '季氏와 같이 대우하는 것은 내가 할 수 없겠지만 계씨와 孟氏의 중간 정도로는 대우하겠다.' 하였다. 당시 魯나라에 季孫氏・叔孫氏・孟孫氏 三卿이 있었는데, 계씨는 上卿이고 맹씨는 下卿이었다.

46) (盛)〔魏〕 : 저본에는 '盛'으로 되어 있으나, ≪晉書≫ 〈魏舒傳〉에 의거하여 '魏'로 바로잡았다.

47) 博措 : 博射할 때의 자세를 말한다. 博射는 당시 江南에서 성행하던 일종의 도박 성격의 활쏘기로, 약한 활에 긴 화살을 표적에 쏘고 손을 모아 인사하고 양보를 하며 〈射臺를〉 오르내리면서 예를 행하였다.(≪顔氏家訓≫ 〈雜藝〉)

48) 王子敬(王獻之)과 같은 뜻 : 왕헌지는 부친인 王羲之와 함께 글씨를 잘 쓰기로 유명하였다. 謝安이 왕헌지에게 부친과 비교하여 누가 더 글씨가 훌륭한지 묻자, 왕헌지가 '우열을 가릴 수 없다.〔莫能判〕'는 뜻으로 대답한 일이 있다. 여기서 王濟가 다만 자신보다 낫다고 말한 것은 부친인 王渾과 숙부인 王湛의 능력은 우열을 가릴 수 없다는 뜻을 간접적으로 드러낸 것이라 본 것이다. 본서 〈品藻〉 63 참고.

15-23 張華가 褚陶를 만나보고서 陸平原(陸機)에게 말하였다.

"그대 형제는 은하에서 솟구치는 龍이고, 顧彦先(顧榮)은 산 동쪽을 향해 우는 봉황입니다. 東南지역의 보물은 이들에서 끝났다고 생각하였는데 생각지도 않게 다시 褚生(褚陶)을 보게 되었습니다."

그러자 육평원이 말하였다.

"공은 울지 않고 솟구치지 않는 자를 보지 못하였을 뿐입니다."

張華가 見褚陶하고 語陸平原曰 君兄弟는 龍躍雲津이요 顧彦先는 鳳鳴朝陽[49]이라 謂東南之寶[50]已盡이어늘 不意復見褚生이라하니 陸曰 公은 未覩不鳴不躍者耳①라하다

① ≪褚氏家傳≫[51]에 말하였다. "褚陶는 字가 季雅이고, 吳郡 錢塘 사람이다. 褚先生[52](褚少孫)의 후손이다. 저도는 총명함이 남보다 뛰어나 13세 때 〈鷗鳥賦〉와 〈水碓賦〉를 지었다. 宛陵 사람 嚴仲弼이 보고 기이하게 여겨 말하기를, '저선생이 다시 태어났다.' 하였다. 몸이 약하여 놀기를 좋아하지 않았고 깨끗하고 담박하며 진중하였다. 三墳과 五典을 보며 스스로 즐겨 친한 이에게 말하기를, '聖賢이 책 속에 다 있으니 이것을 놔두고 어디서 찾겠는가?'라고 하였다. 州郡에서 초빙하였으나 나아가지 않았다. 吳나라가 망하자 晉

顧榮

49) 鳳鳴朝陽 : ≪詩經≫ 〈卷阿〉의 "봉황새가 저 높은 언덕에서 울고 오동나무가 저 조양에서 나는도다.〔鳳凰鳴矣于彼高岡 梧桐生兮于彼朝陽〕" 하였는데, 여기서 朝陽은 해가 뜨는 산 동쪽을 가리킨다. 훌륭한 인재가 때를 만나 세상에 나왔다는 것을 의미한다.

50) 東南之寶 : 직역하면 '동남지역의 아름다움'이라는 뜻인데, 여기서 동남지역은 陸機 형제와 顧榮, 褚陶의 출신지인 吳郡(浙江省)을 말한다.(≪世說音釋≫)

51) 褚氏家傳 : ≪隋書≫ 〈經籍志〉에는 "1권이며 褚覬 등이 편찬하였다."라고 하였고, ≪(新·舊)唐書≫에는 "1권이며 褚結이 편찬하고 褚陶가 注를 냈다."라고 하였다.

52) 褚先生 : 漢나라의 博士였던 褚少孫을 말한다.(≪世說音釋≫)

世祖(司馬炎)가 臺郎・建忠校尉에 보임하였다. 司空 張華가 褚陶에게 편지를 보내, '二陸(陸機・陸雲)은 은하에서 솟구치는 龍이고, 彦先(顧榮)은 산 동쪽을 향해 우는 봉황입니다. 이들 이후로 늘 南金[53]이 이제 다 끝났다고 생각했는데 다시 그대를 얻게 되었습니다. 그래서 延州(吳季札)의 덕은 외롭지 않고 山川의 보물은 다하지 않는다는 것을 알게 되었습니다.' 하였다. 벼슬이 中尉에 이르렀다."

褚氏家傳曰"陶, 字季雅, 吳郡錢塘人. 褚先生後也. 陶聰惠絶倫, 年十三作鷗鳥・水碓二賦. 宛陵嚴仲弼見而奇之曰 '褚先生復出矣.' 弱不好弄, 淸淡閑默. 以墳典[54]自娛,語所親曰 '聖賢備在黃卷[55]中, 舍此何求?' 州郡辟不就. 吳歸命, 世祖補臺郎・建忠校尉. 司空張華與陶書曰 '二陸龍躍於江漢, 彦先鳳鳴於朝陽. 自此以來, 常恐南金已盡, 而復得之於吾子. 故知延州[56]之德不孤, 淵岱之寶不匱.' 仕至中尉."

15-24【補】[57] 衛叔寶(衛玠)는 樂彦輔(樂廣)의 사위였는데, 두 사람 모두 海內의 명성이 있었다. 언젠가 裴叔道(裴遐)가 그들을 칭찬하였다.
"장인(악언보)은 얼음처럼 깨끗하고 사위(위숙보)는 벽옥처럼 윤기 난다."

衛叔寶는 **是樂彦輔壻**인대 **竝有海內之名**이라 **裴叔道嘗稱之曰 婦翁**은 **氷淸**하고 **女壻**는 **璧潤**이라하다

15-25 어떤 이가 秀才(蔡洪)에게 물었다.
"吳 지방의 명문거족은 어떠합니까?"

---

53) 南金 : 南方에서 나는 銅으로, 고대에 荊州에서 공물로 바쳤다. 후대에는 귀중한 물건, 훌륭한 인재를 가리키는 말로 쓰였다.

54) 墳典 : 전설상의 古書인 三墳과 五典을 합하여 말한 것으로, 典籍을 通稱하는 말이다. 三墳은 三皇의 책이고 五典은 五帝의 책이다.

55) 黃卷 : 옛날에 서책을 필사할 때 黃紙를 썼다.(≪世說音釋≫) 여기서 '황권'은 책을 의미한다.

56) 延州 : 춘추시대 吳나라 공자 季札이 처음에 延陵에 봉해졌다가 다시 州來에 봉해졌는데 "延州"는 이 두 지명을 합한 것으로, 吳나라 季札을 가리킨다.(≪世說音釋≫)

57)【補】: 저본에는 '補'가 없으나, 이 일화는 ≪世說新語≫가 아닌 ≪何氏語林≫에 있으므로 '補'를 보충하였다.

그러자 〈수재가〉 대답하였다.

"吳府君(吳展)은 聖王의 노련한 원로요, 청명한 시대의 출중한 인재입니다. 朱永長(朱誕)은 사물을 다스리는 큰 능력을 지녔고, 淸職에 선발된 명망이 높은 인물입니다. 嚴仲弼(嚴隱)은 깊은 못에서 우는 鶴[58]이요, 빈 골짜기에 있는 흰 망아지[59]입니다. 顧彦先(顧榮)은 八音을 내는 琴瑟이요, 오색이 나는 용의 무늬입니다. 張威伯(張暢)은 엄동설한의 무성한 소나무요, 어두운 밤의 밝은 달빛입니다. 陸士衡(陸機)·陸士龍(陸雲)은 배회하는 鴻鵠이요, 울릴 준비가 된 매달린 북입니다. 이 여러 사람은 큰 붓을 호미와 쟁기로 삼고 종이를 좋은 밭으로 삼으며, 玄默[60]을 농사로 삼고 義理를 풍년으로 삼으며, 담론을 꽃봉오리로 삼고 忠恕를 진기한 보물로 삼으며, 문장을 드러내는 것을 수놓은 비단으로 삼고 五經을 익히는 것을 명주로 삼으며, 겸허에 앉는 것을 돗자리로 삼고 의리로 양보하는 것을 장막으로 삼으며, 仁義를 행하는 것을 집으로 삼고 도덕을 닦는 것을 넓은 저택으로 삼습니다."

有問秀才하되 吳舊姓何如오하니 答曰 吳府君은 聖王之老成이요 明時之儁乂라 朱永長은 理物之至德이요 淸選之高望이라 嚴仲弼은 九皐之鳴鶴이요 空谷之白駒라 顧彦先은 八音之琴瑟이요 五色之龍章이라 張威伯은 歲寒之茂松이요 幽夜之逸光이라 陸士衡·士龍은 鴻鵠之裴徊요 懸鼓之待槌①라 凡此諸君은 以洪筆로 爲鉏耒하고 以紙札로 爲良田하며 以玄默으로 爲稼穡하고 以義理로 爲豐年하며 以談論으로 爲英華하고 以忠恕로 爲珍寶하며

---

58) 깊은……鶴 : ≪詩經≫ 〈鳴鶴〉의 "깊은 늪에서 학이 우니, 소리가 하늘에 들리누나.〔鶴鳴于九皐 聲聞于天〕"에서 인용한 것으로, 현인은 은거해 있어도 그 명성이 저절로 먼 곳까지 들려 사람들이 다 알게 된다는 뜻인데, 여기서는 嚴隱이 그러한 사람이라는 것이다.

59) 빈……망아지 : ≪詩經≫ 〈白駒〉의 "깨끗한 흰 망아지가 저 빈 골짜기에 섰네. 꼴 한 줌 베어 먹이어라, 그 사람이 옥 같도다.〔皎皎白駒 在彼空谷 生芻一束 其人如玉〕" 한 데서 온 말로, 여기서는 嚴隱이 어진 隱者라는 말이다.

60) 玄默 : 玄妙한 道를 묵묵히 생각하여 법령이나 군사를 너무 떠벌리지 않고 백성을 절로 교화되게 하는 것을 말한다. 漢 文帝가 몸소 玄默을 닦아서 나라를 평화롭게 다스렸다고 한다.

著文章으로 爲錦繡하고 蘊五經으로 爲繒帛하며 坐謙虛하여 爲席薦하고 張義讓[61)]하여 爲帷幕하며 行仁義하여 爲室宇하고 修道德하여 爲廣宅이라하다

① 秀才는 蔡洪이다. ≪蔡洪集≫에 〈채홍이 자사 周俊에게 준 편지가〉 실려 있는데 〈그 편지에서〉 말하기를, "어느 날 황제를 모시고 앉았는데, 吳지방의 인사에 대해 말이 나오자 나에게 물으셔서 마침내 황제의 질문을 받았습니다. 갑자기 용안을 뵙게 되어 제대로 답변을 하지 못하자 황제께서 이름과 모습을 조목조목 열거하라고 명하셨습니다. 물러나자마자 생각하여 이제 아는 바를 낱낱이 열거합니다.

吳展은 字가 士季이고, 下邳 사람입니다. 忠心은 그릇됨을 바로잡기에 충분하고 깨끗함은 세속을 격려하기에 충분하며, 신의는 우정을 맺을 만하고 재주는 세상일을 처리할 만합니다. 吳나라에서 벼슬하여 廣州刺史와 吳郡太守를 지냈습니다. 오나라가 평정된 뒤에 〈고향인〉 하비로 돌아가 문을 닫고 스스로를 지키며 빈객과 교우하지 않았습니다. 참으로 성왕의 노련한 원로요, 淸明한 시대의 출중한 인재입니다.

朱誕은 字가 永長이고, 吳郡 사람입니다. 몸가짐이 깨끗하고 온화하며 〈내면에〉 中道를 갖추고 이치에 통달하였습니다. 오나라 조정이 賢良으로 천거하였고 여러 번 자리를 옮겨 議郎에 이르렀으며 지금은 돌아가 집에 있습니다. 참으로 사물을 다스리는 지극한 능력을 지녔으며 淸職에 선발할 명망이 높은 인물입니다.

嚴隱은 字가 仲弼이고, 吳郡 사람입니다. 타고난 품성이 깨끗하고 순수하며 생각이 깊고 도량이 넓습니다. 오나라 조정이 현량으로 천거하였고 宛陵令을 지냈으며, 오나라가 평정된 뒤 벼슬을 그만두었습니다. 깊은 못에서 우는 鶴이요, 빈 골짜기에 있는 흰 망아지 같은 인물입니다.

張暢은 字가 威伯이고, 吳郡 사람입니다. 타고난 성품이 견고하고 분명하며 뜻이 깨끗하고 처신이 분명하여서 갈거나 물들이는 중에 처해도 닳거나 검어지는 손상이 없습니다.[62)] 엄동설한의 松柏이요, 어두운 밤의 밝은 달빛 같은 인물입니다."

---

61) 義讓 : ≪小學≫ 〈先行〉에 나오는 楊播의 형제가 의리로 양보한 것으로 널리 알려졌다. ≪五倫行實圖≫에도 〈楊氏義讓〉 항목이 있다.

62) 갈거나……없습니다 : ≪論語≫ 〈陽貨〉에 "단단하다고 말하지 않겠는가, 갈아도 얇아지지 않으니. 희다고 말하지 않겠는가, 물들여도 검어지지 않으니.〔不曰堅乎 磨而不磷 不曰白乎 涅而不緇〕"라고 한 공자의 말을 요약하여 인용한 것이다. 佛肹(필힐)이

秀才, 蔡洪也. 集載洪與刺史周俊書曰 "一日侍坐, 言及吳士, 詢於芻蕘,[63] 遂見下問. 造次承顔, 載辭不擧, 勑令條列名狀. 退輒思之, 今稱疏[64]所知. 吳展, 字士季, 下邳人. 忠足矯非, 淸足厲俗, 信可結神, 才堪幹世. 仕吳爲廣州刺史・吳郡太守. 吳平, 還下邳, 閉門自守, 不交賓客. 誠聖王之老成, 明時之儁乂也. 朱誕, 字永長, 吳郡人. 體履淸和, 黃中通理.[65] 吳朝擧賢良, 累遷議郎, 今歸在家, 誠理物之至德, 淸選之高望也. 嚴隱, 字仲弼, 吳郡人. 稟氣淸純, 思度淵偉. 吳朝擧賢良・宛陵令, 吳平去職. 九皐之鳴鶴, 空谷之白駒也. 張暢, 字威伯, 吳郡人. 稟性堅明, 志行淸朗, 居磨涅之中, 無淄磷之損. 歲寒之松栢, 幽夜之逸光[66]也."

② 살피건대, 채홍이 논한 선비 16인에는 陸機 형제가 없고, 또 '이 여러 사람〔凡此諸君〕' 이하가 없으니, 아마도 〈나중에〉 추가된 듯하다.

按蔡所論士十六人, 無陸機兄弟, 又無凡此諸君以下, 疑益之.

15-26 衛伯玉이 상서령이었을 때 樂廣이 조정의 名士들과 담론을 나누고 있는 것을 보고 특별하게 여겨 말하였다.

"예전의 인물들이 죽고 난 후로 나는 늘 微言[67]이 장차 끊어질까 두려웠는데, 지금 마침내 그대에게서 이 미언을 다시 듣게 되었습니다."

그리고서 자제들에게 명하여 그에게 나아가게 하며 말하였다.

"이 분은 사람의 水鏡이다. 그를 만나보면 마치 雲霧를 헤치고 푸른 하늘을 보는 것 같다."

모반하고 공자를 불렀을 때 공자가 가려고 하자 제자 子路가 만류하니, 남의 불선이 능히 자신을 더럽힐 수 없다는 뜻으로 공자가 말한 것인데, 여기서는 張暢을 비유한 것이다.

63) 芻蕘 : '芻'는 풀 베는 사람이고 '蕘'는 나무하는 사람인데 모두 천한 사람이다. 여기서는 자신에 대한 겸칭으로 사용되었다.

64) 稱疏 : '稱'은 '들다〔擧〕'이고 '疏'는 '나열하다〔列〕'의 의미이다.(≪世說箋本≫)

65) 黃中通理 : 中正한 덕을 내면에 갖추고 이치에 통달한 것을 말한다. ≪周易≫ 〈坤卦 文言傳〉의 "黃을 내면에 갖추고서 이치에 통달한다.〔黃中通理〕"라는 말에서 나온 것이다.

66) 逸光 : 깨끗하고 맑은 달빛을 말한다.

67) 微言 : 뜻이 은미하여 드러나지 않는 말로, 淸言・玄言의 뜻이다.

衛伯玉이 爲尙書令일새 見樂廣이 與中朝名士로 談議하고 奇之曰 自昔諸人沒已來로 常恐微言將絶하더니 今乃復聞斯言於君矣라하고 命子弟造之曰 此人은 人之水鏡也라 見之면 若披雲霧하고 覩青天①이라하다

① ≪晉書≫ 〈衛瓘傳〉에 말하였다. "衛瓘은 字가 伯玉이고, 河東 安邑 사람이다. 부친 衛覬는 魏(三國)나라 尙書였다. 위관은 10세 때 부친을 여의었는데, 지극한 효성이 남보다 뛰어났다. 성품이 바르고 조용하였고 名理[68]에 뛰어났다. 관직에 있을 때 맡은 직임을 잘 처리하여 칭송 받았다. 鄧艾와 鍾會가 蜀을 정벌할 때, 위관이 侍中의 부절을 가지고 등애와 종회의 군사를 감독하였다."

≪晉陽秋≫에 말하였다. "상서령 위관이 樂廣을 보고 말하기를, '예전에 何平叔(何晏) 등 여러 사람이 죽어 항상 淸言이 다 끊어졌다고 생각하였는데, 지금 그대에게서 다시 듣게 되었구나.' 하였다."

王隱의 ≪晉書≫에 말하였다. "위관은 何晏・鄧颺 등과 함께 자주 담론하고 강론하였는데 악광을 보고 특별하게 여겨 말하기를, '매번 이 사람을 보면 빛나고 깨끗한 것이 운무를 헤치고 푸른 하늘을 보는 것 같다.'라고 하였다."

晉書曰 "衛瓘, 字伯玉, 河東安邑人. 父(凱)〔覬〕[69], 魏尙書. 瓘十歲喪父, 至孝過人. 性貞靜, 有名理. 在位以任職稱. 鄧艾鍾會伐蜀, 瓘以侍中持節監艾會軍師." 晉陽秋曰 "尙書令衛瓘見廣曰 '昔何平叔諸人沒, 常謂淸言盡矣. 今復聞之於君.'" 王隱晉書曰 "瓘與何晏・鄧颺等數共談講, 見廣奇之曰 '每見此人, 則瑩然猶廓雲霧而覩青天.'"

【頭註】

○ 李贄 : 이와 같은 사람은 대단히 후하게 칭찬해야 마땅하다.
李云 "如此人, 亟宜慨賞."

15-27 어떤 사람이 王夷甫(王衍)에게 물었다.

"山巨源(山濤)은 義理가 어떠합니까? 어느 무리입니까?"

---

68) 名理 : 보편적으로 '名稱과 道理'를 가리키나, 여기서는 魏晉시대에 淸談家들이 사물의 명칭, 이치의 是非・同異를 분석하는 것을 말한다.

69) (凱)〔覬〕: 저본에는 '凱(개)'로 되어 있으나, ≪晉書≫ 〈衛瓘傳〉에 의거하여 '覬(기)'로 바로잡았다.

그러자 왕이보가 말하였다.

"이 사람은 애초에 담론으로 스스로 자처하지 않으려 하였다. 그러나 ≪老子≫와 ≪莊子≫를 읽지 않았는데도 때때로 그가 읊조리는 것을 들으면 종종 그것과 뜻이 합치된다."

人問王夷甫하되 **山巨源**은 **義理何如**오 **是誰輩**오하니 **王曰 此人**은 **初不肯以談**으로 **自居**라 **然不讀老莊**이나 **時聞其詠**이면 **往往與其旨合**①이라하다

① 顧愷之의 〈畫贊〉에 말하였다. "山濤가 소유하였으면서도 내세우지 않는 것이 모두 이러한 類이다."
顧愷之畫贊曰"濤, 有而不恃, 皆此類也."

15-28 王太尉(王衍)가 말하였다.

"裴令公(裴楷)을 보면 총명하고 영특한 것이 남들을 능가하니 凡人의 식견이 아니다. 만약 죽은 자를 일어나게 할 수 있다면 〈나는〉 그와 함께 돌아가리라."

혹자는 王戎의 말이라고도 한다.

王太尉曰 見裴令公하면 **精明朗然**이 **籠蓋人上**하니 **非凡識也**라 **若死而可作**인댄 **當與之同歸**하리라하다 **或云 王戎語**①라하다

① ≪禮記≫ 〈檀弓 下〉에 말하였다. "趙文子가 叔譽[70]와 함께 九原[71]을 구경하였다. 조문자가 말하기를, '죽은 자를 만약 일어나게 할 수 있다면 나는 누구와 함께 돌아갈까?' 하였는데, 鄭玄이 '作은 일어나다〔起〕이다.'라고 주를 냈다."
禮記曰"趙文子與叔譽, 觀于九原. 文子曰'死者, 如可作也, 吾誰與歸?' 鄭玄曰'作, 起也.'"

---

70) 叔譽 : ?~B.C. 528. 晉(春秋)나라의 公族인 羊舌肹(양설힐)이다. 그는 성은 姬, 족은 羊舌, 휘는 肹, 자는 叔向 또는 叔譽이다. 晏嬰・子産과 함께 춘추시대의 名賢으로 꼽힌다.

71) 九原 : 春秋시대 晉나라 卿大夫들의 墓地이다. 후에는 묘지를 가리키는 말로 널리 쓰였다.

15-29 王夷甫(王衍)가 스스로 탄식하였다.

"나는 樂令(樂廣)과 담론할 때마다 나의 말이 번잡하다고 느끼지 않은 적이 없었다."

王夷甫가 **自歎**하되 **我與樂令**으로 **談**에 **未嘗不覺我言爲煩**①이라하다

① ≪晉陽秋≫에 말하였다. "樂廣은 말을 간결하게 하여 사람들의 마음을 만족시키는 데 뛰어났고, 자신이 알지 못하는 것에 대하여는 묵묵히 있었다. 태위 王夷甫(王衍)와 광록대부 裴叔則(裵楷)은 淸言에 능하였는데, 늘 말하기를 '樂君과 담론하다 보면 그의 말이 간결하고 치밀하여 우리가 하는 말은 모두 번잡하다는 것을 깨닫게 된다.'라고 하였다."

晉陽秋曰 "樂廣善以約言厭人心, 其所不知, 默如也. 太尉王夷甫·光祿大夫裴叔則, 能淸言, 常曰 '與樂君言, 覺其簡至, 吾等皆煩.'"

15-30 王平子(王澄)가 太尉(王衍)를 품평하였다.

"형님은 겉으로는 道를 얻은 듯하지만 神鋒[72]이 너무 예리합니다."

그러자 태위가 답하였다.

"참으로 자네의 대범함과 온화함만은 못하지."

王平子目太尉하되 **阿兄**은 **形似道**[73]나 **而神鋒太儁**이라하니 **太尉**가 **答曰 誠不如卿落落穆穆**①이라하다

① 王隱의 ≪晉書≫에 말하였다. "王澄은 사리에 밝고 사람을 좋아하였으며, 감정에

72) 神鋒 : ≪晉書≫ 〈王澄傳〉에는 '神峰'으로 되어 있는데, 峰과 鋒은 모두 뛰어나다는 뜻이다. 神鋒은 氣槪나 風標를 뜻한다.

73) 似道 : ≪後漢書≫ 〈黃憲傳〉에서 "심원하구나! 그가 道와 유사함이여〔淵乎其似道〕"라고 예찬한 구절의 注에 "노자가 말하기를 '道는 공허하고 형체가 없으나 그 작용은 무궁무진하다. 심원하구나, 그것은 마치 만물의 선조와 같다.' 하였으니, 여기서 道는 심원하여 알 수 없으나 무궁무진한 작용을 하는 것을 의미한다.〔老子曰道沖 而用之或不盈 淵乎似萬物之宗 言淵深不可知也〕" 하였다.

얽매이지 않았다."

王隱晉書曰"澄, 通朗好人倫, 情無所繫."

【頭註】

○ 李贄 : 형제간의 인물 평가는 대략 〈정리가〉 끝났다.

王云"兄弟間品題略盡."

15-31 太傅(司馬越)의 막부에 3才가 있으니, 劉慶孫(劉輿)이 長才이고 潘陽仲(潘滔)이 大才이며 裴景聲(裴邈)이 清才이다.

太傅府에 有三才하니 劉慶孫이 長才①요 潘陽仲이 大才요 裴景聲이 清才②라

① ≪晉陽秋≫에 말하였다. "太傅(東海王 司馬越)가 劉輿를 초빙하려고 할 때 어떤 이가 말하기를, '유여는 기름덩어리와 같아서 가까이하면 사람을 더럽힙니다.' 하니, 태부가 의심하여 부르지 않았다. 유여가 몰래 천하의 兵簿를 살펴보아 주둔지와 창고가 있는 장소, 백성과 곡식의 수량, 牛馬와 무기, 수로와 육로의 지형에 대해 모두 말없이 숙지하였다. 이때 국방에 문제가 많아 매번 모여 일을 논의하였는데, 潘滔 이하 모두가 어떻게 대처해야 할지 몰랐으나, 유여는 곧 손가락을 꼽아가며 계획을 세워 군대를 발동시킬 장소와 군량을 운반하는 등의 일에 막힘이 없었다. 이리하여 태부가 마침내 그에게 맡기고 의지하였다."

晉陽秋曰"太傅將召劉輿, 或曰'輿猶膩也. 近將汙人.' 太傅疑而禦之, 輿乃密視天下兵簿, 諸屯(戎)〔戍〕[74]及倉庫處所, 人穀多少, 牛馬器械, 水陸地形, 皆默識之. 是時軍國多事, 每會議事, 自潘滔以下, 皆不知所對, 輿便屈指籌計, 所發兵仗處所, 糧廩運轉, 事無凝滯. 於是太傅遂委仗之."

② ≪八王故事≫에 말하였다. "劉輿는 재주가 총괄하는데 뛰어나고, 潘滔는 학문에 박식한 것으로 이름났으며, 裴邈은 확고하게 뜻을 지키며 方正하여, 모두 東海王(司馬越)이 가까이하는 사람이 되었고 함께 태위부 내에서 유명하였다. 그러므로 당시 사람들이 칭송하여 말하기를, '유여는 長才이고, 반도는 大才이며, 배막은 清才이다.'라고 하였다."

74) (戎)〔戍〕: 저본에는 '戎'으로 되어 있으나, 安永本과 ≪世說箋本≫에 의거하여 '戍'로 바로잡았다.

八王故事曰 "劉輿才長綜覈, 潘滔以博學爲名, 裴邈彊立方正, 皆爲東海王所暱, 俱顯一府. 故時人稱曰 '輿長才, 滔大才, 邈淸才也.'"

15-32 王夷甫(王衍)가 樂令(樂廣)에게 말하였다.
"名士는 많은 사람〈의 인정〉이 필요 없으니 참으로 平子(王澄)에게 인정받아야 한다.

王夷甫語樂令하되 名士無多人하니 故當容平子知①라하다

① 〈王澄別傳〉에 말하였다. "왕징은 풍모와 운치가 세속을 벗어났고 志氣가 남들과 달랐다. 종형인 王戎과 친형인 夷甫(왕연)도 당대에 으뜸가는 인물들이었는데, 四海의 인사가 한 번 왕징의 평가를 받으면 두 형도 더 이상 신경 쓰지 않고 '이미 平子(왕징)를 거쳤으니……'라고 하였으니 그가 인정을 받은 것이 이와 같았다. 그러므로 명성이 더욱 높아져서 천하에 그를 알거나 모르거나 할 것 없이 모두 그를 흠모하지 않는 이가 없었다. 왕징의 나중 사적이 〈기대에〉 미치지 못하여 朝野에서 실망하였으나, 예전에 교유하던 식견 있는 자들은 여전히 〈그를〉 '오늘날의 名士이다.'라고 하였다."
王澄別傳曰 "澄, 風韻邁達, 志氣不群. 從兄戎・兄夷甫, 名冠當年, 四海人士, 一爲澄所題目, 則二兄不復措意, 云 '已經平子', 其見重如此. 是以名聞益盛, 天下知與不知, 莫不傾注. 澄後事迹不逮, 朝野失望, 及舊遊識見者, 猶曰 '當今名士也.'"

15-33 竹林의 여러 賢者는 각각 뛰어난 재능을 지닌 아들이 있었다. 阮籍의 아들 阮渾은 기국과 도량이 크고 넓었고, 嵇康의 아들 嵇紹는 清遠하고 雅正하였으며, 山濤의 아들 山簡은 거칠 것 없이 대범하고 고상하면서 清儉하였고, 阮咸의 아들 阮瞻은 욕심이 없고 조용하며 원대한 뜻이 있었고, 완첨의 아우 阮孚는 대범하고 맑아서 〈세상사를〉 내버려두는 일이 많았고, 向秀(상수)의 아들 向純과 向悌는 모두 빼어나 清流의 풍모가 있었고, 王戎의 아들 王萬子(王綏)는 대성할 수 있는 기풍을 지녔으나 싹은 났어도 꽃은 피우지 못하고 죽었다. 劉伶의 아들만은 알려지지 않았다. 이들 여러 아들 중에 완첨이 으뜸이고 혜소와 산간도 당시에 인정을 받았다.

林下諸賢은 各有儁才子라 籍子渾은 器量弘曠①하고 康子紹는 清遠雅正하고 濤子簡은 疎通高素②하고 咸子瞻은 虛夷有遠志하고 瞻弟孚는 爽朗多所遺③하고 秀子純悌는 并令淑有清流④하고 戎子萬子는 有大成之風이나 苗而不秀⑤라 唯伶子無聞⑥이라 凡此諸子에 唯瞻爲冠하고 紹簡亦見重當世라

① ≪魏晉世語≫[75)]에 말하였다. "阮渾은 字가 長成이다. 清虛하고 욕심이 없었다. 지위가 太子中庶子에 이르렀다."

世語曰"渾, 字長成. 清虛寡欲. 位至太子中庶子."

② 虞預의 ≪晉書≫에 말하였다. "山簡은 字가 季倫이다. 조용하고 고상하여 부친의 풍모가 있었다. 嵇紹·劉漠 등과 이름을 나란히 하였다. 尙書로 옮겼으며 지방관으로 나가 征南將軍이 되었다."

虞預晉書曰"簡, 字季倫. 平雅有父風, 與嵇紹·劉漠等齊名. 遷尙書, 出爲征南將軍."

③ ≪中興書≫에 말하였다. "阮孚는 풍모와 운치가 소탈하고 호탕하였으며 어려서부터 가문의 유풍을 지녔다. 처음에 安東參軍이 되었는데, 머리를 산발하고 술을 마시며 공무에 마음을 쓰지 않았다."

中興書曰"孚, 風韻疎誕, 少有門風. 初爲安東參軍, 蓬髮飮酒, 不以王務嬰心."

④ ≪竹林七賢論≫에 말하였다. "向純(상순)은 字가 長悌이고 지위가 시중에 이르렀다. 向悌

竹林七賢

75) 魏晉世語 : ≪世語≫라고도 한다. 郭頒이 10권으로 편찬하였다. 후에 唐 太宗 李世民의 이름을 諱하여 ≪魏晉代語≫·≪魏晉俗語≫라고도 하였고, ≪魏晉代說≫·≪魏晉世論≫이라고 잘못 불리기도 하였다. 原書는 산실되어 전하지 않는다. 郭頒은 郭班이라고도 하며, 字는 長公이고, 西晉의 史學家이다. 처음에는 令史가 되었고, 후에 任襄陽令으로 나갔다. 干宝·孫盛 등이 ≪晉書≫를 편찬할 때 이 책에서 인용하였고, 裴松之가 ≪三國志≫의 注를 낼 때도 이 책의 일부를 인용하였다.

(상제)는 자가 叔遜이고 지위가 어사중승에 이르렀다."

≪晉諸公贊≫에 말하였다. "낙양이 함락되자 상순과 상제가 달아났으나 적에게 죽임을 당하였다."

竹林七賢論曰 "純, 字長悌, 位至侍中. 悌字叔遜, 位至御史中丞." 晉諸公贊曰 "洛陽敗, 純悌出奔, 爲賊所害."

⑤ ≪晉諸公贊≫에 말하였다. "王綏는 字가 萬子이다. 太尉掾으로 초빙되었으나 나아가지 않았다. 19세에 죽었다."

≪晉書≫ 〈王戎傳〉에 말하였다. "王戎의 아들 王萬은 좋은 평판이 있었으나 너무나 비대하였다. 왕융이 쌀겨를 먹게 하였으나 더욱 더 비대해졌다."

晉諸公贊曰 "王綏, 字萬子. 辟太尉掾, 不就. 年十九卒." 晉書曰 "戎子萬有美號, 而太肥. 戎令食糠, 而肥愈甚也."

⑥ ≪名士傳≫에 말하였다. "劉伶은 字가 伯倫이고 沛郡 사람이다. 자기 멋대로 하고 방탕하였으며, 우주를 좁다고 여겼다. 한번은 鹿車를 타고 술 한 병을 지니고서, 사람을 시켜 가래〔插〕를 메고 자신을 따르게 하며 이르기를, '내가 죽으면 바로 땅을 파고 묻어라.' 하였다. 육체를 土木처럼 여겼고 온 세상을 떠돌며 놀았다."

≪竹林七賢論≫에 말하였다. "유령은 천지 사이에 살면서 훨훨 마음 가는대로 행동하여 신경 쓰는 것이 없었다. 한번은 세속의 선비와 뜻이 맞지 않았는데, 그 사람이 소매를 떨치고 일어나 기어이 때리려 하자 유령이 얼굴빛을 온화하게 하고 말하기를, '鷄肋이 어찌 尊者의 주먹을 감당할 만 하겠습니까.' 하니 그 사람이 자신도 모르게 화를 풀고 돌아갔다. 문장을 지을 생각을 한 적이 없어 종신토록 〈酒頌〉 한 편만 지었을 뿐이다."

名士傳曰 "劉伶, 字伯倫, 沛郡人. 肆意放蕩, 以宇宙爲狹. 嘗乘鹿車, 携一壺酒, 使人荷插[76]隨之, 云死便掘地以埋. 土木形骸,[77] 遨遊一世." 竹林七賢論曰 "伶, 處天地間, 悠悠蕩蕩, 無所用心. 嘗與俗士相牾, 其人攘袂而起, 欲必築[78]之. 伶和其色曰 '雞肋豈足以當尊拳?' 其人不覺廢然而返. 未嘗措意文章, 終其世, 但著酒頌一篇

---

76) 插 : 저본에는 '插'으로 되어 있으나, 安永本 등에는 '鍤'으로 되어 있다.

77) 土木形骸 : 형체를 흙이나 나무처럼 자연스럽게 두고 전혀 꾸미지 않음을 이른 말이다. ≪晉書≫ 〈嵇康傳〉에, 혜강은 "풍채가 있었으나 육체를 토목처럼 여겨 스스로 꾸미지 않았다.〔有風儀而土木形骸 不自藻飾〕"라는 말이 있다.

78) 築 : '築'은 손으로 사람을 치는 것이다.

而已."

15-34 司馬太傅(司馬越)의 막부에는 名士가 많았는데, 당대의 출중한 인재들이었다. 庾文康(庾亮)이 말하였다.

"子嵩(庾敳)이 그들 사이에 있을 때 보니, 항상 정신과 志氣가 왕성하였다."

司馬太傅府에 多名士한대 一時儁異러라 庾文康이 云 見子嵩在其中하니 常自神王[79]①이라하다

① ≪晉陽秋≫에 말하기를, "庾敳는 太傅(司馬越)의 從事中郎이었다." 하였다.
晉陽秋曰 "敳爲太傅從事中郎."

15-35 太傅 東海王(司馬越)이 許昌에 주둔하고 있을 때[80] 王安期(王承)를 記室參軍으로 삼고 평소 중하게 대우하였다. 〈동해왕이〉 세자 司馬毗에게 신칙하였다.

"대체로 배워서 얻는 것은 얕고 몸이 〈체득하여〉 편안히 여기는 것은 깊다. 예법과 법도를 익히는 것은 본이 되는 모습을 관찰하는 것만 못하고, 〈先賢의〉 遺言을 외고 음미하는 것은 직접 말씀을 듣는 것만 못하다. 왕참군(왕승)은 人才의 표상이니, 너는 그를 스승 삼으라."

혹은 "王·趙·鄧 세 參軍은 인재의 표상이니, 너는 그들을 스승 삼으라."라고 하였다고도 하니, 安期(왕승)와 鄧伯道(鄧攸)와 趙穆을 말한다. 袁宏이 ≪名士傳≫을 지었는데, 〈그 책에서는〉 단지 왕참군만을 언급했다. 혹자는 趙穆 집안에 오히려 먼저 이 판본이 있었다고도 한다.

太傅東海王이 鎭許昌일새 以王安期로 爲記室參軍하고 雅相知重이라 勅世子毗曰 夫學之所益者는 淺하고 體之所安者는 深이라 閑習禮度는 不如式瞻儀形하고 諷味遺言은 不如

---

79) 神王 : 神旺과 같다. 心神이 왕성하고 志氣가 가득 찬 것이다.

80) 太傅……있을 때 : 西晉 末에 懷帝가 즉위하고 東海王 司馬越이 정사를 보좌하였는데, 회제가 친히 정사를 처리하여 자신이 권력을 마음대로 휘두를 수 없게 되자 사마월이 스스로 許昌으로 나가 있을 것을 청하였다.

親承音旨라 王參軍은 人倫[81]之表니 汝其師之하라하다 或曰 王趙鄧三參軍은 人倫之表니 汝其師之하라하니 謂安期와 鄧伯道와 趙穆也①라 袁宏이 作名士傳한대 直云 王參軍이라 或云 趙家에 先猶有此本이라하다

① ≪趙吳郡行狀≫에 말하였다. "王穆은 字가 季子이고, 汲郡 사람이다. 참되고 맑고 온화하며 순수하였다. 尙書郎・太傅參軍을 역임하였다. 태부 司馬越이 왕목・王承・阮瞻・鄧攸에게 편지하기를, '≪禮記≫에 「8살이 되면 나가서 外傅에게 이르고, 10살을 「幼」라 하니 배움을 시작한다.」[82] 하였으니, 분명 선왕의 가르침을 익힐 수 있을 것입니다. 그러나 배워서 얻을 수 있는 것은 얕고 몸으로 익힌 것은 깊으니, 이 때문에 예제와 법도를 익히는 것은 법과 예제를 직접 실행해보는 것만 못하고, 遺言을 암송하고 음미하는 것은 직접 말씀을 듣는 것만 못합니다. 나의 아들 毗는 특출한 자질이 없는데다가 道德에 대한 가르침도 듣지 못하였으니, 제군들이 때때로 한가한 때 같이 노닐며 가르쳐주기 바랍니다.' 하였다. 왕목은 晉 明帝의 師와 冠軍將軍, 吳郡太守를 역임하였고, 南鄕侯에 봉해졌다."

趙吳郡行狀曰 "穆, 字季子, 汲郡人. 眞淑平粹, 才識淸通. 歷尙書郎・太傅參軍. 太傅越與穆及王承阮瞻鄧攸書曰 '禮, 「八歲出就外傅, 十年曰幼, 學.」, 明可以漸先王之敎也. 然學之所受者淺, 體之所安者深. 是以閑習禮度, 不如式瞻軌儀, 諷味遺言, 不如親承辭旨. 小兒毗旣無令淑之資, 未聞道德之風, 欲屈諸君時以閑豫, 周旋燕誨也.' 穆歷晉明帝師・冠軍將軍・吳郡太守, 封南鄕侯."

【頭註】

○ 劉辰翁 : 〈고사의 뜻이〉 매우 좋고 맛이 있다.
劉云 "甚善有味."

15-36 庾太尉(庾亮)는 젊었을 때 王眉子(王玄)의 인정을 받았다. 유태위가 江南

---

81) 人倫 : 人類와 같다. 여기서는 재주와 학식이 있는 사람 즉 人才를 말한다.

82) 8살이……시작한다 : 원문은 "八歲出就外傅 十年曰幼 學"으로 되어 있으나, ≪禮記≫에는 '八歲'에 대한 언급이 없고, 다만 10세 이후에 대해서만 기술하였다. 〈曲禮 上〉에는 "幼라고 명명하고 이때 비로소 배울 수 있다.〔名曰幼 時始可學也〕"라고 하였고, 〈內則〉에는 "10살이 되면 집밖으로 나가 외부의 스승에게 가서 살며 글자와 셈법을 배운다.〔內則曰十年出就外傅 居宿於外 學書計〕" 하였다.

으로 건너간 뒤 왕미자에 탄복하여 말하였다.

"그의 지붕 아래 있으면 사람으로 하여금 추위와 더위를 잊게 한다.[83)]"

庾太尉는 **少爲王眉子所知**라 **庾過江**에 **歎王曰 庇其宇下**면 **使人忘寒暑**[①]라하다

① ≪晉諸公贊≫에 말하였다. "王玄은 젊어서 疏放(예법에 얽매이지 않고 방종함)과 曠達(도량이 넓고 마음이 활달함)을 희구하고 사모하였다.

≪晉八王故事≫[84)]에 말하였다. "왕현이 陳留太守일 때 어떤 이가 왕현에게 강남으로 건너가 瑯琊王(司馬睿)에게 의탁할 것을 권하였다. 왕현이 말하기를, '王處仲(王敦)이 그에게 뜻을 얻어 숙부님(王澄)도 해를 면치 못하였는데 어찌 나를 받아들이겠는가.' 하였으니, 그의 기량이 왕돈에게 받아들여지지 않을 것이라고 말한 것이다."

晉諸公贊曰"玄少希慕簡曠." 八王故事曰"玄爲陳留太守, 或勸玄過江投瑯琊王, 玄曰'王處仲得志於彼, 家叔猶不免害, 豈能容我?' 謂其器宇不容於敦也."

15-37 王公(王導)이 太尉(王衍)를 평하였다.

"높고 淸淨하게 우뚝 솟아 있어 천 길 절벽이 서 있는 것 같다."

王公이 **目太尉**하되 **巖巖**[85)]**淸峙**[86)]하여 **壁立千仞**[①]이라하다

① 顧愷之[87)]가 夷甫(王衍)에 대한 〈畫贊〉에서 말하였다. "이보(王衍)는 타고난 외모가 특출하여 識者들이 '높고 빼어나서 천 길 절벽이 서 있는 것 같다.'라고 하였다."

---

83) 그의……한다 : 王玄에게 좋은 品評을 받으면 그 사람은 늘 溫暖함을 느끼게 한다는 말이다.

84) 晉八王故事 : ≪八王故事≫라고도 한다. 東晉의 盧綝이 편찬한 것으로, 西晉 말년의 "八王之亂"에 대한 기록이다. 팔왕의 난은 서진의 멸망을 초래한 皇族 간의 內亂이다. 盧綝은 范陽 涿縣 사람으로, 成都王 司馬穎에게 벼슬하여 尙書郞·廷尉를 지냈다. 원본은 산실되었고 黃奭据가 ≪世說≫注 등에서 집록한 집본이 있다.

85) 巖巖 : 높고 험준한 모양이다.

86) 淸峙 : 淸淨하게 우뚝 선 모양이다.

87) 顧愷之 : 344~405. 東晉의 畫家로, 字는 長康이다. 虎頭將軍을 지내서 顧虎頭라고도 불린다. 저술로 ≪啓蒙記≫, ≪文集≫이 있다.

顧愷之夷甫畫贊曰 "夷甫, 天形瓌特, 識者以爲巖巖秀時, 壁立千仞."

15-38 王長史(王濛)는 庾子躬(庾琮)의 외손이다. 丞相(王導)이 유자궁을 품평하였다.

"玄理에 깊숙이 들어갔으니, 나보다 더 나은 사람이다."

王長史는 **是庾子躬外孫**①이라 **丞相**이 **目子躬**하되 **云 入理泓然**하니 **我已上人**②이라하다

① ≪王氏譜≫에 말하였다. "王濛의 부친 王訥은 潁川 사람 庾琮의 딸에게 장가들었는데, 〈그녀의〉 字는 三壽이다."
王氏譜曰 "濛父訥, 娶(頴)〔潁〕川庾琮之女, 字三壽也."

② 子躬(庾琮)은 子嵩(庾敳)의 형이다. ≪晉書≫에 말하기를, "유종은 字가 子躬이고 潁川 사람이다. 太常 庾峻의 둘째 아들이다. 벼슬이 太尉掾에 이르렀다." 하였다.
子躬, 子嵩兄也. 晉書曰 "琮, 字子躬, (頴)〔潁〕川人. 太常峻第二子. 仕至太尉掾."

15-39 庾子躬(庾琮)은 불치병을 앓았는데, 매우 명성이 높았다. 그의 집이 城 서쪽에 있어 '城西公府'라 불리었다.

庾子躬有廢疾한대 **甚知名**이라 **家在城西**하여 **號曰 城西公府**라하다

15-40 【補】 周弼이 裴逸民(裴頠)을 칭찬하였다.

"마치 무기고에 다섯 가지 兵器가 종횡으로 있는 것 같다."

周弼①이 **稱裴逸民**하되 **若武庫五兵縱橫**②이라하다

① ≪晉紀≫에 말하기를, "周弼은 咸寧(275~279) 연간에 御史中丞이 되었다." 하였다.
晉紀曰 "弼, 咸寧中爲御史中丞."

② ≪晉惠帝起居注≫[88]에 말하기를, "裴頠는 〈터득한〉 이치가 매우 깊고 넓으며, 論

88) 晉惠帝起居注 : ≪진혜제기거주≫는 2종이 있는데, ≪隋書≫ 〈經籍志〉에 "惠帝起居注二卷" 이라고만 기술한 撰者 미상인 것과, 姚振宗의 ≪隋書經籍志考証≫ 권15에 陸

難[89]에 뛰어났다." 하였다.

惠帝起居注曰"頠, 理甚淵博, 贍於論難."

15-41 謝幼輿(謝鯤)가 말하였다.

"나의 친구 王眉子(王玄)는 사리에 통달하고 시원시원하며, 嵇延祖(嵇紹)는 도량이 넓고 덕행이 고상하며, 董仲道(董養)는 기량이 탁월하고 고상한 風格을 지녔다."

謝幼輿曰 友人王眉子는 淸通簡暢하고 嵇延祖는 弘雅劭長하고 董仲道는 卓犖有致度①라하다

① 王隱의 ≪晉書≫ 〈隱逸傳〉에 말하였다. "董養은 字가 仲道이다. 太始(265~274) 초에 洛陽에 이르렀는데, 봉록과 영화를 구하지 않았다. 永嘉(307~313) 연간에 낙양성 동북쪽 변두리 步廣里의 땅이 우묵하게 들어간 곳에 오리 두 마리가 있었는데, 청색 오리는 날아가고 백색 오리는 날지 못하였다. 그 까닭을 박식한 자에게 물었으나 알지 못했다. 그 말을 듣고 동양이 탄식하며 말하기를 '옛날 周나라 때 회맹하였던 狄泉[90]이 이곳이다. 지금 오리 두 마리가 나타났으니, 청색 오리는 오랑캐를 상징하므로 훗날 오랑캐가 낙양에 들어온다는 뜻이고, 백색 오리는 날지 못하였으니 이는 나라가 망한다는 뜻이다.'[91] 하였다."

謝鯤의 〈无化論序〉에 말하였다. "陳留 사람 董仲道(동양)가 元康(291~299) 연간에

機가 편찬하였다고 한 것이다. 육기가 편찬한 것은 진 혜제 永寧 원년(301) 6월부터 太安 2년(303) 8월 사이에 成書되었고, 무명씨가 편찬한 것은 永興 元年(304) 9월 이후에 성서되었다. 淸나라 때 湯球와 黃奭가 집록한 輯本 각 1권이 있으며, 현재 집본은 무명씨의 것에서 집록한 내용이 많다.

89) 論難 : 밝히기 어려운 이치가 있으면 반복해 끊임없이 변론하는 것을 말한다.

90) 周나라……狄泉 : 魯나라 僖公 29년(B.C. 631)에 晉나라가 周·宋·齊·陳·蔡·秦의 大夫들과 周나라의 狄泉에 모여 會盟하고 鄭나라를 토벌할 일을 모의하였다. 狄泉은 지금의 洛陽市 옛 성안에 있었다.(≪春秋左氏傳≫ 僖公 29년)

91) 청색……뜻이다 : 晉나라는 金德이고 白色을 숭상한다. 여기에서 청색 오리는 날아가고 백색 오리는 날지 못하였으니, 이는 백색을 숭상하는 진나라가 망한다는 뜻이다.(≪世說音釋≫·≪世說箋本≫)

惠帝가 楊悼后를 폐위하는 것[92]을 보고 太學堂에 올라가 탄식하기를, '이 堂을 세운 것은 장차 무엇을 위한 것인가. 매번 국가가 내린 赦書를 보면 反逆을 도모한 죄는 모두 사면해 주었지만, 손자가 조부모를 살해한 죄와 자식이 부모를 살해한 죄는 사면해주지 않고 王法이 허용하지 않는 죄라고 여겼으니, 어찌 公卿이 죄를 결단할 때 禮法을 문식하는 것이 이 지경에 이르렀는가. 天理와 人倫이 이미 무너졌으니 大亂이 일어날 것이다.' 하였다. 謝鯤과 阮孚를 돌아보며 말하기를, '≪주역≫에 「幾微를 아는 것이 신묘하다.」[93] 하였으니, 그대들은 깊이 몸을 감추라.' 하고는 그 처와 함께 짐을 싸서 蜀지역에 들어갔고, 그가 어디에서 생을 마쳤는지는 알지 못한다." 王隱晉書曰 "董養, 字仲道. 太始初, 到洛(下)〔不〕[94]干祿求榮. 永嘉中, 洛城東北角步廣里中地陷, 中有二鵝, 蒼者飛去, 白者不能飛. 問之博識者, 不能知. 養聞, 歎曰 '昔周時所盟會狄泉, 此地也. (卒)〔今〕[95]有二鵝, 蒼者胡象, 後胡當入洛, 白者不能飛, 此國諱也.'" 謝鯤(元)〔无〕[96]化論序曰 "陳留董仲道於元康中, 見惠帝廢楊悼后, 升太學堂, 歎曰 '建此堂也, 將何爲乎? 每見國家赦書, 謀反逆皆赦, 孫殺祖父母, 子殺父母不赦, 以爲王法所不容也, 奈何公卿處議, 文飾禮典, 以至此乎? 天人之理旣滅, 大亂斯起.' 顧謂謝鯤・阮孚曰 '易稱「知幾其神乎!」, 君等可深藏矣.' 乃與妻荷擔入蜀, 莫知其所終."

【頭註】

○ 王世懋 : 逢萌[97]과 梅福[98] 이상의 사람을 어찌 眉子(王玄)의 무리에 견줄 수 있겠는가.

---

92) 惠帝가……것 : 楊悼后는 晉 武帝의 황후인 武悼楊皇后를 가리킨다. 무제가 죽고 혜제가 즉위하자 혜제의 황후인 賈后가 楊悼后를 역모를 꾀했다고 모함하여 金墉에 유폐시키고 侍婢 10여 인을 빼앗은 뒤에 음식을 끊어 8일 만에 죽게 한 일을 말한다.(≪晉書≫ 〈五行 中〉)

93) 幾微를……신묘하다 : ≪周易≫ 〈繫辭傳 下〉에 나오는 말로, 군자는 기미를 귀신같이 신묘하게 알아야 한다는 의미로 인용하였다.

94) (下)〔不〕 : 저본에는 '下'로 되어 있으나, 安永本과 ≪晉書≫ 〈董養傳〉과 ≪世說箋本≫에 의거하여 '不'로 바로잡았다.

95) (卒)〔今〕 : 저본에는 '卒'로 되어 있으나, 安永本과 ≪晉書≫ 〈隱逸傳〉과 ≪世說箋本≫에 의거하여 '今'으로 바로잡았다.

96) (元)〔无〕 : 저본에는 '元'으로 되어 있으나, ≪晉書≫ 〈隱逸傳〉과 ≪世說箋本≫에 근거하여 '无'로 바로잡았다. 〈无化論〉은 董養의 저술이다.

97) 逢萌 : 東漢 때 北海 사람이며 字가 子康이다. 魏(三國) 嵇康의 ≪聖賢高士傳≫에 난

王云 "逢萌・梅福以上人, 豈眉子輩可擬?"

15-42 周侯(周顗)가 荊州에서 패하여 돌아와 아직 관직에 임명되지 않았을 때, 왕승상(王導)이 어떤 이에게 편지를 보내 말하였다.

"高雅하고 그릇이 큰 인물을 어찌 버릴 수 있겠습니까."

周侯가 於荊州敗績還하여 未得用일새 王丞相이 與人書하여 曰 雅流弘器를 何可得遺①리오라하다

① 鄧粲의 ≪晉紀≫에 말하였다. "周顗가 荊州刺史가 되어 처음 이르렀는데, 建平 백성 傅密 등이 반란을 일으켜 蜀賊[99]을 맞아들였다. 주의가 낭패를 당하여 의지할 곳이 없게 되자 陶侃이 그를 구해주어 위기를 면하였다. 주의는 武昌에 이르러 王敦에게 몸을 의탁하였다. 왕돈이 다시 도간을 선발하여 주의를 대신하게 하였으므로, 주의가 建康에 돌아왔을 때 즉시 등용되지 못했다."

鄧粲晉紀曰 "顗爲荊州, 始至, 而建平民傅密等, 叛(逆)〔迎〕[100]蜀賊. 顗狼狽失據, 陶侃救之, 得免. 顗至武昌, 投王敦. 敦更選侃代顗, 顗還建康, 未卽得用也."

15-43 劉琨이 祖車騎(祖逖)의 명민하고 통달함을 칭찬하여 말하였다.

"〈그는〉 젊었을 때 王敦이 탄복한 사람이다."

劉琨이 稱祖車騎爲朗詣[101]하여 曰 少爲王敦所歎①이라하다

세에 벼슬하지 않고 은둔한 '四子' 중의 한 사람이다. 당시인들이 '四子'로 꼽은 사람은 逢萌・徐房・李曇・王遵이다.

98) 梅福 : 漢나라 九江郡 壽春 사람으로, 字가 子眞이다. 관직은 南昌尉를 지냈는데, 王莽이 정권을 잡자 집을 떠나 은거하였다. 후세에 그가 수련을 하여 신선이 되는 것에 관한 전설과 유적이 많이 남아 있다.

99) 蜀賊 : 여기서 蜀賊은 杜弢(두도, ?~315)를 말한다. 두도는 字가 景文이고, 蜀郡 成都 사람이다. 그는 대대로 촉지역의 명망 있는 집안 출신이었는데, 西晉 말년에 지방관으로 湘州에 있을 때 그 지역 流民들에게 추대되어 반란군의 수령이 되었다. 王敦이 陶侃 등을 보내 정벌하게 하여 결국 패하여 죽었다.(≪自治通鑑≫ 〈晉紀 九〉)

100) (逆)〔迎〕 : 저본에는 '逆'으로 되어 있는데, 安永本 등에 의거하여 '迎'으로 바로잡았다.

① 虞預의 ≪晉書≫에 말하였다. "祖逖은 字가 士稚이고, 范陽 遒(주) 사람이다. 통이 크고 활달하여 예의를 차리지 않았고 재물에 연연하지 않아 베풀기를 좋아했다."

≪晉陽秋≫에 말하였다. "조적과 司空 劉琨은 모두 영웅호걸로 이름났다. 조적은 24세 때 유곤과 같이 司州 主簿로 초빙되었는데, 우정이 돈독하고 끈끈하여 한 이불을 덮고 잤다. 한밤중에 닭 울음 소리를 듣고 같이 일어나 말하기를, '이것은 나쁜 소리가 아니다.'[102]라고 하였다. 세상일을 말할 때마다 밤중에 일어나 앉아 서로 말하기를, '만약 四海가 들끓어 호걸이 모두 일어난다면 나와 그대는 서로 중원을 피해야 하네.'라고 하였다. 汝南太守로 있을 때 京師(낙양)가 함락되자 流民 수백 家를 이끌고 남쪽으로 건너가 泗水 입구에 도달하였는데, 安東將軍(司馬睿)이 徐州刺史에 임명하였다. 조적은 전부터 호걸의 능력을 지녀서 항상 분개하며 중원 〈을 회복하는 것〉을 자신의 임무로 여겼는데, 마침내 中宗(元帝 司馬睿)에게 神州를 탈환하여 수복할 계획에 대해 말하니, 〈중종이〉 그를 豫州刺史에 제수하여 스스로 〈병사를〉 모집할 수 있게 하였다. 조적이 마침내 部曲[103] 백여 가를 이끌고 북쪽으로 강을 건너며 맹세하기를, '이 큰 강을 두고 맹세하노니, 조적은 중원을 소탕하지 않고는 다시 이곳을 건너지 않으리라.' 하였다. 城을 공격하고 땅을 정복하면서 義士를 불러들여 여러 번 石虎[104]를 꺾으니, 석호가 더 이상 감히 河南 지역을 넘보지 못하였다. 石勒은 조적의 모친의 묘를 지키는 관리를 두었다. 유곤이 친구에게 보낸 편지에, '나는 창을 베고 〈누워〉 아침이 되기를 기다리며 역적 오랑캐를 효수할 뜻을 가지고 있는데, 항상 祖生(조적)이 나보다 먼저 채찍을 휘두를까 두렵

---

101) 朗詣 : ≪世說音釋≫에 朗은 明과 같고, 詣는 至와 같다고 하였으니, 명민하고 통달함을 말한다.

102) 이것은……아니다 : ≪唐開元占經≫ 〈鷄非時鳴〉에 "닭이 한밤중에 울면 전쟁이 난다.〔雞夜半鳴 有軍〕"라고 하였고, 또 "닭이 한밤중에 울면 유혈이 낭자해진다.〔鷄夜半鳴 流血滂沱〕"라고도 하였으니, 당시인들은 한밤중에 닭이 우는 것을 불길한 징조로 생각하였다. 그런데 祖逖과 劉琨은 전쟁이 나고 세상이 어지러워지는 때가 바로 영웅이 功名을 성취할 때라고 여겨 '이는 나쁜 소리가 아니다.'라고 한 것이다.

103) 部曲 : ≪宋書≫ 〈百官志〉에 의하면, 대장군이 군대를 거느리고 외적을 토벌할 때 5部를 두는데, 部에는 校尉 1인, 軍司馬 1인이 있고, 部 아래에 曲을 두는데 곡에는 軍候 1인이 있으며, 曲 아래에 屯을 두는데, 둔에는 屯長 1인이 있다고 하였다.

104) 石虎 : 295~349. 後趙의 3대 황제인 趙 武帝를 말한다. 字는 季龍이고, 上黨 武鄉 사람이다. 後趙의 開國君主인 石勒의 조카이다.

네.'라고 하였다. 조적은 병이 들어 죽었다. 그〈가 죽기〉 전에 妖星이 豫州 방면에 나타나자 조적이 말하기를, '이는 필시 나 때문이다. 하늘이 아직은 적을 멸하지 않으려는 것일 뿐이다.'라고 하였다. 車騎將軍에 추증되었다.

虞預晉書曰"逖, 字士(雅)〔稚〕[105], 范陽遒人. 豁蕩不修儀檢, 輕財好施." 晉陽秋曰"逖與司空劉琨, 俱以雄豪著名. 年二十四與琨同辟司州主簿, 情好綢繆, 共被而寢. 中夜聞鷄鳴, 俱起曰'此非惡聲也.' 每語世事, 則中宵起坐, 相謂曰'若四海鼎沸, 豪傑共起, 吾與足下, 相避中原耳.' 爲汝南太守, 値京師傾覆, 率流民數百家, 南渡行, 達泗口, 安東板[106]爲徐州刺史. 逖旣有豪才, 常忼慨, 以中原爲己任, 乃說中宗雪復神州之計, 拜爲豫州刺史, 使自招募. 逖遂率部曲百餘家, 北渡江, 誓曰'祖逖若不淸中原而復濟此者, 有如大江.' 攻城略地, 招懷義士, 屢摧石虎, 虎不敢復闚河南. 石勒爲逖母墓, 置守吏. 劉琨與親舊書曰'吾枕戈待旦, 志梟逆虜, 常恐祖生先吾著鞭耳.' 會其病卒. 先有妖星見(현)豫州分,[107] 逖曰'此必爲我也. 天未欲滅寇故耳.' 贈車騎將軍."

15-44 庾太尉(庾琮)가 中郎(庾敳)을 품평하였다.

"神氣가 녹아 흩어져 대체로 위로 올라갈 것 같다."

庾太尉가 **目中郎**하되 **神氣融散**[108]하여 **差如得上**①이라하다

① ≪晉陽秋≫에 말하였다. "庾敳는 취한 듯 심오하고 광달하여 귀를 기울이는 것이

---

105) (雅)〔稚〕: 저본에는 '雅'로 되어 있으나, ≪晉書≫ 〈祖逖傳〉 등에 의거하여 '稚'로 바로잡았다.

106) 板 : 여기서 板은 서체의 일종인 虎爪書로 목판에 쓴 임명장을 말한다. 明나라 때 楊愼이 편찬한 ≪丹鉛總錄≫ 〈官爵 虎爪板〉에 "옛날에는 인물을 부르거나 상주할 때 虎爪書體로 썼다. 晉나라와 宋나라 교체기에 大臣은 모두 자신의 속관을 임명할 때, 板에 〈관직을 적어〉 그들을 불렀으므로 이들을 板官이라 하였다.〔古者 召奏用虎爪書 晉宋之代 大臣皆得自辟除官屬 以板召之 謂之板官〕"라고 하였다. 陸機가 平原內史를 제수 받고 올린 표문의 注에도 "무릇 왕이 봉하여 임명한 자를 일러 板官이라 한다."라는 말이 있다.

107) 分 : 分野를 말한다. 옛날에 天文을 관찰할 때는 하늘의 분야를 나누어 관측하였다.

108) 融散 : 融은 消의 뜻이다. ≪韻會≫에 '融'은 '鎔'이라 했으니, 氣가 올라가 녹아 흩어지는 것이다.

없다."
晉陽秋曰 "敳, 頹然淵放, 莫有動其聽者."

【頭註】
○ 劉辰翁 : 이러한 神氣는 더 거만한 듯하다.
劉云 "此神氣又似矜傲."

15-45 당시 사람들이 庾中郎(庾敳)을 품평하였다.
"大道에 의탁하기를 잘 하고 자신〈의 재능〉을 숨기는 데 뛰어나다."

時人이 目庾中郎하되 善於託大[109)]하고 長於自藏[①]이라하다

① ≪名士傳≫에 말하였다. "庾敳(유애)는 직임을 맡고 있더라도 일 때문에 자신을 얽맨 적이 없고 조용하고 평온하였으며 大道에 맡길 뿐이었다. 이 당시 천하에 일이 많아서 변고가 자주 일어났는데, 큰일을 하려는 자들이 기발하고 기이한 말을 토로하여 禍와 福이 잇달았으나, 유애는 항상 침묵을 지키고 있었기 때문에 근심과 기쁨이 그에게 이르지 않았다."
名士傳曰 "敳, 雖居職任, 未嘗以事自嬰, 從容博暢, 寄通[110)]而已. 是時天下多故, 機事屢起, 有爲者拔奇吐異, 而禍福繼之, 敳常默然, 故憂喜不至也."

15-46 王平子(王澄)는 세속을 초월하였고 뛰어난 재주를 지녀 젊어서부터 사람들의 추앙을 받던 인물이었으나, 衛玠의 말을 들을 때마다 번번이 탄식하며 극찬하였다.

王平子는 邁世有儁才하여 少所推服이나 每聞衛玠言에 輒歎息絶倒[111)][①]라

---

109) 託大 : 넓고 큰 데 마음을 두고 자잘한 일에 구애받지 않는 것을 말한다.(≪世說音釋≫)
110) 寄通 : ≪世說音釋≫에서 '託大'와 같다고 하였으므로, 세속의 자잘한 일에 얽매이지 않고 큰 도를 추구하는 것을 말한다.
111) 絶倒 : 극도로 찬탄하는 것이다.(≪世說音釋≫) 南宋의 趙與旹(조여시)가 편찬한 ≪賓退錄≫에 "衛玠가 의리를 말하면 平子가 絶倒했다는 것은 오늘날 사람들이 크게 웃는 것을 '絶倒'라고 하는 것을 말하는 것이 아니다."라고 하였다.

① 〈衛玠別傳〉에 말하였다. "衛玠는 젊어서부터 名理에 뛰어났고 ≪莊子≫와 ≪老子≫에 정통하였다. 瑯琊 사람 王平子(王澄)는 기상이 드높고 특출하였으며 세속을 초월하여 홀로 거만하였으나, 매번 위개의 말을 들을 때 이치를 깨닫게 되는 지점이나 오묘한 지점에 논의가 이를 때마다 번번이 자리에서 찬탄하였다. 전후로 세 번 〈위개의 담론을〉 들었는데, 그로 인해 세 번 찬탄하였다. 당시 사람들이 마침내 말하기를, '衛君(위개)이 도에 대해 말하니 平子(왕징)가 세 번 찬탄하였다.'라고 하였다."
玠別傳曰 "玠, 少有名理, 善通莊老. 瑯琊王平子, 高氣不群, 邁世獨傲, 每聞玠之語, 議至于理會之間要妙之際, 輒絶倒於坐. 前後三聞, 爲之三倒. 時人遂曰 '衛君談道, 平子三倒.'"

【頭註】

○ 劉辰翁 : 감탄할 만하다
劉云 "可倒"

15-47 당시 사람들이 高坐道人(尸黎密)을 품평하려고 하여도 제대로 할 수 없었다. 桓廷尉(桓彝)가 周侯(周顗)에게 묻자, 주후가 말하였다.

"탁월하고 명민하다고 할 수 있다."

桓公(桓溫)이 말하였다.

"〈그는〉 정신이 심오하고 淸朗하다."

周顗

時人이 欲題目高坐로대 而未能이어늘 桓廷尉①가 以問周侯하니 周侯曰 可謂卓朗이라 桓公曰 精神淵箸②이라하다

① 桓彝는 桓溫의 부친이다. 〈桓彝別傳〉에 말하였다. "환이는 字가 茂倫이고, 譙國 龍亢 사람이다. 漢나라 때 五更[112]인 桓榮의 10세손이다. 부친 桓穎(환영)

---

112) 五更 : 榮譽의 칭호이다. 周나라 天子가 孝悌를 권장하기 위해 五更을 설치하여 연로하고 德이 높으며 경륜 있는 은퇴한 관원을 父兄의 禮로 예우하였다.≪禮記≫ 〈文王世子〉에 "三老, 五更과 노인들의 자리를 설치하였다.〔設三老五更群老之席位焉〕"의 鄭玄의 注에 "三老와 五更은 각각 1인이다. 모두 연로하고 경륜 있는 致仕한 관리이다. 천자가 그들을 父兄으로 봉양한 것은 천자가 孝悌를 높인다는 것을 보인

은 명성이 높았다. 환이는 어려서 부친을 여의었는데, 감식안이 있고 낙천적이었다. 난리를 피하여 長江을 건넜으며, 여러 번 자리를 옮겨 散騎常侍가 되었다."
桓彝, 桓溫之父. 桓彝別傳曰"彝, 字茂倫, 譙國龍亢人. 漢五更桓榮十世孫也. 父穎有高名. 彝少孤, 識鑒明朗. 避亂渡江, 累遷散騎常侍."

② ≪高坐傳≫에 말하였다. "庾亮, 周顗, 桓彝는 당대의 名士들이었는데, 한 번 高坐和尙을 만나보고는 마음을 열고 교분을 맺었다. 언젠가 고좌화상의 인물됨을 품평하려 하였으나 오래도록 〈적절한 품평을〉 하지 못하였는데, 어떤 사람이 이르기를 '尸利密[113]은 탁월하고 명민하다고 칭할 만하다.'라고 하였다. 이에 환이가 비로소 감탄하며 그 사람을 품평한 것 중에 최고인 것 같다고 하였다. 宣武(桓溫)가 언젠가 말하기를, '젊어서 고좌화상을 만나 보니 그는 정신이 심오하고 淸朗하여 당대의 걸출한 인물로 칭할 만하였다.'라고 하였으니 그가 명사들에게 찬탄을 받은 것이 이와 같았다."
高坐傳曰"庾亮・周顗・桓彝, 一代名士, 一見和尙, 披衿致契. 曾爲和尙作目, 久之未得, 有云'尸利密可稱卓朗.' 於是桓始咨嗟, 以爲標之極似. 宣武嘗云 '少見和尙, 稱其精神淵箸, 當年出倫.' 其爲名士所歎如此."

15-48 王敦이 대장군이 되어 豫章을 지키고 있을 때 衛玠가 난리를 피하여 낙양에서 와서 왕돈에게 의탁하였는데, 서로 만나보고는 기뻐하며 종일토록 담론을 하였다. 이때에 謝鯤이 長史로 있었는데 왕돈이 사곤에게 말하였다.
"생각지도 않게 永嘉[114] 연간에 다시 正始[115] 때의 소리를 듣는구나. 阿平(王澄)이 살아 있다면 또 극찬하였을 것이다."

것이다.〔三老五更 皆年老更事致仕者也 天子以父兄養之 示天下之孝悌也〕"라고 하였다.

113) 尸利密 : 원문은 '尸利密'인데, 본서 〈言語 中〉 4-22에는 '尸黎密'로 되어 있다. 尸利密은 西域에서 온 高僧으로, 永嘉 연간(307~312)에 처음 중국에 도착하였고 당대의 명사들과 교유하였다.

114) 永嘉 : 西晉 懷帝 때의 연호로 307년에서 313년까지이다. 이 기간 중에 전란이 끊이지 않았다.

115) 正始 : 魏(三國)나라 齊王 曹芳이 사용한 연호로, 240년부터 249년까지를 말한다. 이 기간 중에 玄學을 숭상하고 淸談이 성행하였다.

王敦이 爲大將軍하여 鎭豫章일새 衛玠가 避亂하여 從洛投敦한대 相見欣然하여 談話彌日이라 于時에 謝鯤爲長史하니 敦謂鯤曰 不意永嘉之中에 復聞正始之音이라 阿平若在면 當復絶倒①리라하다

① 〈衛玠別傳〉에 말하였다. "衛玠가 武昌에 이르러 王敦을 만났는데, 왕돈이 그와 담론하며 여러 날을 묵었다. 왕돈이 요속들을 돌아보며 말하기를, '옛날에 王輔嗣(王弼)가 中朝(西晉)에서 金鍾 소리를 냈는데, 이 사람이 지금 다시 江左[116]에서 玉磬을 울리는구나. 微言의 실마리가 끊어졌다가 다시 이어지니, 생각지도 않게 永嘉(307~313) 연간에 다시 正始 때의 소리를 듣게 되었다. 阿平(王澄)이 살아 있다면 또 극찬하였을 것이다.'라고 하였다."

玠別傳曰 "玠至武昌, 見王敦, 敦與之談論, 彌日信宿. 敦顧謂僚屬曰 '昔王輔嗣吐金聲[117]於中朝,[118] 此子今復玉振於江表. 微言之緖, 絶而復續, 不悟永嘉之中, 復聞正始之音. 阿平若在, 當復絶倒'"

15-49 王平子(王澄)가 어떤 사람에게 보낸 편지에서 자신의 아들에 대해 말하였다.

"風度와 氣象이 나날이 나아져서 사람의 근심을 풀어주기에 충분합니다."

王平子가 與人書에 稱其兒하되 風氣日上하여 足散人懷①라하다

① ≪永嘉流人名≫에 말하기를, "王澄의 넷째 아들 王微를 말한다." 하였다.
〈王澄別傳〉에 말하기를, "왕미는 특출하여 부친의 기풍이 있었다." 하였다.

---

116) 江左 : 江東으로, 長江 하류 동쪽 지역을 말한다. 東晉과 南朝의 왕조 宋・齊・梁・陳이 이곳에 근거했기 때문에 당시 사람들이 이 다섯 왕조 및 그들의 통치 지역을 강좌라고 불렀다.

117) 金聲 : ≪孟子≫ 〈萬章 下〉에 "공자는 집대성한 분이시다. 집대성이란 鍾과 같은 금의 소리가 먼저 퍼지게 하고 나서, 맨 마지막에 경쇠와 같은 옥의 소리로 거둬들이는 것을 말한다.〔孔子之謂集大成 集大成也者 金聲而玉振之也〕"라는 말이 나온다. 처음에 금속악기로 소리를 내는 것은 음악의 조리를 시작하는 것이고, 옥으로 거두어들이는 것은 음악의 조리를 마치는 것이다.

118) 中朝 : 晉室이 남쪽으로 건너간 뒤 西晉을 중조라고 불렀다.

永嘉流人名曰“澄第四子微.” 澄別傳曰“微, 邁上有父風.”

【頭註】

○ 劉辰翁 : 오만하다.
劉云“傲也.”

15-50 殷中軍(殷浩)이 右軍(王羲之)에 대해 말하였다.
“淸雅하고 감식안이 있으며 근본을 알고 간결합니다.”

殷中軍이 道右軍하되 淸鑒貴要[119)]①라하다

① ≪晉安帝紀≫[120)]에 말하기를, “王羲之는 성격이 깨끗하고 고상하다.” 하였다.
晉安帝紀曰“羲之, 風骨淸擧也.”

15-51 何次道(何充)가 언젠가 東人[121)]을 전송할 때 賈寧이 뒤쪽 수레 가운데에 있는 것[122)]을 멀리서 바라보고 말하였다.
“이 사람은 죽지 않는다면 결국에 제후의 上客이 될 것이다.”[123)]

何次道가 嘗送東人에 瞻望見賈寧在後輪中하고 曰 此人은 不死면 終爲諸侯上客①이라하다

① ≪晉陽秋≫에 말하였다. “賈寧은 字가 建寧이고, 長樂 사람이다. 賈氏의 서자였다. 처음에 스스로 王應·諸葛瑤와 교분을 맺었다가 왕응이 패하자 吳郡과 會稽郡을

---

119) 貴要 : 簡要와 같다.(≪世說音釋≫) 簡要는 예법의 근본을 알고 행동은 간결하게 하는 것으로 老莊의 도이다.

120) 晉安帝紀 : 王韶之(380~435)가 편찬한 晉 安帝 때의 史書이다. 왕소지는 字가 休泰이고, 琅邪 臨沂 사람으로, 東晉의 荊州刺史였던 王廙의 曾孫이다. 동진과 宋(南朝)의 관원이었으며 晉代의 역사서를 편찬하는데 참여하였다. 淸나라 때 湯球(1804~1881)가 집록한 본이 있다.

121) 東人 : 會稽郡 사람을 말한다.(≪世說音釋≫)

122) 賈寧이……것 : 東人은 수레의 정중앙에 앉고 賈寧은 뒤쪽 수레 가운데 앉은 것이 上客과 같음을 말한 것이다.(≪世說箋本≫)

123) 이 사람은……것이다 : 賈寧의 정신이 출중하니 필시 헛되이 죽지 않는다면 훗날 上客이 되어 功名을 세울 것이라는 뜻이다.(≪世說箋本≫)

떠돌았는데 오군 사람들이 모두 그를 모욕하였다. 京師에 난리가 났다는 말을 듣고 달려 나가 蘇峻[124] 휘하에 들어갔다. 소준이 그를 매우 친애하여 謀主로 삼았다. 소준이 義軍이 일어났다는 말을 듣고 姑孰에서 石頭로 가 주둔한 것은 가녕의 계책이었다. 소준이 패하자 먼저 항복하였다. 벼슬이 新安太守에 이르렀다."

晉陽秋曰 "寗, 字建寗, 長樂人. 賈氏孽子也. 初自結於王應・諸葛瑤, 應敗, 浮遊吳會, 吳人咸侮辱之. 聞京師亂, 馳出投蘇峻. 峻甚暱之, 以爲謀主. 及峻聞義軍起, 自姑孰屯于石頭, 是寗之計. 峻敗先降. 仕至新安太守."

【頭註】

○ 王世懋 : 역적[125]을 어찌 말할 만하겠는가. 〈가녕에 대한 일화를 여기에 넣은 것은〉 丞相(王導)〈이 그를 품평한 것〉 때문에 보존해두려는 의도일 뿐이라 생각한다.

王云 "賊何足道? 當是緣丞相保存意耳."

○ 劉辰翁 : 마찬가지로 말에 병통이 있으니, 어찌 또 옳다고 할 수 있겠는가.

劉云 "一樣語病, 豈復可可?"

15-52 謝公(謝安)이 藍田(王述)을 칭찬하였다.

"〈그는〉 피부 속이 모두 진실되다."

謝公이 **稱藍田**하되 **掇皮**[126]**皆眞**①이라하다

① 徐廣의 ≪晉紀≫에 말하기를, "王述은 진실되고 愼重하며 진심을 드러내지 않았다." 하였다.

徐廣晉紀曰 "述, 眞審, 眞意不顯."

15-53 阮光祿(阮裕)이 말하였다.

"王氏 집안에 세 명의 〈뛰어난〉 젊은이가 있으니, 右軍(王羲之)과 安期(王承)와 長豫(王悅)이다."

---

124) 蘇峻 : ?~328. 東晉의 관원으로, 동진 초년에 활약하여 한때는 王敦의 난을 토벌하는데 참여하기도 하였으나, 그 후 叛軍의 영수가 되었다. 字는 子高이다.

125) 역적 : 賈寗이 반란을 일으킨 蘇峻의 謀主였기 때문에 이렇게 말한 듯하다.

126) 掇皮 : ≪世說音釋≫에서는 '擧體'와 같은 말이라고 하였다. 몸 전체를 의미한다.

阮光祿이 **云 王家**에 **有三年少**하니 **右軍**과 **安期**와 **長豫**①라하다

① ≪中興書≫에 말하였다. "王悅은 字가 長豫이고, 丞相 王導의 아들이다. 벼슬이 中書侍郞에 이르렀다."
中興書曰 "王悅, 字長豫, 丞相導子也. 仕至中書侍郞."

15-54 胡毋彦國[127](胡毋輔之)은 아름다운 말을 톱밥처럼 쏟아내니 後進의 領袖이다.

胡毋(무)**彦國**은 **吐佳言**을 **如屑**하니 **後進**의 **領袖**①라

① 담론이 끊임없이 이어지는 것이 나무를 켤 때 톱밥이 나오는 것 같다고 한 것이다.
言談之流靡靡, 如解木出屑也.

15-55 王丞相(王導)이 말하였다.
"조용하고 깨끗한 刁玄亮(刁協)이요, 위엄 있고 빼어난 戴若思(戴儼)요, 정제되고 엄격한 卞望之(卞壼)로다."

王丞相이 **云 刁玄亮之察察**[128]이요 **戴若思之巖巖**①이요 **卞望之之峯距**[129]②로다라하다

① 虞預의 ≪晉書≫에 말하였다. "戴儼은 字가 若思이고, 廣陵 사람이다. 변론에 뛰어난 재주를 가졌고 일처리를 잘하였으며 예리하고 날카로운 풍도를 지녔다. 여러 번 승진하여 征西將軍에 이르렀는데, 王敦에게 죽임을 당하였다. 左光祿大夫·儀同三司에 추증되었다."
虞預晉書曰 "戴儼, 字若思, 廣陵人. 才義辯濟, 有風標鋒穎. 累遷征西將軍, 爲王敦

127) 胡毋彦國 : 胡毋𨠁之(270~318)가 성명이고 字가 彦國이다. 泰山 奉高 사람이다. 술을 좋아하고 任誕하였으나 명망이 높았다. 난리를 피해 강남으로 건너가 벼슬이 湘州刺史에 이르렀다.

128) 察察 : 조용하고 깨끗한 모습이다.(≪世說音釋≫)

129) 峯距 : 절벽이 높고 험해 사람으로 하여금 감히 근접하지 못하게 함을 말한다.(≪世說音釋≫)

所害. 贈左光祿大夫・儀同三司.[130)]"

②〈卞壺別傳〉에 말하였다. "卞壺는 字가 望之이고, 濟陰 冤句 사람이다. 부친 卞粹는 太常卿이었다. 변호는 젊었을 때 簡貴하고 淸正한 것으로 칭송받았다. 여러 번 자리를 옮겨 어사중승에 이르렀을 때는 권세가가 행동을 조심하였다. 領軍・尙書令으로 옮겼을 때 蘇峻이 난을 일으키자 무리를 이끌고 항전하다가 父子 두 사람 모두 戰死하였다."

鄧粲의 ≪晉紀≫에 말하였다. "처음에 咸和(326~334) 연간에 귀한 집 자제로서 한가로이 지내며 담론과 냉소로 소일하는 자들이 王平子(王澄)와 謝幼輿(謝鯤) 등을 통달하였다고 여겨 사모하자, 변호가 조정에서 얼굴색을 엄하게 하고 말하기를, '〈이들은〉 禮敎를 망가뜨리고 있으니 죄가 이보다 심할 수 없습니다. 中朝(西晉)가 망한 것은 실로 여기에 기인하였습니다.'라고 하고 황제에게 상주하여 처벌하려고 하였으나 王導와 庾亮 등이 따르지 않아 중지되었다. 그 후에 〈이들은〉 모두 처신을 바르게 고쳐 名士가 되었다."

≪語林≫에 말하였다. "孔坦은 侍中이었을 때 晉 成帝(司馬衍)에게 몰래 아뢰어 曹夫人[131)]에게 가서 절해서는 안 된다고 하였다. 승상이 그 말을 듣고 말하기를, '나 王茂弘(王導)은 무능하고 유약할 뿐이로구나. 만약 위엄 있고 빼어난 卞望之(卞壺)나 조용하고 깨끗한 刁玄亮(刁協)이나 정제되고 엄격한 戴若思(戴儼) 같은 사람이었다면 감히 이렇게 하였겠는가.'라고 하였다." 이 말은 특별히 유래가 있기 때문에 실었을 뿐이다.

卞壺別傳曰 "壺, 字望之, 濟陰冤句人. 父粹, 太常卿. 壺少以貴正[132)]見稱. 累遷御史中丞, 權門屛迹. 轉領軍尙書令, 蘇峻作亂, 率衆距戰, 父子二人俱死王難." 鄧粲晉紀曰 "初咸和中貴遊子弟[133)]能談嘲者, 慕王平子謝幼輿等爲達, 壺厲色於朝曰 '悖禮傷敎, 罪莫斯甚. 中朝傾覆, 實由於此.' 欲奏治之, 王導・庾亮不從乃止. 其後

---

130) 儀同三司 : 官名이다. 東漢때부터 시작되었는데, 본래 三公(太尉・司徒・司空)은 아니나 삼공과 동등하게 대우한 관직이었다. 魏晉 이후, 將軍이 막부를 열어 속관을 둘 때 開府儀同三司를 칭하였다. 南北朝시대 말에는 儀同三司를 官號로 삼아 開府儀同大將軍, 儀同大將軍 등의 관직이 생겼다.

131) 曹夫人 : 王導의 妻인 彭城 사람 曹韶의 딸 曹淑을 말한다. ≪晉書≫〈帝紀〉에 의하면, 成帝는 王丞相(왕도)의 府에 갈 때마다 조부인에게 들러 인사하였다고 한다.

132) 貴正 : 簡貴하고 淸正하다는 의미이다.(≪世說音釋≫)

133) 貴遊子弟 : 귀한 가문의 자제로서 한가로이 노니는 자들을 말한다.(≪世說音釋≫)

皆折節[134)]爲名士." 語林曰 "孔坦爲侍中, 密啓成帝, 不宜往拜曹夫人. 丞相聞之曰 '王茂弘駑痾耳. 若卞望之之巖巖, 刁玄亮之察察, 戴若思之峯距, 當敢爾不?' 此言殊有由緒, 故聊載之耳."

【頭註】

○ '距'는 ≪晉書≫에 '岠'로 되어 있다.
距, ≪晉書≫作岠.

○ 王世懋 : 이것은 註가 있어야 비로소 분명해질 수 있다.
王云 "此須註乃得了然."

15-56 大將軍(王敦)이 右軍(王羲之)에게 말하였다.
"너는 우리의 뛰어난 자제이니 阮主簿(阮裕)에 못지않을 것이다."

大將軍이 語右軍하되 汝는 是我佳子弟①니 當不減阮主簿②리라하다

① ≪王氏譜≫를 살펴보면, 王羲之는 王敦의 사촌형의 아들이다.
按王氏譜, 羲之是敦從父兄子.

② ≪中興書≫에 말하였다. "阮裕는 젊어서 덕행이 있었다. 왕돈이 그의 명성을 듣고 불러서 主簿로 삼았는데, 〈그는〉 왕돈이 신하답지 않은 마음을 지닌 것을 알고 멋대로 술을 마시고 흠뻑 취하여 맡은 일을 하지 않았다."
中興書曰 "阮裕, 少有德行. 敦聞其名, 召爲主簿, 知敦有不臣之心, 縱酒昏酣, 不綜其事."

15-57 세상 사람들이 품평하였다.
"周侯(周顗)는 깎아지른 산처럼 우뚝하다."

世目하되 周侯는 嶷如斷山①이라하다

① ≪晉陽秋≫에 말하였다. "周顗는 단정하고 장중한 몸가짐이 준엄하여 비록 당대의 동료들이라 하더라도 모두 감히 함부로 가까이 할 수 없었다."

---

134) 折節 : 折은 改와 같다.(≪世說音釋≫)

晉陽秋曰 "顗, 正情[135]嶷然, 雖一時儕類, 皆無敢媟近."

15-58 何次道(何充)가 승상(王導)이 있는 곳에 가니, 승상이 麈尾[136]로 자리를 가리키면서 하차도를 불러 함께 앉으며 말하였다.

"이리 오게나, 이리 오게나. 여기가 그대의 자리일세."

何次道가 往丞相許하니 丞相이 以麈尾로 指坐하고 呼何共坐曰 來하라 來하라 此是君坐①라하다

① ≪晉陽秋≫에 말하였다. "何充은 王導의 처형의 아들이고 明穆皇后[137]의 매부이다. 思慮와 氣韻이 바르고 일을 잘 처리하였으며 文理와 才氣를 지녀 왕도가 그에게 큰 기대를 하였다. 이 때문에 젊어서부터 아름다운 명예가 있었고 마침내 높은 지위에 올랐다. 왕도는 〈그에게〉 자신을 보좌하게 하여 승상직을 잇게 하려 하였으므로 누차 이러한 뜻을 윗사람과 아랫사람들에게 드러내었다."

晉陽秋曰 "充, 導妻姊之子, 明穆皇后之妹夫也. 思韻淹濟, 有文義才情, 導深器之. 由是少有美譽, 遂歷顯位. 導有副貳己使繼相意. 故屢顯此指於上下."

【頭註】

○ 王世懋 : 특별히 首相職을 물려주려는 마음을 먹은 것이다.

王云 "殊得首相傳鉢[138]心事."

15-59 속담에 말하였다.

"揚州의 독보적인 인물은 王文度(王坦之)이고 나중에 나온 출중한 인물은 郗

---

135) 正情 : 端正하고 莊重한 몸가짐을 말한다.

136) 麈尾 : 고라니의 꼬리털로 만든 먼지떨이로, 淸談을 담론하는 사람들이 많이 지녔고, 후세에 佛徒들도 많이 지녀서 설법할 때에 흔히 사용했는데, 玉麈라고도 한다.

137) 明穆皇后 : 晉 明帝 司馬紹의 皇后인 庾文君(296~328)이다. 左將軍 庾琛의 셋째 딸이고 晉의 權臣인 庾亮의 누이이다.

138) 傳鉢 : 衣鉢을 전한다는 뜻이다. 의발은 본디 불교에서 스승이 제자에게 傳法의 표신으로 주는 袈裟와 鉢盂를 말한 것으로, 여기서는 王導가 何充에게 首相職을 전수하려는 뜻을 가진 것을 말한다.

嘉賓(郗超)이다."

諺曰 (楊)〔揚〕州獨步는 王文度요 後來出人은 郗嘉賓①이라하다

① ≪續晉陽秋≫에 말하였다. "郗超는 젊었을 때 才氣가 있었고 세속을 무시하였으며 常法을 따르지 않아 당시 사람들이 당대에 명성이 높은 자라고 여겨 말하기를, '큰 재주를 지닌 謝氏 집안의 謝安, 강동의 독보적 인물 王文度(王坦之), 훌륭한 덕이 나날이 새로운 郗嘉賓(郗超)이라.'라고 하였다."

그 말이 〈본문과〉 조금 다르다.

續晉陽秋曰 "超, 少有才氣, 越世負俗, 不循常檢. 時人爲一代盛譽者, 語曰 '大才槃槃, 謝家安. 江東獨步, 王文度. 盛德日新, 郗嘉賓." 其語小異.

15-60【補】[139] 謝太傅(謝安)가 말하였다.

"젊었을 때 宮殿에 있다가 王丞相(王導)을 만나면 문득 맑은 바람이 내게 불어오는 것을 느끼곤 하였다."

謝太傅云 小時에 在殿廷이라가 會見王丞相이면 便覺淸風來拂人이라하다

15-61 謝公(謝安)이 말하였다.

"長史(王濛)는 말수는 그다지 많지 않았지만 훌륭한 말을 한다고 이를 만하다."

謝公云 長史는 語甚不多나 可謂有令音①이라하다

①〈王濛別傳〉에 말하였다. "王濛은 성품이 온화하고 淸言을 잘하였다. 도를 말하는 데 있어서는 이치에 맞는 것을 중시하였고 간결하면서도 핵심이 있었다. 옛 현자들의 出處에 대해 품평할 때는 언사가 훌륭하여 종종 고아한 풍치가 있었다."

王濛別傳曰 "濛, 性和暢, 能淸言. 談道貴理中,[140] 簡而有會. 商略古賢顯默之際, 辭旨劭令, 往往有高致."

---

139)【補】: 저본에는 '補'가 없으나, 이 일화는 ≪世說新語≫가 아닌 ≪何氏語林≫에 있으므로 '補'를 보충하였다.

140) 理中 : 도리의 中正함을 말한다.(≪世說音釋≫)

15-62 殷允이 서쪽으로 떠날 때 郗超가 袁虎에게 보낸 편지에 이렇게 말하였다.

"子思(殷允)가 좋은 벗을 구하여 그대에게 교분을 맺자고 할 것이니, 〈그대는〉 상대의 장점을 개발해주려는 태도로 그에게 〈교분을〉 구하지 말게나."

세간에서 원호를 품평하기를, "〈상대의〉 장점을 개발해준다." 하였다. 그러므로 子敬(王獻之)이 시에서 "袁生(원호)은 〈상대의〉 장점을 개발해주는 풍도를 지녔네."라고 하였다.

殷允이 出西할새 郗超가 與袁虎書에 云 子思가 求良朋하여 託好足下면 勿以開美로 求之[①]하라하다 世目袁하되 爲開美라 故로 子敬이 詩曰 袁生은 開美度라하다

① ≪中興書≫에 말하였다. "殷允은 字가 子思이고 陳郡 사람이다. 太常인 殷康의 6번째 아들이다. 공손하고 소박하였으며 謙讓의 덕을 지녀 儒者의 풍모가 있었다. 이부상서를 지냈다."
中興書曰 "允, 字子思, 陳郡人. 太常康第六子. 恭素謙退, 有儒者之風. 歷吏部尙書."

【頭註】

○ 劉辰翁 : 이 말은 아마도 袁虎에게 殷允을 벗 삼지 말도록 권한 것인 듯하니, 자신은 그 〈은윤의〉 장점을 하찮게 여긴 것이다.
劉云 "此語疑勸袁勿友殷, 自褻其美."

15-63 세상 사람들이 칭찬하였다.

"荀子(王修)는 빼어나고 출중하며, 阿興(王蘊)은 깨끗하고 온화하다."

世稱하되 荀子는 秀出하고 阿興은 淸和[①]라하다

① 阿興은 王蘊의 어릴 적 이름이다. 왕온은 따로 보인다.
阿興, 王蘊小字也. 蘊, 別見.

15-64 林公(支遁)이 말하였다.

"王敬仁(王修)은 뛰어나게 명철한 사람이다."

林公云 王敬仁은 是超悟人이라하다

15-65 왕승상(王導)이 司徒에 임명되자 탄식하며 말하였다.

"劉王喬[141](劉疇)가 강을 건넜다면 나 혼자 三公에 임명되지는 않았을 것이다."

王丞相이 拜司徒하여 而歎曰 劉王喬가 若過江이면 我不獨拜公①이라하다

① 曹嘉之[142]의 ≪晉紀≫에 말하였다. "劉疇는 명망이 높았으나 永嘉(307~313) 연간에 閻鼎[143]에게 죽임을 당했다. 司徒 蔡謨가 매번 탄식하기를, '만약에 劉王喬(유주)가 남쪽으로 건너올 수 있었다면 司徒公에 선발되었을 것이다."

曹嘉之晉紀曰"疇有重名, 永嘉中爲閻鼎所害. 司徒蔡謨每歎曰'若使劉王喬得南渡, 司徒公之美選也."

15-66【補】[144] 謝鎭西(謝尙)가 칭찬하였다.

"羅君章(羅含)은 湘中[145]의 아름다운 옥이라 할 만하다."

謝鎭西가 稱 羅君章은 可謂湘中之琳琅①[146]이라하다

---

141) 劉王喬 : 王喬는 劉疇의 字이다. 彭城 사람으로, 부친 王訥은 司隸校尉였다. 유주는 名理에 대한 담론에 뛰어났다. 永嘉(307~313) 연간에 司徒左長史를 지냈다.(≪晉書≫〈劉隗傳〉)

142) 曹嘉之 : 曹嘉라고도 한다. 西晉 沛國 譙縣(지금의 安徽 亳州) 사람이다. 魏(三國) 楚王 曹彪의 아들이다. 晉에서 벼슬하여 國子博士, 東莞太守, 前軍咨議를 역임하였다. ≪晉紀≫ 10卷을 편찬하였다.

143) 閻鼎 : ?~312. 字는 台臣이고 西晉 天水郡(지금의 甘肅省 天水市) 사람으로, 太傅 東海王(司馬越)의 參軍으로 시작하여 豫州刺史를 역임했다. 염정은 晉 孝愍帝(司馬鄴)를 추대하여 자신의 고향에 가까운 서쪽의 關中으로 가려고 하였으나, 山東 출신인 유주 등이 관중으로 가는 것을 꺼려 도망하다가 죽임을 당하였다.(≪晉書≫〈閻鼎傳〉)

144)【補】: 저본에는 '補'가 없으나, 이 일화는 ≪世說新語≫가 아닌 ≪何氏語林≫에 있으므로 '補'를 보충하였다.

145) 湘中 : 중국 남쪽 楚나라 湘江지역으로, 상강은 옛날에 湘水 또는 雁門水라고 불렸다. 尋烏縣의 羅塘河에서 발원하여 長江유역 鄱陽湖水로 들어간다.

146) 琳琅 : 琳은 아름다운 玉이고, 琅은 옥 같기도 하고 구슬 같기도 한 옥돌〔玕石〕이다.

① 〈羅含別傳〉에 말하였다. "혹은 '羅君章은 荊楚[147]의 재목이라 할 만하다.'라고 말하는 사람이 있었는데, 桓大司馬가 말하였다. '이 사람은 본래 江左의 秀才이니, 어찌 형초에만 그치겠는가.' 하였다."
含別傳曰 "或有人言 '羅君章可謂荊楚之杞梓.' 桓大司馬曰 '此自江左之秀, 豈唯荊楚而已!'"

15-67 簡文帝(司馬昱)가 敬豫(王恬)를 품평하였다.
"그는 유쾌하고 낙천적이다."

簡文이 目敬豫하되 爲朗豫①[148]라하다

① ≪晉書≫ 〈王恬傳〉에 말하였다. "王恬은 字가 敬豫이고 王導의 둘째 아들이다. 어려서부터 남들보다 특출하였고 구속 받는 것을 싫어하였으며 학문을 싫어하고 무예를 숭상하여 왕도가 그를 중히 여기지 않았다. 벼슬이 中軍將軍에 이르렀다. 다재다능하였고 隸書를 잘 썼으며, 濟陽사람인 江虨과 바둑을 잘 두는 것으로 이름났다."
≪文字志≫에 말하였다. "왕염은 식견이 분명하고 대범하여 후진의 으뜸이었다."
晉書曰 "王恬, 字敬豫, 導次子也. 少卓犖不羈, 疾學尙武, 不爲導所重. 至中軍將軍. 多才藝, 善隸書, 與濟陽江虨(반), 以善奕聞." 文字志曰 "恬, 識理明貴, 爲後進冠冕也."

【頭註】
○ 劉辰翁 : 〈朗이라는〉 한 글자를 그 사람의 이름〈인 敬豫〉에 붙여 농담하는 것도 같고 웃기려는 것도 같으니, 더욱 저절로 고상하고 간결하다.
劉云 "以一字, 連其人名, 如謔如諡, 更自高簡."

15-68 庾公(庾亮)이 護軍將軍이었을 때 桓廷尉(桓彝)에게 쓸 만한 관리 한 명을

---

147) 荊楚 : 湖北 전역과 그 주변 즉 지금의 湖北省을 말한다. 荊楚 부족이 楚지역에서 흥기했으므로 荊楚라고 불렀다고도 한다.
148) 朗豫 : 이 말은 王恬의 성품을 묘사한 말인데, '활달하다' '유쾌하다'라는 뜻의 '朗'이라는 글자와 그의 字인 '敬豫'의 '豫'를 합하여 말의 기교를 부린 것이다.

찾아달라고 부탁하였는데 한 해가 지났다. 환정위가 나중에 우연히 徐寧을 만나 그의 〈능력을〉 알아보고 마침내 유공에게 소개하여 말하였다.

"사람으로서 가져야 할 것을 그가 반드시 가지고 있지는 않지만, 사람으로서 가져서는 안 되는 것을 그는 반드시 가지고 있지 않으니 참으로 海岱[149]의 깨끗한 선비입니다."

庾公이 **爲護軍**일새 **屬**(촉)**桓廷尉**하여 **覔一佳吏**한대 **乃經年**이라 **桓後遇見徐寧 而知之**하고 **遂致於庾公**하여 **曰 人所應有**를 **其不必有**로대 **人所應無**를 **已(不)**[150]**必無**하니 **眞海岱清士**①라하다

① ≪徐江州本事≫에 말하였다. "徐寧은 字가 安期이고, 東海 郯(담) 사람이다. 曠達하고 툭 트였으며 덕행이 있어 젊어서부터 이름이 알려졌다. 처음에 輿縣令이 되었다. 譙國 사람 桓彝가 인물을 감식하는 능력이 있었는데, 일찍이 관직을 떠나 일이 없어 廣陵에 이르러 친구를 방문하러 가다가 태풍을 만나 포구에서 여러 날 동안 정박하게 되었다. 배 안에서 불안하여 해안에 올라가 소요하였는데, 빈 집 한 채를 보니 마치 관청 건물 같았다. 환이가 그곳을 방문하니, 〈그곳에 있던 이가〉 '輿縣의 관청이고 令은 徐氏 성에 이름이 寧입니다.'라고 하였다. 환이는 혼자 갔기에 마음에 맞는 상대를 만났다고 생각하여 잠시 그에게 나아갔다. 서녕은 인품이 맑고 총명한데다 박학다식하여 〈두 사람은〉 서로 즐겁게 만났다. 마침내 그곳에 머물러 여러 날 유숙하며 서녕과 교분을 맺다가 작별하였다. 〈환이가〉 도성

徐寧

149) 海岱 : 古地名으로, 海는 渤海, 岱는 泰山이다. ≪尙書≫ 〈禹貢〉에서 靑州와 徐州의 땅을 가리켜 '海岱'라고 하였으며 지금의 東海와 泰山 사이를 말한다.

150) (不) : 저본에는 '不'이 있으나, 본서 15-81편 "王長史 道江道群 人可應有 乃不必有 人所應無 已必無"에 의거하여 삭제하였다.

에 이르러 유량에게 '내가 경을 위하여 쓸 만한 吏部郎 한 명을 찾았습니다.'라고 말하였다. 유량이 그의 소재를 묻자 환이가 즉시 말해주었다. 〈서녕은〉 여러 번 자리를 옮겨 吏部郎·左將軍·江州刺史를 역임하였다."

徐江州本事曰 "徐寧, 字安期, 東海郯(담)人. 通朗有德素, 少知名. 初爲輿縣令, 譙國桓彝有人倫鑒識, 嘗去職無事, 至廣陵, 尋親舊, 遇風, 停浦中累日, 在船憂邑,[151] 上岸消遙, 見一空宇, 有似廨署. 彝訪之, 云 '輿縣廨也. 令姓徐名寧.' 彝旣獨行, 思逢悟賞,[152] 聊造之. 寧淸惠博涉, 相遇怡然. 遂停宿, 因留數夕, 與寧結交而別. 至都謂庾亮曰 '吾(謂)〔爲〕[153]卿得一佳吏部郎[154].' 亮問所在, 彝卽敍之. 累遷吏部郎·左將軍·江州刺史."

【頭註】

○ 劉辰翁 : 이 말은 〈이해하기가〉 매우 쉽지 않다. 모호함이 많을 뿐 아니라 풍자도 많다. 劉云 "此語甚不容易. 不特包罩(조)多, 諷刺〔多〕.[155]"

15-69 **劉萬安**(劉綏)은 바로 **道眞**(劉寶)의 조카이니, **庾公**(庾琮)이 '환하게 옥처럼 빛난다.'라고 한 자이다. 또 〈유공이〉 말하였다.

"천 명 중에서도 드러나고, 백 명 중에서도 드러난다."

劉萬安은 **卽道眞**의 **從子**①이니 **庾公**②이 **所謂灼然**[156]**玉擧**라 **又云 千人亦見**(현)하고 **百人亦見**(현)③이라하다

151) 憂邑 : 邑은 悒과 같다. 憂邑은 '不安'의 의미이다.

152) 悟賞 : ≪資治通鑑≫ 注에서 '悟'는 듣고 깨닫는 것이고, '賞'은 칭찬하고 좋아하는 것이라고 하였다. 여기서는 함께 마음을 같이 하는 상대라는 의미로 쓰였다.

153) (謂)〔爲〕: 저본에는 '謂'로 되어 있으나, ≪世說新語≫와 安永本 등에 의거하여 '爲'로 바로잡았다.

154) 吏部郎 : ≪世說音釋≫에서는 '部郎' 2자를 衍文으로 보아야 한다고 하였다.

155) 〔多〕: 저본에는 '多'가 없으나 ≪世說新語≫(元刊本)에 의거하여 보충하였다.

156) 灼然 : 灼然은 밝게 드러난 모양을 묘사하는 말이다. 그런데 晉代에는 이 말이 科擧의 명칭으로 쓰여 九品中正의 第二品을 가리키기도 하였다. 혹자는 여기에서도 과거의 명칭으로 쓰였다고 보기도 한다. 이와 같이 쓰인 용례로는 ≪晉書≫ 〈溫嶠傳〉에 "秀才와 灼然 2품에 천거되다〔擧秀才灼然二品〕", 〈鄧攸傳〉에 "작연 2품에 천거되다〔擧灼然二品〕"라 한 것이 있다.

① ≪晉百官名≫[157]에 말하기를, "劉寶는 字가 萬安이고, 高平 사람이다." 하였다.

≪晉書≫에 말하였다. "유보가 徒刑을 받은 적이 있었는데 扶風 사람 王駿이 贖布 500필을 내주고 기용하여 從事中郎으로 삼았다."

晉百官名曰 "寶字道眞, 高平人." 晉書曰 "寶嘗爲徒,[158] 扶風王駿, 以五百疋布贖之, 用爲從事中郎."

②〈庾公은〉 庾琮이다.

琮也.

③ ≪劉氏譜≫에 말하였다. "劉綏는 字가 萬安이고, 高平 사람이다. 조부 劉奧는 太祝令이었고 부친 劉斌은 著作郎이었다. 유수는 驃騎長史를 지냈다."

劉氏譜曰 "綏, 字萬安, 高平人. 祖奧, 太祝令. 父斌, 著作郎. 綏歷驃騎長史."

【頭註】

○ 劉辰翁 : 많은 사람 중에서 드러나게 두드러지는 것을 말하니, 〈이것이〉 바로 '환하게 옥처럼 빛난다.〔灼然玉擧〕'는 뜻이다.

劉云 "言表上於衆人中, 卽灼然玉擧之意."

15-70 桓茂倫(桓彝)이 말하였다.

"褚季野(褚裒)는 거죽 속에 ≪春秋≫가 있다."

그가 마음속에서 裁斷함을 말한 것이다.

桓茂倫云 褚季野는 **皮裏陽秋**[159]라하니 **謂其裁中也**①라

① ≪晉陽秋≫에 말하였다. "褚裒는 대범하고 조용하였으며 기량과 식견이 있었기 때문에 桓彝에게 품평을 받은 것이다."

晉陽秋曰 "裒, 簡穆有器識. 故爲彝所目也."

---

157) 晉百官名 : 서명이다. 편찬자는 미상이고 1卷으로 되어 있다. ≪續修四庫全書≫에 포함되어 영인되었다.

158) 徒 : 고대 五刑 중의 하나인 徒刑을 말한다. 도형은 勞役을 하는 형벌이다.

159) 皮裏陽秋 : 陽秋는 孔子의 저술인 ≪春秋≫를 말한다. 晉나라 때 簡文帝의 鄭后 阿春의 이름을 피휘하여 '春'을 '陽'으로 바꿔 사용하였다. 본서 〈德行〉 44에 謝安이 褚裒를 품평하여 '말하지 않아도 四時의 기운을 갖추었다'라고 하였다.

15-71【補】[160] 支道林은 담론할 때 결론을 잘 도출했지만 章句는 더러 빠뜨렸으므로 당시 문구를 중시하는 사람들의 지탄을 받았다. 謝太傅(謝安)가 그 말을 듣고 칭찬하여 말하였다.

"이는 바로 九方歅(九方皐)이 말을 살필 때 털빛이 검은지 누른지는 무시하고 그 말의 뛰어난 점을 취한 격이다."

支道林談에 善標宗會나 而章句는 或有所遺라 時爲守文者所陋하니 謝太傅가 聞而善之하고 曰此는 乃九方歅[161]之相馬에 略其玄黃하고 取其駿逸①이라하다

① ≪列子≫ 〈說符〉에 말하였다. "秦穆公[162]이 伯樂[163]에게 '그대는 나이가 들었다. 자손 중에 말을 구해오게 할 만한 자가 있는가?'라고 하니, 백락이 '〈일반적인〉 좋은 말은 외형과 筋骨로 알아볼 수 있습니다만, 천하의 名馬는 〈그런 특징이〉 전혀 없는 것 같기도 하고 숨겨진 것 같기도 하며 사라진 것 같기도 하고 잃어버린 것 같기도 합니다. 신의 자식은 모두 〈말을 알아볼〉 재주가 없습니다만, 신이 어울리는 九方皐라는 자는 말을 알아보는 것이 신에 비할 바가 아닙니다.'라고 대답하였다. 목공이 그를 만나 보고나서 말을 구해오게 하였다. 〈구방고가〉 석 달 만에 돌아와 보고하기를, '말을 찾았습니다. 沙丘[164]에 있습니다.'라고 하니 목공이 '어떤 말인가?'라고 묻자 '암말이고 황색입니다.'라고 대답하였다. 사람을 시켜 그 말을 구하게 하였는데 수말이고 黑色이었다. 공이 기뻐하지 않고 백락을 불러 말하였다. '그대가 말을 구해오게 한 자는 참 형편없구나. 말의 색깔과 암수도 구별하지

---

160) 【補】: 저본에는 '補'가 없으나, 이 일화는 ≪世說新語≫가 아닌 ≪何氏語林≫에 있으므로 '補'를 보충하였다.

161) 九方歅: 春秋시대에 말을 잘 알아보는 相馬家로, 본명은 九方皐이고 九方歅, 九方堙은 별명이다.

162) 秦穆公: 春秋시대 秦나라의 군주로 B.C. 660~B.C. 621년에 재위하였다.

163) 伯樂: B.C. 680~B.C. 610. 본명은 孫陽이고, 郜國(지금의 山東省 菏澤市 成武縣) 사람이다. 秦穆公때 말을 잘 알아보는 능력으로 이름이 널리 알려졌다. 相馬學에 관한 著作으로 ≪伯樂相馬經≫이 유명하다.

164) 沙丘: 古地名으로, 지금의 河北省 廣宗縣 북쪽에 있다.

못하는 자가 어찌 말을 제대로 알아볼 수 있겠는가.' 백락이 말하기를, '구방고가 살피는 것은 천리마로서의 타고난 능력이니, 〈그것은〉 그 능력의 정수를 찾고 부실한 점은 잊는 것이고 말의 내면을 살피고 그 외면은 잊는 것입니다.'라고 하였다. 말이 도착하였는데 과연 천하의 名馬였다."

列子曰 "秦穆公謂伯樂曰 '子之年長矣. 子姓[165)]有可使求馬乎?' 伯樂對曰 '良馬, 可以形容筋骨相也. 天下之馬者, 若滅若沒, 若亡若失. 臣之子皆下才也. 臣有所與九方皐, 其相馬, 非臣之比也.' 穆公見之, 使行求馬. 三月而反, 報曰 '已得之, 在沙丘.' 穆公曰 '何馬?' 對曰 '牝而黃.' 使人往取之, 牡而驪. 公不悅, 召伯樂曰 '敗矣, 子之所使求馬者. 色物[166)]牝牡弗能知, 又何馬之能知也?' 伯樂曰 '若皐之所觀, 天機也. 得其精而忘其麤, 在其內而忘其外.' 馬至, 果天下之良馬也."

15-72 世間에서 칭찬하였다.

"庾文康(庾亮)은 풍년의 玉이고 〈아우인〉 穉恭(庾翼)은 흉년의 곡식이다."

庾氏家에서는 논평하였다.

"이는 文康(유량)이 '穉恭은 흉년의 곡식이고 庾長仁(庾統)은 풍년의 옥이다.'라고 칭찬한 것이다."

世稱하되 **庾文康**은 **爲豐年玉**이고 **穉恭**은 **爲荒年穀**이라 **庾家**의 **論**에 **云 是**는 **文康**이 **稱**하되 **恭**[167)]은 **爲荒年穀**①이고 **庾長仁**은 **爲豐年玉**②이라하다

① 庾亮은 조정의 중임을 맡을 만한 기량이 있고, 庾翼은 世道를 바로잡을 만한 재주가 있어 각각 〈알맞은〉 쓰임이 있음을 말한 것이다.
謂亮有廊廟之器, 翼有匡世之才, 各有用也.

② ≪中興書≫에 말하였다. "庾統은 字가 長仁이고, 穎川 사람이다. 衛將軍 庾懌의 아들이다. 젊어서부터 아름다운 명성이 있었고 벼슬이 潯陽太守에 이르렀다."
中興書曰 "庾統, 字長仁, (潁)〔穎〕川人. 衛將軍懌子也. 少有令名, 仕至潯陽太守."

---

165) 子姓 : 子孫을 말한다. ≪世說音釋≫에 "姓은 子이다."라고 하였다.

166) 色物 : 色은 純色, 物은 雜色을 말한다. ≪世說音釋≫에서는 "物은 '毛物'이니, 모든 畜生은 털빛으로 구별한다."라고 하여 조금 달리 보았다.

167) 恭 : 원문은 '恭'으로 되어 있으나, '恭'자 앞에 '穉'자가 생략된 듯하다.

【頭註】

○ 劉辰翁 : 교묘한 말로 맛이 있다.
劉云 "妙語有味."

15-73 세상 사람들이 품평하였다.

"杜弘治(杜乂)는 〈풍모가〉 준수하고 고상하며 季野는 대범하고 조용하다."

世目하되 杜弘治는 標鮮[168)]①하고 季野는 穆少[169)]라하다

① ≪晉陽秋≫에 말하였다. "杜乂는 字가 弘治이고, 京兆 사람이다. 조부 杜預와 부친 杜錫은 前朝(西晉)에서 명성이 있었다. 젊어서부터 아름다운 명성이 있었다. 丹陽丞을 역임했는데, 일찍 죽었다. 晉 成帝(司馬衍)가 두예의 딸을 황후로 받아들였다."

≪江左名士傳≫에 말하기를, "두예는 〈마음이〉 깨끗하고 준수한 훌륭한 선비이다."라고 하였다.

晉陽秋曰 "杜乂, 字弘治, 京兆人. 祖預, 父錫, 有譽前朝. 乂少有令名, 仕丹陽丞, 早卒. 成帝納乂女爲后." 江左名士傳曰 "乂, 淸標令士也."

15-74 謝太傅(謝安)가 아직 20살이 되기도 전에 처음 서쪽으로 나가 王長史(王濛)에게 가서 오랫동안 淸言을 나누었다. 그가 떠난 뒤에 〈아들인〉 苟子(王修)가 물었다.

"손님은 아버지와 〈비교하여〉 어떠합니까?"

長史(왕몽)가 말하였다.

"방금 전의 손님은 부지런히 노력하니 앞으로 나를 위협할 것이다."

謝太傅가 未冠에 始出西[170)]하여 詣王長史하여 淸言良久라 去後에 苟子가 問曰 向客이

---

168) 標鮮 : ≪世說音釋≫에서 "'標'는 '擧'이고 '鮮'은 '麗'와 같다고 하였다.

169) 穆少 : ≪世說音釋≫에 "簡穆과 같다."라고 했으니, 즉 대범하고 조용하다는 뜻이다.

170) 出西 : 사안이 벼슬에 나오기 전에 會稽郡에 살았는데, 회계에서 수도인 健康으로 가려면 서쪽으로 가야 하므로 '出西'라고 하였다.

何如尊[171)]이니잇가하니 長史曰 向客은 亹亹(미미)[172)]하니 爲來逼人이라하다

【頭註】

○ 劉辰翁 : 방금 전 손님에 대해 묻자 그 손님에 대해 답변한 것이 볼 만하다.
劉云 "問向客, 答向客可觀."

15-75 王右軍(王羲之)이 劉尹(劉惔)에게 말하였다.

"반드시 〈우리가〉 함께 安石(謝安)을 추천해야 합니다."

유윤이 말하였다.

"만약 안석이 東山에서 은거하려는 뜻이 섰다면, 마땅히 천하 사람들과 함께 그를 추천해야 합니다."

王右軍이 語劉尹하되 故當共推安石이라하니 劉尹曰 若安石이 東山志立이면 當與天下로 共推之①라하다

① ≪續晉陽秋≫에 말하였다. "처음에 謝安이 會稽 上虞縣에 살았는데, 산림에서 6, 7년간 유유자적하면서 관리로 초빙되어도 나가지 않았다. 아무리 탄핵과 上奏가 이어지고 계속 禁錮하여도 느긋하니 개의치 않았다."
續晉陽秋曰 "初, 安家於會稽上虞縣, 優遊山林六七年間, 徵召不至. 雖彈奏相屬(촉), 繼以禁錮, 而晏然不屑也."

【頭註】

○ 王世懋 : 〈천하 사람들과 함께 추천해야 한다고 한 말을 보면〉 劉尹(劉惔)은 습관적으로 남에게 한 번도 관대하지 않다.
王云 "劉尹慣不饒人一着."

○ 李贄 : 경박한 말이나 제법 흥취가 있다.

---

171) 尊 : 부친의 존칭이다.

172) 亹亹(미미) : 끊임없이 힘쓰고 부지런한 모습이다. ≪詩經≫ 〈大雅 文王〉 편에, "힘쓰고 힘쓰신 문왕이여 아름다운 명예가 그치지 않았도다.〔亹亹文王 令聞不已〕"라 하였고, 그 注에 '亹亹'는 '强勉하는 모습'이라고 하였다. ≪世說音釋≫에는 '美也'라고 풀었다.

李云 "輕薄語, 甚有趣."

15-76 桓溫이 행차하여 王敦의 무덤가를 지나갈 때 멀리서 무덤을 바라보며 말하였다.[173)]

"쓸 만한 사람이었지, 쓸 만한 사람이었어."

桓溫이 行經王敦墓邊過할새 望之云 可兒[174)]로다 可兒①로다라하다

① 孫綽이 庾亮에게 보낸 편지에 "王敦이 쓸 만한 사람〔可人〕이라는 평판은 수십 년간 있었습니다."라고 하였다.
孫作與庾亮牋曰 "王敦可人之目, 數十年間也."

【頭註】

○ 劉辰翁 : 姦雄끼리는 자연히 서로 사모하지만 名德은 말할 만하지 못하다.
劉云 "姦雄自相(善)〔美〕[175)], 名德不足道."

○ 王世懋 : 영웅끼리는 서로 알아본다. 그러므로 成敗를 가지고 논하지 않는다.
王云 "英雄相識. 故不以成敗論."

15-77 【補】 王長史(王濛)가 孫興公(孫綽)에게 물었다.

"郭子玄(郭尙)을 어떻게 품평하시겠소?"

손흥공이 말하였다.

---

173) 桓溫이……말하였다 : 王敦과 桓溫은 왕실에 반기를 들어 簒奪의 뜻을 품었다는 공통점이 있다. 왕돈은 晉 元帝 때(322)에 반란을 일으켰고, 환온은 東晉의 帝位를 찬탈하려는 뜻을 품었으나, 王氏와 謝氏 세력의 반대로 생전에 뜻을 이루지는 못하였다. 그러나 그 아들인 桓玄이 결국 제위를 찬탈하여 桓楚를 세운 뒤 환온을 '楚宣武帝'로 추존하였다.

174) 可兒 : 陸游의 〈老學庵筆記〉에 "晉나라 말에서 '兒'와 '人'은 통용되었다.〔晉語兒人二字通用〕" 하였으니, 여기서 '可兒'는 '可人'과 같다. 陳浩의 ≪禮記≫ 注에 "괜찮은 사람은 임용할 만하다.〔堪可之人 可任用〕"라고 한 것을 참고하여 '可兒'를 '쓸 만한 사람'으로 번역하였다.

175) (善)〔美〕 : 저본에는 '善'으로 되어 있으나, 元刊本 ≪世說新語≫에 의거하여 '美'으로 바로잡았다.

"문사가 깨끗하고 雅正하며 〈남보다〉 출중하고도 남고, 구절을 토하고 문장을 지을 때는 폭포가 쏟아져 물이 흘러 마르지 않는 듯합니다."

王長史가 問孫興公하대 郭子玄을 定何如오하니 孫曰 詞致淸雅하고 奕奕有餘하며 吐章陳文엔 如懸河瀉하여 水注而不竭이라하다

15-78【補】孫興公(孫綽)이 말하였다.

"庾太尉(庾亮)는 평소 애호하여 마음을 붙이는 것이 항상 세속 밖에 있다. 비록 마음을 부드럽게 하여 세속에 응하고 자벌레처럼 굽실대는 처신을 하더라도 그 마음속은 고요하니 실로 玄道로 산수를 대한다."

孫興公이 云 庾太尉는 雅好所托이 常在塵埃之外라 雖柔心應世하고 蠖(확)屈其迹[176)]이나 而方寸은 湛然하니 固以玄으로 對山水라하다

15-79 王仲祖(王濛)가 殷淵源(殷浩)을 칭찬하였다.

"장점으로 남보다 나을 뿐이 아니라 장점에 대처하는 것도 남보다 낫다."

王仲祖가 稱殷淵源하되 非以長으로 勝人이요 處長에도 亦勝人①이라하다

① ≪晉陽秋≫에 말하기를, "殷浩는 활달하고 온화하여 남과 잘 사귀었다." 하였다.
晉陽秋曰 "浩, 善以通和接物也."

【頭註】

○ 劉辰翁 : 빈 편지를 보낸 것이 참으로 지혜로웠다.
劉云 "空函[177)]故智."

---

176) 蠖屈 : 자벌레〔尺蠖〕는 다리가 많으며 뽕나무에서 사는 벌레로, 움직일 때 허리를 구부려 머리를 나아가게 한다. ≪주역≫ 〈繫辭 下〉에 "자벌레가 몸을 굽힘은 펴기를 구하기 위해서이다.〔尺蠖之屈 以求信也〕" 하였는데, 이때 '信'은 '伸'의 의미이다.

177) 空函 : 내용이 없는 빈 편지를 말한다. 桓溫이 殷浩를 尙書令으로 임명하고자 하여 편지를 보내 이를 은호에게 알렸는데, 은호는 망설이다가 빈 편지를 보내 결국 환

15-80 (補)[178] 王司州(王胡之)가 殷中軍(殷浩)과 대화하고 나서 감탄하여 말하였다.

"나의 속마음은 일찌감치 다 쏟아내 보였으나, 은호가 담론을 펼치는 형세의 광대함과 수많은 근원은 아직도 헤아릴 수 없다."

王司州가 與殷中軍으로 語하고 歎云 己之府奧는 蚤已傾寫而見(현)이나 殷의 陳勢의浩汗衆源[179]은 未可得測이라하다

① ≪徐廣晉紀≫에 말하였다. "殷浩의 淸言은 정묘한 논변과 오묘한 맛이 있어 당시의 名流 모두가 훌륭하게 여겼다.
徐廣晉紀曰 "浩淸言妙辯玄致, 當時名流, 皆爲之美譽."

15-81 王長史(王濛)가 江道群(江灌)에 대하여 말하였다.

"그는 남들이 가지고 있어야 할 점을 반드시 가진 것은 아니지만, 남들이 가지고 있지 말아야 할 점은 절대 가지고 있지 않다."

王長史가 道江道群하되 人可應有를 乃不必有나 人可應無는 已必無①라하다

① ≪中興書≫에 말하였다. "江灌은 字가 道群이고, 陳留 사람이다. 僕射 江虨(강반)의 사촌 동생이다. 재능이 있어 사촌형 江逌(강유)와 명성이 버금갔다. 尙書·中護軍 벼슬을 지냈다.
中興書曰 "江灌, 字道群, 陳留人. 僕射(야)虨從弟也. 有才器, 與從兄逌(유)名相亞. 仕尙書·中護軍."

온과의 관계가 끊어지게 되었다. 여기서는 은호가 환온의 제의를 수락하지 않은 것이 현명했다고 평가한 것이다.(≪晉書≫ 〈殷浩傳〉)

178) (補) : 저본에는 '補'가 있으나, 이 일화는 ≪何氏語林≫이 아닌 ≪世說新語≫에 있으므로 '補'를 삭제하였다.

179) 浩汗衆原 : '浩'는 은중군의 이름인 殷浩에서 취하고 '原'은 은중군의 字인 淵源에서 취하여 말의 묘미를 살린 것이다.

【頭註】

○ 劉辰翁 : 전에 한 말에 미치지 못한다.
劉云 "不及前語."

15-82 王仲祖(王濛)와 劉眞長(劉惔)이 殷中軍(殷浩)에게 가서 담론하였다. 담론이 끝나자 같이 수레를 타고 떠날 때 유진장이 왕중조에게 말하였다.

"淵源(은호)는 참으로 괜찮군요."

왕중조가 말하였다.

"경은 마침내 그의 雲霧 속에 떨어진 것입니다."

王仲祖와 劉眞長이 造殷中軍하여 談이라 談竟에 俱載去할새 劉謂王曰 淵源은 眞可라하니 王曰 卿은 故墮其雲霧中①이라하다

① ≪中興書≫에 말하였다. "은호는 말의 논리에 능하였고 담론이 精微하였으며 ≪老子≫와 ≪易經≫에 뛰어났다. 그리하여 습속을 좇는 자들이 모두 그를 으뜸으로 여기고 그에게 몰려들었다."
中興書曰 "浩能言理, 談論精微, 長於老易, 故風流者, 皆宗歸之."

【頭註】

○ 劉辰翁 : 말에 아름다움이 있고 機智가 있다.
劉云 "有美有機."

15-83 劉尹(劉惔)이 매번 王長史(王濛)를 칭찬하여 말하였다.

"성품이 매우 放達하지만 자연스럽게 절도가 있다."

劉尹이 每稱王長史하여 云 性至通이나 而自然有節①이라하다

① 〈王濛別傳〉에 말하였다. "왕몽은 남과 교제할 때 자신을 비우고 〈남의〉 훌륭한 점을 받아들이며, 사정을 살핀 뒤에 행동하여 기뻐하거나 화난 기색을 보기가 어려웠다. 대개 그와 한 번이라도 만나면 존경하고 사랑하지 않을 수 없었다. 어려서 부친을 여의었지만 〈아버지의〉 여러 첩들을 매우 정성껏 섬겼으며, 의리에 독실하고 친족들과 화목하였다. 작은 절조에 연연하지 않았고 청빈함으로 칭송받았다."

濛別傳曰"濛之交物, 虛己納善, 恕而後行, 希見其喜愠之色. 凡與一面, 莫不敬而愛之. 然少孤, 事諸母甚謹, 篤義穆族. 不修小潔,[180] 以淸貧見稱."

15-84 王右軍(王羲之)이 謝萬石(謝萬)에 대하여 말하였다.

"山林川澤 중에 있어도 저절로 출중하다."

林公(支遁)에 대하여 찬탄하여 말하였다.

"성품이 淸朗하고 정신이 뛰어나다."

祖士少(祖約)에 대하여 말하였다.

"풍모가 外柔內剛하니 아무래도 죽을 때까지 이와 같은 사람을 다시 보지 못할 것이다."

劉眞長(劉惔)에 대하여 말하였다.

"구름에 닿을 만큼 높은 가지이나, 枝葉을 주변에 퍼지게 하지 않는다."

王右軍이 道謝萬石하되 在林澤中이어도 爲自遒(주)上[181]이라하고 歎林公하되 器朗神儁①이라하고 道祖士少하되 風領毛骨[182]하니 恐沒世토록 不復見如此人이라하고 道劉眞長하되 標雲柯로대 而不扶疎②라하다

① 〈支遁別傳〉에 말하였다. "支遁은 마음 내키는 대로 자기 마음대로 하였으며 風格이 고상하고 훌륭하였다."

支遁別傳曰"遁, 任心獨往, 風期高亮."

② 〈劉尹別傳〉에 말하였다. "劉惔은 훌륭한 명망을 지닌데다가 帝室의 인척[183]이었으므로 여러 번 높은 관직을 지냈다. 그러나 성품이 세속과 맞지 않고 마음이 榮利에 담담하여 비록 몸은 현달한 지위에 올랐어도 매번 겸손하였으며 고요하게 있으면서 자신을 지킬 뿐이었다."

---

180) 小潔 : 小節과 같다. 소절은 사소하고 자잘한 예절을 말한다.

181) 遒上 : ≪世說音釋≫에 '遒'는 '美'와 같다고 하였다.

182) 風領毛骨 : ≪世說音釋≫에 '風領'은 '風標'와 같고, '毛骨'은 外柔內剛을 말한다고 하였다.

183) 帝室의 인척 : 劉惔은 晉 明帝의 딸 廬陵公主와 혼인하였다.

劉尹別傳曰 "惔既令望, 姻婭帝室, 故屢居達官. 然性不偶俗, 心淡榮利, 雖身登顯列, 而每挹降, 閑靜自守而已."

【頭註】

○ 劉辰翁 : 모두 體現하였다.
劉云 "皆體."

15-85 簡文帝(司馬昱)가 庾赤玉(庾統)을 품평하였다.

"대범하고 진솔하며 〈마음속 응어리를〉 말끔히 씻어낸다."

謝仁祖(謝尙)가 말하였다.

"유적옥은 마음속에 담아 두는 것이 없다."

簡文이 目庾赤玉①하되 省率治除라 謝仁祖가 云 庾赤玉은 胸中에 無宿物이라하다

① 〈赤玉은〉 庾統의 어릴 때 이름이다.
庾統小字.

15-86 殷中軍(殷浩)이 韓太常(韓伯)에 대하여 말하였다.

"康伯(한백)은 젊어서부터 자신을 높이 평가하였고[184) 〈남이 보기에도〉 의연히 여러 인재보다 출중하다. 그의 발언이나 의론을 보면 종종 情趣가 있다."

殷中軍이 道韓太常하여 曰 康伯은 少自標置하고 居然是出群器라 及其發言遣辭하얀 往往有情致①라하다

184) 젊어서부터……평가하였고 : 원문은 '少自標置'인데, 여기서 '標置'는 '品評'과 같다. 품평하는데 자신을 높은 등급에 놓는 것을 말하며 '自負'의 의미가 있다. ≪晉書≫ 〈劉惔傳〉에 "언젠가 환온이 유담에게 묻기를, '회계왕(簡文帝 司馬昱)의 담론이 더 진보하였는가?' 하니 유담이 '매우 나아졌습니다. 그러나 실로 二流에 불과할 뿐입니다.'라고 대답하였다. 환온이 '第一流는 또 누구인가?'라고 하니 유담이 '우리 중에 있습니다.'라고 하였으니, 그가 자신을 높이 평가하는 것이 이와 같았다.〔桓溫嘗問惔 會稽王談更進邪 惔曰極進 然故第二流耳 溫曰第一復誰 惔曰故在我輩 其高自標置如此〕"라는 일화가 있다.

① 〈續晉陽秋〉에 말하였다. "康伯(韓伯)은 성품이 淸靜하고 和平하며 思理가 있어 어릴 때 외삼촌인 殷浩에게 칭찬받았다."
續晉陽秋曰 "康伯, 淸和有思理, 幼爲舅殷浩所稱."

15-87 簡文帝(司馬昱)가 王懷祖(王述)에 대하여 말하였다.
"재주도 뛰어나지 않은데다가 또 榮利에 대해서도 담박하지 않지만, 단지 진솔하다는 작은 장점으로 남의 많은 장점을 상대하기에 충분하다."

簡文이 道王懷祖하되 才既不長하고 於榮利에 又不淡하나 直以眞率少許로 便足對人多多許[185)]①라하다

① ≪晉陽秋≫에 갈하였다. "王述은 젊었을 때 가난하여 한 그릇의 밥과 표주박의 물을 먹으며 누추한 동네에서 살면서도 名望을 구하지 않았다. 이로 인하여 식자들의 존경을 받았다."
晉陽秋曰 "述, 少貧約, 簞瓢陋巷,[186)] 不求聞達. 由是爲有識所重."

【頭註】

○ 劉辰翁 : 〈짧은 문장에〉 行狀(행장)을 모두 묘사하였다.
劉云 "行狀俱盡."

○ 劉辰翁 : "거죽 속이 모두 진실되다."라고 한 말과 같다.
劉云 "與(椶)〔掇〕[187)]皮皆眞同."

○ 王世懋 : 藍田(王述)에 대해 극진하게 묘사하였으니, 簡文帝가 언어에 능란한 것이 이러하였다.
王云 "道盡藍田. 簡文妙於言乃爾."

185) 許 : 少許, 多多許에서 '許'는 뜻이 없는 어조사이다.

186) 簞瓢陋巷 : 安貧樂道의 생활을 말한다. ≪論語≫ 〈雍也〉에 공자가 안회를 칭찬하여 "어질도다, 안회여. 한 그릇 밥과 한 표주박 물로 누추한 동네에서 살면 다른 사람은 그 걱정을 견디지 못하건만, 안회는 도를 즐기는 마음을 변치 않으니, 어질도다! 안회여.〔賢哉回也 一簞食一瓢飮 在陋巷 人不堪其憂 回也不改其樂 賢哉回也〕"라고 한 데서 온 말이다.

187) (椶)〔掇〕 : 원문에는 '椶'로 되어 있으나, 본서 15-52편에 의거하여 '掇'로 바로잡았다.

15-88 林公(支遁)이 王右軍(王羲之)에게 말하였다.

"長史(王濛)가 한 수백 마디 말은 모두 德音 아닌 것이 없으나, 〈담론에서〉 상대를 궁지로 몰지 못하는 것이 흠입니다."

왕우군이 말하였다.

"장사는 본래 남을 궁지로 모는 것을 원하지 않습니다."

林公이 謂王右軍하여 云 長史는 作數百語에 無非德音이로대 如恨不苦①라하니 王曰 長史는 自不欲苦物이라하다

① 苦는 남을 말로써 궁하게 하는 것을 말한다.
苦, 謂窮人以辭.

15-89 殷中軍(殷浩)이 어떤 사람에게 편지를 보내 謝萬에 대하여 말하였다.

"文理가 점점 훌륭해지고 있으니 그러한 성취는 〈이루기가〉 매우 쉽지 않습니다."

殷中軍이 與人書하여 道謝萬하되 文理轉遒하니 成殊不易(이)①라하다

① ≪中興書≫에 말하였다. "謝萬은 재주와 기량이 출중하고 빼어났으며 자신을 과시하기를 잘하였으므로 당시에 칭송을 받았다. 아울러 문장을 잘 짓고 담론에 능하여 당시 사람들이 칭송하였다."
中興書曰 "萬, 才器儁秀, 善自衒耀. 故致有時譽. 兼善屬文, 能談論, 時人稱之."

15-90 王長史(王濛)가 말하였다.

"江思悛(江惇)은 사색이 통하는 범위가 儒學의 영역에 그치지 않는다."

王長史云 江思悛은 思懷所通이 不翅儒域①이라하다

① ≪徐廣晉紀≫에 말하였다. "江惇은 字가 思悛이고, 陳留 사람이다. 僕射(복야) 江彪의 아우이다. 성품이 학문에 독실하여 손에서 책을 놓지 않고 墳典[188]을 두루 열람하였으며, 儒家와 道家에 겸하여 통달하였다. 벼슬에 부름을 받았으나 나아가지

않았다. 49세에 죽었다."

徐廣晉紀曰"江惇, 字思悛(전), 陳留人. 僕射彪弟也. 性篤學, 手不釋書, 博覽墳典, 儒道兼綜. 徵聘無所就. 年四十九而卒."

15-91 許玄度(許詢)가 모친을 전송하러 처음 도성에 나오자, 어떤 사람이 劉尹(劉惔)에게 물었다.

"玄度는 정말 듣던 대로입니까?"

유윤이 말하였다.

"才思가 듣던 것보다 뛰어납니다."

許玄度가 送母하여 始出都하거늘 人問劉尹하되 玄度定稱所聞不아하니 劉曰 才情이 過於所聞①이라하다

① ≪許氏譜≫에 말하기를, "玄度(許詢)의 모친은 華軼[189]의 딸이다." 하였다.

≪許詢集≫[190]을 살펴보면 허순이 도성으로 나와 누이를 맞이하고 길에서 시를 지었다고 하였고, ≪續晉陽秋≫에서도 그러하였다. 그런데 여기서는 모친을 전송하였다고 하니 오류인 듯하다.

許氏譜曰"玄度母, 華軼女也."按詢集, 詢出都迎姊, 於路賦詩. 續晉陽秋亦然, 而此言送母, 疑繆矣.

15-92 謝公(謝安)이 〈伯父인〉 豫章(謝鯤)에 대하여 말하였다.

"만약 七賢[191]을 만났다면 반드시 스스로 팔을 잡고 竹林으로 들어갔을 것이다."

---

188) 墳典 : 三墳과 五典을 병칭한 것이다. 三墳은 伏羲·神農·黃帝의 책을 말하고, 五典은 少昊·顓頊·高辛·唐·虞의 책을 말한다. 후에는 古代의 典籍을 통칭하는 말이 되었다.

189) 華軼 : ?~311. 西晉의 武將으로, 字는 彦夏이고 平原郡 高唐縣 사람이다. 증조부는 魏(三國)나라의 太尉 華歆이다.

190) 許詢集 : ≪隋書≫ 〈經籍志〉와 ≪舊唐書≫ 〈藝文志〉에 "晉 徵士 許詢集 三卷"이라는 기록이 있다.

191) 七賢 : 竹林七賢을 말한다. 魏晉시대에 禮俗에 얽매이지 않고 豪放曠達하며 老莊의

謝公이 **道豫章**하되 **若遇七賢**이면 **必自把臂入林**①이라하다

① ≪江左名士傳≫에 말하였다. "謝鯤은 활달하고 식견이 있으며 위엄과 예의를 차리지 않았고, 행적은 방탕함을 좋아하였으나 마음은 정연하였고 외형은 더러웠으나 담론은 깨끗하였다. 몸가짐은 더러운듯하였으나 행동은 고상함에 누가 되지 않았다. 이웃집에 여인이 있었는데 한번은 그 집에 가서 여인을 유혹하였다. 여인은 옷감을 짜고 있다가 북〔梭〕을 던져 그의 이빨 2개를 부러뜨렸다. 그는 〈집에〉 돌아온 뒤 아무렇지 않은 듯이 길게 휘파람을 불고 말하였다. '그래도 내가 휘파람 불며 노래하는 것을 그만두게는 못하지.' 그가 외모를 중시하지 않는 것이 이와 같았다."

江左名士傳曰"鯤, 通簡有識, 不脩威儀, 好迹逸[192]而心整, 形濁而言淸. 居身若穢, 動不累高. 隣家有女, 嘗往挑之. 女方織, 以梭投折其兩齒. 旣歸, 傲然長嘯曰'猶不廢我嘯歌.' 其不事形骸如此."

15-93 **王長史**(王濛)가 **林公**(支遁)에게 감탄하였다.
"은미함을 찾은 공로가 **輔嗣**(王弼)에 못지않다."

王長史가 **歎林公**하되 **尋微之功**이 **不減輔嗣**①라하다

① 〈支遁別傳〉에 말하였다. "支遁은 神心이 깨어있으며 높은 식견은 玄妙하고 幽遠하였다. 일찍이 京師에 이르렀는데 王仲祖(王濛)가 은미함에 나아간 그의 공을 칭찬하여 王弼과 다르지 않다고 하였다."

支遁別傳曰"遁, 神心警悟, 淸識玄遠. 嘗至京師, 王仲祖稱其造微之功, 不異王弼."

15-94 **謝太傅**(謝安)가 **桓公**(桓溫)의 **司馬**로 있을 때 환공이 사안을 찾아가니 마

학설을 말하기 좋아하고 술을 즐겨 마시면서 항상 竹林 사이에 모여 어울렸던 阮籍·嵇康·山濤·向秀·阮咸·王戎·劉伶 등 7인을 당시 사람들이 죽림칠현이라고 불렀다.

192) 好迹逸 : ≪晉書≫ 〈謝鯤傳〉에는 "≪老子≫와 ≪周易≫을 좋아하였다.〔好老易〕"라고 한 것으로 보면 '迹逸' 위에 '老易'이 빠진 것이 아닐까 의심되나, 여기서는 원문대로 번역하였다.

침 사안이 머리를 빗고 있다가 급하게 의복과 두건을 갖추려 하였다. 그러자 환공이 말하였다.

"어찌 이렇게 번거롭게 구는가."

그리고서 수레에서 내려 함께 밤까지 대화를 나눴다. 〈환공이〉 떠나간 뒤에 〈사안이〉 좌우에 있는 사람들에게 말하였다.

"참으로 전에 이와 같은 사람을 본 적이 있는가?"

謝太傅가 **爲桓公司馬**①일새 **桓詣謝**하니 **値謝梳頭**라가 **遽取衣幘**[193]이어늘 **桓公云 何煩此**오하고 **因下**[194]하여 **共語至暝**하다 **旣去**에 **謂左右曰 頗曾見如此人不**아하다

① ≪續晉陽秋≫에 말하였다. "처음에 謝安은 산수 간에서 노닐면서 문장을 짓고 이치를 분석하는 것으로 스스로 즐겼다. 桓溫이 西蕃에 있을 때 그의 성대한 명성을 흠모하여 조정에 권하여 司馬로 삼을 것을 청하였다. 〈사안은〉 世道가 태평하지 않았기 때문에 널리 〈백성을〉 구제하는 데 뜻을 두어 40세에 벼슬하여 정무를 수행하였다."

續晉陽秋曰 "初, 安優遊山水, 以敷文析理自娛. 桓溫在西蕃,[195] 欽其盛名, 諷朝廷請爲司馬. 以世道未夷, 志存匡濟, 年四十起家應務也."

15-95 세상 사람들이 謝尙을 令達[196]하다고 품평하였다. 阮遙集(阮孚)[197]은 말하였다.

"〈마음이〉 깨끗하고 온화하여 放達한 듯하다."

어떤 사람은 말하였다.

---

193) 衣幘 : 衣服과 頭巾이다.

194) 因下 : 수레에서 내려오는 것이다.(≪世說音釋≫)

195) 西蕃 : 荊州를 가리킨다.(≪世說音釋≫)

196) 令達 : ≪世說音釋≫에 '令'은 '善'이라 하였다. 令達은 '좋은 의미에서의 放達'이라는 의미이다.

197) 阮遙集(阮孚) : 278~326. 字가 遙集이고 죽림칠현 중 한 사람인 阮咸의 次子이다. 東晉의 大臣과 顯官을 거쳤으며, 부친의 曠達한 성품을 이어받은 것으로 칭송을 받았다.

"謝尙은 저절로 출중하다."

世目謝尙하되 爲令達이라 阮遙集云 淸暢似達[198]이라하다 或云 尙은 自然令上이라하다

① ≪晉陽秋≫에 말하였다. "謝尙은 진솔하고 빼어나게 방달하며 총명하고 출중하다."
晉陽秋曰 "尙, 率易挺達, 超悟令上也."

【頭註】

○ 劉辰翁 : 바로 이해하고자 하는 것은 안 되지만 따져 볼 만하다.
劉云 "卽欲解不可, 而可稱數."

15-96 孫興公(孫綽)이 庾公(庾亮)의 參軍이었을 때 함께 白石山을 유람하였다. 衛君長(衛永)이 좌중에 있었는데, 손흥공이 말하였다.

"이 사람은, 정신은 도무지 산수에 관심이 없지만 문장은 잘 짓습니다."

유공이 말하였다.

"위군장은 情趣는 경들에게 미치지 못하지만 〈감동을〉 쏟아내는 경지는 그 역시 천박하지 않습니다."

손흥공이 마침내 이 말에 감탄하였다.

孫興公이 爲庾公參軍일새 共遊白石山이라 衛君長在坐①하니 孫曰 此子는 神情은 都不關山水나 而能作文이라하니 庾公曰 衛는 風韻은 雖不及卿諸人이나 傾倒[199]處亦不近이라하니 孫遂沐浴[200]此言하다

① ≪衛氏譜≫에 말하였다. "衛永은 字가 君長이고, 成陽 사람이다. 지위가 左軍長史에 이르렀다."
衛氏譜曰 "永, 字君長, 成陽人. 位至左軍長史."

【頭註】

---

198) 似達 : 放達 그 자체는 아니지만 放達로 볼 수 있다는 의미이다.
199) 傾倒 : 감회를 다 쏟아 묘사하는 것이다.
200) 沐浴 : '心服하다', '感歎하다'라는 뜻이다.(≪世說箋本≫)

○ 劉辰翁 : 庾亮의 말이 자연히 훌륭하니 누구를 찬탄하겠는가.
劉云 "庾言自佳, 沐浴何物!"

15-97 王右軍(王羲之)이 陳玄伯(陳泰)을 품평하였다.
"마음속에 응어리가 있으나 강직한 기질을 가졌다."

王右軍이 目陳玄伯하되 壘塊[201]나 有正骨[202]이라하다

15-98 王長史(王濛)가 말하였다.
"劉尹(劉惔)이 나를 아는 것이 내가 나 자신을 아는 것보다 낫다."

王長史 云 劉尹知我가 勝我自知[①]라하다

① 〈王濛別傳〉에 말하였다. "王濛은 沛國 사람 劉惔과 함께 명성이 높았다. 당시 사람들이 왕몽을 袁曜卿(袁渙)에 빗대고 유담을 荀奉倩(荀粲)에 빗대었는데, 같이 친구로 지내며 서로를 매우 인정하고 칭찬하였다."
濛別傳曰 "濛與沛國劉惔齊名. 時人以濛比袁曜卿, 惔比荀奉倩, 而共交友, 甚相知賞也."

【頭註】
○ 劉辰翁 : 이 또한 옛사람이 하지 않은 말이다.
劉云 "此亦古人所未道."

15-99 王濛과 劉惔이 林公(支遁)의 강론을 듣고, 왕몽이 유담에게 말하였다.
"저 높은 자리에 있는 자는 凶物이군요."
다시 한번 〈강론을〉 듣고 왕몽이 또 말하였다.
"그는 본래 鉢釪(발우)를 받은 뒤[203]의 王弼과 何晏[204] 같은 사람이군요."

---

201) 壘塊 : 마음속에 不平이 있는 것이다.(≪世說音釋≫)
202) 正骨 : 正直하고 강인한 氣質을 말한다.
203) 鉢釪를 받은 뒤 : 鉢釪는 승려의 食器인데, 불가에서는 발우를 받고 승려가 된다.

王과 劉가 聽林公講하고 王이 語劉曰 向[205]高坐者는 故是凶物[206]이라 復(東)〔更〕[207] 聽하고 王又曰 自是鉢釪後王何人也①라하다

① ≪高逸沙門傳≫[208]에 말하였다. "王濛은 항상 支遁을 찾아가곤 하였다. 祇洹寺(지원사)에서 강론할 때 만나보니 〈지둔이〉 바로 높은 자리에 있으면서 매번 麈尾를 들고 항상 수백 마디의 말을 하였는데, 감정과 논리가 모두 유창하여 그 자리에 참석한 100여 명의 사람들이 모두 입을 다물고 집중할 뿐이었다. 왕몽이 말하기를, '승려들에게 강론하는 것을 들어보니, 저 높은 자리에 있는 자는 발우를 받은 뒤의 王弼과 何晏 같은 〈재주와 언변이 뛰어난〉 사람이군요.'라고 하였다."
高逸沙門傳曰 "王濛恒尋遁. 遇祇洹(원)寺中講, 正在高坐上, 每擧麈尾, 常領數百言, 而情理俱暢, 預坐百餘人, 皆結舌注耳. 濛云 '聽講衆僧, 向高坐者, 是鉢釪後王何人也.'"

15-100 許玄度(許詢)가 말하였다.

"〈琴賦〉에 이른바 '〈논리가〉 지극히 정밀한 자가 아니면 그와 함께 논리를 분석할 수 없다.' 하였으니, 劉尹(劉惔)이 바로 그러한 사람이요, '차분하고 물욕이 없는 자가 아니면 그와 함께 한가로이 머물 수 없다.' 하였으니, 簡文帝(司馬昱)가 바로 그러한 사람이다."

許詢

---

204) 王弼과 何晏 : 西晉 시대를 대표하는 사상가이자 淸談家이다. 魏晉시대 사람들은 재주와 언변이 뛰어난 사람을 통칭 '王何'라 불렀다.

205) 向 : ≪世說音釋≫에는 지난날〔往日〕, 접때〔曏〕와 같은 의미라고 하였으나, 여기서는 '~에 있는〔在於〕'의 의미로 보았다.

206) 凶物 : 좋아하지 않는 사람을 말한다.

207) (東)〔更〕 : 저본에는 '東'으로 되어 있으나, 安永本 등에 의거하여 '更'으로 바로잡았다.

208) 高逸沙門傳 : 1卷이며 竺法濟가 편찬하였다. 축법제는 梁나라의 高僧인 竺潛의 제자이다.

許玄度言 琴賦①에 所謂非至精者는 不能與之析理라하니 劉尹이 其人이요 非淵靜者는 不能與之閑止라하니 簡文이 其人이라하다

① 嵇叔夜(嵇康)가 지은 〈琴賦〉를 말한다.
嵇叔夜琴賦也.

15-101 魏隱형제는 젊어서부터 學識이 있었다. 총각머리를 하던 어릴 적에 謝奉에게 나아갔는데 사봉이 같이 말해보고서 크게 기뻐하며 말하였다.
"宗家는 비록 쇠락했으나 魏氏 집안에 이미 다시 인재가 나왔구나."

魏隱兄弟는 少有學義①라 總角일새 詣謝奉하니 奉이 與語하고 大說之하여 曰 大宗[209)]은 雖衰나 魏氏에 已復有人이라하다

① ≪魏氏譜≫에 말하였다. "魏隱은 字가 安時이고 會稽 上虞 사람이다. 義興太守·御史中丞을 역임하였다. 아우 魏逷은 黃門郎이었다."
魏氏譜曰 "隱, 字安時, 會稽上虞人. 歷義興太守·御史中丞, 弟逷(적)黃門郎."

15-102 簡文帝(司馬昱)가 말하였다.
"淵源(殷浩)은 말이 심오하거나 超脫하지도 않고 간결하거나 치밀하지도 않지만, 경륜과 사색을 요구하는 곳에는 참으로 법도가 있다."

簡文云 淵源은 語不超詣[210)]簡至나 然經綸思尋處엔 故有局陳이라하다

15-103 桓公(桓溫)이 嘉賓(郗超)에게 말하였다.
"阿源(殷浩)은 德行도 있고 言辯도 있습니다. 만일 尙書令이나 尙書僕射를 삼

---

209) 大宗 : ≪詩經≫ 〈板〉에서 나온 말로 "큰 제후국은 나라의 울타리이며 大宗은 나라의 기둥이라.〔大邦維屛 大宗維翰〕"라고 하였다. 여기서는 魏氏의 宗家를 말한다.(≪世說箋本≫)

210) 超詣 : 현묘한 이치가 심오하고, 세속을 벗어나 높이 초월함을 말한다.

았더라면 충분히 백관의 전형이 되었을 텐데, 조정이 그의 능력에 맞지 않게 썼을 뿐입니다.[211)]"

桓公이 語嘉賓하되 阿源①은 有德有言이라 向使作令・僕[212)]이면 足以儀刑百揆어늘 朝廷이 用違其才耳라하다

①〈阿源은〉 殷浩이다.
殷浩也.

15-104 簡文帝(司馬昱)가 嘉賓(郗超)에게 말하였다.
"劉尹(劉惔)의 담론은 끝에 가서 조금 달라지지만, 그가 한 말을 다시 생각해 보면 역시 잘못이 없다."

簡文이 語嘉賓하되 劉尹語는 末後亦小異나 回復其言하면 亦乃無過라하다

15-105 王右軍(王羲之)이 〈一家인〉 東陽(王臨之)에 대하여 말하였다.
"우리 집안의 阿臨(왕임지)은 낙천적인 점이 매우 출중하다."

王右軍이 道東陽하되 我家阿(林)〔臨〕[213)]은 章清[214)]太出①이라하다

①'林'은 마땅히 '臨'이 되어야 한다.
≪王氏譜≫에 말하였다. "王臨之는 字가 仲產이고, 瑯琊 사람이다. 僕射(복야) 王彪의 아들이다. 벼슬이 東陽太守에 이르렀다."
林應爲臨. 王氏譜曰"臨之, 字仲產, 瑯琊人. 僕射彪之子. 仕至東陽太守."

---

211) 조정이……뿐입니다 : 殷浩는 揚州刺史가 되었다가 桓溫의 뜻을 거슬러 庶人이 되었다.(≪晉書≫ 〈殷浩傳〉)
212) 令・僕 : 최고의 행정기구인 尙書省의 장관과 차관인 尙書令과 尙書僕射를 말한다.
213) (林)〔臨〕: 저본에는 '林'으로 되어 있으나, 주①에 의거하여 '臨'으로 바로잡았다.
214) 章清 : ≪世說音釋≫에 '明朗'과 같다고 하였다.

15-106 (補)[215] 庾太尉(庾亮)가 〈從父인〉 庾中郎(庾敳)을 품평하였다.
"우리 집안 從父(庾敳)는 〈담론이〉 심오하고도 심오하다."

庾太尉가 目庾中郎하되 家從[216]은 談談之許①[217]라하다

① ≪名士傳≫에 말하였다. "庾敳는 따지고 분석하는 담론을 하지 않고 그 요점을 제시하였으므로 태위 王夷甫(王衍)가 평소 그를 중하게 여겼다."
名士傳曰 "敳不爲辨析之談, 而擧其旨要, 太尉王夷甫雅重之也."

【頭註】

○ ≪世說新語≫ 本註(劉孝標)에, "〈'家從談談之許'는〉 어떤 곳에는 '家從談之祖'라고 되어 있고, '從'이 어떤 곳에는 '誦'으로 되어 있으며, '許'가 어떤 곳에는 '辭'로 되어 있다." 하였다.
世說本註, 一作家從談之祖, 從一作誦, 許一作辭.

○ 王世懋 : 주석은 상당히 이해하기 어렵다. ≪史記≫를 살펴보면, "陳涉이 왕이 되니 궁실이 깊숙하고 깊숙하다.〔涉之爲王沈沈〕"라는 구절의 註에[218] "沈沈은 談談과 같으니, 俗語에서 '깊음〔深〕'을 말한다."라고 하였다. 談談 두 글자는 이러한 뜻을 보이므로 '깊고 깊은 것으로 인정받았음'을 말한다.
王云 "註已不能解. 按史記, 涉之爲王沈沈者註, '沈沈猶談談, 俗言深也.' 談談二字見(현)此意, 言深深見許也."

---

215) 저본에는 '補'자가 있으나, 이 일화는 ≪何氏語林≫에 실려 있지 않고 ≪世說新語≫에 실려 있으므로 '補'자를 삭제하였다.

216) 家從 : 庾敳를 말한다. 庾敳와 유량의 부친인 庾琛(유침)은 모두 庾道의 손자이다. 그러므로 유량은 유애의 조카이고 유애는 유량의 從父가 된다.

217) 家從談談之許 : 의미를 파악하기 어렵다. ≪세설신어≫의 劉孝標 注에 "어떤 곳에는 '家從談之祖'라고 되어 있고, '從'이 어떤 곳에는 '誦'으로 되어 있으며, '許'가 어떤 곳에는 '辭'로 되어 있다.〔一作家從談之祖 從一作誦 許一作辭〕"라고 하였다.

218) ≪史記≫를……註에 : ≪史記≫ 〈陳涉世家〉에 나온 말로, 陳涉의 고향 친구가 陳王이 된 진섭을 찾아와 궁궐의 화려한 모습을 보고 한 말이다. 應劭가 註를 내기를, "沈沈은 궁실이 깊숙하고 넓은 모습이다.〔沈沈 宮室深邃之貌也〕"라고 하였다.

〔附 錄〕

1. ≪世說新語補2≫ 圖版目錄

(20)〈山濤〉, 顧沅(淸) 編, ≪古聖賢像傳略≫ / 10-18

(21)〈嵇紹〉, 王齡(淸) 撰, 任熊(淸) 繪, ≪於越先賢像傳贊≫ / 10-19

(22)〈陸機〉, 顧沅(淸) 輯, ≪吳郡名賢圖傳贊≫ / 11-1

(23)〈王導〉, 孫承恩(明) 輯, ≪集古像贊≫ / 11-7

(24)〈阮裕〉, 王齡(淸) 撰, 任熊(淸) 繪, ≪於越先賢像傳贊≫ / 11-18

(25)〈戴逵〉, 王齡(淸) 撰, 任熊(淸) 繪, ≪於越先賢像傳贊≫ / 11-24

(26)〈王獻之〉, 王齡(淸) 撰, 任熊(淸) 繪, ≪於越先賢像傳贊≫ / 11-29

(27)〈任昉〉, 顧沅(淸) 編, ≪古聖賢像傳略≫ / 11-36

(28)〈蘇世長〉, 顧沅(淸) 編, ≪古聖賢像傳略≫ / 11-40

(29)〈王安石〉, 上官周(淸) 畫, ≪晚笑堂畫傳≫ / 11-42

(30)〈孔融〉, 上海圖書集成局 刊, ≪繪圖三國演義≫ / 12-1

(31)〈諸葛亮〉, 朱天然(明) 撰, ≪歷代古人像贊≫ / 12-2

(32)〈嵇康〉, 王齡(淸) 撰, 任熊(淸) 繪, ≪於越先賢像傳贊≫ / 12-6

(33)〈溫嶠〉, 顧沅(淸) 編, ≪古聖賢像傳略≫ / 12-21

(34)〈道安〉, ≪釋氏原流≫ / 13-11

(35)〈則天武后〉, 孫承恩(明) 輯, ≪集古像贊≫ / 13-28

(36)〈韓琦〉, 顧沅(淸) 編, ≪古聖賢像傳略≫ / 13-31

(37)〈范純仁〉, 顧沅(淸) 輯, ≪吳郡名賢圖傳贊≫ / 13-32

(38)〈李膺〉, 王圻(明) 撰, ≪三才圖會≫ / 14-2

(39)〈郭泰〉, 顧沅(淸) 編, ≪古聖賢像傳略≫ / 14-4

(40)〈曹操〉, 上海圖書集成局 刊, ≪繪圖三國演義≫ / 14-6

(41)〈姜維〉, 顧沅(淸) 編, ≪古聖賢像傳略≫ / 14-7

(42)〈張良〉, 顧沅(淸) 輯, ≪吳郡名賢圖傳贊≫ / 14-17

(43)〈張翰〉, 顧沅(淸) 輯, ≪吳郡名賢圖傳贊≫ / 14-18

(44)〈王思遠〉, 王齡(淸) 撰, 任熊(淸) 繪, ≪於越先賢像傳贊≫ / 14-29

(45)〈楊素〉, ≪百將圖傳≫ / 14-31

(46) 〈宋 仁宗〉, 朱天然(明) 撰, ≪歷代古人像贊≫ / 14-34

(47) 〈范滂〉, 顧沅(淸) 編, ≪古聖賢像傳略≫ / 15-3

(48) 〈曹植〉, 上海圖書集成局 刊, ≪繪圖三國演義≫ / 15-7

(49) 〈羊祜〉, ≪無雙譜≫ / 15-11

(50) 〈王湛〉, 顧沅(淸) 輯, ≪吳郡名賢圖傳贊≫ / 15-21

(51) 〈鄧艾〉, 上海圖書集成局 刊, ≪繪圖三國演義≫ / 15-22

(52) 〈陸雲〉, 顧沅(淸) 輯, ≪吳郡名賢圖傳贊≫ / 15-22

(53) 〈顧榮〉, 顧沅(淸) 輯, ≪吳郡名賢圖傳贊≫ / 15-23

(54) 〈竹林七賢〉, ≪程氏墨苑≫ / 15-33

(55) 〈周顗〉, 顧沅(淸) 編, ≪古聖賢像傳略≫ / 15-47

(56) 〈徐寧〉, ≪天罡地煞圖≫ / 15-68

(57) 〈許詢〉, 王齡(淸) 撰, 任熊(淸) 繪, ≪於越先賢像傳贊≫ / 15-100

2. ≪世說新語補≫ 總目次

QR코드를 스캔하면 ≪世說新語補≫ 總目次를 보실 수 있습니다.

3. ≪世說新語補≫ 解題

QR코드를 스캔하면 ≪世說新語補≫ 解題를 보실 수 있습니다.

*집필 : 金鎭玉(한국고전번역원 책임연구원)

責任飜譯者 略歷

金鎭玉

1959년 출생
西江大學校 文科大學 史學科(東洋史) 碩士 졸업
高麗大學校 文學博士(고전번역)
民族文化推進會 國譯硏修院 상임연구부 졸업
한국고전번역원 책임연구원(現)

論著 및 譯書

論著 〈'推考'의 性格과 運用〉, 〈≪金吾憲錄≫의 자료적 가치〉, 〈≪世說新語≫에 대한 일고찰〉, 〈조선 후기 官署志에 대한 고찰〉 등
譯書 ≪의금부의 청헌, 금오헌록≫ 등
共譯 ≪태종실록≫, ≪세종실록≫, ≪일성록≫, ≪정조실록≫ 등

共同飜譯者 略歷

金泰勳

1971년 출생
高麗大學校 문과대학 한문학과 학사
高麗大學校 대학원 중어중문학과 석사 수료
한국고전번역원 선임연구원(現)

譯書

共譯 ≪승정원일기≫, ≪신역 조선왕조실록≫

南誠佑

1969년 출생
高麗大學校 한문학과 졸업
民族文化推進會(현 韓國古典飜譯院) 전문위원
民族文化推進會(현 韓國古典飜譯院) 부설 教育研修院 상임연구원(현 전문과정) 졸업
韓國古典飜譯院 표점고감팀 연구원
釜山大學校 점필재연구소 연구원
檀國大學校 동양학연구원 연구원
高麗大學校 한자한문연구소 연구원(現)

論著 및 譯書

譯書 ≪黃山遺藁≫, ≪桑韓唱和塤篪集≫, ≪栢後遺集≫, ≪沔陽雜錄≫ 등
共譯 ≪金鼎奎日記≫, ≪使行錄≫, ≪石谷散稿≫, ≪承政院日記≫, ≪續陰晴史≫, ≪朝鮮王朝御冊:教命・竹冊・金冊≫ 등

東洋古典譯註叢書 131

譯註 世說新語補 2　　　　정가 42,000원

2020년 12월 20일 초판 발행
2024년 02월 15일 초판 3쇄

刪　　定　王世貞
責任飜譯　金鎭玉
共同飜譯　南誠佑 金泰勳
企劃編輯　東洋古典飜譯編輯委員會
常任原文校閱　吳圭根
潤　　文　朴勝珠
校　　訂　朴相水 田炳秀

發 行 人　郭成文

發 行 處　社團法人 傳統文化研究會
등록 : 1989. 7. 3. 제1-936호
서울시 종로구 삼일대로 428 낙원빌딩 411호
전화 : (02)762-8401　전송 : (02)747-0083
전자우편 : juntong@juntong.or.kr
홈페이지 : juntong.or.kr
사이버書堂 : cyberseodang.or.kr
온라인서점 : book.cyberseodang.or.kr

인쇄처 : 한국법령정보주식회사(02-462-3860)
총　판 : 한국출판협동조합(070-7119-1750)

ISBN 979-11-5794-276-3 94820
978-89-85395-71-7(세트)

※ 이 책은 2020년도 교육부 고전문헌 국역지원사업 지원비에 의해 초판(비매품) 간행.